Tir Newydd

Y MEDDWL A'R DYCHYMYG CYMREIG

Golygydd Cyffredinol
John Rowlands

Cyfrolau a ymddangosodd yn y gyfres hyd yn hyn:

1. M. Wynn Thomas (gol.), *DiFfinio Dwy Lenyddiaeth Cymru* (1995)
2. Gerwyn Wiliams, *Tir Neb* (1996) (Llyfr y Flwyddyn 1997; Enillydd Gwobr Goffa Ellis Griffith)
3. Paul Birt, *Cerddi Alltudiaeth* (1997)
4. E. G. Millward, *Yr Arwrgerdd Gymraeg* (1998)
5. Jane Aaron, *Pur fel y Dur* (1998) (Enillydd Gwobr Goffa Ellis Griffith)
6. Grahame Davies, *Sefyll yn y Bwlch* (1999)
7. John Rowlands (gol.), *Y Sêr yn eu Graddau* (2000)
8. Jerry Hunter, *Soffestri'r Saeson* (2000) (Rhestr Fer Llyfr y Flwyddyn 2001)
9. M. Wynn Thomas (gol.), *Gweld Sêr* (2001)
10. Angharad Price, *Rhwng Gwyn a Du* (2002)
11. Jason Walford Davies, *Gororau'r Iaith* (2003) (Rhestr Fer Llyfr y Flwyddyn 2004)
12. Roger Owen, *Ar Wasgar* (2003)
13. T. Robin Chapman, *Meibion Afradlon a Chymeriadau Eraill* (2004)
14. Simon Brooks, *O Dan Lygaid y Gestapo* (2004) (Rhestr Hir Llyfr y Flwyddyn 2005)

Y MEDDWL A'R DYCHYMYG CYMREIG

Tir Newydd

Agweddau ar Lenyddiaeth Gymraeg a'r Ail Ryfel Byd

Gerwyn Wiliams

GWASG PRIFYSGOL CYMRU
CAERDYDD
2005

© Gerwyn Wiliams, 2005

Cedwir pob hawl. Ni cheir atgynhyrchu unrhyw ran o'r cyhoeddiad hwn na'i gadw mewn cyfundrefn adferadwy na'i drosglwyddo mewn unrhyw ddull na thrwy unrhyw gyfrwng electronig, mecanyddol, ffotogopïo, recordio, nac fel arall, heb ganiatâd ymlaen llaw gan Wasg Prifysgol Cymru, 10 Rhodfa Columbus, Maes Brigantîn, Caerdydd, CF10 4UP. Gwefan: www.cymru.ac.uk/gwasg

ISBN 0-7083-1911-4

Mae cofnod catalogio'r gyfrol hon ar gael gan y Llyfrgell Brydeinig.

Hoffai'r cyhoeddwyr gydnabod cymorth ariannol Cyngor Cyllido Addysg Uwch Cymru tuag at gyhoeddi'r llyfr hwn.

Datganwyd gan Gerwyn Wiliams ei hawl foesol i gael ei gydnabod yn awdur y gwaith hwn yn unol ag adrannau 77 a 78 o'r Ddeddf Hawlfraint, Dyluniadau a Phatentau 1988.

Gwnaethpwyd pob ymdrech i ddod o hyd i berchenogion hawlfraint deunydd a ddefnyddir yn y gyfrol hon, ond yn achos ymholiad dylid cysylltu â'r cyhoeddwyr.

Hoffai'r awdur nodi bod dyfyniadau wedi'u cywiro pan fo angen yn y gyfrol hon.

Argraffwyd yng Nghymru gan Wasg Dinefwr, Llandybïe.

I'r pedair:
Delyth Marian, Marged Elen, Sara Alis a Lois Medi

Cynnwys

Diolchiadau	viii
Byrfoddau	ix
1. 'Chwilio'r Tir': Trawsolwg	1
2. 'Penyd y Bardd': Alun Llywelyn-Williams	47
3. 'Bardd y Byd Sydd Ohoni': Barddoniaeth 1940–1960	100
4. 'Y Prysur Bwyso': Rhyddiaith a Drama 1940–1960	162
5. 'Pan Rodiwn Eto'n Rhydd': Rhyddiaith 1960–2000	205
6. 'Y Byd a'n Blina': Barddoniaeth 1960–2000	256
Mynegai	297

Diolchiadau

Mae gennyf le i ddiolch i amryw gyfeillion, cydweithwyr a chydnabod am gymwynasau, mawr a mân, ac am eu diddordeb yn y project hwn tra bûm wrthi'n gweithio arno: yr Athro John Rowlands am gomisiynu'r astudiaeth a'i llywio drwy'r wasg; Dr Jerry Hunter a ddarllenodd y deipysgrif o'i chwr ac a wnaeth lu o awgrymiadau gwerthfawr; Dr Grahame Davies; Dr Jason Walford Davies; Ruth Davies; y diweddar Ddr Islwyn Ffowc Elis; y diweddar Elwyn Evans; Dr Gwenno Ffrancon; y diweddar Glyn Ifans; Marian Ifans; Dafydd Glyn Jones; Dr Dafydd Llewelyn Jones; Dr Llion Elis Jones; Marian Henry Jones; Nesta Wyn Jones; Dr Elin Meek; Ian Miller; James Nicholas; yr Athro M. Wynn Thomas a Dr Huw Walters. Braf hefyd yw cael mynegi fy ngwerthfawrogiad o waith Nia Peris, Elin Lewis a gweddill y criw proffesiynol yng Ngwasg Prifysgol Cymru. Ymddangosodd fersiynau cynnar o rywfaint o ddeunydd y gyfrol yn achlysurol yn ystod yr wyth mlynedd diwethaf a charwn ddal ar y cyfle i ddiolch i olygyddion y cyhoeddiadau a ganlyn am eu parodrwydd i'w gyhoeddi: *Barddas*, *Planet*, *Taliesin*, *Y Traethodydd* ac *Ysgrifau Beirniadol*. Diolch hefyd i Fwrdd Ymchwil y Celfyddydau a'r Dyniaethau, yr AHRB, am eu grant ymchwil defnyddiol. Ond i Delyth y mae'r diolch pennaf, am iddi adael imi gau drws y stydi yn rhy aml o lawer, ac iddi hi a'r genod y cyflwynaf y gyfrol hon.

Byrfoddau

ADA	*Afal Drwg Adda*, Caradog Prichard
AFA	*At The Fifth Attempt*, John Elwyn Jones
AG	*Amryw Ganu*, R. Meirion Roberts
AJ	*Annwyl Julia*, Marian Henry Jones
ALl	*Amser a Lle*, Elwyn Evans
ARH	*Am Ryw Hyd*, Gwyn Thomas
B	*Brad*, Saunders Lewis
BAC	*Baner ac Amserau Cymru / Y Faner*
BG	*Brethyn Glas*, Ifan Parri
C	*Cerddi 1934–1942*, Alun Llywelyn-Williams
CALl	*Cerddi Alan Llwyd 1968–1990*, Alan Llwyd
CC	*Canu'r Carchar*, T. E. Nicholas
C2000	*Cymru 2000: Hanes Cymru yn yr Ugeinfed Ganrif*, R. Merfyn Jones
CF	*Coron ar Fotwm*, Glyn Ifans
CG	*Casgliad o Gerddi*, Bobi Jones
CM	*Cadwynau yn y Meddwl*, Gwyn Thomas
CMWW	*Cyfres y Meistri (2): Waldo Williams*, gol. Robert Rhys
CP	*Cyllell yn y Pridd*, Ifor Wyn Williams
CYC	*Cysgod y Cryman*, Islwyn Ffowc Elis
ChFf	*Chwerwder yn y Ffynhonnau*, Gwyn Thomas
ChNG	*Chwilio am Nodau'r Gân*, Robert Rhys
D	*Dianc*, T. M. Bassett
DD	*Dim Dianc*, Glyn Ifans
DDu	*Dryllio'r Delwau*, T. E. Nicholas
DG	*Y Dyn â'r Gaib*, T. E. Nicholas
DP	*Dail Pren*, Waldo Williams
DW	*Yn y Dirfawr Wag*, Alan Llwyd
FfH	*Ffarwel Ha'*, W. Hydwedd Boyer
GA	*Gwelaf Afon*, Gwyn Thomas
GDd	*Gwanwyn yn y Ddinas*, Alun Llywelyn-Williams
GG	*Y Golau yn y Gwyll*, Alun Llywelyn-Williams
GLl	*Gwaedd y Lleiddiad*, gol. Alan Llwyd ac Elwyn Edwards

GM	*Y Gelyn Mewnol*, Melville Richards
HC	*Hanes Cymru*, John Davies
IPHA	*I'r Pridd Heb Arch*, David E. Roberts
LlD	*Llygad y Drws*, T. E. Nicholas
LlGC	Llyfrgell Genedlaethol Cymru
LlMG	*Lle Mynno'r Gwynt*, John Gwilym Jones
MA	*Meibion Annwfn*, Ifan Parri
MCG	*Morwr Cefn Gwlad*, Hugh Bevan
1938	*1938*, Saunders Lewis
NADd	*Ni Allaf Ddianc*, R. Emyr Jones
ODRh	*Os Dianc Rhai*, Martin Davis
OFMh	*Oblegid fy Mhlant*, Alan Llwyd
PC	*Pont y Caniedydd*, Alun Llywelyn-Williams
PCB	Prifysgol Cymru, Bangor
PCG	*Pum Cynnig i Gymro*, John Elwyn Jones
PD	*Y Pethau Diwethaf a Phethau Eraill*, Gwyn Thomas
PG	*Plant Gadara*, Siôn Eirian
PLl	*Plant y Llawr*, R. Meirion Roberts
'PLl'	'Profiadau Llencyndod', Siôn Eirian
RAF	*Royal Air Force*: Awyrlu Brenhinol
RIFB	*'R Wyf Innau'n Filwr Bychan*, Caradog Prichard
RWF	*Royal Welsh Fusiliers*: Ffiwsilwyr Brenhinol Cymreig
SB	*Swyddogaeth Beirniadaeth*, John Gwilym Jones
SJ	*Sonedau i Janice a Cherddi Eraill*, Alan Llwyd
SLl	*Symud y Lliwiau*, Gwyn Thomas
TA	*Taith yr Anialwch*, E. Llewelyn Evans
TD	*Tocyn Dwyffordd*, Selyf Roberts
TDr	*Terfysgoedd Daear*, T. E. Nicholas
TG	*Tros Gymru*, J. E. Jones
TN	*Tir Newydd*, gol. Alun Llywelyn-Williams
W	*Wmgawa*, Gwyn Thomas
Wa	*Waldo*, Ned Thomas
WCDWW	*Waldo: Cyfrol Deyrnged Waldo Williams*, gol. James Nicholas
WD	*Wedi'r Drin*, John Ellis Williams
WH	*Y Weledigaeth Haearn*, Gwyn Thomas
WW	*Waldo Williams*, James Nicholas
WWRh	*Waldo Williams: Rhyddiaith*, gol. Damian Walford Davies
YB	*Ysgrifau Beirniadol*, gol. J. E. Caerwyn Williams
YFfH1	*Yn Fy Ffordd Fy Hun ... Cyfrol 1*, John Elwyn Jones
YFfH2	*Yn Fy Ffordd Fy Hun ... Cyfrol 2*, John Elwyn Jones
YFfH3	*Yn Fy Ffordd Fy Hun ... Cyfrol 3*, John Elwyn Jones
YG	*Ysgyrion Gwaed*, Gwyn Thomas
YMT	*Ym Mhoether y Tywod*, W. Hydwedd Boyer
YNA	*Yn Nydd yr Anghenfil*, Alan Llwyd
YNN	*Yn Nwylo'r Nipon*, Frank Evans

1

'Chwilio'r Tir': Trawsolwg

Yn anaml y crwydra rhyfel yn bell o benawdau'r newyddion. A hithau'n ddiwedd Mai 2004 arnaf yn sgrifennu'r sylwadau hyn ac adladd blêr Rhyfel Irac yn parhau, ddoe ddiwethaf y clywyd am gynfilwr o Gymro a saethwyd yn farw yn ninas Mosul.[1] Ydi, mae Cymry, o hyd, yn ei chanol hi. Bythefnos yn ôl bu galw am ymddiswyddiad Ysgrifennydd Amddiffyn Unol Daleithiau America, Donald Rumsfeld, ar ôl sgandal cyhoeddi lluniau o garcharorion Iracaidd yn cael eu cam-drin gan filwyr – gwrywaidd a benywaidd – a berthynai i luoedd America;[2] yr wythnos diwethaf bu'n rhaid i olygydd y *Daily Mirror* ymddiswyddo ar ôl cadarnhau mai rhai ffug oedd y ffotograffau o filwyr Prydeinig yn cyflawni troseddau tebyg a gyhoeddwyd ar dudalennau ei bapur dyddiol.[3] Ac ydi, mae gwirionedd yn amser rhyfel yn dal yn gomoditi dadleuol a chostus. Yr un pryd mae'r cof am ryfel arall, yr Ail Ryfel Byd, yn hawlio sylw yn y newyddion a'r paratoadau i ddynodi trigain mlynedd ers i luoedd y Cynghreiriaid lanio ar draethau Normandi ar *D-Day* (6 Mehefin 1944), symudiad a arweiniodd yn y diwedd at ryddhau Ewrop o afael yr Almaenwyr;[4] testun cryn feirniadaeth fu penderfyniad Rhodri Morgan, prif weinidog Cymru, i beidio ag ymuno yn Ffrainc â gwladweinwyr eraill o bedwar ban byd i goffáu'r achlysur, ond i aros yng Nghymru i drafod trefniadau ar gyfer twrnament golff.[5]

Na, ni laciodd gafael yr Ail Ryfel Byd ar ein dychymyg a daliwn i dreulio'i brofiadau, rhywbeth y ceir awgrym ohono o ymweld â thudalennau'r We Fyd-eang: ar 28 Mai 2004, daeth peiriant chwilio Google o hyd i dros 9.5 miliwn o wefannau ac ynddynt gyfeiriad at 'World War 2', dros 3.6 miliwn a gyfeiriai at Hitler, 3.1 miliwn a gyfeiriai at yr Holocost a 2.3 miliwn a gyfeiriai at Hiroshima; yr un diwrnod, gallai'r llyfrwerthwr ar-lein Amazon.com restru 21,230 o deitlau a gyfeiriai at 'Second World War', 6,261 a gyfeiriai at yr Holocost, 2,816 a gyfeiriai at Hitler a 6,261 a gyfeiriai at Hiroshima. Prawf arall fod y rhyfel wedi gafael fel gelen yw'r ffilmiau epig diweddar *Pearl Harbor* (2001) a *The Pianist* (2002), y naill yn darlunio'r porthladd yn Hawaii yn wenfflam a'r llall yn darlunio Warsaw fawreddog yn garnedd. Awgryma'r ddwy ffilm rywbeth arall hefyd: drwy gymeriadu Japaneaid, Americaniaid a Phwyliaid, maen nhw'n cyffwrdd â phrofiad tri chyfandir o'r rhyfel ac i unrhyw un sy wedi ymhél am beth amser â rhyfel 1939–45, dau o'r geiriau sy'n taro dyn fel gordd yn ei dalcen yw 'anferthedd' ac 'amrywiaeth'.[6] Ystyrier, er enghraifft, rai o'r ystadegau: a chyfyngu'r sylw i'r Holocost a Hiroshima yn unig, sef dau o ddigwyddiadau diffiniol y rhyfel, lladdwyd 6 miliwn o Iddewon o ganlyniad i'r 'Ateb Terfynol' ac oddeutu 3 miliwn o'u plith yn Bwyliaid a thua 1.2 miliwn yn blant (dim ond 11 y cant o'r plant Iddewig a oedd yn fyw yn 1939 fyddai'n dal ar dir y byw erbyn diwedd y rhyfel); erbyn 10 Awst 1946, flwyddyn ers gollwng y bom atomig, amcangyfrifir bod 118,661 wedi marw.[7]

Yn ymhlyg yn yr anferthedd a'r amrywiaeth hyn deuir o hyd i rybudd, rhybudd ynghylch oferedd ceisio cyfleu drwy gyfrwng un gyfrol olwg gynhwysfawr ar brofiad mor wasgarog ac amlweddog. Drwy gyfyngu eu sylw i agweddau neilltuol o'r rhyfel y llwyddodd amryw haneswyr diweddar i osgoi cyffredinoli ac ystrydebu a sicrhau ystyrlonedd: ar sail methodoleg felly y gweithreda Antony Beevor yn *Stalingrad* (1998) a *Berlin: The Downfall 1945* (2002), John Ellis yn *One Day in a Very Long War: Wednesday 25th October 1944* (1998) a Maureen Waller yn *London 1945: Life in the Debris of War* (2004). A dyna pam, wrth fynd i'r afael â maes a ymddengys yn gymharol fach, mai at *agweddau* ar lenyddiaeth Gymraeg a'r Ail Ryfel Byd y cyfeiria teitl yr astudiaeth hon. Maes a *ymddengys* yn gymharol fach, sylwer, oherwydd pan dynnir sylw at yr hyn nad amcanwyd at ei daclo, fe sylweddolir nad yw'r canfyddiad cychwynnol yn cyfateb yn union i'r realiti. Er enghraifft, nid aed i'r afael â phrydyddiaeth boblogaidd y rhyfel y deuir o hyd i enghreifftiau toreithiog ohoni yng nghyfnodolion y cyfnod; heblaw am y sylw i Waldo Williams a T. E. Nicholas,[8] ni thrafodwyd profiad gwrthwynebwyr cydwybodol a heddychwyr o'r rhyfel[9] nac ymateb criw deallusol fel Cylch Cadwgan;[10] dichon fod profiadau penodol merched o'r rhyfel yn haeddu trafodaeth fanylach[11] ynghyd â'r modd yr ymatebwyd i arhosiad yr ifaciwîs, ac ni roddwyd fawr o sylw cymharol i ymatebion dwy lenyddiaeth Cymru i'r rhyfel. Dyw stori llenyddiaeth

Gymraeg a'r Ail Ryfel Byd ddim chwaith ar ben: er enghraifft, wrth i'r astudiaeth hon dynnu at ei diwedd, gwelodd drama Wiliam Owen Roberts, *Peenemünde* (2004),[12] olau dydd a hynny tua'r un pryd ag y darlledwyd cyfres ddogfen gyfoethog BBC Radio Cymru, *Cenhedlaeth y Rhyfel*.[13] Y wedd gadarnhaol ar hyn yw'r awgrym fod yr ymateb llenyddol Cymraeg i'r Ail Ryfel Byd gryn dipyn yn helaethach nag a feddylir ar yr olwg gyntaf; canlyniad negyddol y fath helaethrwydd yw fod raid dethol a blaenoriaethu a chanolbwyntio'n aml ar lenorion a gweithiau llenyddol cynrychioliadol er mwyn rhwystro'r astudiaeth hon rhag troi'n infentori o ddeunyddiau. O gadw mewn cof y llwybr ymarferol y mae'n rhaid ei ddilyn, ni ddylid o reidrwydd ddehongli'r penderfyniad i beidio â rhoi sylw i destun penodol fel dyfarniad an-uniongyrchol ynghylch ei statws neu'i werth llenyddol.

Rhyfel Cyfiawn, Rhyfel Da, Rhyfel y Bobl

Ond cyn closio at yr ymateb llenyddol sy'n ganolbwynt i'r astudiaeth hon, rhaid oedi'n gyntaf i awgrymu rhywfaint am y rhyfel rhyngwladol y daliwyd y Cymry, fel cynifer o'u cymheiriaid ledled y byd, yn ei ganol am chwe blynedd rhwng Medi 1939 ac Awst 1945. Ar yr olwg gyntaf o leiaf, ymddangosai'r ddadl foesol o'i phlaid fel petai'n fwy ystyrlon nag yn ystod y Rhyfel Byd Cyntaf; 'that very rare thing – a just war'[14] yw disgrifiad yr hanesydd A. J. P. Taylor ohono. Ac mae'r cyferbyniad hwnnw, rhwng y canfyddiad poblogaidd o'r ddau ryfel, i'w weld yn llythrennol yn narluniau'r artist Paul Nash a weithredodd fel artist rhyfel swyddogol ar y ddau achlysur: 'Nash's paintings of the First World War are more explicitly pacifist . . . The paintings executed in the Second World War are very different. This is propaganda against the Nazis and their values, not against the war itself. The forces of good are identified with the English landscape, the forces of evil with the enemy.'[15] Mae lliwgarwch optimistaidd *Battle of Britain* (1941)[16] – llun yr atgynhyrchir manylyn ohono ar glawr y gyfrol bresennol ac un y gwyddai'r artist ei fod yn camu ynddo i dir newydd[17] – a *Battle of Germany* (1944)[18] yn cyferbynnu gyda llwydni lleddf *Wire* (1918)[19] neu *Void* (1918);[20] oferedd a difrod rhyfel yw'r thema lywodraethol yng nghynfasau 1914–18, ond erbyn 1939–45, roedd Nash mor gefnogol i'r rhyfel yn erbyn yr Almaen fel ei fod hyd yn oed yn fodlon i'w gelfyddyd gael ei defnyddio fel propaganda o'i blaid. Nid na pharodd y penderfyniad i gefnogi'r rhyfel ac ymaelodi â'r lluoedd arfog boen meddwl i lawer, y Cymro J. O. Jones yn eu plith a ddaeth 'wyneb yn wyneb â gwrthdaro rhwng fy syniadau heddychol Cristnogol a'r hyn a dybiwn i ar y pryd oedd y ddyletswydd i ymladd Hitler. Bûm mewn cyfyng-gyngor yn hir ynglŷn â hyn, ond wedi i mi benderfynu mai ymladd oedd y gorau o ddau ddrwg, ymunais â'r Llynges ar fy mhen blwydd yn bedair ar bymtheg oed'.[21] Ac nid rhyw elyn cartŵn mo Hitler o bell ffordd: byddai'r hyn a ddatgelwyd ar ddiwedd y rhyfel, sef erchyllterau'r Holocost, yn cadarnhau ym meddyliau amryw eu bod wedi gweithredu'n gywir, wedi ochri gyda daioni yn erbyn drygioni, ac yn gymorth i ddelweddu'r rhyfel yn Rhyfel Da yn eu meddyliau. Dyna'r teitl, *'The Good War'* (1984), a ddewisodd yr Americanwr Studs Terkel ar gyfer ei hanes llafar nodedig o'r Ail Ryfel Byd, er nad ar chwarae bach y gwnaeth hynny:

> The title of this book was suggested by Herbert Mitgang, who experienced World War Two as an army correspondent. It is a phrase that has been frequently voiced by men of his and my generation, to distinguish that war from other wars, declared and undeclared. Quotation marks have been added, not as a matter of caprice or editorial comment, but simply because the adjective 'good' mated to the noun 'war' is so incongruous.[22]

Mae'r ddilema foesol a gyfyd yn sgil y dulliau a ddefnyddiwyd i ddod â'r rhyfel i ben drwy ollwng bomiau atomig ar ddinasoedd Hiroshima a Nagasaki, heb sôn am y cyrchoedd bomio dadleuol cyn hynny ar Hamburg a Dresden,[23] yn ddigon i danlinellu'r anghydweddoldeb y cyfeirir ato ac yn ein rhybuddio rhag priodoli i ansoddeiriau fel 'cyfiawn' a 'da' ystyron pur ac absoliwt yng nghyswllt rhyfel. Gwyn Erfyl a awgrymodd fod 'holl resymeg a "moesoldeb" rhyfela' wedi'u newid yng nghysgod y bom atomig ac fel yr aeth 'yr holl ymbalfalu am ddiffiniad o ryfel "cyfiawn" i'r gwellt'.[24] Ac yng ngeiriau R. Merfyn Jones: 'Bu i'r Ail Ryfel Byd wanhau, os nad dinistrio, cred y ddynoliaeth ynddi'i hun, ac yng Nghymru fel mewn gwledydd eraill roedd y gred yn naioni cynhenid bodau dynol yn gorwedd yn llwch.'[25]

Mae crybwyll yr Holocost, Hiroshima, Hamburg a Dresden yn codi ystyriaeth gyffredinol arall gan mai sifiliaid oedd mwyafrif llethol y lladdedigion yn y pedwar achos. At bobl gyffredin yn ninasoedd a phrif drefi Prydain yr anelai awyrennau'r *Luftwaffe* eu bomiau hwythau, ac roedd y rhyfel felly'n brofiad a gyffyrddai â sifiliaid gartref yng Nghymru yn ogystal â milwyr ar draethau Normandi. Eto yng ngeiriau A. J. P. Taylor:

In the Second World War everyone was involved. The distinction between Front and Home almost disappeared under the impact of indiscriminate bombing. In Great Britain, for instance, until 1942 a serving soldier was more likely to receive a telegram that his wife had been killed by a bomb than his wife was likely to receive one that her husband had been killed in battle. Conscientious objectors serving in ARP (air raid precautions) were in greater danger than if they had been in the armed forces.[26]

Dyma un o'r rhesymau dros fedyddio hwn, nid yn unig yn Rhyfel Da ac yn Rhyfel Cyfiawn, ond hefyd yn Rhyfel y Bobl fel y gwelir yn glir yn nheitl hanes cymdeithasol Angus Calder, *The People's War* (1969). Mae'r ffaith fod 44 miliwn o sifiliaid wedi eu lladd rhwng 1939 a 1945 – mwy na dwbl nifer y milwyr yr amcangyfrifir eu bod wedi eu lladd, sef 19 miliwn – yn tystio i gymaint graddau y targedwyd pobl gyffredin yn ystod yr Ail Ryfel Byd.[27]

Rhyfel Cymru

Yn 1934–5 trefnwyd pleidlais heddwch gan Undeb Cynghrair y Cenhedloedd a ysgogodd fwy o ymateb yng Nghymru nag yng ngwledydd eraill Prydain: pleidleisiodd 62 y cant o gymharu â 34 y cant yn yr Alban a 37 y cant yn Lloegr; roedd naw o bob deg o bobl Arfon am weld diddymu awyrennau bomio.[28] Pan ddeuai'r rhyfel, byddai cyfanswm o 2,920 yn sefyll fel gwrthwynebwyr cydwybodol yng Nghymru,[29] y rhan fwyaf ar sail heddychiaeth Gristnogol, a'r gwrthwynebiad hwn ddwywaith cyfartaledd Lloegr a'r Alban. Serch hynny, ni chafodd hyn fawr o impact ar lefel y gefnogaeth ymarferol i'r rhyfel o gymharu â'r Rhyfel Byd Cyntaf: bryd hynny, bu oddeutu 280,000 o Gymry'n ymladd yn y lluoedd arfog a rhwng 1939–45 bu 300,000 ohonynt. Yn nifer y colledion y gwelir y cyferbyniad pennaf wrth gymharu'r ddau ryfel: tra lladdwyd 40,000 rhwng 1914–18, mae'r 15,000 a laddwyd rhwng 1939–45 yn sylweddol is; bu'r 'rhwyg o golli'r hogiau'[30] gryn dipyn yn llai y tro hwn. Ond mae ffactor arall yn gwahaniaethu'r profiad o ryfel 1939–45 oddi wrth ryfel 1914–18 a'r cyrchoedd bomio ar ddaear Cymru yw hwnnw.[31] Ardaloedd poblog a rhai o bwys strategol yn ne Cymru a ddioddefodd waethaf – Caerdydd,[32] Abertawe,[33] Doc Penfro,[34] Aberdaugleddau a'r Barri yn enwedig – a lladdwyd bron fil o ganlyniad i'r cyrchoedd hyn. Er na ddihangodd ardaloedd gwledig gogleddol yn ddianaf,[35] mwy achlysurol a damweiniol oedd y bomio yn eu hachos hwy a gallai un fel Evan J. Davies a fu'n garcharor rhyfel ddweud hyn am ei ddychweliad i Lŷn:

> 'Doedd llawer o bobl ddim eisiau clywed am y pethau yr ysgrifennais i amdanyn nhw yn y llyfr hwn, ac eto 'roedd yn rhaid i mi wrando ar hanes y ffordd yma am un o awyrennau'r Almaenwyr wedi gorfod arllwys ei bomiau ar un o'r mynyddoedd cyfagos er mwyn dianc adref. Dyma'r unig stori imi ei chlywed ac felly byddwn yn cau fy ngheg a chwerthin yn ddistaw gan gofio fy mod wedi gweld mwy o bethau felly mewn wythnos nag a ddigwyddodd yma gartref mewn chwe blynedd o ryfel.[36]

Roedd dwy agwedd amlwg i brofiad y Gymru wledig o ryfel: clustnodwyd gogledd Cymru gyfan yn ardal dderbyn ar gyfer plant cadw neu ifaciwîs o brif drefi a dinasoedd Lloegr ac amcangyfrifir bod tua 200,000 ohonynt wedi llochesu yng Nghymru yn ystod y rhyfel; meddiannwyd tir Cymru i ddibenion milwrol – y Preseli a Mynydd Epynt[37] yw'r ddwy enghraifft amlwg – a olygai fod 10 y cant ohono wedi'i hawlio gan y Swyddfa Ryfel erbyn 1945.

Mae'r hanesydd Angus Calder yn awgrymu'r ansensitifrwydd gweinyddol a hefyd yn darlunio'n lliwgar y sioc ddiwylliannol a gynrychiolid gan ddyfodiad yr ifaciwîs: 'With quite incomprehensible obtuseness, Catholic families from Liverpool (with its rich underworld of Irish immigrants) were dispatched to rural Wales, where a narrow Calvinism still held sway and there were no Roman Catholic churches. On the first Sunday of the war, God-fearing Welsh housewives had to decide whether to miss the chapel service, to take their charges with them, or let them run wild.'[38] Ac yng ngeiriau un a gludwyd yn blentyn pedair oed o ddinas Lerpwl i bentref Caeathro ger Caernarfon: 'The Welsh children's experience of war was us, the evacuees, invading their countryside, bringing lice, impetigo, the contagious breath of fear, strange accents, a "foreign" tongue, and demands.'[39] Yn ei golofn olygyddol gyntaf yn *Y Llenor* ar ôl cyhoeddi'r rhyfel, gweld yr ifaciwîs fel bygythiad a wnâi W. J. Gruffydd yntau:

> Nid Tsechoslovacia a Phwyl yw'r unig 'wledydd bychain' sydd a'u tynged yn awr ym mantol rhyfel, ond Cymru hefyd . . . yr ymwybyddiaeth genedlaethol sydd wedi ymfynegi mewn dull arbennig o fyw ac o feddwl, mewn iaith a chrefydd a llenyddiaeth a phob agwedd arall ar ddiwylliant . . . Yr oeddwn mewn pentref yng Ngogledd Cymru ar y dydd duaf, mi gredaf, yn ei hanes, – ar y dydd pan gludwyd i'w ganol haid anferth o blant Lerpwl, i gyd-fyw a chyd-chwarae â phlant y pentref am flynyddoedd lawer efallai.[40]

Nid bod W. J. Gruffydd yn anghytuno gyda rhyfel Prydain yn erbyn yr Almaen,[41] yn wahanol i Saunders Lewis a fynnai safbwynt niwtral gan Blaid Cymru ar fater y rhyfel;[42] cofrestrodd rhyw bymtheg ar hugain fel gwrthwynebwyr cydwybodol ar dir cenedlaetholdeb a charcharwyd dwsin ohonynt.[43] Yn groes i ofnau ei harweinydd – 'Rwy'n amheus a ddaliai'r Blaid trwy gyfnod o ryfel'[44] – nid nychu ond cryfhau a wnaeth Plaid Cymru yn ystod y rhyfel drwy ychwanegu bron ddwy fil a hanner at ei haelodaeth rhwng 1939 a 1945, a ffactor a weithiodd o'i phlaid oedd y dirmyg a'r erledigaeth a brofodd rhai Cymry yn y lluoedd arfog.[45] Dyma air o brofiad Twm Siôn a sgrifennai o '[R]ywle yn Lloegr':

> A gaf eich poeni am ychydig ofod i ddatgan teimlad llawer ohonom ni fechgyn Cymru sydd wedi cael eu gorfodi i ymladd dros y Sais.
> Perthynaf i adran o'r awyrlu Seisnig, ac ymhlith tua 300 o Saeson mae 60 ohonom ni – y 'Bloody Welsh' . . .
> Nid wyf hyd yn hyn wedi ymaelodi â'r Blaid Genedlaethol Gymreig na'r un blaid Seisnig – ond fe wnaf rywbeth i sicrhau rhyddid i Gymru, ac nid yn unig oddi wrth Hitler.[46]

A barn N. Hughes oedd fod y Swyddfa Ryfel wedi 'gwneud rhyw les i Gymru' yn 'anymwybodol' drwy droi bechgyn fel ef yn 'bleidwyr i'r carn, "pleidwyr penboeth", wedi cael galwad i'r caci . . . ni fuase'n gynllun gwael i orfodi Cymru gyfan i ymuno â'r lluoedd am dipyn! Fe ddychwelant i gyd yn perthyn i'r Blaid!'[47]

Fyth ers pennod yr ysgol fomio ym Mhenyberth yn 1936, roedd gwrthwynebiad y Blaid Genedlaethol neu Blaid Cymru i ryfel yn glir, ond nid gweithred o blaid heddychiaeth yn unig mo'r llosgi, ond un i amddiffyn diwylliant Cymraeg yn un o'i gadarnleoedd:

> Y byddinoedd awyr fydd bwysicaf yn y rhyfel hwnnw, a phennaf nod yr awyrblaniau bomio fydd dinistrio dinasoedd, eu llosgi a'u gwenwyno, troi gwareiddiad y canrifoedd yn ulw, gollwng i lawr, allan o ddiogelwch yr awyr, yr angau creulonaf ar wragedd a phlant a gwŷr di-arf a di-amddiffyn, a sicrhau, os dianc rhai a'u bywydau ganddynt, na bydd nac annedd na bwyd i'w porthi nac aelwyd i'w cadw yn fyw.[48]

Yn gwbl gyson â'r safiad hwn, daeth y memorandwm a baratowyd gan Saunders Lewis yn Chwefror 1939 – ynglŷn â pholisi'r llywodraeth i symud pedair miliwn o blant a'u mamau i 'ardaloedd derbyn' diogel – i ben drwy bwyso arni 'to initiate international discussion for the confiscation of the bombing aeroplane as an instrument of war'.[49]

Mynnai yn yr un ddogfen fod Cymru'n genedl a chanddi iaith, arferion a thraddodiadau cymdeithasol yn annibynnol ar Loegr, ffeithiau a anwybyddwyd yn llwyr ym mholisi'r llywodraeth ac a olygai 'submerge all Welsh social traditions and the rural life of Welsh-speaking Wales in the interest of only one nation, the English, and of merely English national security and military efficiency'. Dadleuwyd bod gan y plentyn Cymreig gymaint o hawl i'w amddiffyn â'r plentyn Seisnig a bod hynny'n cynnwys amddiffyn ei draddodiadau a'i amgylchfyd. Gellid dadlau bod yr ofnau yr erydid y Gymraeg gan ddyfodiad yr ifaciwîs wedi'u gorliwio a bod amryw wedi'u cymathu'n ieithyddol ac yn ddiwylliannol yn llwyddiannus.[50] Ond arwyddocâd y safiad hwn yn nydd y cydymffurfio mawr oedd ceisio sicrhau rhyfaint o annibyniaeth meddwl ac amddiffyn hawl Cymru i gael ei thrafod fel gwlad yn ei hawl ei hun a chanddi ei hystyriaethau arbennig ei hun. Chwedl y cyfarwyddyd a roddwyd i aelodau Plaid Cymru ar y pryd, 'ein hunig gyfrifoldeb ni heddiw yw cadw'r genedl Gymreig a'i thraddodiadau mewn bod',[51] ac yng ngeiriau Gwynfor Evans, 'Safai'r Blaid Genedlaethol dros hawl Cymru i benderfynu ei hagwedd ei hun tuag at y rhyfel, a chredai mai dyletswydd cyntaf cenedlaetholwyr oedd amddiffyn bywyd Cymru; doedd neb arall a wnâi hynny.'[52]

Rhyfel Cymreictod

Mae R. Merfyn Jones yn llygad ei le pan ddywed fod rhyfel wedi bod yn bwnc 'dadleuol a rhwygol yng Nghymru' a ysgogodd 'gwestiynau sylfaenol anodd parthed safle a statws Cymru o fewn y Deyrnas Unedig';[53] roedd y rhyfel 'yn fodd i ddwysáu'r ymwybod Cymreig mewn amryw ffyrdd'.[54]

Er mai o un o gyhoeddiadau Plaid Cymru y dyfynnwyd a bod yn rhaid cofio bod elfen o wrthbropaganda yn nodweddu'r cyhoeddiad, gwelwyd awgrym eisoes o'r modd y dwysawyd yr ymwybod Cymreig yn y cyfeiriadau at genedlaetholdeb yn datblygu ymhlith rhai milwyr o ganlyniad i'r gwrth-Gymreigrwydd a brofasant o fewn y lluoedd arfog. Daliwyd naws nerfus, ofnus, amheugar y cyfnod yn dda gan Saunders Lewis yn 'Haf Bach Mihangel 1941':

> Ac, ar y pentan, llais mewn blwch yn brolio,
> A'r postmon yn oedi ei stori o ddrws i ddrws
> A'r enwau cynefin, Caerdydd . . . Abertawe . . . Y De,

> Dychryn diystyr yn oedi; wynebau, tafodau, estron;
> Nid oes neb yn dweud ei feddwl, nid oes neb
> Yn meddwl; brolia'r llais yn y blwch
> Ein llynges ni, ein llu awyr ni,
> A ninnau'n amheus gredu mai ni yw ni . . .[55]

'A ninnau'n amheus gredu mai ni yw ni' cyfeddyf hyd yn oed Saunders Lewis: gyda'r holl bwyslais yn ystod y rhyfel ar ganoli, unffurfio a chysoni, doedd pethau ddim yn argoeli'n dda ar gyfer y Gymraeg na Chymreictod. Aeth cyfryngau torfol y wasg,[56] y sinema[57] a'r radio[58] – y 'llais mewn blwch yn brolio' – ati â deng ewin i daflunio delweddau a lledaenu propaganda ynghylch Prydain unedig, gydweithredol: 'How this war was presented to, and understood by, contemporaries differentiated it from earlier conflicts: signified by "the people" pulling together – through an inclusive *Millions Like Us* homogeneousness – to secure victory and a socially equitable peace.'[59] At hynny, roedd hon yn Brydain Saesneg: fel y sylwodd Angus Calder wrth gyfeirio at y gŵr a ddeuai'n brif weinidog ym Mai 1940, 'Churchill spoke for a "dominant particularism" lording over the particularisms of marginal groups like Welsh-speakers and subordinated ones like coal-miners.'[60] Mae profiad sifiliad fel Millicent Hopwood o Sir Ddinbych yn cadarnhau'r patrwm hwn o gyd-dynnu cymdeithasol wrth iddi gyfeirio at 'amser trist iawn, amser cyffrous, amser ofnadwy . . . roeddech chi'n teimlo bod 'na ryw garedigrwydd mawr a rhyw agosatrwydd ymhlith y pentrefwyr. Pawb yn ceisio helpu'i gilydd, pawb yn tosturio wrth glywed y newydd drwg oedd yn dod.'[61] Ond nid delwedd a esblygodd yn naturiol neu'n ddiniwed mo Ryfel y Bobl, ond un a hyrwyddwyd gan asiantaethau'r llywodraeth fel y tystia'r dyfyniad Orwellaidd hwn o femorandwm y Weinyddiaeth Wybodaeth i'r Swyddfa Gartref ar 'The Preservation of Civilian Morale' a baratowyd o fewn wythnos i ddechrau'r rhyfel:

> The people should be told this is a civilians' war, or a People's War, and therefore that they are to be taken into the Government's confidence as never before . . . But what is truth? We must adopt a pragmatic definition. It is what is believed to be the truth. The difficulty is to keep lying . . . It is simpler to tell the truth and, if a sufficient emergency arises, to tell one big, thumping lie that will then be believed.[62]

A daw'r ansoddair hwnnw, 'Orwellaidd', yn fwy perthnasol byth pan ystyrir sylw Angus Calder yng nghyswllt *Nineteen Eighty-Four* (1949):

when people heard about Zyklon B and the reduction of human beings to soap, they only half believed in them. The obliteration of the finer shades of language, a task to which the British Ministry of Information, amongst others, had busily applied itself in the interests of propaganda, served to reduce the sense of horror, the sense of urgency. It was partly from the desensitized prose of most of the British press during the war, from the desertion of subtleties of meaning in favour of slogans, that George Orwell derived the notion of Newspeak, the vocabulary of totalitarianism.[63]

Oedd, roedd y syniad o ardaloedd gwledig yn cynorthwyo rhai dinesig drwy dderbyn ifaciwîs, cynnwrf ffurfio unedau'r *Local Defence Volunteers* (a ailfedyddiwyd yn Warchodlu Cartref neu *Home Guard*[64]) yn ogystal â phresenoldeb merched Byddin y Tir, y delweddir ei heffaith ar gefn gwlad Cymru dan reolaeth y Weinyddiaeth Amaeth yn ardderchog yn *Y Ffoaduriaid* (1979) Geraint Vaughan Jones[65] – roedd hyn i gyd yn cryfhau'r argraff o ryfel a gyffyrddai â phawb. Eto i gyd, pa mor gynhwysol oedd *propaganda* Rhyfel y Bobl sy'n gwestiwn arall. At 'an English War' y cyfeiriodd yr awdures boblogaidd, Dorothy L. Sayers,[66] ym Medi 1940 – blwyddyn gwrthgiliad Dunkirk, cwymp Ffrainc a Brwydr Prydain – term sydd, fel y cydnebydd Nick Hayes, 'overtly bypasses Celtic sensibilities'.[67] Ar wasanaeth radio canoledig y BBC, ysgogodd y defnydd siofinistaidd o'r gair 'Lloegr' wrth gyfeirio at y wladwriaeth Brydeinig brotestiadau o du Albanwyr a Chymry.[68] Golygai canoli gwasanaeth radio'r BBC yn Brydeinig a rhoi'r gorau i'r ddarpariaeth 'daleithiol' fod dyfodol yr holl ddarpariaeth cyfrwng Cymraeg yn y fantol;[69] at hynny, ac yng ngeiriau John Davies: 'By 1943 the Corporation had become an avid propagandist for the "British nation"',[70] ac er dechrau'r rhyfel bu'r Llywodraeth yn amharod i ddarparu gwasanaeth radio amgen rhag peryglu unoliaeth y frwydr bropaganda.[71] Rhan o'r consesiwn a enillwyd i Gymru a'r Gymraeg ar ddechrau'r rhyfel oedd darparu gwasanaeth newyddion cyfrwng Cymraeg ac i'r diben hwnnw fe symudwyd Sam Jones,[72] Alun Llywelyn-Williams[73] ac Elwyn Evans[74] i Lundain ddechrau'r rhyfel. Ond parhâi darlledu Cymraeg yn destun tyndra ac ymrafael, fel y tystia'r llythyr a anfonodd Bob Owen, Croesor ar ran Cyngor Gwlad Caernarfon at y BBC yn Llundain yn cwyno am y prinder rhaglenni yn yr iaith: 'During the discussion bitter remarks were given about the way the BBC were treating a nation which has a culture and a tradition of nearly fourteen centuries old, and some of the members went so far as to express their minds in saying that they think the BBC are showing themselves almost as enemies to our nation.'[75] Roedd ymraniadau ar bob tu: fel cyfraniad at wrthweithio 'subversive tendencies of certain sections of the community in Wales'[76] y gwelai'r Llywodraeth y ddadl o blaid cynyddu'r ddarpariaeth Gymraeg ar y radio, ond er gwaethaf pob consesiwn, ofnai uwchswyddogion y BBC yn Llundain fod cynnwys rhaglenni Cymraeg yn 'inherently subversive'.[77]

Os oedd rhwygiadau lu dan yr wyneb, ceisiwyd cyflwyno ffrynt unedig yn gyhoeddus a rhwng 1940 a 1942, pan oedd yr ofn y byddai Prydain yn cael ei goresgyn gan luoedd yr Almaen ar ei ddwysaf, gwnaed defnydd tryloyw o'r Gymraeg fel erfyn Prydeindod. 'Ni'n gorchfygir ni!' yw'r neges a gyfleir gan y darllediadau a ganlyn o 1940, rhai sy'n awgrymu Prydain wrol, benderfynol na chollodd ei synnwyr cymuseredd na'i ddigrifwch na'i dynoliaeth, pa mor ddrwg bynnag fyddo'r bygythiad:

> Does gan hyd yn oed y plant ddim o'i hofn hi [y bom sgrech]. Maen nhw, druain bach, yn mwynhau'r helynt yn fwy na neb a phan yn chwilio am dŷ i ymochel pan ddaw'r rhybudd, dechreuant wahaniaethu rhwng tŷ lle mae gobaith am ddeisen neu *ice-cream* a thŷ lle mae gofyn iddynt eistedd yn y gornel yn ddistaw a bod yn blant da. Rhaid dweud bod yr helynt yn rhoi cyfle i gymdogaeth dda ddyfod i'w theyrnas.[78]

> Mae'r teimlad a'r farn gyffredinol yr un mor gadarn yn wyneb bygythiad Hitler i anfon ei luoedd mewn llongau ac eroplenau a *parachutes* i feddiannu Lloegr a Chymru. Fe all eu danfon, wrth y miloedd – ond am wneud Prydain yn ddinas barhaus iddynt, na wnaiff byth. Mae ein llynges odidog, ein llu awyr dewr, a'n byddin na fu ei grymusach yn yr ynys erioed, yn barod ac yn eiddgar i ysgubo'r gelyn i'r môr. Ac y mae miliynau o bobl gyffredin y tu ôl iddynt yr un mor benderfynol o wrthsefyll hyd angau os bydd raid... Cofiwch bob amser mai'r amddiffyn gorau i Brydain Fawr yw gwroldeb ei gwŷr a'i gwragedd.[79]

Sôn am herfeiddiwch Churchillaidd! Yn wir, gan mor swyddogol yw'r safbwynt a gyfleir, teg holi ai cyfieithiadau a chyfaddasiadau ydyn nhw o ddarllediadau Saesneg. Yn ystod yr un cyfnod hwn o nerfusrwydd y lleolwyd y nofel ysbïwyr *Y Gelyn Mewnol* (1946) gan Melville Richards sy hefyd yn cyflwyno delwedd o Brydain yn brwydro'n unedig ac yn gytûn yn erbyn gelyn cyffredin.[80] Cyflwyno criw o ferched o bob rhan o Brydain, yn ddaearyddol ac yn gymdeithasol, yn dod ynghyd i gydweithio mewn ffatri awyrennau a wna'r ffilm *Millions Like Us* (1943) hefyd – 'the coming together of the classes and the regions into a British nation'[81] – ac ymhlith y cymeriadau ceir un o'r enw Gwen Price, geneth o gefndir proletaraidd yng nghymoedd y glo a raddiodd o 'Brifysgol De Cymru'.[82]

Nid amherthnasol, wrth fynd heibio, yw tynnu sylw at ddwy ffilm Gymraeg a geisiai gywiro a chydbwyso rhywfaint ar y darluniau Prydeinig hyn. Cynhyrchwyd *Yr Etifeddiaeth* (1949) gan John Roberts Williams, ffilm a luniwyd 'er mwyn tynnu sylw at yr argyfwng yng nghefn gwlad Cymru' ynghanol y '[g]ofidiau' a ddaeth 'yn sgil yr Ail Ryfel Byd'.[83] Yr hyn y mae rhagymadrodd Cynan, traethydd y ffilm, yn ei wneud yw cyflwyno Cymreictod fel grym cynhwysol a meddiannol drwy ddarlunio'i effaith fendithiol ar un ifaciwî bach o Lerpwl:

> Freddie Grant gynt o Lerpwl, yn awr o Gymru. Ar frig y don y daeth Freddie i Gymru, y don a olchodd o eithafoedd y ddaear hyd eithafoedd y ddaear, pan derfysgodd y cenhedloedd ym 1939 ac a ysgubodd Freddie bach yn ei chymhlethdod paradocsaidd o'r niwl i'r nef. O enbydrwydd tymhorol y ddinas Seisnig daeth y Sais bach tywyll hwn i'r heddwch diderfyn Cymreig. Cadwodd y Saeson eu dinas ond cadwodd Cymru Freddie. Fe'i gorchfygwyd gan y Cymreigrwydd na ddisodlwyd mohono eto gan un gelyn. Daeth yn rhan o'r etifeddiaeth a gadwyd mor drafferthus trwy'r trofaus ganrifoedd, daeth yn Gymro, yn Gymro glân ei iaith a bratiog ei Saesneg. Daeth Hen Wlad fy Nhadau yn annwyl iddo yntau.[84]

'Fe'i gorchfygwyd gan y Cymreigrwydd na ddisodlwyd mohono eto gan un gelyn': yn ogystal â bod yn ffilm amddiffynnol a gofnodai ar seliwloid '[dd]arluniau gonest a grëwyd o etifeddiaeth a oedd ar fin dirwyn i ben yn sgil moderneiddio Cymru wedi'r Ail Ryfel Byd',[85] roedd *Yr Etifeddiaeth* hefyd yn ffilm hyderus, un a wnaed gefn-wrth-gefn[86] ac a hyrwyddai'r diwylliant Cymreig a Chymraeg yn fanodol a phendant. Gyda synnwyr trannoeth, fel hyn y mesurodd Paul Fussell arwyddocâd yr holl antholegau o lenyddiaeth Saesneg a ymddangosodd yn ystod y rhyfel:

> An . . . important reason for the large number of anthologies during wartime was the desire in both anthologist and reader to survey 'the heritage' as a way of seeking an answer to the pressing question, What are we fighting for? The war forced everyone back onto traditional cultural possessions and responses and forced people to consider which things were valuable enough to be preserved and enjoyed over and over again.[87]

Yn wyneb y fath imperialaeth ddiwylliannol, o leiaf roedd ffilm fel *Yr Etifeddiaeth* yn dathlu amrywiaeth a gwahaniaeth drwy gyhoeddi'n gryf ac yn groyw gerbron y byd nad Seisnig a Saesneg mo unig etifeddiaeth Prydain o bell ffordd. Ffilm lawer mwy diweddar yw *Cameleon* (1997), un a gynhyrchwyd pan oedd y diwydiant ffilm Cymraeg wedi hen ymsefydlu.[88] Portreadir ynddi gymeriad o'r enw Delme Davies, dihangwr o'r fyddin ar ôl cyflafan Dunkirk ac un sy'n dioddef o PTSD – *post traumatic stress disorder* – neu *shell-shock* yn nherminoleg y Rhyfel Byd Cyntaf. Am dros ddwy flynedd, caiff loches yn yr atig sy'n cydgysylltu ei gartref gyda gweddill y tai yn yr un rhes.[89] Ymateb un o'i gymdogion sy'n goliar yw 'os yw e wedi penderfynu peidio cowtowio i'r hen Churchill 'na, wel, pob lwc iddo fe. Fydde i ddim yn barnu neb am wneud hynny.' Bu dosbarth gweithiol de Cymru yn dal dig yn erbyn Churchill fyth ers iddo anfon milwyr i Donypandy i chwalu streic y glowyr yn 1910; does dim argoel o ffrynt unedig Brydeinig yn yr ymateb hwn.[90] Ar ddiwedd y ffilm, bradychir Delme gan un cymydog yr un pryd ag y penderfyna ef ohono'i hun ildio'n urddasol i'r awdurdodau, ac erys gweddill ei gymdogion yn gefnogol iddo drwy hawlio'r cyfrifoldeb am ei lochesu. Ymetyb y ffilm hon yn greadigol i'r myth ynghylch pobl Prydain yn cyd-dynnu ac yn uno gyda'i gilydd i drechu gelyn cyffredin yn ystod y rhyfel: ydi, mae'r rhai a ddarlunnir yn cyd-dynnu ac yn uno gyda'i gilydd, ond y gelyn cyffredin yw'r heddlu milwrol yn eu capiau cochion a ddaw o'r tu allan i'r gymuned i ddwyn aelod o'u plith oddi arnynt.[91]

Dyma ddelwedd arall o Gymreictod *subversive*, Cymreictod nad yw'n plygu glin i Brydeindod nac yn porthi'r holl fytholeg ynghylch Rhyfel y Bobl. Angus Calder yn ei hanes cymdeithasol a gyfeiriodd at *The Myth of the Blitz* (1991), cyfrol sy'n cywiro rhywfaint ar bersbectif *The People's War* dra dylanwadol: fe'i sgrifennodd 'in a spirit of self-criticism, since I realised that many, perhaps most, readers of my *People's War* (1969) had seen the book as confirming the Myth. Looking it over again, I saw that I had accepted almost without question the mythical version of "Dunkirk"' gan ychwanegu, '"The Blitz" supports a myth of British or English moral pre-eminence, buttressed by British unity.'[92] Fel yr holodd Jeff Hill yntau, 'We might wonder what all those representations of "the people" meant to people themselves, especially perhaps those who did not see themselves so clearly reflected back in the public images of "the people": overseas immigrants, the Scots, Welsh and Irish, the elderly, the young, those who lived outside the Home Counties, and rural dwellers.'[93]

Fel ymadrodd i arwyddo 'a supposed wartime inclusiveness, nationally and culturally, in terms of audience and authorship which cut across class and other social divides'[94] – felly y defnyddir teitl y ffilm *Millions Like Us* gan Nick Hayes. Er mai at *anghynwysoldeb* delweddau felly y cyfeiria amryw o'r enghreifftiau y tynnwyd sylw atynt uchod, waeth heb ag ateb myth â myth drwy leoli'r holl ymatebion Cymraeg i'r rhyfel

Trawsolwg

mewn un bocs taclus a cheisio'u cysoni â rhyw ddiffiniad cymeradwy ond caeth o Gymreictod. Wedi'r cyfan, amrywiol rhagor unffurf oedd y modd yr effeithiodd y rhyfel ar Gymru: bomiwyd canolfannau poblog, cludwyd ifaciwîs i ardaloedd gwledig, meddiannwyd tiroedd amaethyddol.

Un a oedd yn blentyn yn ystod y rhyfel yw Philip Jones Griffiths (g. 1936) o Ruddlan, Cymro a welodd drosto'i hun fwy o ryfeloedd modern nag odid neb ac a'u cofnododd ar gyfer y byd yn rhinwedd ei swydd fel ffotonewyddiadurwr. Wrth bwyso a mesur ei yrfa yn y gyfrol retrosbectif *Dark Odyssey* (1996), ceisia Murray Sayle briodoli ei weledigaeth i Gymreigrwydd ei fagwraeth fore:

> He spoke Welsh as a child . . . to Philip and his compatriots, Welsh resounds with affection, intimacy, neighborliness, the warmth of home. By contrast, English (which he learned at school) is the language of commerce, the coldest of all human relationships; the tongue of power and greed . . . Welsh was the vehicle of a stern, unforgiving Protestant religion – itself imported from England. In Philip's mind, Welsh puritanism and Welsh patriotism have joined to shape a powerful image: that of gentle village life crushed under the wheels of brutal, mechanized invaders. This vision is too elemental to be called politics or ideology; it belongs in a medieval passion play about the struggle of light against darkness. Philip carried it around the world, until he encountered a place it seemed to explain: Vietnam . . . Vietnam fused with images from his own childhood, of kindly, rural Wales threatened by soulless, materialistic, powerful England over the border.[95]

Mae'n sicr fod y weledigaeth hon o Gymreictod, un a ddyrchafa fychanfyd cymdogol, clòs, Cymraeg yn Waldoaidd yn nannedd bygythiad gwrthnysig, materolaidd Saesneg, yn un y gallai amryw o'r awduron a ddyfynnir yn y gyfrol hon uniaethu â hi. Ond un weledigaeth yw hi, ac yn enw lluosogedd ac amrywiaeth, cam gwag fyddai mabwysiadu dehongliad mor rhinweddol, ac ar ei waethaf, hunangyfiawn a chyfyngol o Gymreictod. Dyna pam mae'r hyn a eilw Jeff Hill yn olwg galeidosgopaidd ar ryfel yn un mor iach a defnyddiol:

> Heroic interpretations have now given way to what we might term a 'kaleidoscopic' view of wartime. 'Kaleidoscopic' in the sense that the war represents constantly varying patterns, difficult to pin down . . . what Jose Harris has described as 'the sheer diversity of wartime experience of different individuals, different localities, different organisations and different social groups'. There are, in addition, different phases of the war, and a multitude of experiences and reactions to these phases . . . There is no universal pattern, no grand design.[96]

Mae'r ffaith mai'r hyn a ddaw'n ôl mor ufudd â bwmerang yn y pen draw yw'r ddau gyfaill anferthedd ac amrywiaeth[97] yn mynnu cyrchddull hollgynhwysol o'r fath; y bartneriaeth rybuddiol hon sy'n gomedd inni dynnu casgliadau hawdd neu gyffredinoli'n rhwydd. Cynrychiolai'r rhyfel her aruthrol i'r meddwl a'r dychymyg Cymreig ac fel yn achos yr ymateb llenyddol i'r Rhyfel Byd Cyntaf, efallai mai'r unig gyffredinoliad diogel yn y diwedd yw fod yr astudiaeth hon yn tystio'n gadarnhaol i ymdrechion awduron o Gymry i fynd i'r afael ag un o ddaeargrynfeydd mwyaf y cyfnod modern, i orfodi'r Gymraeg i droedio'r tir newydd a amlinellwyd gan yr Ail Ryfel Byd.

Na Ladd?

Mae unrhyw ddamcaniaethu am yr hyn a olygir wrth Gymreictod yn cael ei ddiriaethu'n brofiad byw pan ddaw hi at achos y milwr. I 'gryfder y traddodiad heddychol Cristnogol yng Nghymru yn anad dim'[98] y priodola John Davies y ffaith fod cyfartaledd uwch o Gymry nag o Saeson neu Albanwyr wedi gwrthwynebu'r rhyfel hwn yr un fath â'r un blaenorol. Mewn nofelau cymharol hwyr am y rhyfel fel *Ym Mhoethder y Tywod* (1960), *Ffarwel Ha'* (1974) a *Cyllell yn y Pridd* (1974),[99] yr hyn a gyflwynir yw Cymry Cymraeg sy'n aelodau o'r lluoedd arfog a ddaw i ffieiddio wrth y profiad o ladd a'r awgrym cryf, un ai'n uniongyrchol neu'n anuniongyrchol, yw fod pasiffistiaeth yn Gymreiciach adwaith. Ond fel y dywed Joanna Bourke yn ei hanes adolygol, *An Intimate History of Killing* (1999): 'The characteristic act of men at war is not dying, it is killing',[100] a chyfeiria hefyd at waith haneswyr eraill diweddar: 'As the historian Niall Ferguson argued in his momentous book *The Pity of War* . . . most servicemen were not coerced into the firing line. Rather, for many, it was possible to become "intoxicated" by "violence for its own sake": "fighting was fun". Combatants frequently dared to admit to orgasmic joy in unrestrained slaughter.'[101] Pa mor anodd bynnag yw hi i stumogi'r gwirionedd hwn, a oes gennym sail i eithrio milwyr Cymraeg o'r cyfri? Wedi'r cyfan, fel y dywed Gwyn Thomas wrth drafod canu Aneirin, mae archwiliad o'r profiad gweithredol o ladd rhagor yr un goddefol o gael eich lladd i'w gael yn ein llenyddiaeth fore ninnau:

> 'Lladdesynt,' fe'u lladdwyd. Ond y mae yn Aneirin hefyd 'hwy laddasan'. Dyma brofiad na chewch chwi mohono o gwbwl yng nghanu rhyfel

Williams Parry. Rhyfel trwy brofiad rhyfelwr sydd yn y geiriau hyn. Y mae'r Athro A. O. H. Jarman wedi trafod y delfryd o arwr yn ein hen ganu a dangos mor enbyd oedd o. Er enghraifft, ystyriwch y llinell: 'Llawer mam â'i deigr ar ei hamrant.' Nid tosturi sydd yn hon ond gorfoledd fod cynifer o'r gelyn wedi eu lladd. Ystyriwch ymhellach y llinell farbaraidd honno: 'Seiniesid ei gleddyf ym mhen mamau' lle mae'r mamau, mae'n debyg, yn methu anghofio sŵn cleddyf Isag, yr arwr o'r Gododdin, yn atsain wrth iddo ladd eu meibion. O bob llinell yn y byd, hon sy'n mynegi groywaf erwindeb a chreulondeb rhyfel.[102]

Canu rhyfel diedifar ddidostur, felly, a rhy hawdd fyddai hi i ddehongli'n gysurlon y cyfeiriadau hyn gan Aneirin fel arwydd o ryw gyntefigrwydd ogofaol cynnar neu hyd yn oed fentro'u labelu'n 'anghymreig'. Oherwydd fel y dangosodd ymchwil arloesol Jerry Hunter, ymchwil sy'n llythrennol yn hawlio tir newydd ar gyfer y Gymraeg drwy ymestyn y drafodaeth arni i feysydd cad Rhyfel Cartref America, defnyddiwyd yr iaith rhwng 1861 a 1865 i fynegi profiadau syfrdanol o onest o ryfel:

Ar ôl ysgafnhau ein gynau y waeth gyntaf, ysgafnhaodd ein calonau hefyd. Gweithiai ein bysedd yn gyflym, [symudai] ein breichiau heb grynu, ac anelai ein llygaid heb wyro at fyddin lladron rhyddid ag einioes. Yr oedd y gwaith yn ymddangos yn bleserus, ac edrych ar y corph yn cycio wrth ffarwelio â'r enaid yn [. . .] felys. Crochfloeddiem o lawenydd, wrth weled llinell y gelyn yn gwingo o flaen tân ein gynau ac yn ffoi heb drefn i wyneb eu cyfeillion.[103]

Yr hyn a all ychwanegu at anghysur dyn a styrbio'i smygrwydd wrth ddarllen disgrifiad fel hwn yw'r sylw mai '[d]yn crefyddol iawn' oedd Evan Davis, 'dyn sydd, mewn darnau eraill o'i ddyddiadur, yn coleddu syniadau heddychlon. Ond dyma'r Cristion yn cyffesu fod "edrych ar y corff yn cycio wrth ffarwelio â'r enaid yn felys" iddo ar ganol y frwydr.'[104] Doedd y Gymraeg, mae'n amlwg, ddim ar ôl o fynegi profiadau ciaidd a ddeilliai o realiti rhyfel; o'r herwydd, wrth wynebu'r Ail Ryfel Byd – yn ddamcaniaethol o leiaf – doedd dim o fewn terfynau'r iaith ei hun a gyfyngai ar ei photensial mynegiannol. Er bod ei hawduron eisoes wedi mentro i'r tir neb hwn yn ystod y Rhyfel Byd Cyntaf, rhan o'r rhwystr ar ei ffordd yn ystod yr Ail Ryfel Byd o hyd oedd agweddau amddiffynnol ynghyd â'r ddelwedd ddihalog a phur ohoni hi ei hun a goleddid gan amryw; rhan ganolog o ddiddordeb yr astudiaeth bresennol yw ystyried i ba raddau y llwyddwyd i'w defnyddio – yn wir, y gorfodwyd hi – i wynebu'n ddirfodol dir newydd heb ei llethu'n ormodol gan bwysau plwm rhagdybiaethau diwylliannol a moesol.

Dychmygu'r Annychmygadwy, Traethu'r Anhraethadwy?

Hitler, Holocost, Hiroshima: os rhown ni gerddi Alun Llywelyn-Williams i'r naill ochr am y tro, yna siwrnai seithug i raddau helaeth fyddai honno i ddod o hyd i weithiau llenyddol Cymraeg yn ymdrin yn uniongyrchol â'r enwau priod hyn a uniaethir â'r Ail Ryfel Byd. Ond a yw hynny'n destun syndod mewn difri?

> The experiences of Hamburg and Belsen, Hiroshima and Dachau cannot be imagined. We have gone to war and beggared description all over again. These experiences are like the black holes in space. Nothing can get out to let us know what it was like inside. It was like what it was like and on the other hand it was like nothing else whatsoever. We stand before a gap in history. We have discovered a limit to literature.[105]

Mae'r ffaith fod llenor Nobel fel William Golding yn gallu dweud peth felly wrth ystyried ymateb llenyddiaeth Saesneg i'r rhyfel yn awgrymu maint y sialens a wynebai llenyddiaeth Gymraeg o gymharu. A'r hyn a ddigwyddodd yng nghyswllt Hiroshima a'r Holocost yn fwy dychmygus nag unrhyw ffuglen, tueddiad hyd yn oed awduron ffuglen fu cadw'n glòs at hanes a ffeithiau wrth eu trafod o fewn eu gweithiau ffuglennol. Un enghraifft gyfarwydd a ddaw i'r meddwl, enghraifft o ffeithlen neu *faction*,[106] yw *Schindler's Ark* (1982) a addaswyd yn ffilm gan Steven Spielberg yn 1993. Er i'r Awstraliad Thomas Keneally ennill Gwobr Booker am Ffuglen ym Mhrydain yn 1982, mae'n ddadlennol mai fel llyfr ffeithiol y cafodd ei farchnata yn America.[107]

Yn achos llenyddiaeth Gymraeg, fe fentrodd Saunders Lewis yn 1958 fynd i'r afael â'r *putsch* aflwyddiannus yn erbyn Canghellor yr Almaen yn 1944, ac fe noda'n ofalus yn ei ragair i *Brad* (1958) pa gymeriadau sy'n ddychmygol a pha rai y mae sail hanesyddol iddynt yn ogystal â'i ddyled i amryw astudiaethau hanesyddol. Nid tan 1978 pan ddarlledwyd *1938* ar y teledu y mentrodd yr un dramodydd gyflwyno cymeriad Hitler ei hun mewn drama.[108] Yr un flwyddyn, yn Eisteddfod Genedlaethol Caerdydd, fe gyfeiriai Siôn Eirian yng ngherddi'r Goron at 'luniau o Major Eatherley'n gwallgofi'[109] ac at y ffilm *Hiroshima, Mon Amour* (1959).[110] Lluniau a ffilm: edrych yn anuniongyrchol ar y rhyfel a wneir felly, syllu arno drwy ffenest cyfrwng creadigol arall. Gwelir rhywbeth tebyg ar waith yn achos Alan Llwyd: yn ei eiriau ei hun, 'Ar ôl darllen rhifynnau'r Ail Ryfel Byd o'r *Cymro* a'r *Faner*' y sgrifennodd y gyfres o gerddi 'Galarnad Cenhedlaeth' yn y gyfrol *Yn Nydd yr Anghenfil* (1982).[111] O awduron heriol bob un, profiad dirprwyol o'r rhyfel a gyflwynir ganddynt, profiad ail-law.

Ond fe welodd rhai Cymry bethau drwy'u llygaid eu hunain, Evan J. Davies o Lŷn, er enghraifft, a fu'n garcharor rhyfel yn yr Almaen ac sy'n adrodd hanes criw o gydgarcharorion iddo:

> 'Roeddent wedi cael eu cerdded am ryw bum neu ddeng munud ar hyd y rheilffordd nes dod at adeilad pur newydd. Pan agorwyd y drysau cawsant fraw dychrynllyd – 'roedd yno bentwr o gyrff dynion a merched wedi marw. Gwelsant mai siambr nwy oedd yma, ond yn waeth na dim, cawsant eu gorfodi i gario'r cyrff allan a'u rhoddi ar wagen reilffordd a safai wrth ochr yr adeilad. 'Roedd hon yn dasg ddychrynllyd ac ofnadwy iawn, ac effeithiodd yn arw ar yr hogiau. Mae'n debyg fod y cyrff wedi cael eu cludo i rywle i gael eu claddu. Dyna oedd yr ogla ar yr awel y diwrnod hwnnw.
>
> Clywsom ogla tebyg drachefn, a dywedodd yr Almaenwyr wrthym ein bod yn mynd heibio o fewn rhyw filltir i Belsen – y gwersyll carcharorion gwaethaf yn yr Almaen.[112]

Bu R. Emyr Jones yntau'n gwasanaethu yn Belsen yn fuan ar ôl rhyddhau'r gwersyll crynhoi:

> Yr oedd gwaelod casgen dynoliaeth wâr yn ymagor o flaen ein llygaid yma ym Melsen. Meirwon yn gorwedd blith draphlith ym mhobman – rai ar eu heistedd, fel pe bai'r ymdrech o ddisgyn ar eu hwynebau i farw yn ormod iddynt. Y byw, eu cyd-ddioddefwyr, yn mynd heibio mor ddidaro. Yr oeddynt, yng nghwrs blynyddoedd eu caethiwed, wedi hen gynefino â'r peth. Efallai y teimlent yn genfigennus tuag atynt wrth sylweddoli fod rhyddhad wedi dod iddynt o bob poen a dioddefaint.
>
> Milwyr proffesiynol a phrofiadol yn methu edrych i mewn i'r cytiau – hofelau o gartrefi – am fod yr olygfa a'r drewdod yn ormod. Yno gorweddai'r byw a'r marw gyda'i gilydd ar y lloriau llaid am na fedrai'r byw symud y meirw. Gwell ganddynt eu defnyddio fel gobennydd.[113]

Ac roedd Henry Morris-Jones, aelod seneddol dros Sir Ddinbych, yn rhan o'r ddirprwyaeth seneddol a ymwelodd â gwersyll Buchenwald ar wahoddiad y Cadfridog Dwight D. Eisenhower yn 1945:

> Gwelais ddegau yno nas gallwn fod yn sicr pa un ai byw ai meirw oeddynt. Dim ond esgyrn a chroen, a'r trueiniaid yn ceisio dilyn ein symudiadau â'u llygaid – fel pe o hirbell. Eraill yn gallu sisial ychydig, ac yn ceisio pwyntio at eu doluriau . . . Pwy oedd y creaduriaid hyn? Nid troseddwyr mohonynt, yn ôl ein syniad ni. Rhai o ddynion mwyaf diwylliedig Ewrop; yn athrawon; yn bregethwyr; yn feddygon; yn wleidyddwyr a gwyddonwyr. Llawer yn Iddewon, ond nid y mwyafrif.[114]

Ond gan fod hwn yn rhyfel mor wasgaredig a ymladdwyd ac a brofwyd ar sawl ffrynt, mae'r ymdeimlad o bellter ac ynysedd oddi wrth 'ganol' pethau y rhydd Ifan Parri fynegiant iddo, ac yntau'n gynawyrennwr a dreuliodd y rhyfel yn y Dwyrain Pell, hefyd yn brofiad nodweddiadol:

> Mae'n rhyfedd mor bell ac mor ddi-gyswllt y gall dyn fod ar yr ynys. Er ein bod ni yn rhan o'r Lluoedd Arfog nid oeddem rywsut yn gallu amgyffred yn llawn beth a ddigwyddai mewn rhannau eraill o'r meysydd rhyfel. Pan ddaeth hysbysiad i'r perwyl fod bom atom wedi ei ollwng ar Hiroshima, ni ddeallem yn llawn arwyddocâd y digwyddiad hwn. Awgrymai'r gair yn gynnil iawn y gallai'r bom newid cwrs y rhyfel yn y Dwyrain, ond hyd yn oed pan ollyngwyd yr ail fom ni sylweddolem fod y diwedd mor agos.[115]

At hynny, pan yw goroeswyr fel Primo Levi[116] ac Elie Wiesel[117] wedi traethu â'r fath rym am yr hyn a brofasant yn Auschwitz a Buchenwald, nid yn ddifeddwl, heb bwyso a mesur y goblygiadau moesol, y mentra unrhyw awduron ailweithio deunydd am Hiroshima na'r Holocost i ddibenion llenyddol. Er i lenyddiaeth Gymraeg ddod ar draws meini tramgwydd o'r blaen wrth geisio disgrifio'r Somme a Passchendaele y Rhyfel Byd Cyntaf, y tro hwn mae'r rhwystrau'n rhai gwahanol ac yn sefyll ar ffordd llenyddiaethau mawrion yn ogystal.

Yr athronydd o Iddew, Theodor Adorno, a haerodd yn gofiadwy ei bod hi'n 'farbaraidd' sgrifennu cerdd ar ôl Auschwitz; yng ngeiriau Jerry Hunter wrth iddo drafod yr Holocost: 'Erchyllbeth ar lefel anferthol, anfadwaith mor fawr nes ei bod yn anodd ei drafod gyda'r adnoddau sydd gennym. Adnoddau ieithyddol, adnoddau athronyddol, adnoddau diwinyddol, adnoddau'r dychymyg; maent i gyd yn ddiffygiol yn wyneb yr ymdrech i amgyffred, i drafod ac i gynrychioli'r fath ddigwyddiad.'[118] Ac 'Nid yw lastig iaith / yn 'mestyn yn ddigon pell / i gwmpasu'r holl danchwaoedd / a greodd y demoniaid clai' yw sylw Gwilym R. Jones mewn cerdd yn bwrw golwg ar hynt dyn yn ystod yr ugeinfed ganrif.[119] Mae sawl beirniad wedi cyfeirio at brinder yr ymateb llenyddol Cymraeg i'r Ail Ryfel Byd, Gwyn Thomas yn eu mysg: 'Amharodd yr Ail Ryfel Byd yn fawr ar y Cymry; aeth cenhedlaeth arall o wŷr, a rhai merched, i gyd i wahanol fannau yn y byd. Bu colledion dwys. Ond ychydig o ôl hyn sydd ar ein llenyddiaeth.'[120] Cwyn debyg sy gan Alan Llwyd yntau a synnai fod 'beirdd Cymru ar y pryd yn byw drwy un o'r argyfyngau mwyaf yn hanes y ddynoliaeth, ond dim ond rhyw lond dwrn a sylweddolai hynny'.[121] Er na chytunwn â'r farn ynghylch prinder yr ymateb Cymraeg i'r rhyfel, nid yw'r tawedogrwydd a awgrymir chwaith yn gwbl annisgwyl nac yn ddiesboniad.

Ond nid yn unig fod yr hyn a brofwyd yn yr Holocost yn anhraethadwy: pa hawl sy gan y sawl na phrofodd yr Holocost drosto'i hun i sgrifennu'n ddychmygus amdano yw'r cwestiwn a godir gan George Steiner, cwestiwn a adleisiwyd yn dilyn amryw drychinebau diweddar.[122] Ystyrier, er enghraifft, yr hyn a ddywedodd wrth drafod dwy o gerddi gan Sylvia Plath sy'n defnyddio delweddaeth yr Holocost, 'Lady Lazarus' a 'Daddy' o'r gyfrol *Ariel* (1965) a gyhoeddwyd ar ôl ei marwolaeth: 'Are these poems entirely legitimate? In what sense does anyone, themselves uninvolved and long after the event, commit a subtle larceny when they invoke the echoes and trappings of Auschwitz and appropriate an enormity of ready emotion to their own private design?'[123] Chwilio am sylfaen gadarn mewn realiti a wnâi'r cyfarwyddwr ffilmiau Roman Polanski yn *The Pianist*: 'I survived the bombing of Warsaw and the Krakow ghetto and I wanted to recreate my memories from childhood. It was also important for me to remain as close to reality as possible, and not make a film that was typically Hollywood.'[124]

Cwestiwn arall yw a ellid rhoi coel ar iaith mwyach neu a ddifethwyd hithau. Yn ei ysgrif arwyddocaol ei theitl, 'Silence and the Poet', cyfeiria Steiner at y modd y collodd nifer o awduron o'r Almaen ffydd yn eu hiaith: 'Because their language had served at Belsen, because words could be found for all those things and men were not struck dumb for using them, a number of German writers who had gone into exile or survived Nazism, despaired of their instrument.'[125] Mae'r ffordd sinistr y cafodd iaith ei manipiwleiddio yn thema a gwyd yn y ffilm *Schindler's List* mewn golygfa rhwng Oskar Schindler a'i was da a ffyddlon, Amon Goeth: ceisir cysuro'r Iddew y bydd 'special treatment' ar ei gyfer, ond dywed hwnnw fod ystyr arall i 'special treatment' bellach a'i fod yn gobeithio na fyddai ef yn profi'r 'special treatment' hwnnw; cyfeirir yn lle hynny at 'preferential treatment' a phan hola Oskar, 'Do we have to invent a whole new language?', 'I think so' yw'r ateb.[126] 'Then for the first time we become aware that our language lacks words to express this offence, the demolition of a man',[127] meddai Primo Levi, sylw yr ymhelaethodd arno: 'Just as our hunger is not that feeling of missing a meal, so our way of being cold has need of a new word. We say "hunger", we say "tiredness", "fear", "pain", we say "winter" and they are different things. They are free words, created and used by free men who lived in comfort and suffering in their homes.'[128] 'Ni luniwyd geiriau addas mewn unrhyw iaith i ddisgrifio'r olygfa'[129] meddai R. Emyr Jones yn dilyn ei ymweliad â Belsen yng ngwanwyn 1945 a'r un yw sylweddoliad y cymeriad Maritsa mewn sgwrs rhyngddi a John Elwyn Jones yn *Yn Fy Ffordd Fy Hun* (1986) wrth i'r ddau drafod gwersylloedd crynhoi Ravensbruck a Buchenwald: '"does yr un gair yn ein geirfa i ddisgrifio'r fath beth yn iawn. Mae 'na gymaint o erchylltra newydd wedi dod i fodolaeth, fel y bydd angen geirfa newydd i'w ddisgrifio."'[130] Ac un anecdot frawychus y cyfeiria Steiner ati er mwyn awgrymu'r modd y gwyrdrowyd ystyr iaith yn ystod y rhyfel yw hon: 'On the way to Belsen, a train was halted somewhere in southern Germany. The prisoners were made to run up and down the platform and a Gestapo man loosed his dog on them with the cry: "Man, get those dogs!"'[131] Er nad yw Steiner yn dadlau y dylai llenorion ymdawelu'n llwyr a rhoi'r gorau i sgrifennu, y mae'n codi'r cwestiwn hwn: 'I am asking whether they are not writing too much, whether the deluge of print in which we seek our deafened way is not itself a subversion of meaning ... the constant inflation of verbal counters has so devalued the once numinous act of written communication, that there is almost no way for the valid and the genuinely new to make themselves heard.'[132]

Er gwaethaf ei amheuon, yn gadarnhaol yr ymatebodd Steiner i Sylvia Plath yn y pen draw: 'These poems take tremendous risks, extending Sylvia Plath's essentially austere manner to the very limit. They are a bitter triumph, proof of the capacity of poetry to give to reality the greater permanence of the imagined.'[133] Ac yn ddiweddarach yn ei oes, ystwythodd Adorno rywfaint ar yr hyn a ymddangosai fel ei safbwynt absoliwt a di-ildio a dod i weld celfyddyd arloesol, *avant garde* 'fel yr unig fangre lle gellid canfod unrhyw fath o atgof o'r posibilrwydd o fyd amgen'.[134]

Llenyddiaeth Amser Rhyfel

Mae'r tyndra rhwng profiad a dychymyg yn un parhaus yn achos yr ymateb llenyddol i'r Ail Ryfel Byd, i gymaint graddau fel y synhwyrir weithiau yn yr ymgiprys rhyngddynt fod gan brofiad awdurdod sofran ac felly'r llaw uchaf yn foesol wrth fentro sgrifennu'n greadigol amdano. Drigain mlynedd ar ôl diwedd y rhyfel, gall ymdriniaeth ddychmygus â'r Holocost neu ddefnydd ohono i ddibenion cyfeiriadol gan rai na chawsant brofiad ohono dramgwyddo o hyd, er y gall goroeswr fel

Tadeusz Borowski yn *This Way for the Gas, Ladies and Gentlemen* (1959) sgrifennu storïau'n llawn hiwmor tywyll am Auschwitz a Dachau.[135] Cadw'n glòs at gasgliad archif Ymddiriedolaeth Salamander Oasis o dros 17,000 o gerddi gan aelodau'r lluoedd arfog o wledydd y Gymanwlad Brydeinig, er enghraifft, a wnaed wrth drefnu blodeugerddi fel *Poems of the Second World War* a *The Voice of War*.[136] Eto i gyd, tybed nad yw geiriau John Flower a Ray Davison, wrth iddynt drafod yr ymateb ffuglennol i'r Ail Ryfel Byd yn Ffrainc, hefyd yn haeddu gwrandawiad: 'it does not appear to be necessary to have lived through the war to write about it convincingly, nor does the fact of participation automatically guarantee an effective literary transposition'?[137] Ac onid yw digwyddiad llawer nes atom, sef ymosodiad terfysgol 11 Medi 2001 neu 9/11 fel yr enwyd y diwrnod hwnnw ar lafar gwlad, hefyd yn codi ystyriaeth? Yng ngeiriau Peter Conrad wrth iddo ystyried ymateb artistiaid creadigol i'r digwyddiad hwnnw yn Efrog Newydd: 'Whether or not we were in tall buildings on 11 September, all of us felt the ground quake and then cave in beneath us. Ancient certainties foundered: the worst of it – in a war between demented messiahs and slick, opportunistic, attitudinising politicians – is that we no longer know who to trust or what to believe.'[138] Ym Mhentre'r Byd, onid ydym oll yn gyfrannog o drasiedïau neu o leiaf yn sylwebyddion arnynt? Ac os daeth teledu â bwystfileiddiwch Rhyfel Fiet-nam i ganol cyfforddusrwydd stafelloedd byw y 1960au a'r 1970au, oni ddaeth *newsreel* yr Ail Ryfel Byd â'r rhyfel hwnnw'n fyw i fynychwyr sinemâu y 1930au a'r 1940au?[139]

Eir i'r afael â chyfuniad o gofnodion profiad a ffrwyth dychymyg a sgrifennwyd dros gyfnod o drigain mlynedd yng ngorff yr astudiaeth hon, ond dyma oedi cyn gwneud hynny gyda'r hyn a sgrifennwyd yn ystod blynyddoedd y rhyfel ei hun a'r rhai o boptu iddynt. Oherwydd *fe* ymatebodd llenyddiaeth Gymraeg i'r rhyfel ar y pryd a hefyd mewn ffordd gwbl ymarferol i amgylchiadau'r dydd. 'Dechreuodd yr Ail Ryfel Byd yn Sbaen ym 1936,'[140] meddai Alan Llwyd yn ei ragymadrodd i *Gwaedd y Lleiddiad* (1995), blodeugerdd Barddas o gerddi'r Ail Ryfel Byd, ond o safbwynt llenyddiaeth Gymraeg, byddai'r un mor ddilys awgrymu bod y rhyfel wedi dechrau ym Mhenyberth yr un flwyddyn. 'Yn llenyddol,' awgryma Gwyn Thomas, 'nid torri'r rhyfel [1939–45] oedd digwyddiad mawr ail hanner y tridegau ond llosgi'r Ysgol Fomio ym Mhenyberth.'[141] Un o'r rhai cyntaf i ymateb yn greadigol i'r Tân yn Llŷn oedd John Ellis Williams, un o ddramodwyr y Rhyfel Byd Cyntaf.[142] Yn *Yr Erodrom* (1937), drama dair act sy'n '[g]yflwynedig i'r tri llanc yn y tân', rhydd Bob Hughes, y gweinidog ifanc delfrytgar,

lond cetyn i Solomon Edwards, y siopwr oportiwnaidd a hynny mewn
llith sy'n adleisio Saunders Lewis:

> yr ydych chi a minnau yn perthyn i genedl fach na ddarfu iddi erioed fynd
> i ryfel ond i amddiffyn ei thir ei hun. O holl siroedd Prydain, sir oedd ein
> gwlad fach ni a roes y bleidlais drymaf dros Heddwch . . . yma y bwriedir
> dysgu y math creulonaf o bob dull o ryfel – dysgu dinistrio dinasoedd, eu
> llosgi, a'u gwenwyno, troi gwareiddiad yn ulw, a gollwng i lawr o ddiogel-
> wch yr awyr yr angau creulonaf ar wragedd a phlant bach![143]

A'r ddrama wedi'i chyhoeddi ym mlwyddyn bomio'n ufflon dref fechan
Guernica yng Ngwlad y Basg, gweithred a anfarwolwyd yn arlunwaith
enwog Picasso,[144] byddai arwyddocâd amserol iawn i'r cyfeiriad at
gyrchoedd awyr. Nid bod y basiffistiaeth a arddelai'r gweinidog fan
hyn wedi llwyr argyhoeddi'r dramodydd ei hun chwaith: pan ddeuai'r
Ail Ryfel Byd yn y man, byddai'n ymuno â'r fyddin ac yna'n cyhoeddi
yn 1943 ddrama fuddugol Eisteddfod Genedlaethol Bangor, sef *Wedi'r
Drin*.[145] Hen dderbyniwyd dehongliad Bobi Jones o'r modd y deffrowyd
ymrwymiad gwleidyddol mewn llenorion Cymraeg yn sgil bygythiad milwr-
ol 1936,[146] bygythiad a ragfynegai'r Ail Ryfel Byd. At hynny ac fel yr
awgrymwyd eisoes, roedd Penyberth a'i oblygiadau yn drosiad pwerus
a barodd i amryw sylweddoli maint y rhwystrau a wynebai'r Gymraeg
a'i diwylliant. Yn sgil yr Ail Ryfel Byd, daethpwyd i sylweddoli ei bod
hi'n rhyfel ar y Gymraeg hithau, am ei bodolaeth a'i pharhad. Yr hyn
sy'n rhyfeddol yw nad enciliodd diwylliant Cymraeg i gragen ar y pryd:
ymgyrchwyd yn ddychmygus i'w ddiogelu, ac o ganlyniad, gellir edrych
yn ôl ar y blynyddoedd rhwng 1939 a 1945 fel cyfnod cynhyrchiol a
llawn menter yn hanes cyhoeddi Cymraeg.

Doedd y cynyrchioldeb a'r fenter hon ddim yn unigryw ar y pryd.
Wrth fwrw golwg dros gyflwr diwylliant yn y Deyrnas Unedig ben-
baladr, dyma ddyfarniad M. R. D. Foot a Peter Stansky:

> The outpouring of cultural activities and achievements in the UK during
> the years of the Second World War, notable at the time, seems in retrospect
> a truly remarkable, even unparalleled phenomenon . . . to have so
> distinguished a creative outpouring in a period of six years would be
> remarkable any time. That it should have occurred in wartime, in a
> country engaged in a struggle that threatened its very existence, seems
> almost incredible.[147]

Ac ymhlith yr uchafbwyntiau llenyddol a grybwyllir yn y cofnod enwir
Between the Acts (1941) Virginia Woolf, *Four Quartets* (1943) T. S. Eliot,

Animal Farm (1945) George Orwell a cherddi Dylan Thomas a gyhoeddwyd yn *Deaths and Entrances* (1946). Wrth iddo gondemnio bwriad y llywodraeth i roi £50,000 i CEMA (*Council for the Encouragement of Music and the Arts*) – rhagflaenydd Cyngor Celfyddydau Prydain Fawr y byddid yn ei ffurfio yn 1946 – a hynny i hybu cerddoriaeth a drama amatur yn 1940, ni allasai'r *Daily Express* fod fawr pellach o'i le: 'The government gives £50,000 to help wartime culture. What madness is this? There is no such thing as culture in wartime.'[148]

Os ystyrir bod ugain miliwn o lyfrau newydd, rhai heb eu rhyddhau o'r argraffweisg, wedi eu dinistrio yn ystod y blits ar Lundain yn 1940, yna fe sylweddolir mor real oedd y bygythiad i lenyddiaeth ar y pryd. Gyda phrinder felly mewn golwg yr holodd Robert Hewison 'what happens to a civilization under siege? Do books, paintings and music become more or less important as they become less and less available?'[149] Ac meddai'r llenor Saesneg, Stephen Spender, a brofodd o'r adfywiad diwylliannol yn Llundain yn ystod y rhyfel: 'There was a revival of interest in the arts. This arose spontaneously and simply, because people felt that music, the ballet, poetry and painting were concerned with a seriousness for living and dying with which they themselves had suddenly been confronted.'[150]

Tyst i fywiogrwydd diwylliannol Llundain rhwng 1939 a 1945 yw astudiaeth Robert Hewison, *Under Siege* (1977), ac wrth iddo drafod y byd llenyddol a grynhodd o gwmpas Soho, mynych yw'r cyfeiriadau at Gymry lliwgar fel Dylan Thomas, Keidrych Rhys, Augustus John a Goronwy Rees. Roedd Cymro llengar arall a fu'n ddisgybl ychydig yn ieuengach na Goronwy Rees yn Ysgol Uwchradd Caerdydd neu *Cardiff High School*, Alun Llywelyn-Williams, hefyd yn Llundain ddechrau'r rhyfel, a chyfeiria'n hiraethus at y cyfnod hwn yn ei hunangofiant: 'Hyd heddiw daw atgofion pleserus lu i'm meddwl wrth gofio am ein bywydau yn Llundain yn y dyddiau hyn ar y trothwy llydan rhyfedd rhwng heddwch a'r rhyfel go iawn.'[151] Cyfeiria yntau at gymdeithasu a chiniawa yn Soho a'r Café Royal, at gyfarfod y tenor David Lloyd yn lifrai'r Gwarchodlu Cymreig, at gwmnïaeth Wil Griffiths yn siop Foyle a gyhoeddodd ei gyfrol gyntaf, *Cerddi 1934–1942*, yn 1944, at gyngherddau canol dydd Myra Hess yn yr Oriel Genedlaethol neu'r *National Gallery* ac at hamddena yn orielau celf y ddinas. Mewn gair, bu'n dda i Alun Llywelyn-Williams wrth y maeth celfyddydol hwn: fel y cyfeddyf ei hun, bu'r cyfnod rhwng 1939 a 1940 yn Llundain yn un 'eithaf cynhyrchiol' yn ei hanes fel bardd gan fod naw o gerddi cyhoeddedig – cwta draean o holl gerddi cyfrol 1944 – wedi deillio ohono. Ac er i bron ddeugain mlynedd fynd heibio cyn i rywfaint o'r hyn a sgrifennodd ar y pryd weld golau dydd, profodd ei gyfnod yn y fyddin yn un creadigol gynhyrchiol i Selyf Roberts yntau.[152]

Efallai fod y cwestiwn eisoes wedi'i ateb yn rhannol, ond beth sy'n digwydd i wareiddiad dan warchae? Oherwydd mae'r cwestiwn yr un mor berthnasol i sefyllfa llenyddiaeth Gymraeg. Evelyn Waugh, yn ei ragair i *Brideshead Revisited* (1945), nofel a sgrifennwyd ar frys gwyllt rhwng Rhagfyr 1943 a Mehefin 1944, a ddywedodd: 'It was a bleak period of present privation and threatening disaster – the period of soya beans and Basic English – and in consequence the book is infused with a kind of gluttony, for food and wine, for the splendours of the recent past, and for rhetorical and ornamental language, which now with a full stomach I find distasteful.'[153] Ffa soya a Saesneg Sylfaenol, sef math syml o'r iaith a gyfyngwyd i ryw wyth cant a hanner o eiriau detholedig ar gyfer cyfathrebu rhyngwladol – dyna a arwyddai dlodi ac amddifadedd yr Ail Ryfel Byd i Sais da ei fyd fel Waugh, ac er mwyn gwarchod buddiannau diwylliant uwch y sefydlodd un fel Cyril Connolly gylchgrawn diedifar o uchel-ael fel *Horizon* yn ystod y rhyfel.[154] Ond roedd yr argyfwng a wynebai diwylliant gwlad a chanddi statws trefedigaethol yn fwy dychrynllyd o'r hanner. O genedl a all ymfalchïo yn ei thraddodiad pwyllgorol, mae yna le sicr i ddiolch i sawl pwyllgor a godwyd yn ystod y rhyfel, nid yn unig am yr hyn a ddywedwyd, ond yn bwysicach o'r hanner, am yr hyn a wnaethpwyd.

Crynhowyd llawer iawn o gefndir cyfoethog i'r sylwadau hyn yn *Protest a Thystiolaeth* (1993), arolwg Dewi Eirug Davies o agweddau ar y dystiolaeth Gristnogol yn yr Ail Ryfel Byd a'i gyfrol ddilyniant i *Byddin y Brenin* (1988) ar Gymru a'i chrefydd yn y Rhyfel Byd Cyntaf. Yn yr atodiad defnyddiol i'r gyfrol, ailgyhoeddwyd nifer o erthyglau a cholofnau golygyddol o gyfnod y rhyfel sy'n lleisio ofnau am ddyfodol Cymru, ei diwylliant a'i chrefydd. Ymhlith y taeraf ei erfyniadau roedd W. J. Gruffydd yn *Y Tyst* (28 Mawrth 1940):

> Mae'r amser wedi dod inni ddeffro fel cenedl, ac os na ddeffrown yn awr ac ar unwaith, fe fydd wedi myned yn rhy hwyr o ddydd arnom; mae'r nos yn dyfod pan na all neb weithio, pan fydd hyfrydlais yr iaith Gymraeg yn myned yn brin rhwng bryniau Arfon a Cheredigion, pan fydd cymdeithas gynnes yr ardaloedd gwledig wedi ei disylweddu, pan fydd yr holl bethau hynny sydd yn cyfansoddi'r bywyd cenedlaethol wedi eu colli.[155]

Y dimensiwn hwn, yr ymwybyddiaeth o'r peryglon gwirioneddol a wynebai'r Gymraeg, wrth i'w meibion gael eu gyrru ar wasgar ac ifaciwîs a mewnfudwyr yn tyrru am loches i gefn gwlad Cymru – dyna un ffactor sy'n gosod yr ymateb i'r Ail Ryfel Byd ar wahân i'r Rhyfel Byd Cyntaf. Twf cenedlaetholdeb ar ffurf plaid gyfansoddiadol oddi ar y rhyfel blaenorol sydd i gyfri i raddau helaeth am hynny a'r modd y gwthiwyd holl fater cenedligrwydd y Cymro i frig yr agenda wleidyddol gan ddigwyddiadau 1936. Bu'n rhaid wrth amgylchiadau difrifol y rhyfel i ddangos faint o'r gloch oedd hi mewn difri ar y Gymraeg a'i diwylliant.

Un o'r arwyddion cliriaf o'r awydd i wneud rhywbeth am y sefyllfa hon oedd sefydlu Pwyllgor Diogelu Diwylliant Cymru yn Rhagfyr 1939, mudiad amhleidiol a ymunodd gydag Undeb Cenedlaethol y Cymdeithasau Cymraeg i greu Undeb Cymru Fydd yn Awst 1941. Mewn taflen a gyhoeddwyd gan T. I. Ellis yn 1940, *Y Gynhadledd Genedlaethol er Diogelu Diwylliant Cymru*, rhestrir y chwech ar hugain o gyrff a chymdeithasau a gynrychiolwyd yn Amwythig flwyddyn ynghynt, yn eu plith Gyngor yr Eisteddfod Genedlaethol, yr Eglwys yng Nghymru a'r prif enwadau, Cyngor Prifysgol Cymru, y Cymmrodorion, Cymdeithas Awdurdodau Lleol Cymru ac Urdd Gobaith Cymru. Byd addysg, crefydd a diwylliant a gynrychiolid gan mwyaf gan y tua deg a thrigain a ddaeth ynghyd, a chodwyd pwyllgor gwaith dan gadeiryddiaeth W. J. Gruffydd; John Morgan Jones, Prifathro Coleg Annibynnol Bala-Bangor, oedd yr isgadeirydd, D. R. Hughes y trysorydd a T. I. Ellis yr ysgrifennydd. Ymhlith ei aelodau eraill yr oedd Cynan, J. Dyfnallt Owen, Ifan ab Owen Edwards, William George, Moses Griffith, R. T. Jenkins, E. K. Jones, Gwenan Jones a Saunders Lewis. At hyn, trefnwyd bod pwyllgorau lleol wedi eu sefydlu ledled Cymru, o Fôn i Faldwyn, o Feirion i Geredigion, o'r Fflint i Benfro. Rhydd crynhoad T. I. Ellis o weithgaredd y pwyllgor yn ystod chwe mis cyntaf ei fodolaeth awgrym o faes ei ddiddordeb: dan chwe phennawd, cyfeirir at yr 'ymogelwyr' neu ifaciwîs, gwasanaeth ieuenctid, Mynydd Epynt, y Cymry yn y fyddin, y BBC a chysylltiad â'r aelodau seneddol Cymreig. Fel yr eglura John Davies yn *Hanes Cymru* (1990), aflwyddiannus fu ymdrechion y pwyllgor i achub tir Cymru: nodwyd eisoes fod 10 y cant ohono erbyn 1945 yn eiddo i'r Swyddfa Ryfel.[156] Ond mewn dau faes mwy amlwg ddiwylliannol, sef darlledu a chyhoeddi, daeth llwyddiannau i'w ran.

'Teimlid,' meddai taflen Mehefin 1940, 'fod perygl i'r rhai a oedd dan ddisgyblaeth filwrol golli peth o'u Cymreigrwydd, ac mai da fyddai ceisio darparu iddynt foddion i'w chadw. Ceisir felly gydymweld â'r aelodau seneddol Cymreig ar y mater, ac â'r Swyddfa Ryfel; trefnir hefyd gasglu llyfrau Cymraeg a'u dosbarthu i'r milwyr o Gymry.'[157] Gyda chymorth Llyfrgell Genedlaethol Cymru, fe wnaed hynny: er enghraifft, mewn nodyn nodweddiadol ar dudalen deitl *Storïau o'r Rwseg*, cyfieithiad T. Hudson-Williams yng nghyfres Llyfrau'r Dryw a argraffwyd deirgwaith yn 1942, anogir darllenwyr 'wedi i chwi orffen â'r llyfr hwn efallai yr hoffech ei anfon i Ysgrifennydd y Pwyllgor Cenedlaethol Cymreig er Darparu Llyfrau Cymraeg i'r Lluoedd Arfog', sef y Llyfrgellydd Cenedlaethol, W. Llewelyn Davies. Fodd bynnag, efallai mai prif gymwynas aelodau'r pwyllgor â meibion Cymru ar wasgar oedd paratoi'r misolyn *Cofion Cymru*.

Cofion Cymru

Cylchgrawn rhyfeddol ar lawer cyfri oedd *Cofion Cymru*. Rhwng Ebrill 1941 ac Ebrill 1946, cyhoeddwyd trigain a dau o rifynnau, pob un yn orlawn o newyddion, cerddi, cystadlaethau, ysgrifau a straeon. Fe'i golygid ar y cychwyn cyntaf gan Cynan – a fyddai, mae'n siwr, wedi croesawu cyhoeddiad o'r fath tra'n aelod o'r lluoedd arfog yn ystod y rhyfel blaenorol – a Thomas Parry. Yn gefn i'r gwaith, fe'u cynorthwywyd ill dau gan bwyllgor a oedd yn cynnwys John Morgan Jones, R. T. Jenkins – yn ei stafell ef yng Ngholeg Prifysgol Gogledd Cymru, Bangor y cyfarfu'r pwyllgor am y tro cyntaf un – a D. R. Hughes o Fae Colwyn, ysgrifennydd Cyngor yr Eisteddfod Genedlaethol a llywydd Undeb Cymru Fydd yn ddiweddarach. Yn rhifyn Ebrill 1944, cyhoeddwyd bod Thomas Parry wedi rhoi'r gorau i'r olygyddiaeth, er ei fod yn parhau'n aelod o'r bwrdd golygyddol; parhaodd Cynan wrth y gwaith ac ymunodd Ambrose Bebb a'r Parch. J. H. Williams, Llanberis, ag ef; aelodau eraill o'r bwrdd golygyddol oedd Picton Davies, Aneirin Talfan Davies ac Ifan Pugh. Yn Ebrill 1945, ffarweliodd Cynan yntau â'r olygyddiaeth. Argraffwyd *Cofion Cymru* tan Ionawr 1945 gan wasg argraffu Gwalia ym Mangor, ac o hynny hyd ei ddiwedd yng Ngwasg y Brython, Lerpwl. Fe'i dosbarthwyd yn rhad ac am ddim i aelodau'r lluoedd arfog gan eu teuluoedd a'u gweinidogion, a chyfraniadau gwirfoddol a chasgliadau cenedlaethol a sicrhaodd gyllid er mwyn ei gyhoeddi. Arwydd o lwyddiant y fenter gyhoeddi hon yw fod y cylchrediad erbyn y diwedd wedi cyrraedd 28,000.[158]

Mae pori yn nhudalennau'r *Cofion* yn brofiad rhyfedd. Ceir cyfeiriad fan hyn at y Parch. R. Meirion Roberts[159] a oedd yn gaplan yn yr Aifft, cyfeiriad fan draw at Caradog Prichard[160] 'yn aros mewn mangre yn Lloegr lle bu bardd Cymraeg arall bron ddau can mlynedd yn ôl, sef Goronwy Owen',[161] cyfeiriad fan arall at y Capten Dilwyn Miles yn dathlu Dygwyl Dewi yng Nghaersalem neu Jerwsalem . . . Hynny yw, ceir argraff o genedl wedi'i hadleoli a'i haelodau ar wasgar ym mhedwar ban byd. Yn ogystal â chystadlaethau rheolaidd, trefnwyd sawl eisteddfod rhwng cloriau'r cylchgrawn ar gyfer y milwyr a rhai fel D. J. Williams, Gwenallt ac R. Williams Parry yn eu beirniadu. Cyfrannwyd eitemau'n gyson gan lenorion eraill o fri, er enghraifft, Kate Roberts, a soniodd am ei hoffter o'i chi yn rhifyn Awst 1944: 'Pe doi'r rhyfel i ben yfory, fe gofiwn bob amser sawl gwaith y cododd Tomos fy nghalon yn ystod pedair blynedd o'r dyddiau bryntaf a welodd neb erioed. Cofiaf y diwrnod cyntaf y torrodd y rhyfel, i'm teimladau fy ngorchfygu'n deg, ac imi syrthio o flaen Tomos a beichio crio a dweud wrtho: "Gwyn dy fyd ti, Tomos, wyddost ti ddim fod rhyfel yn bod."'[162] 'Erbyn hyn,' meddai'r awdures tua diwedd yr ysgrif, 'mae'n rhaid imi gyfaddef y buasai'n well gennyf roi gwenwyn i ambell ddynes a adwaen nag i Domos', geiriau y gallai mwy nag un arwres ffuglennol o eiddo Kate Roberts fod wedi eu llefaru! Wrth fynd heibio, gellid llunio ysgrif ddiddorol ar sail perthynas llenorion Cymru, yn enwedig adeg rhyfel, â chŵn. Byddai 'Cŵn y Llenor' yn cynnwys trafodaeth ar 'I Gi' (1919) Parry-Williams,[163] cerdd am y ci ar y stryd a'i dirmygodd yn ystod y Rhyfel Byd Cyntaf, yn ogystal â chywydd T. Gwynn Jones i'w Bero hoff a fu farw yn ystod yr un rhyfel a'i gerdd i Mac a fu farw yn ystod yr Ail Ryfel Byd.[164] Cyfrannwr cyson i golofnau *Cofion Cymru* yw Idris Thomas, *alias* R. T. Jenkins. Gweithredu ar sail ei awgrym ei hun, fod angen mwy o 'stwff' poblogaidd yn Gymraeg, a wnaeth drwy gyfansoddi amryw straeon byrion yn ystod y rhyfel; cyhoeddwyd yr enwocaf ohonynt, nofelig o'r enw *Ffynhonnau Elim*, gan Lyfrau'r Dryw yn 1945.[165]

Fe ddywedodd W. J. Gruffydd, ac yntau ar y pryd yn y llynges, mai un o'r rhesymau pam na chollodd Cymru ei hanrhydedd yn llwyr yn ystod y Rhyfel Byd Cyntaf oedd oherwydd bodolaeth *Y Deyrnas*, misolyn Cymdeithas y Cymod: y '*Deyrnas* honno fu un o'r achosion cryfaf na chollodd Cymru ei henaid yn hollol yn nydd y gwallgofrwydd mawr'.[166] Ar lawer cyfri, mae *Cofion Cymru* yn parhau â thraddodiad gwiw *Y Deyrnas* gyda'r gwahaniaeth pwysig nad cyhoeddi i gwmni lleiafrifol o wrthwynebwyr cydwybodol, nid pregethu i'r cadwedig, a wnaed y tro hwn. Ymestynnwyd y weledigaeth, sicrhawyd ei bod hi'n hollgynhwysol a bod y rhai a oedd wir angen cynhaliaeth yn ei derbyn. Uno o blaid cenedligrwydd Cymreig a wnâi'r cyfranwyr, ac awgrym o genhadaeth gytûn y papur yw'r ffaith fod gwrthwynebydd cydwybodol fel Thomas Parry a rhai a wrthwynebodd y rhyfel blaenorol fel Gwenallt, D. J. Williams, T. Gwynn Jones a T. H. Parry-Williams ymhlith y cyfranwyr hynny. Wrth reswm, nid ymgyrchai *Cofion Cymru* yn erbyn y rhyfel – nid cyhoeddiad partisan mohono – ond bu'n olau yn y gwyll, yn fodd i atgoffa'i ddarllenwyr o werthoedd gwâr a bywyd cyfoethocach na'r un undonog a brofai amryw ohonynt yn y lluoedd arfog. Cylchgrawn egwyddorol, felly, ond ymarferol hefyd. '*Cofion Cymru* oedd ein papur bro ni,' meddai un o gynfilwyr y rhyfel, Glyn Ifans, awdur y dyddiadur rhyfel *Coron ar Fotwm* (1960) a'r nofel *Dim Dianc* (1975):[167] 'Dyma bapur a oedd yn asio'r Cymry; byddem yn cyfnewid papurau fel *Y Cymro, Y Faner* a'r papurau enwadol.'[168]

Aelod o'r awyrlu yn y Dwyrain Canol oedd Glyn Ifans,[169] ac yno fe ysbrydolwyd aelodau o'r lluoedd arfog gan lwyddiant *Cofion Cymru* i fynd ati i sefydlu eu papur eu hunain. Dylid nodi, wrth fynd heibio, fod yr Aifft, a feddiannwyd gan Brydain yn ystod y rhyfel, yn ganolfan lenyddol gyfoethog: yno y lleolwyd sifiliaid a milwyr fel Olivia Manning, Lawrence Durrell a Keith Douglas. Cyhoeddid amryw gylchgronau yno ar y pryd, rhai i'r milwyr yn eu plith, fel *Personal Landscape, Salamander, Citadel* a *Parade*.[170] Paratowyd *Seren y Dwyrain*, sef 'Cylchgrawn Cymry'r Dwyrain Canol' yn ôl ei is-deitl, gan filwyr Cymraeg yn yr Aifft yn Hydref 1943, ac erbyn Hydref 1945 roedd cyfanswm o bedwar rhifyn ar hugain o'r misolyn wedi'u cyhoeddi. Mae cyhoeddi'r cylchgrawn hwnnw, ac enw Dilwyn Miles yn amlwg ar ei dudalennau, yn awgrymu'r hyn sy'n bosib mewn cyfyngder – Eiffdiaid na wyddai ddim o'r iaith Gymraeg a'i hargraffai yng Nghairo! Mae bodolaeth y papur yn brawf o awydd y Cymry oddi cartref i fynegi eu cenedligrwydd a gwarchod eu hunaniaeth. Er nad oes ffigurau pendant ar gael ynglŷn â'i gylchrediad, awgrymir yn y rhifyn olaf mai rhyw fil a hanner oedd hwnnw.[171]

Arwydd arall o boblogrwydd *Cofion Cymru* oedd y gyfres o chwe llyfr anrheg, llyfrau bach maint poced a gyhoeddwyd gan yr un criw ag a oedd yn gyfrifol am y cylchgrawn gwreiddiol. Cynhwysai'r llyfr cyntaf a gyhoeddwyd yng ngaeaf 1943 gasgliad o gerddi adnabyddus fel 'Menywod' Waldo, 'Ym Min y Môr' Cynan a 'Clychau'r Gog' Williams Parry; amryw gwpledi epigramatig gan feirdd caeth fel Tudur Aled a T. Gwynn Jones; casgliad o englynion a phytiau o'r Beibl. Casgliad o ryddiaith a ddaeth nesaf ar gyfer Dygwyl Dewi 1944, detholiadau o'r Mabinogi a'r Salmau, rhyddiaith E. Tegla Davies a D. J. Williams, gwaith Theophilus Evans a Daniel Owen, Ellis Wynne a Twm o'r Nant. John Morgan Jones oedd yn bennaf cyfrifol am ddethol yr hanner cant a phedwar o emynau a gynhwyswyd yn y trydydd llyfr yng ngwanwyn 1944. Math o almanac, *Calendr y Cymry*, yn rhestru dyddiad geni enwogion a gwybodaeth ddefnyddiol am sefydliadau'r wlad a ddaeth wedyn yn 1945, a chasgliad o straeon yn haf 1945. Clo teilwng i'r gyfres hon oedd *Y Ddolen*, chweched llyfr anrheg a gyhoeddwyd yn 1946: cynhwysai dros gant o dudalennau ac fe'i rhannwyd yn ddwy adran, sef barddoniaeth a rhyddiaith. Amrywiai'r deunydd yn fawr o ran ei thema – o 'Eifionydd' Williams Parry i 'Nadolig Cyntaf Heddwch' Alun Llywelyn-Williams, o 'Rahel' Gwenallt i 'Glas y Dorlan' I. D. Hooson, o'r ysgrif 'Llyncu' gan Parry-Williams i stori anorffenedig 'Y Tri' gan Kate Roberts,[172] ac o 'Y Crocws' gan R. T. Jenkins i 'Yr Hen Ŵr' Gwilym R. Jones. Menter gyhoeddi arall lwyddiannus oedd hon: dosbarthwyd 25,000 o gopïau o'r llyfrau anrheg hyn bob un.

Dylid nodi nad oedd gan griw'r *Cofion* unrhyw fonopoli ar gyhoeddiadau o'r fath. Syniad nid annhebyg oedd y tu cefn i'r fenter ar y cyd rhwng Gwasg Prifysgol Cymru ac Adran Gymreig y Bwrdd Addysg, sef cyhoeddi detholiadau o lenyddiaeth Gymraeg a'u rhannu ymhlith y milwyr. Ymddangosodd pum teitl yn y gyfres hon, sef *Hwnt ac Yma* (1941), *Llais Rhyddid* (1942), *Y Flwyddyn yng Nghymru* (1943), *Cymry Enwog* (1944) a *Blodau Hyfryd* (1945). Mae'r diwydiant antholegau a ffynnai yn ystod y rhyfel yn haeddu sylw neilltuol, ac mae'n werth tynnu sylw drachefn at eiriau Paul Fussell wrth ystyried ffenomen debyg yn achos llenyddiaeth Lloegr ac America ar y pryd sy'n cyfeirio at awydd i adolygu'r 'etifeddiaeth' er mwyn ateb y cwestiwn mawr, 'Dros beth yr ŷm ni'n brwydro?': 'The war forced everyone back onto traditional cultural possessions and responses and forced people to consider which things were valuable enough to be preserved and enjoyed over and over again.'[173] Onid yr hyn a wnâi'r cyhoeddiadau Cymraeg hyn yn eu ffordd dawel eu hunain oedd hyrwyddo'r etifeddiaeth Gymreig a thrwy hynny gynorthwyo i gadarnhau hunaniaeth y milwr o Gymro? Os ofer oedd yr ymgais i'w atal, gellid o leiaf geisio gwrthsefyll neu o leiaf ymateb i stêmrolar Prydeindod ar ei hynt ddiwrthdro. Gwahanol iawn eu naws oedd gweithiau eraill amser rhyfel a anelid nid at aelodau'r lluoedd arfog ond at sifiliaid gartref a chan yr heddychwyr y cafwyd gweithiau ideolegol a safbwyntiol, cyfres *Pamffledi Heddychwyr Cymru* yn fwyaf arbennig.[174] Cymdeithas Heddychwyr Cymru a gyhoeddodd y gyfres hon o dros ddeg ar hugain o bamffledi am dair ceiniog yr un, ac yn ôl yr ysgrifennydd, Gwynfor Evans, cefnogaeth Kate Roberts a Morris Williams a'r *Faner*, a ddisgrifir ganddo fel 'papur a fu'n gefn rhyfeddol i heddychwyr a chenedlaetholwyr trwy gydol y rhyfel',[175] a wnaeth y fenter yn bosib. Ymhlith y cyfraniadau mwyaf heriol i'r gyfres yw'r rhai a baratowyd gan aelodau o Gylch Cadwgan, er enghraifft, *Mudiadau Heddwch yn yr Almaen* (1943) gan Kate Bosse-Griffiths, *Ffederaliaeth*

(1944) gan Pennar Davies ac *Anarchistiaeth* (1944) gan J. Gwyn Griffiths. Fel y dywedodd Gareth Alban Davies wrth drafod cyfraniad Cylch Cadwgan: 'Yr oedd iddo naws gwbl gosmopolitanaidd. Mewn cyfnod cyn bod sôn am Undeb Ewrop a'r Farchnad Gyffredin, ceid yma bobl a gredai mewn sofraniaeth ffederal a ymestynnai dros Ewrop gyfan.'[176] Dyma syniadaeth gydwladol flaengar a âi'n groes i'r llif yn ystod y rhyfel, does dim dwywaith.

Cyfraniad y newyddiadurwr E. Morgan Humphreys i chweched llyfr anrheg y *Cofion* oedd ysgrif ryfeddol ei chynnwys, 'Llyfrau Tymor y Rhyfel'. 'Rhyfeddol' oherwydd, pan feddylir am yr anawsterau gwirioneddol a wynebai cyhoeddwyr ar y pryd, y dogni ar bapur argraffu yn flaenllaw yn eu plith, mae'r ffaith fod masnach lyfrau gwerth sôn amdani wedi goroesi yn achos dathlu ar ei ben ei hun. Ni all y bonws ychwanegol, fod ansawdd cymaint o'r hyn a argraffwyd mor uchel, lai na synnu a rhyfeddu dyn. Cyfeiria Morgan Humphreys at dair cyfres o lyfrau sy'n nodweddu'r cyfnod dan sylw:

> Y mae bodolaeth y cyfresi hyn ar y fath adeg yn rhyfeddod; ac y mae'r ffaith mai yn ystod blynyddoedd pryderus ac ansicr y rhyfel y daeth *Llyfrau'r Dryw*, *Llyfrau Pawb* a *Chyfres Pobun* i fod yn fwy fyth o ryfeddod. Y mae bellach wyth ar hugain o gyfrolau, mi gredaf, yng nghyfres y *Clwb Llyfrau*; y mae yr un nifer o *Lyfrau'r Dryw* hyd yn hyn, saith ar hugain o *Lyfrau Pawb*, ac wyth llyfr wedi ymddangos yng *Nghyfres Pobun* . . . Chweugain yn y flwyddyn yw'r tanysgrifiad i'r *Clwb Llyfrau*; deuswllt yr un yw llyfrau *Cyfres Pobun*, a swllt a thair yr un yw *Llyfrau'r Dryw* a *Llyfrau Pawb*.[177]

Cyfresi poblogaidd, felly, o lyfrau hygyrch a rhad, rhai clawr meddal ar fodel Llyfrau Penguin y dechreuwyd eu cyhoeddi ganol y 1930au ac a gyflawnodd wasanaeth amhrisiadwy yn cyhoeddi teitlau ysgafn a sylweddol drwy gydol y rhyfel.[178]

Pa gyfrolau Cymraeg, felly, a welodd olau dydd rhwng 1939 a 1945? A chyfyngu'r rhestr i lyfrau o ddiddordeb llenyddol yn unig, dyma fentro tynnu rhestr fer: 1939 – *Y Wisg Sidan* Elena Puw Morgan ac *Ysgubau'r Awen* Gwenallt; 1940 – *Amlyn ac Amig* Saunders Lewis a *Llygad y Drws* T. E. Nicholas; 1941 – *Anesmwyth Hoen* Kate Bosse-Griffiths (cyfrol y dywedwyd amdani yn *Cofion Cymru*, 'Nofel Gymraeg gan Almaenes! Anhygoel, onidê? Gwir er hynny, ac amheuthun'[179]), *Gyda'r Glannau* Tegla Davies, *Sgweier Hafila* T. Hughes Jones, *Storïau'r Tir Coch* D. J. Williams, *Byd a Betws* Saunders Lewis, *Storïau Radio* wedi'u golygu gan T. Rowland Hughes, *1940* Ambrose Bebb; 1942 – *Y Purdan* Gwilym R.

Jones, *Y Dewis* a *Diofal yw Dim* gan John Gwilym Jones,[180] *Lloffion* Parry-Williams, *Cnoi Cil* Gwenallt; 1943 – *Y Graith* Elena Puw Morgan, *Orinda* R. T. Jenkins, *'R Wyf Innau'n Filwr Bychan* Caradog Prichard, *Wedi'r Drin* John Ellis Williams; 1944 – *Amser i Ryfel* T. Hughes Jones, *Y Dwymyn* a *Brithgofion* gan T. Gwynn Jones, *Cerddi 1934–1942* Alun Llywelyn-Williams, *O'r Pedwar Gwynt* Parry-Williams, *Fy Chwaer Efa* Kate Bosse-Griffiths, *Hanes Llenyddiaeth Gymraeg hyd 1900* (yr astudiaeth awdurdodol a chynhwysfawr y rhoddodd Thomas Parry y gorau i olygyddiaeth *Cofion Cymru* er mwyn gallu canolbwyntio arni ac ymdrech arall i hyrwyddo etifeddiaeth Gymreig pan oedd honno dan warchae); 1945 – *Llenyddiaeth Gymraeg 1900–1945* (a ddaeth â hanes llenyddol Thomas Parry at ddrws y presennol), *Ysgrifau Dydd Mercher* Saunders Lewis (gŵr a baratôdd yn ei golofn 'Cwrs y Byd' yn *Y Faner* sylwebaeth annibynnol ar hynt y rhyfel mewn corff nodedig o newyddiaduraeth Gymraeg). Os dyma'r math o lenyddiaeth a gynhyrchir gan ddiwylliant a'i gefn at y wal, yna fe demtir dyn i holi pa raid wrth hawddfyd. Yr awdur ffuglen yn anad yr un arall a gysylltir â chyfnod y rhyfel – awdur 'Pum Pwdin Nadolig' yn ôl Bobi Jones a Vera Lynn y sifiliaid meddwn i fy hun braidd yn greulon amdano mewn man arall – yw T. Rowland Hughes.[181] Beth bynnag a ddywedir am ei nofelau, mae'n anodd peidio â thynnu het a chydnabod camp eu hawdur: ef a ymatebodd yn fwyaf sensitif i anghenion y cyfnod drwy baratoi cyfres o chwedlau darllenadwy ar gyfer cynulleidfa a oedd ar ei chythlwng. Cwestiwn academaidd i'r beirniaid ddadlau yn ei gylch gyda synnwyr trannoeth yw i ba raddau y datblygwyd *genre* y nofel Gymraeg gan *O Law i Law* (1943), *William Jones* (1944), *Yr Ogof* (1945) a *Chwalfa* (1946);[182] am wasanaeth yr awdur, yn llwyr ddigoni ei gynulleidfa ar y pryd, does dim dwywaith.

Bwrw trawsolwg eang gyda chamera ongl lydan a wnaed hyd yma ar lenyddiaeth Gymraeg a'r Ail Ryfel Byd. Ar yr hyn a gynhyrchwyd yn ystod y rhyfel, ac nid bob tro ar yr hyn a sgrifennwyd am y rhyfel ei hun, y bu'r pwyslais. Er bod delwedd gyhoeddus yr hyn a grëwyd yn ystod yr Ail Ryfel Byd yn llai eglur nag yn achos y Rhyfel Byd Cyntaf – ni fu'r un Eisteddfod y Gadair Ddu na llwyddiant eisteddfodol fel 'Mab y Bwthyn' i serio llenyddiaeth ar gof y bobl – fe esgorwyd ar gorff mwy sylweddol o'r hanner o waith. Hyd yn oed wedyn, er nad yw'r gwaith hwnnw'n canolbwyntio ar thema'r rhyfel, yr hyn sy'n taro dyn yw cefndir cyfoes a pherthnasol nifer iach o'r cyfrolau a gyhoeddwyd ar y pryd, boed *Byd a Betws*, *Llygad y Drws*, *Y Dwymyn*, 1940, *Amser i Ryfel*, *Diofal yw Dim*, *'R Wyf Innau'n Filwr Bychan*, *Wedi'r Drin*. Cyfoesedd a pherthnasedd: siawns na fyddai awdur *Cerddi 1934–1942* wedi'i blesio ac amgylchiadau'r cyfnod fel pe'n mynnu gan lenorion Cymraeg y math o ymateb modern effro y bu'n eiriol drosto ar dudalennau *Tir Newydd* ychydig flynyddoedd ynghynt. Ac fe ddaliodd y rhyfel i ennyn diddordeb llenorion yn greadigol gydag iddo ddod i ben. Yn 1946 cyhoeddwyd *Plant y Llawr*, casgliad o gerddi gan R. Meirion Roberts, llawer ohonynt yn dwyn ar ei brofiad fel caplan yn y Dwyrain Canol, a'r un flwyddyn gwelodd nofel ysbïo Melville Richards, *Y Gelyn Mewnol*, olau dydd a honno hefyd yn elwa ar ei brofiad gyda gwasanaeth cudd y fyddin. Os dringir dros ffiniau'r rhyfel ei hun, yn 1953 byddai *Dianc*, nofel ryfel T. M. Bassett, eto'n seiliedig ar ei brofiadau milwrol, yn cyrraedd y silffoedd llyfrau.[183] Ac er ei bod hi'n 1958 ar *Lle Mynno'r Gwynt* yn cael ei chyhoeddi, drama a sgrifennwyd yn 1945 yw hi sy'n ymdrin â'r cyfnod rhwng 1939 a 1946.

Er i'r sylwadau hyn droi'n gatalog o ddeunyddiau, y gobaith yw fod y dystiolaeth y cyfeiriwyd ati yn dangos yn glir fel y gorfodwyd y Cymry i feddwl yn ansentimental a phragmataidd am gyflwr bregus eu diwylliant yn wyneb argyfwng yr Ail Ryfel Byd. Dechreuwyd meddwl yn nhermau cyhoeddi poblogaidd, meddwl am gynulleidfa benodol, meddwl am baratoi ar ei chyfer. Mewn gair, nid drwg digymysg fu hergwd y rhyfel i ddiwylliant Cymraeg. Yr argraff sy'n aros yw honno o lenyddiaeth a chanddi sicrach syniad o'i bwriad a'i chyfeiriad, llenyddiaeth a feddai ar gynlluniau a strategaeth er mwyn cyrraedd ei nod, llenyddiaeth a allai edrych ymlaen at y 1950au ac aeddfedrwydd *Siwan a Cherddi Eraill* (1955) a *Dail Pren* (1956), ffresni *Cerddi* (1957) Euros Bowen ac *Arloeswr* (1957–60) Bedwyr Lewis Jones ac R. Gerallt Jones, a chyfoesedd *Cysgod y Cryman* (1953) a *Pont y Caniedydd* (1956).[184]

Nodiadau

[1] Gw. pennawd y *Daily Post* (20 Mai 2004), 'Killed in a Hail of Bullets: Welshman Shot Dead in Iraq', a gyfeiriai at y cynfilwr Andrew Harries, 33 oed, o Lwydcoed, Aberdâr, a oedd yn gweithio ar y pryd gyda chwmni diogelwch yn Irac. Gw. hefyd 'Angladd Cymro Laddwyd yn Irac', *BBC Cymru'r Byd* (27 Mai 2004): http://news.bbc.co.uk/welsh/hi/newsid_3750000/newsid_3755300/3755341.stm.

[2] Gw. erthygl flaen *The Economist*, 371/8374 (8 Mai 2004), 11–12, dan y teitl 'Resign, Rumsfeld', yr un geiriau ag a argraffwyd ar glawr y rhifyn uwchben un o'r ffotograffau tramgwyddus.

[3] Gw. tudalen flaen y *Guardian* (15 Mai 2004) a'r prif bennawd, 'Mirror Editor Sacked Over Hoax: [Piers] Morgan Refuses to Apologise After Iraqi Abuse

Pictures Proved Fake'. Ar 1 Mai 2004, cyhoeddodd y *Daily Mirror* yr hyn a alwyd ganddo'n lluniau graffig o filwyr Prydeinig yn cam-drin carcharorion Iracaidd: 'VILE . . . But This Time it's a BRITISH Soldier Degrading an Iraqi' oedd pennawd y dudalen flaen; 'SORRY . . . WE WERE HOAXED: Iraqi PoW Abuse Pictures Handed to Us WERE Fake' oedd y pennawd ymddiheurol ar dudalen flaen 15 Mai 2004.

[4] Gw., e.e., 'Return to WWII Battlefields', eitem newyddion ar *BBC News* (24 Mai 2004) am griw o chwe aelod o'r RWF yn ailymweld â hen feysydd yng nghwmni Simon Weston – y milwr o Gymro a oroesodd Ryfel y Falklands/ Malvinas – ar gyfer rhaglen deledu, *Weston's Warriors* (darll. BBC Wales, 24 Mai 2004), am *D-Day*: http://news.bbc.co.uk/1/hi/wales/3743431.stm.

[5] Gw. Martin Shipton, 'First Minister Attacked for D-Day Snub', erthygl tudalen flaen y *Western Mail* (5 Mehefin 2004), a hefyd 'Rhodri Morgan a D-Day – "penderfyniad cywir"', *Golwg*, 16/39 (10 Mehefin 2004), 5.

[6] Gw. Holger Klein, yn Holger Klein gyda John Fowler ac Eric Homberger (gol.), 'Britain', *The Second World War in Fiction* (Llundain, 1984), 41: 'The most constant feature of British fiction about the Second World War is in any case the great diversity of attitudes and reactions'; Eric Homberger, 'United States', yn *The Second World War in Fiction*, 173: 'The shape of American war literature was imposed by the variousness of war itself.'

[7] I. C. B. Dear a M. R. D. Foot (gol.), *The Oxford Companion to the Second World War* (Rhydychen, 1995), yw ffynhonnell yr wybodaeth ystadegol hon.

[8] Gw. pennod 3.

[9] Gw. nodiadau 53–7 ym mhennod 4.

[10] Gw. Nia Mai Williams, 'Cylch Cadwgan' (traethawd MA anghyhoeddedig Prifysgol Cymru, Bangor, 1993); 'Symbyliad Sensoriaeth', *Taliesin*, 84 (Chwefror/ Mawrth 1994), 55–8; 'Cynnyrch Aelodau Cylch Cadwgan a Ymddangosodd mewn Detholiad o Gylchgronau rhwng 1935 ac 1945', yn J. E. Caerwyn Williams (gol.), *Ysgrifau Beirniadol XXV* (Dinbych, 1999), 105–11; a hefyd nodiadau 38 a 39 ym mhennod 2 ynghyd â nodiadau 15 a 16 ym mhennod 5.

[11] Gw. R. Merfyn Jones, *Cymru 2000: Hanes Cymru yn yr Ugeinfed Ganrif* (Caerdydd, 1999), 106: 'Yr oedd effaith yr Ail Ryfel Byd [ar fenywod] yn anferth'; gw. hefyd John Davies, *Hanes Cymru* (Llundain, 1990), 582. Ymdriniwyd ag ymateb llenyddol merched i'r rhyfel yn Saesneg yn Jenny Hartley, *Millions Like Us: British Women's Fiction of the Second World War* (Llundain, 1997); gw. hefyd antholeg Jenny Hartley (gol.), *Hearts Undefeated: Women's Writing of the Second World War* (Llundain, 1994), a hefyd y casgliad o storïau byrion gan ferched yn Anne Boston (gol.), *Wave Me Goodbye: Stories of the Second World War* (Llundain, 1988). Am ddeunydd Cymraeg a Chymreig, gw. Phil Carradice, 'Women at War', *Wales at War* (Llandysul, 2003), 78–98, a hefyd y cyfeiriadau yn nodiadau 95 a 97 ym mhennod 5.

[12] Gw. Wiliam Owen Roberts, *Peenemünde* (Llanrwst, 2004); llwyfannwyd y ddrama gyntaf gan gwmni Dalier Sylw rhwng 28 Mawrth ac 8 Ebrill 2000 a hynny dan y teitl gwreiddiol *Radio Cymru*. Gw. hefyd sylwadau'r dramodydd yn 'Y Bradwr ar Radio Cymru', *Theatr/Barn*, 446 (Mawrth 2000), 50–2, ac adolygiad Ioan Kidd, 'Yr Iaith ar Waith', *Theatr/Barn*, 450/451 (Gorffennaf/ Awst 2000), 99–101.

[13] *Cenhedlaeth y Rhyfel*: cynhwysai'r gyfres o ddeg rhaglen hanner awr yr un

gyfweliadau gyda Chymry a oroesodd y rhyfel; fe'i darlledwyd yn wythnosol rhwng 22 Chwefror a 27 Ebrill 2004. Cofnodwyd ar dâp ragor o brofiadau Cymry yn ystod y rhyfel yn y gyfres ddogfen *Amser Rhyfel* (Teliesyn ar gyfer S4C, 1989); yn 'Rhyfeloedd y Ganrif', *Cymru 2000* (Ffilmiau'r Bont ar gyfer S4C, 1999); ac yn 'Yr Ail Ryfel Byd', *Canrif y Werin* (HTV ar gyfer S4C, 2000).

[14] A. J. P. Taylor, *The Second World War: An Illustrated History* (Llundain, 1975), 21.

[15] Charles Hall, 'Paul Nash: Aerial Creatures', *Paul Nash: Aerial Creatures* (Llundain, 1996), 7.

[16] Gw. *Paul Nash: Aerial Creatures*, 77, am atgynhyrchiad ohono.

[17] Gw. Charles Hall, 32: 'Nash himself recognised *Battle of Britain* as new territory – territory which even he regarded with some anxiety.'

[18] Gw. *Paul Nash*, 81.

[19] Gw. Richard Cork, *A Bitter Truth: Avant-Garde Art and the Great War* (New Haven a Llundain ar y cyd ag Oriel Gelf Barbican, 1994), 200, am atgynhyrchiad ohono.

[20] Gw. *A Bitter Truth*, 201.

[21] J. O. Jones, *Y Môr a'i Dollau* (Llandysul, 1994), 16.

[22] Studs Terkel, 'Note', *'The Good War': An Oral History of World War Two* (1984; arg. Llundain, 1985), [vi]. Gw. hefyd Paul Fussell, *Wartime: Understanding and Behavior in the Second World War* (Efrog Newydd a Rhydychen, 1989), 142–3: 'Now, fifty years later, there has been so much talk about "The Good War", the Justified War, the Necessary War, and the like, that the young and the innocent could get the impression that it was really not such a bad thing after all. It's thus necessary to observe that it was a war and nothing else, and thus stupid and sadistic.'

[23] Am Hamburg a Dresden, gw. nodiadau 102 a 103 ym mhennod 5.

[24] Gwyn Erfyl, 'Hiroshima', *Trwy Ddirgel Ffyrdd* (Dinbych, 1997), 53.

[25] R. Merfyn Jones, *C2000*, 111.

[26] *The Second World War*, 21.

[27] Ffigurau a ddyfynnir gan R. Merfyn Jones yn *C2000*, 110.

[28] Gw. Gwynfor Evans, *Heddychiaeth Gristnogol yng Nghymru* (Llangollen, 1991), 25.

[29] Dyma'r ffigur a rydd Gwynfor Evans yn *Heddychiaeth Gristnogol yng Nghymru*, 30.

[30] R. Williams Parry, 'Ar Gofadail', *Yr Haf a Cherddi Eraill* (Y Bala, 1924; 5ed arg. 1963), 121.

[31] Cyfrol sydd eto i'w sgrifennu yw'r un gynhwysfawr ar hanes cymdeithasol Cymru yn ystod yr Ail Ryfel Byd, un a fesurai impact y rhyfel ar Gymru; er cystal yw llyfr Phil Carradice, *Wales at War*, llyfr cryno ac argraffiadol a sylfaenwyd ar gyfres radio ydyw ac nid astudiaeth academaidd bwysfawr.

[32] Am hanes Caerdydd yn ystod y rhyfel, gw. *Cardiff: A City at War* (Caerdydd, 1998).

[33] Gw. J. R. Alban, *The 'Three Nights' Blitz: Select Contemporary Reports relating to Swansea's Air Raids of February 1941* (Abertawe, 1994).

[34] Gw. Phil Carradice, *Wales at War*, 48–60.

[35] Gw. John Davies, *HC*, 578: 'ni fu'r cefn gwlad heb ddioddef wrth i aml i awyrennwr Almaenaidd achub y cyfle i gael gwared o'i lwyth; yn sir

Ddinbych, er enghraifft, cwympodd bomiau ar fannau megis Llandegla, Llansannan, Gwytherin a Nantglyn.' Darlunnir cwymp awyren o'r fath yn ardal wledig Llanddogfan-ym-Mochnant yn Geraint Vaughan Jones, *Y Ffoaduriaid* (Abertawe, 1979), 84–6; gw. nodyn 65 isod. Mae hanes awyrennu a damweiniau awyrennau yn is-*genre* yr ymchwilwyd yn frwdfrydig iddo: gw., e.e., y rhannau perthnasol yn Edward Doylerush, *Fallen Eagles: A Guide to Aircraft Crashes in North-East and Mid-Wales* (Caerlŷr, 1990), *No Landing Place: A Guide to Aircraft Crashes in Snowdonia* (Caerlŷr, 1985) a *No Landing Place: Volume 2: More Tales of Aircraft Crashes in Snowdonia* (Caerlŷr, 1999); Terence R. Hill, *Down in Wales: Visits to Some Wartime Airtime Crash Sites* (Llanrwst, 1994), *Down in Wales 2: Visits to More Wartime Crash Sites* (Llanrwst, 1996) a *Final Descent: Air Crashes in Wales and the Borders* (Llundain, 1999); Roy Sloan, *Wings of War over Gwynedd: Aviation in Gwynedd during World War II* (Llanrwst, 1991), *Aircraft Crashes: Flying Accidents in Gwynedd 1910–1990* (Llanrwst, 1994) ac *Anglesey Air Accidents during the Twentieth Century* (Llanrwst, 2001); David J. Smith, *Action Stations: 3. Military Airfields of Wales and the North-West* (Caergrawnt, 1981); David W. Earl, *All in a Day's Work: RAF Mountain Rescue in Snowdonia 1944–46* (Llanrwst, 1999); Jennifer W. F. Mills, *Target Rolling: A History of Llanbedr Airfield* (Hinckley, 2002).

[36] Evan J. Davies, *Y Llwybr Cul* (Caernarfon, 1990), 74.

[37] Gw. Herbert Hughes, *'Mae'n Ddiwedd Byd Yma . . .': Mynydd Epynt a'r Troad Allan yn 1940* (Llandysul, 1997), a J. E. Jones, 'Amddiffyn Mynydd Epynt', *Tros Gymru: J.E. a'r Blaid* (Abertawe, 1970), 280–3.

[38] Angus Calder, *The People's War: Britain 1939–1945* (1969; arg. Llundain, 1992), 41. Gw. hefyd Gillian Wallis, 'North Wales: A Case Study of a Reception Area under the Government Evacuation Scheme 1939–45' (traethawd MA anghyhoeddedig Prifysgol Cymru, Bangor, 1979), 90: 'the factor of the "cultural clash", when town found that country had few cinemas and fewer fish and chip shops, and Liverpool found that N. Wales had no pubs open on a Sunday, was not only to influence the first mass movement home [cyn diwedd 1939] but was to retain sufficient force to drive evacuees back to their towns even when they knew the danger there to be acute.'

[39] Peter Gruffydd, 'Some Displaced Elements', *Planet*, 62 (Ebrill/Mai 1987), 73.

[40] 'Nodiadau'r Golygydd', *Y Llenor* (Hydref 1939), dyfynnwyd yn T. Robin Chapman (gol.), *Nodiadau'r Golygydd W. J. Gruffydd: Detholiad o Nodiadau Golygyddol 'Y Llenor'* (Llandybïe, 1986), 68–9.

[41] Ceir detholiad o golofnau golygyddol W. J. Gruffydd yn *Y Llenor* sy'n ar- ddangos ei safbwynt tuag at y rhyfel gan T. Robin Chapman yn 'Y Rhyfel', *Nodiadau'r Golygydd*, 70–97; gw. hefyd T. Robin Chapman, 'Rheswm, Rhyddid a Rhyfel, 1939–1942', *W. J. Gruffydd* (Caerdydd, 1993), 161–75. Nid Gruffydd oedd yr unig un na chydwelai â safbwynt Plaid Cymru ar y rhyfel: ymddi- swyddodd un o'i hoelion wyth, Ambrose Bebb, pennod a drafodir gan D. Hywel Davies yn 'The War Years', *The Welsh Nationalist Party 1925–1945: A Call to Nationhood* (Caerdydd, 1983), 108–16, a chan T. Robin Chapman yn *W. Ambrose Bebb* (Caerdydd, 1997), 113–46.

[42] Gw. 'Cymru'n Niwtral: Datganiad y Blaid Genedlaethol', *Y Ddraig Goch* (Hydref 1938), a ailgyhoeddwyd yn Tegwyn Jones (gol.), *Colofnau'r Ddraig 1926–1976* (Talybont, 1976), 27: 'Y mae'r Blaid Genedlaethol yn datgan nad

oes achos cyfiawn i ryfel yn Ewrop yn awr. Maentumiwn na all Lloegr hawlio myned i ryfel yn gyfiawn hyd oni chydnebydd hi fod Cytundeb Versailles a'i holl drefniadau daearyddol (gan gynnwys enillion Lloegr ei hunan) i'w hail-ystyried. Y mae'r Blaid Genedlaethol yn ei Chynhadledd Lywodraethol wedi datgan na chymer hi ran yn rhyfeloedd Lloegr. Gan hynny ni all Cenedlaetholwyr Cymru ymuno yn y rhyfel hwn na chytuno i weithio mewn ffatrioedd arfau na helpu'r rhyfel mewn unrhyw fodd.' Gw. hefyd 'Yn Erbyn Paratoadau Rhyfel: Datganiad y Blaid Genedlaethol', *Y Ddraig Goch* (Mai 1939), *Colofnau'r Ddraig 1926–1976*, 28, sy'n cadarnhau'r hyn a fynegwyd saith mis yn gynharach ac yn ymhelaethu ar safiad y blaid. Trafodir agwedd Plaid Cymru tuag at y rhyfel yn J. E. Jones, '1939–1945: Cyfnod y Rhyfel', *TG*, 215–300; A. O. H. Jarman, 'Y Blaid a'r Ail Ryfel Byd', yn John Davies (gol.), *Cymru'n Deffro: Hanes y Blaid Genedlaethol 1925–75* (Talybont, 1981), 67–92; a D. Hywel Davies, 'The War Years', *The Welsh Nationalist Party 1925–1945*, 223–59. Gw. hefyd 'Rhyfel Ddoe Bron â Lladd Plaid Cymru', eitem newyddion yn *Golwg*, 40/16 (17 Mehefin 2004), 4, sy'n crynhoi cynnwys darlith Rhys Evans yn LlGC: 'Mae darlith newydd yn dweud mai "gwyrth" oedd hi fod Plaid Cymru wedi dod trwy'r Ail Ryfel Byd, gyda swyddogion cudd y llywodraeth yn honni fod ysbïwyr o'r Almaen yn ceisio ei defnyddio hi.'

[43] 'Rhyw 35' yw'r rhif a rydd R. Merfyn Jones, *C2000*, 106, ond at '[r]yw ddau ddwsin o Genedlaetholwyr a wnaeth eu gwleidyddiaeth yn unig sail eu gwrthwynebiad' y cyfeiria John Davies, *HC*, 576. Gw. J. E. Jones, *TG*, 215–46, a hefyd *Colofnau'r Ddraig 1926–1976*, 30–7.

[44] Geiriau Saunders Lewis gerbron pwyllgor gwaith Plaid Cymru Calan 1939 a ddyfynnir yn J. E. Jones, *TG*, 247.

[45] Gw. J. E. Jones, *TG*, 247, lle y paratoir manylion ystadegol; 3750 yw cyfanswm yr aelodaeth ar gyfer 1939, 6050 ar gyfer 1945.

[46] Twm Siôn, '"Bloody Welsh"', yn J. E. Jones (gol.), *Llais y Cymry yn Lluoedd Lloegr: Dyfyniadau o'u Llythyrau* (Caernarfon, d.d.), 7; 19 Hydref 1944 yw dyddiad stamp LlGC ar gopi'r llyfrgell. Eglura J. E. Jones yn *Tros Gymru*, 294, na roddai enwau'r anfonwyr yn llawn wrth y llythyrau a gyhoeddodd yn *Y Ddraig Goch*, y *Welsh Nation* a *Llais y Cymry yn Lluoedd Lloegr* 'rhag digwydd rhyw ddial arnynt'.

[47] N. Hughes, 'Effaith Galwad i'r Caci', *Llais y Cymry yn Lluoedd Lloegr*, 3.

[48] Saunders Lewis, rhan o anerchiad i gynhadledd flynyddol aelodau Sir Gaernarfon o'r Blaid Genedlaethol, a ddyfynnwyd yn Dafydd Jenkins (gol.), *Tân yn Llŷn* (1937; ail arg. Caerdydd, 1975), 33–4; at yr ymadrodd 'os dianc rhai' y cyfeirir yn nheitl nofel Martin Davis, *Os Dianc Rhai* (Talybont, 2003), a drafodir ym mhennod 5.

[49] Saunders Lewis, 'Memorandum on the Wartime Evacuation Policy of the Government', *The Welsh Nationalist* (Chwefror 1939), 3.

[50] Gw. Gillian Wallis, 'North Wales', 261–2: 'The fear that substantial numbers of English children, coming into Wales, would be detrimental to Welsh culture was, in the event ... largely unrealised; for the children were quickly assimilated into the Welsh way of life, even to the extent of becoming fluent Welsh-speakers.'

[51] Dyfynnwyd gan J. E. Jones, *TG*, 215.

52 *Heddychiaeth Gristnogol yng Nghymru*, 33.
53 *C2000*, 95.
54 *C2000*, 106.
55 Saunders Lewis, 'Haf Bach Mihangel 1941', *Byd a Betws* (Aberystwyth, 1941), 26–7; ailgyhoeddwyd yn R. Geraint Gruffydd (gol.), *Cerddi Saunders Lewis* (1986; arg. Caerdydd, 1992), 19.
56 Gw. Michael Bromley, 'Was it the *Mirror* Wot Won It? The Development of the Tabloid Press During the Second World War', yn Nick Hayes a Jeff Hill (gol.), *'Millions Like Us'? British Culture in the Second World War* (Lerpwl, 1999), 93–124.
57 Gw. James Chapman, 'British Cinema and "The People's War"', *'Millions Like Us'?*, 33–61.
58 Gw. Siân Nicholas, 'The People's Radio: The BBC and its Audience, 1939–1945', *'Millions Like Us'?*, 62–92.
59 Gw. y broliant ar glawr ôl *'Millions Like Us'?*.
60 Angus Calder, *The Myth of the Blitz* (Llundain, 1991), 10.
61 Sylw a wnaed yn y bedwaredd raglen, 'Adenydd Angau', o'r gyfres deledu *Amser Rhyfel* (1989).
62 Dyfynnwyd yn Mark Rawlinson, *British Writing of the Second World War* (Rhydychen, 2000), 142.
63 Angus Calder, *The People's War: Britain 1939–1945* (Llundain, 1969; ailgyhoeddwyd 1986), 501.
64 Cofnodwyd hanes swyddogol yr unedau hyn mewn cyfrolau fel un John R. Williams, *A Record of Service: No. 1 Battalion (Denbighshire) Home Guard* (Conwy, 1943) a H. L. Wilson, *Four Years: The Story of the 5th Battalion (Caernarvonshire) Home Guard* (Conwy, 1944). Gw. hefyd lyfrau hanes lleol fel John Cowell, 'The Home Guard', *Bangor at War 1939–1945* (Penygroes, 2000), 22–7. Trafodir cyfraniad y Gwarchodlu Cartref yn Phil Carradice, *Wales at War*, 71–7.
65 Gw. Geraint Vaughan Jones, *Y Ffoaduriaid*, yr ail nofel yn y drioleg *Y Fro Dirion* sy hefyd yn cynnwys *Eira Llynedd* (1973) ac *Yr Hen a'r Ifainc* (1982). Yn y nofel hon, a leolir yn ardal Llanddogfan-ym-Mochnant – ardal sy'n cyfateb i Lanrhaeadr-ym-Mochnant enedigol tad yr awdur a man lle y treuliodd ef ei hun wyliau'n blentyn – darlunnir effaith y rhyfel ar ardal wledig; daw merched y WLA neu'r *Women's Land Army* yno i weithio, dwy o Loegr ac un o'r Almaen, ac mae'r fro hefyd yn derbyn amryw ifaciwîs o Loegr.
66 D. L. Sayers, 'The English War', *Times Literary Supplement* (7 Medi 1940); rhydd Nick Hayes sylw i'w geiriau yn 'An "English War", Wartime Culture and "Millions Like Us"', yn *'Millions Like Us'?*, 1–32.
67 Nick Hayes, 2.
68 Gw. John Davies, *Broadcasting and the BBC in Wales* (Caerdydd, 1994), 129, lle y cyfeirir at brotestiadau cyfarwyddwr y BBC yn yr Alban, a lle y nodir: 'The Welsh news unit followed suit and frequently referred to Britain as *Lloegr*', a lle y dyfynnir sylw Cymro a oedd yn byw yn Sheffield: '"What prescriptive right have English people to a monopoly of the functions of the BBC? Is the war being fought by English people only and to safeguard their interests only?"'

[69] Gw. John Davies, 121: 'the ultimate reason for insisting on a unified service was the urge for centralization which is inherent in states at war.'
[70] *Broadcasting and the BBC in Wales*, 138.
[71] Gw. John Davies, 121–2: 'Kenneth Lee, the minister for information, argued in October 1939 that if parts of the United Kingdom were to receive programmes which were different from the main broadcasts, "this would give rise to opportunities for disintegrating propaganda".'
[72] Gw. R. Alun Evans, *Stand By! Bywyd a Gwaith Sam Jones* (Llandysul, 1998).
[73] Gw. pennod 2 lle y canolbwyntir ar ymateb Alun Llywelyn-Williams i'r rhyfel.
[74] Gw. pennod 3 lle y trafodir cerddi rhyfel Elwyn Evans.
[75] Dyfynnwyd gan R. Alun Evans, *Stand By!*, 131.
[76] Gw. John Davies, 125, sy'n dyfynnu llythyr y Gweinidog Gwybodaeth, Kenneth Lee, a sgrifennwyd 12 Hydref 1939: '[We should seek to counteract] the subversive tendencies of certain sections of the community in Wales . . . Concessions from the BBC would help in defeating [their activities].'
[77] Gw. John Davies, 133: 'Senior figures at Head Office began to show a close interest in the content of Welsh-language programmes, for there was a widespread belief that they were inherently subversive. The controller of home broadcasting was anxious that they should be carefully scrutinized, in particular to ensure that "they did not make for national disunity".'
[78] Sylwedydd, 'Y Bomio ar Gymru' (1940), yn Gwyn Erfyl (gol.), *Radio Cymru: Detholiad o Raglenni Cymraeg y BBC 1934–1989* (Llandysul, 1989), 100.
[79] Sylwedydd, 'Cymru a Hitler' (1940), *Radio Cymru*, 101.
[80] Trafodir *Y Gelyn Mewnol* ym mhennod 4.
[81] Jeff Hill, 'Postscript: A War Imagined', *'Millions Like Us'?*, 333.
[82] Am drafodaeth ar *Millions Like Us*, ffilm fasnachol a wnaed gan Frank Launder a Sidney Gilliat ar gyfer Gainsborough Pictures a hynny gyda chymorth a chefnogaeth y Weinyddiaeth Amddiffyn, gw. James Chapman, 'British Cinema and "The People's War"', *'Millions Like Us'?*, 56–9, a hefyd David Berry, *Wales and Cinema: The First Hundred Years* (Caerdydd, 1994), 226.
[83] Gwenno Ffrancon, *Cyfaredd y Cysgodion: Delweddu Cymru a'i Phobl ar Ffilm, 1935–1951* (Caerdydd, 2003), 10.
[84] Geiriau agoriadol *Yr Etifeddiaeth* a ddyfynnir yn Gwenno Ffrancon, 25. Cymh. y sylwadau hyn yn Geraint Vaughan Jones, *Y Ffoaduriaid*, 196, am gymeriad Arnold Bennett y lladdwyd ei rieni yn y blits ar Lundain, yr unig ifaciwî a erys ar ôl yn y fro ar ddiwedd y rhyfel wedi'i gymathu'n ddiwylliannol ac yn ieithyddol: 'Efô yn unig a lwyddodd i ymgartrefu yno yn llwyr. Fe'i cyfrifai ei hun yn Gymro heb ddim awydd dychwelyd i'w gysefin Bethnal Green. Planhigyn wedi'i drawsblannu mewn tir dieithr ydoedd, ond â'i wreiddiau erbyn hyn yn gadarn yn y tir a'r wlad a'i derbyniodd. Y fro hon oedd ei wir elfen a Than-rallt oedd ei gartref, ac Edward a Jane Roberts ei rieni. Siaradai Saesneg ag acen Gymreig: nid oedd arlliw o'r Cocni ar ôl ynddo yn awr. Cymeriad wedi ei drawsnewid oedd Arnold Bennett, a'i fryd ar ffermio. Yn bedair ar ddeg oed, edrychai ymlaen at fynd ymhen y rhawg i goleg amaethyddiaeth, os byddai modd. Nid apeliai bywyd y dref ato o gwbl. Nid oedd y caridym o ddwyrain Llundain i'w ganfod yn y Cymro mabwysiedig hwn.'

[85] Gwenno Ffrancon, 29.
[86] Gw. sylwadau David Berry ar *The Heritage* yn *Wales and Cinema*, 244–6.
[87] Paul Fussell, *Wartime*, 245.
[88] Gw. David Llewelyn Jones, 'BSE a'r Ffilm Gymraeg', *Taliesin*, 101 (Gwanwyn 1998), 137–8; Dafydd Morgan Lewis, 'Dau Ryfel a Thelyn', *Golwg*, 10/12 (20 Tachwedd 1997), 8, a Joanna Davies Passmore, 'Lle Mae'r Ffilmiau Poblogaidd?', *Golwg*, 10/30 (9 Ebrill 1998), 23.
[89] Am drafodaeth ar sawl agwedd ar y ffilm, gw. 'Mwy na'r Cnawd yn Llosgi: Hunllef Atgofion Rhyfel', *Golwg*, 9/28 (27 Mawrth 1997), 13–15.
[90] Gw. Angus Calder, *The Myth of the Blitz*, 69: 'many in the Welsh mining valleys did not like Winston Churchill. It was widely believed in the working-class movement that, when Home Secretary in 1910, Churchill had ordered troops to fire on strikers at Tonypandy in the Rhondda . . . no class-conscious miner on any coalfield was going to forget Churchill's fierce opposition to the General Strike of 1926. It is no accident that the most memorably vehement of Churchill's critics in the wartime Commons was Aneurin Bevan, who represented a Welsh mining constituency.' Gw. hefyd Kenneth O. Morgan, *Rebirth of a Nation: Wales 1880–1980* (1981; arg. Rhydychen a Chaerdydd, 1982), 147–8, a hefyd ei ddyfarniad mwy cymodlon ar dud. 296 lle yr awgrymir bod aelodaeth rhai o wleidyddion amlycaf y Blaid Lafur yn llywodraeth ryfel Churchill o Fai 1940 ymlaen wedi gwrthweithio rhywfaint ar ei amhoblogrwydd ymhlith y Cymry: 'Churchill himself, long a suspect figure in the valleys, became more popular. The troops sent to Tonypandy in 1910 were temporarily forgiven if not forgotten.'
[91] Gw. sylw Juliet Ace, awdures y sgript wreiddiol a gyfieithwyd i'r Gymraeg gan Siwan Jones, yn 'Pan Oedd y Gymdogaeth yn Helpu . . .', *Golwg* (27 Mawrth 1997), 15: '"Wedyn fe soniodd y cyfarwyddwr Huw Eirug wrtha' i ei fod e wedi clywed am fachgen arall wnaeth dreulio'r Rhyfel Byd Cynta' i gyd yn byw uwchben nenfwd rhes o dai teras"' a chymh. gyda'r hanesyn a rydd E. Tegla Davies ar gof a chadw yn 'Y Ffoadur', *Gyda'r Hwyr* (Lerpwl, 1957), 32–9, sef hanes dihangwr o'r fyddin yn ystod y Rhyfel Byd Cyntaf a lwyddodd i 'herio holl gyfrwystra llywodraeth a byddin Prydain Fawr . . . a dyfod o'r frwydr yn orchfygwr di-anaf' (33); gwnaeth hynny gyda chyd-weithrediad ffermwyr cefn gwlad Sir Ddinbych y tyfodd yn ffigur rhamantus yn eu plith. Gw. hefyd Gerwyn Wiliams, *Tir Neb: Rhyddiaith Gymraeg a'r Rhyfel Byd Cyntaf* (Caerdydd, 1996), 130–1.
[92] *The Myth of the Blitz*, xiii a 2.
[93] Jeff Hill, 333.
[94] Nick Hayes, 1.
[95] Murray Sayle, 'Introduction', yn Philip Jones Griffiths, *Dark Odyssey* (Efrog Newydd, 1996), [xvii] + [xx].
[96] Jeff Hill, 328; dyfynnir o Jose Harris, 'War and Social History: Britain and the Home Front during the Second World War', *Contemporary European History*, 1/1 (Mawrth 1992), 33.
[97] Gw. un o sylwadau clo Paul Fussell yn *Wartime*, 296: 'Deprived of a satisfying final focus by both the enormousness of the war and the unmanageable copiousness of its verbal and visual residue, all the revisitor of this imagery can do, turning now this way, now that, is to indicate a few components of the scene.'

98 Gw. John Davies, *HC*, 576.
99 Gw. y drafodaeth ar y tair nofel hyn ym mhennod 5.
100 Joanna Bourke, *An Intimate History of Killing: Face-to-Face Killing in Twentieth-Century Warfare* (Llundain, 1999), 1. Am farn gyferbyniol, gw. Dave Grossman, *On Killing: The Psychological Cost of Learning to Kill in War and Society* (Boston, Efrog Newydd a Llundain, 1995) sy'n dadlau bod y mwyafrif llethol o ddynion yn casáu lladd a'u bod yn cael eu cyflyru gan ddulliau soffistigedig o fewn byddinoedd modern i oresgyn y casineb greddfol hwn; yn garn i'w ddadl cyfeiria at y 'ffaith' – ddadleuol, yn nhyb rhai – mai 15–20 y cant yn unig o filwyr Americanaidd a oedd yn fodlon saethu eu gynnau yn ystod yr Ail Ryfel Byd o gymharu ag oddeutu 50 y cant erbyn Rhyfel Corea a 90 y cant erbyn Rhyfel Fiet-nam.
101 Niall Ferguson, *The Pity of War* (Llundain, 1998), 447 a 360; dyfynnir yn Joanna Bourke, *An Intimate History of Killing*, 370–1.
102 Gwyn Thomas, *Y Traddodiad Barddol* (Caerdydd, 1976), 49; y drafodaeth gan A. O. H. Jarman y cyfeirir ati yw 'Y Delfryd Arwrol yn yr Hen Ganu', *Llên Cymru*, 8/3 a 4 (Ionor-Gorffennaf 1965), 125–49.
103 Dyddiadur Evan Davis, LlGC ffacsimili 647, tudalen 98, a ddyfynnir yn Jerry Hunter, *Llwch Cenhedloedd: Y Cymry a Rhyfel Cartref America* (Llanrwst, 2003), 82.
104 Jerry Hunter, 83.
105 William Golding, adolygiad ar Paul Fussell, *The Great War and Modern Memory*, *The Guardian* (20 Tachwedd 1975): dyfynnwyd yn Robert Hewison, *Under Siege: Literary Life in London 1939–1945* (Llundain, 1977), 172. Cymh. Paul Fussell, *Wartime*, 290: 'One could say of the real war what Barbara Foley has said of the Holocaust – not that it's "unknowable", but "that its full dimensions are inaccessible to the ideological frameworks that we have inherited from the liberal era"'; dyfynnir sylw Barbara Foley o 'Fact, Fiction, Fascism: Testimony and Mimesis in Holocaust Narratives', *Comparative Literature*, XXXIV (Hydref, 1982), 333.
106 Gw. David Lodge, *The Art of Fiction* (Llundain, 1992), 203: 'In the non-fiction novel, new journalism, "faction", or whatever one calls it, the novelistic techniques generate an excitement, intensity and emotive power that orthodox reporting or historiography do not aspire to, while for the reader the guarantee that the story is "true" gives it a compulsion that no fiction can quite equal.'
107 Enillydd dadleuol oedd Keneally yn 1982 yn ôl Peter Parker (gol.), *The Reader's Companion to the Twentieth Century Novel* (Llundain, 1994), 569: 'Keneally insisted that he had "attempted to avoid all fiction", but the judges decided that the book "had a greater creative structure than the other books on the shortlist".'
108 Gw. Saunders Lewis, *Y Cyrnol Chabert a 1938: Dwy Ddrama gan Saunders Lewis* (Pen-y-groes, 1989), 41–78, a hefyd *1938* yn Ioan M. Williams (gol.), *Dramâu Saunders Lewis: Y Casgliad Cyflawn Cyfrol II* (Caerdydd, 2002), 899–957. Dan y teitl *Brad*, addaswyd *Brad a 1938* yn ffilm gan Harri Pritchard Jones a darlledwyd cynhyrchiad Gareth Jones o Ffilmiau'r Tŷ Gwyn ar S4C ar Ddygwyl Dewi 1994. Gw. y drafodaeth ar y ddwy ddrama ym mhennod 4.

109 'Profiadau Llencyndod', yn W. Rhys Nicholas (gol.), *Cyfansoddiadau a Beirniadaethau Eisteddfod Genedlaethol Frenhinol Cymru Caerdydd 1978* (Llandysul, 1978), 30.
110 Roedd y ffilm hon, a gyfarwyddwyd gan Alain Resnais ar sail sgript Marguerite Duras, yn garreg filltir bwysig yn natblygiad celfyddyd ffilm. Gw. y cofnod am y ffilm yn James Monaco (gol.) a golygyddion BASELINE, *The Virgin Film Guide* (Llundain, 1992), 349: 'Interweaving sound and image, brutal documentary footage and tender shots of lovemaking . . . combining the soft loving caresses of two intertwined bodies with the burnt, blistering, peeling flesh of a dying victim of atomic warfare.'
111 *Yn Nydd yr Anghenfil* (Caernarfon, 1982), 41; gw. y drafodaeth ar gerddi rhyfel Alan Llwyd ym mhennod 6.
112 Evan J. Davies, *Y Llwybr Cul*, 59.
113 R. Emyr Jones, *Ni Allaf Ddianc* (Caernarfon, 1981), 84.
114 Henry Morris-Jones, 'Buchenwald' (1945), *Radio Cymru*, 98.
115 Ifan Parri, *Brethyn Glas* (Caernarfon, 1975), 147; trafodir ei ymateb i'r rhyfel ym mhennod 5. Ceir enghraifft o sgrifennu grymus gan un a oroesodd danchwa Hiroshima yn Toyofumi Ogura, *Letters from the End of the World: A Firsthand Account of the Bombing of Hiroshima* (1946) y cynhwyswyd detholiad ohono yn Clint Willis (gol.), *The War: Stories of Life and Death from World War II* (Efrog Newydd, 1999), 329–43; gw. hefyd John Hersey, *Hiroshima* (1946; arg. Harmondsworth, 2001). Gw. hefyd Gwyn Erfyl, 'Hiroshima', *Trwy Ddirgel Ffyrdd* (Dinbych, 1997), 47–55, lle'r adroddir hanes ymweliad yr awdur â'r ddinas er mwyn paratoi rhaglen ddogfen ar gyfer S4C ddeugain mlynedd ar ôl gollwng y bom.
116 Cofnodir hanes Primo Levi a'r cyfnod a dreuliodd yn Auschwitz yn y ddwy gyfrol hunangofiannol, *If This is a Man* a *The Truce* (1958 a 1963; cyf. Saesneg Stuart Woolf, 1969 a 1965; arg. Llundain, 1987).
117 Gwaith unigol enwocaf Elie Wiesel yw *Night* (1958; cyf. Saesneg Stella Rodway, 1960; arg. Harmondsworth, 1981), hanes ei blentyndod yn Auschwitz a Buchenwald.
118 '"Poen y Ddynoliaeth": Kate Roberts, Theodor Adorno a'r Holocost', copi teipysgrif o ddarlith a draddodwyd yng nghynhadledd 'Cymru a'r Cymry 2000', Canolfan Uwchefrydiau Cymreig a Cheltaidd Prifysgol Cymru yn Aberystwyth rhwng 11 a 15 Ebrill 2000.
119 'Infferno', *Y Syrcas a Cherddi Eraill* (Dinbych, 1975); cynhwyswyd yn Alan Llwyd ac Elwyn Edwards (gol.) *Gwaedd y Lleiddiad: Blodeugerdd Barddas o Gerddi'r Ail Ryfel Byd 1939–1945* (Llandybïe, 1995), 184. Gw. ysgrif adolygiadol Gerwyn Wiliams ar *GLl*, 'Barddoni Ing', yn *Taliesin*, 95 (Hydref 1996), 78–85.
120 *Alun Llywelyn-Williams* (Caernarfon, 1987), 32; trafodir cerddi rhyfel Gwyn Thomas ei hun ym mhennod 6.
121 'Rhagymadrodd', *GLl*, xvii.
122 Gw., e.e., ymateb Twm Morys, 'Bob Dalen ar Benillion: Llong Wen Mei Mac', *Barddas*, 240 (Ebrill/Mai 1997), 33–4, i gywydd Meirion MacIntyre Huws, 'Jamie Bulger', *Y Llong Wen* (Llanrwst, 1996), 37, yn coffáu'r hogyn bach dwyflwydd oed a lofruddiwyd gan ddau fachgen ysgol dengmlwydd oed mewn canolfan siopa yn Bootle ger Lerpwl ar 12 Chwefror 1993: 'ydi'n rhaid

i'r beirdd Cymraeg landio yn sgîl pob un ddamwain a chnebrwng a newyn a daeargryn a thrychineb? . . . Mi es i dafarn yng Nghaernarfon toc ar ôl i'r ynfytyn yn Yr Alban ladd y plant, a dyma ddyn bach bochgoch a thalyrngar ataf fi'n syth ac yn deud: "wyt ti wedi gwneud dy englyn i Dunblane?"' Ymatebwyd i'w sylwadau yn llythyr Nerys Ann Jones, 'Cytuno â Twm', *Barddas*, 242 (Awst/Medi 1997), 47, un a chanddi blant yn Ysgol Gynradd Dunblane yn yr Alban lle y saethwyd un ar bymtheg o blant ynghyd â'u hathrawes yn farw ar 13 Mawrth 1996: 'Gair byr i ddiolch i Twm Morys am ei sylwadau eithriadol ddewr ar gywydd Meirion MacIntyre Huws i Jamie Bulger yn *Barddas*. Yn rhyfedd iawn, profiad y rheini sy'n cael eu cyffwrdd yn uniongyrchol gan gyflafan megis eiddo Hillsborough, Hungerford neu Dunblane yw fod geiriau bellach yn annigonol i gyfleu yr hyn a deimlant. Eto i gyd, esgora'r trychinebau hyn ar filoedd ar filoedd o eiriau gan rai o'r tu allan i'r cymunedau hynny a gredant yn ddiffuant fod dyletswydd arnynt i'w huniaethu eu hunain â'r dioddefaint neu i ddoethinebu amdano.'

123 '"Dying is an Art"', *Language and Silence: Essays 1958–1966* (Llundain, 1967), 330.
124 'Director's notes', gwefan *The Pianist: www.thepianist-themovie.com*.
125 'Silence and the Poet', *Language and Silence*, 71.
126 Yn Thomas Keneally, *Schindler's List* (1982; arg. Llundain, 1994), gw. pennod 30, 299: 'Prisoners from Emalia would be sent to Plaszów, to await relocation . . . the worst arrogance was that the letter did not define "relocation" . . . Amon knew what "relocation" meant . . . All Plaszów men would be sent to Gröss-Rosen. The men would go to Auschwitz . . . The processes at Auschwitz were, of course, more direct and modern.'
127 Primo Levi, *If This is a Man*, 32.
128 *If This is a Man*, 129.
129 R. Emyr Jones, *Ni Allaf Ddianc*, 83.
130 John Elwyn Jones, *Yn Fy Ffordd Fy Hun: Hunangofiant Dyn Byrbwyll: Cyfrol 1* (Llanrwst, 1986), 171; trafodir ymateb yr awdur i'r rhyfel ym mhennod 5.
131 'The Hollow Miracle', *Language and Silence*, 130.
132 'Silence and the Poet', 73.
133 '"Dying is an Art"', 330.
134 Richard Wyn Jones, 'Gwleidyddiaeth Ryddfreiniol ar ôl Auschwitz: Athroniaeth Wleidyddol Theodor Wiesengrund Adorno', *Efrydiau Athronyddol*, lix (1996), 90.
135 Gw. Tadeusz Borowski, *This Way for the Gas, Ladies and Gentlemen*, a ymddangosodd gyntaf mewn Pwyleg yn 1959, a gyfieithwyd i'r Saesneg gan Barbara Vedder yn 1967 a'i gyhoeddi gan Lyfrau Penguin yn 1976.
136 Gw. Victor Selwyn (gol.), *Poems of the Second World War: The Oasis Collection* (Llundain, 1985), *More Poems of the Second World War* (Llundain, 1989) a *The Voice of War: Poems of the Second World War* (Harmondsworth, 1995).
137 John Flower a Ray Davison, 'France', *The Second World War in Fiction*, 68.
138 Peter Conrad, 'The Presumption of Art', *The Observer Review* (8 Medi 2002), 6.
139 Marshall McLuhan biau'r sylw: 'Television brought the brutality of war into the comfort of the living room. Vietnam was lost in the living rooms of America – not on the battlefields of Vietnam'; ymddangosodd yn *Montreal Gazette* (16 Mai 1975) ac fe'i dyfynnwyd yn John Daintith, Edmund Wright,

Alan Isaacs, Elizabeth Martin a David Pickering (gol.), *Bloomsbury Dictionary of Quotations* (Llundain, 1987), 234.
140 *GLl*, xiii.
141 *Alun Llywelyn-Williams*, 32.
142 Cyhoeddodd *Deg o Ddramodau Byrion* yn 1919 a *Rhamant a Rhyfel* yn 1922: am drafodaeth arnynt, gw. Gerwyn Wiliams, *Tir Neb*, 22–9.
143 J. Ellis Williams, *Yr Erodrom: Drama mewn Tair Act* (Llundain, 1937), 64; am sylwadau Saunders Lewis, gw. nodyn 48 uchod. Ar y Bleidlais Heddwch, gw. nodyn 28 uchod.
144 Marko Daniel, 'Spain: Culture at War', *Art and Power: Europe under the Dictators 1930–45* (Llundain, 1995), 66: 'on 26 April 1937, the Basque town of Guernica was bombed . . . As reports of the virtual annihilation of a whole town filtered through, Picasso transformed the event into a painting whose sweepingly grand political and artistic conception ensured instant fame . . . It is a measure of the extraordinary success of *Guernica* that its symbolic value as a general anti-war statement has transformed our understanding of the historical event.' Ceir ffotograff o *Guernica* ar dud. 77 yn y gyfrol uchod.
145 Trafodir y ddrama'n fanwl ym mhennod 4.
146 R. M. Jones, *Llenyddiaeth Gymraeg 1936–1972* (Llandybïe, 1975), 1–2: 'Yr ydym hefyd yn dechrau ystyried 1936 bellach yn ddyddiad i nodi diwedd cyfnod a dechrau un newydd . . . yr oedd yr Ysgol Fomio yn ddyddiad o bwys uniongyrchol i ddau lenor a gafodd ran yn ei llosgi . . . a chafodd ddylanwad uniongyrchol ar bob llenor o bwys a gododd ar ôl y dyddiad hwnnw.'
147 Yn I. C. B. Dear a M. R. D. Foot (gol.), *The Oxford Companion to the Second World War*, 1157.
148 Dyfynnwyd yn Robert Hewison, *Under Siege*, 23.
149 Robert Hewison, 50.
150 *World Within World* (Llundain, 1951), 286: dyfynnwyd yn Robert Hewison, 50.
151 *GDd*, 170–1.
152 Gw. Selyf Roberts, 'Llenyddiaeth Milwyr: Ymateb Arall i Gwaedd y Bechgyn', *Barddas*, 157 (Mai 1990), 2: 'Yn ystod fy mlynyddoedd yn y fyddin ysgrifennais lond nodlyfr helaeth o bob math ar greadigaethau, yn farddoniaeth . . . a rhyddiaith. Efallai na fuaswn yn hoffi i neb eu gweld heddiw, ac mai da o beth oedd iddynt gael eu dodi mewn byncar yn ymyl Dresden ac, mae'n debyg eu claddu am byth gan ymgyrchoedd awyr. Y pwynt a wnaf yw fy *mod* yn budr-lenydda y pryd hynny a bod gennyf amser i wneud hynny.' Roedd hi'n ganol y 1980au ar *Tocyn Dwyffordd (Profiadau yn y Fyddin)* (Dinbych, 1984) yn gweld golau dydd a chynhwyswyd rhai o gerddi Selyf Roberts yn *GLl*; trafodir ei ymateb i'r rhyfel ym mhennod 5.
153 Evelyn Waugh, 'Preface' (1959), *Brideshead Revisited* (1945; arg. Harmondsworth, 1962), 10.
154 Gw. Paul Fussell, *Wartime*, 209–10: 'wartime deprivation is the cause, preeminently, of Cyril Connolly's noble attempt to keep a rich and satisfying culture alive by means of his monthly *Horizon*, one of the most civilized and civilizing of periodicals.' Am ragor o hanes y misolyn, gw. 209–20.
155 W. J. Gruffydd, 'Prysur Bwyso', *Y Tyst* (28 Mawrth 1940); dyfynnwyd yn Dewi Eirug Davies, *Protest a Thystiolaeth: Agweddau ar y Dystiolaeth Gristionogol yn yr Ail Ryfel Byd* (Llandysul, 1993), 154.

[156] Gw. *HC*, 580–1, a hefyd nodyn 37 uchod.
[157] T. I. Ellis, *Y Gynhadledd Genedlaethol er Diogelu Diwylliant Cymru* (Dinbych, 1940), 4.
[158] Gw. *Cofion Cymru*, 48 (Ebrill 1945), 1, lle y dywedir bod y cylchrediad wedi tyfu o 4,000 o gopïau i 28,000.
[159] Am R. Meirion Roberts, gw. pennod 3.
[160] Am Caradog Prichard, gw. pennod 4.
[161] Caradog Prichard, *Cofion Cymru*, 19 (Tachwedd 1942), 1.
[162] Kate Roberts, 'Cadw Ci', *Cofion Cymru*, 40 (Awst 1944), 2.
[163] T. H. Parry-Williams, 'I Gi', *Y Deyrnas* (Chwefror 1919), 37.
[164] Cyhoeddwyd 'Pero' gyntaf yn 1916 ac yna yn *Manion* (Wrecsam, 1932), 52–3. Yn *Y Wawr*, III/3 (1949), 50–1, yr ymddangosodd 'Mac' gyntaf a'i hailgyhoeddi yn Gwynn ap Gwilym (gol.), *Cyfres y Meistri (3): Thomas Gwynn Jones* (Llandybïe, 1982), 504–5: gw. sylwadau Dewi Stephen Jones ar y gerdd yn 'Y Rhosyn a'r Grug: Cip ar y Flodeugerdd', adolygiad ar *Blodeugerdd o Farddoniaeth Gymraeg yr Ugeinfed Ganrif*, *Barddas*, 135–7 (Gorffennaf/Awst/Medi 1988), 43.
[165] Ailgyhoeddwyd yn *Clasuron Llyfrau'r Dryw (Cyfrol I)* (Abertawe, 1986), 43–125.
[166] W. J. Gruffydd, 'Thomas Rees', *Y Tro Olaf* (Dinbych, 1939), 130.
[167] Gw. pennod 5.
[168] 'Dyddiau'r Digofaint', *Y Casglwr*, 45 (Nadolig 1991), 5.
[169] Am Glyn Ifans, gw. pennod 5.
[170] Gw. *Under Siege*, 121: 'Military circumstances created a chance culture in Egypt that is a near microcosm of literary life in London, complete with its mixture of soldiers and civilians, factions and decadence.'
[171] Cofnodwyd hanes y fenter yn T. Elwyn Griffiths, *Seren y Dwyrain: Hanes Dechreuad y Cylchgrawn a'r Bywyd Cymreig yn y Dwyrain Canol* (Y Bala, 1955). Gw. John Davies, *Broadcasting and the BBC in Wales*, 140: 'the BBC sent transcripts of its Welsh news bulletin to Cairo for inclusion in . . . *Seren y Dwyrain*.'
[172] Ailgyhoeddwyd yn yr atodiad i *Tir Neb*, 296–9.
[173] Paul Fussell, *Wartime*, 245; gw. hefyd nodyn 83 uchod.
[174] Gw. y cyfeiriadau at y gyfres yn Dewi Eirug Davies, *Protest a Thystiolaeth*, 105–15.
[175] Gwynfor Evans, *Heddychiaeth Gristnogol yng Nghymru*, 31. Gw. hefyd y nodyn yn *Y Ddraig Goch* (Mai 1939), a ddyfynnir yn *Colofnau'r Ddraig 1926–1976*, 28: 'Yr unig bapur Cymraeg, hyd y gwyddom ni, sydd wedi gwrthod hysbysebau ricriwtio Llywodraeth Loegr yw'r "Faner". Ar waethaf y golled ariannol a gwg yr awdurdodau, gwrthododd "Y Faner" ei defnyddio gan beiriant militaraidd Lloegr. Y mae ar Gymru a'r Blaid Genedlaethol ddyled i'r "Faner" am osod egwyddor o flaen elw.' Gw. yn ogystal nodyn 52 ym mhennod 3.
[176] 'Pennar Davies', yn D. Ben Rees (gol.), *Dyrnaid o Awduron Cyfoes* (Pontypridd a Lerpwl, 1975), 51.
[177] E. Morgan Humphreys, 'Llyfrau Tymor y Rhyfel', *Y Ddolen: Chweched Llyfr Anrheg 1946* (Lerpwl, 1946), 92.
[178] Gw. *Wartime*, 242–5, lle y trafodir llwyddiant Llyfrau Penguin yn ystod y rhyfel.

[179] *Cofion Cymru*, 11 (Mawrth 1942), 4.
[180] Am John Gwilym Jones, gw. pennod 4.
[181] Gw. R. M. Jones, *Llenyddiaeth Gymraeg 1936–1972*, 234–40, a Gerwyn Wiliams, *Tir Neb*, 196.
[182] Crynhowyd yr achos o blaid ac yn erbyn T. Rowland Hughes y nofelydd yn 'Rhagymadrodd', yn Gerwyn Wiliams (gol.), *Rhyddid y Nofel* (Caerdydd, 1999), 8–9, a throednodyn 23 ar dud. 21–2.
[183] Am T. M. Bassett, gw. pennod 4.
[184] Am drawsolwg o'r cyfnod gan un a'i profodd drosto'i hun, gw. R. Gerallt Jones, 'Naws Llenyddol y Pumdegau', *Seicoleg Cardota* (Llandybïe, 1989), 86–111.

2
'Penyd y Bardd':
Alun Llywelyn-Williams

Tir Newydd: afraid egluro mai benthyciad cyfeiriadol sydd yn nheitl y gyfrol hon o'r enw ar y cylchgrawn llenyddol arloesol y bu Alun Llywelyn-Williams (1913–88) yn ei olygu rhwng 1935 a 1939. Gellir gweld yn glir â synnwyr trannoeth mai rhagredegydd oedd y cyfnodolyn bach hwnnw mewn gwirionedd, un a ragfynegai'r tir newydd a fyddai'n wynebu Cymru a'r Gymraeg a gweddill y byd yn y man yn sgil profiadau'r Ail Ryfel Byd.

Tir Newydd

Sialens oedd *Tir Newydd*, a argraffwyd yn chwarterol mewn dau rifyn ar bymtheg rhwng 1935 a 1939, her agored i lenorion Cymraeg y dydd. Ac yntau wedi'i eni, ei fagu a'i addysgu yng Nghaerdydd, doedd dim modd celu balchder dinesig Alun Llywelyn-Williams yn ei golofn olygyddol gyntaf: 'Dinas a choleg Caerdydd yw man genedigaeth y cylchgrawn hwn, yma y gwelwyd bod tir newydd yn ein disgwyl yng Nghymru, i'w ddarganfod gennym a'i weithio a'i feddiannu, er lledu teyrnas y diwylliant Cymreig.'[1] Aeth yn ei flaen i addo 'cylchgrawn yn unswydd ar gyfer artistiaid ieuainc o bob math – penseiri, paentwyr, cerddorion, gwŷr y ddrama a'r sinema, yn ogystal â'r beirdd a'r llenorion',[2] hynny yw, cylchgrawn a drafodai'r holl sbectrwm celfyddydol ac na fyddai'n ysgaru llenyddiaeth Gymraeg oddi wrth ffurfiau creadigol eraill. Y nod uchelgeisiol a osodwyd ar gyfer y cylchgrawn oedd rhoi 'mynegiant llawn o'r diwylliant modern gan gynnwys y wyddoniaeth sydd fwyfwy beunydd yn ffurfio sail nid yn unig bywyd cyffredin ein gwareiddiad heddiw ond ein bywyd esthetig hefyd'.[3] 'Heddiw', 'modern', 'ieuainc', 'newydd' – o daro golwg yn unig ar deitlau rhai o'r erthyglau, gwelir fel y cynrychiola'r pedwarawd hwn rhyngddynt fantra *Tir Newydd*: 'Cyfansoddwyr Ieuainc Cyfoes',[4] 'Apolos yn Dyrchafu'r Faner Goch: Rhai Nodiadau ar Farddoniaeth Saesneg Heddiw',[5] 'Y Gerddoriaeth Newydd',[6] 'Y Ddrama Heddiw'.[7] Ymrwymwyd yn gadarnhaol wrth ddelwedd ifanc, gyfoes, gosmopolitan o Gymreictod.

Roedd geiriau hyderus a heriol Glyn Ashton wrth amddiffyn *Cwm Glo* (1935) a *Monica* (1930) – 'y mae galw'r ddrama yn fudr mor ynfyd a diweled â galw *Monica* yn anfoesol. Dyma'r ddau lyfr mwyaf moesol ac iach eu gwelediad a ddaeth allan o'r wasg Gymraeg'[8] – yn nodweddiadol o gywair di-dderbyn-wyneb y cylchgrawn a'i bolisi cynyddgar. Doedd dim yn amddiffynnol am ei agwedd ac nid ofnai bechu chwaith drwy awgrymu y gellid dysgu rhywbeth o lenyddiaeth gyfoes Lloegr o bobman: mewn cyflwyniad i erthygl a drafodai feirdd comiwnyddol fel W. H. Auden, Stephen Spender, C. Day Lewis a Rex Warner, to a ddylanwadodd yn drwm ar farddoniaeth Alun Llywelyn-Williams ei hun, datganwyd yn blaen na fu 'ysgol bwysicach yn llenyddiaeth ein cymdogion ers tro byd, a chredwn y talai i lenorion ieuainc Cymru sylwi'n fanwl ar gynnyrch a datblygiad yr ysgol gyfoes hon – yn enwedig gan fod sefyllfa barddoniaeth yn ein gwlad ni ar hyn o bryd yn bur druenus'.[9] Yn fwy dadleuol byth, wrth gyfeirio at erthygl arloesol ar 'Nofelau'r Cymry Seisnig'[10] – sylwer nad ymsefydlodd y term 'Eingl-Gymreig' eto – mentrwyd awgrymu bod gan lenorion Cymraeg rywbeth i'w ddysgu gan y rhai a sgrifennai am Gymru drwy gyfrwng yr iaith fain: 'y mae'n anffodus – ac efallai'n beryglus – nad oes gennym o ran maint a sylwedd ddim yn ein llenyddiaeth Gymraeg i'w gymharu â chynnyrch diddorol y Cymry-Seisnig hyn'.[11] O du cyfnodolion Saesneg eu cyfrwng y bu unrhyw ymdrechion i bontio rhwng dwy lenyddiaeth Cymru cyn hyn: ar dudalennau'r *Welsh Outlook*, er enghraifft, y gwelodd amryw gerddi Cynan, W. J. Gruffydd, T. Gwynn Jones, R. Williams Parry a T. H. Parry-Williams olau dydd am y tro cyntaf yn ystod ac ar ôl y Rhyfel Byd Cyntaf,[12] a rhwng 1937 a 1940 byddai *Wales* Keidrych Rhys yn cynnwys cyfieithiadau rheolaidd o weithiau llenyddol Cymraeg. Cyferbynnai agwedd *Tir Newydd* yn drawiadol ag un negyddol Saunders Lewis pan holodd yn 1938 *Is there an Anglo-Welsh Literature?* ac mae'n ddiddorol dyfalu i ba raddau yr ysgogwyd ei safbwynt ymwahanol gan un cynhwysol Alun Llywelyn-Williams a'i gymheiriaid.[13] Ac er cymaint o barch oedd gan Alun Llywelyn-Williams at ei fentor, W. J. Gruffydd – paratowyd rhifyn arbennig o *Tir Newydd* ym Mai 1938 i'r gŵr yr awgrymwyd ei fod yn ei 'eilunaddoli' ar un adeg[14] – gwahaniaethai'r sylw a roddwyd i lenyddiaeth Eingl-Gymreig ar dudalennau *Tir Newydd* oddi wrth y diffyg sôn amdani o gwbl ar dudalennau mwy sefydledig *Y Llenor*.

Personoliaeth fwyaf llafar *Tir Newydd* a'r un yr uniaethir y cylchgrawn yn bennaf ag ef oedd Alun Llywelyn-Williams ei hun. Ef oedd awdur dwy o erthyglau mwyaf pryfoclyd y cylchgrawn, sef 'Y Bywyd Dinesig a'r Gymraeg' a 'Gwaith ac Adwaith: Rhai Sylwadau ar Farddoniaeth Gyfoes Cymru'. Cyhoeddwyd 'Y Bywyd Dinesig a'r Gymraeg' yn 1935 yn nhrydydd rhifyn *Tir Newydd* a dyma'n ddi-os yr eitem fwyaf dadleuol hyd hynny yn hanes y newyddian. Tynnwyd sylw at yr hyn a ddywedodd R. T. Jenkins, ei hen athro Cymraeg yn y chweched dosbarth, rai blynyddoedd cyn hynny wrth iddo drafod 'Yr Hen Fywyd Cymreig' yn *Y Llenor*: nid rhywbeth hanfodol wledig mo Gymreigrwydd a'r 'pennaf angen yw magu Cymreigrwydd trefol'.[15] Ar gorn hynny, cyfeiriodd Alun Llywelyn-Williams at 'rai o'r llyfrau gorau' a gyhoeddwyd yn ystod y tair blynedd cyn hynny gan enwi'n benodol *Cwm Eithin* (1931) Hugh Evans, *Hen Wynebau* (1934) D. J. Williams ac *Y Crefftwr yng Nghymru* (1933) Iorwerth Peate. 'Tybed nad oes yna ryw awgrym o hynafiaethedd, rhyw geidwadaeth ddihangol benfeddal', holodd, 'i beri i bwyslais ein llenyddiaeth fod mor unochrog a'i diddordeb mor gyfyng, yn afiach felly?'[16] Daliai fod prinder llyfrau a godai 'o amgylchiadau a phroblemau arbennig yr ardaloedd diwydiannol a threfol' gan ychwanegu – pum mlynedd yn unig ar ôl y croeso damniol a gafodd *Monica* gan y wasg enwadol[17] – fod 'rhagfarn agored neu gudd yn eu herbyn, rhyw deimlad fod eu testunau a'u problemau yn anghymreig'.[18] Cam dybryd â'n llenyddiaeth a'n hiaith oedd tybio bod gan y bywyd gwledig fonopoli ar ddiwylliant Cymraeg: 'Y broblem arbennig sydd gennym ni yng Nghymru yw sut y gallwn ehangu terfynau ein diwylliant Cymraeg, ystwytho a chymathu ein Cymreigrwydd i gynnwys a mynegi'r gwareiddiad dinesig diwydiannol yr ydym yn byw ynddo heddiw.'[19] Enynnodd yr erthygl ymateb amddiffynnol Iorwerth Peate – un o'r adolygwyr a gystwyodd *Monica* lymaf bum mlynedd ynghynt a phennaf gwrthwynebydd 'barddoniaeth fodern' erbyn y 1960au[20] – yn y rhifyn dilynol o *Tir Newydd*, er bod Alun Llywelyn-Williams wedi awgrymu flynyddoedd yn ddiweddarach mai 'i'n helpu i hybu tipyn ar gylchrediad y cylchgrawn y mynnodd ef lwyfannu'r "ddadl" a fu rhyngom'.[21]

Ym Mai 1937 y taniodd Alun Llywelyn-Williams ei ergyd nesaf a hynny yn 'Gwaith ac Adwaith: Rhai Sylwadau ar Farddoniaeth Gyfoes Cymru'.[22] Prin a gwael oedd ei olwg ar gynnyrch y beirdd dan ddeg ar hugain a chan adleisio beirniadaeth W. J. Gruffydd ohoni, a John

Morris-Jones o'i flaen ef, gwelodd fai ar yr Eisteddfod Genedlaethol: roedd y ffaith ei bod yn 'rhoi'r lle blaenaf o hyd i ffurf obsolesent fel yr awdl yn deyrnged go lew i geidwadaeth gyndyn "gwarchodwyr" barddoniaeth yng Nghymru'.²³ Daeth ceidwadaeth, clasuriaeth a chanoloesoldeb y beirdd dan ei lach: 'cysylltwyd clasuraeth ar hyd y canrifoedd â cheidwadaeth ac adwaith a gormes ac annioddefgarwch',²⁴ a'r bardd a arddangosai'r nodweddion hyn blaenaf, a hynny dan ddylanwad Saunders Lewis, oedd Gwenallt yr argraffwyd ei 'Ar Gyfeiliorn' yn rhifyn cyntaf *Heddiw* yn Awst 1936.²⁵

Er mai'r 'nod amlycaf' lle roedd llenyddiaeth yn y cwestiwn oedd 'agor ffenestri ar ddatblygiadau arwyddocaol mewn gwledydd eraill',²⁶ barnai Alun Llywelyn-Williams yn y pen draw mai 'Yn y maes cydwladol bu'r cylchgrawn yn llawer llai llwyddiannus.'²⁷ Ond yn ei 'Nodiadau ar Surrealisiaeth'²⁸ paratôdd Glyn Jones gyflwyniad arloesol yn Gymraeg i'r symudiad celfyddydol hwn tra ymestynnwyd gorwelion ymhellach gan B. J. Morse yn ei gyfieithiadau o'r Almaeneg o ddetholiad o lythyrau Rilke.²⁹ Hau hadau a wnaed ar dudalennau *Tir Newydd*, hadau a fyddai'n egino ac yn cyrraedd llawn dwf flynyddoedd yn ddiweddarach. Yng ngeiriau cydolygydd y cylchgrawn, D. Llewelyn Walters: 'Dechreuadau pethau oeddynt [yr erthyglau ar wahanol fathau o gelfyddyd], maen nhw wedi datblygu mwy yng Nghymru erbyn heddiw, ond roedd cael bywyd helaethach, mwy eang ei weledigaeth.'³⁰ Yn y cerddi rhyfel a gynhwysid yn y man yn *Pont y Caniedydd* (1956) byddid yn gweld pwyslais rhyngwladol y cylchgrawn yn dwyn ffrwyth aeddfed. Ac mae'r pwyslais rhyngwladol yn un tra pherthnasol wrth drafod barddoniaeth yr Ail Ryfel Byd yn enwedig: fel y nodwyd wrth adolygu blodeugerdd ryngwladol ddiweddar o gerddi'r rhyfel, 'the need, as far as the Second World War is concerned, has always been to stand back and take a wider view – in short, to internationalise the scene'.³¹ Wrth iddo yntau drafod rhyng-genedlaetholdeb a rhyfel, cyfeiriodd Michael Hamburger yn ôl at y cyfnod a ragflaenai'r Rhyfel Byd Cyntaf a'r rhyfel ei hun: 'The great formative years of modernism – the years immediately before the First World War – was also the period when the arts, in Europe and the Americas, attained an extraordinary degree of internationalism, and this internationalism persisted even in the teeth of war.'³² Parhau â'r un gwaith o hyrwyddo'r project modernaidd hwn a wnaeth *Tir Newydd* ac yng ngherddi rhyfel Alun Llywelyn-Williams yn anad neb arall y llwyddwyd i ryngwladoli persbectif barddoniaeth Gymraeg.

Siom arall Alun Llywelyn-Williams wrth fwrw golwg yn ôl ar ei hen gylchgrawn oedd iddo fethu â 'darganfod a meithrin llawer o dalentau creadigol newydd, er bod hynny'n un o'n hamcanion pwysicaf'.[33] Yr eithriad amlwg yw cerddi Alun Llywelyn-Williams ei hun, er mai dim ond tair ohonynt a ymddangosodd ar ei dudalennau sef 'Ave Atque Vale'[34] (cyf. 'Henffych a Ffarwel'), 'Y Godreon'[35] a 'Dwy Gerdd'.[36] Er na chynhwyswyd mo'r gerdd gyntaf yn *Cerddi 1934–1942* (1944) yn ddiweddarach, roedd hi'n gerdd arwyddocaol a argraffwyd yn rhifyn cyntaf *Tir Newydd* ac y clywyd ynddi herald oes newydd:

> Dewch, fy nghyfeillion, gadwn Fwlch y Cwm
> a Choed y Wenallt, a'r holl hen fryniau hyn:
> awn, fraich ym mraich, i lawr i'r ddinas draw,
> ac yno gwelwn wŷr yn plygu dur
> yng nghanol chwys periannau trystfawr, cryf . . .[37]

Ond er na lwyddodd y cylchgrawn i fod yn ddeorfa ar gyfer llenorion newydd sbon danlli, efallai nad oedd y sefyllfa mor anobeithiol ag yr awgrymwyd gan Alun Llywelyn-Williams yn yr ystyr fod yr holl wyntyllu syniadau a gafwyd ar dudalennau *Tir Newydd* wedi hwyluso'r ffordd ar gyfer creadigrwydd y degawdau dilynol. Fel maniffesto mudiad newydd y mae'r cylchgrawn bwysicaf, amlinelliad o raglen waith ar gyfer to cyfoes o awduron, a chan hynny, nid yw'n syndod clywed disgrifiad fel hwn o'r cylch llenyddol o gyfnod y rhyfel, Cylch Cadwgan, gyda'i '[dd]iwylliant . . . yn fwy trefol na gwerinol',[38] na chwaith eiriau fel hyn gan un o'i aelodau craidd, Pennar Davies: 'roeddem ni i gyd yn teimlo fod y byd yn eang iawn; ac er ein bod ni'n frwd iawn dros Gymru . . . roedden ni yn teimlo hefyd fod llenyddiaeth Cymru wedi bod yn rhigolau'r gegin Gymreig yn rhy hir, a bod yn rhaid agor drysau'r byd i Gymru.'[39]

'Yna dechreuodd yr Ail Ryfel Byd ac fe'i gorfodwyd i roi diwedd ar y cylchgrawn' yw geiriau clo'r cofnod am *Tir Newydd* yn *Cydymaith i Lenyddiaeth Cymru*.[40] Ond er rhoi'r cylchgrawn yn ei wely am y tro olaf, nid aeth ei genhadaeth i gysgu. Gyda dynesiad ac yna ddyfodiad y rhyfel, ychwanegwyd elfen o frys at y sefyllfa. Oni chyfiawnhawyd bodolaeth y cylchgrawn? Ac onid oedd mwy o alw nag erioed o'r blaen am lenyddiaeth gyfoes, fodern, berthnasol a allai ymateb yn aeddfed i'r byd newydd oedd ohoni?

Erbyn hyn, fe ddaw'n gliriach beunydd ein bod yn ffarwelio â rhamantiaeth anghyfrifol dechrau'r ganrif, ac yn nesáu at gyfnod pur wahanol. Ni all unrhyw fardd heddiw ddianc rhag arswydau bywyd, gorfodir pawb i'w hwynebu a cheisio'u datrys. Mae tlodi a gormes, anghyfiawnder ac erlid, a chysgod rhyfel a dinistr yn rhy sylweddol, perygl y barbariaid yn rhy amlwg, ac angau'n rhy agos – mewn dyddiau fel hyn, mae gogoniant machlud haul yn pylu, mae prancio'r ŵyn yn ddiflastod . . . a byd hardd breuddwydion Arthur yn troi'n hunllef eironig . . . Ond heddiw, pan drown i'r mynydd, buan iawn y'n gyrrir yn ôl gan ei ddistawrwydd dihidio, i blith ein cyd-ddynion. Yr orfodaeth hon sy'n cyfrif am y cyfnewidiad yn osgo'r bardd.[41]

A chan edrych y tu hwnt i gyfnod penodol y rhyfel ei hun, gyda'r allfudo cynyddol at ddiwedd y ganrif, o gadarnleoedd traddodiadol yr iaith yn y gogledd a'r gorllewin i'r deheudir diwydiannol a dinesig – i raddau helaeth yn sgil y twf yn y cyfryngau clywedol a'r newidiadau cyfansoddiadol o gwmpas Bae Caerdydd[42] – profwyd mor bwysig oedd hi i'r Gymraeg feddiannu'r tir newydd yn greadigol iddi hi'i hun.

Byddai'n anodd meddwl am yr un llenor Cymraeg a oedd yn barotach nag Alun Llywelyn-Williams ei hun, felly, i wynebu her greadigol yr Ail Ryfel Byd ar ôl y brentisiaeth a fwriodd yn *Tir Newydd* a'r ymbaratoi yn *Cerddi 1934–1942*. Gellid tybio am lenyddiaeth Gymraeg yn gyffredinol hefyd, pan gafodd ei hun drachefn ynghanol drama fawr ryngwladol, na fyddai hi'r tro hwn mor ddiamddiffyn gan fod ganddi brofiad y Rhyfel Byd Cyntaf i bwyso arno. Wedi'r cyfan, oni orfodwyd hi i ymfoderneiddio yn sgil y rhyfel hwnnw? Alun Llywelyn-Williams ei hun a ddywedai ymhen blynyddoedd am sonedau rhyfel R. Williams Parry 'eu bod wedi ennill tir newydd i'n barddoniaeth'.[43] Ac eto, go brin mai delwedd gadarnhaol o lenyddiaeth a oedd wedi ymarfogi ac yn barod i wynebu tir newydd a gyflwynid gan ysgrifau beirniadol fel 'Y Bywyd Dinesig a'r Gymraeg' a 'Gwaith ac Adwaith: Rhai Sylwadau ar Farddoniaeth Gyfoes Cymru'. Dros ddeugain mlynedd ar ôl y rhyfel, daliai Alun Llywelyn-Williams i ryfeddu at arafwch llenyddiaeth Gymraeg yn ymaddasu at gyfnod newydd: 'Y mae'n rhyfedd sylwi fod llawer o'n barddoniaeth yng Nghymru, yn wahanol iawn i Loegr a Ffrainc, wedi llifo ymlaen yn y gwely a dorrwyd iddi ym mlynyddoedd cyntaf y ganrif, fel petai'r rhyfel a'r chwalfa fawr ysbrydol a chymdeithasol heb fod o gwbl. Parhaodd rhamantiaeth fuddugoliaethus y Deffroad yn rym am flynyddoedd wedi'r rhyfel.'[44]

Heddychiaeth versus Militariaeth

Yn nofel Gymraeg ôl-ryfel bwysicaf y 1950au, *Cysgod y Cryman* (1953), cyflwynodd Islwyn Ffowc Elis inni un o gymeriadau mwyaf atgas ein llên. Sais rhonc a thrahaus yw Paul Rushmere a'i feddiant ar Greta Vaughan gu yn drosiad nid anamlwg o dra-arglwyddiaeth Lloegr ar Gymru. Daw i'r llwyfan gyntaf yn y bedwaredd bennod ac nid y lleiaf o'i ffaeleddau yw ei olwg feirniadol ar arwr y nofel, Harri Vaughan:

> yr oedd diffyg arall yn Henri . . . os bu i rywbeth siglo'i serch at Greta, y diffyg hwn yn ei brawd oedd hwnnw. Fe fu Henri yn wrthwynebydd cydwybodol adeg y rhyfel. Dyna beth arall yn y Cymry na allai Paul mo'i blymio. Y cyfartaledd uchel o basiffistiaid penbluog na ellid mo'u symud o'u hagen. Beth a ddigwyddai i Loegr petai pawb fel hwy? Ond nid oedd Lloegr, hyd yn oed, yn golygu dim iddynt. O bob problem o ddiagnosis a wynebodd Paul Rushmere erioed, hon oedd y ddyrysaf.[45]

Rhywbeth arall a'i gwna'n amheus o'r teulu cyfan yw'r ffaith fod Karl Weissmann yn gweithio iddynt: 'Nid oedd eu bod yn cadw Almaenwr yn was yn Lleifior yn tawelu dim ar ei feddwl . . . a hwnnw'n gynswyddog ym myddin Rommel, y fyddin a wrthwynebodd ef, Paul, am fisoedd eirias ar dywod Affrica – nid oedd ei fod yn Lleifior, a'i fod fel un o'r teulu, yn beth i orlawenhau o'i herwydd' (*CYC*: 46). Ond yna newidir peth ar y persbectif adroddol negyddol: mae rhagfarnau'r awdur yn erbyn Paul ac o blaid Harri'n amlwg, ond fe gymhlethir rhywfaint ar y sefyllfa gan y gêm wyddbwyll rhwng y Sais a'r Almaenwr:

> Wrth drafod rhyw symud a wnaethai Karl ar y clawr, fe ddywedodd Paul na allasai Rommel wneud dim yn well. Gwenodd Karl, a chyn pen dau funud yr oeddent yn cymharu Rommel a Montgomery fel cadfridogion. Yr oedd sŵn yr un gynnau yn eu clustiau, eu gwarrau'n ysu gan bigo'r un moscito, eu cnawd yn crynu gan yr un malaria. Yr oeddent unwaith eto'n wynebu'i gilydd ar draws yr un tywod, eu crwyn yn crasu yn yr un haul. Aeth y ddau yn un yn y profiad. Nid oedd ond hwy'u dau yn y stafell wedi bod yn yr un lle, wedi dioddef yr un dioddefaint. (*CYC*: 50)

Nid gwatwar diffyg gweledigaeth Paul Rushmere a wneir bellach ond eiddigeddu wrtho'i brofiad:

> Urddas dwy genedl fawr, falch, imperialaidd yn cynnal cymundeb. Dynion heb israddoldeb, heb daeogrwydd Cymro wedi'i lwytho i'w waed,

yn syllu lygad-yn-llygad heb chwerwedd, heb ofn. Am y tro cyntaf, teimlodd Harri benyd bod yn wrthwynebwr cydwybodol. Bryniau Powys a chribau Eryri fu'i orwelion ef. Ni welodd mo'r tywod gelyniaethus na'r mosg na'r miras; ni allai wybod beth oedd cwmni dynion heb yfory iddynt, na pha fath beth oedd syllu i faril angau. Fe gostiodd ei heddychiaeth yn ddrud iddo; fe gostiodd iddo brofiad. (*CYC*: 51)

Cydnabod hyn yn ddistaw bach iddo'i hun a wna Harri Vaughan, ond y persona cyhoeddus a gyflwynir o fewn y nofel yw un y Cymro Egwyddorol ac Annibynnol a ddaliodd ei dir yn ystod y rhyfel ac a wrthododd godi arfau'n daeogaidd ar alwad Lloegr fawr, un y mae ei heddychiaeth am y pegwn arall i filitariaeth ei ddarpar frawd-yng-nghyfraith. Ond er cryfed yw'r priodweddau cenedlaethol a ymgorfforir gan y ddau gymeriad cyferbyniol hyn, priodweddau cyferbyniol sy'n help i gadarnhau daioni'r naill o gymharu â drygioni'r llall, hybu myth fyddai casglu mai'r profiad nodweddiadol Gymreig o'r Ail Ryfel Byd yw'r un gwrthwynebus.

Cymro Cymraeg a feddai ar brofiad o'r rhyfel oedd Alun Llywelyn-Williams, ond doedd heddychiaeth ddim yn opsiwn ystyrlon yn y 1930au i'r gŵr ifanc hwn a faged ar aelwyd dosbarth canol yng Nghaerdydd. Fe'i tynnwyd ddwyffordd gan achos Penyberth yn 1936: edmygai weithred Saunders Lewis, D. J. Williams a Lewis Valentine, ond fe'u siomwyd eu bod wedi ildio'u hunain i'r awdurdodau: 'Mewn byd o rym cynyddol, 'welwn-i ddim rhinwedd mewn pasiffistiaeth.'[46] Ymunodd am gyfnod byr â changen y coleg yng Nghaerdydd o Blaid Cymru: arwydd oedd hyn, mae'n debyg, o genedlaetholdeb diwylliannol ac ni pharodd ei aelodaeth yn hir gan mor groes oedd ei reddfau adain chwith i ddaliadau Saunders Lewis. Yn wir, tra rhoddodd Penyberth achos a chyfeiriad i *Heddiw*, y cylchgrawn a ymddangosodd flwyddyn ar ôl lansio *Tir Newydd*, digon tawedog fu Alun Llywelyn-Williams ar y mater.[47] Beirniadwyd y blaid fwy nag unwaith yng ngholofn olygyddol *Tir Newydd* a'i chyhuddo o 'ymbriodi â syniadau gwleidyddol mor blentynnaidd ac adweithiol . . . buasem yn croesawu mabwysiadu polisi sosialaidd gan y Blaid Genedlaethol';[48] dro arall fe'i beirniadwyd am wrthod gwneud 'unrhyw ddatganiad pendant o blaid democratiaeth . . . mae hyn yn od o debyg i ffasgiaeth . . . Byddai'n dro caredig â'r wlad, pe bai'r Blaid Genedlaethol yn dweud yn agored ac yn swyddogol beth yw lliw y crysau i fod, yn hytrach na cheisio gwisgo am ei haelodau ryw siaced fraith Joseph!'[49] Canlyniad hyn oedd ei fod yn meddu ar gryn annibyniaeth barn, annibyniaeth barn a olygai y byddai nid yn unig yn ymuno gyda'r fyddin yn y man ond hefyd yn gwneud cais ffurfiol i'w yrru i wasanaethu dramor. Un eironi sy'n taro dyn wrth fynd heibio yw hwn: er iddo fel llywydd ei blaid arddel polisi o niwtraliaeth yn ystod yr Ail Ryfel Byd, go brin y byddai Saunders Lewis fel un o gynfilwyr y Rhyfel Byd Cyntaf – y parhaodd ei deyrngarwch i'w hen gatrawd ymhell ar ôl i'r rhyfel hwnnw ddirwyn i ben – wedi gallu beirniadu'r penderfyniad hwnnw.[50]

Does dim dwywaith fod M. Wynn Thomas yn llygad ei le pan ddywedodd am ddau lenor pwysicaf Cymru o'r Ail Ryfel Byd, Alun Llywelyn-Williams ac Alun Lewis, fod gennym le i ddiolch iddynt am 'sicrhau bod y profiad o fyw drwy gyfnod unigryw yn ein hanes i'w gael ar glawr a chadw i ni yn eu barddoniaeth hwy'.[51] A does dim modd chwaith orbwysleisio pwysigrwydd cael llygad-dyst i'r rhyfel hwnnw:

> mae barddoniaeth Gymraeg at ei gilydd wedi cyfyngu'i sylw i'r ochr yma fel petai yn y Rhyfel, a Phenyberth a'r hyn ddigwyddodd yn fanno ydi'r profiad mawr mewn llenyddiaeth Gymraeg. Ond ym marddoniaeth Alun Llywelyn-Williams rydan ni'n cael golwg ar y rhyfel ei hun. Ar ôl cael gwybod am Auschwitz a'r gwersyll-garcharau enbyd yna, fe'n taflwyd ni i ddimensiwn ysbrydol sy'n ddyfnach ac yn ehangach o'r hanner na Phenyberth hyd yn oed; rydach chi'n cael eich bwrw'n erbyn rhyw fath o gwestiynau am ddyn a'r ddirnadaeth o ddyn a'r pechod enbyd oedd ynddo fo; mae hynna hefyd ym marddoniaeth Alun Llywelyn-Williams.[52]

Argraff Alun Llywelyn-Williams wrth sgrifennu yn 1973 oedd fod y rhan fwyaf o'i gyd-feirdd yng Nghymru wedi mynd o'r tu arall heibio i'r rhyfel yn eu cerddi: 'Most Welsh language poets of my generation ignored the whole business as though it had nothing to do with them or with Wales – a negative reaction which was surely very strange even for civilians.'[53] Aeth bron ddeng mlynedd ar hugain heibio rhwng diwedd y rhyfel a blwyddyn cyhoeddi'r sylwadau hynny yn 1973, hen ddigon o gyfle pe mynnai'r awdur adolygu'i farn. A hyd yn oed pe mynnid amodi rhyw gymaint ar ei ddyfarniad yng ngoleuni'r ddau gant a mwy o gerddi a gasglwyd ynghyd yn *Gwaedd y Lleiddiad*, deil y canfyddiad yn un gwerthfawr.[54] Sicrhaodd cerddi Alun Llywelyn-Williams na roddodd llenyddiaeth Gymraeg ei phen yn y tywod rhwng 1939 a 1945 a'i bod hi wedi'i gorfodi i wynebu'r byd oedd ohoni, byd y tu hwnt i'w ffiniau daearyddol ond un yr oedd hithau'n gyfrannog ohono.

Y Profiad o Ryfel

Yn yr un ysgrif ag y dyfynnwyd ohoni uchod, dywedodd Alun Llywelyn-Williams mai'r hyn a roddodd y rhyfel iddo oedd 'a salutary direct experience of human suffering and folly of which I had hitherto been a mere passive observer'.[55] Fel bardd, bron na roddai bwys dirfodwr ar werth sofran profiad: 'Mae popeth a sgrifennais i erioed wedi deillio o ryw brofiad neu ddigwyddiad penodol sydd wedi fy ysgwyd i mewn rhyw fodd neu'i gilydd.'[56] Yn yr ysgrif arwyddocaol ei theitl, 'Y Profiad o Ryfel', ceir ganddo amryw sylwadau perthnasol. Dyma gymharu ymateb llenyddiaeth Lloegr a Chymru i'r Rhyfel Byd Cyntaf:

> Os mai traethu profiad uniongyrchol yw un o brif nodweddion y traddodiad Seisnig, ar ffurf, ac addurn, a defod y bu'r pwyslais amlycaf yn Gymraeg erioed. Roedd y bardd o Sais wedi ei ragdueddu i ystyried barddoniaeth fel cyfrwng i fynegi ei brofiad personol o'r rhyfel; fel moddion i chwilio'i ymateb ei hun i'w drais a'i arswyd, i'w waradwydd a'i gyfaredd ryfedd, i'w erchylltra annynol a'i gymrodoriaeth gadarn a chysurlon. Tuedd y bardd o Gymro ar y llaw arall, ac yntau heb fawr ofal erioed am ddirni realrwydd, oedd defodi ei ymateb i gydymffurfio â'i draddodiad o ymroddiad i'w gymdeithas.[57]

Tra beirniedir 'Rhyfel' y bardd-filwr Hedd Wyn ganddo am mai'r '*syniad* o gyfodi'r cledd a lladd brawd sy'n ysgogi'r bardd, nid profiad cignoeth dyn a ddioddefodd yn y cnawd erchylltra annynol y tywallt gwaed yn Ffrainc',[58] disgrifir y bardd-bregethwr John Dyfnallt Owen fel 'un o'r ychydig iawn o feirdd Cymraeg a allai draethu gydag awdurdod ar brofiad y milwr cyffredin yn y ffosydd'[59] ac un a ddaliodd yn 'Y Tir Di-Berchennog' 'hanfod y profiad o ryfel'.[60]

Adeg Brwydr Prydain a chyrchoedd bomio'r Almaen ym Medi 1940 y penderfynodd Alun Llywelyn-Williams na allai gadw draw o'r ymladd ac ymuno â'r Ffiwsilwyr Brenhinol Cymreig neu'r *Royal Welsh Fusiliers*: 'y gatrawd Gymreig hynaf a mwyaf hanesyddol, ac onid hithau hefyd oedd y gatrawd fwyaf llenyddol ei naws a'i thraddodiad o holl gatrodau'r fyddin – hen gatrawd Siegfried Sassoon a Robert Graves a David Jones a Llewelyn Wyn Griffith a Hedd Wyn?'[61] Perthynai Alun Llywelyn-Williams i ail genhedlaeth ei deulu a wasanaethodd yn filwrol: ac yntau dros ei dair a deugain mlwydd oed, gwasanaethodd ei dad fel meddyg yn Ffrainc yn ystod y Rhyfel Byd Cyntaf. 'Dyn a ŵyr pam y mynnodd fynd i'r rhyfel yn ei oedran ef,' meddai ei fab, ''doedd dim rhaid iddo. Ond 'rwy'n tybio ei fod yn ŵr a garai dderbyn her, ac unwaith y penderfynai ar ryw gwrs neu ar iawnder rhywbeth, 'allech chi mo'i syflyd.'[62] Tybed nad dyna brofiad Alun Llywelyn-Williams yntau pan ddaeth yr Ail Ryfel Byd? Yn sicr, does dim awgrym o gwbl fod yr hyn a wnâi wrth ymrestru yn bradychu ei gefndir Cymreig neu'n anghydnaws mewn unrhyw ffordd – rhywbeth a fu'n boen ar enaid sawl un yn ystod y Rhyfel Byd Cyntaf – ac fe'n rhybuddir ganddo mewn man arall rhag gwerthuso barddoniaeth ryfel yn ôl cryfder heddychiaeth unrhyw fardd.[63] Drwy ymuno â'r RWF, awgrymir ei fod yn ymaelodi'r un pryd â thraddodiad llenyddol cyfarwydd ac anrhydeddus. Apeliai tras y gatrawd ato, ac er gwaetha'i ofnau, argoelai'r cysylltiadau llenyddol yn dda ar ei gyfer yntau: "Roedd cyfnod newydd ar ymagor arnaf, ond wedi'r cwbl, 'waeth beth oedd o'm blaen, 'roedd pob profiad yn faeth i fardd.'[64]

'Gwyddwn y byddai'n rhaid imi yn hwyr neu'n hwyrach ymuno â'r lluoedd,' meddai Alun Llywelyn-Williams yn ei hunangofiant, 'Teimlwn nad oedd yn iawn imi ymatal, fod rheidrwydd moesol arnaf i roi'r gorau i glydwch fy swydd fel darlledwr ac uniaethu fy hunan yn fwy ymarferol â'r ymgyrch.'[65] Yn ôl Wynford Vaughan Thomas, cyfaill a chydweithiwr i Alun Llywelyn-Williams yn ystod ei gyfnod rhwng 1937 a 1940 gyda'r BBC yng Nghaerdydd, 'Daeth y rhyfel a chymerodd Alun ei ran fel milwr yn y rheng flaen. Nid ymgymerodd â gwasanaeth milwrol mewn unrhyw fath o ysbryd o wag-ogoniant. Teimlodd yn unig ei fod yn gorfod rhannu artaith gyffredinol Cymro cyffredin ei genhedlaeth.'[66] Roedd hynny yn Nhachwedd 1940: treuliodd y chwe mis cyntaf yn derbyn hyfforddiant yn Wrecsam a rhai misoedd wedyn yng Ngholeg Brenhinol Sandhurst, yna i Sussex a Weymouth yn Dorset cyn ei drosglwyddo'n lefftenant i Aberhonddu yng Ngorffennaf 1942 lle bu'n hyfforddi glasfilwyr.

Roedd hi'n Dachwedd 1944 arno'n gwirfoddoli i wasanaethu ar y cyfandir ac fe'i hanfonwyd bryd hynny i'r Almaen a Gwlad Belg. Gan fod ei hunangofiant yn dod i ben gyda'i benderfyniad i ymrestru yn y fyddin, drwy gyfrwng y cerddi rhyfel yn *Pont y Caniedydd* ac yn ddiweddarach *Y Golau yn y Gwyll* y cesglir fwyaf am ei brofiad fel milwr. Serch hynny, y mae ar gael lawysgrif o'r enw 'Gwŷs i'r Gad' ymhlith papurau'r bardd, gwaith anghyhoeddedig a ddisgrifir gan Non Indeg Evans yn ei thraethawd ymchwil campus ar fywyd a gwaith Alun Llywelyn-Williams fel 'rhan gyntaf nofel fywgraffyddol anorffenedig neu stori fer hir. Fe'i seiliwyd ar ei brofiadau fel aelod o'r lluoedd arfog ym Mhrydain ym mlynyddoedd cyntaf yr Ail Ryfel Byd.'[67] O fewn pymtheg o benodau ac ynddynt gyfanswm o ryw un fil ar ddeg o eiriau, disgrifir hanes cymeriad o'r enw Gareth yn ystod dwy flynedd yn Aberhonddu sy'n bwrw cryn dipyn o oleuni ar benderfyniad Alun Llywelyn-Williams i fynd dramor ddiwedd 1944. Amlinellir ei gyfyng-gyngor:

> Beth oedd a wnelo'r rhyfel hwn ag ef, fel yr hawlid ganddo gyfraniad uniongyrchol? Gwir y dymunai weld diwedd ar Natsïaeth, ond nid oedd mor ddiniwed â thybio y gallai hyd yn oed fuddugoliaeth filwrol lwyr a therfynol ar yr Almaen gyfannu'r rhwygiadau a fygythiai wareiddiad a chymdeithas Ewrob. Pa ddiben ymgynefino ag erchylltra ac ymgyfarwyddo â phoen a pherygl, gan wybod yr un pryd na wnâi hynny ddim i ddileu'r peryglon mwy a danseiliai'r cwbl a oedd yn annwyl ganddo ac yn werthfawr yn ei olwg yng Nghymru, yn Ewrob, fel ei gilydd? Ac eto yr oedd am fynd; yn ddiddadl, yr oedd am fynd. Dyna oedd yn rhyfedd, yn broblem anesboniadwy, hyd yn oed i'w galon ef ei hun.[68]

Yn ddiweddarach, mewn sgwrs â chyfaill o'r enw Elwyn, cyfeirir at Frwydr Arnhem a ymladdwyd ym Medi 1944, brwydr a fu'n fethiant costus i'r Cynghreiriaid:

> 'Chreda'i ddim nad anghofiwn ni byth mo hanes yr hogiau yma yn Arnhem, Elwyn. Mor drist, mor aneffeithiol, mor arwrol wych!'
> 'Anghofiwn ni ddim mo'r disgrifiad ar y radio o'r ymgilio', meddai Elwyn. 'Mor fyw ac agos yr oedd yr ofnadwyaeth, yr anghysur, a'r perygl, a'r nos, a'r angau – a'r dewrder.'
> "Bydd rhai o'r gwŷr ieuainc dewr hyn yn aros ar ôl yn ein gwlad ni am byth. Ni chânt orffwys mewn pridd estron oer. Yng nghwrs ein hanes hir a gogoneddus, derbyniodd pridd Holand lawer arwr i'w dragwyddol hun. Fe werchyd eich meirwon chwi mewn balchder, fel pe baent yn feibion galar i'n pobl ni ein hunain."
> Gwnaed rhyfel yn rhamantus, meddyliai Gareth, a rhaid bod hynny'n gelwydd.
> 'Ond peth twp yw rhyfel. 'Does posib' yr hoffet ti fod yno?' gofynnodd Dilys.
> 'Na'n wir, hoffwn i ddim o gwbl. Ond rywsut, rwy'n teimlo'n euog, fel pe bai gen i ddim hawl i fod yma yn Aberhonddu'n gwisgo'r siwt khaki yna, a chymaint yn digwydd ar y cyfandir . . . Mae'n union fel petai dyn yn dymuno chwarae rhan mewn hen chwedl arwrol, hen fyth, ond bod hon yn chwedl gyfoes . . .'[69]

Hynod ddiddorol, pan ystyrir defnydd Alun Llywelyn-Williams o englynion saga y traddodiad barddol cynnar, yw'r cyfeiriad hwn at eisiau chwarae rhan mewn hen chwedl arwrol. Nid amherthnasol chwaith mo'r hyn sy ganddo i'w ddweud am brofiad milwrol Cynan yn ystod y Rhyfel Byd Cyntaf: er gwaetha'r sioc ddiwylliannol a brofodd, bu ymaelodi â'r lluoedd arfog iddo'n antur.[70] A thybed hefyd pa mor agos at brofiad Alun Llywelyn-Williams ei hun oedd y geiriau eraill hyn a draethodd am y llanc o dref Pwllheli: 'efallai fod Cynan wedi sylweddoli fod rhyfel, fel popeth arall yn ein profiad meidrol yn gymysgfa gaeth o'r drwg a'r da, ac y gallai gynnig i ddyn ifanc nwyfus nid yn unig gyffro arswyd a pherygl a phoen, a diraddiad clwyfau a marwolaeth, ond antur lawen a gorfoledd cymdeithas oludog â'i gyd-ddyn.'[71]

Ffactor arall a ddylanwadodd ar benderfyniad Alun Llywelyn-Williams i fynd dramor i frwydro oedd dau lythyr a anfonodd Wynford Vaughan Thomas ato ac yntau ar y pryd yn ohebydd radio gyda'r fyddin yn Anzio yn yr Eidal, man lle y bu rhagor o golledion trymion i'r Cynghreiriaid yn ystod hanner cyntaf 1944.[72] Cyfieithwyd un ohonynt a'i gynnwys yn ei grynswth yn 'Gwŷs i'r Gad': 'Beth amdanat ti, Gareth? Yn y fyddin o hyd, aie? Yn Aberhonddu o hyd, gobeithio. Beth bynnag wnei di, paid ag ymyrryd â'r gwallgofrwydd sydd yma.'[73] Ymateb yn gymysg i'r llythyr a wnaeth Gareth: 'Peth ffôl a gwrthun a fyddai dymuno gadael hedd a thawelwch Brycheiniog er mwyn cymryd rhan yn y dinistr a ysgubai drwy'r Eidal a holl gyfandir Ewrob. Yn sicr, ni ddymunai wneud hynny. Ffieiddiai atyniad mor afresymol, ac mor beryglus. Ac eto . . . ac eto . . . '[74] Ac yna, mewn darn byw o ryddiaith, perthnasir yr hyn a ddigwyddai yn yr Eidal at gyd-destun Cymreig gan erfyn ar Gareth i gadw draw o'r rhyfel ei hun:

'Mae'r mynyddoedd yma mor wyllt â dim a geir yn Eryri, ond cuddiant fwy o gyni a galar na dim y gallet ei ddychmygu. Meddylia am Lanberis yn adfeilion, a'r gynnau mawr yn tanio'n ddibaid ar Fethesda. Heidiau digalon o ffoaduriaid yn dringo'n flin y ffordd i fyny'r cwm i Lyn Ogwen. Hwn yma'n gwthio berfa o'i flaen, hwnacw'n llusgo trol a'i lond o'i feddiannau tlawd; y fam grynedig yn cerdded a'i phlant troednoeth wrth ei ffedog; yr eneth fach yn ceisio dal yr hen ŵr clwyfedig ar gefn ceffyl gwedd; gweinidogion a blaenoriaid y capeli'n eu harwain, yn llwch ac yn fudreddi o'u pennau i'w traed. A draw, dacw hen dref Caernarfon yn llosgi, a chwmwl mawr o fwg o'r tanau eisoes yn duo'r awyr dros Leyn a Môn. Gareth bach, er mwyn popeth, cadw draw o'r rhyfel!'
Cadw draw! Wrth gwrs. Ond hyd yn oed pe medrai, sut y meiddiai?

20 Mai yw'r dyddiad ar frig y llythyr oddi wrth Wynford Vaughan Thomas: ymhen pedwar mis byddai Alun Llywelyn-Williams yn gwasanaethu dramor.

Cerddi 1934–1942

Er mai yn yr adran 'Rhyfel' yn *Pont y Caniedydd* (1956) y cynhwyswyd y rhan fwyaf o ymateb barddol Alun Llywelyn-Williams i'r Ail Ryfel Byd, mae'i gyfrol gyntaf, *Cerddi 1934–1942* (1944), hithau'n cynnwys o leiaf ddeg o gerddi a luniwyd ganddo tra oedd yn filwr yn Sandhurst, Weymouth ac Aberhonddu a hefyd tra oedd gartref ar seibiant yn Rhiwbeina. Heblaw am y cerddi uniongyrchol berthnasol hynny, crynhowyd yn amryw o gerddi eraill y gyfrol beth o naws y 1930au wrth i'r byd nesu fwyfwy at ryfel drachefn. A phetai ar ddyn angen cyfiawnhad pellach dros eu hystyried, gellid troi at eiriau Michael Hamburger: 'A comprehensive survey of twentieth-century war poetry would have to embrace the political poetry of the twenties and thirties, both militant and pacifist, and especially the poetry occasioned by the Spanish Civil War . . . In an era of total politics, in fact, war poetry has become continuous, ubiquitous and hardly distinguishable from any other kind of poetry.'[75]

Cronicl y 'gwae a'r gofid'[76] yw *Cerddi 1934–1942*. 'The poetry I attempted to wrest from this sorry state of affairs immediately before and during the years of the war was a poetry of despair', meddai Alun Llywelyn-Williams ei hun, 'my own personal despair, my despair for Wales helplessly entangled in the cataclysm, and my despair for the whole of human civilisation.'[77] Yn 1936 – blwyddyn pan enillodd Hitler 99 y cant o'r bleidlais mewn etholiadau yn yr Almaen a phan gychwynnodd Rhyfel Cartref Sbaen – sgrifennodd Alun Llywelyn-Williams 'Pe Bai'r Glaw yn Peidio, Gyfaill' (C: 12):[78] synhwyrir ynddi fod rhyw fygythiad ar droed, er mai mewn termau amhenodol, rhai mytholegol a symbolaidd, y cyfeirir ato ar y pryd: 'ymbaratown, a cheisio datrys y ddrychiolaeth'; 'Gyfaill, ni allwn aros / a gweld y blaidd yn crwydro stryd Caerdydd'.[79] Clywir eisoes nodau brys a phanig ac anneall-twriaeth, nodau a glywir yn gliriach byth yn 'Ar Drothwy Rhyfel' (C: 15) a sgrifennwyd flwyddyn yn ddiweddarach: 'dywedir bod y rhyfel wedi torri, / ond ni ddatguddiwyd pwy yw ein gelynion, // Cawn wybod hynny gan y papur 'fory.' Does dim yn safadwy nac yn saff: yn 'Wedi Gwrando Cyngor y Meddyg' (C: 16) cyflwynir trafesti o'r tir newydd, glân a hyderus, y dathlodd Alun Llywelyn-Williams ei ddyfodiad dair blynedd ynghynt: 'nid yw'r hen fap yn gywir, mae'r ffyrdd / yn ddieithr, yr arwyddion hen yn fud. // O'r newydd, rhaid archwilio'r tir.' Collodd y cyfeirbwyntiau gynt eu perthnasedd, lledodd amheuaeth rhwng pobl a pheidiodd cyd-ddealltwriaeth; yn nelweddaeth amgen

Gwenallt o'r un cyfnod yn union, roedd y 'llong yn tindroi yn y niwl, a'r capten a'r criw yn feddw'.[80]

Y 'capten' yn San Steffan ar ddechrau'r rhyfel oedd y prif weinidog Neville Chamberlain a ddilynodd bolisi dyhuddo dadleuol yn ei ymwneud â Hitler a Mussolini: pen draw'r polisi hwn oedd Cynhadledd Munich ym Medi 1938 lle y cytunwyd i ildio rhannau o Wlad y Swdetiaid a berthynai i Tsiecoslofacia i'r Almaen yn y gamdybiaeth y byddai hynny'n bodloni awch tiriogaethol Hitler ac yn sicrhau heddwch. Ddau fis yn ddiweddarach y bu *Kristallnacht*, pogrom yn erbyn Iddewon yr Almaen ac un o ddigwyddiadau diffiniol yr Holocost: llosgwyd synagogau, maluriwyd tai, gwagiwyd siopau, lladdwyd bron gant a chludo dros 20,000 i wersylloedd crynhoi.[81] Ai Chamberlain a'i griw yw'r amaturiaid a welodd Alun Llywelyn-Williams mewn ffilmiau newyddion yn 'Gorweddian ar y Bryn' (C: 18): 'gwyliwn, tra gallom, yn y seddau hael, / y ffilm yn llithro dros oleuni'r sgrin, / a synnu fwyfwy at yr actio gwael'? Defnyddiwyd yr un ddelweddaeth drachefn yn 'Blaen Gwdi' (C: 37) wrth gyfeirio at '[r]yw nam / ar rwydd leferydd yr actorion llwyd'. Fel hyn y disgrifiodd Alun Llywelyn-Williams y cyfnod flynyddoedd yn ddiweddarach:

> 'Roedd achos inni brotestio a gwrthryfela pan oeddwn i'n llanc, yn anad unrhyw gyfnod, oherwydd 'roedd y blynyddoedd rhwng y ddau ryfel byd yn un o'r cyfnodau mwyaf gwarthus a chythryblus a welwyd erioed yn ein hanes ni. Blynyddoedd y dirwasgiad economaidd mawr oedd y rhain a miloedd heb waith yn dioddef tlodi a chyni annisgrifiadwy, a'r llywodraethau a oedd mewn grym ymysg y mwyaf llipa ac aneffeithiol a dirmygus eu polisïau tramor a chartref a boenydiodd unrhyw wlad, neb mewn awdurdod yn dangos bod ganddyn-nhw'r syniad lleiaf sut i osod trefn ar bethau, a rhai'n elwa'n ddigywilydd ar y trueni.[82]

Ni pharodd y dathlu'n hir ar ôl Cynhadledd Munich, ac roedd un o feirdd y chwith ymhlith y beirniaid:

> With surprising speed a reaction set in against Munich. Feelings of joy at Britain's deliverance from war was overtaken by feelings of shame at the betryal of Czechoslovakia. Many who had saved their skin would no longer, in the words of Louis MacNeice, damn their conscience. What had seemed a brave bid for peace in September appeared, as autumn progressed, to be a fatal act of cowardice in the face of alien might.[83]

Ac yng ngeiriau Alun Llywelyn-Williams ei hun:

> Pan ddaeth y newydd fod Neville Chamberlain wedi dychwelyd o Munich gyda'i addewid am heddwch yn ein dyddiau ni, gwyddem o'r gorau mai celwydd ydoedd. A theimlem yn euog fod Prydain wedi ildio'r maes yn llwyr i Hitler ac wedi bradychu gwlad arall yn ysglyfaeth i'w ynfydrwydd rheibus. O'm rhan fy hun buasai'n well gennyf wynebu rhyfel ar unwaith yn hytrach na gohirio'r anorfod am ychydig fisoedd eto.[84]

Mae'r gerdd a ddaw'n union ar ôl 'Gorweddian ar y Bryn', sef 'Pryder am Sbaen a Chymru' (C: 19), hithau'n cyferbynnu'r bywyd domestig sy'n mynd rhagddo'n ddi-hid yng Nghaerdydd – 'aelwydydd clyd ... y tyrfaoedd clau / sy'n gwag swmera' – gyda'r rhyfel cartref a brofai 'gwerin Sbaen' yr un pryd; o gadw mewn cof y cyfeiriad uchod at 'gelwydd', onid pryder am hunan-dwyll ei gyd-Gymry a'u hagwedd afreal, a'r rheini wedi perswadio'u hunain yr arbedid hwy rhag rhyfel, a fynegir fan hyn?[85] A chyda chynifer o lenorion yn cefnogi'r Gweriniaethwyr yn y rhyfel yn erbyn Franco, o leiaf roedd rhywbeth anrhydeddus, egwyddorol a gonest am y brwydro gwrth-ffasgiaeth a ddigwyddai yn Sbaen.

"Roedd hi wedi dod o'r diwedd'[86] meddai Alun Llywelyn-Williams am ddatganiad radio Chamberlain ar 3 Medi 1939 fod Prydain wedi cyhoeddi rhyfel yn erbyn yr Almaen. Ac yntau'n gweithio ar y pryd fel cyhoeddwr gyda'r BBC, symudwyd ef ar unwaith i Lundain yn aelod o'r adran newyddion. Yr oedd felly 'yn ei chanol hi' a chanddo gyfle prin i gofnodi tymer a mŵd y brifddinas ar adeg rhyfel; gwnaeth hynny drwy gyfrwng naw o gerddi a sgrifennodd yn ystod y flwyddyn ac ychydig a dreuliodd yno, cyfnod y Rhyfel Ffug neu'r *Phoney War* a ddaeth i ben gyda Brwydr Prydain.

Yn 'Yma'n y Meysydd Tawel' (C: 22), trewir nodyn delfrydoledig wrth drafod y rhyfel: "Waeth heb ddigio wrth yr ymyrraeth, / wrth ruthr peiriannau'r rhyfel; / mae'r gymdeithas lygredig yn darfod, yn darfod, / a'r cyfeiliant yw'r gwae a'r gofid, a'r olaf ochenaid.' '[R]own i'n credu bod y gymdeithas yn llygredig a gorau po gyntaf y dinistrid hi, a rhoi cyfle i ddynion godi dinas well yn ei lle'[87] – dyma sylw Alun Llywelyn-Williams wrth edrych yn ôl ar y cyfnod. Rhyfel oedd hwn i garthu'r hen fyd llygredig, diweddglo hirddisgwyliedig ar yr hyn a fedyddiwyd yn gofiadwy gan W. H. Auden yn 'September 1, 1939' yn 'low dishonest decade'.[88] Yr un yw'r argyhoeddiad y gwnâi rhyfel les yn 'Y Byd a'n Blina' (C: 25): 'y prawf a'th nertha, a'r dinistr dros dro', ac yn 'Yr Awyrennwr' (C: 32), cyfeirir yn gynhyrfus at y peilot yn 'gollwng ei fendith fawr i'r ddaear, a chwalu'r byd!' O ran y serch rhwng y bardd a'i wraig, dadleuir yn 'Pan Rodiwn Eto'n Rhydd' (C: 29) y byddai'n gryfach ar ôl cyfnod ar wahân: 'Melys pob hiraeth pan fôm gartre 'nghyd, / a burwyd gan y misoedd meirwon, mud.' Ac eto, doedd dim sicrwydd y byddai'r naill na'r llall yn goroesi: pan adferid heddwch, pan godid y 'ddinas lanach', byddai 'deuddyn dieithr i'n hen gartref ni' (C: 22). Fel y dywedodd Alun Llywelyn-Williams mewn man arall: 'Pan ddaeth y rhyfel o'r diwedd, 'doeddwn i ddim yn credu y byddwn i a'm cyfeillion yn ei oroesi, ac yr oeddwn yn meddwl y byddai Caerdydd a lleoedd tebyg yn adfeilion anial ar fyr o dro.'[89] Nid cysêt o unrhyw fath, felly, mo'r syndod y byddai'n ei fynegi'n ddiweddarach yn 'Wedi'r Drin' (PC: 33) a 'Nadolig Cyntaf Heddwch' (PC: 34), dwy gerdd glo yr adran 'Rhyfel' yn *Pont y Caniedydd*.

Mae'r diagnosis o salwch y dydd oedd ohoni yn parhau yn y soned 'Cui Bono?' (cyf. 'Pwy sy'n ymelwa?') (C: 23), ac nid am y tro cyntaf, defnyddir delweddaeth feddygol: 'er disgwyl, megis claf, y ddedfryd ddoeth / a'r cyngor sicr; mae'r cyffuriau'n fraw / a llyfrau'r meddyg yn ddim ond celwydd noeth.' Bu'n 'gwrando cyngor y meddyg' (C: 16) mewn cerdd flaenorol, ond bellach, ni ellid rhoi coel arno – a chyda'i dad ei hun yn feddyg teulu, byddai i'r ddelweddaeth hon arwyddocâd personol. Fel y gerdd ddiweddarach, 'Chwilio'r Tir' (C: 30), clywir yma adleisiau o '1914–1918: Yr Ieuainc wrth yr Hen', ymosodiad diymatal W. J. Gruffydd ar yr hynafgwyr mewn awdurdod a fradychodd ymddiriedaeth yr ifainc ynddynt yn ystod y Rhyfel Byd Cyntaf:[90]

> Mwy dall na'r dall yw'r drem a welodd farw'r
> ffydd a bylwyd gan ystrywiau'r byd,
> troi'r gwir yn anwir, a'r mwyn air yn arw,
> pob cred yn w'radwydd, a phob cerdd yn fud. (C: 23)

Ond tra polareiddiai Gruffydd rhwng yr henoed llwgr a'r ifainc cadwedig, mwy trist na thristwch yw'r sefyllfa a ddarluniai Alun Llywelyn-Williams a'r ifainc eu hunain wedi'u heintio â siniciaeth yr henoed. Dywedwyd yng ngherdd 1918 nad oedd ym '[m]ywyd gwael' y rhai hen 'Un gobaith' na '[th]osturi hael', 'Na chariad gennych na dim ffydd';[91] y gofid yn 'Nid Oes a'n Gwared ond ein Calon Ni' (C: 24) yw 'nad oes gariad heddiw / ym mynwes y genhedlaeth ynfyd hon'. Darlun o genhedlaeth a ddadrithiwyd, un y chwalwyd ei delfrydau, a geir yng ngherddi 1940.

Ond y mae 'Cui Bono?' hefyd yn cyffwrdd ag un o themâu cyson llenyddiaeth ynghylch yr Ail Ryfel Byd y gwelwyd ei rhagfynegi yn ystod y 1930au, sef ymlediad celwydd ac anonestrwydd:

> the Depression years witnessed the dissemination of falsehood on a hitherto unprecedented scale. Never had science and art so combined to promote earthly powers. Goebbels and others developed novel techniques of thought control. New media such as radio and talking pictures were mobilised to sway the masses. Leaders used aircraft to grab the limelight and they emblazoned their messages on the sky. Dictators imposed their version of the truth by means of dogma and terror ... Facts were moulded like plasticine into the approved shape, whether Communists, Aryan, Fascist or imperial.[92]

'[O]fer yr holi, a'r ateb byth ni ddaw' meddir yn 'Cui Bono?' a 'dywedir bod y rhyfel wedi torri, / ond ni ddatguddiwyd pwy yw ein gelynion, // Cawn wybod hynny gan y papur 'fory' yn 'Ar Drothwy Rhyfel' (C: 15). Mae'r geiriau a ganlyn hefyd, o ddyddiadur rhyfeddol capten Almaenig, Wilm Hosenfeld na fyddai'r pianydd Iddewig Wladyslaw Szpilman wedi goroesi ynghanol adfeilion Warsaw oni bai amdano, yn rhai y gallasai Alun Llywelyn-Williams gydymdeimlo â nhw:

> Lying is the worst of all evils. Everything else that is diabolical comes from it. And we have been lied to; public opinion is constantly deceived. Not a page of a newspaper is free of lies, whether it deals with political, economic, historical, social or cultural affairs. Truth is under pressure everywhere; the facts are distorted, twisted and made into their opposite. Can this turn out well? No, things can't go on like this, for the sake of human nature and the free human spirit. The liars and those who distort the truth must perish and be deprived of their power to rule by force, and then there may be room for a freer, nobler kind of humanity again.[93]

Eisoes wrth drafod Natsïaeth yn *Tir Newydd*, roedd Alun Llywelyn-Williams wedi cyfeirio at 'yr hen dric o chwarae â thermau, wrth ddweud, er enghraifft, mai "Sosialaeth Genedlaethol" a orfu yn yr Almaen (gwnaeth Hitler yn fawr o'r enw hwnnw)'.[94] Cyfeirir yn 'Yr Awyrennwr' (C: 32) hefyd at 'amrywiol gelwyddau'r areithiau anniddig / 'draddodwyd dan sêl y baneri' ac mewn cerdd goffa i'w gyfaill Raymond Atcheson, a fu farw yn 1938 a'r un a'i cyflwynodd i ysgol Auden o feirdd, cyfeiria ato'n '[g]wadu'r gyfeillach / cyn gorlifo'r celwydd' (C: 34).[95] Cydiodd yr anonestrwydd a nodweddai'r cyfnod yn ôl cerdd enwog Auden yn yr iaith ei hun, deunydd crai y bardd a ffactor nad âi'n angof o bell ffordd gan Alun Llywelyn-Williams yn ei gerddi diweddarach.

Rhywbeth arall a fynnai Auden oedd 'no one exists alone... We must love one another or die'[96] a thrwy'r un sbectol y gwelai Alun Llywelyn-Williams yntau bethau: 'am nad oes gariad heddiw / ym mynwes y genhedlaeth ynfyd hon... nid oes a'n gwared ond ein calon ni' (C: 24). Yn arwyddocaol, fe fframiwyd *Cerddi 1934–1942* â cherddi serch: egyr y gyfrol gyda 'Cefn Cwm Bychan' (C: 9) a sgrifennwyd yn 1934 a chloi gydag 'Undod Serch' (C: 38) a sgrifennwyd yn 1942 a'r cariadon, er Medi 1938, wedi ymrwymo'n ŵr a gwraig. Mae'r gwahaniaeth agwedd rhwng y ddwy gerdd yn ddadlennol. Cyfeirio at ddinodedd meidrol y ddau a wna'r gyntaf: 'tydi a minnau, ferch, pwy ydym ni / i Dduw ein cofio ni, neu ddyn ein cân?', a chlywir yn y cwestiwn adlais o 'Beth ydwyt ti a minnau, frawd' a 'Beth fyddi dithau, ferch, a myfi' ffatalistaidd Parry-Williams.[97] Ond aeddfedodd serch yn rym mwy heriol: yn 'Gan fod yr Angau'n Ymyl' (C: 28), 'byth ni all [angau] ddifa dibrin orfoledd serch / a gipiwyd gennym rhag ei fythol fraw', ac erbyn 'Undod Serch' (C: 38) – y mae ei theitl yn unig yn awgrymu grym – trafodir y cariad sy rhwng dau mewn termau bwriadol ormodieithol:

> Gwarchod yr eiddig ynom: yr amddiffynfa
> na fyn ddadlennu'n cyfrinachau caeth,
> y teyrn sy'n gwylio'i foel ororau'n bur
> rhag ymchwydd brwd y tonnau ar y traeth.
>
> F'anwylyd, gwrando, wrth gydorwedd yma,
> ochr yn ochr, agos, glun wrth glun,
> a glywi di'r ddwy deyrnas sofran falch
> yn ymgordeddu ac ymdoddi'n un?

Yn yr oes ddreng oedd ohoni, mae'r cariad sy rhwng y ddau a wahanwyd yn y gerdd – ac fe gyfeiria Alun Llywelyn-Williams at 'res hir o wahaniadau, rhai byrion, rhai maith, a ddioddefasom fel cannoedd ar filoedd o barau ieuainc eraill, yn ystod yr wyth mlynedd cyntaf o'n bywyd priodasol'[98] – yn magu arwyddocâd trosgynnol a chyfanfydol: cynrychiola ddelfryd o ymddiriedaeth ac ystyrlonedd, cyd-ddealltwriaeth a chytgord, gonestrwydd a geirwiredd. Mewn gair, dyma batrwm o gydfodoli i'w chwennych ar y pryd a fersiwn mwy personol o'r 'Unig falm i fyd' a gyflwynodd Waldo, mewn termau cymunedol, yn 'Preseli' bedair blynedd yn unig yn ddiweddarach.[99] Fel y byddai Alun Llywelyn-Williams yn ei egluro'n nes ymlaen, 'Cyfannu'r berthynas rhwng personau unigol â'i gilydd yw dechrau pob daioni i mi, a'r unig sail ymarferol i ddiwygio cymdeithas a gwareiddiad yn lân.'[100]

Cerdd adolygol, a edrychai wysg ei hysgwydd ar y 1930au ac a gyhoeddid yn *Pont y Caniedydd*, fyddai 'Dadrith Doe neu Cofio'r Tridegau' (*PC*: 15), a chyn ymadael â *Cerddi 1934–1942* cystal oedi am funud â hi:

> Yn y dyddiau dolurus hynny, gwyddem pwy
> oedd y gelyn: y cyfalafwr bras a boliog,
> y gwleidydd lloerig, a'r gwyddonydd euog:
> hawdd oedd adnabod awduron ein cancr a'n clwy.

'Hawdd', efallai, gyda synnwyr trannoeth mewn cerdd a sgrifennwyd yn 1951:[101] y gwir amdani yw mai arall oedd y dystiolaeth yn nes at lygad y ffynnon. 'Collective Insecurity' oedd y teitl a roes y sylwebydd Malcolm Muggeridge ar un o benodau'i astudiaeth gymdeithasol o Brydain yn ystod y 1930au,[102] ac ansicrwydd, ansefydlogrwydd a nerfusrwydd yw nodau amgen *Cerddi 1934–1942* hwythau. Cymharol brin yn y gyfrol yw'r pendantrwydd diamwys a gyfleir gan y modd gorchmynnol ar ddiwedd 'Nid Oes a'n Gwared ond Ein Calon Ni' (*C*: 24): 'Dewch, tra fôm byw, holltwn y ddaear, / ffrwydrwn y graig', a phrin hefyd yw'r cyffro ebychnodol a glywir ar ddiwedd 'Yr Awyrennwr' (*C*: 32): 'Henffych well, y ddinas ddistryw! / Gwêl wên yr awyrennwr rhydd, ei wefus dyn; / gollwng ei fendith fawr i'r ddaear, a chwalu'r byd!' Gwrthbwysir hynny gan naws amheugar 'Y Prysur Bwyso' (*C*: 20): 'Pan ddaw'n ddirybudd arnom, y gelyn, / liw nos, o'r awyr, neu o'r ddinas hon, / pa nod fydd arno, pa enw i'w adnabod, / a ninnau'n flin . . .?' A chyda chwpled cwestiyngar y daw 'Cui Bono?' (*C*: 23) i ben: 'Pa fore'r Pasg 'ddwg eto'i ryfedd rin / I gynnau'r gwanwyn yn y llygaid blin?' Yn groes i'r hyn a ddywedwyd yn 'Dadrith Ddoe', anodd yw adnabod y gelyn yn 'Y Prysur Bwyso', 'ni ddatguddiwyd pwy yw ein gelynion' yn 'Ar Drothwy Rhyfel' (*C*: 15), a 'dirgel y gelyn' yn 'Rhyngom a Ffrainc' (*C*: 31), un o'r deg cerdd yn *Cerddi 1934–1942* a ddeilliodd o'r cyfnod pan oedd Alun Llywelyn-Williams yn aelod o'r fyddin. Cyfnod cymhleth a gwrthddywedol a awgrymir gan *Cerddi 1934–1942*; symleiddiad o'r cyfnod a gyfleir gan 'Dadrith Ddoe', y math o beth a oedd gan Samuel Hynes mewn golwg pan gyfeiriodd at 'constituents of a myth by which a complex, confused, often contradictory time has been simplified in order that it might be comprehended'.[103]

Pont y Caniedydd

Gellir darllen *Cerddi 1934–1942* fel *reportage* prydyddol ar y cyfnod dan sylw: trefnwyd y gyfrol yn gronolegol a nodi blwyddyn a man cyfansoddi wrth waelod pob cerdd. Dyw hi ddim mor hawdd lleoli cerddi rhyfel *Pont y Caniedydd*, eu clymu wrth amser a lle penodol. Mae'n ddiddorol sylwi yn y cyswllt hwn ar yr hyn a ddywedodd Alun Llywelyn-Williams wrth adolygu astudiaeth Jon Silkin o farddoniaeth y Rhyfel Byd Cyntaf, *Out of Battle* (1972): 'It's not so much the social backgrounds or even the cultural stimulus that matters. In the last resort, the poems that come out of the battle must be judged as poetry like any other poems for the imaginative quality of their testimony and for the lasting significance of their achievement.'[104] Yng ngherddi rhyfel ei ail gyfrol, fe welir Alun Llywelyn-Williams yn ymbellhau rhywfaint oddi wrth amgylchiadau tymhorol, yn enwedig yn ei gyfansoddiadau aeddfetaf: er bod rhai ohonynt wedi'u llunio yn ystod neu'n union ar ôl y rhyfel, aeth un mlynedd ar ddeg heibio, wedi'r cyfan, rhwng diwedd y rhyfel a blwyddyn cyhoeddi *Pont y Caniedydd*. Fe gafwyd ganddo felly'r gorau o ddau fyd: yr 'immediacy of expression'[105] a fynnid gan ddwysedd y profiad y cyfeiriodd ato wrth drafod beirdd Saesneg 1914–18 yn ogystal â'r 'more considered interpretation of the war'[106] a welodd yng ngwaith Herbert Read a David Jones, dau gombatant a oroesodd y Rhyfel Byd Cyntaf.

Egyr yr adran 'Rhyfel' yn *Pont y Caniedydd* gyda 'Mewn Brwydr Nos' (*PC*: 21), cerdd sy'n cynnwys dau bennill pedair llinell yr un ar batrwm mydryddol tebyg i 'Y Blotyn Du' gan un o brifeirdd y Rhyfel Byd Cyntaf, Hedd Wyn. 'Syn bod y sêr di-sylw / a chreulon wên y lloer / uwch cymaint adfyd heno'n / tario mor bur, mor oer', meddai Alun Llywelyn-Williams; 'Nid oes gennym hawl ar y sêr, / Na'r lleuad hiraethus chwaith,' meddai Hedd Wyn, dim 'Ond ar yr hen ddaear wyw, / A honno sy'n anhrefn i gyd / Yng nghanol gogoniant Duw'.[107] Diymadferthedd dyn ynghanol anferthedd y greadigaeth – dyna sy gan y ddau, ond daw'r gyfeiriadaeth yn fwy hyglyw yn ail bennill Alun Llywelyn-Williams lle y crybwyllir 'garw waedd y lleiddiad' sy'n ymgysylltu â 'gwaedd y bechgyn lond y gwynt'[108] yn 'Rhyfel' Prifardd y Gadair Ddu; elwodd Alan Llwyd ac Elwyn Edwards ar yr union gysylltiad wrth ddod o hyd i deitl i'w blodeugerdd o gerddi'r Rhyfel Byd Cyntaf ac yna'r Ail Ryfel Byd.[109] Cryfheir y berthynas â chanu rhyfel Cymraeg gyda'r cyfeiriad at y 'briwgig yn y baw': daw i gof linell arswydus Taliesin yn ei awdl am frwydr Argoed Llwyfain, 'A gwedy boregat briwgic'.[110]

Nid dyma'r tro cyntaf i Alun Llywelyn-Williams gyfeirio yn ei gerddi at ein barddoniaeth fore: cafwyd 'Gwŷr Catraeth' yn 1938, yr un flwyddyn yn union ag yr ymddangosodd golygiad Ifor Williams o *Canu Aneirin*, a hefyd 'Gorweddian ar y Bryn' a gyfeiriai at *Canu Llywarch Hen* dair blynedd ar ôl i olygiad o'r canu saga cynnar hwnnw ymddangos.[111] Arwydda'r defnydd hwn fantais beirdd yr Ail Ryfel Byd ar rai'r Rhyfel Byd Cyntaf yn yr ystyr fod golygiadau safonol ar gael iddyn nhw o farddoniaeth ryfel gynharach Gymraeg at eu dibenion creadigol. Roedd ganddyn nhw'n ogystal, fel y gwelwyd yng nghyfeiriadaeth Alun Llywelyn-Williams at W. J. Gruffydd a Hedd Wyn, gerddi beirdd 1914–18 i droi atynt am enghreifftiau o'r modd i drafod rhyfel modern. Ond nid yn achlysurol nac yn ddamweiniol y gwnaeth Alun Llywelyn-Williams ddefnydd cynyddol o gyfeiriadau at farddoniaeth ryfel gynnar Gymraeg yn *Pont y Caniedydd* ond yn hytrach yn ymwybodol ac yn fwriadol. Er bod *Cerddi 1934–1942* a cherddi rhyfel *Pont y Caniedydd* yn ymffurfio'n ddilyniant, felly, dyma agwedd arall ar y gwahaniaeth rhyngddynt.

Fel y gwelwyd eisoes, o'i wirfodd a chyda pheth delfrydiaeth yr ymunodd Alun Llywelyn-Williams â'r RWF yn 1940 gan weld y rhyfel fel cyfle i ddisodli'r hen drefn a charthu'r byd o ddrygioni. Am ba hyd y parodd y ddelfrydiaeth gynnar hon sy'n gwestiwn: mae 'Y Gwrth-Gyrch' (*PC*: 22), yr ail o gerddi rhyfel *Pont y Caniedydd*, yn awgrymu mor wrth-greadigol oedd y gwaith a gyflawnai:

> Wedi clirio'r goedwig hon, chwilio'n ochelgar
> bob perth ddiniwed a phob llannerch ddel . . .
> wedi concro'r strydoedd briw, mathru aelwydydd
> glandeg gynt, ysbeilio'u stafelloedd tlws . . .

Ac er bod hon yn dilyn 'Mewn Brwydr Nos', y ceir nodyn ar ei chyfer '1 Mawrth 1945, y tu allan i dre Weeze yng ngogledd-orllewin yr Almaen' (*PC*: 71), nid cerdd a ddeilliodd o brofiad milwrol dramor mohoni: fe'i lluniwyd yn Awst 1943 tra oedd Alun Llywelyn-Williams yn Aberhonddu a'i chyhoeddi yn rhifyn Ebrill 1944 o'r *Traethodydd*. Hawdd deall, serch hynny, pam y cysylltodd Gwyn Thomas y gerdd gyda'r disgrifiad hwn o'r dinistr a welodd Alun Llywelyn-Williams yn yr Almaen:

> Roeddwn i efo milwyr eraill yno tua diwedd y rhyfel. Rydw i'n cofio mynd trwy'r Reichswald – tua 1945 yn y gaeaf a'r gwanwyn – yn mynd ac

yn cwffio. Wrth ddod o'r fforest yma wrth ymyl lle o'r enw Goch mi ddaethom ni ar draws catrawd o'r SS . . . Rydw i'n cofio mynd o gwmpas ar ffin y fforest yna ar ôl y brwydro; dyna'r unig dro imi weld yr hogiau wedi eu lladd. Roedd un o'm ffrindiau yn eu plith nhw: roedd o wedi ei osod allan yn daclus ond yn gwbl farw, y creadur bach.[112]

Rhagargoel neu beidio, dyma 'olion diffrwyth gwae'r gyflafan chwerw', y dinistr a grëid ganddo ef a'i gyd-filwyr, a'r unig gysur Job, arwydd na wnaethpwyd mo'i gnawd yn ddur ac awgrym o'i ddynoliaeth, yw'r pangfeydd o gydwybod a brofa'n ddiweddarach:

> daw arnom gad enbytach, tostach trin
> â'r gras sy'n oeri gwaed y galon ferw.
> Danseiliwr gwael, llechwraidd; yn erbyn hwn,
> ni thycia tanc, na bom, nac ergyd gwn. (*PC*: 22)

Mae'r ffaith na ddiffoddwyd mo'i gydwybod yn awgrymu nad yw ei sefyllfa'n gwbl anobeithiol. Yn wyneb ei brofiad o'r rhyfel, cadarnheir a chriselir yr hyn yr oedd eisoes wedi rhyw amau yn Aberhonddu. Daw i ben unrhyw sôn naïf am 'chwalu'r byd' (*C*: 32) er mwyn creu 'newydd fyd' (*C*: 28), cyfeiriadau a fyddai'n swnio'n debycach i sloganau slic y gwleidydd gyda synnwyr trannoeth, oherwydd cymhlethu ei ymateb yn sgil ei brofiad. Ac fe'i gorfodwyd i wynebu ei brofiad a bod yn driw iddo. Fel y dywedodd Wilfred Owen ar sail ei brofiad ef o'r Rhyfel Byd Cyntaf, 'All a poet can do today is warn. That is why the true Poets must be truthful.'[113]

Ond roedd y gwir hwnnw'n brifo: er bod chwech o gerddi rhyfel Alun Llywelyn-Williams fwy neu lai'n orffenedig erbyn 1946, aeth bwlch o dair blynedd heibio cyn iddo fynd ati i gyfansoddi'r gyntaf o'i bum cerdd arall am y profiad.[114] Maen nhw'n flynyddoedd arwyddocaol yn ei hanes fel bardd: fel yr awgryma llythyr a anfonodd at ei wraig yng Ngorffennaf 1945, fe'i gwelai'i hun ar groesffordd yn artistig. Er mai dyna fyddai'i hanes yn y pen draw, nid oedd ar y pryd am ddychwelyd i weithio i'r BBC:

> Features would entail too much creative work, and despite the good reception that my poems had, I feel now that whatever artistic energy I may have once possessed, it has all been knocked out of me by the war. I have said what I wanted to say, and now since being in Germany, I have seen it all come true, to say it again would be absurd. To see civilisation come to an end, as one feared it would, even if it hasn't happened in one's

own country, is a pretty shattering experience, and doesn't exactly augur well for the future.[115]

'I feel now that whatever artistic energy I may have once possessed, it has all been knocked out of me by the war': y mae fel petai'r profiad o ryfel – yr awgrymwn i, ar sail y dystiolaeth y cyfeiriwyd ati gynnau, ei fod yn ei chwenychu – bellach yn troi arno. Bron na fu'r profiad hwnnw'n drech nag ef ac na theimlai fod ganddo ddim ar ôl i'w ddweud fel bardd. Ac yn ôl Non Indeg Evans, 'Pan ddarfu'r rhyfel ni fynnai rannu dim o'i brofiadau yn Ewrop gyda theulu a chyfeillion, a thystia Alis Llywelyn-Williams fod cofio am y diwrnod y'i clwyfwyd (ac y lladdwyd ei yrrwr) yn peri dychryn i'w gŵr weddill ei oes.'[116] Awgrymwyd mai'r amharodrwydd hwn i drafod ei brofiadau rhyfel gyda cheraint a chydnabod sy'n egluro peth ar fethiant cymharol 'Gwŷs i'r Gad':

> Credir ei fod yn gyndyn i ddod wyneb yn wyneb ag agweddau ar ei fywyd milwrol iddo ef ei hun, ac felly ni ellid disgwyl iddo'u rhannu â chynulleidfa. Mewn cerdd gallai ddethol un profiad penodol, myfyrio arno ac adeiladu o'i gwmpas, heb iddo wingo o rannu cyfrinach y byddai'n well ganddo ei chadw ... Derfydd *Gwŷs i'r Gad* pan dry'r rhyfel o fod yn brofiad haniaethol ym Mhrydain i fod yn brofiad diriaethol lle roedd yn rhaid iddo gyfranogi yn uniongyrchol o'r lladd a'r dinistr.[117]

Yn hytrach nag ildio i'r nihiliaeth a'r anarchiaeth a welodd o'i gwmpas, llwydda Alun Llywelyn-Williams i weithio'i ffordd drwy'r tywyllwch yn y pen draw a chanfod gwerth o'r newydd mewn celfyddyd.

Ym Merlin

Os gwelodd Alun Llywelyn-Williams arwyddion anarchiaeth a nihiliaeth yn rhywle, fe'u gwelodd yn Berlin yn Awst 1945. Erbyn dechrau Mai 1945, trechwyd Berlin gan luoedd Stalin, gwnaeth Hitler amdano'i hun ac ildiodd yr Almaen. Y gyfres o dair cerdd 'Ym Merlin – Awst 1945' (*PC*: 29–32) – y cerddi 'mwyaf gonest'[118] iddo'u llunio yn ôl ei addefiad mewn sgwrs tua diwedd ei oes – yw'r dystiolaeth orau sydd ar gael yn Gymraeg, drwy lygaid un a welodd bethau drosto'i hun, o gyflwr prifddinas orchfygedig yr Almaen ddiwedd y rhyfel. Ar ôl ei anafu ar Ddygwyl Dewi 1945, a hynny mewn ffrwydrad y lladdwyd ei yrrwr ynddo, treuliasai dros ddau fis mewn ysbytai yng Ngwlad Belg cyn cael gwaith gydag 'uned cysylltiadau cyhoeddus, fel petai – job ardderchog – yn mynd â gohebwyr rhyfel o gwmpas'.[119] Trwy gyfrwng Alun Llywelyn-Williams, felly, y sicrhawyd bod y Gymraeg yn dyst i un o drobwyntiau mawr yr ugeinfed ganrif. Ond nid fel gohebydd rhyfel yn cofnodi'r copi cyntaf o hanes yr ymatebodd i'r hyn a welodd ond fel bardd a adawodd i'w brofiad waelodi cyn rhoi mynegiant iddo. Ac fe gyferbynnai hynny'n drawiadol gyda'i waith fel aelod o dîm propaganda i bob pwrpas yn cynnig dehongliadau slic ac atebion parod ar y pryd. Aeth o leiaf dair blynedd heibio, felly, cyn i Alun Llywelyn-Williams sgrifennu cerddi Berlin: ymddengys mai yn 1949 y cyfansoddwyd 'Lehrte Bahnhof' a 'Theater des Westens', a 'Zehlendorf' yn Rhagfyr 1951.[120] Ymhen blynyddoedd cyfeiriodd at 'y dinistr' a oedd 'yn enbyd': 'Dyna a wnaeth yr argraff fwyaf arnaf fi, nid y lladd',[121] ond cyn hynny, mewn darllediad radio yn 1952, disgrifiodd Alun Llywelyn-Williams y profiad a fu'n sail i gerdd gyntaf y gyfres:

> Rwy'n cofio mynd un min nos ym mis Awst, 1945, i un o orsafoedd Berlin, gorsaf heb fod ymhell o'r Tiergarten ac o'r ardd lle treuliasai Hitler ei oriau olaf ychydig wythnosau'n gynt. Roedd y neuadd fawr yn un cronfa ddŵr o'r pibau tanddaear a ddrylliwyd gan y bomio, roedd y to yn chwilfriw, a'r llwyfannau oll yn bentyrrau o laid a budreddi a llanastr gwydr a dur: a'r glaw y noson honno'n dylifo'n gyson.[122]

Mewn llythyr arall o'r un cyfnod, y tro hwn at ei wraig, cyfeiria ato'i hun fel 'a sort of impersonal looker on to the destruction, too, but that does not make the lovely things to which I belonged any more real – music and poetry, and love of the mountains; one feels numb and paralysed, and there is only an ache of hiraeth, ever so deep and strong'.[123] Ac eto, sefydlir pellter a sicrheir gwrthrychedd gan y bwlch amseryddol sy'n gwahanu'r profiadau uniongyrchol oddi wrth y cerddi diweddarach fel nad yw'r bardd yn cael ei gaethiwo wrth fanylion tymhorol y digwyddiad. A cherddi retrosbectif goroeswr rhagor barddfilwr, a bod yn fanwl gywir, yw cerddi Berlin o ganlyniad. Yn wir, am Gymru y meddylir yn hytrach na'r Almaen o weld yr enw priod, 'Heledd', sy'n agor 'Lehrte Bahnhof'. Uniaethir hynt Heledd ddigartref o Bowys y nawfed ganrif gyda ffawd Inge ddiloches ar orsaf reilffordd yn Berlin 1945. Cyplysir y ddwy ar sail eu profiad fel ffoaduriaid rhyfel; ffactor eilradd, dibwys bron iawn, yw'r canrifoedd sy'n eu gwahanu: 'ein twyllo mae'r blynyddoedd'. Daliwyd yr orsaf mewn limbo: rhwygwyd gan fwled 'y bysedd [ar y cloc] . . . a bwyntiai fynd a dod / urddasol fwstwr yr olwynion cras'. Arwydd o anhrefn yw'r ffaith nad oes amserlen weithredol mewn gorsaf drenau o bobman, ond mae'r cyflwr diamser hwn hefyd yn fodd i danlinellu perthnasedd y gerdd a lledu ei harwyddocâd.

Cydblethir disgrifiadau cyfoes o ddinistr Berlin – 'Aeth heibio'r corwynt – / ac o'r agen yn y wal, o'r crac yn y palmant, / gofera'r dŵr heb seinio cân y nant. / Difera'r nos o'n cylch' – gyda chyfeiriadau at *Canu Llywarch Hen*: 'molwn lendid yr aelwyd hon dan glafr y callod llwyd';[124] 'Llym ydyw'r awel.'[125] Tywysoges syrthiedig yw'r Heledd hon: 'hwde dy hyder, yng nghudd ar wely cyfleus y rwbel, / yn rhodd am flasu'r sigarét, am sugno'r siocled, / cei estyn dy serch i'r concwerwr unig.' Dyma ddarlun o radrwydd bywyd, darlun a ailgyflwynwyd ymhen blynyddoedd yn 'Berlin 1945' gan Gwyn Thomas gyda'i chyfeiriad at '[Dd]eng munud o'u cyrff [genethod dengmlwydd] yn yr adfeilion / Yn gyfnewid am sigaréts'.[126] Ganol Gorffennaf 1945, disgrifiodd un arall a oedd yn llygad-dyst i gwymp Berlin, y newyddiadurwr Americanaidd Joel Sayre, yr ysfa am sigaréts mewn dinas na werthwyd baco ynddi'n gyfreithlon er dechrau Mai:

> American cigarettes are considered the best, and the standard blackmarket price for a pack of twenty is three hundred marks, or thirty dollars ... Remain stationary on a Berlin street while you smoke a cigarette, and likely as not you will soon have around you a circle of children, ablebodied men, and whiskered old men, all waiting to dive for the butt when you throw it away ... Butts are legal tender in the economic system that prevails in Berlin.[127]

Dyhead a geir at ddiwedd y gerdd am ailorseddu normalrwydd a threfn, 'ailgychwynnu'r rhawt', ac yna'r rhybudd oesol:

> Dinas rodresgar, fras, 'fu hon erioed
> ac addas i'w hadfeilio;
> a glywaist tithau, Heledd, – na, Inge archolledig, –
> chwerthin croch yr eryr eiddig,
> a welaist ti, yn ei olygon hanner cau,
> ragosodedig ddelw'n holl ddinasoedd brau? (*PC*: 30)

'Tynged a thraha yn dwyn dinistr'[128] a welodd Ifor Williams yng nghanu Heledd a Llywarch Hen ac fe drechid gan *hubris* Bengwern a Berlin arall yn y dyfodol.

Yn ail gerdd y gyfres, 'Zehlendorf'– 'Maestref ar gyrrau de-orllewin y ddinas. Trwy'r maestref hwn ... y gwnaeth y Rwsiaid eu hymosodiad terfynol ar y ddinas' (*PC*: 71)[129] – darlunnir parc cyhoeddus ac Inge'n penlinio uwchben bedd na roddir enw arno. Bedd pobun yw hwn mewn gwirionedd, symbol o'r angau hollbresennol 'sy'n dringo'n dosturiol i'n gwely ar derfyn yr hirddydd, / sy'n disgwyl amdanom ar gyrrau eitha'n gwybod, / ar gopa uchaf Everest, yno i gyfarch ein grym'. Yr un angau gawr a danseiliodd ganrifoedd ynghynt 'wyliwr y rhyd, / amddiffynnydd y ffin',[130] sef Gwên ap Llywarch. Awgrymir mai bedd un erlidiedig sydd yma – un 'ar ffo', mewn 'anobaith' neu a gorfflosgwyd yn Belsen – a deil yr awyrgylch mor feichus o ddigalon ar ddiwedd y gerdd hon â'r un a'i rhagflaenodd: ciliodd y plant ers talwm o'r parc a dyw'r dyfodol ddim yn sicr: 'ni fentra'r coed proffwydol addo / y daw drachefn y gwanwyn yn ei dro.'

Ar ddechrau'r drydedd gerdd, 'Theater des Westens', erys y rhagolygon yn dywyll:

> Mae'n dal i fwrw. Rhywle yn y to
>   gorlifa'r gronfa gudd ym mlaen rhyw grac,
> a thrwy'r tywyllwch caeth, llithra'r diferion,
>   anhapus, cyson, i drochi'r carped.

Yr un glaw a groesawodd Alun Llywelyn-Williams ar ddiwedd ei nofel ryfel anghyhoeddedig, 'Gwŷs i'r Gad', pan laniodd awyren filwrol Gareth ar y cyfandir am y tro cyntaf: 'Yr oedd rhan gyntaf y daith drosodd. Ac yr oedd yn bwrw glaw.'[131] Diflastod yw'r glaw yn 'Pe Bai'r Glaw yn Peidio, Gyfaill' (*C*: 12) a'r un glaw llethol, undonog a anfarwolwyd yn 1940 gan filwr arall, Alun Lewis, yn 'All Day It Has Rained'.[132] Ond er gwaethaf *leitmotif* y glaw, daw creadigrwydd a chelfyddyd i herio anocheledd angau yn y gerdd hon: 'Bodlonwn wylio Inge'n dawnsio . . . cryfach na'r ofn a lecha yng nghuriadau'r glaw / yw'r miwsig sy'n magu hyder ei breichiau hydrin.' Y profiad o 'weld am y tro cyntaf yn fy mywyd (mwya'r trueni) rywfaint o ogoniant y ballet' oedd man cychwyn y gerdd hon, ac aeth Alun Llywelyn-Williams yn ei flaen i ganmol y cerddorion 'am gario ymlaen mor ddewr yng nghanol y fath alanastra, a chadw safon mor uchel'.[133] Ond mwydwyd y profiad diriaethol unwaith eto ym mhrofiad llenyddol y bardd a chyfnewid cymeriad Heledd dynghedus am ferch arall o chwedloniaeth Gymraeg, Olwen, y cyflawna Culhwch benderfynol gyfres o anoethau heriol er mwyn ei hennill yn wraig iddo. 'Pedeir meillionen gwynnyon a dyuei yn y hol yd elhei. Ac am hynny y gelwit hi Olwen',[134] dywed y chwedl, 'Yn ôl ei chamau chwimwth, fe dyf y meillion', ebe'r gerdd. Daw'r gyfeiriadaeth amgen hon ag ysbryd newydd i'r gyfres o gerddi a hyder i'r bardd ailwynebu'r dyfodol: 'boed lawen y fam drachefn'; 'mae gardd i'w thrin' a 'grym yn yr egin gwyrdd'. Mae dawnsio creadigol Inge'n herio'r syrthni a'r *inertia* a ddarluniwyd yn 'Lehrte Bahnhof'. Arwydd o allu dyn ar hyd yr oesoedd i godi uwchlaw ei amgylchiadau daearol a hynny drwy gyfrwng celfyddyd yw'r ddawns, arwydd o'i wareiddiad:

> Oblegid hir fu'r hyfforddiant, a thrwyadl ei dysg
> mewn llawer dinas hen; a llawer oes
> fu'n llunio'i chain gelfyddyd, y grefft sy'n gnawd
> ar ymnyddiad y nodau, sy'n puro'r gyntefig loes.

Disgrifir y theatr gan Alun Llywelyn-Williams fel 'Yr unig chwaraedy yn y rhan o Ferlin yng ngofal lluoedd Prydain a oedd yn gymharol ddianaf', ac mae cymharu'r gerdd gyda 'Cambrai, 1918',[135] soned Cynan am y dref yng ngogledd-ddwyrain Ffrainc a drowyd yn adfeilion ym misoedd olaf y Rhyfel Byd Cyntaf, yn tanlinellu gwahaniaeth rhwng dau fardd amlycaf y ddau ryfel byd yn Gymraeg. A dau a fu, wrth fynd heibio, yn gydweithwyr am dros ddeuddeng mlynedd yn Adran Efrydiau Allanol, Coleg y Brifysgol, Bangor.[136] Er gwaetha'r 'Rhwbel, a llaid, ac ambell 'sgerbwd tŷ', gŵyr Cynan fod ym mhen draw'r stryd lygedyn o obaith:

> Fan honno gwn fod eglwys a darn Croes,
>   Ac arni Un a ddrylliodd milwyr gynt,
>   Ddrylliasant eto. Sigla yn y gwynt
> Yn ddiymadferth yn Ei farwol loes.
>   Ac uwch Ei ben mae rhwyg drwy'r trawstiau bras
>   A thrwy y rhwyg rhyw ddarn o nefoedd las.[137]

Symbol o barhad Cristnogaeth a rydd obaith i'r bardd-bregethwr Cynan, arwydd o ddadeni celfyddyd a rydd obaith i'r dyneiddiwr Alun Llywelyn-Williams.

Ar Ymweliad

Cerddi cymod yw 'Baled y Drychiolaethau' (*PC*: 24–5) ac 'Ar Ymweliad' (*PC*: 26–8) hwythau, dwy ymdrech olaf Alun Llywelyn-Williams ar gerdd i wneud synnwyr o'i brofiadau rhyfel a hynny yn 1954. 'Ymgom adeg rhyfel' yw'r nodyn dan deitl 'Baled y Drychiolaethau' yng nghyfrol 1956, ond does ynddi ddim i'w chysylltu'n benodol â'r Ail Ryfel Byd, er ei bod hithau wedi'i sylfaenu ar brofiad real:[138] yn wahanol i Mimi, 'angel yr *estaminet*' sy'n gweini'r '*Medoc* goreu yn y tŷ' ym maled Cynan o'r Rhyfel Byd Cyntaf,[139] nid enwir 'y ferch' yng ngherdd Alun Llywelyn-Williams ac erys hi a'r 'bachgen', y 'llanc' a'r 'gŵr' yn deipiau cynrychioliadol; cyffredinolir arwyddocâd y gerdd hefyd gan y cyfeiriad hynafol at 'saeth'. A'r ddau yn y gerdd yn ymddiried eu colled, y naill i'r llall, symuda'r faled fesul pennill at gasgliad y diweddglo: '"Tithau hefyd, weddw'r stryd? / Cymrodyr ŷm mewn poen. / Dyma gyfrinach drista'r byd; / a'i rhannu hi yw'n hoen."' Codir uwchlaw unrhyw gyfeiriadau tymhorol at elynion – defnyddir berfau lluosog 'daethant' ac 'iddyn'' ond nid enwir goddrychau – i dir o gyd-ddealltwriaeth a dynoliaeth rhwng dau ddieithryn y dryswyd eu bywydau gan ryfel. Cael eu tynnu at ei gilydd mewn cymundeb cyffredin tebyg a wna Dr Eva Wolff, y lladdwyd ei thad mewn gwersyll crynhoi yn yr Almaen, a theulu Plas Tanat y lladdwyd eu mam mewn cyrch awyr ar Lerpwl, reit ar ddechrau nofel Geraint Vaughan Jones, *Y Ffoaduriaid*: '"Mae gennych chi eich tristwch yn ogystal â ninnau. 'Rydym ni i gyd wedi ein maglu gan yr un drygioni"';[140] mae'r cyd-ddioddefaint hwn yn sylfaen i'r cyfeillgarwch rhwng y ffoadures Iddewig a'r Cymry cefn gwlad sy'n datblygu yng nghwrs y nofel.

Tri dieithryn a deflir ynghyd gan amgylchiadau rhyfel sydd yn y gerdd a ddaw'n union ar ôl 'Baled y Drychiolaethau' yn *Pont y Caniedydd* sef 'Ar Ymweliad'. Heblaw am dair cerdd 'Ym Merlin – Awst 1945', y gerdd naratif urddasol a phwyllog ei symudiad hon – mae ynddi gyfanswm o 72 o linellau hirion wedi'u trefnu'n ddeuddeg pennill cytbwys – yw'r hwyaf o gerddi rhyfel Alun Llywelyn-Williams, ac ynddi â ati i archwilio'n gyfewin fanwl holl onglau'r sefyllfa a gyflwyna. Dyma'i faen prawf ei hun ar gyfer gwerthfawrogiad o gerddi'r Rhyfel Byd Cyntaf: 'an appreciation of how wholely was the experience perceived and expressed, how complex the admission of truth, how compassionate the poet's view of man's condition',[141] ac o'i mesur yn ôl y criteria hyn, rhaid cydnabod bod 'Ar Ymweliad' yn orchestwaith.

Sefydlir awyrgylch adolygol, cymodlon o'r cychwyn cyntaf:

> Daeth heddwch i'w lwyr gyfannu erbyn hyn, mae'n siŵr,
> a throi'r tŷ clwyfus yn gartre llawenydd drachefn;
> pe gallwn ddychwelyd ryw gyfnos gaeaf

> a cherdded eto drwy'r eira mud y lôn ddi-stŵr
> i'r man lle bûm, byddai'n dro mewn amser a threfn
> newydd, ac nid adwaenwn fyd mor ddieithr â'r haf.

'[T]refn newydd' y presennol yw'r man cychwyn, nid amgylchiadau rhyfel, a phriodoleddau cadarnhaol 'heddwch' a 'llawenydd' a gyflwynir. Llais profiadlawn, canol oed, cyfrifol sy'n llefaru – roedd Alun Llywelyn-Williams yn ddeugain ac un ym mlwyddyn ei chyfansoddi yn 1954. Gofelir hefyd fod digon o bellter wedi'i sefydlu rhwng y gorffennol y mae'r bardd yn ymbaratoi i'w drafod a'i bresennol ei hun, ac eir mor bell ag awgrymu 'efallai mai breuddwyd ydoedd' ar ddechrau'r ail bennill.

Ar hyd y gerdd fe argyhoeddir dyn yn llwyr gan fanylder a gofal y dethol wrth ddisgrifio'r sefyllfa o ddilysrwydd y profiad a drafodir. Ac eto, er gwaethaf hynny, yr awgrym cryf o'r dechrau un yw nad ym manylion diriaethol yr atgof y mae pennaf ddiddordeb Alun Llywelyn-Williams ond yng ngwerth damhegol y profiad. Digon rhyddieithol yw'r amgylchiadau – dyn yn cael lloches mewn tŷ ynghanol storm eira – ond fe'i cyflwynir mewn ffordd sy'n rhoi arbenigrwydd i'r cyffredin. Gwelir erbyn y diwedd mai epiffani a geir yma, fel yr eglurir y term gan David Lodge: 'descriptive passage in which external reality is charged with a kind of transcendental significance for the perceiver. In modern fiction an epiphany often has the function performed by a decisive action in traditional narrative, providing a climax or resolution to a story or episode.'[142] Y mae felly'n gwbl briodol fod Alun Llywelyn-Williams yn gweld y tu hwnt i amgylchiadau materol y rhyfel yn hon o bob cerdd a hithau'n un o'r ddwy olaf iddo'i sgrifennu amdano, diweddglo a phinacl ei fyfyrdod ar y profiad.

Ac mae'r wybodaeth ffeithiol sydd ar gael ynglŷn â chefndir y gerdd yn dangos, er mor argyhoeddiadol yr ymddengys, fod Alun Llywelyn-Williams wedi elwa gryn dipyn ar ryddid ffuglennol wrth ei chyfansoddi a rhoi trefn gelfyddydol ar ei brofiad. 'Y mae sail o brofiad a digwydd i honno', meddai wrth gyfeirio at 'Ar Ymweliad' gyda Bedwyr Lewis Jones, 'er na ddigwyddodd yn union yr un fath ag yn y gerdd.'[143] Yn 'An Die Musik', ysgrif sy'n taflu llawer o oleuni ar 'Ar Ymweliad',[144] cyfeiria Alun Llywelyn-Williams ato'i hun yn cael ei yrru, ar drothwy brwydr fawr, i chwilio am lety unnos ar gyfer ei gwmni ac yntau. Daeth o hyd i '[b]lasty bach digon disylw . . . Cartref rhyw sgweiar bach'[145] ac fe'i gwahoddir i wrando ar ymarfer piano teulu'r plasty: 'Anghofiaf i byth mo'r awr honno . . . Y cof sy'n aros yw cyfaredd a graslonrwydd y cyffyrddiad cwbl annisgwyl hwn â gwarineb ac â grym iachusol celfyddyd gain yn yr encilfa hon a oedd wedi ei harbed yn wyrthiol rhag difwynder a dinistr rhyfel . . . Am ysbaid, 'roedd bywyd unwaith eto'n gyfan, yn gynghanedd ac yn gân.'¹⁴⁶ Ond yn wahanol i 'Ar Ymweliad', ni fylchwyd mo'r teulu hwn gan angau ac nid ydynt yn galaru. Ni ddifrodwyd mo'u cartref chwaith: yn yr ail atgof yn yr un ysgrif y sonia Alun Llywelyn-Williams amdano'i hun yn dod o hyd i fflat yr oedd ei 'ffenestri wedi malu a darnau gwydr hyd y carped moethus . . . ond 'roedd y dodrefn eto'n dwt a threfnus ac mewn un gornel 'roedd piano a ymddangosai'n ddianaf', disgrifiad sy'n nes at gyflwr y tŷ yn y gerdd. Ymddengys fod o leiaf ddau atgof yn rhan o 'sail o brofiad a digwydd' 'Ar Ymweliad'. Nid profiad torfol ond un unigolyddol a gyflwynir yn y gerdd – does dim cyfeiriad at y milwyr eraill a fu'n llochesu 'yn y tai a'r beudai'¹⁴⁷ – a chyflwynir y llefarydd fel pererin unig a ddatgysylltwyd oddi wrth weddill ei uned. Un ar daith hunanadnabyddol yw hwn, siwrnai nid annhebyg i un Marlow druan ar hyd un o afonydd tywyll Affrica yn *Heart of Darkness* (1902) Joseph Conrad a'i draethydd yntau'n dwyn i gof yr hyn a ddigwyddodd iddo flynyddoedd ynghynt.

Mae geiriau cyntaf 'y Barwn', gŵr y tŷ, hefyd yn ychwanegu arbenigrwydd at y profiad a ddisgrifir. Ffrangeg yw'r iaith gychwynnol ac fe'i dilynir gan ffurfioldeb a hynafiaeth 'ffrwst' a 'diriaid' ynghyd â 'ffrewyll' yn y man, tri gair y ceir cofnod llenyddol ohonynt mor bell yn ôl â'r ddeuddegfed ganrif. 'Ny at Duw da y diryieit' dywedir yn 'Claf Abercuawg' a gynhwyswyd gan Ifor Williams yn *Canu Llywarch Hen*,¹⁴⁸ ac adleisir un o gystrawennau cyfarwydd y canu englynol cynnar, 'Gwae hi o'e thynghet!',¹⁴⁹ gan 'gwae ni o'r graith' y barwn. Cryfheir ymhellach y berthynas â *Canu Llywarch Hen* gyda'r cyfeiriad at '[g]ellwair ffawd / â phob hawddgarwch', un o themâu canolog y canu saga,¹⁵⁰ a'r gyffelybiaeth ddiweddarach rhwng y barwn a '[ch]laf anhyblyg' sy'n awgrymu Claf Abercuawg a Llywarch Hen a adawyd yn ddi-fab. Fel Heledd grwydrol yn 'Stafell Gynddylan ys tywyll heno',¹⁵¹ olion difrod rhyfel a wêl y llefarydd wrth iddo gael ei dywys o 'stafell i stafell' 'yn yr hanner gwyll': 'Trwy'r ffenestri eang di-wydr, brathai'r dwyreinwynt / a chwydu plu'r eira ar garped a drych a chist'. A'r plasty'n pwyso 'uwch cwm serth a dirgel gan binwydd tywyll', fel Waldo, unwaith eto yn 'Preseli', gwelodd Alun Llywelyn-Williams, yn ffigurol ac yn llythrennol, '[r]aib drwy'r fforest ddiffenestr'.¹⁵² Ac mae'r cyfeiriad penodol at '[dd]wyreinwynt' yn arwydd arall o'r cysylltiad gyda'r canu englynol cynnar a 'gwynt o'r hen Bengwern' yn ymadrodd am wynt y dwyrain.¹⁵³

Cyfyd y cyfeiriad at Waldo bosilbilrwydd arall ynglŷn â phenderfyniad Alun Llywelyn-Williams i gyflwyno'i brofiad fel unigolyn rhagor aelod o gwmni yn 'Ar Ymweliad'. Crybwyllir droeon yng ngherddi Waldo ffigur y tŷ,[154] er enghraifft 'Caredigrwydd oedd y tŷ',[155] 'Cadw tŷ / mewn cwmwl tystion'[156] ac 'Yn y tŷ mae Gwlad'.[157] Sylwodd Alan Llwyd yntau ar rywbeth tebyg yng ngherddi Alun Llywelyn-Williams: 'Mae'r gair "cartref" a'r syniad o "gartref" yn bwysig iawn yng nghanu Alun Llywelyn-Williams. Bron iawn na ellid dweud fod "cartref" yn symbol yn ei waith, yn symbol o wareiddiad. Noddfa cariad yw'r cartref, ac mae'n gwarchod gwareiddiad ac yn llochesu celfyddyd.'[158] A daw i gof hefyd eiriau enwog Saunders Lewis a ddywedodd fod '"Tŷ" yn air cyfrin i Ddafydd Nanmor, yn un o dermau mawr gwareiddiad, yn arwydd o feistrolaeth dyn ar ei dynged, a'i ymryddhau oddi wrth ansicrwydd ac unigedd bywyd barbaraidd. Mewn tŷ gellid "cadw" pethau, a'r gallu hwn i gadw yw hanfod gwareiddiad. Yr oedd pob perchen tŷ yn geidwad, yn angor ac amddiffynnydd bywyd trefnus.'[159] Cerdd sy'n dathlu'r gwerthoedd gwâr a uniaethir â'r tŷ yw 'Taith i Lety'r Eos' (*PC*: 51): yn y cyfansoddiad ôl-ryfel hwn a sgrifennwyd hefyd yn 1954 – ac o fardd na fu erioed yn hynod gynhyrchiol, roedd hon yn *annus mirabilis* yn ei hanes[160] – caiff yr awdur loches 'ar aelwyd hafoty'r gân' a hynny unwaith eto 'mewn nos eiraog'. Mewn cyfrol y gwelir ynddi ymgais i ailddiffinio ac ailsefydlu'i rôl fel bardd ar ôl trawma'r rhyfel, mae'n arwyddocaol fod Alun Llywelyn-Williams am ei gyflwyno'i hun yn rhydd o amgylchiadau tymhorol yr Ail Ryfel Byd: fe'i gwelir felly yn 'Ar Ymweliad', nid yn gymaint fel milwr, ond yn debycach i fardd yn ymweld â thŷ noddwr.

Y mae dewis bwriadus Alun Llywelyn-Williams o eiriau – daw 'lleufer'[161] yr wythfed pennill â chanu Taliesin i gof a 'llamsachus'[162] y pennill canlynol â meirch y Mabinogi – yn dwysáu o hyd argraff y gerdd o hynafiaeth ac yn ymestyn ei harwyddocâd wrth iddi nesu at ei huchafbwynt emosiynol. A gwraig y barwn bellach yn gwmni iddo ef a'r bardd, yr un fath â'r ddau ddieithryn yn 'Baled y Drychiolaethau' sy'n closio ar dir cyffredin dioddefaint, 'Cymrodyr . . . mewn poen' yw tri chymeriad 'Ar Ymweliad' hwythau. Galarwyr yw'r gŵr a'r wraig sydd am gadw marwolaeth eu mab yn gyfrinach iddyn nhw'u hunain, ond drwy gyfrwng yr ymwelydd annisgwyl – y 'ffŵl anhyfedr' fel y'i geilw ei hun am iddo'u tramgwyddo'n anfwriadol – cânt gyfle i ymryddhau o'r boen a'u lletha. Drwy iaith drawsffiniol celfyddyd y digwydd hynny a miwsig piano'r cerddor na ddaw'n ôl. A'r barwn wrth y piano

> llifodd y miwsig graslon
> o'i law, yn breliwd a dawns a chân mor chwerw brudd,
> mor llawen ddiofal a mwyn a llawn tosturi
> nes suo'r sain yn gymundeb lle rhodiai angylion
> gan freinio'n briw a gosod ein horiau caeth yn rhydd.

Yng ngeiriau Dyfnallt Morgan a draddodwyd yn angladd Alun Llywelyn-Williams yn 1988: 'fe'i argyhoeddwyd fod grym iachusol yn y celfyddydau cain', argyhoeddiad a ddeilliai 'i raddau helaeth o'i brofiad fel milwr yn ystod yr Ail Ryfel Byd'.[163] Roedd amalgam o brofiadau yn sail i ddiweddglo dyrchafol 'Ar Ymweliad' hefyd: treuliodd y noson cyn brwydr fawr y Reichswald yn gwrando ar ddatganiad cerddorol yng nghartref teulu o'r Iseldiroedd; dro arall daeth o hyd i hen biano mewn adeilad diffaith a threulio awr yno'n chwarae caneuon Schubert.[164] Ac onid argyhoeddiad Gareth yn 'Gwŷs i'r Gad' oedd fod yng ngherddoriaeth Mozart 'sicrwydd cwbl ddigwestiwn ym mharhad cymdeithas ac yng ngwerth dull arbennig o fyw, mewn diddanwch gwareiddiad. Yr union beth oedd ar goll heddiw'?[165] Yn y llawysgrif honno hefyd y cynhwyswyd cyfieithiad o lythyr Wynford Vaughan Thomas a'r disgrifiad ohono yntau'n cael pleser o gelfyddyd ynghanol dinistr rhyfel: 'Arbedodd y bomiau hyd yn oed fy mhiano. Ac mewn adfeilion rhyw gwfent, cefais hyd i hen gopïau darniog o ganeuon Schubert a Schumann a pheth o fiwsig Chopin . . . yma'r eisteddaf yn awr, yn tincian ganu'r piano gyda'r nos – yr unig ohebydd Prydeinig sydd ar ôl yn Anzio!'[166]

Puro Gwae

Y mae'r swyddogaeth a neilltuir ar gyfer celfyddyd yn ymdebygu i fyrdwn bardd a gyhoeddai ei gyfrol gyntaf, *Cerddi* (1958), ddwy flynedd ar ôl *Pont y Caniedydd*, sef Euros Bowen: 'megis yfory, fel y bu, y bydd / pŵer y gerdd yn puro gwae'.[167] Yng ngherdd olaf yr adran 'Rhyfel' yn *Pont y Caniedydd*, 'Nadolig Cyntaf Heddwch' (*PC*: 34), rhyfedda at y ffaith ei fod wedi goroesi'r rhyfel: 'yr ofn a'n gwawdiodd cyn y drin, / anwir a fu. Ni thorrwyd cwmnïaeth glyd / heniaith y tadau, diofal chwerthin plant.' Hynny yw, ni chwalwyd mo'r ddolen a gydia'r gorffennol wrth y dyfodol. Yng ngherdd agoriadol yr adran ddilynol, 'Ystad Dyn', sef 'Bardd y Byd Sydd Ohoni' (*PC*: 37), awgrymir ei bod hi'n '[g]amp . . . i'r prydydd gadw'i enaid yn awr / rhag diwethafiaeth daear yn ddi-lwgr . . . Llawn dinistr yw'n dyddiau.' Ond fel y diolchodd ef ei fod wedi goroesi, er gwaethaf pawb a phopeth, myn fod yn rhaid i farddoniaeth hithau ddathlu parhad: 'Fe bery bywyd, a chan brydydd fe fyn Duw / fawl i ddirgelwch a rhyfeddod byw.' Mewn cerdd arall sy'n mynd i'r afael â swydd y bardd, 'Penyd y Bardd' (*PC*: 13), dywed mai 'Breuddwydion sydd wrth graidd y byd' ac mai 'ar y bardd gosododd Duw / y boen o'u byw mewn geiriau'. Cerddi'r flwyddyn doreithiog honno 1954 yw'r ddwy yma eto, ac mewn erthygl gysylltiol o'r un flwyddyn, fe'i gwelir drachefn, wrth geisio diffinio swydd y bardd, yn ailsefydlu ei swyddogaeth greadigol ei hun: 'Gwasanaethu dirgelwch a wna'r prydydd . . . Braint y bardd yw tystiolaethu i rym y dirgelwch hwn, a'i draethu mewn geiriau sy'n addas, mae'n wir, ymhob oes, ond yn arbennig i'w oes ei hun. Dyna sy'n gyffredin i feirdd mawr pob cyfnod a phob gwareiddiad a phob crefydd, eu bod yn cael golwg ar broses parhaus a pharhaol dinistr a dadeni bywyd.'[168] Dyma sut y llwyddodd Alun Llywelyn-Williams i gael y llaw uchaf ar y dinistr a welodd yn ystod y rhyfel, dinistr y bu bron iddo'i drechu fel bardd: 'Cawsai yntau brofiad uniongyrchol o'r dioddefaint sy'n rhan o gyflwr truenus dyn, a syniodd bod y dioddefaint hwnnw'n rhagamod rhoi ar waith gariad a thrugaredd rhwng dynion a'i gilydd.'[169] Y sylweddoliad oesol hwn oedd ganddo mewn golwg pan gyfeiriai at effaith barhaol y rhyfel arno: 'y mae'r rhyfel fel petai'n rhan ohonof o hyd. Gadawodd ei brofiadau eu hôl arnaf, a'u gweu eu hunain i mewn yn glos i batrwm fy mod';[170] 'Ddaeth y rhyfel ddim i ben i mi . . . Fe roes amgyffrediad newydd – 'ddyweda'i ddim "deallrwriaeth" – ond amgyffrediad ar fywyd imi sy'n para'n rym tosturiol hyd heddiw, ac, mi gredaf, byth mwy.'[171]

Gwerth Traddodiad

O fardd a alwodd yr 'apêl at yr Oesoedd Canol' a amlygid yng ngherddi Gwenallt yn y 1930au yn 'afiechyd' ac a'i holrheiniodd i ddylanwad Saunders Lewis a'i '[d]raddodiad clasurol'[172] arno, braidd yn eironig yw gweld Alun Llywelyn-Williams yn cloddio ymhellach byth i'r gorffennol barddol Cymraeg i weithiau'r Cynfeirdd yn ei gerddi rhyfel. Achlysurol oedd y cyfeiriadau yn *Cerddi 1934–1942*, yn 'Gorweddian ar y Bryn' a 'Gwŷr Catraeth', ond erbyn *Pont y Caniedydd*, yn enwedig yng ngherddi Berlin ac 'Ar Ymweliad', mae'r *rapport* deallus a ffrwythlon â'n llenyddiaeth fore yn arwyddo'i ddatblygiad sylweddol fel bardd. Mae'r cerddi hyn hefyd yn cynnig ateb i gwestiwn a holwyd wrth ymchwilio i farddoniaeth Gymraeg ynghylch y Rhyfel Byd Cyntaf: gan mor brin y brydyddiaeth Gymraeg a gyfleai brofiad garw'r llinell ffrynt, tybed sut yr effeithid ar gerddi Williams Parry, Cynan neu T. Gwynn Jones petaen nhw wedi profi'r rhyfel drostynt eu hunain fel milwyr?[173] A T. Gwynn Jones yn 1935 wedi seilio 'Cynddilig', ei gerdd storïol hir olaf a hyrwyddai heddychiaeth, ar un o englynion *Canu Llywarch Hen*, tybed nad cerdd fel 'Ym Merlin – Awst 1945' a gyfansoddai yntau, un a gyfunai brofiad uniongyrchol o ryfel gyda phrofiad llenyddol ohono?[174] Dyma'n union a wnaeth un o feirdd-filwyr y Rhyfel Byd Cyntaf, David Jones, wedi'r cyfan, gyda'i ddefnydd creadigol o *Canu Aneirin* yn *In Parenthesis* (1937), cerdd naratif a edmygid yn fawr gan Alun Llywelyn-Williams a'i chyfri ganddo'n unig gampwaith prydyddol i ddeillio o ryfel 1914–18.[175]

At hynny, fel y dadleuodd Greg Hill, bu'n dda iawn i Alun Llywelyn-Williams wrth ei adnabyddiaeth o'i draddodiad llenyddol ei hun: roedd yn un o'r ffactorau a'i harbedodd rhag y math o nihiliaeth a drechodd Alun Lewis yn y pen draw. Roedd gan y bardd Cymraeg 'ffrâm hanesyddol/ddiwylliannol i roi ystyr i'r digwyddiadau erchyll a'i poenai. Cynigiodd yr englynion ffordd iddo ddeall trychineb y rhyfel a'i effeithiau mor amlwg o frawychus, trwy gyfrwng stori a'i galluogodd ef i osod y cyfan yng nghyd-destun hanes diwylliant hynafol Cymru.'[176] Ac er mai cyfeirio'n benodol a wneir yma at Gylch Heledd, byddai'n deg cymhwyso'r sylw at yr holl gyfeiriadau at lenyddiaeth Gymraeg gynnar yn y cerddi a sgrifennwyd rhwng 1949 a 1954. Cynigiodd y traddodiad llenyddol ddinas noddfa iddo: lle gynt ar dudalennau *Tir Newydd* ac yn amryw gerddi *Cerddi 1934–1942* yr oedd wedi gweld bai ar lenyddiaeth Gymraeg am ei diffyg atebolrwydd i'r gwareiddiad modern ac wedi mynd ati ei hun i geisio cywiro gwallau, dyma ef bellach yn dathlu i bob pwrpas berthnasedd oesol a digonol ei hymateb. Ac yntau ar y pryd ynghanol terfysgoedd daear, y mae fel petai hiraeth doeth y galon yn ei ddwyn adref yn ddiwylliannol.

Annibyniaeth Barn

Ac eto, er closio at y traddodiad llenyddol cynhenid ac ymbellhau rywfaint oddi wrth Auden a'i griw, parhaodd Alun Llywelyn-Williams yn fardd annibynnol a dorrodd ei gwys ei hun. Tynnwyd sylw at annibyniaeth ei stans yn un o'r ymdriniaethau beirniadol cynharaf â'i waith, eiddo Geraint Bowen a ymddangosodd yn 1949 ac a sylwodd fod ei ysgrifau'n 'dangos cryn annibyniaeth meddwl o safbwynt traddodiad barddol Cymru'.[177] Yr un annibyniaeth barn a welodd Dafydd Glyn Jones yn ei gerddi'n ddiweddarach: 'his comparative independence of the tradition . . . although professionally . . . Alun Llywelyn-Williams is much involved in the Welsh literary community, I have always felt that as a poet and critic he has stood somewhat apart from it.'[178]

Arwydd o'i annibyniaeth o fewn y cyd-destun Cymreig yn y 1930au oedd ei feirniadaeth ar yr hyn a welai fel tueddiadau adain dde a ffasgaidd a nodweddai Blaid Cymru dan arweiniad Saunders Lewis. Ac ef ei hun yn uniaethu â'r chwith yn wleidyddol, ni pharodd ei aelodaeth o'r blaid genedlaetholaidd yn hir iawn. Yn ôl Non Indeg Evans hithau: 'Credai Alun Llywelyn-Williams mai mynegi'r bywyd cyfoes yn ei gerddi, gan ddangos ei wendidau a'i ragoriaethau, oedd ei gyfraniad ef i'r frwydr gymdeithasol yn y tridegau.'[179] Ond fe ellir gwneud cam ag awen Alun Llywelyn-Williams drwy'i chyflwyno fel un a boliticeiddiwyd yn llwyr. Wedi'r cyfan, fel 'rhyw fath o Farcsydd'[180] ac un 'amrwd iawn'[181] ei syniadau sosialaidd y disgrifiodd ei hun ar y pryd, ac mae'n siwr fod llawer o wir yng ngeiriau Elwyn Evans y byddai'n anodd peidio â bod yn adain chwith yn y 1930au petai dyn yn ifanc, a chanddo galon ac yn byw yn ne Cymru.[182] Daw'n amlwg na châi hi'n hawdd cyfundrefnu'i syniadau er mwyn eu cael i ffitio i bolisi unrhyw blaid ac fel hyn y mynegodd ei sefyllfa pan aeth ati ymhen blynyddoedd i wynebu ei brofiad:

> 'Roedd gennyf ddiddordeb mawr mewn syniadau gwleidyddol o bob math, ond 'rwy'n sgeptig wrth natur heb fawr i'w ddweud wrth unrhyw ddogma neu eideoleg, na chrefyddol na gwleidyddol. Amheuwn bob plaid. Diflaswn yn hawdd ar ddamcaniaethau . . . Llenyddiaeth, a'r celfyddydau cain, oedd fy nghenhadaeth i, nid gwleidyddiaeth. A'm swydd i fel bardd, mi gredwn, oedd mynegi'r profiad dynol a gwarchod gwerthoedd parhaol dyn yn wyneb anhrefn ac ofnadwyaeth yr oes.[183]

Cyn diwedd y 1930au yr oedd wedi derbyn geirda bardd hŷn, ac un o feirdd y Rhyfel Byd Cyntaf at hynny, a orfodwyd gan amgylchiadau'r dydd i newid ei gân a phrofi'i ymrwymedigrwydd gwleidyddol: mewn llythyr yn ymateb i 'Dwy Gerdd' a ymddangosodd yn rhifyn Chwefror 1938 o *Tir Newydd*, dywedodd Williams Parry fod y cerddi'n 'ddrych cywir iawn o'r byd sydd ohoni. Daliwch i gredu: dyma'r math o farddoniaeth a fynn Cymru gyda hyn, a bydd yn gysur i chwi wybod eich bod yn un o'r proffwydi cynnar.'[184] Roedd hyn ym Mawrth 1938, llai na blwyddyn ers cyfansoddi'r cerddi dicllon, ergydiol 'Cymru 1937', 'J.S.L.' ac 'Y Gwrthodedig'.[185]

Nid ar chwarae bach na heb lawer o loes y gollyngai cynrychiolydd mor amlwg o'r hen do â Williams Parry gerddi o'r fath o'i ddwylo.[186] Ond doedd safbwynt y gwrthryfelwr ifanc o Gaerdydd ddim yn gwbl glir chwaith gyda golwg ar y berthynas rhwng gwleidyddiaeth a llenyddiaeth. Er mai fel protest gymdeithasol yr ystyriai rai o gerddi ei gyfrol gyntaf,[187] mor fuan â 1935 rhybuddiodd rhag 'y drwg mawr a all ddigwydd i lenyddiaeth o'i throi hi'n israddol i wleidyddiaeth a phroblemau politicaidd, megis pwnc yr iaith'.[188] Bron nad awgrymwn fod ei safiad fan hyn yn nes at un gochelgar Williams Parry, a waredai rhag i'r bardd droi'n bamffletîr, nag at un radical ei gyfoeswr a chydolygydd *Heddiw*, Aneirin Talfan Davies, a ddaliai fod pob celfyddyd yn bropaganda.[189] 'Ni pherthyn y bardd i'r byd',[190] meddai Williams Parry, 'Fel y Cristion, dylai'r bardd fod yn y byd ond nid o'r byd',[191] meddai Alun Llywelyn-Williams.

Er nad anghytunwn felly â Dafydd Glyn Jones pan ddywed mai Alun Llywelyn-Williams yw'r unig fardd Cymraeg o bwys sy wedi newid ei feddwl ers 1936, yr unig un y bu'r Ail Ryfel Byd yn gefndeuddwr yn ei hanes a bod ei gerddi'n tystio i fethiant ideoleg, byddwn yn amodi rhywfaint ar ei ddehongliad drwy awgrymu mai cadarnhau yn ei feddwl hen amheuon a wnaeth ei brofiad o ryfel. Erbyn 1954 felly nid yw'n syndod llwyr fod y ddelwedd o'r bardd fel un sy'n protestio ac yn cynnig atebion yn cilio ac yn ildio'i lle i ddelwedd amgen: 'nid oes a wnelo'r bardd fel y cyfryw, mi dybiaf, ag unrhyw ddogma na chwaith ag unrhyw gredo gyfundrefnol, na chrefyddol na pholiticaidd.'[192] Dyma safbwynt, a fynegwyd yn 1954, y byddai'n ei goleddu weddill ei oes.[193]

Geiriau'r Bardd

'Geiriau'r bardd yw ei weithredoedd . . . fel sylwedydd y cyflawna'r bardd ei swydd a'i bwrpas yn y byd':[194] yr hyn sy'n taro dyn unwaith eto yw'r difrifoldeb a gysylltai Alun Llywelyn-Williams â'i swydd fel bardd. 'Yr anhawster,' meddai wrth drafod y gerdd 'Tydi a Minnau' (*PC*: 44), 'yw fod geiriau yn bethau mor annigonol i fynegi profiad yn gyfewin ac yn ei holl gyfoeth . . . fe all geiriau a iaith, fel y gwŷr pawb ohonom, fod yn gyfrwng mynegiant amherffaith iawn.'[195] Arwydd yw hynny o faint y sialens a'i hwynebai wrth drin a thrafod geiriau. Cafwyd gan Wynford Vaughan Thomas gyfeiriad dadlennol at sgwrs rhyngddo ac Alun Llywelyn-Williams pan oedd y ddau'n cydweithio i'r BBC: '"Mae'n rhaid i chi fod yn ofalus wrth ddefnyddio geirie," meddai

Alun, yn dal i bwffian, "rhag difetha eu gwerth." Sylweddolais y pryd hwnnw fod Alun yn artist digymrodedd yn ogystal ag yn ysgolhaig. Anodd ei weld yn parhau yn y byd darlledu lle yr oeddem yn taflu geiriau o gwmpas fel conffeti.'[196] Ac mae gan gyfaill o ddarlledwr arall, Elwyn Evans, ddau beth cysylltiol i'w dweud. Y mae a wnelo'r sylw cyntaf â pherthynas hyd braich Alun Llywelyn-Williams â'r traddodiad barddol Cymraeg a hefyd ei barch at iaith: 'He never really accepted the idea that, the rules of *cynghanedd* once mastered, people could think and feel in it, so that the question of sacrificing sense to sound no longer arose.'[197] Arwydda'r ail sylw hefyd y cyfrifoldeb mawr wrth arfer geiriau oherwydd yr ystyr lythrennol a garient: 'A phan ddaeth y Rhyfel o'r diwedd, fe ddangosodd Alun yn fuan nad mater o eiriau'n unig oedd ei wrthwynebiad i Ffasgiaeth. Rwy'n cofio'n dda yr adeg yr ymunodd yn wirfoddol â'r Fyddin.'[198] Nid am y tro cyntaf yn ystod y drafodaeth hon, daw cymhariaeth â phrofiad Waldo i'r meddwl: i'r bardd hwnnw hefyd, fel y sylwodd Dafydd Elis Thomas, "roedd canu a gweithredu yn un . . . 'roedd yn rhaid i Waldo'r bardd oedd yn gwrthwynebu rhyfel fod yn wrthwynebydd cydwybodol'[199] yr atafaelwyd ei eiddo cyn ei garcharu yn y diwedd.

Fel yr awgrymwyd eisoes, o gymharu â defnydd anrhydeddus y ddau fardd hyn o iaith, yr hyn a welwyd yn ystod y 1930au ac yna'r rhyfel oedd iaith yn cael ei llurgunio, ei dibrisio a'i bastardeiddio, ei phlygu, ei cham-drin a'i hecsbloetio, i ddibenion gwleidyddol. Cynrychiola profiad yr Almaeneg yr enghraifft fwyaf eithafol:

> Gradually, words lost their original meaning and acquired nightmarish definitions. *Jude, Pole, Russe* came to mean two-legged lice, putrid vermin which good Aryans must squash, as a party said, 'like roaches on a dirty wall'. 'Final Solution', *endgültige Lösung*, came to signify the death of six million human beings in gas ovens.
>
> The language was infected not only with these great bestialities. It was called upon to enforce innumerable falsehoods, to persuade the Germans that the war was just and everywhere victorious. As defeat began closing in on the thousand-year Reich, the lies thickened to a constant snowdrift. The language was turned upside down to say 'light' where there was blackness and 'victory' where there was disaster.[200]

Byddai sgeptigiaeth naturiol Alun Llywelyn-Williams a'i wrthrychedd effro yn fwy defnyddiol byth iddo erbyn mynd ati i gyfansoddi cerddi *Pont y Caniedydd* ac fe wnâi hynny gyda mwy o annibyniaeth barn nag erioed o'r blaen. Y peth olaf y gellid ei ddweud am ei gerddi rhyfel yw eu bod yn afradu geiriau'n ddifeddwl; i'r gwrthwyneb, synhwyrir bod eu hawdur wedi pwyso a mesur yn dra gofalus cyn eu defnyddio er mwyn bod mor gyfewin gywir ei ystyr â phosib. Does dim yn fyrbwyll nac yn ymfflamychol amdanynt ac mae Gwyn Thomas yn llygad ei le pan yw'n awgrymu bod ei '[dd]ull naturiol . . . o lefaru'n llawer mwy ystyriol a mwy pwyllog a thawelach na dull Gwenallt',[201] y mwyaf llafar a thafotrydd o feirdd y 1930au a'r 1940au. At yr un pwyll y cyfeiriodd Gwilym R. Jones, un arall o leisiau newydd y 1930au a'r 1940au, pan ddywedodd am *Y Golau yn y Gwyll* ymhen blynyddoedd fod 'amryw o'r cerddi wedi eu naddu'n bwyllog gyda gofal artistig dyfal dros ben'.[202] Nid amherthnasol chwaith, yn enwedig pan gofir am ddisgrifiad Bobi Jones o Alun Llywelyn-Williams fel y 'mwyaf Seisnig o'n beirdd Cymraeg da',[203] mo sylw Paul Fussell:

> 'The art of litotes' – that's one young officer's way of describing the British style of phlegmatic understatement. It serves as well to suggest the mode of Second World War poetry. One inference might be that the more verbally confident poetry of the Great War emerged from a proud verbal culture, where language was trusted to convey and retain profound, permanent meaning, while the later world from which these laconic notations arise is one so doubtful of language that the responsible feel that only the fewest words, debased as they have been by advertising, publicity, politics, and the rhetoric of nationalism, should be hazarded.[204]

Onid dyma'r ateb i'r sawl a wêl yn ei gerddi ddiffyg ffyrnigrwydd[205] a chymedrol nwyd?[206] Ac onid yr hyn a geir ganddo yw gwrthbwynt deallus a hunanfeddiannol i beth o fombast trychinebus cyfrol fel *Cnoi Cil* (1942) Gwenallt, bardd a berthynai, wedi'r cyfan, i genhedlaeth a fowldiwyd gan brofiadau'r Rhyfel Byd Cyntaf?

Personoliaeth gyfrifol, hunanfeddiannol, fydol-ddoeth sy'n argyhoeddi dyn gyda'i phwyll a'i rheswm yw'r un a gyflwynir yng ngherddi Alun Llywelyn-Williams. O fardd a ganmolodd eironi fel 'un o gyfraniadau mwyaf Parry-Williams i'n barddoniaeth',[207] does yn ei gerddi rhyfel fawr o olion eironi. Fel y sylwodd Greg Hill, 'mae'r agwedd eironig, wamal a amlygir yn "Gorweddian ar y Bryn" a cherddi tebyg yn ildio i agwedd lawer mwy difrifol ynghanol arswyd y rhyfel',[208] ac mae'r diffyg eironi bwriadol ynddynt yn arwyddocaol pan atgoffwn ein hunain o'i ystyr: 'Ffugddifrifwch, coegni, math o wawdiaith a gyfleir drwy ddefnyddio geiriau mewn ystyr gwbl groes i'w hystyr lythrennol (yn enw. drwy arfer termau canmoliaethus pan ydys mewn gwirionedd yn condemnio neu'n sarhau).'[209] Does dim yn 'ffug' am 'ddifrifwch' Alun

Llywelyn-Williams yn y cerddi hyn – yn wir, fe'i cyfrifir gan Dafydd Glyn Jones ymysg y difrifolaf o'n beirdd[210] – ac fe brofodd ormod eisoes o 'ddefnyddio geiriau mewn ystyr gwbl groes i'w hystyr lythrennol' a hynny i ddibenion sinistr. Doedd barddoni ddim yn alwedigaeth a roddai bleser i Alun Llywelyn-Williams: 'Rhaid i mi gyfaddef na ches i erioed lawer o bleser wrth geisio barddoni. 'Dda gen i ddim i ddechrau mo'r weithred boenus o sgrifennu.'[211] Sonia fwy nag unwaith am y frwydr i'w fynegi ei hun: 'mae pob cerdd yn frwydr rhwng y bardd a geiriau a chystrawennau, yn ymdrech i gyrraedd mynegiant cyflawn a phriodol o brofiad neu ymdeimlad arbennig',[212] sylw sy'n adleisio cyfeiriad T. S. Eliot yn 'East Coker' at 'the intolerable wrestle / With words and meanings'.[213] Arwyddion yw'r rhain o'i ymrwymedigaeth wrth swydd y bardd a'r rheidrwydd oedd arno i farddoni oherwydd y pwys cymdeithasol a gysylltai â hi. Gallai'n hawdd fod wedi cyd-weld â T. S. Eliot hefyd pan ddywedodd yn 'Little Gidding', cerdd a sgrifennwyd yn 1942, 'our concern was speech, and speech impelled us / To purify the dialect of the tribe'.[214] Y canu rhyfel hwn – canu anhysterig, cytbwys, gwrthrychol – yw cyfraniad Alun Llywelyn-Williams at adfeddiannu i iaith beth o'i phurdeb a'i hygrededd ac ennyn ymddiriedaeth ynddi drachefn.

Nodiadau

[1] *Tir Newydd*, 1 (Haf 1935), 1. Gw. hefyd Alun Llywelyn-Williams, *Gwanwyn yn y Ddinas: Darn o Hunangofiant* (Dinbych, 1975), 31: "'Rown-i'n falch o ddinas Caerdydd. Credwn mai hi oedd dinas brydferthaf a mwyaf diddorol y byd, a breuddwydiwn am ffyrdd i'w gwella a'i harddu fwyfwy a dyrchafu ei bri.'

[2] *TN*, 1, 1.

[3] *TN*, 1, 1.

[4] Mansel Thomas, *TN*, 7 (Chwefror 1937), 3–6.

[5] Raymond Atchison, *TN*, 7, 6–12.

[6] Arwel Hughes, *TN*, 8 (Mai 1937), 13–15.

[7] R. G. Berry, *TN*, 11 (Chwefror 1938), 5–8.

[8] 'Cwm Glo', *TN*, 5 (Haf 1936), 2.

[9] Raymond Atchison (cyf. Alun Llywelyn-Williams), 'Apolos yn Dyrchafu'r Faner Goch: Rhai Nodiadau ar Farddoniaeth Saesneg Heddiw', *TN*, 7 (Chwefror 1937), 6.

[10] Jack Jones, *TN*, 8 (Mai 1937), 5–9.

[11] 'Nodiadau'r Golygydd', *TN*, 8 (Mai 1937), 3.

[12] I'w olygydd llenyddol, Robert Silyn Roberts, y mae'r diolch am hynny, mae'n debyg, ac ymhlith y cerddi niferus a gyhoeddwyd ar dudalennau'r

Welsh Outlook, gellid rhestru: 'Ym Min y Môr', 'Malaria', 'Hiraeth', 'De Profundis', 'Cambrai' ac 'Anfon Nico i Lan Dŵr' gan Cynan; 'Y Fendith', 'Litani yn Amser Rhyfel' a '1914–1918: Yr Ieuainc wrth yr Hen' gan W. J. Gruffydd; 'Hydref', 'Senghenydd' ac 'Ex Tenebris' gan T. Gwynn Jones; 'Yr Iberiad', 'Gadael Tir', 'Plygain' a 'Hedd Wyn' gan R. Williams Parry; a 'Duwiau Dyn' a 'Sonned' [*sic*] gan T. H. Parry-Williams.

[13] Traddodwyd y ddarlith gerbron cangen Caerdydd o Urdd y Graddedigion yn 1938 ac yna'i chyhoeddi'n bamffled yn 1939. Trafodir safbwynt Saunders Lewis gan Harri Pritchard Jones, 'Saunders Lewis a'r Eingl-Gymry', yn M. Wynn Thomas (gol.), *DiFfinio Dwy Lenyddiaeth Cymru* (Caerdydd, 1995), 149–52; dengys yr un erthygl na chynrychiolai'r hyn a ddywedwyd ddiwedd y 1930au mo air terfynol yr awdur ar y mater hwn.

[14] Gw. Non Indeg Evans, 'Bywyd a Gwaith Alun Llywelyn-Williams, 1913–1988' (traethawd Ph.D. anghyhoeddedig, Prifysgol Cymru, Bangor, 1995), 63. Yn *GDd*, 100, dywed Alun Llywelyn-Williams wrth drafod *Tir Newydd*, 'Mewn un ystyr, yr oedd yn brotest yn erbyn *Y Llenor*'. Cyfrannodd Alun Llywelyn-Williams a W. J. Gruffydd ill dau i gylchgronau ei gilydd: gw., e.e., Alun Llywelyn-Williams, 'Barddoniaeth mewn Oes Ddiwydiannol', *Y Llenor*, xiv (Gwanwyn 1935), 23–34, a W. J. Gruffydd, 'Diorseddu Rheswm', *Tir Newydd*, 14 (Tachwedd 1938), 19–22.

[15] 'Y Bywyd Dinesig a'r Gymraeg', *TN*, 3 (Gaeaf 1935), 13.

[16] 'Y Bywyd Dinesig a'r Gymraeg', *TN*, 3, 13.

[17] Gw. sylwadau Iorwerth Peate yn *Y Tyst* (12 Chwefror 1931) ac E. Tegla Davies yn *Yr Eurgrawn Wesleaidd* (Ebrill 1931); gw. hefyd amddiffyniad Islwyn Ffowc Elis o'r nofel yn 'Dwy Nofel', yn D. Tecwyn Lloyd a Gwilym Rees Hughes (gol.), *Saunders Lewis* (Abertawe, 1975), 142–4.

[18] 'Y Bywyd Dinesig a'r Gymraeg', *TN*, 3, 14.

[19] 'Y Bywyd Dinesig a'r Gymraeg', *TN*, 3, 15–16.

[20] Un o'r rhai y mae Saunders Lewis a Kate Roberts yn fwyaf sgitlyd ohonynt yn yr ohebiaeth rhyngddynt yw Peate: fe'i llysenwyd ganddynt yn Mac Mawn ac yn dilyn ei sylwadau beirniadol ar *Laura Jones* (1930) a *Monica*, sgrifennodd Kate Roberts ar 3 Ebrill 1931 fel hyn: 'Ysgydwn law a chydlawenhawn oblegid ein pwyso ein dau yng nghlorian aur Macwy'r Mawn a'n cael yn brin! Fe'i cyfrifwn yn ddirmyg petai wedi canmol Laura Jones . . . Ond i beth y gwastraffaf amser i sôn am bobl drydydd radd eu hymennydd': dyfynnwyd yn Dafydd Ifans (gol.), *Annwyl Kate, Annwyl Saunders: Gohebiaeth 1923–1983* (Aberystwyth, 1992), 7–8. Gw. hefyd Manon Wyn Roberts, *Barddoniaeth Iorwerth C. Peate* (Llandybïe, 1986), 7: 'wrth iddo heneiddio daeth gofidiau eraill i'w boeni ac obsesiynau eraill i'w gorddi. Un o'r rhain oedd "barddoniaeth fodern".' Dyfynnir gan Alan Llwyd yn *Barddoniaeth y Chwedegau: Astudiaeth Lenyddol-Hanesyddol* (Caernarfon, 1986) ddigonedd o dystiolaeth sy'n tystio i'w safbwynt adweithiol, yn ei phlith y sylw rhyfeddol hwn yn 1962: 'Dywedodd un beirniad llenyddol rai blynyddoedd yn ôl na ellir cael artist ond mewn cymdeithas sy'n cynnwys corff helaeth o grefftwyr. Credaf fod y gosodiad yn gywir, a dyna un rheswm pam na chredaf i . . . y gall artist mawr o Gymro gyfodi yn swbwrbia Lerpwl neu Gaerdydd; dyna un rheswm paham na chredaf i fod Mr Saunders Lewis, er enghraifft, yn gymaint artist â Kate Roberts' (28).

21 *GDd*, 104. Ar yr un pwynt, gw. Non Indeg Evans, 113, lle'r awgrymir bod dealltwriaeth rhwng y ddau a bod y ddadl wedi'i rhagdrefnu.
22 'Gwaith ac Adwaith: Rhai Sylwadau ar Farddoniaeth Gyfoes Cymru', *TN*, 8 (Mai 1937), 19–25.
23 *TN*, 8, 20.
24 *TN*, 8, 23.
25 Aneirin Talfan Davies a Dafydd Jenkins a olygai *Heddiw* rhwng 1936 a 1942; gw. T. Robin Chapman, *Gorau 'Heddiw' 1936–1942* (Abertawe, 1988). Nid ymddangosodd dim o eiddo Gwenallt ar dudalennau *Tir Newydd*.
26 *GDd*, 102.
27 *GDd*, 103.
28 *TN*, 10 (Tachwedd 1937), 11–14.
29 'Cyngor i Fardd Ieuanc', *TN*, 13 (Awst 1938), 10–11, a 'Detholion o Lythyrau Rainer Maria Rilke', *TN*, 15 (Chwefror 1939), 4–7.
30 Non Indeg Evans, 123. Sylwadau mewn sgwrs â'r awdur ym Mai 1992.
31 Michael Glover, 'Captured in the Amber History', adolygiad ar Desmond Graham (gol.), *Poetry of the Second World War: An International Anthology*, *The Independent* (6 Mai 1995). Canmolir 'impressive, much-needed cosmopolitanism' yr un gyfrol gan adolygydd arall: gw. Jeremy Treglown, 'Anthems for Doomed Youth', *The Independent on Sunday* (23 Ebrill 1995).
32 'Internationalism and War', *The Truth of Poetry: Tensions in Modern Poetry from Baudelaire to the 1960s* (Llundain, 1969), 148.
33 *GDd*, 105.
34 *TN*, 1 (Haf 1935), 2–3.
35 *TN*, 7 (Chwefror 1937), 3.
36 *TN*, 11 (Chwefror 1938), 4.
37 'Ave Atque Vale', *TN*, 1 (Haf 1935), 3.
38 Marion Griffith Williams, 'Aduniad Cylch Cadwgan', adysgrif o'r rhaglen radio *Cylchgrawn*, *Y Gwrandawr*, *Barn*, 101 (Mawrth 1971), v.
39 'Dylanwad Cylch Cadwgan adeg y Rhyfel', adysgrif o'r rhaglen radio *Cylchgrawn*, *Y Gwrandawr*, *Barn*, 80 (Mehefin 1969), iii.
40 Gw. Meic Stephens (gol.), *Cydymaith i Lenyddiaeth Cymru* (1986; ail arg. Caerdydd, 1997), 718.
41 Alun Llywelyn-Williams, 'Nodiadau'r Golygydd', *TN*, 12 (Mai 1938), 1.
42 Cyd-ddigwyddiad diddorol yw'r ffaith mai darlithydd o fewn Adran y Gymraeg, T. J. Morgan, yw'r enw ar frig y rhestr cyfranwyr a argraffwyd ar glawr y rhifyn cyntaf o *Tir Newydd* yn Haf 1935: deuai ei fab, Rhodri Morgan, yn y man yn brif weinidog Cynulliad Cenedlaethol Cymru.
43 'Y Profiad o Ryfel', *Ambell Sylw* (Dinbych, 1988), 58.
44 'Meddwl y Dau-Ddegau', *Nes Na'r Hanesydd?* (Dinbych, 1968), 33. A bod yn deg ag Alun Llywelyn-Williams, aeth rhagddo'n yr un erthygl i fwrw golwg letach ar bethau: 'O sylwi'n fanylach, y mae holl awyrgylch llenyddol y dau-ddegau cynnar yn gwbl wahanol i'r cyfnod cyn 1914, a grymusterau newydd i'w canfod bron ar unwaith wedi'r rhyfel yn dechrau newid ffurf a chynnwys y diwylliant Cymreig a Chymraeg, a chynnig cyfeiriad newydd i'w egnïon creadigol. Y gwir yw fod y diwylliant Cymraeg a'i gynheiliaid wedi ymateb yn rymus i argyfyngau'r rhyfel, er efallai'n anuniongyrchol, a bu'r dau-ddegau o'r herwydd yn gyfnod bywiol i'n llenyddiaeth. Gwelodd y

cyfnod hwn egino'r gwrthryfel yn erbyn rhamantiaeth . . . Cyfnod ydoedd y dau-ddegau'n anad dim o ail-bwyso ac o ad-drefnu, o ail-gloddio sylfeini'r traddodiad ac o archwilio'r arwyddocâd o'r newydd. Ym maes beirniadaeth lenyddol a chymdeithasol y cyflawnodd y dau-ddegau eu camp fwyaf' (33–4). At hynny, daw'n amlwg o is-deitl ei astudiaeth o ramantiaeth mewn barddoniaeth Gymraeg fod ei dylanwad yn dirwyn i ben yr un pryd ag y dechreuodd y rhyfel: *Y Nos, Y Niwl a'r Ynys: Agweddau ar y Profiad Rhamantaidd yng Nghymru 1890–1914* (Caerdydd, 1960).

45 Islwyn Ffowc Elis, *Cysgod y Cryman* (1953; arg. newydd Llandysul, 1990), 45–6.
46 *GDd*, 151.
47 Âi un o olygyddion *Heddiw*, Dafydd Jenkins, ati yn y man i roi ar gof a chadw hanes Penyberth: gw. *Tân yn Llŷn: Hanes Brwydr Gorsaf Awyr Penyberth* (Plaid Cymru, 1937).
48 'Nodiadau'r Golygydd', *TN*, 3 (Gaeaf 1935), 3.
49 'Nodiadau'r Golygydd', *TN*, 9 (Awst 1937), 3. Fe amddiffynnwyd y Blaid Genedlaethol rhag y cyhuddiad ei bod yn tueddu at ffasgiaeth yn y rhifyn dilynol gan J. Gwyn Griffiths, 'At y Golygydd', *TN*, 10 (Tachwedd 1937), 6–9. Cyfeiriad at yr enw a roddwyd ar ffasgwyr Mussolini oherwydd yr hyn a wisgent a geir yma: fe'u hefelychwyd gan ddilynwyr y ffasgydd Oswald Mosley ym Mhrydain yn ystod y 1930au, criw a ddarlunnir yn nofel Martin Davis, *Os Dianc Rhai* (Talybont, 2003), a drafodir ym mhennod 5.
50 Yn y rhaglen bortread, *Y Deryn Dieithr* (BBC Cymru ar gyfer S4C, 2002) cyfeiriwyd at ymchwil yr hanesydd milwrol, Ian Miller, a'r ohebiaeth y daeth o hyd iddi yn yr Archifau Cenedlaethol yn Llundain. Ar ôl ei garcharu yn 1937 am ei ran yn llosgi'r ysgol fomio ym Mhenyberth, cafodd Saunders Lewis wybod gan y fyddin Brydeinig ei fod wedi colli ei reng fel lefftenant ynddi. Apeliodd yntau yn erbyn y penderfyniad gan egluro'i weithred a phleidio'i deyrngarwch i'r fyddin, ond cadarnhawyd y penderfyniad gwreiddiol pan gyfeiriwyd y mater yn ddiweddarach at y Brenin Siôr VI. Gw. nodyn 97 ym mhennod 4.
51 'Y Ddau Alun', *Taliesin*, 64 (Hydref 1988), 35; cyhoeddwyd fersiwn Saesneg o'r un erthygl, 'The Two Aluns', yn *Internal Difference: Twentieth-century Writing in Wales* (Caerdydd, 1992), 49–67.
52 Gwyn Thomas, 'Cofio Alun Llywelyn-Williams', *Barn*, 307 (Awst 1988), 45; dyfyniad o adysgrif o raglen deyrnged a ddarlledwyd ar BBC Radio Cymru, 15 Mai 1988: fe'i cyflwynwyd gan Bedwyr Lewis Jones a'i chynhyrchu gan R. Alun Evans.
53 'Alun Llywelyn-Williams', yn Meic Stephens (gol.), *Artists in Wales 2* (Llandysul, 1973), 174.
54 Gw. Alan Llwyd, 'Rhagymadrodd', yn Alan Llwyd ac Elwyn Edwards (gol.), *Gwaedd y Lleiddiad: Blodeugerdd Barddas o Gerddi'r Ail Ryfel Byd 1939–1945* (Llandybïe, 1995), xvii: 'Pan gyhoeddwyd chwaer-gyfrol y flodeugerdd hon, *Gwaedd y Bechgyn*, synnwyd llawer o bobl gan y ffaith fod cynifer o gerddi wedi eu llunio fel ymateb i argyfwng y Rhyfel Mawr, yn enwedig o gofio fod y ddau gant a rhagor o gerddi a gynhwyswyd yn y gyfrol honno wedi eu dewis a'u dethol o blith cannoedd (yn union fel yn achos y flodeugerdd hon). Mae'n debyg y bydd ymateb tebyg i'r gyfrol hon. Syndod i'r gwrthwyneb

sydd gan y cyd-olygydd hwn ar y gyfrol: synnu cyn lleied o ymateb a oedd wedi bod i argyfwng mor fawr, argyfwng a oedd yn cyffwrdd â phawb yn feunyddiol ar y pryd.'
55 'Alun Llywelyn-Williams', 174.
56 'Sgwrs rhwng Alun Llywelyn-Williams a Bedwyr Lewis Jones', yn J. E. Caerwyn Williams (gol.), *Ysgrifau Beirniadol I* (Dinbych, 1965), 124.
57 'Y Profiad o Ryfel', *Ambell Sylw*, 55.
58 'Y Profiad o Ryfel', 61.
59 'Y Profiad o Ryfel', 68.
60 'Y Profiad o Ryfel', 73.
61 *GDd*, 173. Cyfeiliorna Wynford Vaughan Thomas pan yw'n cyfeirio ato fel aelod o gatrawd 'Gwarchodwyr Ffin De Cymru', sef y *South Wales Borderers*, fe dybir; gw. 'Alun', *Barn*, 253 (Chwefror 1984), 24.
62 *GDd*, 14.
63 Adolygiad ar Jon Silkin, *Out of Battle: The Poetry of the Great War*, *Poetry Wales*, 8/3 (Gaeaf 1972), 105: 'the one thing that slightly marred this excellent book for me was the suspicion that Silkin's evaluation of the poets' response to their experience of war tended to be influenced by his measurement of their achieved pacifism or their disillusionment with "patriotism".'
64 *GDd*, 173.
65 *GDd*, 170.
66 'Alun', 23–4.
67 Non Indeg Evans, 84. Daw'r teitl o'r ddeuawd Fictoraidd boblogaidd, 'Gwŷs i'r Gad', gan Anthropos (Robert David Rowland) ac R. S. Hughes: gw. Huw Williams, *Canu'r Bobol* (Dinbych, 1978), 104. Cyfeiria Alun Llywelyn-Williams yn *GDd*, 18, at ei dad yn canu'r gân ar yr aelwyd ac ato ef ei hun yn prynu record ymhen blynyddoedd o ddau yn ei chanu: "roedd gwrando seiniau cyffrous "I fuddugoliaeth neu i fedd, 'rwy'n mynd, 'rwy'n mynd i'r gad!" yn dwyn i gof gyfnod llawer mwy heddychlon a dibryder na'n dyddiau ni heddiw, cyfnod pryd y gellid perori ffwlbri o'r fath cyn i ddau ryfel byd yn ystod un oes fer ddod â realaeth rhyfel ychydig yn rhy agos atom.'
68 'Atodiad 3: Gwŷs i'r Gad', yn Non Indeg Evans, 373.
69 'Gwŷs i'r Gad', yn Non Indeg Evans, 390–1.
70 Gw. Alun Llywelyn-Williams, 'The Poetry of Cynan', *Poetry Wales*, 9/1 (Haf 1973), 11: 'For a young idealist, intending to enter the Christian ministry, thrust suddenly into khaki and transported overseas far from the peaceful, rural, nonconformist setting of his boyhood, the transformation must have been startling and horrifying indeed. It was of course an adventure.'
71 'Y Profiad o Ryfel', 77–8.
72 O blith lluoedd y Cynghreiriaid, lladdwyd oddeutu saith mil yn ymgyrch Anzio ac anafwyd neu golli 36,000 yn ystod yr ymladd; gw. 'Anzio', yn I. C. B. Dear a M. R. D. Foot (gol.), *The Oxford Companion to the Second World War* (Rhydychen, 1995), 45–6.
73 'Gwŷs i'r Gad', yn Non Indeg Evans, 392.
74 'Gwŷs i'r Gad', yn Non Indeg Evans, 392–3.
75 *The Truth of Poetry* (Llundain, 1969), 174–5.

76 'Yma'n y Meysydd Tawel', *Cerddi 1934–1942* (Llundain, 1944), 22.
77 'Alun Llywelyn-Williams', *Artists in Wales 2*, 173–4.
78 Fel yn achos amryw gerddi eraill yn yr un gyfrol, rhif Rhufeinig a roddwyd yn deitl ar y gerdd hon yn *Cerddi 1934–1942*; dilynir felly deitlau *Y Golau yn y Gwyll* (Dinbych, 1979).
79 Defnyddir cyfeiriadau tebyg mewn cerddi eraill o'r un gyfrol: gw. 'ffeuau'r blaidd' a 'sang y bwystfil' yn 'Y Byd a'n Blina' (*C*: 25) a 'megis cyn dyfod udo'r blaidd i'r tir' yn 'Pan Rodiwn Eto'n Rhydd' (*C*: 29).
80 'Ar Gyfeiliorn', *Ysgubau'r Awen* (Llandysul, 1939), 28.
81 Gw. Martin Gilbert, *The Holocaust: The Jewish Tragedy* (Llundain, 1986; arg. 1987), 69–75. Ymatebir i'r digwyddiad yng ngherdd Dewi Stephen Jones, 'Y Noson o Risial', *GLl*, 147–8.
82 'Holi: Alun Llywelyn-Williams', *Mabon*, 4 (1971), 17–18.
83 Piers Brendon, *The Dark Valley: A Panorama of the 1930s* (Llundain, 2000), 534.
84 *GDd*, 158. Dywed ymhellach yn *Artists in Wales 2*, 173: 'The triumphant forward march of fascism in Europe and the criminal ineptitude of government in Britain and France . . . I was not a pacifist, but it was impossible to regard with enthusiasm the prospect of having to fight fascism in defence of a corrupt social order in which I could not acquiesce and in a struggle which could only lead to the total devastation of all the protagonists.'
85 Wrth iddo gyfeirio yn *GDd*, 159, at ymosodiad Hitler ar Wlad Pwyl ym Medi 1939, soniodd Alun Llywelyn-Williams amdano ef ac Alis, ei wraig, yn dychwelyd i Gaerdydd: ''roeddem yn synnu braidd fod y lle yn union yr un fath ag arfer, yn gwbl ddianaf, a bywyd yn mynd yn ei flaen fel petai dim wedi digwydd.'
86 *GDd*, 160.
87 'Holi: Alun Llywelyn-Williams', *Mabon*, 18.
88 Gw. Edward Mandelson (gol.), *The English Auden: Poems, Essays and Dramatic Writings 1927–1939* (Llundain, 1977), 245.
89 'Holi: Alun Llywelyn-Williams', *Mabon*, 17.
90 *Ynys yr Hud a Chaneuon Eraill* (Caerdydd, 1923; arg. Llandysul, 1963), 44–5.
91 W. J. Gruffydd, '1914–1918: Yr Ieuainc wrth yr Hen', 44.
92 Piers Brendon, *The Dark Valley*, xvi.
93 'Extracts from the Diary of Captain Wilm Hosenfeld', yn Wladyslaw Szpilman, *The Pianist* (1946; arg. mewn cyfieithiad, Llundain, 2000), 200. Ar yr hunangofiant Pwyleg hwn y seiliodd y cyfarwyddwr Roman Polanski ei ffilm lwyddiannus, *The Pianist*, yn 2002; gw. *www.thepianist-themovie.com*.
94 'Nodiadau'r Golygydd', *TN*, 10 (Tachwedd 1937), 3. Acronym yw *Nazi* am N*Ati*onalso*ZI*alist, yr enw cyntaf yn nheitl swyddogol plaid Hitler a ffurfiwyd yn 1919.
95 Fe'i rhifwyd yn gerdd 'XXVI' a rhoi'r teitl 'Er Cof' iddi; ailgyhoeddwyd dan yr enw 'Cofio Cyfaill' yn *GG*. Cyhoeddwyd cerdd goffa arall i'r un cyfaill, 'XIII: Er Cof', yn *C*, 21, yr unig un o gerddi'r gyfrol gyntaf na chynhwyswyd mohoni'n ddiweddarach yng nghasgliad 1979.
96 'September 1, 1939', 246. Gw. 'Holi: Alun Llywelyn-Williams', *Mabon*, 19: 'Mae'n arswyd o beth fod pobl yn ei chael hi'n beth mor anodd i sefydlu perthynas gariadus a chyflawn â'u cyd-ddynion. "Rhaid inni garu'n gilydd neu farw" medd rhywun – Auden, 'rwy'n credu, – gan ail-ddatgan hen

wirionedd.' Dyma'r union eiriau a barodd i Auden ddiarddel y gerdd ac ni chynhwyswyd hi gan Edward Mandelson, ei ysgutor llenyddol, yn *W. H. Auden: Collected Poems* (Llundain, 1976): fel yr eglurodd yn y gyfrol honno, 11, 'This edition includes all the poems that W. H. Auden wished to preserve.' Yng ngeiriau John Fuller yn *A Reader's Guide to W. H. Auden* (Llundain, 1970), 260, mae'n ddigon posib mai hwn oedd 'Auden's most notorious revision', a dyfynnir ganddo sylwadau'r bardd ei hun o'r rhagair i B. C. Bloomfield, *W. H. Auden: A Bibliography* (Charlottesville, Va., 1964), viii: 'Rereading a poem of mine, *1st September, 1939*, after it had been published, I came to the line "We must love one another or die" and said to myself: "That's a damned lie! We must die anyway." So, in the next edition, I altered it to "We must love one another and die". This didn't seem to do either, so I cut the stanza. Still no good. The whole poem, I realized, was infected with an incurable dishonesty – and must be scrapped.'

[97] Gw. *Cerddi* (1931; arg. Llandysul, 1975), 18–19. Roedd gan Alun Llywelyn-Williams gryn feddwl o Parry-Williams fel bardd: 'Edmygwn waith T. H. Parry-Williams yn fawr,' meddai yn *GDd*, 157, a phan holwyd ef yn 'Sgwrs rhwng Alun Llywelyn-Williams a Bedwyr Lewis Jones', 125, pa lenorion Cymraeg oedd agosaf at ei anian, Parry-Williams ac R. T. Jenkins oedd y ddau a enwodd. Gw. hefyd ei ysgrif, 'Bardd y Rhigymau a'r Sonedau', yn Idris Foster (gol.), *Cyfrol Deyrnged Syr Thomas Parry-Williams* (Llandysul, 1967), 26–41.

[98] *GDd*, 158.

[99] '1946, pan oedd y Weinyddiaeth Ryfel yn bygwth mynd â'r ardal' yw'r nodyn ar ddiwedd *Dail Pren* (Llandysul, 1956), 119.

[100] 'Holi: Alun Llywelyn-Williams', *Mabon*, 20.

[101] Gw. 'Atodiad 4' yn Non Indeg Evans, 396–7, sy'n rhestru dyddiadau cyfansoddi cerddi *Pont y Caniedydd* ar sail tystiolaeth mewn llawysgrif ym meddiant Mrs Alis Llywelyn-Williams.

[102] *The Thirties: 1930–1940 in Great Britain* (Llundain, 1940; arg. 1989), 129–81.

[103] *The Auden Generation: Literature and Politics in England in the 1930s* (Llundain, 1976), 393.

[104] Adolygiad ar *Out of Battle*, 102.

[105] Adolygiad ar *Out of Battle*, 102.

[106] Adolygiad ar *Out of Battle*, 103.

[107] 'Y Blotyn Du', yn Alan Llwyd (gol.), *Cerddi'r Bugail* (1918; arg. Caerdydd, 1994), 4.

[108] 'Rhyfel', *Cerddi'r Bugail*, 1.

[109] Gw. Alan Llwyd ac Elwyn Edwards (gol.), *Gwaedd y Bechgyn: Blodeugerdd Barddas o Gerddi'r Rhyfel Mawr 1914–1918* (Llandybïe, 1989) a *GLl*.

[110] Awdl II, yn Ifor Williams (gol.), *Canu Taliesin* (Caerdydd, 1960), 2.

[111] Gw. ymdriniaeth Greg Hill â defnydd Alun Llywelyn-Williams o gyfeiriadau llenyddol at ein barddoniaeth fore yn 'A Oes Golau yn y Gwyll? Alun Llywelyn-Williams ac Alun Lewis', yn M. Wynn Thomas (gol.), *DiFfinio Dwy Lenyddiaeth Cymru* (Caerdydd, 1995), 120–44.

[112] 'Sgwrs ag Alun Llywelyn-Williams', *Llais Llyfrau* (Gaeaf 1986), 6. Ar sail y disgrifiad hwn yr honnodd Gwyn Thomas yn *Alun Llywelyn-Williams* (Caernarfon, 1987), 36, mai 'Hynny'n ddiau sydd ar ddechrau "Y Gwrth-Gyrch"'. Fel y dywed Non Indeg Evans, 178: 'Yno [yn Aberhonddu] roedd ganddo

gyfrifoldeb am hyfforddi milwyr oedd newydd ymrestru – ar y maes tanio, mewn ffug-frwydrau, yn cloddio ffosydd a chlirio tir. Disgrifiad naratif o un o'r ffug-gyrchoedd hyn yw "Y Gwrth-Gyrch".'

[113] 'Preface', yn C. Day Lewis (gol.), *The Collected Poems of Wilfred Owen* (1920; arg. Llundain 1963), 31.

[114] Ar sail yr wybodaeth yn Non Indeg Evans, 'Atodiad 4', 396–7, cyfansoddwyd 'Ar Rod yr Oriau Buain', 'Y Gwrth-Gyrch', 'Nadolig Cyntaf Heddwch' ac 'Wedi'r Drin' rhwng Ebrill 1943 a Chwefror 1946; rhwng Mawrth 1945 a 1953 y cyfansoddwyd 'Mewn Brwydr Nos'; ac ym Mawrth 1945 y cyfansoddwyd 'Yn yr Ysbyty', cerdd a gyhoeddwyd yn *Y Tyst* (12 Ebrill 1945) ond na chynhwyswyd mohoni ymhlith cerddi rhyfel *PC* hyd nes y cyhoeddwyd *GG*. Y pum cerdd a gyfansoddwyd rhwng 1949 a Medi 1954 yw'r dilyniant o dair, 'Ym Merlin – Awst 1945', yn ogystal ag 'Ar Ymweliad' a 'Baled y Drychiolaethau'.

[115] Llythyr a anfonwyd at Alis Llywelyn-Williams, 24 Gorffennaf 1945, ac y dyfynnwyd ohono yn Non Indeg Evans, 185.

[116] Non Indeg Evans, 85.

[117] Non Indeg Evans, 85–6.

[118] 'Bardd y Mis: Alun Llywelyn-Williams', *Barddas*, 51 (Ebrill 1981), 1.

[119] 'Sgwrs ag Alun Llywelyn-Williams', *Llais Llyfrau*, 6.

[120] Rhoddir marc cwestiwn wrth flwyddyn cyfansoddi 'Lehrte Bahnhof' a 'Theater des Westens' yn Non Indeg Evans, 'Atodiad 4', 396.

[121] 'Sgwrs ag Alun Llywelyn-Williams', 6.

[122] 'Yr Ail Rwyg' (9 Tachwedd 1952); dyfynnwyd yn Non Indeg Evans, 192.

[123] Llythyr ym meddiant Alis Llywelyn-Williams, dyddiedig 21 Medi 1945, y dyfynnir ohono yn Non Indeg Evans, 176.

[124] Gw. 'Diffaith Aelwyd Rheged': 'Yr aelwyt honn, neus cud kallawdyr llwyt', yn Ifor Williams (gol.), *Canu Llywarch Hen* (Caerdydd, 1935), 18.

[125] Gw. 'Gwên ap Llywarch a'i Dad': 'Llem awel', *Canu Llywarch Hen*, 1.

[126] *Symud y Lliwiau* (Dinbych, 1981), 48.

[127] 'Letter from Berlin', yn Mordecai Richler (gol.), *Writers on World War II: An Anthology* (Efrog Newydd, 1991), 681. Yn 'Arian y Carchar (Catiau Sigarets)', *Llygad y Drws* (Aberystwyth, 1940), 72, disgrifia T. E. Nicholas yntau sigaréts fel ei '[a]rian bathol' ef a'i gyd-garcharorion: 'Yma ni chyfrif y sidanau meddal, / Na'r aur na'r perlau, enw da na chlod; / Pobun o fore hyd hwyr yn chwilio'n ddyfal / A chatiau sigarets yw'r uchel nod.' Gw. hefyd Paul Fussell, *Wartime: Understanding and Behavior in the Second World War* (Efrog Newydd a Rhydychen, 1989), 144–5: 'The whole matter of cigarettes in wartime deserves more attention than it can be given here. Let it suffice to note that anyone in the services who did not smoke cigarettes was looked on as a freak . . . Cigarettes were absolutely indispensable to high morale and thus were issued freely, enclosed in field rations, passed out by visitors to the troops, awarded as prizes in sharpshooting matches.'

[128] 'Rhagymadrodd', *Canu Llywarch Hen*, lxix.

[129] Yn ei astudiaeth ddiweddar, *Berlin: The Downfall 1945* (2002; arg. Llundain 2003), 232, dywed Antony Beevor: 'It was also perhaps no coincidence that just inside Zehlendorf lay Dahlem, where the Kaiser Wilhelm Institute had its nuclear research facilities.'

[130] Gw. 'Gwên ap Llywarch a'i Dad': 'Armaaf y wylyaw ryt', *Canu Llywarch Hen*, 1.
[131] Paratowyd golygiad o 'Gwŷs i'r Gad' gan Non Indeg Evans, 'Atodiad 3', 394.
[132] Cynhwyswyd yn Brian Gardner (gol.), *The Terrible Rain: The War Poets 1939–1945* (Llundain, 1966), 36–7.
[133] Sylwadau mewn llythyr a anfonodd Alun Llywelyn-Williams at ei rieni, 19 Awst 1945, ac sy bellach ym meddiant Alis Llywelyn-Williams; fe'i dyfynnwyd yn Non Indeg Evans, 191. Gw. hefyd Dyfnallt Morgan, 'Alun Llywelyn-Williams, 1913–1988', *Taliesin*, 63 (Gorffennaf 1988), 60: 'Cyrraedd Berlin ym 1945 ac ynghanol adfeilion y ddinas honno yr un theatr fach yn dal yn gymharol ddianaf. Yno am y tro cyntaf erioed gwelodd berfformiad o opera Beethoven, *Fidelio*. Yr oedd hyn, meddai, yn un o brofiadau mawr ei fywyd – canfod celfyddyd gain wedi atgyfodi ac yn dal i rymuso bywyd.'
[134] Gw. Rachel Bromwich a D. Simon Evans (gol.), *Culhwch ac Olwen* (Caerdydd, 1988), 18.
[135] Yn Ail Frwydr Cambrai a ymladdwyd rhwng 26 Medi a 5 Hydref 1918, torrodd y lluoedd Prydeinig drwy Linell Hindenburg yr Almaen a chipio'r dref ar 5 Hydref.
[136] Rhwng 1931 a 1960, bu Cynan yn diwtor ac yna'n diwtor-staff dan Adran Efrydiau Allanol, Coleg y Brifysgol, Bangor, yr adran y bu Alun Llywelyn-Williams yn gyfarwyddwr arni rhwng 1948 a 1979. Ceir llun o'r ddau a dynnwyd yng nghinio blynyddol Dosbarth Edern yn 1956: rhif 78 yn Ifor Rees (gol.), *Bro a Bywyd Syr Cynan Evans-Jones 1895–1970* (Caerdydd, 1982), 77. Trafodir cerddi Cynan gan Alun Llywelyn-Williams yn 'The Poetry of Cynan', *Poetry Wales*, 9/1 (Haf 1973), 5–13, ac 'Y Bardd', rhifyn coffa Cynan o *Llwyfan*, 5 (1971), 12–14. Disgrifia 'Monastîr' yn 'The Poetry of Cynan', 12, fel 'Perhaps the most complex expression of Cynan's disillusion and of his romantic bohemianism', ac awgryma yn 'Y Bardd', 14, mai 'yn y gerdd hon yr ymglywn orau â gwir awen y bardd'; gwerthfawrogiad o fath arall yw'r gerdd gyfeiriadol 'Bítola (Nodyn i Cynan)', *GG*, 74, a sgrifennodd Alun Llywelyn-Williams ar ôl iddo ymweld â'r dref Serbiaidd dan ei henw diwygiedig.
[137] 'Cambrai, 1918', *Telyn y Nos* (Caerdydd, 1921), 44.
[138] Cyfeirir yn Non Indeg Evans, 189–90, at lythyr a anfonodd Alun Llywelyn-Williams, 31 Ionawr 1945, at ei rieni yn canu clodydd Brwsel, dinas y treuliodd ddeuddydd o seibiant ynddi; cadarnheir mai 'Dinas Brwsel, Belgiwm, gaeaf 1944–45' yw cefndir 'Baled y Drychiolaethau' yn *PC*, 71.
[139] 'Mab y Bwthyn', *Telyn y Nos*, 20.
[140] Geraint Vaughan Jones, *Y Ffoaduriaid* (Abertawe, 1979), 13.
[141] Adolygiad ar *Out of Battle*, 105.
[142] *The Art of Fiction* (Harmondsworth, 1992), 147.
[143] 'Sgwrs rhwng Alun Llywelyn-Williams a Bedwyr Lewis Jones', 124.
[144] Alun Llywelyn-Williams, 'An Die Musik', *Cerddoriaeth Cymru*, 6/1 (Gwanwyn 1979), 30–3. Dadlenna'r teitl lawer am agwedd yr awdur at gelfyddyd: cyfeiriad yw at 'I Fiwsig', cerdd Franz von Schober a osodwyd i gerddoriaeth gan Schubert yn ei *lied* enwog. Gw. cyfieithiad John Stoddart, yn John Stoddart a Dyfnallt Morgan, *Y Gân yn ei Gogoniant: Trosiadau o Lieder*

Almaeneg (Dinbych, 1989), 46: 'Gelfyddyd fwyn, mor aml ymysg gofalon / fy mywyd llwyd a'm hafreolus fryd, / â chariad pur y llenwaist ti fy nghalon / a'm dwyn yn serchlon i ddedwyddach byd. // Ac aml ochenaid 'dry, gan rin dy dannau, / yn ddwyfol gytgord ar dy delyn di, / gan agor pyrth y nefoedd wen i minnau, / gelfyddyd fwyn, yn daer diolchaf fi.'

[145] 'An Die Musik', 30.
[146] 'An Die Musik', 31.
[147] 'An Die Musik', 30.
[148] *Canu Llywarch Hen*, 26; gw. hefyd y nodyn ar dud. 173.
[149] *Canu Llywarch Hen*, 10.
[150] Gw. Ifor Williams, 'Tynged a Thraha', yn ei ragymadrodd i *Canu Llywarch Hen*, lxvi-lxix. Gw. hefyd drafodaeth Dafydd Glyn Jones, 'Dedwydd a Diriaid', *Efrydiau Athronyddol*, 61 (1998), 65–85.
[151] *Canu Llywarch Hen*, 35.
[152] Waldo Williams, 'Preseli', *Dail Pren*, 30.
[153] Gw. Bedwyr Lewis Jones, 'Gwynt o'r Hen Bengwern', *Yn Ei Elfen* (Llanrwst, 1992), 112.
[154] Gw. trafodaeth R. M. Jones ar y ffigur yn 'Tŷ Waldo', *Llenyddiaeth Gymraeg 1936–1972* (Llandybïe, 1975), 37–41, a hefyd yr hyn a ddywed John Gwilym Jones, yn '"Cwmwl Haf"', *Swyddogaeth Beirniadaeth* (Dinbych, 1977), 152: 'Y mae "tŷ" yn symbol weithredol yng ngwaith Waldo.' Cofier, serch hynny, am yr hyn a ddywedodd John Rowlands, yn 'Ystyried *Dail Pren*', *YB IV* (Dinbych, 1969), 284, a hynny ar sail awgrym Hugh Bevan, yn 'Barddoniaeth y Cae Agored', yn Robert Rhys (gol.) *Cyfres y Meistri (2): Waldo Williams* (Abertawe, 1981), 257, am bwyslais Waldo ar ddelwedd y tŷ: 'nid yr un peth yw hyn â pherchentyaeth beirdd yr Oesoedd Canol: mae tŷ Waldo Williams yn cynnwys cenedl a byd.'
[155] 'Cwmwl Haf', *Dail Pren*, 48.
[156] 'Pa Beth yw Dyn?', 67.
[157] 'Yn y Tŷ', 55.
[158] 'Barddoniaeth Alun Llywelyn-Williams', *Y Grefft o Greu* (Llandybïe, 1997), 197.
[159] 'Dafydd Nanmor', yn R. Geraint Gruffydd (gol.), *Meistri'r Canrifoedd* (Caerdydd, 1973), 86.
[160] Yn y 'Casgliad o Gerddi', *GG*, cynhwyswyd 91 cerdd, a thystia 'Atodiad 4' yn Non Indeg Evans, 397, fod pedair ar ddeg ohonynt wedi'u cyfansoddi yn ystod 1954.
[161] Gw. 'Marwnat Owein', *Canu Taliesin*, (Caerdydd, 1960), 12.
[162] Gw. 'Pwyll Pendeuic Dyuet', yn Ifor Williams (gol.), *Pedeir Keinc y Mabinogi* (Caerdydd, 1930), 12.
[163] 'Alun Llywelyn-Williams, 1913–1988', *Taliesin*, 63 (Gorffennaf 1988), 60. Diddorol yw nodi'r hyn a fynegodd Dyfnallt Morgan, cyfaill a chydweithiwr i Alun Llywelyn-Williams, mewn rhaglen deyrnged a baratôdd ym Medi 1988, 'Cofio Alun Llywelyn-Williams', y cynhwyswyd adysgrif ohoni yn Tomos Morgan (gol.), *Rhywbeth i'w Ddweud: Detholiad o Waith Dyfnallt Morgan* (Llandysul, 2003), 221–2: 'Yn hyn o beth yr oedd Alun yn nhraddodiad Matthew Arnold, bardd-addysgwr arall a gredai yn rhinwedd gwareiddiol y dyniaethau, gan gynnwys y celfyddydau cain; fod grym iachusol y celfyddydau cain fel balm i'r enaid. Os caf gynnig ymateb

personol i hyn, rwyf o'r farn fod hanes Ewrop yn yr ugeinfed ganrif wedi dangos ffalster y syniad. Allan o ganol gwareiddiad a roddai fri ar y celfyddydau cain, yn Sbaen, yn yr Eidal, yn yr Almaen, y cododd ffieidd-dod totalitariaeth. Clywsom am oruchwylwyr gwersylloedd-difa-bywyd yn yr Almaen yn cyrraedd adref wedi diwrnod o fwtsiera i fwynhau noson ar eu haelwydydd clyd yn darllen Goethe, yn colli dagrau dros gerddi Rilke, yn meddwi ar fiwsig Schubert. Cyfarfûm â theuluoedd o'r fath yn Awstria yn union wedi i'r rhyfel ddod i ben. Mae'n bosib bod Annibynnwr bach fel fi yn fwy o Galfin na'r bardd Fethodist. Ond ni allaf yn fy myw ymgysuro yng nghreadigrwydd dyn. Yr ochor arall i'r un geiniog yw ei allu a'i dueddfryd i ddinistrio. Fel y llenor Iddewig, George Steiner, ni allaf feddwl am ffordd ymwared i ddyn allan o'i gyflwr truenus ond mewn termau trosgynnol.'

[164] Gw. 'An Die Musik', 30–3.
[165] Gw. Non Indeg Evans, 390.
[166] Gw. Non Indeg Evans, 392. Cynhwysa'r un llythyr y cwestiynau hyn: 'A gofiwch chi'r nosweithiau hynny yn Rhiwbina? A'r canu, a'r rhyfel "annaturiol"?' Gwnaeth Alun Llywelyn-Williams ddefnydd creadigol o'r atgof yn 'Y Wers ar y Piano' (*PC*: 16) yn 1953, cerdd y trafodir ei chefndir yn 'Sgwrs ag Alun Llywelyn-Williams', *Llais Llyfrau*, 6, lle y cyfeiria at ei gyfaill fel 'chwaraewr piano gwych'. Roedd Wynford Vaughan Thomas yn fab i'r cerddor David Vaughan Thomas y neilltuwyd rhifyn olaf ond un *TN*, 16 (Mehefin 1939), i drafod ei waith.
[167] 'Pŵer y Gerdd', *Cerddi* (1958); ailgyhoeddwyd yn *Detholion* (Llandysul, 1984), 12. Adolygwyd *PC* gan Euros Bowen yn *Lleufer*, 13/1 (Gwanwyn 1957), 29–30, ac fe'i dilynwyd yn syth gan adolygiad Alun Llywelyn-Williams ar *Dail Pren*, 30–2. Ailgyhoeddwyd yr adolygiad ar *Dail Pren* yn *CMWW*, 230–4.
[168] Alun Llywelyn-Williams, 'Diwedd y Byd', erthygl a ymddangosodd gyntaf yn *Y Traethodydd* yn 1954 ac a ailgyhoeddwyd yn *Nes Na'r Hanesydd?*, 150.
[169] Dyfnallt Morgan, 60.
[170] 'Yr Ail Rwyg', darllediad radio (9 Tachwedd 1952), a ddyfynnir yn Non Indeg Evans, 183.
[171] 'Deng Mlynedd i Heddiw', rhaglen radio a ddarlledwyd ar 8 Mai 1955, deng mlynedd ar ôl i'r rhyfel yn Ewrop ddod i ben; dyfynnwyd yn Non Indeg Evans, 177.
[172] Alun Llywelyn-Williams, 'Gwaith ac Adwaith: Rhai Sylwadau ar Farddoniaeth Gyfoes Cymru', *TN*, 8 (Mai 1937), 23: 'Perthyn Mr Jones, fel disgybl i Mr Saunders Lewis, i'r traddodiad clasurol, uniongred . . . cysylltwyd clasuraeth ar hyd y canrifoedd â cheidwadaeth ac adwaith â gormes ac annioddefgarwch. Dyna'n union berygl Mr Jones.'
[173] Gw. Gerwyn Wiliams, *Y Rhwyg: Arolwg o Farddoniaeth Gymraeg ynghylch y Rhyfel Byd Cyntaf* (Llandysul, 1993), 233.
[174] Gw. T. Gwynn Jones, *Y Dwymyn* (1944; arg. Caerdydd, 1972), 19–36.
[175] Adolygiad ar *Out of Battle*, 104–5: '*In Parenthesis* . . . is in my view the only poetic masterpiece to emerge from the war . . . puts one in mind immediately of Eliot, and Joyce and Yeats. As a creative artist, it is surely at their level that we should consider David Jones in the twentieth century, not only for his characteristically modern use of language and for his making of new literary

forms, but for the depth of his insight and his illuminating sense of history in our distracted age.'
[176] Greg Hill, 'A Oes Golau yn y Gwyll?', 135.
[177] 'Cerddi Alun Llywelyn-Williams', *Y Llenor*, xxviii (Gwanwyn 1949), 16.
[178] 'The Poetry of Alun Llywelyn-Williams', *Poetry Wales*, 7/1 (Haf 1971), 14.
[179] Non Indeg Evans, 131.
[180] 'Sgwrs rhwng Alun Llywelyn-Williams a Bedwyr Lewis Jones', 123.
[181] Er dweud yn 'Alun Llywelyn-Williams', *Artists in Wales 2*, 172, 'The only possible solution lay in a socialist revolution', cyfeddyf yn *GDd*, 98, mai 'amrwd iawn oedd fy syniadau sosialaidd i a rhai o'm cyfeillion'.
[182] Gw. *Alun Llywelyn-Williams* (Caerdydd, 1991), 14.
[183] *GDd*, 98–9.
[184] Llythyr, dyddiedig 27 Mawrth 1938, ym meddiant Alis Llywelyn-Williams; dyfynnwyd yn Non Indeg Evans, 166.
[185] Gw. R. Williams Parry, *Cerddi'r Gaeaf* (Dinbych, 1952), 50, 63 a 76.
[186] Gw. Bedwyr Lewis Jones, yn Gwyn Thomas (gol.), *R. Williams Parry* (Caerdydd, 1997), 135–6: datgelir bod Williams Parry a'i wraig yn poeni y gallai Coleg Bangor ei ddiswyddo am ymosod ar gydweithwyr yn y soned gignoeth ac iddo ymgynghori ynglŷn â'i chyhoeddi â'i gefndryd, T. H. Parry-Williams a Thomas Parry, yn ogystal â G. J. Williams.
[187] Gw. *Artists in Wales 2*, 173: 'Some of the poems [C] . . . were poems of social protest.'
[188] 'Nodiadau'r Golygydd', *TN*, 3 (Gaeaf 1935), 3.
[189] Gw. R. Williams Parry, 'Propaganda'r Prydydd', soned a gyfansoddwyd yn 1938, *Cerddi'r Gaeaf*, 68. Gw. hefyd Aneirin Talfan Davies, 'Y Bardd a Phropaganda', yn Alan Llwyd (gol.), *Cyfres y Meistri (1): R. Williams Parry* (Abertawe, 1979), 309–10, a W. H. Reese ac Aneirin ap Talfan, 'Rhagair', *Y Ddau Lais* (Llundain, 1937), v: 'Eric Gill, ni gredwn, biau'r wireb *"All art is propaganda"*, ac nid amhriodol, ond odid, wrth gyhoeddi llyfr o farddoniaeth fodern, ydyw pwysleisio'r ffaith.' Yn 'Yr Adwaith' yn yr un gyfrol, xvii, dywedir 'Nid rhyfel fel y cyfryw ydyw testun y deffro yng Nghymru, ond y rheidrwydd o wynebu ein problemau politicaidd ac economaidd. Mewn gwirionedd, rhyfel dosbarth a blaenffrwyth y cynnyrch ydyw caneuon T. E. Nicholas, Gwilym R. Jones, Alun Llywelyn-Williams ac eraill.'
[190] 'Propaganda'r Prydydd', 68.
[191] *GDd*, 150.
[192] 'Diwedd y Byd', 149–50.
[193] Gw., e.e., ei sylwadau yn yr ysgrif yn *Artists in Wales 2*, 174: 'Ideologies, and political systems, even forms of religion, are propitiatory ephemeral supports in the face of forces that transcend time and space, but poetry though it can't attempt any solutions to the eternal paradox of human life can at least celebrate its mystery and its magic and articulate our occasional glimpses of universal truth.' A hefyd 177–80: 'I don't believe now that offering solutions is the poet's job. Rather his task is to explore the human mortal condition and to wonder at it, to affirm his values and perhaps to warn.'
[194] *GDd*, 150.
[195] 'Y Bardd a'i Gyfrwng', sgwrs radio gyda J. E. Caerwyn Williams a ddarlledwyd 6 Ionawr 1953; dyfynnwyd yn Non Indeg Evans, 237.

[196] 'Alun', *Barn*, 23.
[197] *Alun Llywelyn-Williams*, 69–70.
[198] Elwyn Evans, 'Cofio Alun Llywelyn-Williams', *Barn*, 44. Gw. hefyd sylw Alun Llywelyn-Williams ei hun yn 'Bardd y Mis: Alun Llywelyn-Williams', 2: "rwy'n cofio y byddai Waldo yn ymgroesi rhag i neb gamddeall rhai o'i gerddi ef ac aeth i gryn drafferth i egluro'n fanwl beth yn union oedd ei fwriad yn y gerdd "Mewn Dau Gae". Byddwn innau'n ystyried unrhyw gerdd o'm heiddo lle nad yw'r gwir y ceisiais ei draethu ynddi yn eglur i'r darllenydd ystyriol, yn fethiant.' Yr ysgrif y cyfeirir ati yw 'Eglurhad ar "Mewn Dau Gae" (1958)', yn Damian Walford Davies (gol.), *Waldo Williams: Rhyddiaith* (Caerdydd, 2001), 87–9.
[199] 'Waldo', *CMWW*, 285.
[200] George Steiner, 'The Hollow Miracle', *Language and Silence: Essays 1958–1966* (Llundain, 1967), 122–3.
[201] *Alun Llywelyn-Williams*, 27.
[202] Gwilym R. Jones, 'Llwy Aur Crefftwriaeth', adolygiad ar *GG*, *Taliesin*, 40 (Gorffennaf 1980), 89.
[203] Bobi Jones, 'Gwahaniaeth Mewnol', adolygiad ar *Internal Difference* gan M. Wynn Thomas, *Taliesin*, 80 (Ionawr/Chwefror 1993), 88.
[204] Paul Fussell, *Wartime*, 135.
[205] Gw., e.e., Lowri Dafydd, 'Alun Llywelyn-Williams (1913–1988)', yn Robert Rhys (gol.), *Y Patrwm Amryliw (Cyfrol 1)* (Llandybïe, 1997), 225, lle y dywedir am C mai 'Digwyddiadau a thensiynau mewnol yn hytrach na disgrifiadau allanol a nodweddai'r cerddi, ac mae'n bosibl mai'r pwyslais yma sy'n esbonio'r feirniadaeth arnynt eu bod yn brin o ffyrnigrwydd.'
[206] Gw. adolygiad John Rowlands ar Gwyn Thomas, *Alun Llywelyn-Williams*, *Llais Llyfrau* (Gwanwyn 1989), 14: 'Wrth ailddarllen ei gerddi am ddiweithdra a rhyfel, ni allwn beidio â dod i'r casgliad mai eu cymedroldeb – o ran arddull a syniadau – sy'n gyfrifol am eu methiant cymharol.' Gw. hefyd sylw Dafydd Glyn Jones yn ei adolygiad ar *Nes Na'r Hanesydd?*, *Mabon*, 1/1 (Gwanwyn 1969), 59: 'mae'r gyfrol hon hithau'n cyfranogi o'r un cymedroldeb sy'n treiddio drwy ein bywyd a'n llenyddiaeth.'
[207] 'Bardd y Rhigymau a'r Sonedau', 36.
[208] 'A Oes Golau yn y Gwyll?', 126–7.
[209] 'Eironi', *Geiriadur Prifysgol Cymru: Cyfrol 1* (Caerdydd, 1950–67), 1198.
[210] Gw. 'The Poetry of Alun Llywelyn-Williams', 14: 'Amid the company of modern Welsh poets, Alun Llywelyn-Williams belongs to the small minority who have never said a word in jest . . . he is grave, in a quiet, collected and exceptionally single-minded way.' Wrth drafod 'Taith yng Ngroeg' (*GG*, 75), awgrymodd Gwyn Thomas rywbeth tebyg yn *Alun Llywelyn-Williams*, 51: 'priodol yw nodi fod yr hiwmor a geir yma yn nodwedd o gymeriad Alun Llywelyn-Williams nad yw'n ymddangos yn aml yn ei gerddi.' Ac ar yr un perwyl, dywed Wynford Vaughan Thomas yn 'Alun', 23, 'mai un o'r pethau a dynnodd y ddau ohonom at ein gilydd oedd ein mwynhad o'r un fath o hiwmor, yr un ymhyfrydu yn yr hyn sy'n felys-abswrd'.
[211] 'Holi: Alun Llywelyn-Williams', 21. Ymddengys fod Elwyn Evans yn methu pan ddywed yn *Alun Llywelyn-Williams*, 82, 'he liked few things more than putting words on paper'.

212 'Sgwrs rhwng Alun Llywelyn-Williams a Bedwyr Lewis Jones', 120.
213 'Four Quartets', *The Complete Poems of T. S. Eliot* (Llundain, 1969), 179.
214 'Four Quartets', 194.

3

'Bardd y Byd Sydd Ohoni':
Barddoniaeth 1940–1960

Dyfarniad ysgubol oedd un D. Tecwyn Lloyd, mor fuan â 1948, 'mai un o'r pethau mwyaf trawiadol y bydd yr hanesydd llenyddiaeth yn ei gofnodi am hanner cyntaf y ganrif hon yw'r ffaith mai ychydig, os dim, gwir farddoniaeth a gynhyrchwyd yn ystod rhyfel 1939–45. Ni sgrifennwyd dim o bwys mewn na Chymraeg na Saesneg; dim o leiaf y gellid ei alw'n farddoniaeth "ryfel"'.[1] A chyfyngu'r diffiniad o 'farddoniaeth ryfel' i gynnyrch y bardd-filwr, meddylier yn unig am 'y ddau Alun'![2] Ac o fynd ati i ledu'r diffiniad er mwyn cynnwys cerddi caplan fel R. Meirion Roberts, sifiliad a charcharor gwleidyddol fel T. E. Nicholas, a heddychwr fel Waldo Williams, yna fe welir mor bell o'r gwir yw'r honiad. Roedd beirdd yr oes yn ymgodymu o ddifri â'r rhyfel a themâu cysylltiedig. O'r herwydd, nes at y gwir oedd sylwadau Gwenallt wrth gloriannu'r cerddi a anfonwyd i gystadleuaeth y Gadair ar y testun 'Rhyfel' yn Eisteddfod Genedlaethol Aberteifi yn 1942:

> Prif ddiffyg yr awdlau hyn yw eu bod yn disgrifio Rhyfel yn ein canrif ni yn iaith y bedwaredd ganrif ar bymtheg . . . Ni syllodd y beirdd hyn ar Ryfel eu canrif fel y sylwai'r hen feirdd ar ryfeloedd eu canrifoedd hwynt . . . Y mae ein Rhyfel ni bron mor agos ac mor fyw i'r beirdd hyn â'r hen ryfeloedd iddynt hwy; yn ddigon agos i ddeffro dychymyg a chyffroi angerdd, ond nis gwnaeth yn y gystadleuaeth.[3]

Ddwy flynedd yn ddiweddarach wrth iddo feirniadu cerddi'r Goron yn Eisteddfod Genedlaethol Llandybïe, dyheai Waldo am gael gweld 'yr ysbryd gwrthrychol sydd yn ymsymud trwy'r farddoniaeth fodern yn cyffwrdd â'r pryddestwyr hyn'.[4] Fel y gwelwyd eisoes, nid un a ganai am ryfel drwy gyfrwng iaith ac idiom oes a fu mo Alun

Llywelyn-Williams ar unrhyw gyfri, ond pa mor gyfforddus fu rhai o'i gyfoeswyr wrth droedio ar dir newydd yr Ail Ryfel Byd?

Elwyn Evans

Ac yntau wedi'i eni yn 1912, roedd Elwyn Evans (1912–2004) yn gyfoeswr i Alun Llywelyn-Williams.[5] Roedd y ddau hefyd yn gydweithwyr ac yn gyfeillion yn y BBC yn y 1930au a dywedir yn *Gwanwyn yn y Ddinas* mai 'Braint fawr oedd cydweithio gydag Elwyn Evans a Geraint Dyfnallt Owen [yn Llundain], dau fachgen piwr a oedd yn gymdeithion delfrydol.'[6] Gwasanaethodd y tri chyfaill dramor yn ystod y rhyfel a chyhoeddwyd dyddiadur rhyfel Geraint Dyfnallt Owen, *Aeth Deugain Mlynedd Heibio*, yn 1985.[7] Treuliodd Elwyn Evans bedair blynedd yn y Dwyrain Canol ac wrth droi oddi wrth gerddi rhyfel Alun Llywelyn-Williams at ei rai ef, daw gwir ddimensiwn rhyngwladol yr Ail Ryfel Byd yn amlwg: os bardd y rhyfel yn Ewrop oedd y naill yna bardd y rhyfel yn y Dwyrain Canol yw'r llall. Ei gyfraniad pwysicaf fel bardd rhyfel oedd y bryddest 'O'r Dwyrain' a ddaeth yn ail agos i gerdd Euros Bowen am y Goron yn Eisteddfod Genedlaethol Pen-y-bont ar Ogwr yn 1948. Ceir cyfatebiaeth ddiddorol rhyngddi hefyd a chofnod rhyddiaith Alun Llywelyn-Williams o'i gyfnod fel milwr ar dir Prydain: ceisio rhoi trefn ar brofiadau'r blynyddoedd diweddar a wneir yn 'Gŵys i'r Gad' a hynny wrth hedfan draw i'r rhyfel ar y cyfandir; ceisio rhoi trefn ar ei brofiadau pedair blynedd ar dir estron a wneir yn 'O'r Dwyrain' a hynny o glydwch awyren wrth hedfan adref ar ddiwedd y rhyfel.

A'r bryddest wedi'i sgrifennu yn 1948, llai na thair blynedd ers i'r rhyfel ddod i ben, agosrwydd y profiadau y cyfeirir atynt yw'r argraff gyntaf sy'n taro dyn wrth ei darllen. Fe'i rhannwyd yn bedair adran a phrofiad yn y presennol yw'r un agoriadol, golygfa drwy ffenest awyren:[8]

> Odditanaf mae'r Dwyrain Agos
> Ar led fel un o garpedi Ispahân:
> Trefi bwaog a diog bentyrrau o dywod
> Ac afon a chaeau a phyramidiau a'r môr
> Yn cyd-flodeuo'n un patrwm perffaith,
> A chywrain fel y patrwm ar wal y mosc
> A gymhlethwyd o lythrennau'r adnod sancteiddiaf
> Yn y Sanctaidd Gorân. (*ALl*: 27)

O'r cychwyn cyntaf, dyma fardd sy'n mynnu edrych i fyw llygad profiad. Ni fyddai dyn wedi synnu, er enghraifft, petai wedi dal ar ei gyfle i baentio darlun du o'r gwareiddiad Moslemaidd: dyna ddull Cynan, er enghraifft, yng ngolygfa agoriadol 'Mab y Bwthyn' (1921)[9] o Lundain anfoesol y *Jazz Age* drannoeth y Rhyfel Byd Cyntaf, golygfa sy'n paratoi'r ffordd ar gyfer rhagor o dywyllwch a thrythyllwch yng ngweddill ei bryddest. Ac wedi'r cyfan, onid ymgorfforiad oedd y cyfandir yr oedd y traethydd yn ymadael ag ef o'r hyn a'i cadwodd oddi cartref a chyferbyniad llwyr i'w fagwraeth fore? At hynny, fel cystadleuydd eisteddfodol, onid oedd tri beirniad i'w plesio – Crwys a T. Eirug Davies yn weinidogion gyda'r Annibynwyr a Saunders Lewis yn Babydd? Mab y mans oedd yntau a'i dad, Wil Ifan, yn Archdderwydd ar y pryd: bron na ellir dychmygu penawdau'r papurau newydd yn cyfeirio at y tad yn coroni'r mab am bryddest a hyrwyddai achos Islam! Ond nid cerdd yn mynegi sentimentau derbyniol y byddai darllenwyr yn dymuno'u clywed mo 'O'r Dwyrain' ac nid bardd yn chwarae i'r galeri mo Elwyn Evans chwaith. Nid ar ennill pwyntiau yr oedd bryd ei hawdur: 'Teimlaf wrth ei darllen fod y bardd dan orfod i'w sgrifennu hi,' meddai Saunders Lewis, 'damwain yw ei fod yn cystadlu.'[10] Gonestrwydd yw un o nodau amgen 'O'r Dwyrain' a llun edmygus, dyrchafol yw'r un o Ddamascus ar ddechrau'r bryddest.

Daliwyd y traethydd yn llythrennol mewn limbo rhwng dau fyd: y mae'n 'hedeg i ddieithr wlad fy nhadau / Ac at yr un a fu'n fy aros cyd' (*ALl*: 27). Cymru sy bellach yn ddieithrwch iddo a Libya'n ail gartref. Unwaith eto mae'r fformiwla arferol yn cael ei gwyrdroi a cheir cip ar y gwir gymhlethach sy'n cuddio tu ôl i'r hafaliad syml a gyfystyrai Gymru â daioni a gwledydd tramor â drygioni. Dyna brofiad T. Llew Jones, er enghraifft, a aned yn 1915, dair blynedd yn unig ar ôl Elwyn Evans: cyfeiria yn ei hunangofiant at orfod 'ymuno â'r Lluoedd Arfog pan ddaeth fy nhro, a bu raid i mi wedyn dreulio pum mlynedd a hanner mwyaf anhapus fy mywyd mewn lifrai'.[11] Yn yr Aifft y treuliodd flwyddyn a hanner o'r cyfnod hwn ac ni ellir celu'r rhyddhad pan gyfeiria at ddychwelyd adref: 'Yn ôl dros y Môr Canoldir a Môr Iwerydd y dois i yn y diwedd ar ôl treulio tair blynedd a hanner anhapus ymhell o gartre. Ymhen hir a hwyr fe ddaeth diwedd y Rhyfel a ches i fy rhyddhau i ddychwelyd at fy nheulu a 'mhobol a chael cyfle i fyw'n naturiol unwaith 'to.'[12] Wrth reswm, yn 2002 y cyhoeddwyd yr hunangofiant hwn, ac fe allai'r argraff yn ei feddwl o'r rhyfel fod wedi ymsefydlu'n un gynyddol negyddol yn ystod yr hanner canrif a mwy a aeth heibio ers ei ddiwedd; hynny yw, gallai dehongliad y cynfilwr o'i brofiadau fod yn fwy cymysg ac amrywiol petai wedi rhoi ei atgofion ar gof a chadw yn fuan ar ôl i'r rhyfel ddod i ben. Ac eto, fe gofir hefyd am naws ddig ac edliwgar '1914–1918: Yr Ieuainc wrth yr Hen'[13] W. J. Gruffydd a sgrifennwyd ar ddydd y cadoediad yn Nhachwedd 1918. Nes at naws 'Monastîr'[14] yw 'O'r Dwyrain', cerdd a sgrifennodd Cynan rai blynyddoedd ar ôl iddo ddychwelyd o'r rhyfel a'i chynnwys yn *Caniadau Cynan* yn 1927: ynddi, mae'r hiraeth dealladwy a rhagweladwy am ei gynefin yn Llŷn a fynegodd yn 'Hwiangerddi'[15] tra oedd yn Salonica wedi ildio'i le i 'hiraeth dir' am Salonica erbyn ei fod yn ôl yng nghlydwch Cymru flynyddoedd yn ddiweddarach.

Mewn dwy gerdd gynnar a sgrifennodd ar sail ei brofiadau milwrol, lleisiodd Elwyn Evans yntau'r hiraeth confensiynol am Gymru. Cyferbyniad rhwng rhamant a realiti sy ganddo yn 'Rhamant' a sgrifennwyd yn 1942: arferai '[dd]yheu am gyrchu Rhamant / Yng Nghairo neu Faghdad' (*ALl*: 14) tra darllenai nofelau antur gynt am y Dwyrain, ond profodd dro ar fyd:

> Rwyf ym Maghdad! A bûm yng Nghairo
>   Am fythgofiadwy awr.
> Roedd *tram-stop* ger y Pyramidiau,
>   Roedd Nîl yn ddrewdod mawr.
> Mae ffatri bop ar lannau Tigris.
>   Ramant, ple'r wyt ti 'nawr? (*ALl*: 14)

Ei sylweddoliad bellach yw fod 'Rhamant draw yng Nghymru / A mi'n y *Middle East*' (*ALl*: 14). Yr un modd yn 'Ar Lannau Euphrates' a sgrifennwyd flwyddyn yn ddiweddarach, mae'n tynnu ar ei adnabyddiaeth o'r Beibl ac yn ymuniaethu â'r Iddewon a gaethgludwyd:

> Dyma lle'r wylai Israel gynt,
>   Ar lan yr afon hon,
> A draw y gweithiai yng ngwres yr haul
>   Blant caethion Babylon.
>
> Fe'n cludwyd ninnau yma o'n gwlad
>   A hiraeth lond ein bron.
> Pa hyd y pery'n tristwch cyn
>   Mynd adre' o don i don? (*ALl*: 16)

Ond tystiolaeth aeddfetach 'O'r Dwyrain' yw ei fod wedi llwyddo i weithio'i ffordd drwy'r adwaith cyntaf, greddfol hwn i'w alltudiaeth at adnabyddiaeth gydymdeimladol, ddofn o'r gwledydd dieithr y treuliodd gyfnodau ynddynt. Nid profiad twrist milwrol a geir gan Elwyn Evans ac nid amherthnasol mo'r ffaith fod dwy gerdd a sgrifennodd ar sail ymweliadau diweddarach yn ei oes ag Israel yn cael eu cyfri ymhlith yr ymdriniaethau llenyddol gorau gan Gymro â'r wlad glwyfus honno.[16]

Ond nid mater o emosiwn wedi'i alw i gof mewn llonyddwch mohoni yn achos Elwyn Evans. Nid ymhen blynyddoedd wedyn y mentrodd fynegi hiraeth am y Dwyrain Canol ond wrth iddo, chwedl Saunders Lewis, '[r]oi trefn ar ei brofiad ac ar ei fywyd'[17] cyn i wres y profiad hwnnw oeri yn fuan ar ôl y rhyfel. 'Pa sglein a fydd ar fywyd mwy?' yw ei ymholiad, sylw sy'n dwyn i gof awgrym Alun Llywelyn-Williams fod y cyfan a ddilynodd y rhyfel wedi bod yn dipyn o ddisgynneb iddo fel bardd.[18] O bellter daearyddol yr awyren, cyferbynnir trefnusrwydd y tirlun allanol gyda'i gyflwr mewnol tymhestlog ei hun: 'Patrwm sy odditanaf: tryblith ynof' (*ALl*: 27). Ac fel Chlöe droednoeth rydd yr ymserchodd Cynan ynddi ym Monastîr, cariadferch a adawodd ar ôl sy'n anesmwytho Elwyn Evans yntau: 'Yr un a gofleidiais neithiwr, / Mae blas ei gwefusau a'i thafod ac ymchwydd ei bronnau, / Mae poethder a noethder y cnawd a doddai'n fy mreichiau' (*ALl*: 27). Unwaith eto, gonestrwydd a menter sy hefyd yn nodweddu'r ymdriniaeth â chariad cnawdol yn y gerdd a'r bardd yn ymhelaethu lle byddai'r rhan fwyaf wedi ymdawelu ac ymatal.

Wrth gofio am ei noson olaf yn y Dwyrain Canol, daw i'w gof ei noson gyntaf un yn Libya a'r argraffiadau negyddol ar y pryd:

> Cofiaf fel y safwn
> Y noswaith rynllyd gyntaf
> Ar fin yr anialdir, yn un o filwyr gannoedd
> A gawsai'u stwffio blith-draphlith i howldiau llongau
> A'n cario'n gyfoglyd dros yr Atlantig du
> A'n taflu o'r diwedd i wersyll na allem ei weld. (*ALl*: 28)

Dyma gyfleu'n dda fywyd diseremoni, diurddas y milwyr cyffredin. Ac mae'r bryddest felly'n ymledu gam wrth gam: egyr gyda phersbectif y milwr unigol, crybwylla wedyn ei gariadferch a daw wedyn at ei gydfilwyr. Ac yn y modd y llwyddodd i gyfleu *camaraderie* a chymdeithas y milwyr cyffredin, gwahaniaethai cerddi rhyfel Elwyn Evans oddi wrth rai ei gyfaill, Alun Llywelyn-Williams. 'Dwysawyd ymwybyddiaeth y bardd o unigrwydd cynhenid dyn trwy gyfrwng y rhyfel,' meddai Non Indeg Evans am Alun Llywelyn-Williams; 'Ceir yr argraff mai arwynebol oedd ei berthynas gyda'r mwyafrif o'i gyd-filwyr, oherwydd ei safle fel swyddog yn y fyddin.'[19] Sylw tebyg sy gan Alan Llwyd wrth gyferbynnu'r ddau fardd: 'Bardd unigrwydd rhyfel ydoedd' Alun Llywelyn-Williams ond 'Bardd cwmnïaeth milwyr yw Elwyn Evans, a chanddo ef, yn anad neb, y ceir y darluniau gorau o fywyd y milwyr, eu cyfeillgarwch a'u cyd-ymwneud â'i gilydd.'[20] Yn y soned 'Porthladd Aden', nid y tir y mae ar fin ei gyrraedd ar ôl mordaith hir sy'n mynd â'i sylw ond ei gyd-filwyr:

> mil mwy rhyfedd im
> Oedd edrych ar y bechgyn ar y bwrdd,
> Y bechgyn tawel na ryfeddent ddim,
> Bechgyn y Ddawns Nos Sadwrn a'r Tŷ Cwrdd.
> Gadawodd rhain eu gwlad pan ddaeth y wŷs
> A thramwy traean byd heb ddeall pam,
> Ac nid oes iddynt ond diferu chwys,
> Panso sgrifennu at bell wraig neu fam,
> Adrodd storïau, chwarae'r organ geg,
> Rhoi i bob brawddeg wyry ei phriod reg. (*ALl*: 13)

Ac er bod gan 'O'r Dwyrain' draethydd person cyntaf, bwriad ei hawdur oedd traethu profiad torfol: 'Ymgais ydoedd i gyfleu'r hyn a ddaeth i mi wrth fyfyrio tynged y miloedd ar filoedd a gymerwyd o'r ynys hon i ymladd yn y Dwyrain . . . Saif yr adroddwr, y "fi", dros bob milwr o'r fath . . . Y mae gwerth cyfeillgarwch yn y fyddin yn anhraethol.'[21]

Cyfeiria at dirlun digroeso Libya, at daith y milwyr a'r tanciau drwy'r anialwch i'r frwydr ac yna yn ôl 'I wella o'u doluriau / Yn Afallon garedig, buteinllyd Cairo' (*ALl*: 28); ysbrydoledig yw'r cyfeiriad eironig, gwyrdröol hwn at un o brif fannau'r dychymyg rhamantaidd a anfarwolwyd yn hir-a-thoddeidiau T. Gwynn Jones yn 'Ymadawiad Arthur'.[22] Nid heini na llon mo galonnau'r milwyr hyn oherwydd yr heol a ddilynant drwy'r anialwch yw 'Heol ein tynged' (*ALl*: 29) na ddaeth miloedd yn ôl wedi'i thramwyo yn fyw. Er mwyn sicrhau ffocws i'w fyfyrdod, â'r traethydd ati i goffáu un o'i gyd-filwyr a hynny ar ffurf wyth cwpled cynganeddol degsill neu fath o gyhydedd degban:[23]

> Mae ifanc Sais a gerais yn gorwedd
> Dan fôr o dywod, mewn dinod annedd.
>
> Mae'n ddieithr-ddwys, ond ni all orffwyso:
> Enaid aflonydd, beth sy'n dy flino? (*ALl*: 29)

Er bod y mynegiant yn ffurfioli ychydig bach ar ôl *vers libre* fwy personol, cyffesol ei naws gweddill y rhan agoriadol, sicrheir o hyd dôn sgwrsiol, dyner i'r farwnad hon sy'n dwyn adran gyntaf y bryddest i ben.

Gyda'r un ymadrodd 'Oddi tanaf' yr egyr ail adran 'O'r Dwyrain' hefyd: defnyddir y ddyfais ar gychwyn y pedair adran gan sicrhau unoliaeth a strwythur i'r gerdd a thanlinellu'r un pryd y ffaith fod y traethydd yn ymadael mewn awyren â'r wlad. Mae ganddo lygaid i gofnodi'r manylion dadlennol:

> Llosgai'r haul trwy'r tarpowlin du
> A fflapiai fel baner Angau dros y lorri
> Ac ysai'n boliau chwyslyd lle gwasgai'r gwregys.
> Cofiaf fel y collai'r dŵr yfed o'r tun yn y gornel
> A llifo'n ffrwd rydlyd rhwng ein hesgidiau. (*ALl*: 31)

Yn y daith hon drwy lwch anialwch Lybia a Syria i Baghdad, llwydda Elwyn Evans i ymestyn terfynau barddoniaeth Gymraeg. Ond tra'n ymestyn ei ffiniau tiriogaethol, dengys hefyd fel y llethwyd ysbryd y milwyr gan eu hamgylchfyd estron: 'Fe ymlusgai llwch a llwydni'r wlad / Ar draws ein dyddiau, / A phan gymerwn innau o law'r Corpral / Ddarn soeglyd o bapur / A fuasai'n llythyr dair wythnos ynghynt / Ni losgai fy nghalon ynof: yr oedd Cariad yn pydru hefyd / A marw' (*ALl*: 33). Ynghanol amgylchiadau eithriadol y rhyfel, mae rhinweddau cadarnhaol dan fygythiad a normau cymdeithasol dan bwysau. Yn y cyd-destun hwn y dynesir at ddiwedd yr ail adran: eir gamau ymhellach nag ar ddiwedd yr adran gyntaf lle y coffawyd cyfaill o gydfilwr a chyfeirio at y nwyd corfforol rhwng rhai milwyr a'i gilydd:

> Ond gwn fod chwant yn brigo a blodeuo
> Mewn ugeiniau o welyau gyda'r nos –
> Gwelyau gwŷr mewn gwlad tu hwnt i gariad gwragedd –
> A phob gŵr wedi ei faglu'n dynn
> Yng ngheinciau disglair, diffrwyth
> Ei ddychymyg dyrys ei hun rhwng cwsg ac effro. (*ALl*: 34)

'Gydag onestrwydd nad yw'n nodweddiadol o lenyddiaeth Gymraeg',[24] chwedl Alan Llwyd, y trafodir hoywder gan Elwyn Evans, a dyma'n ddi-os y cyfeiriad mwyaf diamwys at gariad cnawdol rhwng dau ddyn mewn barddoniaeth Gymraeg ers i E. Prosser Rhys, ym mhryddest goronog Eisteddfod Genedlaethol Pont-y-pŵl yn 1924, achosi sgandal â'i 'lanc gwalltfelyn, rhadlon'.[25]

Ond yn ôl tystiolaeth Paul Fussell yn ei astudiaeth glasurol o'r Rhyfel Byd Cyntaf, cymharol brin oedd hoywder gweithredol ymhlith milwyr y rhyfel hwnnw a gwahaniaetha rhwng hynny a homoerotiaeth:

> given the deprivation and loneliness and alienation characteristic of the soldier's experience – given, that is, his need for affection in a largely womanless world – we will not be surprised to find both the actuality and the recall of front-line experience replete with what we can call the homoerotic. I use that term to imply a sublimated (i.e., 'chaste') form of temporary homosexuality. Of the active, unsublimated kind there was very little at the front . . . What inspired such passions was . . . faunlike good looks, innocence, vulnerability, and 'charm'. The object was mutual affection, protection, and admiration . . . such passions were antidotes against loneliness and terror.[26]

Cafwyd awgrym eisoes o'r homoerotiaeth hon yn y deyrnged i'r 'ifanc Sais a gerais' ar ddiwedd yr adran gyntaf, yr un a gofféir, o bosib, mewn englyn diweddarach gan y bardd y cyfeiria'i baladr at 'Ymhell o'i wlad, dan lwm wastadedd, – Sais / A gerais sy'n gorwedd' (*ALl*: 25). Ond ceir mynegiant mwy diamwys ar ddiwedd yr ail adran:

> Cofiaf amdano
> A welais gyntaf yn sefyll yn nrws fy mhabell
> A'r haul yn taro ar wenith ei wallt
> Ac yn taflu disgleirdeb o gwmpas ei ben.
> Cu iawn fu ef gennym ni,
> Y milwr wrth ei broffes,
> A'i wedd a'i swagro ifanc a'i garedigrwydd
> Yn achosi rhyw nerth a chysur. (*ALl*: 34)

Mwy delfrydoledig byth yw'r golygiad hwn, 'A'r haul yn taro ar wenith ei wallt', yn fersiwn *Amser a Lle* (1975) o'r gerdd o gymharu ag 'A'r haul yn taro ar ei wallt melyn' yn fersiwn *O'r Dwyrain a Cherddi Eraill* (1948) – uniaethid gwallt melyn gyda harddwch arbennig[27] – a phwysleisir ymhellach apêl gorfforol y swyddog hwn yn y ddau bennill ar fydr ac odl sy'n cloi'r adran: 'A'i wyneb llyfn dan galed olau'r lloer / Yn wyn, yn hen, yn oer' (*ALl*: 34).

Nid dyma'r unig enghreifftiau o awen homoerotig Elwyn Evans: yn y delyneg ac iddi ffurf ddwyochrog, 'Milwr', cyferbynnir 'Y Corpral ifanc sbrydol, garw ei ddull' (*ALl*: 20) wrth ei waith liw nos gyda'r hyn a welai yn ystod y dydd:

> Liw dydd fe'i gwelais lawer gwaith
>   Yn gorwedd ar ei lychlyd wâl
> A'r holl gudynnau aur yn llaith
>   A ymglystyrai hyd ei dâl.
> Mor ddisglair yn y babell dywyll, boeth
>   Ydoedd ei harddwch noeth. (*ALl*: 20)

Er ei chynnwys ymhlith cerddi '1939–1948' yn *Amser a Lle*, yn y casgliad hwnnw ac nid yn llyfryn 1948, y gwelodd y gerdd hon olau dydd gyntaf. Mewn cerdd arall o'r un gyfrol, y tro hwn o'r adran '1963–1973', cofnodir hanes ailymweliad â'r Dwyrain Canol a'r hyn a welodd yng Nghyprus: 'A llyfnder wynebau'r milwyr o Brydain, / Wedi gorffen am sbel â'u priod waith / O ladd neu gael eu lladd, yn lolian dan do / Plethedig aml gaffe, fel duwiau ifainc / Dychymyg y diweddar A. E. Housman' (*ALl*: 74). Roedd *A Shropshire Lad* (1896) Housman, cyfrol a gyfieithwyd i'r Gymraeg ar ddechrau'r Ail Ryfel Byd,[28] yn ddylanwad mawr ar lawer o ganu homoerotig y Rhyfel Byd Cyntaf a gadawodd argraff arbennig ar gerddi rhyfel Wilfred Owen.[29] Er cymaint o feddwl a oedd gan R. Williams Parry o Housman,[30] fe awgrymwn mai dan ddylanwad barddoniaeth Saesneg rhyfel 1914–18 y canodd Elwyn Evans rhwng 1939–48. Roedd y sylw hwn yn annodweddiadol o feirdd eraill yr Ail Ryfel Byd, fel y mae'n digwydd: 'No one turning from the poetry of the Second World War back to that of the First can fail to notice there the unique physical tenderness, the readiness to admire openly the bodily beauty of young men, the unapologetic recognition that men may be in love with each other.'[31] Efallai na fu'r un o feirdd-filwyr Cymraeg y Rhyfel Byd Cyntaf mewn safle i ganu fel hyn, ond hyd yn oed wedyn, mae'n ddiddorol sylwi ei bod hi mor hwyr â'r Ail Ryfel Byd ar deimladau o'r fath yn cael mynegiant mewn cerddi rhyfel.

Heterorywiol yw'r gwrthrych serch yn y drydedd adran, y ddawnswraig sy'n mynd â bryd y traethydd: 'rosyn Saron a lili Damascus':

> Mae pob gwahodd,
> Pob ceisio cnawdol a fu erioed,
> Yn ei llygaid. Mae ei chorff
> Yn un gwahoddiad gwyn. Nythaid o nadredd
> Yw ei bol, a'i dwy fforddwyd
> Sy'n gwau tapestri â'i olwg yn meddwi gwŷr. (*ALl*: 36)

Cyrraedd cyflwr prin o gymuno ysbrydol a wna'r ddau yn 'Baled y Drychiolaethau' (*PC*: 24–5) a'r tri yn 'Ar Ymweliad' (*PC*: 26–8) gan Alun Llywelyn-Williams; '[c]ymdeithion' sy'n cael cysur corfforol, dealladwy a dynol, a ddarlunnir fan hyn:

> Sibrydodd fy Arabes wrthyf fi
> > Mewn llais fel sisial tonnau ar y gro:
>
> Di-fai, fy nghâr, a fydd ein gwynfyd ni
> > A pheth dros dro.
>
> Yr un sy'n d'aros hwnt i'r moroedd meithion
> > Nas gwelaf fyth yn dy anghysbell fro,
>
> Beied y ffawd a'n gwnaeth ni yn gymdeithion
> > Dros dro.
>
> Gwn pe bawn yn ei lle na warafunwn
> > I filwr gysur milwyr er cyn co.
>
> Profwn yr iasau nefol a ddymunwn
> > Dros do.
>
> Gwrandewais ar y cryglais agos iawn
> > Ac ymhyfrydais yn ei gelwydd o,
>
> A'i chusan hir yn dwyn anghofrwydd llawn –
> > Dros dro. (*ALl*: 37–8)

Bron na cheir yma ddos o athroniaeth fydol Omar Khayyám, argraff a gryfheir gan y defnydd o gyfres o benillion pedair llinell odledig sy'n dwyn i gof gyfieithiad John Morris-Jones o gerddi'r Persiad o'r unfed ganrif ar ddeg.[32] Yn y rhagair i *O'r Dwyrain a Cherddi Eraill*, eglurir mai'r 'ferch yw'r temtasiynau cnawdol sy'n sicr o ymosod ar ddyn' ac yntau'n filwr ymhell oddi cartref a chyflwynir y bryddest i 'Margot, ac i bob gwraig arall a ddioddefodd yn ddistaw pan oedd eu gwŷr ymhell o dref'.[33]

Ffordd o ddiwallu ei newyn rhywiol yw'r berthynas rhwng traethydd 'O'r Dwyrain' a'r Arabes, felly, ond yn y bryddest ddiweddarach, 'Taith yn Ôl', cyfeiria'r traethydd at garwriaeth arall amser rhyfel, nid gydag Arabes yn Namascus y tro hwn ond gydag Iddewes yn Jerwsalem:

> Roedd hithau'n gwisgo lifrai Brenin Lloegr –
> Judith, neu Esther weddeiddlwys, mewn *khaki drill* . . .
> Yn y caddug canghennog pan ledorweddem
> Ymdaenai'i chorff fel cwmwl canwelw, ond yr oedd
> Mor solet â llong odditanaf: dim sŵn
> Ond ein hanadlu, a thynerwch dihafal
> Ei llais crafog (*ALl*: 72)

Ymhen blynyddoedd fe ailymwelir â hi, y 'ferch / Y bu'n gyfleus iddo'i gadael wrth adael ei gwlad. / (Ac yn ddoeth wrth gwrs; yn garedig yn y pen draw. / Buasai'n anodd, oni buasai, / Iddi gynefino â'r Ffordd Gymreig o Fyw?)' (*ALl*: 78). Tra awgrymir yn 'O'r Dwyrain' mai cysylltiad dros dro a ddigwyddodd ynghanol ac oherwydd amgylchiadau anarferol y rhyfel yw'r un rhyngddo a'r Arabes, mentrir cyflwyno yma berthynas amser rhyfel a allai fod wedi goroesi'r gyflafan. Tybed felly faint o hunanfeirniadaeth ac edifeirwch sydd yn y sylwadau rhwng cromfachau sy'n arwyddo'r cyfyngiadau diwylliannol y clymwyd y traethydd wrthynt?

Nesáu fwyfwy 'At ddieithrwch arswydlawn bro gyfarwydd' (*ALl*: 38) a wna'r traethydd ym mhedwaredd adran 'O'r Dwyrain'. Ond sylweddola, oherwydd y profiadau sy'n pwyso ar ei feddwl, mai ynddo ef y bu'r newid mawr: 'Myfi a ymddieithriodd, myfi' (*ALl*: 39). Cof am dri chymeriad sy'n ei anesmwytho: y Sais a gladdwyd yn Lybia, y cyfaill o filwr a adawodd ar ôl a'i '[f]asw Arabes ddiomedd, anllad, gain' (*ALl*: 39). Ac yntau'n amau a all ei '[a]nwyliaid' (*ALl*: 39) ddeall ei alar na'i hiraeth am ei gyd-filwyr, pwysleisir y gagendor rhwng profiadau combatant a sifiliad. Hola'i hun hefyd a fydd ei ddyweddi'n maddau i'r Arabes ac yntau eu '[c]ymundeb' (*ALl*: 39). Ar nodyn amheugar, petrus y daw'r bryddest i ben:

> Tonnau sy odditanaf a minnau'n tynnu
> At rai a adnabu fy noe.
> Ond y mae'r tri'n tywyllu'r haul
> Â rhwygol atgofion
> Na fedraf eu hadrodd.
> Patrwm sy odditanaf a thryblith ynof.
> Mae'r tri yn sefyll rhyngof
> A'm doe, a rhyngof fi a'm hyfory hefyd. (*ALl*: 39)

Yn wahanol i ddiweddglo 'Mab y Bwthyn', a gyhoeddwyd dair blynedd ar ôl i'r Rhyfel Byd Cyntaf ddod i ben, dyw 'O'r Dwyrain' ddim yn tewi ar nodyn cymodlon gan gynnig cysur i'r sawl a'i darlleno y daw pethau'n ôl i drefn. Gan nad yw'n fodlon cynnig unrhyw atebion hawdd, does dim sicrwydd na hyd yn oed awgrym o obaith y daw'r ddau gariad a wahanwyd dros gyfnod y rhyfel yn ôl at ei gilydd. Fel 'darn o *realism* noeth' yr ystyriai Cynan 'Mab y Bwthyn', yn ôl tystiolaeth llythyr at R. Silyn Roberts, ymgais i egluro pam 'na ddaeth y bechgyn adref o Ffrainc fel "saint"'.[34] Ymdrech onest, ddewr yw 'O'r Dwyrain' hithau i ddarlunio sut yr effeithiwyd ar un milwr gan ei alltudiaeth dramor, ymgais i egluro pam na allai ddychwelyd i'w famwlad gyda llawenydd diamod a ffitio'n ôl i'w le'n ddidrafferth.

R. Meirion Roberts

Os mentrodd Elwyn Evans yn ystod yr Ail Ryfel Byd ymhellach na Chynan yn ystod y Rhyfel Byd Cyntaf, yna camu'n ôl o gymharu â'r llanc o dref Pwllheli a wnaeth R. Meirion Roberts (1906–67) yn ei gerddi rhyfel ef. Ac mae'r gymhariaeth rhyngddynt yn un anorfod a hwythau ill dau wedi gwasanaethu fel caplaniaid yn y fyddin ac yn brif gynrychiolwyr ffenomen y bardd-bregethwr yn ystod y ddau ryfel. Camp Cynan o hyd yw iddo ymsefydlu'n un o leisiau diffiniol rhyfel 1914–18 er gwaetha'r cyfyngiadau ar ei greadigrwydd a gynrychiolid gan ei swyddogaeth fel caplan. Wedi'r cyfan, nid ar chwarae bach y gallodd y gwerinwr Ifan Gruffydd gyfeirio ato'i hun yn prynu copi o *Gyfansoddiadau* Eisteddfod Genedlaethol Caernarfon yn 1921 'a chael cymaint o flas wrth ddarllen *Mab y Bwthyn* a theimlo fod yr awdur wedi canu fy mhrofiad innau fel llawer mab y bwthyn arall oedd wedi dod drwy Armagedon fawr 1914–18'.[35] Byddai'n anodd dod o hyd i eirda cyffelyb gan un o gynfilwyr rhyfel 1939–45 wrth drafod cerddi R. Meirion Roberts. Agwedd arall ar gamp Cynan oedd iddo ddefnyddio'r traddodiad telynegol i ddisgrifio profiadau ac amgylchiadau annhelynegol ddigon. Tystia *Plant y Llawr* (1946)[36] i anallu R. Meirion Roberts i wneud yr un peth: fel y sylwodd R. Geraint Gruffydd, nid tan ei ail gyfrol, *Amryw Ganu* (1965),[37] a gyhoeddwyd ddwy flynedd cyn ei farw, y dysgodd 'fod angen ffurfiau newydd i fynegi profiadau newydd'.[38] Fel Elwyn Evans, lleolwyd R. Meirion Roberts yn y Dwyrain Canol ac mae cyfeiriadau at Alamein, Tobrwc a Chaersalem neu Jerwsalem i'w cael yn achlysurol yn ei gerddi. Ond profiad rhwystredig, ymdeimlad fod cyfle wedi'i golli, a geir wrth ddarllen *Plant y Llawr*, argraff o ddyn yn dod wyneb yn wyneb â phrofiadau dirdynnol ond yn methu â rhoi mynegiant priodol na digonol iddynt oherwydd ei fod yn sownd mewn hen rigolau.

Nid nad yw'r awen delynegol ysgafn yn gweithio weithiau: gwedda, er enghraifft, i'r ddwy gerdd a sgrifennodd R. Meirion Roberts am ei blant, 'Angharad' (*PLl*: 16) a 'Tad wrth ei Blentyn (I Gareth)' (*PLl*: 26–7), ac yntau wedi'i wahanu oddi wrthynt yn ystod y rhyfel:

> Fy mhlentyn, rhag na byddo siawns
> Am haf neu ddau, efallai dri,

> I'm trem hiraethus wylio dawns
> > Direidi yn dy lygaid di,
>
> Boed amod rhyngom ni ein dau,
> > Mynn di, fy mab, drwy bob perswâd
> O'th ddiniweidrwydd mawr fwynhau
> > Bob mwynder nas mwynha dy dad. (*PLl*: 26)

Ond treuliedig yw'r effaith yn 'Hiraeth am Gymru' (*PLl*: 27) ac 'Alltud' (*PLl*: 29) a'r bardd yn gweld eisiau ei famwlad o bellter y rhyfel, rhywbeth y cafodd Cynan well hwyl o lawer ar ei gyfleu yn ystod y Rhyfel Byd Cyntaf. Diffyg amgyffrediad a awgrymir hefyd o gymhwyso'r un ymateb syml, diniwed at sefyllfa'r milwr cyfoes:

> 'Ble'r ei di, lanc o filwr,
> > Mor hoyw a hy dy fron?'
> 'Af dros y môr a'i donnau,
> > Ymhell o'r ynys hon.'
>
> . . .
>
> 'Beth wnei pan ddelych yno
> > I'r fro bellennig draw?'
> 'Mi af i gwrdd â'r gelyn
> > A'r fidog yn fy llaw.'

Anodd credu, ar sail y patrwm holi-ac-ateb clir ac anghymhleth, mai cerdd am filwr modern o'r Ail Ryfel Byd yw hon! Ymateb i'r syniad o ryfel mewn oes a aeth heibio sydd yma mewn gwirionedd, darlun wedi dyddio, ac mae'n siwr mai cerdd fel hon a oedd gan R. Geraint Gruffydd mewn golwg pan ddywedodd mai 'Telynegol yw moddau *Plant y Llawr*, ac y mae'r rhain weithiau'n anghydnaws â gerwinder y profiadau a fynegir yn y gyfrol.'[39]

Efallai fod R. Meirion Roberts yn sicrach o'i bethau pan farddonai o safbwynt ei swyddogaeth ei hun fel caplan. Cerdd am ymgyrch ddidostur a diymatal angau yw 'Dwy Ŵyl' (*PLl*: 30–1), cerdd a rydd fynegiant i'r unigrwydd ingol a lethai'r gweinidog wrth ei waith yn ffarwelio â'r meirwon:

> Ychydig cyn yr ŵyl yn Alamein
> > Cuddiais i amrannau deillion
> > Diymadferth fy nghyfeillion,
> A'u gadael ar y ffin
> Ychydig cyn yr ŵyl yn Alamein.

Awgrymir hefyd yr undonedd diamrywiaeth a brofai:

> Teithio drachefn, o ddiflan glwyd i glwyd,
>   Teithio yfory, teithio drennydd,
>   Mae'r ymdaith hon yn hen ddihenydd;
> Ar fin y ffordd fe gwyd
> Milwriaeth Rhufain yn adfeilion llwyd.

Mae 'Ar Wasgar (O barch i'r milwyr a'r heddychwyr)' (*PLl*: 9–10) hefyd yn cyfleu ei benderfyniad i fynd yn gaplan:

> Diofryd a wneuthum innau dro
>   I Iesu, Frenin Nef a llawr,
> Yr awn lle'r elai Pyrs y Go'
>   A Thwm Huws o'r Penmaenmawr.
>
> Pan droes ei lygad dwys a draidd
>   Teirgwaith y gofynnodd im
> Borthi ei ŵyn, diwallu'r praidd,
>   Porthi fel na newynent ddim.
>
> Gan hynny fe'u dilynais hwy,
>   Harri a Dai o'r Ynys Hir,
> A Chymry pur o lawer plwy
>   Ar hyd a lled y deuddeg sir,
>
> Nes dyfod i'r ddieithraf fro
>   Lle clywir trwst y tanciau chwith,
> Minnau lefaraf yma dro
>   Eiriau tangnefedd yn eu plith.

Onid dyma'r math o ymateb diplomataidd a ddisgwylid gan gaplan, cerdd resymol, ddidramgwydd a geidw'r ddysgl yn wastad rhwng heddychwyr ar y naill law a milwyr ar y llall: 'Cymysg ydyw rhinwedd dyn, / Cyfiawn anghyfiawn ydyw ef; / Teithia ei druan ffordd ei hun / Tua Theyrnas Nef'? A thrwy'r adeg mae dyn yn ymwybodol mai caplan sy'n llefaru: nid yw fyth, er enghraifft, mor heriol gwestiyngar â Chynan yn 'Pabell y Cyfarfod' nac mor therapiwtig flin ag ef yn 'Malaria'.[40] Er mor ddeallus yw R. Meirion Roberts, mae'n methu bob gafael â datblygu'n fardd mor ddiddorol a dychmygus â Chynan.

Fe'i ceir ar ei orau yn y soned 'Ymladd Gorffennaf' (*PLl*: 22), cerdd glòs ei gwead y mae hyd yn oed ei theitl yn arwyddo ymdrech seithug i frwydro'n erbyn diwedd haf, sef penllanw bywyd ac ieuengrwydd, y milwyr dan ei ofal bugeiliol. Priodferch yw angau y buwyd yn prysur baratoi at y 'neithior ddwys' â hi. Bu'r milwyr gynt yn llawn hyder a brafado:

> Mor ddiwyd ddedwydd yn y wlad oleulon
> Y rhodiech gynt mewn llawen chwedl a chân,
> A'ch sôn a'ch siarad am yr offer creulon
> Calibr y tanciau, rhin y gynnau tân

Ond bellach tywod y diffeithwch a'u gorchuddia, ac ni all y bardd – oherwydd fe laciodd coler y caplan yn y soned hon – ond mynegi'i anghredinedd, lleisio'i alar a'i wae yn y cwpled clo, yn wyneb marwolaethau mor ofer a diystyr:

> O gyd-gymdeithas fud! O lendid oer!
> O egni byw mor llonydd dan y lloer!

Fel bardd 'a oedd yn wir yng nghysgod y cewri, gan y gellir canfod dylanwad R. Williams Parry a T. Gwynn Jones arno'[41] yr ystyriai Alan Llwyd R. Meirion Roberts, ond dylanwad llesol a welir yn achos diweddglo 'Ymladd Gorffennaf' gyda'r arddull ebychiadol yn dwyn i gof rai o gerddi coffa y Rhyfel Byd Cyntaf yn *Yr Haf a Cherddi Eraill* (1924): 'O ryfedd dorf ddi-derfysg y meirwon / Â gwymon yn gymysg!';[42] 'O na bae modd im roddi / Dy lwch yn ei heddwch hi!';[43] 'O Gofadail gofidiau tad a mam!'[44] Ac onid 'O what made fatuous sunbeams toil / To break earth's sleep at all?' oedd cwestiwn ofer Wilfred Owen ar ddiwedd 'Futility'?[45] Ond hyd yn oed yn y soned hon, braidd yn llenyddllyd yw'r cyfeiriad at 'eiddil gyrff yr olaf bangau' ac awgrym na lwyddwyd i ymryddhau'n llwyr o afael 'Hen arglwydd ansoddeiriau', fel y disgrifiwyd W. J. Gruffydd gan R. Williams Parry.[46] 'Prin fod yr un o'r cerddi hyn yn gwbl ddi-nam',[47] meddai R. Geraint Gruffydd wrth gloriannu gyrfa farddol R. Meirion Roberts ar ei hyd, ac yn sicr, wrth fwrw golwg ar ei gerddi rhyfel, rhaid casglu na fu hanner mor llwyddiannus ag Elwyn Evans yn addasu ei awen at ofynion tir newydd.

T. E. Nicholas

Personoliaeth wahanol iawn a gynrychiolir gan gerddi T. E. Nicholas

(1878–1971), ac os yw dyn yn teimlo wrth ddarllen rhai o gerddi R. Meirion Roberts y carai ei weld yn ymollwng mwy ac yn ymatal llai, fel arall yw hi yn achos Niclas y Glais. Er iddo gyhoeddi'n dalog mor bell yn ôl â 1914 fod 'yr amser i ganu'n mynd heibio' ac mai 'Cleddyf sydd eisieu – nid telyn, / Gwrthryfel sydd eisieu, nid hedd',[48] ni rwystrwyd mohono rhag canu'n ddiatal drwy gydol y Rhyfel Byd Cyntaf.[49] Roedd rhyfel, mae'n amlwg, yn ddigwyddiad a'i hysgwydai hyd at ei sail a mynnodd fynegi ei gynnwrf yn greadigol. Er bod cân rhai o'i gyfoeswyr a fu'n ei dweud hi am ryfel 1914–18 wedi cymedroli a hwythau wedi 'symud ymlaen' i drafod pynciau eraill erbyn 1939–45, daliodd ei arddeliad ef mor gadarn ag erioed ac ni lastwreiddiwyd ei brotest. O ganlyniad, mae ei brif weithgarwch fel bardd yn clystyru o gwmpas blynyddoedd y ddau ryfel byd: rhyfel 1914–18 yw'r canolbwynt ar gyfer ei hwrdd cyntaf o greadigrwydd rhwng 1909 a 1920 pan gyhoeddwyd *Salmau'r Werin a Chaneuon Eraill* (1909), *Cerddi Rhyddid* (1912), *Cerddi Gwerin* (1914) a *Dros Eich Gwlad: Cerddi Heddwch* (1920); ond daw'r patrwm yn gliriach byth yn achos yr ail hwrdd creadigol yn ei hanes yn ystod rhyfel 1939–45 pan gyhoeddwyd *Terfysgoedd Daear* (1939), *Llygad y Drws: Sonedau'r Carchar* (1940), *Canu'r Carchar* (1942), *Y Dyn â'r Gaib: Cerddi a Sonedau* (1944) a *Dryllio'r Delwau* (1948). Dyma'n ddi-os fardd amlycaf ei bresenoldeb a mwyaf toreithiog y ddau ryfel byd.

Dyma'r un hefyd y bu fwyaf o sôn amdano: os oedd y modd yr erlidiwyd ef am ei bregethau a feirniadai gwrs y rhyfel rhwng 1914 a 1918 yn gymorth i'w sefydlu'n arwr, yna bu ei garchariad yn 1940 yn fodd i'w gadarnhau'n ferthyr. Ni chafodd Niclas fawr o lwc gyda phrif gwnstabliaid: fe'i herlidiwyd gan un Morgannwg yn ystod y Rhyfel Byd Cyntaf a chan un Ceredigion yn ystod yr Ail Ryfel Byd.[50] Golygai Cytundeb Ribbentrop-Molotov yn Awst 1939 fod yr Undeb Sofietaidd a'r Almaen wedi ymrwymo i beidio ag ymosod ar ei gilydd, a does dim syndod felly fod comiwnydd uchel ei gloch fel Niclas mor amhoblogaidd ym mlynyddoedd cyntaf y rhyfel; nid tan Fehefin 1941, pan ymosododd Hitler ar Rwsia a chwalu'r cytundeb rhwng y ddwy wladwriaeth yn rhacs, y ciliodd ofnau'r awdurdodau wrth i'r Almaen ddod yn elyn swyddogol i Blaid Gomiwnyddol Prydain Fawr hithau.[51] Cyn hynny bu erthygl a luniodd T. E. Nicholas ar gyfer 'O Fyd y Werin', ei golofn wythnosol yn *Y Cymro* er 1937, yn destun ffrae filain rhyngddo a'r papur newydd: a Niclas yn dadlau bod Rwsia wedi '[t]aro'r ergyd gryfaf dros heddwch a drawyd ers chwarter canrif' yn sgil cytundeb haf 1939, gwrthodwyd cyhoeddi'i ysgrif yn ei chyfanrwydd.[52] Ynghanol cyhuddiadau o sensoriaeth a gwrthgyhuddiadau o bropaganda, daeth diwedd chwerw ar y berthynas ffurfiol rhwng Niclas a'r *Cymro*. Dan y Ddeddf Pwerau (Amddiffyn) Argyfwng – deddf a ddefnyddid i wahardd newyddiadur y comiwnyddion, y *Daily Worker*, am ddwy flynedd o Ionawr 1941 ymlaen – yr arestiwyd Niclas ac Islwyn, ei fab, ar 11 Gorffennaf 1940, ac er mor dila oedd yr achos yn eu herbyn, cawsant eu carcharu ill dau yng ngharchar Abertawe a Brixton tan 22 Hydref.⁵³ Ac yntau erbyn hynny bron yn drigain – byddai'n 'dathlu' ei ben blwydd dan glo – go brin y gellid ystyried ymateb Niclas i'r rhyfel fel un gwrthwynebydd cydwybodol. Yn hytrach, gan mai gwir sail ei garchariad, mae'n debyg, oedd ei gomiwnyddiaeth amhoblogaidd, cynrychiola ymateb sifiliad a charcharor gwleidyddol i'r rhyfel.⁵⁴ Ond ni thawodd ei awen ac ni thorrwyd ei ysbryd: i'r gwrthwyneb, lluniodd dros gant a phedwar ugain o sonedau a hynny ar lechen a phapur tŷ bach y carchar a smyglwyd o'r adeilad drwy ddirgel ffyrdd.⁵⁵ Cynnyrch rhyfel Niclas y Glais yw ei gerddi o'r cyfnod hwn, cerddi na sgrifennid mohonynt oni bai am yr Ail Ryfel Byd, ac yn yr ystyr honno, rhai sy'n mynnu ystyriaeth ddifri fel cerddi rhyfel.

Y peryg, gan mor arwrol ramantus yw'r hanes, yw caniatáu i'r cyddestun lywio ymateb dyn i gerddi rhyfel Niclas y Glais. Yn wir, aeth T. J. Morgan, gŵr a fedyddiwyd yn faban gan Niclas, mor bell ag awgrymu mai'r peth mwyaf diddorol ynglŷn ag ef yw, 'nid answdd ei farddoniaeth o safbwynt celfyddyd, ond ei bod yn adrodd hanes cymeriad hollol eithriadol, fel cymeriad mewn nofel neu ddrama fawr'.⁵⁶ O blith y beirdd a wrthwynebai'r Rhyfel Byd Cyntaf, ef oedd fwyaf beirniadol o'r anghyfiawnder a ddeuai i ran ei werin hoff. Ond er amlyced ei broffeil ar y pryd, rhaid cytuno â chasgliad Bobi Jones: 'Beth bynnag a ddywedir am answdd meddwl a mynegiant yr hyn a luniodd Niclas y Glais cyn 1939, o fewn cyd-destun ei gyfnod efô oedd biau'r unig lais llenyddol gwir anrhydeddus yn ystod rhyfel 1914–18. Yr oedd iddo werth hanesyddol – er nad llenyddol – cymeradwy.'⁵⁷ Er yr erledigaeth a brofodd yn ystod y rhyfel hwnnw,⁵⁸ ni lwyddodd i wneud yn fawr ohoni'n greadigol a bodlonodd i raddau helaeth iawn ar ganu'n flagarllyd, areithlyd, rhethreglyd am y Rhyddid yr amddifadwyd y Werin ohono a'i Freuddwyd am Wawr newydd a Chwyldro. Ond y tro hwn, yn wyneb profiad mwy sylweddol o'r hanner o anghyfiawnder personol, llwyddodd Niclas i ymelwa'n greadigol arno. Wrth drafod y diflastod a barodd y bywyd milwrol i R. Williams Parry rhwng 1916 a 1918, dyma fel yr oedd Bedwyr Lewis Jones yn ei gweld hi: 'paradoxically, the isolation which he found so painful was good for the poet. He was driven in on himself to engage in self-searching ... Williams Parry's verse flowed strongest when his self-questioning and his sense of isolation were deepest.'[59] Yn yr un modd, er mor groes i'r graen oedd ei garchariad i Niclas, fe wnaeth fyd o les iddo fel bardd.

Er mai rhannol a thymhorol fu ei effaith arno yn y pen draw, yr hyn a brofodd yn ystod ei garchariad oedd metamorffosis creadigol. Nid na fu hi'n broses hawdd iddo gan y golygai lacio rhywfaint ar afael amryw egwyddorion a hawliai'n efengyl. Onid oedd wedi'i ddeluddu ei hun fel llenor – anhunanol er nad anegoistaidd – a hyrwyddai'r rhyfel dosbarth a brwydro dros hawliau'r gweithiwr cyffredin? 'Bardd y Werin ydwyf i'[60] broliai ar dop ei lais yn 1909, statws hunanapwyntiedig a fwynhâi a'i ddathlu mewn corff o ganu materol, *macho* rhwng 1909 a 1920.[61] Nid swyddogaeth ond *cenhadaeth* a goleddai fel bardd a gwyddai'n union am y gynulleidfa a wasanaethai. Gwenallt sy'n dwyn i gof y deng mlynedd, rhwng 1904 a 1914, a dreuliodd T. E. Nicholas yn gweinidogaethu a gwleidydda ym mhentre'r Glais yng Nghwm Tawe:

> Yn y cylch Sosialaidd dethol a gyfarfyddai yn 'Yr Ystafell Las' yn Nhafarn y Groesffordd, John Joseph oedd yr unig un a ddarllenai Gymraeg; yr oedd ei wreiddiau ef yn hen fywyd Cymreig y Cwm, a medrai adrodd ei dribannau a'i lên gwerin, ond nid oedd a fynnai ef â barddoniaeth Gwynn Jones, R. Williams Parry ac eraill. Byddai ei feirniadaeth yn finiog. 'Pam ddiawl na wnân nhw ganu yn symyl a naturiol fel Carpenter, Whitman a Whittier yn Sysneg, a Niclas y Glais yn Gwmrag?' 'Does gita nhw ddim porfa i anifeilied ar y comin, dim blewyn cwta, w.' 'Treio bod yn glasical, sbo.' 'Barddoniaeth *high-brow*, chi'n gweld.' 'Bwyd *giraffes*, myn uffarn i.'[62]

Ni fynnai Niclas, ar unrhyw gyfrif, i'w brydyddiaeth gael ei hystyried yn 'fwyd *giraffes*'; i'r gwrthwyneb, roedd mynd rhyfeddol arni ac roedd gan ei werin hoff feddwl y byd ohono yntau.[63]

Ond yr hyn a roes galon a chyfeiriad i'w werinoldeb oedd ei Farcsiaeth: gwirionodd ar Chwyldro Bolsiefic 1917 ac roedd ymhlith y cyntaf i ymaelodi â Phlaid Gomiwnyddol Prydain Fawr yn 1920;[64] mae'n siwr fod ei ffyddlondeb iddi'n gymorth i sicrhau ei hymrwymiad yn 1938 wrth hunanbenderfyniad Cymru a'r Alban a'i chefnogaeth i'r iaith Gymraeg.[65] Er mor awyddus fu amryw feirniaid i wneud yn fach o'i Farcsiaeth, yr un fath â Bobi Jones yn yr ymdriniaeth feirniadol fwyaf sylweddol â'i farddoniaeth, ni welaf innau fod lle i amau ei dylanwad ar Niclas.[66] Byddai'n werth oedi â sylwadau Siân Howys:

y mae un peth sy'n gyffredin o ran ieithwedd i'r telynegion [cynnar] a'r sonedau [diweddarach] sef terminoleg Nicholas. Mae Nicholas yn fardd a ffurfiodd ei eirfa ei hun a mynn ddychwelyd at yr un geiriau dro ar ôl tro. Y werin ydyw 'plant y gorthrwm', 'meibion Llafur', 'arwyr caib a rhaw', tra'r cyfalafwyr ydyw'r 'mawrion', 'y segurwyr', 'y glwth', a'r 'treiswyr'. Y delfrydau y mae Nicholas yn eu dyrchafu yn ei gerddi ydyw 'Rhyddid', 'Hedd', 'Iawnder' a 'Brawdgarwch' tra'r gwerthoedd gelyniaethus yw 'malais', 'gormes', 'gorthrymder' a 'brad'. Geiriau hud a lledrith ydyw'r rhain i Nicholas sy'n ymddangos drosodd a throsodd yn ei waith.[67]

Ond creu syrffed, nid hudoliaeth, a wna gorddefnydd Niclas o'r termau hyn, arwyddion clir o'i sloganeiddio a'i bropagandeiddio,[68] ac er ei bod hi'n ddechrau'r 1930au ar y cysyniad yn ffurfioli yn yr Undeb Sofietaidd, mae arlliw o realaeth sosialaidd ar y defnydd ohonynt:[69]

> Comrade Stalin has described our writers as engineers of the human soul ... What are our obligations, when we adopt this role? First of all, it is necessary to explore life as it is, to be able to reproduce it truthfully in works of art. To represent real life in its revolutionary progression, we must not coldly and pedantically pursue 'objective reality'. Truthfulness and historical correctness ... has to be combined with our task of ideologically transforming and re-educating working people in the spirit of Socialism. This method of creative writing and literary criticism we call Socialist Realism.[70]

A'i ymateb wedi'i bennu'n ideolegol, symleiddio realaeth a wnâi Niclas yntau'n aml, a thrwy gyflwyno brwydr y werin mewn goleuni mor anwrthrychol o arwrol, y mae hyd yn oed yn llwyddo i glamoreiddio'i brwydr ar adegau. Yng ngeiriau un sylwebydd, 'The poet doesn't just write poems, but also by his poems helps to further the building of Communism',[71] a barddoniaeth iwtilitaraidd, ddiwygiadol a hybai'r chwyldro comiwnyddol oedd eiddo Niclas.

Mae golwg Niclas ar farddoniaeth hefyd yn cyd-fynd ag athrawiaeth Sofietaidd swyddogol. Fel a ddigwyddodd dan y Natsïaid rhwng 1933 a 1945,[72] daeth moderniaeth dan y lach yn Rwsia hefyd: 'This doctrine [realaeth sosialaidd] gave voice to Stalin's desire to create a Socialist state art, brutally extinguishing the experimentation and the distinguished avant-garde work of the 1920s.'[73] Gyda golwg ar foderniaeth, felly, roedd John Joseph a Joseph Stalin yn unfryd unfarn yn eu condemniad arni! Ceidwadol os nad adweithiol oedd chwaeth lenyddol Niclas:[74] 'Pe bawn i'n cael fy ffordd', cellweiriodd rywdro, 'buaswn i'n cau y beirdd modern 'ma i mewn [am] ryw fis bob blwyddyn a dim byd 'da nhw i'w ddarllen ond gweithie Pantycelyn er mwyn eu dysgu nhw i farddoni yn ddealladwy i feidrolion fel fi.'[75] A dyma dystiolaeth un o'i gyfeillion, Gwilym R. Tilsley: 'Y mae ei safonau i farnu cerdd yn rhai syml iawn: rhaid iddi fod yn glir ei neges, yn gain ei gwisg ac yn hawdd ei chofio. Nid oes ganddo amynedd i fynd i'r afael â barddoniaeth gymhleth neu dywyll, ac ofer dadlau ag ef y gall cân anodd fod yn gân fawr.'[76] Bron na ellid cymhwyso at farddoniaeth Niclas rhwng 1909 a 1920 ddisgrifiad un beirniad o gerddi Rwsiad a sgrifennai yn ystod yr Ail Ryfel Byd: 'most poems were marred by a repetitive use of imagery, by a declamatory tone, were too much concerned with thought and not enough with a lyric fusion of thought and feeling.'[77] Na, doedd Bardd y Chwyldro yn bendant ddim yn fardd chwyldroadol![78] Yn ystod yr ugain mlynedd rhwng 1920 a 1940, cyfnod o dawelwch llwyr bron ar ei ran fel bardd pan ymsefydlodd yn Aberystwyth yn ddeintydd peripatetig,[79] tystia Gwenallt ei fod wedi 'ymrôi ati i ddarllen barddoniaeth Gymraeg ddiweddar, ac yn enwedig farddoniaeth R. Williams Parry. Dotiai ar ei sonedau.'[80] Hynny, ynghyd ag anogaeth cyfeillion fel Dewi Emrys ac Iorwerth Peate,[81] a'i denodd at fesur y soned.[82] Ond *ffurf* sonedau Williams Parry, Parry-Williams a Gwenallt a ddylanwadodd yn bennaf arno rhagor eu cynnwys: ni cheir yn 'Penyberth' (*LlD*: 106), er enghraifft, ddim o gyfoeth cyfeiriadol nac afreoleidd-dra mydryddol 'Cymru 1937' a 'J.S.L.'.[83] Camarweiniol felly fyddai awgrymu bod Niclas wedi datblygu'n fodernydd yn ei sonedau. Yr hyn a wnaeth oedd datblygu'n fardd mwy myfyrgar a llai byrbwyll, bardd na fodlonai ar yr ymateb cyntaf a ddeuai i'w feddwl ond un mwy amrywiol, annisgwyl a diddorol na chynt. Yn lle mynd i'r afael â materion mawr swyddogol, pethau cyffredin, beunyddiol a aeth â'i fryd – cath y carchar, sigaréts, blodau prin. Canlyniad ei gaethiwo mewn cell, weithiau am ddwy awr ar hugain y dydd, oedd datblygu'r ddawn i fanylu a ffocysu, i ddewis a dethol, i grynhoi a thynhau, a chaniatáu i ddelweddau wrth law gyfleu ei feddwl. Rhoes gyfle iddo'i hun ddadansoddi'n wrthrychol rhagor disgrifio'n arwynebol a datblygodd yn fardd ymholgar rhagor datganiadol. Ac o ganlyniad mae Niclas, y bardd answyddogol hwn, yn amgenach bardd o'r hanner. Mewn gair, profiad ymryddhaol i'r bardd yn Niclas oedd ei garchariad: yn y cerddi gorau a ddeilliodd o'r profiad fe'i gwelir yn rhoi'r gorau i ymateb yn ideolegol gywir ac yn meddwl yn annibynnol ddeallus drosto'i hun.

Ond fel yr awgrymwyd eisoes, nid ar chwarae bach y datblygodd Niclas fel bardd yn ystod ei garchariad. 'Aethpwyd â phopeth ond fy enaid' (*LlD*: 81) meddai mewn un soned, gan awgrymu fel y bwriwyd ef yn ôl ar ei adnoddau mewnol ei hun, eithr onid moeth *bourgeois* oedd archwilio'n unigolyddol ei gyflwr ef ei hun i un a roes y fath bwys ar y torfol a'r colectif?[84] Yr eironi mawr yw mai yn yr union sonedau hynny lle y caniatá iddo'i hun y moeth hwnnw o archwilio'n unigolyddol ei gyflwr ef ei hun y cynhyrchodd ei farddoniaeth orau! Mae'n ymelwa ar brofiad diriaethol o gaethiwed rhagor syniad haniaethol amdano, mae'n gwneud yn fawr o brofiad penodol o anghyfiawnder rhagor delwedd ddirprwyol ohono.

Canu ar sail syniad o anghyfiawnder a wnâi Niclas yn *Terfysgoedd Daear*, y gerdd gyntaf ganddo a gysylltir â'r Ail Ryfel Byd ac un o ddwy bryddest a anfonodd i gystadleuaeth y Goron yn Eisteddfod Genedlaethol Dinbych yn 1939.[85] Un o wendidau amlycaf Niclas fu ei anallu i ffocysu, gwendid a barodd yn aml iddo ganu'n haniaethol lac ac yn rhethregol amhenodol ac un a amlygir yn y gerdd hon. Cerdd ar drothwy'r rhyfel yw hi: dyddiwyd y rhagair 28 Awst 1939 a dywedir ynddo mai 'Hanes yw'r bryddest; gobeithio na thry'n broffwydoliaeth' (*TDr*: [3]). Ni all crynodeb Niclas o brif themâu'r bryddest atal ymdeimlad o *déjà vu*: 'Cyfyd y Terfysgoedd o'r gwrthdaro Rhwng cred a gwaith; Rhwng Duw rhyfel a Thywysog Tangnefedd; Rhwng Pendefig a Gweithiwr; A thu ôl i'r cwbl – MAMON' (*TDr*: [3]). Does ond i rywun feddwl am ei gerdd hir 'Gweriniaeth a Rhyfel'[86] i sylweddoli bod Niclas wedi tramwyo'r un ffordd droeon o'r blaen rhwng 1909 a 1920. Yn ei feirniadaeth arni, cydnebydd T. H. Parry-Williams gyfoesedd y gerdd: 'Cân hirfaith sydd ganddo ef yn ceisio cyfleu, yn ei harddull a'i mydr a phopeth, gyffroadau'r dyddiau hyn.'[87] Er mor gosmetig yw'r cymeriadu, prif gymeriad y gerdd yw Jos, un sy'n gweithio mewn ffatri arfau, ac enghraifft o'r werin ecsbloetiedig. Mae'r ddyfais a ddefnyddir i fframio'r bryddest, sef bwletin newyddion radio, yn sicr yn un amserol a'r modd eironig y cyfosodir gwahanol benawdau yn codi cwestiynau ynghylch gwerthoedd newyddion:

> Tânbelenni'n lladd tri chant o blant yn Sbaen,
> A phymtheg mil mewn tref yn China.
>
> Bu cwrdd diolch am Heddwch yn y Brifeglwys.
>
> Y brenin allan yn hela drwy'r dydd a chael hwyl fawr;
> Lladd tair petrisen a chlwyfo un gïach. (*TDr*: 7)

Ond nid un a adawai i ffeithiau lefaru'n gynnil drostynt eu hunain ac ymddiried yn nychymyg a deall ei ddarllenwyr fu Niclas erioed a buan yr â ati i waldio'r neges adref yng nghorff y gerdd. Bu'n llwyddiannus yng nghystadleuaeth y gerdd *vers libre* yn Ninbych a thrawsblannodd rannau ohoni ym mhryddest cyhoeddedig 1939. Mae'r dyfyniad a ganlyn o ddiweddglo'r gerdd a wobrwywyd yn enghreifftio gwendid sy'n nodweddu'r bryddest hithau:

> A'r Fam dragwyddol yn wylo am ei phlant ac am ei phlentyn:
> > "'Cwsg fy anwylyd di-nam';
> Gorffwys dy ben crych ar fy mynwes;
> Llifa llaeth fy mron yn gymysg â'th waed.
> 'Na ferwa fyn yn llaeth ei fam,'
> Gwareiddiad y cynfyd pell,
> Cyn i'r Dihalog gerdded y ddaear,
> Cyn sefydlu Ysgol Sul a throsi'r Beibl i'r Gymraeg,
> > Ac ymffrost dyn yn ei dwf!
> Bu dy ddwylo bach yn chwilio am fy nghariad ac am fy llaeth;
> A'th wefusau rhos yn ymladd am eiriau i draethu dy gariad;
> > A minnau'n ffoli arnat.
> Dydd dy ben blwydd heddiw petait wedi dianc rhag gwareiddiad.
> Fy maban am byth; â'th ben crych,
> > A minnau'n dy garu.[88]

Yma eto, yn hytrach na chyflwyno portread penodol a manwl o un fam a chaniatáu iddo fagu grym symbolaidd, drysir cynildeb a sensitifrwydd y darn drwy fynnu llusgo i'w ganol gyfeiriadau llawdrwm at 'wareiddiad', 'Ysgol Sul' a 'throsi'r Beibl i'r Gymraeg'.

Mae pethau'n gwella gydag i Niclas ymbellhau dros dro oddi wrth draddodiad y cerddi eisteddfodol hirfaith a hirwyntog – traddodiad sy'n fodd i'n hatgoffa mai yn chwarter olaf y bedwaredd ganrif ar bymtheg y prifiodd Niclas wedi'r cyfan – ac iddo roi cynnig ar grisialu a chrynhoi ei weledigaeth.[89] Mae rhai o'i sonedau sy'n cyfarch creaduriaid a phethau'r carchar yn dwyn i gof 'Break of Day in the Trenches'[90] o'r Rhyfel Byd Cyntaf, a'r milwr Isaac Rosenberg yn troi at ei lygoden gosmopolitan am sgwrs, a hefyd 'I Gi'[91] T. H. Parry-Williams o'r un rhyfel a'r bardd yn chwilio am gwmni anifail dof yn y dyddiau digymdeithas a oedd ohoni. Mae'r ffaith fod dwy flodeugerdd mor wahanol i'w gilydd â *The Oxford Book of Welsh Verse*[92] a *The Bloodaxe Book of Modern Welsh Poetry*[93] wedi dewis 'I Aderyn y To' (*LlD*: 21) i gynrychioli awen T. E. Nicholas yn awgrymu'r consenswr ynghylch llwyddiant y soned hon. Yn hytrach na disgyn i'r fagl hawdd o drin sefyllfa'n llythrennol, llwydda T. E. Nicholas i ymateb i'r olygfa gyda dychymyg trosiadol: tâl am iddo ganu iddo yw'r bara a'r afal a rydd i'r creadur, ymwelydd â charchar Abertawe o hen gynefin y bardd ym Mhenfro a'i gartref yn Aberystwyth:

> Wele friwsionyn arall am dy ganu,
>   A darn o afal i felysu'r bwyd.
> Daw sŵn dy bigo cyson i'm diddanu
>   A da yw gweld ar dro dy fantell lwyd.
> Daethost, fe ddichon, o dueddau Penfro
>   O'r grug a'r eithin tros y Frenni Fawr,
> A buost, dro, ar adain lwyd yn cwafro
>   Uwch Ceredigion deg ar doriad gwawr.

'Rhaid i mi gydnabod nad oes arnaf awydd mynd yn ôl i'r dyddiau a fu', meddai Niclas unwaith, 'Edrych ymlaen a fûm ar hyd fy oes, am amser gwell na dim a brofodd dyn hyd yma.'[94] Fodd bynnag, mewn soned fel hon gwelir y persbectif hanesyddol yn ymledu ac yn gwrthbwyso rhywfaint o sôn parhaus y bardd am yr hyn a ddaw yn y dyfodol: dan amodau carchar, gwêl Niclas werth ac arwyddocâd y weithred o gofio, un o'r pethau prin a phreifat hynny yr oedd ganddo feddiant arno o hyd.[95] Canlyniad hyn yw gwreiddio cerddi'r carchar yn ddyfnach byth mewn profiad. At hynny, o fardd llethol o faterol ei bwyslais yn aml, nid yw'n ymfodloni ar y materol y tro hwn ond yn symud at yr ysbrydol yn ail hanner y soned gyda'r cyfeiriad at gynnal cymun dychmygol rhwng y bardd a'r aderyn:

> Cymer y bara: pe cawn ddafn o winoedd
>   Gwasgfa'r grawnsypiau pêr o'r gwledydd pell,
> Mynnem ein dau, ynghanol helynt trinoedd,
>   Gymun, heb groes nac allor yn y gell.
> Mae'r bara'n ddigon santaidd am y tro,
> Offrwm o galon nad oes arni glo.

Cynnil ac ymatalgar yw'r cyfeiriad at gyd-destun y carchariad – 'helynt trinoedd' – er y daw'r cyd-destun hwnnw'n gliriach mewn soned fel 'Aderyn To ac Adar Tân' (*LlD*: 25): cyferbynnir yn hon yr aderyn a ddaw i'r gell i gyrchu bwyd gyda'r awyrennau sy'n bomio Abertawe gyda'r nos: 'Adar y tân a'r nwy a'r pelau harn' sy'n 'dodwy gwae ar dir a môr'.

Dro arall, er bod y sylweddoliad yr un mor ddifri, mae'r cywair yn ysgafnu: y cwpled clo yn 'Newid' (*LlD*: 31), er enghraifft, sy'n cyferbynnu rhwng y gorffennol, pan fwydai'r bardd aderyn mewn cawell, a'r presennol, pan yw'r bardd dan glo a'r aderyn yn ymweld ag ef: 'Efe yn rhydd – a minnau'n gaeth am dro, / Newid go fawr, Aderyn Llwyd y To!' Eironig hefyd yw'r cyfeiriad rhwng cromfachau yn 'Colomennod' (*LlD*: 32) sy'n disgrifio'r adar amgen a ddaw i gyfarch y bardd yng ngharchar Brixton lle'i trosglwyddwyd ar ôl cyfnod yn Abertawe: 'Arhosodd adar llwyd y to yng Nghymru, / (Gwybûm o'r blaen am eu callineb hwy!).' Synhwyrir y bardd yn ymlacio mewn cerddi fel y rhain, yn anghofio dros dro am ei barchus, arswydus swydd yn gwasanaethu'r werin, yn lleisio rhywfaint o hunanddifrïaeth yn hytrach na'i ddifrif-oldeb unffurf arferol, yn mentro ychydig o ysgafnder yn lle'i fod mor ddychrynllyd o egwyddorol bob gafael.[96] Soned hyfryd yw 'Y Natur Ddynol' (*LlD*: 54) a'r cydweithrediad greddfol rhwng dynion a ddarlun-nir ynddi'n fodd i adfer ffydd T. E. Nicholas yn naioni sylfaenol y ddynoliaeth: crwydra aderyn du i mewn i stafell waith y carchar a brwydro'n llawn panig i ddod o hyd i allanfa:

> Taflwyd y gwaith, a chododd pob carcharor,
>   A'r swyddog yn eu plith: datgloi y drws,
> Tynnwyd y bolltau, taflu'r lle ar agor,
>   A gwneuthur ffordd dihangfa'n hawdd i'r tlws.
> Y natur ddynol ar ei gorsedd, dro,
> A phawb am ollwng un i ryddid bro.

Y mae digwyddiad nid annhebyg yn 'Iâr Fach yr Haf' (*LlD*: 70), pan hedfana'r creadur bregus i mewn i gell carchar, yn cyfeirio meddwl y bardd yn ôl at ei gaethiwed ei hun ac yn aildanio'i obaith:

> Cydiaf yn dyner mewn dwy adain sidan,
>   A dodi'r alltud hwnt i'r barrau'n rhydd;
> A thaflu i'r ehangder dyfnlliw, llydan,
>   Frodwaith o liwiau, darn o'r haf a'r dydd.
> Daw eto law a'm gollwng innau dro
> I ryddid lliw a dail a blodau bro.

Gwrthrych difywyd sy'n hawlio'i sylw yn 'I'm Llechen' (*LlD*: 47), myfyrdod ar y tamaid llechen y cofnodai Niclas ei sonedau arni a'r garreg yn cael ei phersonoli a'i gweld fel 'Alltud' yr un fath ag ef ei hun a '[Ch]ymrawd yr oriau hir a'r drysau cau'. Ond y mae hefyd yn gyfle iddo dalu teyrnged i'r gweithiwr cyffredin, y chwarelwr yng ngogledd Cymru, a'i lluniodd: 'Pe deuai cyfle i wasgu'r llaw a'i naddodd, /

Diolchwn drwy fy nagrau am ei waith; / Creigiwr y dwylo caled a ymladdodd / Heb achwyn ar na thlodi, poen na chraith.'

Y mae awen ddynol Nicholas hefyd yn datblygu yn sgil ei garchariad. Nid nad yw ei ganu blaenorol yn brin o ddynoliaeth: i'r gwrthwyneb, mae'n llawn cydymdeimlad â'r werin yn ei hadfyd a mynega ffydd yn ddi-feth y daw ei dydd. Dynoliaeth arwrol, felly, nad oes brinder ohoni ymhlith ei gerddi carchar chwaith fel y gwelir yng nghwpled clo 'Buddugoliaeth' (*LlD*: 69): 'Mae teyrnas dyn mor sicr â theyrnas Dduw / Pan gydio dwylo'r gweithwyr yn y llyw.' Ond fe geir at hynny fynegiant mwy anarferol ac anrhagweladwy o ddynoliaeth, parodrwydd i ddarlunio dyn yn onest yn ei wendid a'i anobaith, a pharodrwydd i'w gadael hi ar hynny heb gyfeirio golygon y darllenydd yn fformiwleaidd cyn diwedd cerdd at ddrws gwaredigaeth. Deillia hynny eto o'r newid byd a brofodd Niclas yn y carchar. Mewn amryw bortreadau ohono, cyfeirir droeon at ffydd Niclas yng nghywirdeb ei genhadaeth, hunansicrwydd a all swnio'n debyg iawn i hunangyfiawnder ar adegau.[97] Yr un yw'r argraff a gyfleir ohono, boed gan gyfaill a chyfoeswr fel Ithel Davies neu gan sylwebydd diweddar fel Siân Howys: 'Yr oedd yn gwybod yn bendant ym mha le yr oedd yn sefyll ar bob mater o bwys, yn wleidyddol, crefyddol a chymdeithasol. Du a gwyn oedd bywyd iddo ef. Ac yr oedd y du yn ddu undonog a'r gwyn yn wyn difrycheulyd . . . Nid oedd ffordd resymol na rhesymegol i gyfaddawdu';[98] 'Yr oedd, yn wir, yn ddyn eithafol, heb ddim i'w ddweud wrth lwydni cyfaddawd. Ni welai ond y du a'r gwyn mewn bywyd.'[99] Yr hyn sy'n digwydd yn rhai o'r sonedau carchar yw ei fod, yn ei ddigalondid, yn blasu dos o hunanamheuaeth: a'i olwg ddu a gwyn ar bethau'n cilio, crwydra i'r tir llwyd yn y canol sy'n brofiad mwy maethlon o'r hanner iddo'n greadigol.

Ceir enghraifft ohono mewn anial dir yn crwydro yma a thraw yn y soned 'Glaw' (*LlD*: 46) a'r glaw ynddi a syrth o fewn y gell yn drosiad am ei ddagrau ef ei hun: 'mae'r dafnau megis dyfroedd / Moroedd y byd a'u blas yn chwerw a hallt; / Ac megis ewyn ton o flaen y gwyntoedd / Yn cario tang y môr i goed a gallt' meddir gan wneud defnydd creadigol o ormodiaith. Cerdd am argyfwng hunaniaeth yw '"Alien"' (*LlD*: 59) a hyder T. E. Nicholas wedi'i fwrw oherwydd i'w fab ac yntau gael eu dosbarthu 'gyda'r estroniaid' yn Abertawe:

> Y swyddog Sais, gwâd ef fy hawl i'r famwlad,
>   A dyd 'Estronddyn' eglur ar fy nghell;
> A'r Cymro yn ei wae yn fab amddifad
>   Am feiddio sôn am wneuthur Cymru'n well.

> 'Rwy'n ddyn heb wlad na neges dan y lloer
> Ond dyfal gerdded hyd y lloriau oer.

Gwna'r tolc hwn i'w hunansicrwydd fyd o les iddo fel bardd gan ei orfodi i ystyried o'r newydd yr hyn a ragdybiodd gynt, ac mae'r soned ddilynol, '2740 (Fy rhif yn y carchar)' (*LlD*: 60), hefyd yn darlunio'n gofiadwy y broses drylwyr o'i ddad-ddynoli a'i ddibersonoli a'i yrru'n ôl at ei adnoddau mewnol:

> Fe'm ducpwyd i o fryniau creigiog Meirion,
>   O eangderau Maldwyn deg a'i choed,
> Mynyddoedd Penfro, dolydd Ceredigion
>   A fu'n dreftadaeth deg i mi erioed.
> Symud anwyliaid enaid – yr hen lyfrau –
>   A'u dodi'n rhywle mewn diogel gell,
> Bu dwylo deddf yn turio i'm llythyrau,
>   A chwalu 'mreuddwyd am y dyddiau gwell.
> Cymryd fy enw priod oddi arnaf,
>   A'm cyfarch fel pe bawn yn farch neu gi;
> Minnau'n pendrymu dan y gwarth a'r anaf
>   A holi ganwaith – ai myfi wyf fi?
> 2740! ffugenw bardd o'r wlad,
> Heb ond ei enaid iddo yn ystâd.

Tair soned arall sy'n darlunio amddifadedd, undonedd ac unigrwydd y carchar yw 'Diflastod' (*LlD*: 49), 'Drwy'r Ffenestr' (*LlD*: 40) ac 'Yr Olygfa' (*LlD*: 74), ac un o'r disgrifiadau gorau sy ganddo o'r modd y pwysai ei gaethiwed arno yw 'Pum Llath wrth Dair' (*LlD*: 68):

> Pum llath wrth dair! a throedio'r cyrrau ganwaith,
>   Rhifo pob cam yn fanwl ac yn fân;
> Gorffen y cylch a chychwyn arno eilwaith,
>   A chwiban nodau hiraeth rhyw hen gân.
> Aderyn bach yn cyrchu ei ddogn o fara
>   Ac yn chwibanu ei hen gerddi pêr;
> Ei gwmni diddig yn melysu Mara
>   A dwyn i'm cof flodau a lloer a sêr.
> Pum llath wrth dair i draed a ddringodd fannau,
>   Pum llath wrth dair i deithiwr penna'r fro;
> Un ffenestr fach yn gaeth mewn rhwyd o farrau,
>   A drws heb gliced arno onid clo.
> Cerdded ar gylch heb gyrraedd i un man,
> Cerdded a cherdded megis hanner pan.

Nid y lleiaf o rinweddau'r soned hon yw'r modd y defnyddir techneg ailadrodd, un a ddefnyddiwyd yn ddiarbed gan Nicholas mewn cerddi blaenorol a hynny'n rhethregol dreuliedig fel rheol ond a arferir yn ystyrlon fan hyn i gyfleu oferedd ac anghreadigrwydd ei fodolaeth. Ymestyniad o'r un thema, ond y tro hwn o bersbectif trydydd person, a geir yn 'Y Cerddwr': 'Mae rhywun uwch fy mhen yn cerdded, cerdded' (CC: 26).[100]

Darlun o gymeriad cymdeithasgar, parablus, prysur a hwnnw'n wastad ar fynd i rywle neu'i gilydd yw'r darlun sy'n ymffurfio o Niclas. Sonia amdano'i hun rhwng 1917 a 1945 yn traddodi tua mil o ddarlithoedd ar Rwsia yn unig ac yn mynd bum noson yr wythnos i annerch gwahanol gymdeithasau ledled Cymru.[101] Tipyn o *cause célèbre* oedd ei garchariad a ysgogodd brotestiadau trawsbleidiol gan rai mor amrywiol â David Lloyd George, Plaid Cymru a'r Blaid Gomiwnyddol a fu'n pwyso ar yr awdurdodau i'w ryddhau.[102] Broliai Niclas fod '1,851,100 o weithwyr' wedi 'cymryd rhan mewn cyrddau' lle y pasiwyd penderfyniadau o'i blaid ef ac Islwyn, ac ar ei ben blwydd yn drigain oed derbyniodd 'dros fil o gardiau pen blwydd, a thelegramau yn enw cant a hanner o filoedd o weithwyr'.[103] Ceir braslun dadlennol yn nisgrifiad hyfryd Albert Wynne Jones ohono'i hun yn ymweld â Machynlleth i dynnu dant:

> rhaid addef mai yn bur bryderus yr euthum hefyd, oblegid gwyddwn ei fod erbyn hyn yn hynafgwr yn ei bedwar ugeiniau. Tra'n disgwyl fy nhro i fyned i'w wyddfod, cefais fy hun mewn cwmni diddan – yn bregethwyr, englynwyr, ffermwyr, trafeilwyr a dynion yswiriant. Deëllais yn fuan nad oedd yr un o'r frawdoliaeth gymysg hon eisiau tynnu ei ddant – wedi dyfod yno i'r seiat wythnosol yr oeddynt – brawdoliaeth Niclas y Glais oedd hon. Cofiaf yn dda mai Dydd Mercher ydoedd, sef diwrnod marchnad ym Machynlleth. Tyrrai'r bobl i ystafell Niclas i gael sgwrs ac i drafod y 'Pethe'.[104]

Er cymaint yr ymfalchïai Niclas yn y ddelwedd ohono'i hun fel Bardd y Werin, y gwir amdani yw na neilltuodd ddigon o amser ar gyfer y gwaith o farddoni ac na fynnodd mohono erioed yn flaenoriaeth. Gweithgaredd a ffitiai i mewn gyda gweithgareddau eraill ydoedd, joban wrth fynd heibio, fel petai: 'wrth grwydro i ddarlith, oedfa neu gwrdd pregethu fe ddeuai'r Awen i'r wyneb.'[105] Cadarnheir hyn gan Gwenallt:

> Nid oes ganddo amynedd o gwbl, dim gronyn. Byddai'n cyfansoddi ei sonedau y tu ôl i olwyn yrru ei fodur, yn eu teipio ar ôl cyrraedd adref, ac yn eu danfon yn boeth i'r Wasg. Nid oedd ganddo amynedd i'w gadael yn y drôr am yr awr honno i'w trwsio a'u caboli pan fydd yr ymennydd yn llonydd a llym a'r galon yn ddidrugaredd wrth ei chreadigaethau.[106]

Ac yna profodd sioc ei garchariad: hawliodd unigrwydd le cymdeithas, daeth tawelwch yn lle parabl, cymerodd llonyddwch le prysurdeb, a wynebodd cyfyngder pedair wal yn lle'r rhyddid i grwydro ar hyd a lled y wlad. Fe'i cafodd ei hun mewn sefyllfa nad oedd ganddo fawr o ddewis ond neilltuo'i amser yn gyfan gwbl i'w farddoni, rhoi'r lle cyntaf am unwaith yn ei hanes i'r dasg, ac yn ei eiriau ei hun, 'dyna'r cyfle gore ges i erioed i lenydda'[107] a sicrhaodd ei fod yn '[c]anu rhai o'm pethau gorau a mwyaf disgybledig'.[108]

Ond os llwyddodd Niclas i'w ailddyfeisio'i hun fel bardd yn ystod ei garchariad, os llwyddodd i sylweddoli rhywfaint o'i wir botensial creadigol, yna dros dro fu hynny. Mae dyn yn dechrau amau mor fuan ag Ebrill 1944, pan gyhoeddwyd *Y Dyn â'r Gaib*, a ddysgodd mewn gwirionedd o'i gyfnod dan glo o'i weld yn troseddu drachefn. Ydi, mae'r gyfrol yn cynnwys 'Thelma' (*DG*: 5), dwy soned goffa am ei ferch a'r ail ohonynt ymhlith ei bethau gorau lle yr harneisir yn ddychmygus ddelweddaeth y mudiad rhamantaidd: 'Tu hwnt i'r gorwel wedi croesi bro / Dawel . . . Cawn ail-gyfarfod yn y dydd di-wawr . . . Treulio canrifoedd diddan ar ein rhawd / Ar draeth di-orwel lle nas tery ton.' Ond melodrama yw'r gerdd hir ar fydr ac odl sy'n ei dilyn a thystiolaeth bellach o'r diffyg synnwyr beirniadol y cyfeiriodd Gwenallt ato yn ei ragair i *Llygad y Drws*;[109] gellid yn hawdd ffeirio'r cyfeiriad at yr Ail Ryfel Byd am un at Ryfel y Boer neu'r Rhyfel Byd Cyntaf yn 'Gwlad Deilwng o Wroniaid! (Stori Cymro yn y Dwyrain)' (*DG*: 6–16) gan mor ysgubol ac ansoffistigedig yw'r ymdriniaeth â rhyfel: 'Cwerylon pendefigion a fu'n rhoi / Peiriannau rhyfel wrth eu gwaith i droi / A malu'r miloedd fel y graean mân, / A ninnau, werin byd, heb le i ffoi' (*DG*: 15). At hynny, daw gwên anfwriadol i'r wyneb yn sgil sentimentaliaeth a bathos fel hyn: 'A Phero'n dychwel wedi chwilio'r dref, / A llaw'r un annwyl rhwng ei ddannedd ef' (*DG*: 13). Llwyr annigonol yw ymateb linc-di-lonc fel hwn yn 'Arwr' (*DG*: 19) i gyfleu trallod milwr a gollodd aelod o'i gorff: 'Do, bûm yn ymladd dros y teyrn a'r banciau, / A cholli 'nhroed yn nhywod poeth Tobrwc; / Ac yno'n pydru y mae torf o'r llanciau, / A minnau'n fyw a gweddol iach, drwy lwc.' Awen *agit prop*, otomatig a glywir yn '1941' (*DG*: 27) a'i darluniau cartŵn:

> Dyrnaid o fawrion yn eu plasau'n llechu
>   A'u gwin a'u chwerthin yn dihuno'u bost;
> A gwerin yn y llaid a'r tân yn pechu
>   Â'i chwŷs a'i gwaed a'i chlwyf yn talu'r gost.

Yr un hen gân a glywyd drachefn yn *Dryllio'r Delwau* yn 1948: mae'r patrwm ailadrodd yn 'Bomio Tokio' (*DDu*: 14–15),[110] er enghraifft, yn dwyn i gof 'Cân y Gwaed' o'r Rhyfel Byd Cyntaf,[111] a geirfa'r broffwydoliaeth gyfarwydd yn 'Yfory' (*DDu*: 10) wedi gwisgo'n dwll: 'clywaf fudo / Y Chwyldro'n araf nesu oddi draw . . . yfory bydd / Gwerin yn codi o'i chadwynau'n rhydd.' Dirywiodd hefyd ei ddefnydd o fesur y soned, a helpodd i'w ailfedyddio'n fardd, yn fwyfwy blinedig, mecanyddol ac ailadroddus, neu yng ngeiriau Bobi Jones, 'sticiodd y nodwydd ar ei record sonedol'.[112] Os profwyd un peth pan gamodd T. E. Nicholas o gadwynau'r carchar yn rhydd, profwyd na allai'r rhyddid y canodd mor frwdfrydig amdano warantu celfyddyd arwyddocaol.

Waldo Williams

Mewn mwy nag un ystyr, cam bach yw hi o T. E. Nicholas at Waldo Williams (1904–71), 'Bardd heddychol mwyaf yr Ail Ryfel Byd', chwedl Alan Llwyd.[113] Er bod chwe blynedd ar hugain yn gwahanu'r ddau, byddent yn marw o fewn rhyw fis i'w gilydd a dywed Lyn Ebenezer am y rhifyn teyrnged o'r *Cardi* a gyhoeddwyd yn 1969 fod gan Niclas feddwl '[m]awr iawn o'r gydnabyddiaeth hon iddo, ac yn arbennig o erthygl Waldo ar ei farddoniaeth . . . Wylai Niclas yn hidl wrth syllu ar yr erthygl, yn un peth am fod Waldo ei hun yn wael, ac hefyd "am mai'r hen Waldo yw un o'r ychydig rai i weld pwysigrwydd ac arwyddocâd y gerdd ['Gweriniaeth a Rhyfel']".'[114] Yr erthygl dan sylw, 'Barddoniaeth T. E. Nicholas', yw'r un olaf i Waldo ei sgrifennu ac mae'n arwyddocaol ei fod yn mynegi ynddi ei werthfawrogiad, er pan oedd yn fachgen ifanc, o waith un a oedd yn arwr ar ei aelwyd: 'Rwy'n cofio fy nhad yn ei darllen ['Gweriniaeth a Rhyfel'] i'm mam allan o'r *Geninen*. Ac fe'm gwefreiddiwyd ganddi yn y blynyddoedd ieuainc pan oedd teimladau'n rhedeg yn rhwydd. Ond fe'i darllenais hi eto echnos ymhen mwy na hanner canrif, ac fe'm gwefreiddiwyd eto, lawn cymaint.'[115] Rhai o Sir Benfro oedd Niclas a Waldo a magodd defod flynyddol y cynhaeaf gwair arwyddocâd symbolaidd ym meddyliau'r ddau:

> 'roedd gwerin yr ardal yma yr un fath â gwerin y byd i mi. Dynion fel yma fydd yn poblogi pob ardal yng Nghymru a thrwy'r byd pan fydd yr hen fyd 'ma wedi dod i'w synhwyrau – dynion caredig yn cynorthwyo'i gilydd. 'Dwi'n cofio weithiau gweithio ar y cynaeafau yma – pymtheg ar hugain o bobol yn gweithio yn y gwair, pan oedd hi'n dywydd braf a dim ond un cnwd o wair 'falle i fynd fewn y prynhawn hwnnw. 'Roedd pawb

yn dod, a dyna'r lle'r o'n nhw'n canu ac yn adrodd ac yn diddori'u hunain. Mae'r atgof am y cynhaeaf gwair yn un o'r pethau mwyaf annwyl yn fy nghof i.[116]

Er y tebygrwydd, nid i'r un fan yr arweiniwyd y ddau gan yr hyn a welsant: gwerthoedd y bychanfyd a bwysleisiai Waldo, hyrwyddai weledigaeth ddatganoledig yn ei hanfod, ac i un a roes ei gas ar y syniad o wladwriaeth byddai'r monolith canoledig Stalinaidd a ddelfrydai Niclas yn anathema llwyr. Ond am y delfryd hwn o gydweithio cymunedol a brofodd Niclas yn y Preseli, dyma hefyd a ddathlodd Waldo mewn amryw byd o'i gerddi, yn eu plith 'Daw'r Wennol yn ôl i'w Nyth' ('Tynnu'r gwair', *DP*: 29),[117] 'Geneth Ifanc' ('Yn prynu cymorth daear â'u dawn', *DP*: 23), 'Preseli' ('Cof ac arwydd, medel ar lethr eu cymydog', *DP*: 30)[118] a 'Mewn Dau Gae' ('pan fyddai'r cyrch picwerchi / Neu'r tynnu to deir draw ar y weun drom', *DP*: 27). Daw 'Preseli' a'i chyfeiriad at 'un llef, pedwar llais' i'r meddwl yn ogystal wrth ddarllen 'Pedair Iaith ar Ddeg' (*LlD*: 27), un o sonedau carchar Niclas: 'Er canu o bobun yn ei iaith ei hunan, / Un oedd y dôn, un meddwl oedd i'r gân, / Y geiriau'n clymu gweithwyr daear gyfan / Mewn undod perffaith, bythol, diwahân.' Yn 'Preseli' hefyd yr anfarwolir y mynyddoedd sydd yn gefn 'ym mhob annibyniaeth barn', yr un 'annibyniaeth barn' (*DP*: 24) ag a ddethlir yn 'Ar Weun Cas' Mael', a daw'r ddau gyfeiriad i'r meddwl wrth ddarllen am yr hyn sy gan Niclas i'w ddweud amdano ef ei hun a dau arall a wrthwynebodd y Rhyfel Byd Cyntaf, Thomas Rees[119] a D. J. Davies,[120] a aned o fewn cyrraedd i'w gilydd: 'Bu rhyw bethau ynom ein tri yn debyg, er y gwahaniaeth mawr. Buom ein tri yn barod i gefnogi mudiadau amhoblogaidd. Rhoddasom ein tri bob cynorthwy i achos heddwch, ac ni pheidiasom a chodi ein llef yn erbyn rhyfel.'[121] Da y'n hatgoffwyd hefyd gan James Nicholas mai un o'r rhai a fu dan glo yng ngharchar 'Abertawe'n fflam' yn 1940 oedd Niclas:[122] yn y soned garchar 'Troseddwyr' (*LlD*: 58) ceir 'Fy mrodyr ydych chwi bob un ohonoch, / Y gorau a'r gwaethaf rhwng y muriau trwch / . . . Nid ydych well na miliwn o'ch cyd-ddynion, / Na llawer gwaeth na rhelyw plant y byd / . . . Yn nheyrnas dyn nid oes na da na drwg', llinellau sy'n adleisio cynnwys 'Y Tangnefeddwyr' (1941). At hynny, onid yw teitlau cyflythrennog ond cyferbyniol y ddwy gerdd – 'Troseddwyr' ac 'Y Tangnefeddwyr' – fel petai'n tanlinellu'r gwahaniaeth gwneud rhwng 'Cenedl dda a chenedl ddrwg' yng ngherdd Waldo?[123] Nid oes wahaniaeth chwaith rhwng Niclas a Waldo o ran eu golwg ar y cysyniad o bechod gwreiddiol: er i feirniaid fel Bobi Jones[124] a Dyfnallt

Morgan[125] ddadlau fel arall, gallai Waldo fod wedi cytuno â Niclas pan ddywedodd mai 'Creadigaeth daioni yw'r natur ddynol. Plentyn cariad yw pob dyn . . . Daioni sydd yn wreiddiol i ddyn. Deddfau daear sy'n gorfodi dyn i adael y daioni hyn a throi'n bechadur. Cynnyrch deddfau a chyfundrefnau drwg yw pechodau gwaetha'r byd.'[126]

Yr un fath â Niclas, bu blynyddoedd y rhyfel a'r rhai o'u deutu yn gyfnod tymhestlog yn hanes Waldo. Yn wir, cyn y byddai'n profi'n llythrennol yn 1960 a 1961 ddau gyfnod o garchar a ddeilliai o'i wrthwynebiad i orfodaeth filwrol, bu'r 1940au ar eu hyd yn gyfnod o garchar ffigurol iddo ac yntau wedi'i alltudio y rhan fwyaf o'r amser o'i gynefin yn Sir Benfro: yn Ionawr 1942, ac yntau tan hynny'n brifathro gweithredol ar Ysgol Gynradd Cas-mael, parodd yr anghytundeb rhyngddo a'i gyfarwyddwr addysg oherwydd ei wrthwynebiad i'r rhyfel i Waldo fudo i Ben Llŷn i ddysgu yn Ysgol Uwchradd Botwnnog; yn Chwefror 1942 ymddangosodd gerbron tribiwnlys milwrol yng Nghaerfyrddin a'i gofrestru'n ddiamod – 'un o'r ychydig bach, bach'[127] – yn wrthwynebydd cydwybodol; ym Mai 1943, ddwy flynedd yn unig ar ôl i'r ddau briodi, bu farw Linda, ei wraig; yn Chwefror 1945 dechreuodd ddysgu yn Ysgol Uwchradd Kimbolton yn Swydd Huntingdon ac yn Nhachwedd 1946 symudodd i ysgol arall yn Lyneham, ger Chippenham yn Wiltshire; roedd hi'n 1949 arno'n dychwelyd i Gymru, i Sir Frycheiniog fel athro i ddechrau ac yna'n ôl i'w Sir Benfro enedigol. Degawd llawn emosiwn, egwyddor a drama fu'r 1940au yn achos Waldo, degawd o uchafbwyntiau am yn ail ag isafbwyntiau: llawenydd ei briodas fyrhoedlog, trallod ei brofedigaeth, protest ei wrthwynebiad cydwybodol, ansefydlogrwydd ei yrfa a'i gyrrodd ar hyd ac ar led.[128] Gallai fod wedi gwneud pethau'n haws iddo'i hun drwy ddilyn llwybr amgen: er enghraifft, ac yntau'n athro ysgol dros bymtheg ar hugain oed, doedd dim rheidrwydd arno i ymuno â'r lluoedd arfog, ond mynnodd wneud safiad gan mor gryf oedd ei wrthwynebiad i'r rhyfel.[129] Oherwydd ei fod yn mynnu byw ei egwyddorion y bu'n rhaid iddo dalu'r gost bersonol drom a ddaeth yn sgil hynny, ac mae hynny'n dadlennu llawer am Waldo: er bod ganddo ddigon o ofid personol i ddygymod ag ef ar y pryd, roedd pwysau'r byd hefyd ar ei ysgwyddau a theimlai amgylchiadau'r dydd i'r byw. Byddai'n cyfeirio, er enghraifft, adeg Rhyfel Corea rhwng 1950 a 1953, at ei 'euogrwydd personol, nid dirprwyol . . . am erchyllterau Corea, am fy mod i, er cyfleustra i mi fy hun, yn dygymod â gorfodaeth filwrol',[130] ac roedd pwysau'r euogrwydd mor drwm ar ei ysgwyddau ar adegau fel y câi hi'n anodd mynd o'r tŷ.[131] Yn fwy felly nag unrhyw fardd Cymraeg arall, mae geiriau a gweithredoedd Waldo wedi'u lapio'n un parsel tynn a hynny i gymaint graddau fel y parodd y posibilrwydd fod bwlch rhwng ei ddweud a'i wneud iddo ymdawelu i bob pwrpas fel bardd am ryw dair blynedd ddechrau'r 1950au[132] a gohirio cyhoeddi *Dail Pren*.[133] O ganlyniad, nid ar chwarae bach y deuir o hyd i fwlch rhwng y personol a'r gwleidyddol yn ei achos ef: sbel cyn i fudiad y ffeministiaid hawlio'r slogan yn y 1970au, mae'r personol yn wleidyddol yn hanes Waldo.[134]

Dyw hi'n ddim syndod yn y byd, felly, fod Waldo wedi llwyddo i sianelu i'w gerddi rywfaint o emosiwn, egwyddor a drama'r 1940au a bod modd cysylltu'r cerddi hynny'n uniongyrchol gyda digwyddiadau cyfoes a phenodol. Cystal man cychwyn â'r un yw'r cywydd estynedig 'Y Tŵr a'r Graig' (*DP*: 31–9), cywydd yr ailadroddir bumgwaith ynddo'r byrdwn Niclasaidd 'Yr un yw baich gwerin byd' (*DP*: 33, 34, 35, 36, 37) a gwrthdystiad cyntaf Waldo yn erbyn ail ryfel byd. Yn rhifyn Tachwedd 1938 o *Heddiw* yr ymddangosodd y gerdd gyntaf gyda'r geiriau a ganlyn uwch ei phen: 'Lord Strabolgi is to move in the House of Lords on November 16: "That, in the light of recent events, this House is of the opinion that it would be in the best interests of this country if some measures of compulsory service to include compulsory service in the Forces of the Crown were to be adopted."'[135] Am fwy nag un rheswm mae hon yn gerdd arwyddocaol. Yn gyntaf, fel y sylwodd James Nicholas, mae hi'n arwyddo'r ergyd gyntaf ym mrwydr ei hawdur yn erbyn gorfodaeth filwrol a fyddai'n para ar ffurf barddoniaeth tan 'Mewn Dau Gae' yn 1956 ac a'i harweiniai yn y diwedd i'r carchar.[136] Cynrychiolai gorfodaeth filwrol dotalitariaeth y wladwriaeth y taranodd Waldo yn ei herbyn droeon, arwyddai ei gafael ar yr unigolyn:[137] 'credaf ei bod yn bosibl inni symud gorfodaeth filwrol oddi ar ddaear Cymru. Dyma i mi binacl trais brenhiniaeth.'[138] Yn ail ac yn gwbl nodweddiadol o'r datblygiad a geir yng ngherddi Waldo o ddiwedd y 1930au ymlaen, fe'i gwelir yn adeiladu gweledigaeth ar dir ei gynefin yn Sir Benfro gan sicrhau yn y fargen ffocws a chyfeiriad i'w brotest yn erbyn y rhyfel; fel y sylwodd Robert Rhys: 'Yn rhai o gerddi gorau'r bardd o 1938 ymlaen . . . lleisiwyd gofid dwys oherwydd bygwth ardaloedd yn Sir Benfro gan bwerau estron a militaraidd. Nid am fod i'r ardaloedd hyn werth cynhenid neu harddwch anarferol y lleisiwyd yr alwad i'w hamddiffyn, ond am eu bod yn gartrefi i gymdogaethau a arddelai, yn nhyb y bardd, beth bynnag, werthoedd y buasai'n dda i'r byd clwyfedig eu rhannu.'[139] Y mae'n dilyn, felly, er mor lleoladwy eu cyfeiriadaeth yw amryw gerddi o gyfnod y rhyfel, nad oes dim sy'n blwyfol nac yn gyfyngedig am eu harwyddocâd: i'r gwrthwyneb, mae llinell Niclasaidd fel yr un a grybwyllwyd gynnau a chyfeiriadau fel 'Peidiai rhyfel a'i helynt . . . Oer angen ni ddôi rhyngom / Na rhwyg yr hen ragor rhôm / Pe baem yn deulu, pob un, / Pawb yn ymgeledd pobun' yn awgrymu mor gynhwysol, yn wir, mor gydwladol, yw gweledigaeth Waldo.[140] Wedi'r cyfan, gyda'r geiriau 'I believe all men to be brothers' yr agorai ei apêl gerbron tribiwnlys Caerfyrddin yn 1942,[141] 'ganed ni yn ddibynnol ar ein gilydd' hawliai yn 'Brenhiniaeth a Brawdoliaeth' yn 1956,[142] a '[ch]redwn fod y tebygrwydd rhwng dynion yn llawer mwy na'r gwahaniaeth' meddai drachefn yn 'Paham yr wyf yn Grynwr' yr un flwyddyn.[143] Yn drydydd, mae defnydd Waldo o symbolaeth, fel yr eglurir hi i D. J. Williams, hefyd yn gymorth i sicrhau ystyr letach i'r gerdd: 'Cymerais y Tŵr ar Gastell Roch yn arwydd am ormes – cymdeithasol a militaraidd – peth sy'n estron i ddyn yng ngwaelod ei gyfansoddiad . . . a'r Plumstone dros y werin arw – honno'n codi o'i natur ei hun fel y maen o wythi'r graig, nid rhywbeth gwneud fel castell.'[144] Ond yn bedwerydd, yn ogystal ag eglurhad Waldo o symbolaeth y gerdd, mae'r hyn sy ganddo i'w ddweud am ei swyddogaeth yn ddadlennol: ar ôl nodi'r ffaith mai 'canu cymdeithasol . . . oedd yr eiddo'r cywyddwyr', dywed ei fod yn teimlo, 'heb godi i'r un uchder barddonol ag y gellir mewn canu "rhamantus" ac "unigol", y gellid gwneud y cywydd yn gyfrwng eithaf defnyddiol at iws gwlad i drafod materion mawr y dydd mewn ffordd fwy gafaelgar, efallai, nag mewn rhyddiaith'.[145] Does ond i ddyn droi at gyfrol ysblennydd Damian Walford Davies, *Waldo Williams: Rhyddiaith*, i gael gweld enghreifftiau lu o 'ryddiaith' Waldo yn ystod y rhyfel ac mae'n ddiddorol mai fel ffurf effeithiolach na'i newyddiaduraeth ymgyrchol yr ystyriai 'Y Tŵr a'r Graig'. Yn yr un modd, fel sylwebaeth gyhoeddus ar faterion cyfoes yr ymddangosodd amryw o'i gerddi eraill yn ystod y rhyfel.

Tra bo sŵn y rhyfel o leiaf, doedd ar Waldo ddim ofn arddel y math o agwedd iwtilitaraidd tuag at lenyddiaeth a wnaeth y cyfnod Fictoraidd yn gymaint o gocyn hitio i John Morris-Jones. Mae hyn yn gymorth i'w gadw mewn cof wrth ystyried ei gerddi o'r cyfnod a dichon mai dyna oedd gan Dafydd Elis Thomas mewn golwg pan atebodd y cyhuddiadau yn erbyn rhai o 'emynau' Waldo y dylem '[g]ofio eu bod nhw wedi eu canu ynghanol cyfnod rhyfel'.[146] Fel y dywedodd Robert Rhys, 'ar yr union adeg pan oedd Waldo Williams yn gwneud camau breision tuag at ddarganfod ei briod gyfryngau barddol ei hun fe ddaeth ail ryfel byd'[147] a thestun rhyfeddod ar ryw olwg yw mai yn ystod y cyfnod hwn, o ddiwedd y 1930au ymlaen, y daeth Waldo i'w lawn dwf fel bardd ac mai yn ei gerddi ef y deuir o hyd i rai o'r enghreifftiau mwyaf llachar o greadigrwydd mewn llenyddiaeth Gymraeg yn ystod yr Ail Ryfel Byd. Wedi'r cyfan, does ond angen crybwyll enw T. E. Nicholas i wybod am y peryglon i farddoniaeth o'i throi'n llawforwyn i wleidyddiaeth. Ond er tebyced oedd eu gwerthoedd, awen eciwmenaidd lydan fu un Waldo rhagor un bartisan a sectyddol. Mor addas yw rhybudd Ned Thomas ynghylch peryglon 'bedd-ladrad gan garfannau gwleidyddol a chrefyddol'[148] pan gofir i Waldo gael ei godi'n Fedyddiwr, iddo ymgyrchu o leiaf deirgwaith dros y Blaid Lafur,[149] iddo ymuno â'r Crynwyr[150] yn 1953 er canu'n edmygus i ferthyron o blith y Catholigion[151] a'r Tystion Jehofa,[152] ac iddo sefyll yn 1959 fel ymgeisydd seneddol ar ran Plaid Cymru.[153]

A chyfyngu'r sylw am y tro i'r cerddi y mynnai Waldo eu harddel sy rhwng cloriau *Dail Pren* yn unig,[154] o blith y trigain a phump cyhoeddwyd pump ar hugain ohonynt rhwng 1938 a 1946 a thybir bod o leiaf ddwy arall wedi'u cyfansoddi yn ystod yr un cyfnod. Dyma'r wybodaeth fanwl: 1938 – 'Y Tŵr a'r Graig'; 1939 – 'Daw'r Wennol yn ôl i'w Nyth', 'Daffodil', 'Plentyn y Ddaear', 'Diwedd Bro', 'Dau Gymydog', 'Rhodia, Wynt'; 1940 – 'Brawdoliaeth', 'Fel Hyn y Bu'; 1941 – 'Y Tangnefeddwyr', 'Cyrraedd yn Ôl', 'Yr Hwrdd'; 1942 – 'Ar Weun Cas' Mael'; 1943 – 'Gŵyl Ddewi'; 1944 – 'Y Plant Marw', 'Elw ac Awen', 'Y Sant'; 1945 – 'Cyfeillach'; 1946 – 'Cân Bom', 'Adnabod', 'Almaenes', 'Gwanwyn', 'Eu Cyfrinach', 'Yn y Tŷ', 'Preseli'; 1943–4 debycaf – 'Nid oes yng ngwreiddyn Bod'. A thros 40 y cant o gerddi'r gyfrol yn perthyn i'r wyth mlynedd dan sylw, dyna awgrymu cyfnod mor gynhyrchiol fu hwn yn achos Waldo. Er ei fod ef ei hun yn mynnu ei fod yn 'teimlo'n ddwysach' ynghylch Rhyfel Corea,[155] byddai'n amhosib peidio ag ymdeimlo ag ysfa Waldo, ar hyd yr Ail Ryfel Byd a thrwy gyfrwng ei gerddi, i effeithio ar feddyliau a theimladau darllenwyr a'i awydd i 'wneud gwahaniaeth'. Fel y dywedodd yn gwbl ddiamwys yn 1958, 'Gobeithiaf y bydd *Dail Pren* yn gymorth ymarferol i'm cenedl yn nyryswch yr oes hon',[156] ac wrth egluro teitl y gyfrol[157] cyfeiriodd at yr adnod yn Llyfr Datguddiad, 22: 2: 'Yng nghanol ei heol hi, ac o ddau tu'r afon, yr oedd pren y bywyd, yn dwyn deuddeg rhyw ffrwyth, bob mis yn rhoddi ei ffrwyth: a dail y pren oedd i iacháu'r cenhedloedd.' Yng ngeiriau James Nicholas: 'I know of no other poet writing in the Welsh language in this century who has made such an explicit statement concerning the objective that he hoped his verse would achieve',[158] sylw sy'n awgrymu fel y mynnai Waldo dorri ei gŵys ei hun a hynny'n annibynnol ar ffasiynau'r dydd. A llenyddiaeth Gymraeg yn wynebu'r hyn a fedyddiwyd yn argyfwng gwacter ystyr gan J. R. Jones, mae'r hyn sy ganddo i'w ddweud yn 'Pam y Gwrthodais Dalu

Treth yr Incwm' yn 1956 yn awgrymu ei benderfyniad yntau i beidio ag ildio i negyddiaeth ac anobaith ond i weithredu'n ymarferol i'w gwrthweithio:

> Y mae methiant moesol ein gwareiddiad yn gorwedd yn gysgod dros ei holl weithgareddau, ac am fod y cysgod ymhob man, nid ydym yn credu mai cysgod ydyw. Bywyd sydd yn ddiystyr, meddwn, nid ein hymddygiad ni. Ni symudir y cysgod trwy weithio yn y gwahanol feysydd lle mae yn gorwedd, boed lenyddiaeth, celfyddyd, athroniaeth neu beth bynnag a fo, ond trwy fynd ati yn ymarferol i symud y rhwystr sydd rhyngom a'r haul. Pa fodd y medrwn wneud y gwaith mawr hwn ond trwy dynnu'n hunain allanol o afaelion arferiad trwy ymddiried yn y bersonoliaeth ynom ein hunain ac yn ein gilydd?[159]

Yn driw i ysbryd heriol y dyfyniad hwn, nid celfyddyd encilgar, ansicr, nerfus o fath yn y byd a gynrychiolir gan gerddi rhyfel Waldo ond cenhadaeth gymdeithasol gwbl wynebagored.

Bobi Jones sy'n disgrifio Waldo fel yr 'unig fardd da a gododd i fynegi'r "Efengyl Gymdeithasol" yng Nghymru ... rhwng dau ddegau a phedwardegau'r'[160] ugeinfed ganrif, ac fel yr awgryma diweddglo 'Ar Weun Cas' Mael' lle'r erfynia am fod 'Erot yn fardd' (*DP*: 25), fel un grefyddol – yn ystyr letaf yr ansoddair – yr ystyriai Waldo'i swyddogaeth farddol: roedd am gael iacháu dynion yn ysbrydol – eto yn ystyr letaf yr ansoddair – ac adfer eu creadigrwydd a'u dychymyg. Nid yw'n syndod felly gweld beirniaid yn disgrifio amryw gerddi Waldo o gyfnod y rhyfel fel 'emynau'.[161] Cyfeiriodd Albert Thompson Shaw at un o briod nodweddion emynwyr yr ugeinfed ganrif, 'Authors tended to write "hymns" of a subjective and nonscriptural character with a special stress on the idea of "social service"',[162] disgrifiad y gellid ei gymhwyso'n rhwydd at rai o gerddi Waldo. Unwaith eto, fodd bynnag, pan oedir i ddiffinio'r *genre*, sylweddolir yr her greadigol a wynebai Waldo. At '[g]lyfansoddiad syml mewn mydr i'w ganu gan gynulleidfa wedi ymgynnull i addoli'n gyhoeddus' y cyfeiriodd John Gwilym Jones, 'Barddoniaeth y dyn cyffredin, yr unig farddoniaeth a eill gyrraedd ei galon ... diwinyddiaeth y dyn cyffredin'[163] – ac roedd Waldo'n sicr am ddal y 'dyn cyffredin' gyda'i gerddi gan mai'r cyntaf o'r ddau reswm a roddodd dros ohirio cyhoeddi *Dail Pren* oedd 'y darllenydd cyffredin – fe ddylai gael mwy o amrywiaeth'.[164] At hynny, 'un anghenraid emyn da yw bod yn ddealladwy i'r mwyafrif. Nid ei lais ei hun yw llais emynydd; lleferydd y cyhoedd crefyddol ydyw yn mynegi ar y cyd ostyngeiddrwydd yn wyneb mawredd ac anfeidroldeb y Crëwr ... Rhaid felly i emyn beidio â bod yn or-bersonol a phreifat.'[165]

Mae amryw gerddi rhyfel gan Waldo y gellir eu cyfri'n emynau, yn eu plith 'Plentyn y Ddaear', 'Brawdoliaeth', 'Y Tangnefeddwyr', 'Cyrraedd yn Ôl', 'Ar Weun Cas' Mael', 'Cyfeillach' ac 'Adnabod'. Cerddi cymharol gryno sy'n amrywio rhwng tri a saith pennill yw pob un a hynny ar fesurau odledig rheolaidd. Y fwyaf anthemaidd a'r lleiaf personol, 'Brawdoliaeth', yw'r fwyaf fformiwleaidd a ffurfiol ohonynt yn ogystal: ceir ynddi bedwar pennill saith llinell yr un gyda chwe sillaf ym mhob llinell; AABBCCC yw'r patrwm odli ac egyr pob pennill gyda'r ferf 'Mae'; daw i ben gyda chwestiwn rhethregol ac iddo naws wirebol ac absoliwt, 'Pa werth na thry yn wawd / Pan laddo dyn ei frawd?' (*DP*: 79). Hon, fel y mae hi'n digwydd, yw'r unig gerdd a labelwyd yn swyddogol yn emyn drwy'i chynnwys yn *Caneuon Ffydd*.[166] Er ei bod yn agor gyda ffurf cyntaf unigol y ferf – 'Mi rodiaf eto Weun Cas' Mael' (*DP*: 24) – erbyn diwedd pennill cyntaf 'Ar Weun Cas' Mael' newidir i ffurf cyntaf lluosog a dyna a gynhelir yn chwe phennill arall y gerdd broffwydol braf hon; daw i ben â phendantrwydd cyfres o ferfau gorchmynnol – 'Dyro; Dysg; rho' (*DP*: 25) – a chan ymbil am arweiniad. Mae'r gerdd drwyddi'n enghraifft ddiddorol o'r modd y gwasgodd Waldo arwyddocâd cymdeithasol o ddigwyddiad unigol – mudo o Sir Benfro – drwy ymbellhau oddi wrth fanylion personol y profiad. O safbwynt cynulleidfaol, ac er bod y rhinweddau a grybwyllir yn cael eu priodoli i rieni'r bardd, yr hyn sy'n ddeniadol yn 'Y Tangnefeddwyr' yw'r sicrwydd a amlygir yn gallu trafod haniaethau mawr – 'Mae Gwirionedd gyda 'nhad / Mae Maddeuant gyda 'mam' (*DP*: 42) – gyda'r fath hyder diamwys, priflythrennog. A chymorth i ddrymio'r neges adref yw'r byrdwn, 'Gwyn eu byd tu hwnt i glyw, / Tangnefeddwyr, plant i Dduw' (*DP*: 41) a ailadroddir, gyda rhai amrywiadau, ar ddiwedd pob pennill. Gwna 'Cyfeillach' hefyd ddefnydd o'r modd gorchmynnol wrth gloi ynghyd ag ebychiadau erfyniol cyn tewi ar nodyn proffwydol sicr: 'Cod ni, Waredwr y byd . . . O! Faddeuant, dwg ni yn ôl, / O! Dosturi, casgla ni ynghyd. / A bydd cyfeillach ar ôl hyn' (*DP*: 73). Tra'n cadw mewn cof rybudd John Rowlands nad gobaith dall ond amodol a fynegir ym marddoniaeth Waldo, gweledigaeth ffyddiog a gyfleir gan y cerddi hyn.[167]

Mynegir y weledigaeth ffyddiog honno ar ei mwyaf penderfynol ym mhennill clo 'Plentyn y Ddaear': 'Daw dydd y bydd . . .' (*DP*: 68). Gwelir Waldo ei hun, yn y diweddglo apocalyptaidd, yn adleisio'i eilun llenyddol a'r bardd Cymraeg a gyfrifai ei hun yn fwyaf dyledus iddo,[168] T. Gwynn Jones, yn ei gyfnod mwyaf rhamantaidd ddechrau'r ugeinfed ganrif a'r adran yn 'Ymadawiad Arthur' pan addewir dychweliad

Arthur ar ôl adfyd ei gwymp: 'A daw Y Dydd o'r diwedd.'[169] Ceir enghraifft yn y trydydd pennill o'r hyn a ddisgrifiodd Waldo fel 'Llam afresymol gobaith uwchlaw cyfnod argyfyngus' sef y 'meddylfryd apocalyptig'.[170] Fel yr ymhelaetha Tony Bianchi, 'apocalyps . . . yw'r ymateb terfynol i argyfwng cymdeithasol; mae'n digwydd pan yw'n ymddangos bod yr argyfwng hwnnw yn un diwrthdro a thu hwnt i reolaeth dynion, a phryd hynny yr unig ddewis sydd gan ddyn yw ymddiried yn y "gwyrthiol mewn hanes" chwedl Berdiaief, neu ymostwng i'r drefn.'[171] Ond y gwir amdani, yng ngolau noeth beirniadaeth lai cyddestunol, yw fod peryg i ddarn fel diweddglo buddugoliaethus 'Plentyn y Ddaear' swnio'n rhethregol a slic. Bedwyr Lewis Jones, yn ei drafodaeth ar 'Mewn Dau Gae', a rybuddiodd 'mor hawdd gan y cymhwysiad cymdeithasol droi'n gynffon bregethlyd nad yw'n cydio'[172] ac mae rhywfaint o ôl 'cynffon bregethlyd' ar drydydd pennill 'Plentyn y Ddaear'.

Cerdd arall a ddeilliodd o amgylchiadau penodol yw 'Daw'r Wennol yn ôl i'w Nyth' (*DP*: 28–9). Ddechrau 1939 cyhoeddodd y Weinyddiaeth Ryfel ei bwriad i glirio tir amaethyddol yng Nghastell Martin er mwyn creu maes ymarfer i danciau. Darlun sinistr, styrbiol o anrhaith a geir yn y cywydd hwn sy'n cyrraedd uchafbwynt yn y cwpled clo:

> Mae parabl y stabl a'i stŵr,
> Tynnu'r gwair, gair y gyrrwr?
> Peidio'r pystylad cadarn,
> Peidio'r cur o'r pedwar carn;
> Tewi'r iaith ar y trothwy
> A miri'r plant, marw yw'r plwy.

Troes yr Afallon amaethyddol yn ddiffeithwch ac onid mwy cydnaws â mŵd y gerdd na'r hyder proffwydol a arwyddir – unwaith yn rhagor – gan y defnydd o amser dyfodol y ferf fyddai defnydd o'r modd gofynnol, ''Ddaw'r wennol yn ôl i'w nyth?'? Oni wrthweithiai diweddglo mwy meddylgar ac amodol gyhuddiadau o rethreg rwydd a'r 'argraff mai glynu wrth ryw optimistiaeth ddi-sail'[173] a wneir? Datgelir rhywbeth arall diddorol am y cywydd yn y llythyr a anfonodd Waldo at Prosser Rhys gyda fersiwn diwygiedig ohono: 'Bûm yn adrodd wrth rai neithiwr y gân a yrrais atoch, a chredent nad oeddwn wedi gosod allan yn ddigon clir am ba beth y canwn . . . Felly, mi ail-luniais y gân.'[174] Os gormodiaith fyddai awgrymu bod yma ôl barddoni cydweithrediadol neu farddoni i ordor, mae yma'n sicr dystiolaeth sy'n profi i gymaint graddau y gyrrwyd Waldo yn y cerddi rhyfel hyn gan ystyriaethau cymdeithasol.

Rhybuddia Bobi Jones fod Waldo'n gallu '[d]ringo ar gefn ei focs sebon'[175] ar adegau ac fe welir olion o hynny yn yr ail o bâr sonedau 'Gŵyl Ddewi'. Fel sy'n glir o amlinelliad cefndirol James Nicholas, cerdd ar destun topical oedd hon hefyd pan gyhoeddwyd hi gyntaf yn 1943: 'Meddiannodd y Swyddfa Ryfel ddau ddarn o dir ar benrhyn Tyddewi . . . Yr oedd y tiroedd hyn yn diroedd amaethu cyfoethog a lluniwyd dau faes awyr yno. Agorwyd y cyntaf (maes awyr Tyddewi) ym Medi 1943, a'r ail (maes awyr Breudeth) ym mis Chwefror 1944. 'Roedd y meysydd hyn gerllaw'r llwybrau lle cerddai'r pererinion ar hyd y canrifoedd i Dyddewi ac ymatebodd Waldo'n chwyrn iddynt.'[176] Efallai mai'r cymal diwethaf yw'r un eglurhaol oherwydd rhy amlwg yw'r cyferbyniad rhwng ieithwedd 'oesol' a symudiad urddasol y soned agoriadol sy'n mawrygu Dewi Sant a'r gwerthoedd a uniaethid ag ef yn y gorffennol, a'r idiom 'dros dro' a'r rhuthr gwyllt yn wythawd yr ail soned, sy'n wynebu bygythiad milwrol y presennol: 'y dymp a'r drôm; yn wado bant; plan' (*DP*: 92). Collir cynildeb a grym awgrym, ildir i rethreg, fel petai Waldo ar ormod o frys i wneud ei bwynt. Ac er mai 'acenion Gwenallt' a glywai Pennar Davies yn y gerdd,[177] adleisiau o Niclas y Glais a glywaf fi mewn ymadroddion fel 'dinistr glwth' a '[Th]ragwyddol bebyll Mamon'. Mor dryloyw yw'r neges yn 'Gŵyl Ddewi' o gymharu â cherdd fel 'Diwedd Bro' sy hefyd yn ymateb i fygythiad cyfoes: yn yr achos hwn, trwy wneud defnydd alegorïaidd o'r chwedl ganoloesol am Fanawydan fab Llŷr, llwyddwyd yn llawer gwell i oroesi'r amgylchiadau tymhorol a'i hysgogodd.

Ond roedd perthnasedd cyfoes ei gerddi rhyfel i'r amgylchiadau tymhorol a'u hysgogodd yn fater o gryn gonsýrn i Waldo. Llawn cyn bwysiced iddo oedd fod y darllenydd yn deall neges y cerddi hynny. A newid y ddelweddaeth, os oedd ei gerddi i iacháu yna roedd raid gofalu bod y claf yn cymryd y ffisig cywir. Anathema i un a roes y fath bwys ar y ddealltwriaeth rhwng dynion a'i gilydd oedd dadl ddylanwadol beirniad fel I. A. Richards 'fod sawl dehongliad o gân yn bosibl a bod y rhai na feddyliodd yr awdur amdanynt gystal, os nad gwell weithiau, na'r un oedd ganddo'.[178] Un o brif amddiffynwyr beirniadaeth lenyddol a amcanai at ddod o hyd i'r ystyr a fwriadwyd gan yr awdur oedd Bedwyr Lewis Jones:

> Mae yna ysgol o feirniaid . . . sy'n dal ei bod hi'n deg gweld mewn cerdd neu ddrama neu stori yr ystyr a fynnoch chi . . . Alla i ddim derbyn y

safbwynt yna. Fel y gwela i bethau, mae yn y rhan fwyaf o weithiau celfyddyd gnewyllyn ystyr y mae'r awdur ei hun yn ymwybodol ohono ac am ei fynegi, a'n busnes ninnau, os ydym yn cymryd yr awdur o ddifri, yw adnabod yr ystyr hwnnw. Mae'r gerdd . . . yn llythyr neu epistol sy'n dweud rhywbeth wrthym a fwriadwyd gan yr awdur.[179]

Yn y 'rhywbeth' hwnnw yr oedd ganddo eisiau'i '[dd]weud' yr oedd pennaf diddordeb Waldo ac fe'i gwelir ar fwy nag un achlysur yn mynd o'i ffordd i egluro'i gerddi ei hun i ddarllenwyr.[180] 'Ni byddwn wedi ei chyhoeddi pe gwyddwn ei bod yn dywyll'[181] meddai bron yn ymddiheurol am 'Mewn Dau Gae', yn union fel petai ef ei hun ar fai am fethu â throsglwyddo'i neges i'r darllenydd a chynnal y 'gyfeillach' a'r 'adnabod' rhwng dynion a'i gilydd y rhoes y fath bwys arnynt. Achos diflastod iddo hefyd oedd y ffraeo, rhwng J. M. Edwards a Saunders Lewis, ar gowrt 'Wedi'r Canrifoedd Mudan':

> Mae paradocs mawr ynglŷn â llenyddiaeth. Yr ydych yn mynd ati i gael rhyw addasrwydd ac arbenigrwydd ar eich mynegiant, am fod y peth sydd i'w fynegi yn ei gymell – ac yna ni wêl pobl mo'r peth hwnnw oherwydd y llall. Dyna'r holl drafod yna a fu ar 'Wedi'r Canrifoedd Mudan'. Wel, ni thâl fynd ymlaen fel hyn![182]

Yn y tynnu torch deallusol rhyngddynt ynghylch moderniaeth dybiedig y gerdd, mae'n amlwg fod Waldo o'r farn eu bod wedi colli golwg ar holl bwynt y gerdd.[183] Nes at fwriad yr awdur fyddai cyrchddull beirniad fel John Rowlands a ddywedodd, yn ei ymdriniaeth ag 'Elw ac Awen' (*DP*: 61), ein bod ni'n gwybod 'trwy'r adeg mai defnyddio'r ddelwedd i fynegi'r syniad a wneir, a'r syniad sy'n bwysig, ond bod rhethreg y mynegiant yn help i glensio'r ddadl fel petai'.[184]

Ond tybed a yw hi'n fater mor glir â hynny? Y '*modd*' y caiff 'egwyddorion llywodraethol' bywyd Waldo fynegiant 'sy'n eu gwneud yn bwysig fel barddoniaeth' meddai R. Geraint Gruffydd, 'oni bai ei fod yn fardd wrth natur, a'i fod wedi llwyddo i ddarganfod ei lais ei hun . . . marwanedig i raddau fuasai'r farddoniaeth er arucheled yr egwyddorion'.[185] At hynny, er mor gydwybodol oedd awydd Waldo i arddel cyfrifoldeb am ei greadigaethau ei hun ac er mor uchelgeisiol oedd y weledigaeth gyfannol y gobeithiai'i throsglwyddo drwy gyfrwng ei gerddi, oni ellir rhoi gormod o glust i'r awdur a thrwy hynny rwystro'r hyn yr esgorodd ef arnyn nhw rhag byw eu bywyd creadigol eu hunain ym mhrofiad eu darllenwyr? Wedi'r cyfan, un o'r nodweddion a bwysleisir gan feirniaid yw apêl lydan ei waith at rai o amrywiol ddaliadau a safbwyntiau, ei 'natur agored', chwedl Ned Thomas, a deil Robert Rhys yntau fod 'canu gorau Waldo o natur mor agored a dihysbydd yn y modd y mae darllenwyr yn ymateb iddo'.[186] A chodi ystyriaeth arall, drwy fynnu swyddogaeth mor gymdeithasol wasanaethgar i'w farddoniaeth, onid oedd peryg i Waldo gyfyngu'n ormodol ar ei ryddid creadigol ei hun? Dyna pam ei bod hi'n dda gweld yr ail reswm a roddodd dros ohirio cyhoeddi *Dail Pren* yn 1956, sef 'yr awdur – dylai'r llyfr fod yn fynegiant ohono mewn rhai cyfeiriadau eraill'.[187] Dwy gerdd sy'n 'fynegiant ohono mewn rhai cyfeiriadau eraill', sy'n rhoi'r cyfle iddo wynebu rhai o'i brofiadau dwysaf ei hun yn uniongyrchol onest, yw 'O Bridd' a 'Cwmwl Haf'.[188]

Fel y dywedwyd o'r blaen, mae absenoldeb cofiant safonol i Waldo yn rhoi'r beirniad dan anfantais.[189] Dyna paham mai'n betrus yr awgrymaf – yn groes i'r ddelwedd boblogaidd a derbyniol ohono fel cwmnïwr joli a chymdeithasgar – ei fod yn dioddef pyliau o iselder ysbryd, digalondid ac anobaith. D. J. Williams a ofalodd am anfon awdl 'Tŷ Ddewi' i gystadleuaeth y Gadair yn Eisteddfod Genedlaethol Abergwaun yn 1936 a hynny am fod ei gyfaill 'mewn ysbyty'n glaf ei feddwl ar y pryd'.[190] Oni chwiliai am iachâd i'w ysbryd galarus, ei enaid clwyfus, yn Lloegr rhwng haf 1944 a 1949 ar ôl marwolaeth annhymig ei wraig flwyddyn ynghynt?[191] Cyfeiriwyd eisoes ato'n methu â mynd o'r tŷ ambell ddiwrnod a wynebu pobl yn ystod Rhyfel Corea ac onid awgrymu iselder ysbryd a wna'r cyfeiriad gan J. Gwyn Griffiths, 'O dan groesau adfydus bywyd pallai ei nerth yn arswydus dros dro'?[192] Fe ddaliwn i mai ffrwyth yr iselder ysbryd a'r digalondid a'r anobaith a brofasai o bryd i'w gilydd yw 'O Bridd' a 'Cwmwl Haf'. Dyma ddwy o gerddi mwyaf preifat Waldo a rhai a ddenodd hefyd lawer o sylw beirniadol.[193] Er mai yn *Dail Pren* y gwelsant olau dydd gyntaf, awgryma Ned Thomas fod 'tystiolaeth allanol ddigon pendant i gysylltu eu cyfansoddi â blwyddyn arbennig',[194] sef gwanwyn 1940[195] yn achos y naill a haf 1947 yn achos y llall. A phetai'n rhaid wrth gyfiawnhad dros drafod 'Cwmwl Haf' yng nghyd-destun cerddi rhyfel Waldo, yna fe'i ceid hefyd gan Ned Thomas a ddadleuodd 'fod y gerdd yn codi'n uniongyrchol o'r ymosodiad ar y Preseli' – yr ymatebwyd yn fwy cyhoeddus iddo yn 'Preseli' – 'ac o ymateb alltud yn Lyneham i'r argyfwng'.[196]

Rhoddir holl ffydd Waldo ar brawf yn y gerdd ddwys hon, 'O Bridd', a herio'i fydolwg cadarnhaol. Fe'i llethwyd a'i ddigalonni gan y dinistr a'r casineb a ryddhawyd ar y byd gan ryfel, a darlunia pennill cyntaf y gerdd fel yr ildiodd ef ei hun i besimistiaeth:

> Hir iawn, O Bridd, buost drech
> Na'm llygaid; daeth diwedd hir iawn,
> Mae dy flodau coch yn frech,
> Mae dy flodau melyn yn grawn.
> Ni cherddaf. Nid oes tu hwnt,
> Cerddodd dy dwymyn i'm gwaed (*DP*: 84)[197]

O un a goleddai weledigaeth mor greadigol ac adeiladol, negyddwyd ei holl olwg ar bethau gan amgylchiadau tymhorol. Mae'r dystiolaeth fywgraffyddol yn cadarnhau bod Waldo yn isel ei ysbryd yn ystod y cyfnod hwn:

> Profiad a ges i'n ôl tua dechre'r rhyfel ein bod ni'r un fath â byd natur i gyd, 'run fath ag anifeiliaid a phob ffurf yn byw trwy ladd a thraflyncu'r hiliogaeth arall. Ond ein bod ni yn erbyn ein hiliogaeth ein hunain – wedi ymrannu fel 'na – fod y peth wedi'i blannu ynom ni – nad oedd dim ymwared am fod y gwenwyn trwom ni i gyd – ac 'roedd e'n deimlad llethol iawn.[198]

Ac meddai wrth drafod genesis y gerdd mewn man arall, 'Y peth pwysig yw mai fel yna rown i'n teimlo. Nid dewis y pridd fel symbol a wneuthum. Fel yna rown i'n teimlo ynglŷn â'r pridd ei hun am bum mis, neu chwech, ar ôl i'r rhyfel dorri allan.'[199] Colli persbectif fel na ellir gweld, trwy 'niwl', y tu hwnt i amgylchiadau tymhorol y presennol, yn ôl i'r gorffennol nac ymlaen i'r dyfodol – felly y darllenaf y cyfeiriad at fethu â cherdded a'r diffyg 'tu hwnt'. Mae 'Cwmwl Haf' hithau'n cyfeirio mewn termau tebyg at brofiad sy'n llethu Waldo i gymaint graddau fel ei fod yn colli golwg ar bersbectif – 'Nid oes acw. Dim ond fi yw yma' (*DP*: 49) – yn sgil colli gafael, dros dro, ar glymau perthyn. Onid profiad tebyg a gyfleir gan Gwyn Thomas yn 'Mae Hi'n Anodd' ac yntau'n ei chael hi'n anodd cadw ei ffydd yn sgil yr 'erchyllterau' a'r 'dychryniadau' yr adroddir amdanynt yn y cyfryngau?[200] Ond ni chaiff anobaith y llaw uchaf yn niweddglo'r un o'r tair cerdd ac adferir persbectif y ddau fardd: sylweddola Gwyn Thomas iddi fod 'fel hyn o'r blaen' a phresenoldeb oesol ei amynedd sy'n 'disgwyl amdanom',[201] yn hytrach nag wedi cefnu arnom, yw Duw Waldo. Dadlennol hefyd yw'r awgrym fod y pridd, a gyferchir yn briflythrennog ac y caniateir iddo ormesu Waldo yn llinell agoriadol y gerdd 'O Bridd', wedi colli ei awdurdod a'i ofnadwyaeth erbyn llinell agoriadol ail hanner y gerdd lle'i trinnir, gydag awgrym o dosturi, fel enw cyffredin, 'O bridd'. Y mae'n union fel pe na bai'r gair yn ffit, wedi'r cyfan, i gadw cwmni i 'eiriau mawr' Waldo.[202]

Yn ei feirniadaeth ar gystadleuaeth y Goron yn Eisteddfod Genedlaethol Llandybïe yn 1944, roedd Waldo wedi holi 'a raid inni bellach wrth holl gwd triciau y rhamantiaeth hon – rhamantiaeth wedi mynd yn rhemp fel nad adnabyddai ei chychwynwyr mohoni mwy?'[203] ac mae'n ddiddorol ei weld oddeutu'r un cyfnod yn defnyddio'i hun dri o brif symbolau'r mudiad rhamantaidd yn 'O Bridd' sef y nos, y niwl a'r ynys, yr union symbolau a ddewisai Alun Llywelyn-Williams i grisialu rhamantiaeth yn ei astudiaeth ohoni yn 1960.[204] Ymddengys hefyd fel petai'n cynnal deialog gyda cherddi rhai o brifeirdd y mudiad rhamantaidd adeg y Rhyfel Byd Cyntaf: fel yng ngherdd Hedd Wyn, 'ar orwel pell' y bodola'r Duw hwn ond nid yw 'ar drai',[205] ac fel yr holodd Madog yn amheugar yn epig T. Gwynn Jones, '"O, dad, a oes Duw yn y nefoedd? / Onid aeth byd i'r annuw, O, dad, oni threngodd Duw"', ateb y gerdd hon hefyd yw na '"adawodd ei nef, na'i ofal amdanom, / Duw a luniodd ein daear, Duw o'i thrueni a'i dwg"'.[206] Er mai gwaredigaeth rhagor damnedigaeth a gynigir gan y gerdd yn y pen draw, yn annodweddiadol o Waldo, fe'i gwelir ynddi'n ymwadu â'i oes ei hun ac yn ymbellhau oddi wrthi. Y mae 'Cwmwl Haf' hithau'n crybwyll y nos a'r niwl, ond y tro hwn, nid ar ynys bellennig draw dros y don y deuir o hyd i achubiaeth ond drwy anelu ei olygon yn ôl at ei gynefin:

> Trwy'r clais adref os oes adref.
> Swmpo'r post iet er amau,
> Ac O, cyn cyrraedd drws y cefn,
> Sŵn adeiladu daear newydd a nefoedd newydd
> Ar lawr y gegin oedd clocs mam i mi. (*DP*: 49)

Fel R. Williams Parry yntau yn ei soned 'Adref' a sgrifennwyd yn ystod y Rhyfel Byd Cyntaf, drwy ddychwelyd i'w gynefin ei hun yr adferir persbectif.[207] Nid rhyfedd mai yn y gerdd hon, 'yn anad yr un arall', y gwêl Tony Bianchi Waldo 'yn ymwrthod yn bendant â rhamantiaeth ddirywiedig'[208] oherwydd er mor unigolyddol yw 'Cwmwl Haf' – ati hi y cyfeirir amlaf pan gyfeirir at Waldo'r cyfrinydd[209] – cerdd ymarferol ei phwyslais yw hi yn y pen draw: gofal trigolion y Preseli am eu 'daear' eu hunain, eu hymgyrchu drosti, a sicrhaodd ei dyfodol; gellir darllen y diweddglo 'fel dyn yn deall paham mae'n rhaid iddo fynd adref'[210] a rhagfynega hefyd yr anogaeth i weithredu, yn hytrach nag ildio i anorfodedd a diymadferthedd, a fynegir yn adran olaf 'Brenhiniaeth a Brawdoliaeth' yn 1956.

Wn i ddim a oes a wnelo'r ffaith mai dyma ddwy o gerddi mwyaf hunanddadlennol Waldo, ie, dwy enghraifft o farddoniaeth gyffesol cyn i'r term hwnnw hyd yn oed ennill ei blwyf,[211] rywbeth â'i hwyrfrydigrwydd i'w cyhoeddi tan 1956 yn *Dail Pren* er iddo, fel y nodwyd eisoes, sgrifennu 'O Bridd', yn ôl pob tebyg, yn 1940 a 'Cwmwl Haf' yn 1947. Tybed na farnai, ac yntau'n rhoi'r fath bwys ar hybu morâl a chynnal ysbryd mewn oes mor ddreng, mai enghreifftiau mwy amlwg gyhoeddus o'i awen a weddai ar gyfer tudalennau cyfnodolion y dydd? A'i bwyslais mor amlwg ar swyddogaeth iachusol ei gerddi, tybed nad oedd arno ofn i ddarllenwyr gamddeall 'O Bridd', gan ei chymhlethed a'i gonested, yn 1940 a dadwneud ei bwrpas adferol? Wedi'r cyfan, mor hwyr â 1966, ymhell y tu hwnt i amgylchiadau tymhorol y rhyfel, fe'i gofidiwyd gan gamddehongliad Bobi Jones ohoni.[212] Does yr un o'r cerddi 'negyddol' eraill a gyhoeddodd yn ystod y rhyfel yn darlunio'r math o ddigalondid a ddarluniwyd yn 'O Bridd': er tristed 'Diwedd Bro' (1939), mae'r ddibyniaeth ar gyfeiriadaeth yn clustogi ergyd y gerdd; dychanu twpdra a wneir yn 'Yr Hwrdd' (1941) a chelfyddyd gywirol yw dychan; ac er nad oes gysur o gwbl yn 'Y Plant Marw', cerdd gystwyol yw hi sy'n cloi'n llawn dicter moesol â'r rhybudd 'Gwae bawb sydd yn ffaglu'r seren sy'n damnio'r ddaear' (*DP*: 81). Ac roedd hi'n drannoeth y rhyfel, yn 1946, ar y gerdd a ddaw'n union ar ôl 'O Bridd' yn *Dail Pren*, sef 'Cân Bom', yn cael ei chyhoeddi ac felly hefyd 'Gwanwyn' (*DP*: 97), dwy gerdd a fwriai olwg ddiamwys o dywyll ar y rhyfel ac y gwelwyd ynddyn nhw, fel y gwelwyd yn 'Cwmwl Haf', '[dd]elweddau Rhamantaidd yn torri dan bwysau profiad'.[213] Ond cynrychiolai 'O Bridd' a 'Cwmwl Haf' ffrwyth yr 'awyrgylch newydd' a'r 'idiom newydd' a'r '[c]yfnod newydd' a ragwelwyd gan Waldo yn 1939. Erbyn ail hanner y 1950au, roedd yr hinsawdd creadigol mwy rhyddfrydig a oedd ohoni fel petai'n cyfreithloni ac yn croesawu math 'O Bridd' a 'Cwmwl Haf' o farddoniaeth. Wedi'r cyfan, dwy gyfrol a ragredwyd gan *Dail Pren* oedd *Y Gân Gyntaf* Bobi Jones yn 1957 a *Cerddi Euros Bowen* yn 1958, dwy gyfrol gyntaf ffres eu hidiom y gellid honni amdanynt eu bod yn cofleidio cymhlethdod.[214]

Yr hyn a wnaeth Waldo yn 'O Bridd' a 'Cwmwl Haf' oedd hawlio rhyddid creadigol newydd iddo'i hun a hynny drwy fentro ymryddhau dros dro o'r cyfrifoldebau cyhoeddus a ystyriai ynghlwm wrth ei swydd fel bardd ac ymbellhau ychydig oddi wrth amgylchiadau tymhorol. Fel y dywedodd Hugh Bevan, 'dangosodd awdur "Cwmwl Haf" fod ganddo weledigaeth ddigon cyflawn, a barn ddigon annibynnol, i beidio â gadael i amodau torfol ein cyd-fyw ddileu dirgelwch yr hunan'.²¹⁵ Ac oherwydd yr ymosodiad ar sofraniaeth y gydwybod unigol a gynrychiolid gan orfodaeth filwrol, roedd dirgelwch ac unigrywiaeth yr hunan yn thema gyson ganddo fel nad yw'n syndod gweld geiriau fel y rhain yn ei ddatganiad gerbron tribiwnlys Caerfyrddin yn 1942: 'I believe . . . that my first duty to the community to which I belong is to maintain the integrity of my own personality.'²¹⁶ Er na welir yn y cerddi '[l]am afresymol gobaith uwchlaw cyfnod argyfyngus' nac ymddiried chwaith yn y 'gwyrthiol mewn hanes', ni olyga hynny ei fod yn 'ymostwng i'r drefn': yn lle hynny, drwy ymwthio'n ddirfodol noeth drwy holl onglau'i brofiad y llwydda yn y diwedd i gyrraedd gwaredigaeth. Ni olyga chwaith fod ei ymlyniad cymdeithasol fel bardd yn ddim llai, dim ond ei fod yn gweld ei swyddogaeth mewn goleuni aeddfetach. Wedi'r cyfan, at y llwybr canol a ddilynodd W. B. Yeats, llwybr rhwng athrawiaeth celfyddyd er mwyn celfyddyd a chelfyddyd fel llawforwyn gymdeithasol a olygai fod yr artist, 'by serving his art with entire integrity, is at the same time rendering the greatest service he can to his own nation and to the world', y cyfeiriai Waldo wrth iddo geisio sefydlu swyddogaeth llenyddiaeth yn 1953.²¹⁷

Gweledigaeth greadigol heriol a gyflwynir gan Waldo yn y cerddi a gysylltir â chyfnod yr Ail Ryfel Byd, gweledigaeth adferol a oedd yn 'falm i fyd', yn 'genhadaeth' ac yn 'her'.²¹⁸ Pa mor iwtilitaraidd bynnag oedd ei olwg ar swyddogaeth gymdeithasol ei gerddi rhyfel a pha mor gryf bynnag oedd ei benderfyniad fod union ystyr y cerddi hynny'n cael eu trosglwyddo, yr un pryd yn union roedd ymhlith y mwyaf effro a blaengar o safbwynt ei sylweddoliad na allai barddoniaeth Gymraeg aros mewn rhigol a'i bod hi'n newid. Dyma a ddywedodd yn 1939, blwyddyn gynta'r rhyfel: 'Torrwn drwodd heb fod yn hir at y canu a fydd yn fwy cymdeithasol yn ei gynnwys na'r hen ganu, ac eto yr un mor bersonol yn ei angerdd . . . [credaf] fod y beirdd yn falfalu am yr awyrgylch newydd, ac am yr idiom newydd a wedda iddo';²¹⁹ 'Yr wyf i o'r farn fod barddoniaeth Cymru'n mynd i gerdded i mewn i gyfnod newydd heb fod yn hir.'²²⁰ Er nad oes ond rhaid i ddyn feddwl am hynt y ddau yn ystod yr Ail Ryfel Byd i sylweddoli mor wir yw sylw Alun Llywelyn-Williams nad oedd ef a Waldo 'yn gweld y byd hwn a'i bethau yn yr un goleuni', gwir hefyd fod eu 'syniadau am farddoniaeth yn cydredeg yn hynod esmwyth'²²¹ ac nid siarad ar ei gyfer a wnâi Bobi Jones chwaith pan ddywedodd am Alun Llywelyn-Williams mai 'Ei frawd awenyddol oedd Waldo.'²²² Yn achos gyrfa greadigol y ddau, bu cyfnod y rhyfel yn un a barodd iddyn nhw ystyried yn ddwys rym geiriau, sef deunyddiau mwyaf sylfaenol y bardd, a chyfrifoldeb y sawl sy'n eu harfer. Maen nhw'n ddau fardd mawr eu hintegriti a dau, yng ngeiriau pwyllog Alun Llywelyn-Williams wrth iddo fesur maint cyfraniad Waldo, a chwaraeodd '[r]an dawel ond pwysig yn y cyfnewidiadau mawr sydd wedi digwydd yn ddiweddar yn null mynegiant ein barddoniaeth'.[223]

Nodiadau

[1] 'T. E. Nicholas', yn Aneirin Talfan Davies (gol.), *Gwŷr Llên* (Llundain, 1948), 145. Dyma thema a ddatblygwyd yn llawn gan yr un awdur gyda golwg ar y Rhyfel Byd Cyntaf, yn 'Llenyddiaeth Cyni a Rhyfel: 1914–1939', *Llên Cyni a Rhyfel a Thrafodion Eraill* (Llandysul, 1987), 11–42, erthygl yr awgrymodd ynddi mai 'corff bychan iawn sydd gennym o "lenyddiaeth ryfel"' (37).

[2] Gw. M. Wynn Thomas, 'Y Ddau Alun', *Taliesin*, 64 (Hydref 1988), 25–35, erthygl sy'n cyferbynnu llenyddiaeth ryfel Alun Llywelyn-Williams ac Alun Lewis. Parhaodd Greg Hill ar yr un trywydd, yn M. Wynn Thomas (gol.), *DiFfinio Dwy Lenyddiaeth Cymru* (Caerdydd, 1995), 'A Oes Golau yn y Gwyll? Alun Llywelyn-Williams ac Alun Lewis', 120–44.

[3] D. Gwenallt Jones, yn Thomas Parry (gol.), *Eisteddfod Genedlaethol 1942 (Aberteifi) Cyfansoddiadau a Beirniadaethau* (Lerpwl, 1942), 10–12.

[4] 'Beirniadaeth ar y Bryddest ("Yr Aradr"), Eisteddfod Genedlaethol Llandybïe (1944)', yn Damian Walford Davies (gol.), *Waldo Williams: Rhyddiaith* (Caerdydd, 2001), 145.

[5] Ceir cofnod bywgraffyddol ar gyfer Elwyn Evans, a fu ar staff y BBC ym Mangor cyn y rhyfel, gan R. Alun Evans yn *Stand By! Bywyd a Gwaith Sam Jones* (Llandysul, 1998), 208–9; gw. hefyd ysgrif Elwyn Evans ei hun, 'Deuparth Gwaith . . .', yn Dyfnallt Morgan (gol.), *Babi Sam yn Dathlu Hanner Can Mlynedd o Ddarlledu o Fangor 1935–1985: Atgofion a Gobeithion Pen-blwydd* (Dinbych, 1985), 31–42, a hefyd 'Ymuno â'r BBC, 1934' (1982), yn Gwyn Erfyl (gol.), *Radio Cymru: Detholiad o Raglenni Cymraeg y BBC 1934–1989* (Llandysul, 1989), 70–1. Bu farw 11 Awst 2004: gw. 'Colli un o Hoelion Wyth y BBC yn 92 Mlwydd Oed', *Y Cymro* (18 Awst 2004).

[6] Alun Llywelyn-Williams, *Gwanwyn yn y Ddinas: Darn o Hunangofiant* (Dinbych, 1975), 170. Dyma a gadarnhaodd Elwyn Evans mewn llythyr personol at yr awdur, dyddiedig 22 Hydref 2003: 'Y tro cyntaf imi gwrdd ag Alun oedd yn swyddfeydd y BBC yn Park Place, Caerdydd tua'r adeg y crewyd Rhanbarth Cymru . . . Gwnaeth Alun argraff ddofn ar lawer o'r staff, a daeth ef a minnau'n gyfeillion.'

[7] Noder yr epigraff i'r gyfrol: 'Cyflwynedig i'r ddau gyfaill Elwyn Evans a Tom Pritchard', yn *Aeth Deugain Mlynedd Heibio: Dyddiadur Rhyfel* (Caernarfon, 1985), [7].

8 Gwelodd y cerddi y cyfeirir atynt olau dydd gyntaf yn Elwyn Evans, *O'r Dwyrain a Cherddi Eraill* (Caerdydd, 1948); dyfynnir o fersiynau'r casgliad *Amser a Lle* (Llandysul, 1975) o'r cerddi.
9 Cynan, 'Mab y Bwthyn', *Telyn y Nos* (Caerdydd, 1921), 1–35.
10 Saunders Lewis, beirniadaeth ar 'Mab y Bryn' yng nghystadleuaeth y Goron, yn William Morris (gol.), *Cyfansoddiadau a Beirniadaethau Eisteddfod Genedlaethol Pen-y-bont ar Ogwr 1948* (Lerpwl, 1948), 40.
11 T. Llew Jones, *Fy Mhobol I* (Llandysul, 2002), 56.
12 *Fy Mhobol I*, 60.
13 W. J. Gruffydd, '1914–1918: Yr Ieuainc wrth yr Hen', *Ynys yr Hud a Chaneuon Eraill* (1923; arg. Wrecsam, 1963), 44–6.
14 Cynan, 'Monastîr', *Caniadau Cynan* (Caerdydd, 1927), 45–6.
15 Gw. 'Hwiangerddi', *Telyn y Nos*, 61–2; ceir ymdriniaeth â hi yn Gerwyn Wiliams, 'Rhamantiaeth Realaidd Cynan', *Taliesin*, 76 (Mawrth 1992), 105–12.
16 Gw. Grahame Davies (gol.), *The Chosen People: Wales and the Jews* (Pen-y-bont ar Ogwr, 2002), 103, a gynhwysodd gyfieithiad o 'Jerusalem Ranedig' a 'Taith yn Ôl' o *Amser a Lle* yn ei antholeg ac a ddaliodd 'that they are among the best Welsh literary treatments of the subject of Israel that I have found'. Gw. hefyd stori fer Gwilym Meredydd Jones, 'Echdoe', *Gwerth Grôt a Storïau Eraill* (Llandysul, 1983), 74–87, am garwriaeth amser rhyfel rhwng Cymro ac Iddewes.
17 Saunders Lewis, beirniadaeth ar 'Mab y Bryn', 40.
18 'Alun Llywelyn-Williams', yn Meic Stephens (gol.), *Artists in Wales 2* (Llandysul, 1973), 174: 'It came as something of a surprise at the end of the war in Germany to find myself alive at all, and there is a real sense in which everything afterwards has been for me as a poet an anti-climax.'
19 Non Indeg Evans, 'Bywyd a Gwaith Alun Llywelyn-Williams, 1913–1988' (traethawd Ph.D. anghyhoeddedig, Prifysgol Cymru, Bangor, 1995), 235.
20 Alan Llwyd, 'Rhagymadrodd', yn Alan Llwyd ac Elwyn Edwards (gol.), *Gwaedd y Lleiddiad: Blodeugerdd Barddas o Gerddi'r Ail Ryfel Byd 1939–1945* (Llandybïe, 1995), xxiii.
21 Elwyn Evans, 'Rhagair', *O'r Dwyrain a Cherddi Eraill*, [3].
22 'Ymadawiad Arthur', *Caniadau* (Wrecsam, 1934), 33.
23 Gw. Alan Lloyd Roberts, *Anghenion y Gynghanedd* (Caerdydd, 1973), 146, sy'n trafod nodweddion cyhydedd degban.
24 Alan Llwyd, *GLl*, xxiv.
25 E. Prosser Rhys, 'Atgof', *Cerddi Prosser Rhys* (Dinbych, 1950), 34.
26 Paul Fussell, *The Great War and Modern Memory* (Rhydychen, 1975, arg. 1977), 272.
27 Gw. Paul Fussell, *The Great War and Modern Memory*, 276, lle y cyfeirir at 'The equation of blondness with special beauty'.
28 J. T. Jones, *Y Llanc o Sir Amwythig* (Dinbych, 1939).
29 Gw. Paul Fussell, 'The Homoerotic Sensuousness of Wilfred Owen', *The Great War and Modern Memory*, 286–99.
30 Gw. cyfeiriad Bedwyr Lewis Jones at y gerdd goffa, 'A. E. Housman', yn Gwyn Thomas (gol.), *R. Williams Parry* (Caerdydd, 1997), 120–1: 'Ers blynyddoedd buasai gan Williams Parry feddwl uchel iawn o delynegion y bardd Saesneg hwn. Gwelai ynddynt, mae'n debyg, yr un tristwch dwys

wrth feddwl am fywyd a marw a'r un cydymdeimlad dwfn â dynoliaeth ag a gyffroai ei gân ef ei hun.' Gw. hefyd Gerwyn Wiliams, *Y Rhwyg: Arolwg o Farddoniaeth Gymraeg ynghylch y Rhyfel Byd Cyntaf* (Llandysul, 1993), 145, lle y trafodir cerddi rhyfel R. Williams Parry yng ngoleuni cerddi Housman.

31 Paul Fussell, *The Great War and Modern Memory*, 279–80. Gw. hefyd Paul Fussell, *Wartime: Understanding and Behavior in the Second World War* (Efrog Newydd a Rhydychen, 1989), 108–9: 'One curious thing is that, compared with passionate writing in the Great War, the convention in the Second is that love is strenuously heteroerotic. From the Second War there seem to be none of those poems fantasizing loving "lads" that the lonely imagination threw off in Flanders and Picardy.'

32 Gw. John Morris-Jones, 'Penillion Omar Khayyám', yn *Caniadau* (Rhydychen, 1907), 161–82.

33 Elwyn Evans, *O'r Dwyrain a Cherddi Eraill*, [3].

34 Llsgr. 19589 yng Nghasgliad Cyffredinol yr Adran Archifau a Llawysgrifau, Prifysgol Cymru, Bangor.

35 Ifan Gruffydd, *Gŵr o Baradwys* (Dinbych, 1963), 152.

36 R. Meirion Roberts, *Plant y Llawr* (Dinbych, 1946).

37 R. Meirion Roberts, *Amryw Ganu* (Caernarfon, 1965).

38 'Ail-gloriannu R. Meirion Roberts', *Y Faner* (16 Mawrth 1984), 13.

39 'Ail-gloriannu R. Meirion Roberts', 13.

40 *Telyn y Nos*, 77–80 a 42–4.

41 *Barddoniaeth y Chwedegau: Astudiaeth Lenyddol-Hanesyddol* (Caernarfon, 1986), 161.

42 R. Williams Parry, 'In Memoriam: Morwr', *Yr Haf a Cherddi Eraill* (Y Bala, 1924; 5ed arg. 1963), 109.

43 'Ysgolhaig', *Yr Haf a Cherddi Eraill*, 116.

44 'Ar Gofadail', *Yr Haf a Cherddi Eraill*, 121.

45 'Futility', yn C. Day Lewis (gol.), *The Collected Poems of Wilfred Owen* (1963; arg. Llundain, 1982), 58.

46 'W.J.G.', *Cerddi'r Gaeaf* (Dinbych, 1952), 70. Cadarnheir yr un argraff gan gerdd arall, sef 'Brenhinoedd Napoli: I: Ruggiero Il Normanno', 33, sy'n cyfeirio at 'oediog, / Drystfawr orymdaith cad'.

47 'Ail-gloriannu R. Meirion Roberts', 13.

48 'Cerddwch Ymlaen Werinwyr', *Cerddi Rhyddid* (Abertawe, 1914), 60.

49 Am ymdriniaeth â'i ymateb i'r Rhyfel Byd Cyntaf, gw. Gerwyn Wiliams, *Y Rhwyg*, 181–95.

50 Am yr hanes yn ystod y Rhyfel Byd Cyntaf, gw. Deian Hopkin, 'Patriots and Pacifists in Wales, 1914–1918: The Case of Captain Lionel Lindsay and the Rev. T. E. Nicholas', *Llafur* (Mai 1974), 27–41. Adroddir hanes ei arestio, ei ddal yn ddigyhuddiad a'i garcharu gan T. E. Nicholas ei hun: gw. 'Fel Hyn y Bu', ysgrif mewn copi teipysgrif o *Canu'r Carchar* (Dinbych, 1943) nas cyhoeddwyd yn y gyfrol gyhoeddedig, llsgr. 23338 yng Nghasgliad Cyffredinol yr Adran Archifau a Llawysgrifau, PCB.

51 Gw. Angus Calder, *The Myth of the Blitz* (Llundain, 1991), 77–89, sy'n trafod yr ofnau ym mlynyddoedd cyntaf y rhyfel fod Plaid Gomiwnyddol Prydain Fawr yn fagwrfa i Bumed Colofnwyr.

52 Ar gyfer rhifyn 2 Medi 1939 y bwriadwyd 'Y Cyfamod rhwng Rwsia a'r

Almaen' a cheir copi proflen ohoni a ragflaenir gan ddatganiad golygyddol yn llsgr. 23358 PCB. Mewn llythyr, dyddiedig 29 Awst 1939, eglurodd perchennog *Y Cymro*, Rowland Thomas, ei benderfyniad i sensro'r erthygl. Os oedd i'w sensro, ni fynnai Niclas i'r erthygl weld golau dydd, a rhwng Medi a Rhagfyr bu'r golygydd a Niclas yn croesi cleddyfau ar dudalennau'r papur. Yn 'Sgwrs â'r Parch. T. E. Nicholas – gan Ohebydd Arbennig', *BAC* (30 Hydref 1940), diolchodd Niclas am gefnogaeth y papur hwnnw iddo tra oedd yng ngharchar gan gymharu hynny'n anffafriol gydag ymateb papur cenedlaethol arall iddo. Dywed yno mai achos un 'ennyd ddu' a gafodd yn ystod ei garchariad oedd darllen 'Cymru a Rhyddid' yn *Y Cymro* (24 Awst 1940) a wrthodai gefnogi'r ymgyrch i'w ryddhau; gw. hefyd 'Mr T. E. Nicholas', *Y Cymro* (31 Awst 1940). Fe'i clwyfwyd yn bersonol gan yr anghytundeb rhyngddo a'r *Cymro*, ond bu 1939–40 yn gyfnod neilltuol o brysur yn ei hanes o egluro ac amddiffyn ei safbwynt mewn papurau newydd eraill yn ogystal, rhai fel *Y Faner*, *Y Ddraig Goch* a'r *Rhedegydd*, ac ni chyhoeddwyd ei erthyglau ar eu tudalennau hwythau bob tro chwaith. Am hanes *Y Cymro*, gw. Rhys Tudur, '*Y Cymro* 1932–45: Hanes Sefydlu *Y Cymro*, ei Ddatblygiad a'i Gynnwys hyd ddiwedd yr Ail Ryfel Byd' (traethawd Ph.D. anghyhoeddedig Prifysgol Cymru, Bangor, 2000).

[53] Churchill a gyflwynodd y ddeddf hon gydag iddo ddod yn brif weinidog yn lle Chamberlain ym Mai 1940 – un rheswm o blith amryw pam yr anelodd Niclas ei saethau mor aml at y gwladweinydd hwnnw; gw. hefyd nodyn 90 ym mhennod 1. Ac roedd hi'n ddeddf bwerus: gw. J. M. Lee ac M. R. D. Foot, 'UK: Government', yn I. C. B. Dear a M. R. D. Foot (gol.), *The Oxford Companion to the Second World War* (Rhydychen, 1995), 1137–8: 'The Emergency Powers (Defence) Act, passed through all its stages from first reading to royal assent on the single day of 22 May 1940, gave the crown power to command any subject to perform any action; the power to be exercised through defence regulations, which would be laid before parliament. Regulations allowed government to control civil unrest and impose censorship on the media; these reduced public discussion of appeasement policies and muted political discontent.' Yn llsgr. 23358 PCB, llyfr lloffion yn cynnwys erthyglau Niclas i'r wasg rhwng 1935 a 1948, ceir copi o gerdd ganddo a ymddangosodd yn 'Congl yr Awen' *Y Dinesydd Cymreig*, 'Yr Epa (Emergency Powers Act)' a bersonolir yn 'frawd i'r greulon DORA [Defence of the Realm Act]', deddf gyfatebol a ddefnyddiwyd i erlid Niclas yn 1914–18. Yn llsgr. 23364, ceir llythyr swyddogol o'r Swyddfa Gartref, dyddiedig 30 Medi 1940, yn egluro pam y carcharwyd Niclas: 'Reasons for order Under Defence Regulation 18b in the case of Thomas Evan Nicholas. The order was made because the Secretary of State had reasonable cause to believe that the said Thomas Evan Nicholas had been concerned in acts prejudicial to the public safety or the defence of the realm and that it is necessary to exercise control over him. Particulars: The said Thomas Evan Nicholas 1. Has been actively engaged in endeavouring to impede recruitment to H.M. Forces 2. Was in possession of a number of red sticky-backed Swastikas.' Am yr ail gyhuddiad, sticeri oedd y rhain a ddosbarthwyd i ddarllenwyr gan amryw bapurau cenedlaethol Brydeinig, fel y *Daily Express*, er mwyn i'w darllenwyr gofnodi cwrs y rhyfel ar fap.

54 Mewn cyfweliad ganol y 1960au, awgryma T. E. Nicholas mai ei '[w]rthwynebiad i Munich fu'r achos i mi gael fy ngharcharu', er mai ym Medi 1938 y bu Cytundeb Munich: dyfynnwyd yn D. Alun Lloyd, 'Gwisg Gymdeithasol yr Efengyl yw Comwinyddiaeth', *Y Cymro* (25 Chwefror 1965). Roedd gan Brif Gwnstabl Ceredigion, Capten J. J. Lloyd Williams, fendeta bersonol yn ei erbyn, ac yn ôl Siân Howys, yn 'Bywyd a Gwaith Thomas Evan Nicholas, 1879–1971' (traethawd MA anghyhoeddedig Prifysgol Cymru, Bangor, 1985), 16, mynnodd garcharu T. E. Nicholas am ei fod 'yn Gomiwnydd amlwg, a hefyd am iddo feirniadu trefniadaeth yr heddlu yng Ngheredigion sawl tro'. Wrth fynd heibio, ymddiswyddodd y Prif Gwnstabl o'i swydd a hynny dan gwmwl ddwy flynedd yn ddiweddarach: gw. llsgr. 23363 PCB a'r toriad papur newydd â'r pennawd 'Cardiganshire Police Committee Chief Constable Resigns' a hefyd *Cambrian News* (16 Gorffennaf 1943).

55 Gw. D. Alun Lloyd, 'Pregethwr, Bardd, Tynnwr Dannedd a Chomiwnydd', *Y Cymro* (18 Chwefror 1965), lle y cyfeirir at Niclas yn 'ysgrifennu ei gerddi Cymraeg ar bapur toilet (pinc neu las, yn dibynnu ar y carchar), a'u gyrru allan (yn gudd) gydag un o'r ceidwaid – ar daith i "ffrind yng Nghymru"'. E. Prosser Rhys a Gwenallt oedd y ffrindiau a ofalai am y sonedau: byddai'r naill, yn rhinwedd ei swydd fel rheolwr Gwasg Aberystwyth, yn cyhoeddi *Llygad y Drws* yn 1940, a'r llall yn llunio rhagymadrodd ar gyfer y gyfrol honno. Yn fuan ar ôl ei ryddhau, fel hyn yr adroddodd Niclas ei hun yr hanes yn 'Fel Hyn y Bu', llsgr. 23338 PCB: 'Wedi ein symud i gell â thipyn o oleuni ynddi, dechreuais ysgrifennu sonedau. Yr oedd Islwyn a minnau drws nesaf i'n gilydd erbyn hyn, a buom felly tra yn Abertawe. Nid oedd ond llechen las at ein gwasanaeth i ysgrifennu a phensel carreg. Dim papur o gwbl. Cyn hir cefais o hyd i inc a phen ysgrifennu, a'u cuddio'n ddiogel mewn lle annisgwyliadwy. Ni bûm heb stwff ysgrifennu hyd y diwedd wedyn. Y broblem nesaf oedd cael papur i gopïo'r sonedau o'r llechen. Deuai ambell lythyr wedi ei ysgrifennu ar un ochr y dalen, defnyddiwn y ddalen honno. Ond ychydig a ddeuai felly. Doedd dim amdani wedyn ond defnyddio sgwâr o bapur llwyd a roddid inni at bwrpas arbennig. Ac ar bapur llwyd felly yr ysgrifennais fy sonedau. Problem arall oedd sut i'w cael allan. Gyrrwn un allan ar ddalen olaf fy llythyrau, a gorchymyn eu gyrru bob un i Prosser Rhys. Cyrhaeddodd amryw ben eu taith felly. Yr oedd o'r pwys mwyaf i'w cael allan cyn ymadael ag Abertawe. Ar hyn o bryd digon fydd dweud iddynt ddod allan o'r carchar o'm blaen i.'

56 T. J. Morgan, 'Niclas y Glais', *Y Genhinen*, 21/3 (Haf 1971), 147.

57 R. M. Jones, 'Comiwnydd Glew neu Eciwmenydd Gwlân', *Llenyddiaeth Gymraeg 1902–1936* (Llandybïe, 1987), 269.

58 E.e., bu gerbron ynadon heddwch Llanbedr Pont Steffan yn 1917 a'i gyhuddo o bregethu teyrnfradwriaeth: fe'i rhyddhawyd yn ddiamod.

59 *R. Williams Parry* (Caerdydd, 1972), 31.

60 'Bardd y Werin', *Salmau'r Werin a Chaneuon Eraill* (Ystalyfera, 1909), 5.

61 Gw. Ithel Davies, adolygiad ar *LlD*, *Heddiw*, 6 (Mawrth-Ebrill 1941), 240: '"Bardd y werin ydwyf fi." T. E. Nicholas a'i cant. Efe ei hun yn fwy na neb arall a'i bedyddiodd ei hun felly. Nid bob amser y derbynnir dyn ar ei air, ond nid oes neb a amau nad Bardd y Werin yw T.E.N.'

62 D. Gwenallt Jones, 'Rhagymadrodd', *LlD* (Aberystwyth, 1940), 11.

[63] Ystyrier tystiolaeth D. Tecwyn Lloyd, yn 'Cofio T. E. Nicholas', *Barn*, 104 (Mehefin 1971), 235, wrth gyfeirio at *LlD* a *CC:* 'er mwyn y rheini nas ganesid ddeng mlynedd ar hugain yn ôl, dylid dweud na bu odid un llyfr o ganu Cymraeg â chymaint cip arno yn y ganrif hon. Bu amryw argraffiadau o'r naill a'r llall.' Gw. hefyd lythyr at y Parch. W. J. Rees, Yr Alltwen, lle y dywedir bod ail argraffiad o *Llygad y Drws* wedi'i werthu ymhen pythefnos: llsgr. 23358 PCB. Awgrymir maint yr edmygedd poblogaidd ohono gan y llysenw a roddwyd ar ôl ei enw ar amlen a anfonwyd ato tra oedd dan glo: 'Shakespeare of Wales'; gw. llsgr. 23363 PCB.

[64] Gwobrwywyd ei deyrngarwch di-ildio i'r Undeb Sofietaidd pan ymwelwyd ag ef gan ddirprwyaeth o ddeugain o'r llysgenhadaeth yn Llundain ar achlysur ei ben blwydd yn ddeg a phedwar ugain mlwydd oed: gw. Derfel, 'Niclas y Glais – Bardd y Werin yn 90 Mlwydd Oed', *BAC* (30 Hydref 1969), 3.

[65] Gw. Angus Calder, *The Myth of the Blitz*, 69, lle y nodir nad oedd Arthur Horner, llywydd comiwnyddol Ffederasiwn Glowyr De Cymru neu'r *Fed* a chanddi 135,000 o aelodau, yn cefnogi cenedlaetholdeb o'r fath.

[66] Gw. R. M. Jones, *Llenyddiaeth Gymraeg 1902–1936*, 269: 'Cais sawl un o'i feirniaid ef ein hargyhoeddi nad Marcsydd uniongred mohono . . . Ond ni welaf ddim arwydd i amau'i "Farcsiaeth-uniongred" o leiaf.' Gw. hefyd D. Jacob Davies, 'Niclas – y Marcsydd Mwyn', *Yr Ymofynnydd*, lxiii/1 (Ionawr/ Chwefror 1972), lle'r anghytunir â darlleniad 'anFarcsaidd' Idwal Jones a D. Tecwyn Lloyd o Niclas; ceir sylwadau Idwal Jones yn ei ragair i *Dryllio'r Delwau* (Tywyn, 1948), vii–ix, a rhai Tecwyn Lloyd yn ei ysgrif yn *Gwŷr Llên*, 145–63.

[67] Siân Howys, 59.

[68] Gw. Idwal Jones, 'Rhagair', *DD*, viii: 'oherwydd iddo lynu cyhyd yn ei edmygedd o Rwsia Stalin, fe ataliwyd ei dyfiant *creadigol.*' Cymh. Chris Baldick, *The Concise Oxford Dictionary of Literary Terms* (Rhydychen, 1990; arg. 2001), 238, sy'n nodi yn ei ddiffiniad o realaeth sosialaidd: 'the doctrine acted chiefly to stifle imaginative experiment.'

[69] Fel yr eglura Lutz Becker, 'Optimistic Realism: Cinema', yn David Britt (gol.), *Art and Power: Europe under the Dictators 1930–54* (Oriel Hayward, 1995), 199, yn Ebrill 1932 y penderfynodd Pwyllgor Canolog y Blaid Gomiwnyddol orfodi athrawiaeth realaeth sosialaidd ar y celfyddydau. Am drafodaeth ar realaeth sosialaidd mewn barddoniaeth Rwsiaidd yn ystod y rhyfel, gw. Katharine Hodgson, 'Heroes and Leaders: Socialist Realism in Wartime Poetry', *Written with the Bayonet: Soviet Russian Poetry of World War Two* (Lerpwl, 1996), 129–68.

[70] Geiriau Andrei Zhdanov, ymgynghorydd diwylliant Stalin, yng nghyfarfod Cyngres Gyntaf Undeb Awduron Sofietaidd yn 1934, a ddyfynnwyd yn Lutz Becker, 200. Nid yw'r cysyniad yn un amhroblematig, fel yr eglura John a Carol Garrard mewn nodyn golygyddol ar ddiwedd Katharine Hodgson, 'Soviet Women's Poetry of World War 2', yn *World War 2 and the Soviet People* (Basingstoke a Llundain, 1993), 95: 'Socialist Realism was introduced by Stalin in 1932 as the only permissible "method" open to Soviet artists in all fields. Endless attempts were made to give the method a respectable theoretical foundation, but to no avail. Most literary works said by both Soviet and Western scholars to best exemplify Socialist Realism turn

out to have been written *before* 1932. Stripped of all the verbiage and theoretical phrase-making, Socialist Realism simply means creating propaganda for the Soviet regime and complying with the current Party line.'
71 Geiriau Andrei Siniavskii a ddyfynnwyd yn Katharine Hodgson, *Written with the Bayonet*, 134.
72 Gw. Jürgen Förster, Charles Messenger a Wolfgang Petter, 'Germany: Culture', *The Oxford Companion to the Second World War*, 478: 'One of the main purposes of the Nazi regime was to exert an ideological influence on German culture. In order to control all creative activity, its production and distribution, Goebbels, on 1 November 1933, established the Reich Chamber of Culture (Reichskulturkammer) . . . It was composed of five chambers, each under its own president, responsible for literature, cinema, music, theatre, and the fine arts.' Roedd y siambrau hyn yn atebol i Weinyddiaeth Goleuedigaeth Gyhoeddus a Phropaganda Josef Goebbels, ac os bernid nad oedd gwaith arlunydd yn yr ysbryd cywir, gellid atal ei drwydded i ddysgu, atal caniatâd iddo arddangos ei waith, neu hyd yn oed atal caniatâd iddo arlunio. Am drafodaeth ar y modd y diswyddwyd ac yr erlidiwyd artistiaid modernaidd fel Otto Dix a Paul Klee dan y Natsïaid, gw. David Elliott, 'A Life-and-Death Struggle: Painting and Sculpture', *Art and Power*, 270–6.
73 Lutz Becker, 199. Adroddir hanes Nikolai Bukharin yn *Written with the Bayonet*, 135: yng nghyfarfod Cyngres Gyntaf Undeb Awduron Sofietaidd yn 1934, awgrymodd y dylid gwella medrau technegol y beirdd er mwyn i'w gwaith allu cystadlu gyda llenyddiaeth orau'r byd, ond cymaint oedd y gwrthwynebiad i'w sylwadau fel y bu'n rhaid iddo ymddiheuro i'r gyngres cyn ei diwedd. Yng ngeiriau Katharine Hodgson, 'Bukharin's vision of poetry as a dynamic, evolving entity was in conflict with his opponents' attempts to construct a canon against which all subsequent works should be measured . . . admission to the canon depended very little on a poet's technical expertise; stylistic innovations were treated with suspicion, as the preferred qualities were simplicity and accessibility to the average reader.'
74 Gw. R. M. Jones, *Llenyddiaeth Gymraeg 1902–1936*, 267: 'yr oedd ef ei hun, er gwaetha'r holl sôn am chwyldro, rhyddid a phêr bethau felly, yn Dori o'r Toriaid yn ei agwedd at fywyd ieithwedd a rhythm'.
75 '"Pe Cawn i fy Ffordd" (darn o un o'i ddarlithiau poblogaidd)', *T. E. Nicholas*, record hir yng *Nghyfres yr Ysgol a'r Aelwyd* a olygwyd gan Jac L. Williams (Recordiau'r Dryw, Gŵyl Ddewi 1970). Mae'r record yn cynnwys recordiadau a wnaeth Islwyn Nicholas o'i dad ar hyd y blynyddoedd.
76 'Y Cyfaill Niclas', yn J. Roose Williams (gol.) *T. E. Nicholas: Proffwyd Sosialaeth a Bardd Gwrthryfel* (Bangor, 1971), 8. Cadarnheir yr un safbwynt gan Albert Wynne Jones, yn 'Niclas y Glais', *Yr Eurgrawn*, 163 (Gaeaf 1971), 175: 'Nid oedd ganddo amynedd â'r farddoniaeth fodern. "Bachan, bachan, sut y gelli alw rhywbeth na ddichon dyn ei ddeall yn farddoniaeth w? 'D'yn nhw'n gwbod dim o hanes llenyddiaeth Cymru."'
77 Geiriau D. Zolotnitskii am Aleksandr Prokof'ev a ddyfynnir yn *Written with the Bayonet*, 137.
78 Cymh. yr eironi y cyfeiria David Elliott ato, yn 'The Battle for Art', *Art and Power*, 31, wrth drafod unbenaethiaid y 1930au: 'Aggressively modernizing, they were modern but hated Modernism.'

[79] Yr unig gyfrol a gyhoeddodd yn ystod y cyfnod hwn oedd *Y Gân ni Chanwyd* (Aberystwyth, 1930), argraffiad o un o bryddestau anfuddugol Eisteddfod Genedlaethol Lerpwl 1929, ond nid tan 1939, pan gyhoeddwyd *Terfysgoedd Daear*, yr ailagorwyd y fflodiart greadigol.

[80] 'Rhagymadrodd', *LlD*, 16.

[81] Gw. 'Rhesymau y Bardd wrth lunio Soned', *Y Cymro* (12 Awst 1939), lle y dywed Niclas mai'r 'beirniad . . . a gwersi Pabell y Beirdd [sic], sy'n gyfrifol fy mod, yn fy hen ddyddiau, yn llunio sonedau o gwbl'. Ysgrif a baratowyd cyn Eisteddfod Genedlaethol Dinbych oedd hon yn trafod yr hyn a luniodd ar gyfer cystadleuaeth y soned dan feirniadaeth Iorwerth Peate; erbyn cyhoeddi'r erthygl, enillasai Niclas y wobr gyntaf. Dewi Emrys oedd golygydd 'Y Babell Awen', colofn farddol *Y Cymro*, rhwng 1936 a 1952, ac ef a luniodd ragair i *CC* yn 1942. Paratôdd Peate ragair i *The Prison Sonnets of T. E. Nicholas* (Llundain, 1948), cyfrol o gyfieithiadau gan amryw gyfieithwyr.

[82] Pan holwyd ef gan D. Alun Lloyd, yn *Y Cymro* (25 Chwefror 1965), 12, pam yr apeliai mesur y soned ato, dywedodd ei fod yn 'fesur hwylus i ddyn prysur. Wedi cael syniad mae e'n gyfle i'w ddal mewn pedair llinell ar ddeg – cyn iddo ddiflannu'.

[83] R. Williams Parry, *Cerddi'r Gaeaf*, 63 a 76. Doedd dull Niclas o gyfansoddi sonedau ddim yn un a gymhellai afreoleidd-dra: gw. 'Ail-ddeffro'r Nwyd Farddoni – Sonedau'r Gân Goll', *Y Cymro* (3 Medi 1938): 'Daw y rhan fwyaf o'r Sonedau i fod yn y cerbyd modur. Ceidw ergydion y peiriant yr amser yn fanwl. O gadw'r peiriant i redeg yn weddol gyson cymer yr acenion eu lle yn weddol rwydd. Weithiau bydd tor-mesur mewn llinell; un o'r plygiau fydd yn gomedd tanio ac yn torri ar rhythm y gân.'

[84] Noder y cyferbyniad y cyfeiria David Elliott ato rhwng celfyddyd 'bersonol' ac un 'gorfforaethol', yn *Art and Power*, 31: 'The aesthetic foundation upon which all "modern art" has been built – the notion that the artist's individual conscience or sensibility can lead to personal or universal redemption – is in direct opposition to this corporate view of culture, and was violently repudiated both by Stalin and by Hitler.'

[85] Pryddest Caradog Prichard a ddaeth i'r brig yn Ninbych yn 1939, ond ni lwyddodd i sicrhau ei bedwaredd Goron genedlaethol â hi gan fod T. H. Parry-Williams a J. Lloyd Jones o'r farn ei bod yn annhestunol. Gosodwyd pryddest 'Y Tant Unig', sef ffugenw Niclas, yn ail yn y gystadleuaeth a'i chyhoeddi yn *Y Dyn â'r Gaib: Cerddi a Sonedau* (Dinbych, 1944), 38–59. Cystadlodd Niclas hefyd dan y ffugenw 'Alltud y Storm': gosodwyd y gerdd tua chanol y gystadleuaeth a dywedodd Parry-Williams wrth ei thrafod mai 'Dychanwr mawr yw'r bardd hwn, yn canu'n llifeiriol iawn, ac yn ebychol yn aml, ond yn rhyddieithol': gw. R. T. Jenkins a Thomas Parry (gol.), *Eisteddfod Genedlaethol Dinbych 1939: Barddoniaeth a Beirniadaethau* (Lerpwl, 1939), 47. Hon a gyhoeddwyd ar ffurf llyfryn, *Terfysgoedd Daear* (Aberystwyth), yn 1939. Ymddengys fod Pennar Davies, yn 'Rhagair: T. E. Nicholas y Bardd', *'R Wy'n Gweld o Bell* (Abertawe, 1963), 10, wedi cymysgu rhwng y ddwy bryddest ac wedi camgymryd yr un a welodd olau dydd yn 1944 am yr un a gyhoeddwyd yn 1939: pryddest 1944 yw'r 'dilyniant . . . o sonedau' y cyfeiria ato.

[86] *Dros Eich Gwlad: Cerddi Heddwch* (Pontardawe, 1920), 95–128.

[87] R. T. Jenkins a Thomas Parry (gol.), *Eisteddfod Genedlaethol Dinbych 1939: Barddoniaeth a Beirniadaethau*, 47.
[88] T. E. Nicholas, 'Tânbelennu', *Eisteddfod Genedlaethol Dinbych 1939*, 118. Beirniad y gystadleuaeth oedd E. Gwyndaf Evans a – heblaw am y cyfeiriad at 'aneglurder' – hawdd fyddai adnabod Niclas o'i sylwadau ar ei gerdd: 'Y mae yng ngwaith yr ymgeisydd hwn lawer o wendidau, – aneglurder, a brawddegau llac a rhyddieithol, a gormodiaith ... Hwyrach y bydd rhywun yn barod i ddweud mai rhuthr rhethreg sydd yma' (111).
[89] Dyw hi'n ddim syndod ei weld yn nodi ei hoffter cynnar o farddoniaeth Islwyn a gellid ystyried hyn yn ddylanwad ffurfiannol arno: gw., e.e., D. Alun Lloyd, *Y Cymro* (25 Chwefror 1965): 'Nid wyf yn cofio pa bryd y dechreuais farddoni. Bûm yn hoff o farddoniaeth ac o emynau er y cof cyntaf. Dysgais ddwy awdl yn gynnar iawn, "Dinistr Jerusalem" Eben Fardd a "Nefoedd" Islwyn. Daeth gweithiau Islwyn i'm llaw yn weddol gynnar yn fy mywyd.' Ac yn 'Treulio'r Nadolig gyda'r Beirdd: Cymdeithion Hoff Oriau Hamdden', *Y Cymro* (18 Rhagfyr 1937), dywed ei fod yn troi'n aml at gyfrol o gerddi Islwyn 'a deil blas ei farddoniaeth yn felys i'm genau o hyd'. Cyfeiria at ei hoffter arbennig o gerddi Eben Fardd, Caledfryn, Dewi Wyn o Eifion a Phantycelyn – cyplysir yr olaf gydag Islwyn a'u galw'n '[dd]au fardd mawr Cymru' – a chyfeiria'n arbennig at apêl *Y Storm*. Mae'n amlwg hefyd fod Niclas yn uniaethu braidd yn *macho* hyd cerdd gyda'i hansawdd llenyddol a'i fod yn cael 'beirdd modern' yn brin yn y glorian yn hyn o beth o gymharu â 'bardd mwyaf Cymru', yn ei dyb ef, sef William Williams, Pantycelyn: 'Fe gyfansoddodd hwn ... ddwy arwrgerdd fawr, ugien mil o linelle. Maen nhw'n ennill cadeirie nawr ... a rhyw ddeuddeg llinell yw 'u hyd nhw – y pryddeste maen nhw'n wneud.' Gwnaeth y sylw yn y ddarlith '"Pe Cawn i fy Ffordd"' ar y record hir *T. E. Nicholas*.
[90] Cyhoeddwyd cerdd enwocaf y bardd-filwr Isaac Rosenberg gyntaf yn 1916; gw., e.e., Jon Silkin, *The Penguin Book of First World War Poetry* (Harmondsworth, 1979), 208–9.
[91] T. H. Parry-Williams, *Y Deyrnas* (Chwefror 1919), 37.
[92] Cyhoeddwyd yn Thomas Parry (gol.), *The Oxford Book of Welsh Verse* (Rhydychen, 1962), 426.
[93] Cyhoeddwyd cyfieithiad Joseph P. Clancy, 'To a Sparrow', yn Menna Elfyn a John Rowlands (gol.), *The Bloodaxe Book of Modern Welsh Poetry: 20th-Century Welsh-Language Poetry in Translation* (Highgreen, 2003), 46.
[94] 'Darnau o hunangofiant': llsgr. 23359 PCB.
[95] Gw. 'Thomas Evan Nicholas (1879–1971)', yn Ifor Rees (gol.), *Ar Glawr* (Llandybïe, 1983), 35: 'Soniodd wrthyf iddo gyfeirio mwy at ei fro enedigol yn y cerddi a gyfansoddodd yng Ngharchar Abertawe nag a wnaeth yn ei holl gerddi blaenorol. "Rhywsut," meddai, "'roedd yr hen ardal wedi dod 'nôl, a'r cof am yr hen bobol ac am yr hen gymdogion wedi dod dipyn yn fyw yn eich meddwl chi yn yr unigedd yn y carchar. Ac, mewn atgofion, pan fydda i'n meddwl am werin Cymru, meddwl amdani ar batrwm y werin 'roeddwn i'n 'nabod 'slawer dydd y bydda' i."' Cymh. yr hyn a ddywed Gwenallt yn *LlD*, 18: 'Ar ei atgofion y bydd dyn yn byw yn y carchar. Yn y llonyddwch a'r caethiwed daw'r hyn sydd ddyfnaf a hynaf ynddo i'r wyneb' – gair o brofiad, ac yntau wedi'i garcharu fel gwrth-

wynebydd cydwybodol yn ystod y Rhyfel Byd Cyntaf, a phrofiad a archwiliodd drwy gyfrwng Myrddin Tomos yn *Plasau'r Brenin* (1934).

[96] Cyfeiria Pennar Davies, yn *'R Wy'n Gweld o Bell*, 13, at yr enghraifft brin o hiwmor yn y bryddest 'Meirionnydd': 'Yma y gwelir . . . hyd yn oed ryw barodrwydd i chwerthin am ei ben ei hun.' Nid yn aml y câi'r hiwmor hwn, a oedd yn nodwedd ar ei gymeriad yn ôl mwy nag un tyst, fynegiant yn ei gerddi: 'Roedd ganddo hiwmor deifiol', meddai R. Tudur Jones mewn ysgrif goffa, 'Uchelwr Gwerinol', yn *Y Cymro* (28 Ebrill 1971), a dyna dystiolaeth Cyril P. Cule yntau yn 'Dyn Hynod o Grist-debyg', *Y Cymro*: 'Yr oedd yn byrlymu o hiwmor iach a diniwed hyd yn oed yn ystod ei gystudd olaf.'

[97] Oni chlywir rhyw smygrwydd hunangyfiawn yn 'Llwybrau Esmwyth' (*LlD*: 77), e.e., lle y cyferbynia Niclas ei rawd gyda chyfaill iddo a ddringodd 'yn uwch ac yn uwch o hyd' o ran llwyddiant bydol: 'Disgynnais innau i dylodi'r werin, / I ddyfnder a thrychineb gwaed a brad, / A throi fy nghefn ar fachlud y Gorllewin / I'r Dwyrain aur, ffynnon gobeithion gwlad. / Daliwyd fy nghorff, mae'n wir, yn rhwydau ffawd; / Mae d'enaid dithau yn y carchar, frawd'?

[98] Ithel Davies, 'T. E. Nicholas – Y Dyn a'r Cyfaill', 23.

[99] Siân Howys, 37. Gw. hefyd Derfel, *BAC* (30 Hydref 1969): 'y Cymro mawr hwn, a safodd drwy'r blynyddoedd yn ddiwyro o blaid yr Undeb Sofiet . . . ei safiad digyfaddawd o blaid Rwsia yn achos Siecoslofacia . . . ei ffydd ddiysgog mewn Sosialaeth.'

[100] *CC*, 26.

[101] Gw. D. Alun Lloyd, *Y Cymro* (18 Chwefror 1965).

[102] Ceir amryw byd o doriadau papur newydd a llythyrau sy'n cadarnhau'r gefnogaeth iddo yn llsgr. 23363 PCB.

[103] 'Fel Hyn y Bu', llsgr. 23338 PCB.

[104] 'Niclas y Glais', *Yr Eurgrawn*, 174.

[105] D. Alun Lloyd, *Y Cymro*.

[106] 'Rhagymadrodd', *LlD*, 16–17.

[107] Dyfynnwyd yn D. Alun Lloyd, *Y Cymro*.

[108] Dyfynnwyd yn W. J. Edwards, 'Niclas y Glais', *Y Cardi: Cylchgrawn Cymdeithas Ceredigion*, 6 (Gŵyl Ddewi 1970), 8.

[109] 'Rhagymadrodd', *LlD*, 17: 'Nid oes ganddo ar ei law ewin beirniadol i chwilio am y tolciau a'r craciau a'r cymalau yn y ddelw.'

[110] *DDu*, 14–15.

[111] 'Cân y Gwaed', *Dros Eich Gwlad*, 10–13.

[112] R. M. Jones, *Llenyddiaeth Gymraeg 1902–1936*, 267. Tueddai Iorwerth C. Peate, un o'r rhai a'i hanogodd i soneda yn y lle cyntaf, at yr un farn yn ei adolygiad ar *Y Dyn â'r Gaib*, yn *Ym Mhob Pen . . . Ysgrifau* (Aberystwyth, 1948), 92: 'Bron na ddywedwn ei fod wedi canu'n ormodol ar fesur y soned gan gymaint ei hoffter tuag ato.' Gw. hefyd adolygiad David Thomas ar *CC*, yn *Yr Eurgrawn*, cxxxv/4 (Ebrill 1943): 'Arferodd gymaint ar y mesur [soned] nes ei fod bellach mi dybiwn i, yn medru llunio sonedau cyn rhwydded â pheiriant yn gwneuthur botymau . . . Teimlaf ers peth amser ei fod yn soneta gormod, ac nad ydyw wedi hanner feistroli ei fesur eto . . . nid yw rhyddm, neu doniad, y soned ganddo. Aeth undonedd ei ryddmau yn feichus, – yr un clic-clac, clic-clac, o hyd . . . [daeth] yn hen bryd i'r hen gyfaill . . . newid ei fesur bellach, neu ynteu ymdrafferthu mwy i'w feistroli.'

113 'Rhagymadrodd', *Gwaedd y Lleiddiad*, xxvii.
114 'Lyn Ebenezer yn cofio Arwr Plentyndod', *Y Cymro* (28 Ebrill 1971), 7.
115 'Barddoniaeth T. E. Nicholas' yn Damian Walford Davies (gol.), *Waldo Williams: Rhyddiaith* (Caerdydd, 2001), 226.
116 T. E. Nicholas, *Ar Glawr*, 33. Gw. hefyd eiriau Niclas a ddyfynnir yn James Nicholas, *Pan Oeddwn Grwt Diniwed yn y Wlad* (Llandysul, 1979), 8: 'Roedd hi'n gymdogaeth annwyl iawn – un teulu mewn ffordd, yn enwedig yn ystod y cynaeafau. O'dd neb yn meddwl am fynd at 'i wair 'i hun, a odd e'n meddwl am eraill. Oe'n nhw'n cwrdd â'i gilydd i dorri'r gwair, i ladd gwair, dwsin neu ddau ohonyn nhw weithiau'n gynnar yn y bore, ac yna 'roe'n nhw'n mynd i rywle arall i gario'r gwair i mewn yn y prynhawn, trefnu wedyn ble oedden nhw'n mynd drannoeth. Gweithio gyda'i gilydd fel'na – dyna'r adeg mwyaf hapus 'rwy'n cofio amdani – adeg cynhaeaf gwair, yn enwedig pan oedd tywydd braf.'
117 Waldo Williams, *Dail Pren* (Gwasg Aberystwyth, 1956).
118 Yn ystod yr ymgyrch i achub ardal y Preseli o grafangau'r Weinyddiaeth Ryfel yn 1946 – digwyddiad a ysgogodd y gerdd 'Preseli' – sgrifennodd Niclas yn 'Helynt y Preselau', *BAC* (27 Chwefror 1946): 'Diolch i bawb sy'n gweithio i arbed mynyddoedd Preselau, Penfro, rhag eu troi'n fangre bomio. Bydd yn chwithdod mawr i ni, a fu'n chware ar lethrau'r hen fynyddoedd hyn, weld eu troi'n anialwch gan fomiau.'
119 Ar Thomas Rees (1869–1926), prifathro Coleg Bala-Bangor, gw. y cofnod yn J. E. Lloyd ac R. T. Jenkins (gol.), *Y Bywgraffiadur Cymreig hyd 1940* (Llundain, 1953), 781. Sylwer ei fod yn dwyn yr un enw â Thomas Rees, neu Twm Carnabwth fel y'i gelwid, yr ymgyrchydd o Fynachlog-ddu a gysylltir gyda Helyntion Beca yn ystod ail chwarter y bedwaredd ganrif ar bymtheg.
120 Ar D[aniel] J[ohn] Davies (1885–1969), bardd-weinidog gyda'r Annibynwyr, gw. Meic Stephens (gol.), *Cydymaith i Lenyddiaeth Cymru* (1986; ail arg. Caerdydd, 1997), 167.
121 Llsgr. 23359 PCB, 'Darnau o Hunangofiant', 9.
122 Gw. *Waldo Williams* (Caerdydd, 1975), 13: 'The glow of fire from the air raids on Swansea drove the poet back in thought to the hearth at Llandysilio, where, a quarter of a century earlier, he had heard his father read "Gweriniaeth a Rhyfel". He also realized that the author of that very poem was serving an unjust imprisonment in Swansea gaol beneath that dreadful glow.'
123 Adleisir cwpled clo 'Yr Estron', *LlD*, 109, 'Pa beth yw dyn pan fyddo deddfau cad / Yn gwneuthur o frawdoliaeth dwyll a brad?', gan 'Pa Beth yw Dyn?', *DP*, 67. Onid cwestiwn rhethregol ar yr un patrwm a geir hefyd yn 'Brawdoliaeth', *DP*, 79, pan ofynnir 'Pa werth na thry yn wawd / Pan laddo dyn ei frawd?'
124 Gw. R. M. Jones, 'Dysgub y Dail', *Llenyddiaeth Gymraeg 1936–1972* (Llandybïe, 1975), 33: 'Cyfyd y gerdd hon ['O Bridd'] ... [o'r] creulondeb a darddodd o'r pechod gwreiddiol ac a glymir yn yr achos yma wrth y pridd.' Ar dud. 36, â rhagddo i awgrymu bod yr 'argraff o Dduw'n hollol wahanol yma i'r hyn a geir yng ngherddi eraill Waldo ... nid oes modd camddeall y Duw yn y gerdd hon: Duw arswyd ydyw, Duw cyfiawnder, Duw y collasom olwg arno er ein damnedigaeth. Gwae ni.' Mwy cymedrol yw'r dehongliad o ddiweddglo'r gerdd erbyn cyhoeddi *Mawl a Gelynion ei Elynion* (Llandybïe,

2002), 231, lle y dywedir bod 'diwedd "O Bridd" yn amwys', er bod Waldo'i hun, yn 'Llythyr at Anna Wyn Jones ynghylch "O Bridd" (1966)', *WWRh*, 101, yn teimlo y gallai 'sgrifennu tudalennau lawer i brofi nad yw'r gân yna yn amwys'! Ymddangosodd 'Dysgub y Dail' gyntaf yn *Barn*, 43 (Mai 1966), 184–6, ac meddai Waldo mewn llythyr yr un flwyddyn at Anna Wyn Jones, *WWRh*, 102: 'Penderfynais beidio â sgrifennu'n ôl i *Barn*, ychwaith. Barn y rhai a siaradodd â mi lawr yma ynglŷn â'r gân – tri oeddyn nhw: Dilys [Williams, ei chwaer], James Nicholas ac Emrys Evans, Gweinidog yr Annibynwyr, Tyddewi – oedd bod Bobi Jones wedi colli'r ystyr yn llwyr . . . Am y llinell olaf, dywedodd y rhai yna, o'u pennau eu hunain: Dil, hafn o dawelwch a sicrwydd; James, gobaith; ac Emrys, Gras.' Gw. hefyd James Nicholas, *WW*, 55: 'Writing this poem gave Waldo renewed hope in life. Some literary critics have associated this poem with a belief in original sin; but the truth is that Waldo did not accept this belief and to attribute this to the poem is seriously to misrepresent the poet's religious outlook.' Gw. hefyd Bobi Jones, 'Adolygiadau Hwyr [8]: *Dail Pren*, Waldo Williams, 1956', *Barddas*, 278 (Gorffennaf/Awst 2004), 17–18, lle y mae'n ailymweld â'r ddadl ynglŷn â'i ddarlleniad o 'O Bridd'.

[125] Yn 'Waldo Williams: Thema yn ei Waith', yn Robert Rhys (gol.), *Cyfres y Meistri (2): Waldo Williams* (Abertawe, 1981), 238, deil Dyfnallt Morgan fod yng ngherddi Waldo 'ymwybyddiaeth o bechod gwreiddiol a bod yna sail ddiwinyddol gadarn i'w gynnyrch fel bardd'.

[126] 'Colofn T. E. Nicholas: Daioni sy'n Wreiddiol i Ddyn: Addewid y Flwyddyn Newydd', *Y Cymro* (1 Ionawr 1938).

[127] T. J. Morgan, 'Atgofion', *CMWW*, 66. Edrydd yr awdur yn yr ysgrif am y rhan a chwaraeodd ef y tu ôl i'r llenni, fel petai, yn rhinwedd ei swydd yn y Weinyddiaeth Lafur a Gwasanaeth Cenedlaethol i sicrhau bod Waldo'n cael ei ryddhau o wasanaeth milwrol.

[128] Gw. ei sylwadau ei hun ar y cyfnod hwn yn 'Sgwrs gyda Chyfaill', *CMWW*, 117–18.

[129] Gw. Siwan Richards, 'Waldo: Rhai o'i Eiriau Mawr', yn J. E. Caerwyn Williams (gol.), *Ysgrifau Beirniadol XXIII* (Dinbych, 1997), 241; gor-nith i'r bardd yw'r awdures.

[130] 'Casglu *Dail Pren* Ynghyd (1958)', *WWRh*, 90.

[131] Gw. 'Sgwrs â T. Llew Jones (1965)', *WWRh*, 100.

[132] Gw. 'Casglu *Dail Pren* Ynghyd (1958)', *WWRh*, 90, lle y cyfeiria Waldo at ei brofiad yn 1950 a 'newidiodd fy agwedd at lawer o bethau a'm barddoniaeth yn un ohonynt . . . Dyma'r pryd y dechreuais wrthod talu fy nhreth incwm, a dyma'r pryd y peidiais â chanu. Un gân . . . a genais yn y blynyddoedd canlynol. Yr oeddwn yn teimlo nerth beirniadaeth Gandhi ar Tagore: "Yr wyt yn rhoi inni eiriau yn lle gweithredoedd".'

[133] Gw. 'Llythyr at D. J. Williams ynghylch cyhoeddi *Dail Pren* (1956)', *WWRh*, 85: 'pan ddaeth Rhyfel Corea, chwi wyddoch fel yr oeddwn i'n teimlo am fy nghaneuon heddwch. Yr oeddwn i'n teimlo y byddai eu cael gyda'i gilydd mewn llyfr yn ofnadwy, yn rhagrithiol, yn annioddefol heb fy mod yn gwneud ymdrech i wneud rhywbeth heblaw canu am y peth hwn . . . Wedi imi wneud cymaint ag a fedrwn fel protest, teimlais y gallwn gyhoeddi fy llyfr.'

134 'The personal is political': priodolir y slogan i Carol Hanisch (1945-) ac fe'i rhestrir yn 'Political Sayings and Slogans', *The Oxford Dictionary of Modern Quotations*, gol. Elizabeth Knowles (Rhydychen, 2002), Oxford Reference Online.
135 *WWRh*, 343.
136 James Nicholas, *WW*, 77: 'From the writing of "Y Tŵr a'r Graig" in 1938, to "Mewn Dau Gae" in 1956, Waldo had been preoccupied with military conscription as the expression of the slavery of Sovereignity.'
137 Gw., e.e., 'Adolygiad ar Hywel D. Lewis, *Gweriniaeth: Agweddau i'r Broblem Gyfoes* (1941)', *WWRh*, 292: 'Tyfodd y wladwriaeth yn rhonc. Aeth yn fwrn ar y byd. Y peth a ddylai fod yn ddiogelwch i ddynion yw ffynhonnell eu peryglon heddiw.'
138 'Brenhiniaeth a Brawdoliaeth (1956)', *WWRh*, 311.
139 *Chwilio am Nodau'r Gân: Astudiaeth o Yrfa Lenyddol Waldo Williams hyd at 1939* (Llandysul, 1992), 48.
140 Ystyrier 'Cofio' (1931): 'O, genedlaethau dirifedi daear' (*DP*: 78); 'Brawdoliaeth' (1940): 'Er holl raniadau'r byd – / Efe'n cyfannu'i fyd' (*DP*: 79); 'Oherwydd ein Dyfod': 'A dyfod y byd' (*DP*: 40); 'Preseli' (1946): 'Unig falm i fyd' (*DP*: 30); 'Mewn Dau Gae' (1956): 'Nes dyfod o'r hollfyd' (*DP*: 26).
141 'Statement (1942)', *WWRh*, 292.
142 *WWRh*, 306.
143 *WWRh*, 319.
144 'Llythyr at D. J. Williams ynghylch "Y Tŵr a'r Graig" (1938)', yn *WWRh*, 81–2. Gw. hefyd 'Adolygiad ar Hywel D. Lewis', *WWRh*, 292, lle y defnyddir un o'r un symbolau: 'Tyfodd y wladwriaeth yn rhonc . . . saif [gweriniaeth] i'w ddisgwyl ar graig arhosol personoliaeth dyn.' Dyma enghraifft o'r hyn a alwodd Damian Walford Davies yn 'ddeialog fywiol rhwng y farddoniaeth a'r rhyddiaith' (xiii) yn achos Waldo.
145 *WWRh*, 81–2.
146 'Waldo', *CMWW*, 284.
147 *ChNG*, 158.
148 *Waldo* (Caernarfon, 1985), 73.
149 Fel yr eglura James Nicholas, *WW*, 4–5, roedd Waldo'n ffrindiau mawr gyda Willie Jenkins, mab i'r Parch. John Jenkins, Hwlffordd, a phasiffist a garcharwyd yn ystod y Rhyfel Byd Cyntaf; ef oedd ymgeisydd cyntaf y Blaid Lafur yn Sir Benfro a chefnogodd Waldo ef mewn tri etholiad cyffredinol yn ystod y 1930au. Arwydd o edmygedd Waldo ohono yw'r ffaith ei fod am gyflwyno'r gyfrol *Dail Pren* iddo, ond na fynnai Willie Jenkins, am ryw reswm, iddo wneud hynny.
150 Mae'n nodweddiadol o Waldo ei fod yn cyflwyno'i Grynwriaeth, nid fel cyferbyniad i'w Fedyddiaeth fore, ond fel datblygiad ohoni: gw. 'Paham yr wyf yn Grynwr (1956)', *WWRh*, 322, lle y dywed yn yr unig frawddeg yn y llith a italeiddiwyd: '*Ni chefais bethau newydd ganddynt, ychwaith, ond pwyslais a datblygiad ar bethau y deuthum i'w hadnabod o'r blaen ymhlith y Bedyddwyr.*'
151 Gw. 'Wedi'r Canrifoedd Mudan' (1948), *DP*, 90–1. Dwy o'r ysgolion cynradd y bu'n dysgu Cymraeg fel ail iaith ynddynt at ddiwedd ei oes oedd Ysgol Gynradd Gatholig Doc Penfro ac Ysgol yr Enw Santaidd, Abergwaun. Gw. Y Chwaer M. Bosco, 'Atgofion', *CMWW*, 67–73, a hefyd 'Atgofion', yn James

Nicholas (gol.), *Waldo: Cyfrol Deyrnged Waldo Williams* (Llandysul, 1977), 51–7.

[152] Gw. 'Die Bibelforscher', *DP*, 66, a'r nodyn ar dud. 116: 'Cawsant gynnig mynd yn rhydd ond iddynt gydnabod awdurdod Hitler yn ffurfiol.'

[153] Yn ôl Dienw, yn 'Portread – Waldo Williams', *CMWW*, 104, 'petrusodd yn hir cyn ymadael â'r Blaid Lafur. Ond o weld ei bod hithau ... mor imperialaidd Seisnig ag un o'r lleill, ymunodd â Phlaid Cymru.' Gw. dau ddatganiad etholiadol ganddo, 'Datganiad Etholiadol (1959)' a 'Plaid Cymru – A Power to be Reckoned With (1959)', *WWRh*, 324–5 a 325–8.

[154] Paratowyd teipysgrif gan J. Gwyn Griffiths a Kate Bosse-Griffiths dan y teitl *Y Tŵr a'r Graig a Cherddi Eraill* ym Mehefin 1956 a chysodwyd hi gan Wasg Gomer a bwriadai ei chyhoeddi yng Ngorffennaf 1956; diwygiwyd ei chynnwys cyn i *DP*, sef detholiad Waldo o'i gerddi ei hun, weld golau dydd yn Nhachwedd 1956. Am gefndir i'r hanes, gw. *WWRh*: 'Llythyr at J. Gwyn Griffiths a Kate Bosse-Griffiths ynghylch cyhoeddi *Dail Pren* (1956)' (83–4), 'Llythyr at J. Gwyn Griffiths ynghylch cyhoeddi *Dail Pren* (1956)' (84–5), 'Llythyr at D. J. Williams ynghylch cyhoeddi *Dail Pren* (1956)' (85–6) a 'Casglu *Dail Pren* Ynghyd (1958)' (89–90). Yn B. G. Owens, 'Casglu Gweithiau Waldo Williams', *CMWW*, 220, cyfeirir at y cerddi a gynhwyswyd gan J. Gwyn Griffiths ond a wrthodwyd gan Waldo, yn eu plith 'y gyfres o Englynion Milwr i'r Rhyfel yn 1941'. Yn J. Gwyn Griffiths, '*Dail Pren*: Y Cysodiad Cyntaf', *Taliesin*, 104 (Gaeaf 1998), 51, cyfeirir at 'Arfau', cerdd a ymddangosodd gyntaf yn *BAC* (28 Mehefin 1939) ond a hepgorwyd gan Waldo o'r detholiad terfynol. Ac yn Robert Rhys, *ChNG*, 157, dywedir: 'Yn ystod misoedd cyntaf y rhyfel lluniodd Waldo Williams gerddi protest brwd na fyddai'n barod i'w harddel yn *Dail Pren*.' Ceir yr wybodaeth o lygad y ffynnon yn llsgr. LlGC 23706 C.

[155] Gw. 'Sgwrs gyda Chyfaill', *CMWW*, 118: "Ro'n i'n teimlo'r un mor ddwys, yn wir 'ro'n i'n teimlo'n ddwysach, ynghylch Korea chi'n gweld. 'Rown i'n teimlo mwy o ddiymadferthedd ynghylch Korea na allem ni 'neud dim byd.'

[156] 'Casglu *Dail Pren* Ynghyd', *WWRh*, 90.

[157] Gw. 'Llythyr at J. Gwyn Griffiths a Kate Bosse-Griffiths ynghylch cyhoeddi *Dail Pren*', *WWRh*, 84.

[158] *WW*, 2.

[159] *WWRh*, 314.

[160] *Llenyddiaeth Gymraeg 1936–1973*, 31.

[161] Meddai Euros Bowen, yn '*Dail Pren*: Cerddi gan Waldo Williams', *CMWW*, 293: 'Ceir nifer sy'n adlais, nid yn amhriodol, o ddull yr emyn.' Gelwir 'Plentyn y Ddaear' yn '[g]erdd sydd yn rhyw fath o emyn cymdeithasol' gan Robert Rhys, *ChNG*, 152. Yn feirniadol y dywed Saunders Lewis, yn '*Dail Pren*', *CMWW*, 268, nad 'rhuthmau creadigol Waldo a glywir yn ei hymnau buddugoliaethus'.

[162] 'Hymn', yn Alex Preminger (gol.), *Princeton Encyclopedia of Poetry and Poetics* (1965; arg. Princeton, 1974), 358.

[163] 'Yr Emyn fel Llenyddiaeth', *Swyddogaeth Beirniadaeth ac Ysgrifau Eraill* (Dinbych, 1977), 165.

[164] 'Llythyr at J. Gwyn Griffiths ynghylch cyhoeddi *Dail Pren* (1956)', *WWRh*, 84.

165 'Yr Emyn fel Llenyddiaeth', 175.
166 Gw. emyn 280, *Caneuon Ffydd* (Pwyllgor y Llyfr Emynau Cydenwadol, 2001), 335. Cynhwyswyd un emyn arall gan Waldo yn y llyfr emynau, sef rhif 838, 'Arglwydd, bugail oesoedd daear', 1013, sy'n cynnwys llinellau Waldoaidd fel 'Rhoist i ni ar weundir amser / lewyrch yr anfeidrol awr': cymh. 'Perl yr anfeidrol awr yn wystl gan amser' yn 'Preseli' (*DP*: 30).
167 Gw. 'Waldo Williams – Bardd y Gobaith Pryderus', *WCDWW*, 206: 'arwynebol yw disgrifio Waldo yn unig fel bardd y gobaith cenedlaethol'.
168 Gw. 'Sgwrs â Bobi Jones', *WWRh*, 92–3: 'Credaf mai ef yw bardd mwyaf y ganrif hon ac un o feirdd mwyaf ein cenedl.'
169 T. Gwynn Jones, 'Ymadawiad Arthur', *Caniadau*, 32. Fel y mae hi'n digwydd, mae Pennar Davies, *CMWW*, 188, yn cyplysu pennill olaf 'Plentyn y Ddaear' gydag 'Ymadawiad Arthur' ac yn amddiffyn defnydd y gerdd o rethreg yn wyneb beirniadaeth Saunders Lewis o hynny: 'Cofiaf W. J. Gruffydd . . . yn rhyw fyngial adrodd rhannau o'r darn enwocaf o waith T. Gwynn Jones, y clod i'r Ynys Ddedwydd yn "Ymadawiad Arthur". Cydnabyddai mai rhethreg ydoedd ac wedyn ychwanegu . . . nad oedd dim byd gwell i'w gael yn y Gymraeg. Haedda pennill Waldo ei osod yn gydradd.'
170 'Adolygiad ar Pennar Davies, *Anadl o'r Uchelder* (1959)', *WWRh*, 177.
171 'Waldo ac Apocalyps', *CMWW*, 306. Un o arwyr Waldo oedd y Rwsiad Nikolai Berdyaev, diwinydd ac athronydd y cyfeirir at ei waith yn 'Brenhiniaeth a Brawdoliaeth'. Am drafodaeth bellach ar yr apocalyptaidd ym marddoniaeth Waldo, gw. Paul W. Birt, *Cerddi Alltudiaeth: Thema yn Llenyddiaethau Québec, Catalunya a Chymru* (Caerdydd, 1997), 15–19.
172 'Mewn Dau Gae', *CMWW*, 155; ailargraffwyd o dan y teitl 'Waldo Williams' yn Gerwyn Wiliams (gol.), *Gorau Cyfarwydd: Detholiad o Ddarlithoedd ac Ysgrifau Beirniadol Bedwyr Lewis Jones* (Caernarfon, 2002), 317.
173 T. James Jones, 'Preseli', yn Iwan Llwyd a Myrddin ap Dafydd (gol.), *Mae'n Gêm o Ddau Fileniwm: Cyflwyno Beirdd a Barddoniaeth* (Llanrwst, 2002), 165.
174 'Esboniad ar gefndir "Daw'r Wennol yn ôl i'w Nyth" (1939)', *WWRh*, 82.
175 *Mawl a Gelynion ei Elynion* (Llandybïe, 2002), 218.
176 *Bro a Bywyd Waldo Williams* (Llandybïe, 1996), 47.
177 'A'r Brwyn yn Hollti', *CMWW*, 187.
178 'Eglurhad ar "Mewn Dau Gae" (1958)', *WWRh*, 89. Gw. hefyd 'The Function of Literature (1953)', *WWRh*, 153: 'I. A. Richards says that all possible meanings, whether intended by the author or not, are authentic.'
179 'R. Williams Parry', *Gorau Cyfarwydd*, 202–3.
180 Gw. yr amryfal esboniadau ar 'Y Tŵr a'r Graig', 'Daw'r Wennol yn ôl i'w Nyth', 'Mewn Dau Gae', 'O Bridd' ac 'Yr Heniaith' yn 'Adran 4: "O Enau'r Bardd sy'n Llunio'r Byd": Waldo ar ei Farddoniaeth', *WWRh*, 81–104.
181 'Eglurhad ar "Mewn Dau Gae" (1956)', *WWRh*, 87.
182 'Llythyr at J. Gwyn Griffiths a Kate Bosse-Griffiths ynghylch cyhoeddi *Dail Pren* (1956)', *WWRh*, 84.
183 Gw. Gruffydd Aled Williams, '"Cerdd Fach Seml Waldo Williams": Golwg ar "Wedi'r Canrifoedd Mudan"', *YB VII* (Dinbych, 1972), 235–48, lle y cyfeirir at y dadlau ar dudalennau'r *Faner* yn Rhagfyr 1950 ac Ionawr 1951.
184 '"Elw ac Awen" gan Waldo', *Cnoi Cil ar Lenyddiaeth* (Llandysul, 1989), 57.

185 'Waldo Williams (1904–1971)', yn Robert Rhys (gol.), *Y Patrwm Amryliw (Cyfrol 1)* (Llandybïe, 1997), 202.
186 *ChNG*, viii.
187 'Llythyr at J. Gwyn Griffiths ynghylch cyhoeddi *Dail Pren* (1956)', *WWRh*, 84–5.
188 Gw. disgrifiad John Rowlands, yn *WCDWW*, 208, o'r hyn a wna Waldo yn 'Cwmwl Haf', sef 'ei wynebu ei hun yn noethlymun ddiwrthrych a diwreiddiau'.
189 Gw. Robert Rhys, 'Rhagymadrodd', *CMWW*, 13, lle y cyflwyna ddadl dros gael '[c]ofiant gofalus' i Waldo.
190 Euros Bowen, 'Waldo a Chrynwriaeth', *CMWW*, 172.
191 Gw. J. E. Caerwyn Williams, 'Rhagymadrodd', *Cerddi Waldo Williams: Detholiad gyda Rhagymadrodd gan J. E. Caerwyn Williams* (Gwasg Gregynog, 1992), xii: 'Aeth atgofion Botwnnog yn rhy boenus i Waldo a gadawodd yn haf 1944 . . . Yn Lloegr cafodd Waldo well cyfle i encilio iddo'i hun heb dynnu sylw ato'i hun nag a gawsai petasai wedi aros yng Nghymru.'
192 'Waldo Williams: Bardd yr Heddychiaeth Heriol', *CMWW*, 190. Gw. hefyd gyfeiriad Thomas Parry, yn 'Barddoniaeth Waldo Williams', *CMWW*, 271, at '[r]ai ysbeidiau o wendid ac o fethu ymgynnal heb help'.
193 Ar 'O Bridd', gw., e.e., R. M. Jones, *Llenyddiaeth Gymraeg 1936–1972*, 33–6; James Nicholas, 'Breuddwyd Dwyfol a Dwyfoldeb Brau', *WCDWW*, 216–18; John Rowlands, 'Triawdau Cerdd: Cerdd y Mis: "O Bridd" (Waldo Williams): Nid Dewinyddiaeth yw Diwinyddiaeth Waldo', *Barddas*, 59 (Ionawr 1982), 3–5; yn ogystal â Waldo ei hun yn 'Llythyr at Anna Wyn Jones ynghylch "O Bridd" (1966)', *WWRh*, 101–2. Ar 'Cwmwl Haf', gw., e.e., J. E. Caerwyn Williams, 'Yng Nghysgod *Dail Pren*', *WCDWW*, 167–74, a Dilys Williams, 'Atodiad', 177–81; Hugh Bevan, 'Cwmwl Haf', *CMWW*, 137–43; John Gwilym Jones, '"Cwmwl Haf"', *SB*, 149–55; ac Alan Llwyd, '"Cwmwl Haf" Waldo Williams (o safbwynt barddoniaeth a beirniadaeth fodern)', *Y Grefft o Greu: Ysgrifau ar Feirdd a Barddoniaeth* (Llandybïe, 1997), 1–22.
194 *Wa*, 75.
195 Gw. James Nicholas, 'Breuddwyd Dwyfol a Dwyfoldeb Brau', 217: 'Dyddiau ysgrifennu'r geiriau hyn tua 1940', ond sylwer hefyd ar *Waldo Williams* gan yr un awdur lle'r awgrymir, ar dud. 54, mai ddiwedd 1942 neu ddechrau 1943 y'i sgrifennwyd.
196 *Wa*, 66–7.
197 Dilynaf eiriad yr argraffiad cyntaf o *DP* (Aberystwyth, 1956) ac ail argraffiad 1957, 'Ni cherddaf', yn hytrach na geiriad y pedwerydd argraffiad yn 1982, 'Ni chredaf'. Dilyn yr argraffiad cyntaf a wnaeth J. E. Caerwyn Williams yntau yn *Cerddi Waldo Williams*, 79, a dyma'r dystiolaeth lawysgrifol yn llsgr. LlGC 23706 C.
198 'Sgwrs gyda Chyfaill', *CMWW*, 118.
199 'Llythyr at Anna Wyn Jones ynghylch "O Bridd"(1966)', *WWRh*, 102.
200 'Mae Hi'n Anodd', *Y Pethau Diwethaf a Phethau Eraill* (Dinbych, 1975), 25–6.
201 Cymh. y cyfeiriad at 'Yr un sy'n disgwyl amdanom' yn 'Cwmwl Haf', *DP*, 48, gyda llinell glo 'O Bridd', 'Ac yno yn disgwyl mae Duw', *DP*, 85. Gw. hefyd J. E. Caerwyn Williams, *Cerddi Waldo Williams*, xv: 'Rhywbeth i'w ddarganfod, i'w weld a'i brofi gan bob un drosto'i hun oedd y gwirionedd

iddo ef, a rhywbeth a oedd yn hir aros, yn mawr ddisgwyl am gael ei ddarganfod, ei weld a'i brofi.'
202 Gw. Siwan Richards, 'Waldo: Rhai o'i Eiriau Mawr', *YB XXIII*, 241–62.
203 'Beirniadaeth ar y Bryddest ("Yr Aradr"), Eisteddfod Genedlaethol Llandybïe (1944)', *WWRh*, 145.
204 Gw. *Y Nos, Y Niwl a'r Ynys: Agweddau ar y Profiad Rhamantaidd yng Nghymru 1890–1914* (Caerdydd, 1960).
205 Hedd Wyn, 'Rhyfel', yn Alan Llwyd (gol.), *Cerddi'r Bugail* (1918; arg. newydd Caerdydd, 1994), 1.
206 T. Gwynn Jones, 'Madog', *Caniadau*, 90.
207 'Adref', *Yr Haf a Cherddi Eraill*, 27.
208 'Waldo ac Apocalyps', *CMWW*, 304.
209 Gw., e.e., ddarlleniad R. M. Jones ohoni yn 'Waldo – Y Cyfrinydd Ymarferol', *Cyfriniaeth Gymraeg* (Caerdydd, 1994), 231–5, a hefyd 236–40, lle y cyferbynnir 'Cwmwl Haf' gyda 'Ffarwel yr Orsaf Lanio' Alun Llywelyn-Williams.
210 Ned Thomas, *Wa*, 66.
211 Yn anad neb, cysylltir y term 'confessional poetry' gyda'r bardd Americanaidd Robert Lowell a'i gyfrol *Life Studies* (1959), er ei gysylltu'n ddiweddarach gyda beirdd fel Anne Sexton a Sylvia Plath. Wrth drafod y dosbarthiad, mae Richard Ruland a Malcolm Bradbury, yn *From Puritanism to Postmodernism: A History of American Literature* (Llundain, 1991), 337, yn cyfeirio at 'exploitation of the poet's psychological life, a driven willingness to reveal innermost experience for the sake of art – and for the sake too, no doubt, of mental balance and survival': oni ellid cymhwyso'r disgrifiad at 'Cwmwl Haf'? Fel y mae hi'n digwydd, ceir cryn dipyn o orgyffwrdd rhwng profiad Lowell a Waldo: e.e., ystyrier y sylw fod ei 'ambiguous, complex imagery satisfied the demands of the New Criticism', yn Margaret Drabble (gol.), *The Oxford Companion to English Literature* (Rhydychen, 2000), 613, gyda darlleniadau beirniaid 'newydd' fel Hugh Bevan a John Gwilym Jones o 'Cwmwl Haf'. Yr un fath â Waldo, roedd Lowell yntau'n wleidyddol weithredol: fe'i carcharwyd am ei wrthwynebiad cydwybodol i'r Ail Ryfel Byd a phrotestiodd yn gyhoeddus yn erbyn Rhyfel Fiet-nam.
212 Gw. nodyn 124 uchod.
213 Ned Thomas, *Wa*, 56.
214 Gwirionodd Waldo'n lân ar *Y Gân Gyntaf* fel y prawf ei adolygiad arni: gw. 'Canu Bobi Jones (1957)', *WWRh*, 165–71, a gw. hefyd 'Ei Ddelweddau'n Ddiludded', *WWRh*, 203–5. Mwy amodol oedd ei ymateb i gerddi Euros Bowen: gw. 'Awen Euros ac Awen Pennar', *WWRh*, 187–90, a ganmolir 'er gwaethaf llawer o ganu afrwydd ac annelwig' (190).
215 'Cwmwl Haf', *CMWW*, 143.
216 'Statement (1942)', *WWRh*, 293. Gw. o'r un cyfnod yn union y cyfeiriadau hyn: 'Conscience and Truth (1941)', *WWRh*, 284: 'conscience is coming to be regarded not as a thing in itself but as the reflex of social enviroment in the individual. This is the essence of the gospel of dictatorship, where the State regards itself as the maker and the keeper of individual conscience'; 'Adolygiad ar Hywel D. Lewis . . . (1941)', *WWRh*, 291: 'Mewn personoliaeth y mae'r gwerth terfynol, ac ni all dyn ddwyn ei bersonoliaeth i mewn i weithred orfodol'; 'Who is my Neighbour? (1943)', *WWRh*, 297: 'Our sole

escape is to realise that there is not really, and never can be, a human mass. However similar, we are still discrete.'

[217] T. S. Eliot biau'r dyfyniad ac fe'i ceir gan Waldo yn 'The Function of Literature (1953)', *WWRh*, 156.
[218] 'Preseli', *DP*, 30.
[219] 'Llythyr at Pennar Davies ynghylch Cymdeithas Cymru Newydd (1939)', *WWRh*, 127.
[220] 'Llythyr at D. J. a Siân Williams ynghylch Eisteddfod Genedlaethol Dinbych (1939)', *WWRh*, 127.
[221] 'Waldo Williams', *WCDWW*, 99.
[222] *Cyfriniaeth Gymraeg*, 237.
[223] 'Dail Pren', *CMWW*, 231. Cymh. geiriau Waldo'i hun yn 'Sgwrs â Bobi Jones', *CMWW*, 121, pan yw'n cyfeirio at 'Y Gân Ni Chanwyd', y bryddest anorffenedig a luniodd ddiwedd y 1920au ac a fwriadwyd ar gyfer Eisteddfod Genedlaethol Lerpwl yn 1929: 'Yr oedd y testunau hyn yn ddigon modern, ond nid oedd gennyf yr ieithwedd na'r arddull at y gwaith. Yr oedd fy nelweddau'n rhy draddodiadol farddonol i gydio'n iawn yn y mater gerbron . . . Mae'n siŵr mai'n raddol y daeth fy arddull yn fwy "modern" fel y dywedi, o dan ddylanwad beirdd fel T. H. Parry-Williams a Gwenallt y mae'n ddigon tebyg.' Neilltuir pennod i drafod 'Y Gân Ni Chanwyd' yn Robert Rhys, *ChNG*, 82–109, ac argreffir copi o'r gerdd, 212–22. Dewi Emrys a enillodd y Goron y flwyddyn honno ac argraffwyd hefyd bryddest anfuddugol T. E. Nicholas yn yr un gystadleuaeth yn 1930; gw. nodyn 79 uchod.

4

'Y Prysur Bwyso':
Rhyddiaith a Drama 1940–1960

A barnu yn ôl y canfyddiad poblogaidd o leiaf, rhyfel y beirdd fu'r Rhyfel Byd Cyntaf. Awdl 'Yr Arwr' (1917) Hedd Wyn,[1] pryddest 'Mab y Bwthyn' Cynan,[2] englynion coffa Williams Parry[3] – dyna'r cerddi a'u hawduron a ddaw'n syth bin i'r meddwl, pob un â llu o ddelweddau pwerus i'w canlyn. A phan eir ati i grafu dan yr wyneb, buan y sylweddolir nad yw'r canfyddiad poblogaidd hwnnw mor bell ohoni mewn gwirionedd: pa mor amharod a dibaratoad bynnag yr oedd y cyfrwng hwnnw i ymdopi â'r her a'i hwynebai, at gyfrwng barddoniaeth y troes amryw fyd yn reddfol i chwilio am lestr i'w hing rhwng 1914 a 1918, ac nid tan y 1930au y cafwyd ymateb sylweddol ar gyfer oedolion i'r rhyfel drwy gyfrwng rhyddiaith. P'un ai a ellir dehongli hynny fel arwydd o ryw hyder newydd a nodweddai ryddiaith Gymraeg erbyn y 1940au ai peidio, tra oedd sŵn yr ymladd yn dal ar y clyw, fe gafwyd ymatebion sylweddol i'r Ail Ryfel Byd ar ffurf rhyddiaith a drama. O gymharu â'r rhyfel blaenorol, felly, ymddengys fod awduron rhyddiaith 1939–45 yn barotach i daclo'r rhyfel rhyngwladol a yrrodd y byd unwaith eto o'i gof.

Melville Richards

Mae cofio ei bod hi mor hwyr â 1944 ar y nofel Gymraeg gyntaf am y Rhyfel Byd Cyntaf gan un o gynfilwyr y rhyfel hwnnw yn ymddangos yn ddigon o rybudd i ddyn beidio â chodi gormod ar ei obeithion am ymateb ffuglennol cynnar i'r Ail Ryfel Byd gan un a brofodd y rhyfel hwnnw drosto'i hun.[4] Ond mor gynnar ag Eisteddfod Genedlaethol Bangor yn 1943, nid yn unig yr enillwyd cystadleuaeth y ddrama hir gan John Ellis Williams gyda drama amserol, *Wedi'r Drin*, ond fe enillwyd hefyd gystadleuaeth y 'Nofel Gyffrous' gan Melville Richards (1910–73) am *Y Gelyn Mewnol*, un o ddwy nofel ar thema'r rhyfel yn y gystadleuaeth honno a ddaeth i'r brig.[5] Nofel fer ac ynddi gwta gant o dudalennau a chyfanswm o ddeuddeg pennod yw'r gyfrol honno ac fe dynnai ar brofiadau'r awdur tra oedd yn aelod o'r gwasanaethau cudd yn ystod y rhyfel.[6]

John Davies yn ei *Hanes Cymru* a nododd mai 'Prif nod y peiriant propaganda [yn ystod yr Ail Ryfel Byd] oedd pwysleisio bod Prydain yn gwbl unedig',[7] ac fe ellid taeru bod *Y Gelyn Mewnol* wedi ei sgrifennu gyda sylweddoliad felly mewn golwg. Nofel amser rhyfel yw hi sy'n dangos fel yr ymatebodd un rhan o Gymru i rethreg gofiadwy Winston Churchill gerbron Tŷ'r Cyffredin, 4 Mehefin 1940, pan oedd goruchafiaeth yr Almaen yn bosibilrwydd real iawn a phwysau ar bawb i wneud eu rhan, boed sifiliaid neu filwyr. Traddodwyd yr araith yn dilyn ymgiliad lluoedd arfog Prydain, Ffrainc a'r Cynghreiriaid o Dunkirk, digwyddiad a arweiniodd at oruchafiaeth yr Almaen ar Ffrainc, ac fe'i darlledwyd ar y radio o fewn oriau i'w thraddodi:

> Even though large tracts of Europe and many old and famous States have fallen or may fall into the grip of the Gestapo and all the odious apparatus of Nazi rule, we shall not flag or fail. We shall go on to the end, we shall fight in France, we shall fight on the seas and oceans, we shall fight with growing confidence and growing strength in the air, we shall defend our Island, whatever the cost may be, we shall fight on the beaches, we shall fight on the landing grounds, we shall fight in the fields and in the streets, we shall fight in the hills; we shall never surrender.[8]

Y math hwn o ysbryd di-ildio, penderfyniad a dyfeisgarwch a lwyddai yn y pen draw, ysbryd Brwydr Prydain. Fel y dywedir mewn un man yn y nofel hon, 'Cawsai ysbryd gwerin Cymru a Lloegr a'r Alban ei buro yn nhruenusrwydd gogoneddus Dunkirk a'i goethi yn fflamau a dinistr yr ymosodiadau ar ei threfi a'i dinasoedd' (*GM*: 86). Y mae'r nofel felly'n enghraifft ragorol o hyrwyddo'r hyn a fedyddiwyd yn Fyth y Blits gan Angus Calder, nid un a sylfaenwyd ar anwiredd, o reidrwydd, ond ar gyflwyniad detholus a dehongliad rhagfarnllyd o'r sefyllfa. Oherwydd fe guddiai geiriau herfeiddiol Churchill realiti go wahanol:

> Throughout the heroic summer of 1940, and the grim autumn and winter of bombing, informed people were aware that the national 'unity' which Churchill and J. B. Priestley invoked . . . was provisional, conditional, and

potentially fragile. Latent pacifist feeling was widespread. The Communist Party was invulnerable in its industrial strongholds. Scotland and Wales contained intellectuals and trade unionists whose indefinite attachment to a failing British cause could not be taken for granted.[9]

Fel y nododd John Davies hefyd, 'Bu'r Ail Ryfel, fel y Cyntaf, yn foddion i gryfhau cyhyrau Prydeindod',[10] ac anodd gorbwysleisio effaith geiriau Churchill ar forâl ac undod: 'never before had so many people heard language like this directed at them in their own homes, and in almost every home at the same moment. Few would ever forget the experience.'[11] Arwydd o gytundeb a chydweithio yw'r modd y llithra *Y Gelyn Mewnol* yn ôl ac ymlaen â'r fath rwyddineb rhwng y canol yn Llundain a'r rhanbarth yn Llanelli. Gall Dafydd Owen, y prif gymeriad sy'n gweithio i'r gwasanaethau cudd, bicio ar drên i Paddington ac yn ôl mewn pum awr a bod yn ôl yn ei lety cyn canol nos a does neb fawr callach. Mae'n ddadlennol cymharu'r nofel gyda dwy nofel arall, rhai i fechgyn, a gyhoeddwyd yn ystod y 1930au am y Rhyfel Byd Cyntaf. Yn *Ogof yr Ysbïwyr* (1933) gan R. Lloyd Jones a *Helynt Ynys Gain* (1939) gan G. Wynne Griffith, y naill wedi ei lleoli ym Mhen Llŷn a'r llall ar Ynys Llanddwyn, mae'r prif gymeriadau ifainc yn brwydro'n llwyddiannus yn erbyn cynllwyn sbïwyr ym mhen pellaf teyrnas Prydain a hynny i bob pwrpas ar eu pennau'u hunain bach.[12] Gwir fod y siwrnai ddaearyddol rhwng Llanelli a Llundain yn llai na'r un rhwng Bangor a Llundain, dyweder, ond hyd yn oed wedyn, fe ymdeimlir â llai o agendor y tro hwn rhwng y canol a'r rhanbarth, llai o ynysedd, gwahaniaeth ac arwahanrwydd, ac yn lle hynny mwy o dir cyffredin.

Fel hyn y mae Dafydd Owen yn crynhoi '[c]yflwr meddwl Cymru heddiw, a beth yw ei hagwedd at y rhyfel yn gyffredinol ac at Loegr yn enwedig', pan ofynnir iddo gan Syr Charles:

> 'Wel, syr,' meddai ef, 'y mae agwedd Cymru at y rhyfel yn union yr un peth ag agwedd pob gwlad wareiddiedig arall. Cenedl o bobl annibynnol yw'r Cymry ac yn prisio rhyddid personol uwch popeth arall – rhyddid i ddweud, i feddwl, i ddarllen ac i gredu beth bynnag a ddewisant. Nid ydym yn medru dioddef trais a gormes yn dawel ac yr ydym yn barod i aberthu llawer dros ein hegwyddorion moesol. Caled fu bywyd rhai o'r Anghydffurfwyr cyntaf ond dal ati a wnaethant er gwaethaf popeth, yn Annibynwyr ac yn Fedyddwyr. Dyna i chi'r tyddynwyr a'r ffermwyr bychain yn y ganrif ddiwethaf yn cynddeiriogi o achos eu treisio gan y tirfeddianwyr a'u hystiwardiaid, ac yn gwrthod pleidleisio dros y sgweiar er mwyn cadw eu ffermydd a'u tyddynnod. Efallai y gwyddoch, syr, am yr ymfudo

a wnaethant i Batagonia i sefydlu math o wladwriaeth Gymraeg lle y gallai pawb siarad ei famiaith yn ddidramgwydd a choleddu unrhyw syniadau politicaidd heb orfod gostwng ei ben i Dori o arglwydd tir?' (*GM*: 14)

A deil ati i uniaethu'r rhyfel â Chymru yng ngweddill ei lith:

'Gwlad fechan yw Cymru a mawr ei chydymdeimlad yn rhinwedd hynny â gwledydd bychain eraill megis Tsieco-Slofacia a Groeg a Norwy a'r lleill o'r lleoedd anffodus y mae'r Natsïaid wedi eu goresgyn a'u damsang. Nid dweud yr wyf fod Cymru yn croesawu'r rhyfel ond ar yr un pryd gŵyr yn burion beth yw diben yr ymladd a gŵyr hefyd mai truan o dynged fyddai iddi ped enillai'r Almaen.' Ac yna rhoddodd Dafydd grynodeb o gredo y gwahanol fudiadau yng Nghymru a wrthwynebai'r Llywodraeth a'r Rhyfel. (*GM*: 14)

Wrth fynd heibio, mae'r 'truan o dynged' yn adleisio'r cyfeiriad yn 'Cân yr Henwr', ac fel yn achos y cyfeiriadau at ein henglynion saga cynnar y cyfeiriwyd atynt wrth drafod 'Ar Ymweliad' Alun Llywelyn-Williams,[13] yn signal cynnil sy'n cysylltu ac yn uniaethu'r rhyfel cyfoes hwn gyda rhyfeloedd cynnar Cymreig. Pasiffistiaid, comiwnyddion a chenedlaetholwyr yw'r prif wrthwynebwyr a grybwyllir a chaiff Dafydd y gwyllt pan yw ei bennaeth yn awgrymu iddo y gallai fod Pumed Colofnwyr ymhlith y Cymry: '"Dim o'r fath beth, syr! Mae'n amhosibl cyhuddo Cymry o fradwriaeth. Nid ydych yn adnabod y wlad na'i phobl, neu ni fuasech yn gofyn y fath gwestiwn! . . . ni chredaf fod brad yn rhan o gymeriad Cymro. Haws gen' i gredu taw elfennau estron sydd wrth wraidd y Bumed Golofn, os yw'r fath beth yn bod."' (*GM*: 15–16). Ac wrth bwyso a mesur wrtho'i hun yn ddiweddarach:

anodd gan Ddafydd gredu y byddai Cymro Cymraeg Cymreig a thraddodiadau Cymru'n pwyso arno yn gallu cyd-weld a chydymdeimlo â dulliau bwystfilaidd y Natsïaid ac â'u gwrthwynebiad i bob rhyddid personol. Unigolyn yw'r Cymro, meddyliai Dafydd, a'i natur yn ei wneud yn amharod i gydnabod goruchafiaeth amhersonol gwladwriaeth ar gorff ac enaid dynol. Ceisiai ei berswadio'i hun nad sentimentaleiddiwch oedd yn ei gymell i wrthod y ddamcaniaeth mai Cymro oedd GD–16. (*GM*: 21)

Ac fe brofir ei fod yn llygad ei le a bod ei ffydd yn ei gydwladwyr yn gwbl gyfiawn: pan ddaw Dafydd Owen o hyd i'r sbïwr a fu'n hwyluso cyrch milwrol yr Almaen ar ardal Llanelli, dyn dŵad sy wedi ymdoddi i'r gymdeithas Gymraeg yw'r cerddor William Robertson, a'i fam, erbyn gweld, yn Almaenes. Estron yw'r gelyn mewnol ac nid oes lle i amau teyrngarwch y Cymry. Profwyd yn glir i'r canol nad oedd unrhyw fradwyr yn y wlad hon, ac mai cydweithrediad rhagor anghytgord oedd rhyngddo ac un o'r rhanbarthau. I bwrpasau diwylliannol, addysgol a chrefyddol, mae'r Gymru a gyflwynir yn *Y Gelyn Mewnol* yn meddu ar ei hunaniaeth ei hun; i bwrpasau gwleidyddol yn ystod y rhyfel, rhanbarth Prydeinig ydyw sy'n fodlon gwneud ei ran yn yr ymgyrch ryfel.

Pan gaiff Dafydd air gydag un o'r gweithwyr ffatri yn Llanelli, y mae ei eiriau'n gysur iddo:

> 'Mae'n drueni na fuasai'n harweinwyr ni wedi gallu gweld yn glir yn erbyn beth yr ŷm ni'n ymladd. A 'dwy' ddim yn credu bod rhai ohonynt wedi sylweddoli ar ôl dwy flynedd a hanner o ymladd. Nid ymladd dros ryddid Cymru na Lloegr nac unrhyw wlad arall yr ydym, ond dros freintiau personol pawb ym mhob gwlad. Ac nid ymladd i gadw'r hen drefn a gorseddu'n gwŷr mawr ariannog, ond er mwyn rhoi'r un cyfle i bob un ohonom fyw, a gweithio a llwyddo yn ôl ei gymwysterau ei hun.'(*GM*: 39)

Does dim awgrym, felly, y bydd gweithwyr ffatri Llanelli yn codi twrw a thynnu'n groes yn ystod y rhyfel yr un fath â glowyr de Cymru pan aethant ar streic yng Ngorffennaf 1915 yn ystod y Rhyfel Byd Cyntaf;[14] does dim awgrym chwaith o'r drwgdeimlad a goleddai dosbarth gweithiol de Cymru tuag at Churchill ers iddo anfon milwyr i dorri streic y glowyr yn 1910.[15] Nid llais gweithiwr sy'n fodlon derbyn yn daeogaidd pa bynnag drefn a weithredir gan y llywodraeth ganol, doed a ddelo, yn ystod y rhyfel a glywir fan hyn, ond llais un aeddfed, call a chyfrifol sy'n fodlon gweld y tu hwnt i fuddiannau personol a chenedlaethol. Mewn gair, dyma ladmerydd Rhyfel y Bobl.

Yn ei hanfod nofel ddifri a llym yw *Y Gelyn Mewnol* a does dim byd eironig am ei golwg ar bethau: mae'r rhyfel yn y bôn yn un cyfiawn ac ystyrlon, ac unrhyw aberth a wneir yn un deg. Nofel amser rhyfel yw hi ac mae difrifoldeb yr ymdriniaeth â'r Gwarchodlu Cartref – yr *Home Guard* neu Fyddin y Bobl – er enghraifft, yn cymharu gydag ysgafnder yr ymdriniaeth â'r un criw mewn cyfrolau ffuglennol diweddarach fel *Straeon Cyfar Main* (1985)[16] a *Rhyfel Pen Llŷn* (1992),[17] rhai a sgrifennwyd ar ôl i ofnau'r 1940au cynnar hen gilio. Y bygythiad ar y pryd sy'n golygu, er enghraifft, fod Dafydd ac Eirlys, ei gariad, yn cytuno'n llawn pwyll a rheswm at ddiwedd y nofel na allen nhw briodi am y tro: '"Mae'n rhaid inni i gyd aberthu pob gobaith am hapusrwydd personol ac ymegnïo i ddatrys y llyffetheiriau y mae Hitler wedi eu dodi ar

Ewrob"' (*GM*: 92). Dyna'r union fath o eiriau stoicaidd a allai fod wedi eu codi o ddeunydd propaganda'r llywodraeth ar y pryd. Nofel *genre* yw *Y Gelyn Mewnol* yn ei hanfod, antur rhyfel y gellir cymhwyso ati'r hyn a ddywedodd Andrew Rutherford:

> The analogy of epic was often invoked by war films, in which the external threat of Nazism, and its horrors, seemed to justify all those shown fighting against it ... Such reverent figures – gunfighters, police detectives, private eyes, and secret agents – form part of the heroic mythology of modern urban man; but the art which celebrates their actions tends to oversimplify the social-political context, the psychological realities, and the moral issues involved.[18]

O ganlyniad, er bod *Y Gelyn Mewnol* yn cydnabod bod ambell grac dan yr wyneb, nid oedir yn rhy hir i'w harchwilio gan mai'r flaenoriaeth bwysicaf yw atgyfenerthu'r *status quo* a chyflwyno ffrynt unedig.

Caradog Prichard

Milwr anymarferol, efallai, ond un nad oedd arno gywilydd cyfaddef ei fod wedi cael blas ar ei brofiad yn hyfforddi'n filwr – un felly a gyflwynir inni yn *'R Wyf Innau'n Filwr Bychan* gan 'Pte. P.'[19] Gwelodd y gyfrol fechan ac ynddi hanner cant a phump o dudalennau olau dydd yn Awst 1943 yng nghyfres Gwasg Gee, *Llyfrau Pawb*, gyda'r broliant hwn ar ei chefn: 'Dyma beth newydd mewn llenyddiaeth Gymraeg – dyddlyfr milwr sy'n un o brif lenorion Cymru. Diau y bydd llawer o ddyfalu pwy yw awdur y dyddiadur eithriadol hwn. Wele gyfraniad gwirioneddol i'n llenyddiaeth.' Anodd dychmygu bod llengarwyr wedi ei chael hi mor anodd dyfalu pwy oedd gwir awdur y gyfrol hon ag a gawsant ganol y 1930au, er enghraifft, pan gyhoeddodd T. Gwynn Jones dan y ffugenw 'Rhufawn' gerddi *Y Dwymyn* ar dudalennau'r *Efrydydd*. Oni fyddai cliw go dda ynglŷn ag awduraeth y gwaith mewn cyfeiriad fel hwn, awgrym o'r awdur glew a feddiannodd iddo'i hun thema hunanladdiad ym mhryddest anfuddugol Dinbych, 'Terfysgoedd Daear', bedair blynedd ynghynt? 'Beth pe gwelai M. fi'r munud yma, mor swrth â phren, yn llawn annwyd, a holl iselder ysbryd holl hunanleiddiaid y cread yn pwyso arnaf?' (*RIFB*: 12). Ychwaneger at hynny'r wybodaeth bellach am yr 'M.' hon y cyfeirir ati, sef gwraig yr awdur a oedd yn byw yn Llundain, a hefyd y ffaith ei fod yn tynnu at ei ddeugain oed. Beth bynnag oedd y sefyllfa ar y pryd, nid yw'n gyfrinach yn y byd bellach mai Caradog Prichard (1904–80) oedd yr 'un o brif lenorion Cymru' a sgrifennodd y dyddiadur dan sylw.

Y mae'n werth oedi gyda'r teitl cyfeiriadol cyfoethog i gychwyn. Emyn Fictoraidd poblogaidd Thomas Levi, a genir ar alaw adnabyddus Joseph Parry, yw'r ffynhonnell, a'r hyn a wna Caradog Prichard yw llythrenoli'r cyfeiriad trosiadol sydd ynddo at ryfel.[20] Fel y gwelir wrth ddarllen y llyfr, mae'r defnydd o'r rhagenw cysylltiol 'innau' yn fodd i bwysleisio rhan yr awdur yn y fyddin ac fel yr ymfalchïai yn y profiad, tra mae'r ansoddair sy'n cloi'r teitl yn awgrymu mor ddi-nod oedd ei gyfraniad milwrol mewn gwirionedd. Crynhoir yn daclus yn y teitl hwn yr hyn a ddywedir yn y rhagair ymddiheurol: 'O edrych yn ôl, y mae'n syndod gennyf sut y deuthum yn groeniach trwy'r cyfnod byr hwn. A syndod mwy imi, wrth ail-ddarllen y cofnodion, oedd sylweddoli mai dyma un o gyfnodau dedwyddaf fy mywyd' (*RIFB*: 6).

Dro ar ôl tro, mae'r defnydd o radd eitha'r ansoddair wrth ddisgrifio'r bywyd milwrol mewn gwersyll hyfforddi yn Donnington, Swydd Amwythig a barodd am ryw chwe wythnos yn pwysleisio'r dedwyddwch a brofodd yr awdur yn ystod y cyfnod hwn: 'Dyma'r brecwast cyntaf imi ei fwyta ers tro byd, a'i fwynhau'n well na dim a fwynheais ers llawer dydd . . . O bwcedi y tywelltid y te. Ond dyma'r ddiod orau a fu erioed' (*RIFB*: 10); 'ni bu cwmni erioed mor gytûn yn yr un lle . . . y milwr perffeithiaf a welais erioed' (*RIFB*: 20); 'un o giniawau gorau'r Fyddin' (*RIFB*: 22); 'Un o'r dyddiau sy'n peri i ddyn deimlo mai'r Fyddin yw'r sefydliad gorau yn y byd' (*RIFB*: 30). Dros ddeugain mlynedd yn ddiweddarach, hyd yn oed, daliai'r cyfnod hwn yn un melys yn ei gof: 'mi dderbyniais yr alwad yn llawen a chael, yn ystod y tymor cyntaf o ymarfer, wyliau fu ymhlith y rhai dedwyddaf a mwyaf llesol i gorff ac ymennydd a gefais erioed.'[21] Ac yntau ymhlith y mwyaf idiosyncratig o'n hawduron, rhaid ymchwilio i seici cymhleth Caradog Prichard i ganfod rhai o'r rhesymau am y dedwyddwch hwn. O awdur yr oedd ymwybod o euogrwydd a phechod yn bwysau plwm arno, cynrychiolai'r fyddin fan cychwyn a chyfle newydd yn ei hanes. Gwelai ei hun fel 'un wedi carthu allan o'i fywyd rywbeth hen ac aflan a diwerth; yn gwisgo amdano arfau goleuni bywyd newydd, gwyryfol, a oedd yn addo bod yn werth ei fyw pa mor fyr bynnag ei barhâd. Yr oedd rhywbeth meddwol, gorchfygol, yn y syniad. Y llygredig hwn yn gwisgo anllygredigaeth!' (*RIFB*: 8). O ganlyniad, fe gyflwynir y profiad milwrol fel un cadarnhaol, gonest ac ystyrlon. Pan feddylir hefyd am fagwraeth helbulus yr awdur ac am gysgod y Fam Ddioddefus sydd ar ei holl weithiau pwysicaf, yna mae cyfeiriad fel hwn yn un dadlennol: '"Fi ydy'ch tad a'ch mam chi tra byddwch chi yma. A'ch taid a'ch nain hefyd, er nad ydw'i ddim yn rhyw hen iawn''' (*RIFB*: 19).²² Cymharer y geiriau hyn â rhai dril-sarjant yng Nghalifffornia ddeng mlynedd ar hugain yn ddiweddarach:

> From this time on *I* will be your *mother,* your *father,* your *sister, and* your *brother. I* will be your best friend and your worst enemy. *I* will be there to *wake* you up in the morning, and *I* will be there to *tuck* you in at night. You will *jump* when I say *'frog'* and when I tell you to *s—* your only *question* will be *"What color."* IS THAT CLEAR?²³

Nid bygythiad ond addewid a glywai'r rwci Caradog Prichard yng ngeiriau'r sarjant. Y cof am ei blentyndod clwyfus sy hefyd yn egluro'i ddefnydd o ansoddair benywaidd mewn man arall, un annisgwyl ar gyfer y byd *macho* oedd ohoni: 'Dyma'r bachgen a hebryngwyd i mewn neithiwr yn feddw gaib ar freichiau *mamol* y ddau sarsiant' (*RIFB*: 11). Ac onid dyna sydd i gyfri'n ogystal am y cyfeiriad delfrydoledig at y swyddog yn rhoi ei law 'yn *dyner*' (*RIFB*: 11) ar filwr gyda llygad du?

I un blêr ei fuchedd wrth reddf, cynigiai'r fyddin drefn a sefydlogrwydd. Ac eto, er gwaetha'r mwynhad a leisir, daw natur ddiberthyn Caradog Prichard i'r amlwg o bryd i'w gilydd. Yng ngeiriau bardd arall, 'Beyond all this, the wish to be alone',²⁴ a chreadur digymdeithas, annibynnol, ar wahân ydyw yn ei hanfod. Bron na ellir meddwl amdano – ac nid amhriodol y ddelwedd pan gofir am ei alwedigaeth – fel newyddiadurwr wedi ei anfon ar aseiniad i brofi bywyd amgen er mwyn adrodd am ei brofiadau, ac er gwaetha'r cyfeillachu rhyngddo a gweddill y milwyr, yn methu ag ymuniaethu â nhw'n llwyr ac yn dal i warchod ei bellter. Tra dadlennol yw'r ffaith ei fod yn mynd ar y goriwaered bob tro y caiff flas ar ryddid ac yn syrthio i'r felan o'r herwydd. Trwy amryfusedd, methiant llwyr yw ei dridiau o seibiant, er enghraifft, ei wraig yng Nghymru ac yntau'n boddi gofidiau yn nhafarndai Llundain: '[dyma] gyrraedd yma'n ôl yn bendrist a phendrwm ganol nos Sul. Heddiw ni bu hwyl ar ddim. Y mae'n wir edifar gennyf imi dorri ar ddisgyblaeth y bywyd newydd yma. Yr oedd dechrau arni y bore yma fel dechrau o'r dechreuad drachefn' (*RIFB*: 39). Metha'n lân ag ymdopi â rhyddid: mae'n ddiamcan ac yn ddigyfeiriad o'i brofi a'r hyn a rydd y fyddin iddo yw patrwm a fframwaith i'w fywyd. Caiff gysur o fod mewn sefydliad ac iddo'i hierarchiaeth bendant, sefydliad sy'n dyrchafu unffurfiaeth ar draul unigolyddiaeth, sefydliad awdurdodol sy'n gwneud penderfyniadau drosto.

Nid bod ei olwg ar bob agwedd ar y fyddin yn gwbl anfeirniadol. Prif gocyn hitio'r dyddiadur yw'r sarjant a lysenwir yn Donald Duck, ac mae'r cofnodion yn frith o gyfeiriadau fel 'Donald Duck ar ei ddiawledicaf heddiw' (*RIFB*: 18). Eto i gyd, egyr y gyfrol a'r awdur mewn sachliain a lludw:

> Yn flaenaf, rhaid imi ymddiheuro i'r sarsiant. Gallaf dystiolaethu bellach nad yw'r hil sarsiannol yn greaduriaid mor ddychrynllyd ag y cymhellir y darllenydd i gredu oddi wrth fy sylwadau amrywiol eu tôn a'u tymer ar y gŵr a gyfenwyd Donald. Yn wir, bûm yn warthus o anghyfiawn tuag ato. Ond cas hogyn ysgol at feistr gweddol galed sydd yma. Ond gwn pe cwrddai'r dywededig Ddonald a minnau heno y byddem yn clicio gwydrau mewn perffaith gytgord ac y byddai'r gymdeithas yn gref. (*RIFB*: 5)

Sylwer nad yw'r feirniadaeth hon, un reddfol a chynnar, ar un swyddog milwrol penodol byth yn tyfu'n feirniadaeth ar y sefydliad milwrol cyfan. I wrthbwyso'r mawl a'r pethau cadarnhaol a ddywedir am y fyddin ceir sawl cyfeiriad ysgafn a golygfa gomig, yr episod fer pan yw'r awdur yn ymarfer saethu, er enghraifft, ac yn methu ei darged o ugain troedfedd! Ac yna'r cysur Job na ddaeth ar waelod un y rhestr: 'af i gysgu heno gyda'r ymdeimlad lled-gysurus nad wyf ymhlith saethyddion hollol-anobeithiol ein Byddin Fawr' (*RIFB*: 43). Dyna ddwyn i gof aflwyddiant Williams Parry yntau fel saethwr pan fu'n hyfforddi'n filwr yn ystod y Rhyfel Byd Cyntaf: 'the intricacies of Infantry Drill make me quite silly, and I fear I am a perfect mug at it'.[25] Ond dyw'r ysgafnder achlysurol ac iach hwn byth yn datblygu'n ddychan a deil yr agwedd at y fyddin yn gwbl rydd o eironi. Yn yr un modd, er gwaetha'r cyfeiriadau cynnar at y glasfilwyr dibrofiad 'fel gyrr o ddefaid mynydd' (*RIFB*: 7) ac at 'y "myned i ryfel" mwyaf diramant a fu er cyn dyddiau'r gwŷr a aeth Gatraeth gynt' (*RIFB*: 8), sylwadau diraddiol a doniolwch yn cael eu defnyddio fel arf hunanamddiffynnol a welir fan hyn. Buan y peidia'r agwedd hon wrth i'r awdur ymddifrifoli ac i ymdeimlad o falchder dyfu. Arwydd o hynny yw sylw fel hwn: 'Sylweddolais neithiwr fy mod yng nghwmni arwyr, hogiau y gellir dibynnu arnynt mewn awr gyfyng. Ac yr wyf yn falch o gael y fraint o gyfeillachu â hwy' (*RIFB*: 22). Mewn gair, does dim sy'n wrtharwrol am ei agwedd tuag at y fyddin.

Yr hyn sy'n drawiadol am *'R Wyf Innau'n Filwr Bychan* yw ei fod yn cyflwyno'r milwr mewn goleuni mor ffafriol. Swydd anrhydeddus a gyflawnir ganddo ef a'i gymheiriaid, argyhoeddiad a fynegir gryfaf yn y gerdd sy'n cloi'r gyfrol:

> Tariwn yn batrwm o bopeth da,
> O bopeth gwir a gwrol a daionus . . .
> Heddiw mae chwe mil ohonom yn barod
> Chwe mil a gwallgof bwrpas yn eu gyrru
> Ar daith i Gatraeth newydd a dyfodd o hedyn
> Balchter rhyw gnaf diniwed ers talwm
> A ddysgodd sut i ladd cawr â'i ffon dafl
> Ac ennill brenhiniaeth yn wobr. (*RIFB*: 54)

Mae'r modd y cymhwysir fan hyn yr hanes am Dafydd a Goliath at sefyllfa'r Ail Ryfel Byd gan ei ddefnyddio'n gyfiawnhad moesol dros weithredoedd y milwr yn atgoffa dyn am gynnyrch y degau o brydyddion-cadeiriau-breichiau a lanwai golofnau barddol papurau lleol, cenedlaethol ac enwadol yn ystod y Rhyfel Byd Cyntaf.[26] Ond yr hyn sy'n gwahaniaethu eu propaganda recriwtio nhw oddi wrth gerdd Caradog Prichard yw'r ffaith mai un a brofodd fywyd milwr drosto'i hun sy'n llefaru yn ei achos ef. Nid un yn siarad ar ei gyfer a glywir yma ond llais un sy'n dwyn ar ei brofiad, ac mae hynny'n unig yn mynnu ein bod yn rhoi ystyriaeth ddifri i'r hyn mae'n ei ddweud. Rhwng y cymhwysiad Beiblaidd a grybwyllir uchod, y teitl cyfeiriadol a'r ffaith fod y rhyfel yn cael ei weld fel arwydd o '[Dd]wyfol wynt' (*RIFB*: 53), fe gyflwynir yr ymgyrch filwrol fel un Gristnogol.

Fe ddylid cadw mewn cof mai ar sail chwe wythnos o hyfforddiant yn unig y sgrifennwyd y dyddiadur milwr hwn, ac y gallai'r brwdfrydedd cychwynnol hwn fod wedi cilio petai'r awdur wedi cael profiad uniongyrchol o frwydro dramor; cwblheir hanes Caradog Prichard yn ystod y rhyfel yn *Afal Drwg Adda* (1973) lle'r eglurir ei fod yn y diwedd wedi'i ryddhau o'r fyddin er mwyn gweithio i'r Swyddfa Dramor yn India yn ystod y rhyfel a chan ddisgrifio'r cyfnod yn y canol, mewn canolfan filwrol yn Aldershot, 'fel symud o'r ysgol elfennol i'r cownti sgŵl ers talwm' (*ADA*: 125).[27] Awgrymir ganddo fod deiseb wedi'i hanfon ar un adeg i'r Swyddfa Ryfel: 'Neges y Petisiwn oedd dweud bod Cymru wedi colli un o'i phrif feirdd, Hedd Wyn, yn y Rhyfel Byd Cyntaf, ac yn erfyn ar y Swyddfa Ryfel i beidio a'm hanfon i, un arall o'i phrif feirdd, dros y môr yn y Rhyfel hwn '"*unless it is absolutely necessary*"' (*ADA*: 128). Ffaith arall i'w chadw mewn cof yw mai yn ystod y rhyfel ei hun y cyhoeddwyd y gyfrol, ac er bod cyfres o gyhoeddiadau fel *Pamffledi Heddychwyr Cymru* yn cael eu cyhoeddi'r un pryd, go brin y disgwylid – heb sôn am ganiatáu – dim fyddai'n gwneud drwg i forâl milwrol drwy gynnig *exposé* ohono na dim fyddai'n peryglu'r drefn. Hyd yn oed wedyn, mae'r gyfrol yn un eithriadol yn hanes llenyddiaeth Gymraeg yr ugeinfed ganrif yn yr ystyr ei bod yn cyflwyno achos mor gryf o blaid y fyddin fodern ac yn normaleiddio swyddogaeth y milwr consgript. Wedi'r cyfan, nid nofel hanes fel *Y Gaeaf Sydd Unig* (1982) Marion Eames neu *Betws Hirfaen* (1978) J. G. Williams sy dan sylw lle cyflwynir ymgyrchoedd milwrol mewn golau cadarnhaol am eu bod yn rhan o frwydr genedlaethol Gymreig.

Yn hyn o beth, mae byd o wahaniaeth rhwng y canfyddiad cyffredin o swydd y milwr yn ystod y Rhyfel Byd Cyntaf. Saith mlynedd yn unig cyn cyhoeddi cyfrol Caradog Prichard, er enghraifft, y cyfeiriodd Kate Roberts fel hyn at ryfel 1914–18 yn *Traed mewn Cyffion*: 'Yr oedd ambell un yma a thraw yn perthyn i'r milisia, ond nid un i ymfalchïo ynddo a fyddai. Rhyw ysgornio milisyn y byddid, a gwnaed yr un peth pan welwyd y siwt filwr gyntaf yn y Foel Arian yn 1914, er bod ei lliw'n wahanol i eiddo'r milisyn.'[28] Yr un yw tystiolaeth J. W. Jones a frwydrodd yn y rhyfel hwnnw: 'Y peth olaf i neb ei wneud yr adeg honno, oedd ymuno â'r sowldiwrs. Os digwyddai i rywun wneud drwg, 'doedd dim amdani ond ymuno â hwy – neu fynd i'r Sowth.'[29] A'r cynfilwr a rydd fwyaf o sylw i'r hyn a gynrychiolid gan y milwr yn 1914 a'i deimladau ef ei hun ar ôl gwisgo'r lifrai yw Ifan Gruffydd sy'n cadarnhau na 'pherchid y milwr y pryd hynny fel y perchir ef heddiw. Edrychid arno fel un wedi dewis y bywyd i osgoi'r cyfrifoldeb o fyw'n barchus.'[30] Fel yr eglura, un o hil Robin y Sowldiwr yn *Rhys Lewis* (1885) a gynrychiolid gan y milwr, ar ddechrau'r rhyfel o leiaf: 'Dylwn ddweud hefyd mai nid yr un teip o filwyr oedd yn bod y pryd hwnnw ag a fu ar ôl hynny, a bûm braidd yn anffodus efallai wrth fynd mor gynnar yn 1914, cyn i ryw lawer o rai o'r un oed â mi fod wedi cyrraedd, a chael fy hun yng nghanol caridyms hen filisia yr oes o'r blaen.'[31] Mae'n werth gwrando ar ragor o'i gyffes – ac efallai nad anaddas y gair 'cyffes' chwaith pan feddylir am ei gynodiadau crefyddol – ac yntau'n sôn amdano'i hun yn listio yn y fyddin:

> [y] noson honno yn Llangefni, ar y dydd cyntaf o Fedi 1914, pan gollais i fy mhen o dan gyfaredd y 'Recruiting Sergeant'. Cymerais y cam byrbwyll hwnnw i'r tywyllwch megis wrth arwyddo f'enw ar waelod y papur glas heb wybod dim o'i gynnwys. Bu i mi wadu fy hen gyfeillion, y rhai oedd wedi fy ngwneud yr hyn oeddwn, a hynny heb fod raid imi a minnau yn llafurwr amaethyddol. Gadewais fro fy mebyd a'i phrydferthwch, bradychais Gymru, bradychais Grist, gan anwybyddu hefyd gynghorion y gweinidog bach ... Lledu wnaeth y ffordd honno o ddydd i ddydd, ac yn y prysurdeb mawr oedd arni, euthum innau'n hyfach ac yn hyfach.

Edmygwn wagedd, a cherais sŵn rhegfeydd. Clywais fiwsig pêr yn nhant diryiad. A hir yn wir y bûm cyn canfod fy anffodion, ac ystyr brwnt fy holl ffaeleddau. A bu'n edifar gennyf, yn edifar iawn, am anghofio geiriau, a chyngor, a dagrau fy hen weinidog, hyd y dydd hwn.[32]

Fel y sylwyd mewn man arall,[33] ceisia Ifan Gruffydd ddod o hyd i loches mewn mwytheiriau ysgrythurol pan yw'n cyfeirio at ei gyfnod yn y fyddin: gwêl ei hun fel 'y mab afradlon' yn 'y wlad bell'. Y cywilydd, yr ymdeimlad o frad y cyfeiria ato uchod – dyna sydd i gyfri am natur ymatalgar ac agwedd-callaf-dawo y sgrifennu hwn a'i benderfyniad i fynegi llai na'r gwir wrth drafod ei brofiadau rhyfel. Posibilrwydd arall sy'n egluro'r hunansensro hwn yw y gellid ei gyhuddo, pe rhoddai ormod o lwyfan i'w brofiadau rhyfel, o roi ocsigen cyhoeddusrwydd iddynt a hyd yn oed awgrymu ei fod wedi mwynhau'r profiadau. Ac efallai na fyddai hynny mor bell oddi wrth y gwir wedi'r cyfan. Weithiau mae dyn yn rhyw synhwyro bod Ifan Gruffydd yn ddistaw bach wedi cael blas ar y rhan fwyaf o'r profiadau a ddaeth i'w ran ac mae'r hyn a'i rhwystra rhag cydnabod hynny ac a bair iddo weld y profiadau hynny mewn goleuni negyddol yw pwysau'r ystyriaethau diwylliannol a gwleidyddol arno, rhai crefyddol a moesol.

Yn wahanol i Ifan Gruffydd, nid oes awgrym yn achos Caradog Prichard fod dim anghymreig neu fradwrus ynglŷn â'r ffaith ei fod yn aelod o'r fyddin. Yr agosaf a ddaw at drafod gwrthwynebiad ar dir moesol a chrefyddol i'r rhyfel yw pan gyfeiria at wrthwynebwyr cydwybodol. Dywed fel hyn yn yr 'Ymddiheuriad' ar ddechrau'r dyddiadur: 'Nid yw ei gyhoeddi, er enghraifft, yn golygu condemniad cyffredinol o'r gwrthwynebwyr cydwybodol y mae gennyf gymaint o gyfeillion personol yn eu plith. Y mae'r fath beth â chydwybod gan lawer ohonynt. Ond yr wyf yn gadarn o'r farn mai cad-wybod sydd gan y mwyafrif mawr' (*RIFB*: 5–6). At y math hwn o beth y cyfeiria'r awdur:

> Beth gythraul wnaeth imi feddwl bod dim da mewn bod yn sowldiwr? Pam na buaswn i wedi ceisio'i hosgoi hi rywsut? Tipyn llai o gydwybod ac mi allwn fod heddiw mewn gwely plu fel ambell wrthwynebydd cydwybodol y gwn i amdano. Fe ddylid saethu'r diawliaid bob un, neu eu rhoddi ar fara a dŵr dan glo yn rhywle . . . I uffern â'r gwrthwynebwyr di-gydwybod. 'Does dim un ohonyn' 'hw o ddifri' . . . 'Does neb o ddifri' . . . Mi leiciwn i gael rhoi'r nodwydd yna ym mhen ôl un o'i epil ryw ddiwrnod. (*RIFB*: 12–13)

Tra'n dioddef o effaith y gwpog y sgrifennwyd y darn cathartig ond cymysglyd hwn, geiriau sy'n dwyn i gof gerdd Cynan, 'Malaria', lle y rhoes yntau fynegiant i'w feddyliau cythryblus.[34] Dro arall, ac yntau newydd fod yn dysgu trin y fidog, cofia am 'sgwrs yn y tren rywdro, yn y dyddiau pell pan oedd pasiffistiaeth yn ffasiwn, a ninnau, hogiau'r heddwch, yn uchel iawn ein cloch' (*RIFB*: 29). Fel moeth a berthynai i gyfnod heddwch yr ystyria basiffistiaeth bellach, cyflwr anaeddfed a braidd yn fregus ei seiliau moesol; *shirkers* yw'r gwrthwynebwyr cydwybodol gan mwyaf yn ystod y rhyfel.[35] Yn sicr, nid dyma'r safbwynt gwleidyddol gywir a gysylltid â'r traddodiad heddwch a arddelid gan gynifer o gydwladwyr Caradog Prichard. Wedi dweud hynny, efallai fod cyfeirio at 'gydwladwyr' yn awgrymu perthynas â grŵp o bobl, cyfeiriad nad yw mor amhroblematig ag yr ymddengys yng nghyswllt llenor a dreuliodd y rhan fwyaf o'i yrfa yn byw yn Llundain. Cofier hefyd am y ffactorau eraill sy'n ei wahaniaethu oddi wrth unrhyw fath o 'gonsensws Cymreig', ei dras Anglicanaidd rhagor Anghydffurfiol, er enghraifft, a'r ffaith ei fod yn gwyro i'r dde yn wleidyddol ac yn newyddiadurwr yn Stryd y Fflyd gyda phapur newydd y Torïaid, y *Daily Telegraph*. Yn achos cymeriad sy'n torri ei gwys ei hun i'r ffasiwn raddau, gwae'r sawl a gymero bethau'n rhy ganiataol wrth drafod Caradog Prichard o bawb! Efallai nad anaddas mai gŵr na wadodd erioed ddilysrwydd grym milwrol, sef Saunders Lewis, yw'r cyfoeswr a ddaw i'r meddwl wrth bwyso a mesur profiad milwrol Caradog Prichard. Ac wrth fynd heibio, Saunders Lewis a gyfeiriodd hefyd at 'Yr unig bennod yn y llyfr y ceir peth moesoli nad yw'n taro'n gwbl ddidwyll yw'r un sy'n adrodd hanes y rhyfel byd cyntaf' wrth adolygu *Tân yn y Siambar*.[36] Saunders Lewis hefyd biau'r geiriau gonest hyn:

> Rhai blynyddoedd yn ôl mi gyfarfûm i â gŵr a fuasai'n swyddog gyda mi yn y South Wales Borderers yn y rhyfel byd cyntaf; nid oeddem wedi cyfarfod oddi ar hynny. Wedi sgwrsio a chofio ac atgofio dyma fo'n dweud yn sydyn, 'Wyddoch chi, dyna flynyddoedd gorau'n bywyd ni'. Wel, dyna ysbryd cywyddau'r milwr a'r swyddog, Guto'r Glyn. Hwyl gŵr ifanc eithriadol gryf o gorff, a llond ei groen o ddewrder ac antur, yn mwynhau'r ymladd a'r lladd a'r llosgi a'r peryglon lu a'r siawns, y mae hynny oll, a'r cariad fel cariad brodyr y mae'r cyfryw fyw yn ei feithrin, yn canu yn y cywyddau hyn.[37]

Disgrifiad o Caradog Prichard fel y carai weld ei hun, efallai, yn hytrach nag un ohono go iawn yw'r un o Guto'r Glyn, ac er nad ydyn nhw'n eiriau y gallai Cymry'n ddiwahân uniaethu â nhw, mae'n gwestiwn a gâi'r llenor o Ddyffryn Ogwen anhawster o gwbl i wneud hynny.

John Ellis Williams

Ac eto, nid ewfforia mohono i gyd, hyd yn oed ymhlith aelodau'r lluoedd arfog eu hunain. Fel y crybwyllwyd eisoes, yn yr un Eisteddfod yn union ag y dyfarnwyd *Y Gelyn Mewnol* yn nofel gyffrous fuddugol fe enillwyd cystadleuaeth y ddrama hir gan John Ellis Williams (1901–75) gyda *Wedi'r Drin* (1944).[38] Tarfodd y rhyfel ar yrfa'r awdur fel prifathro cynradd, ac o ganlyniad treuliodd 1940-2 yn gwasanaethu gyda'r Peirianwyr Brenhinol a 1942-5 gyda Chorfflu Addysg y Fyddin yn Swydd Efrog, Llundain a'r Alban.[39] Yn sicr, does dim yn frolgar am ei gyfeiriadau cwta at y cyfnod; yn llythrennol, sylw rhwng cromfachau sy ganddo am ei brofiad milwrol mewn llythyr yn crynhoi prif gamau ei fywyd: '(o ia, yn y fyddin o 1940 i 1946)'.[40] Ac yntau ar y pryd wrthi'n bwrw'i brentisiaeth fel dramodydd, fe ymatebodd i'r Rhyfel Byd Cyntaf yn *Rhamant a Rhyfel* (1922) drwy ystyried effaith y gyflafan ryngwladol ar aelwyd werinol gartref yng Nghymru.[41] Yr un diddordeb yng ngoblygiadau domestig y rhyfel a amlygir y tro hwn hefyd a stafell fyw Elin Huws ym mis Awst 'y flwyddyn gyntaf ar ôl y Rhyfel yn erbyn Hitler' (*WD*: 6) yw canolbwynt y chwarae.

'Rhwng y ddwy [ddrama], gwelir holl hynt ei ddatblygiad fel dramodydd'[42] meddai Tom Richards am John Ellis Williams, ond er bod drama'r Ail Ryfel Byd yn llawer aeddfetach o safbwynt techneg, ailgylchir amryw gynhwysion cyfarwydd o ddrama'r Rhyfel Byd Cyntaf ynddi. Y cymeriadau lleiaf cefnog yw'r rhai mwyaf moesol gywir: does dim awgrym fod Elin Huws, Mair a Harri Edwards na Ned Evans yn berchen ar foethau materol sylweddol tra mae cymeriadau Syr Huw Price, Albert Jenkins ac Edward Owen yn wŷr busnes llwyddiannus o gymharu. At hynny, yr unigolion a gymerodd ran weithredol yn y rhyfel yw'r rhai mwyaf anrhydeddus yn y pen draw, sef Mair a fu'n nyrsio, Harri a fu'n filwr, a Ned a fu yn y llynges, agwedd ar y ddrama sy'n adleisio 'safbwynt' Caradog Prichard tuag at wrthwynebwyr cydwybodol. Ar y llaw arall, un a elwodd ar y rhyfel yw Syr Huw ac awgrymir mai un a ddaeth o hyd i gydwybod yn ystod y rhyfel er mwyn osgoi ymaelodi â'r lluoedd arfog – hynny yw, *shirker* – yw mab Edward Owen. Ac fel Bob Williams yn nrama dechrau'r 1920au a ddaw adre'n ôl yn arwr medalog buddugoliaethus, arwr o waed coch cyfan yw Harri Edwards yntau, enillydd y Fedal Filwrol yn ogystal â Choron yr Eisteddfod Genedlaethol. Awgryma'r tir cyffredin hwn rhwng dramâu'r ddau ryfel byd y math o fframwaith diamwys y gweithreda John Ellis Williams o'i fewn.

Drama gymdeithasol yw *Wedi'r Drin*, felly, sy'n darlunio'r frwydr am oruchafiaeth ar y byd sydd ohoni drannoeth yr Ail Ryfel Byd. Fel yn achos *Cysgod y Cryman* ddeng mlynedd yn ddiweddarach, gwrthdaro rhwng cynheliaid yr hen drefn a chynrychiolwyr y to newydd a ddramateiddir yn *Wedi'r Drin*.

Gweledydd y ddrama yw Mair, ond fe'i rhwystrir gan ei salwch (a chan ei rhyw, fe synhwyrir) rhag gweithredu ar sail ei hathroniaeth. Cynrychiola hi'r miloedd mud na ddaeth yn ôl o'r rhyfel yn fyw neu a glwyfwyd o'i herwydd ond a aberthodd er mwyn eraill. A'r 'arall' penodol y syrth ar ei ysgwyddau'r cyfrifoldeb o lywio'r dyfodol er mwyn y rhai a amddifadwyd o'r cyfle yw Harri Edwards. Neu felly o leiaf y mae Mair, ei chwaer, yn ei gweld hi. Yn ei golwg gynyddgar a chadarnhaol hi, ymladdwyd y rhyfel dros egwyddorion cyfiawn a deilliodd daioni ohono. Er gwaethaf beirniadaeth Modryb Elin graff, sy'n mynnu bod ei phen 'ormod yn y cymylau i weld beth sydd wrth dy draed' (*WD*: 10), does dim pall ar ddelfrydiaeth Mair: 'Fe ddaeth y rhyfel â phawb at ei gilydd . . . Fedra'i ddim anghofio Llundain, modryb. Fe chwalwyd adeiladau'r ddinas, ond fe unwyd y bobl' (*WD*: 10). Wele unwaith eto ysbryd y blits, y math o argyhoeddiad a phenderfyniad sy'n gyrru cymeriadau *Y Gelyn Mewnol* hwythau. Cred hefyd y codir Jerwsalem newydd o ludw'r hen: 'fedr dim ladd fy ffydd i. Mi *wn* i na all y byd newydd fod yr un fath â'r hen. Mae o wedi mynd trwy ormod o bethau i aros yr un fath' (*WD*: 11). Ond nid y fodryb mo unig sinig y ddrama: arall hefyd yw persbectif Harri, sef persbectif un a welodd drosto'i hun union gost cynnal egwyddorion cyfiawn: 'I mi, 'doedd y rhyfel yn ddim ond gwallgofrwydd. Ffolineb noeth oedd o – afiechyd, a dim arall' (*WD*: 44–5). Na, does dim aur ar fedal y realydd hwn: 'Mi gefais i bymtheg mis yn Libya – ynghanol y tywod a'r syched a'r chwys a'r chwain. Ac mi dyngais lŵ yr adeg honno, os down i trwy'r rhyfel yn fyw, y cerddwn i'r llwybr esmwythaf y gallwn ddod o hyd iddo am weddill fy oes' (*WD*: 47).

Er mai chwilio am hawddfyd a wna Harri, felly, ar ôl adfyd y rhyfel, mae dylanwad ei chwaer ddaionus yn drwm arno. Er enghraifft, hi a'i cymhellodd i ychwanegu un caniad at derfyn y gadwyn o ganeuon sy newydd ennill y Goron iddo ar ddechrau'r ddrama. Ar ei brofiadau milwrol y seiliwyd y cerddi arobryn, eiddo gŵr chwerw y chwalwyd ei obeithion yn llwyr, heblaw am yr un a leolir yn strategol ar ddiwedd un y gadwyn sy'n bwrw golwg feirniadol ar yr hyn a sgrifennodd: 'Ac yn sydyn, y mae anobaith trwm y gân yn ei daro o'r newydd. Saif uwch ei phen, a chaiff ei hun yn gofyn: Beth pe bawn yn methu? Beth pe *bae* rhyw amcan i'r aberth? Beth pe bae'r diwedd hwn yn ddechrau byd newydd – byd a fydd yn cyfiawnhau'r gwaed a'r lladd a'r creulondeb a'r dioddefaint?' (*WD*: 13). Syniad Mair yw'r gwrthbwynt hwn; yr hyn a wnaeth Harri oedd gwisgo'r syniad mewn geiriau. Pan wfftia ef at yr awgrym fod 'Enaid y bardd' (*WD*: 14) wedi'i fynegi yn y caniad olaf, etyb hithau gan fynnu 'Mae'r enaid yna, Harri. Y rhyfel sydd wedi ffurfio plisgyn chwerw amdano' (*WD*: 14). Aildanio brwdfrydedd Harri yw nod Mair bellach, ailgynnau ei ddiddordeb mewn bywyd. A phan oedir i ystyried ei henw priod arwyddocaol a'i defnydd diembaras o eiriau fel 'ffydd' ac 'enaid', ni fyddai'n amhriodol cyfeirio at y nod hwnnw fel 'cenhadaeth'.

Y gŵr drwg a wrthwyneba Mair yw Syr Huw Price, dyn busnes paternalistaidd lleol. A'r rhyfel wedi tynnu at ei derfyn ofna fod peryg i'r grym lithro o'i ddwylo ef a'i debyg. Ei 'debyg' yn hyn o beth yw'r ddau was ufudd a ffyddlon, Albert Jenkins y siopwr a'r cynghorydd Edward Owen. Dynion yw'r rhain sy wedi hen arfer rhedeg pethau a chael eu ffordd eu hunain, a bwriad y tri chynllwyngar ar y cychwyn yw prynu'r papur newydd lleol, *Yr Adlais*, a phenodi Harri'n olygydd arno. Fel hyn yr amlinellir y sefyllfa gan Syr Huw:

> Wyt ti wedi anghofio beth a ddigwyddodd ar ôl y rhyfel cyntaf? . . . Y Blaid Ganol, Y Blaid Ddemocrataidd, Plaid Rhyddid – beth bynnag fydd enw'r blaid newydd, gelli fentro mai plaid gomiwnistaidd fydd hi. 'Rwyf wedi'th rybuddio ers blynyddoedd y buasem ar derfyn y rhyfel yn wynebu chwyldroad. Nid lladd a saethu a chwffio – ond y chwyldroad mwyaf yn hanes y wlad. (*WD*: 26)

Gwêl mai trwy reoli cyfryngau gwybodaeth, sef y wasg yn yr achos hwn, y mae gwarchod buddiannau'r dosbarth rheoli y perthyn ef a'i gyfeillion iddo. Hynny yw, defnyddio'r papur newydd fel erfyn propaganda – a dysgu un o wersi mwyaf sinistr y rhyfel y rhagorodd Josef Goebbels arni.[43] Cam pwysig tuag at gyflawni'r nod hwnnw yw cael un ifanc o allu ac addewid Harri o'u hochr. A hithau'n barod i weld y gorau ym mhawb, nid arogla Mair ar y cychwyn unrhyw ddrwg yn y caws; pan ddaw'r cynnig o swydd, felly, mae hithau'n barod i berswadio'i brawd i aros gartref yng Nghymru yn hytrach na mynd yn newyddiadurwr i Lundain. Yn ei thyb hi, gallai Harri chwarae rhan ddylanwadol ym mywyd y fro: 'Rhyddid i ffurfio barn, rhyddid i'w chreu a'i magu a'i harwain! Un ymysg llawer fyddi di yn Llundain. Dim ond olwyn mewn peiriant, dim ond gwas mewn swyddfa. Byddi'n arweinydd yma! . . . Mae'r dewis mor hawdd, Harri. Un o wyth miliwn o weision yn

Llundain, neu'n arweinydd wyth mil fan hyn' (*WD*: 33). Dim ond wrth i'r gwir am ddiddordebau masnachol Syr Huw ddod yn amlwg y sylweddola Mair mai bwriad y cyfalafwr cyfrwys yw prynu ei brawd yn ogystal â'r papur; yn wir, mae peryg gwirioneddol iddo'i brynu gorff ac enaid drwy'i gael i sefyll yn ei le ar gyfer y cyngor sir a phriodi ei ferch, thema sy'n rhagfynegi *Excelsior* Saunders Lewis yn 1962.

Y ffrwgwd ynghylch dyfodol gwersyll milwrol y dref drannoeth y rhyfel sy'n datgelu gwir liwiau Syr Huw. Gofynnir i Harri annerch y gynulleidfa mewn cyfarfod cyhoeddus a drefnir i'w longyfarch ar ennill y Goron ac i'r perwyl hwnnw, meddylia am gynllun cyffrous i gydio yn nychymyg y bobl a lansio'i yrfa gyhoeddus yntau. Neu'n hytrach, meddylia Mair am gynllun cyffrous sef addasu cantîn, baddondai, golchdy a sinema'r hen wersyll milwrol at ddefnydd lleol. Yr unig ddrwg yw fod Mair a Harri dan yr argraff mai i'r llywodraeth y gwerthwyd y tir lle safai'r gwersyll yn ystod y rhyfel tra'r gwir amdani yw mai Syr Huw a'i prynodd ac yna'i fenthyca'n ddi-rent i'r llywodraeth. A dyma ddod at asgwrn y gynnen rhwng Mair a Syr Huw: er ei fod yntau'n gefnogol i'w chynllun yn ei hanfod nid yw am ollwng gafael ar y tir a'i werthu i'r cyngor dinesig ond ei gadw'n hytrach yn fenter breifat iddo'i hun. Mae sicrhau perchenogaeth gyhoeddus ar y gwersyll drwy gyfrwng y cyngor yn egwyddor hollbwysig yng ngolwg Mair, a llefara fel un o ladmeryddion y Wladwriaeth Les wrth amddiffyn ei safiad:

> Mae Syr Huw â diddordeb personol yn yr ardal. Ond beth am y rhai a ddaw ar ei ôl? Fedr o na neb arall roi dim sicrwydd am y rheini. Weli di ddim beth sydd wedi digwydd mewn cannoedd o ardaloedd eraill? 'Roedd yr hen deuluoedd – yr yswain a'r hen berchennog – yn byw yn yr ardal, yn rhan o fywyd y lle. Ond erbyn heddiw mae'r ystâd yn nwylo Saeson ac Iddewon sydd â dim ond diddordeb ariannol yn yr ardal. (*WD*: 57)

Yn sŵn y geiriau hyn o'r efengyl yn ôl William Beveridge, y cyhoeddwyd ei *Report on Social Insurance and Allied Services* yn 1942, daw ffugwerinoldeb Syr Huw – 'gwerinwr syml ydw i, fel y gwyddoch' (*WD*: 53) – ynghyd â'i Geidwadaeth gynhenid yn amlwg: 'Mae'n *rhaid* wrth feistr a gwas – meistr i reoli, gwas i ufuddhau' (*WD*: 57). Gweld y werin yn dod i'w theyrnas a wna Mair o gymharu wrth iddi leoli'r ddadl ynghylch meddiant y gwersyll mewn cyd-destun ehangach:

> Harri! Weli di ddim mai'r un ffeit yn union ydi hon â'r un y buost yn ei chwffio yn Dunkirk – Libya – Sicily – Ffrainc? Fedri di ddim gweld

ymhellach na'r Cinema a'r cinio chwe' cheiniog? Weli di ddim mai sefyll am rywbeth *mwy* y maent – yr awch afiach am eiddo ac awdurdod? Faint gwell a fyddwn o guro Hitler, a gadael i'r mân Hitleriaid yng Nghymru feddiannu a rheoli popeth? Weli di ddim mai'r un rhyfel yn union y mae'n rhaid inni ei ymladd yn y wlad hon? Nid brwydyr am ginio chwe' cheiniog ydi hi! Brwydyr ydi hi am ryddid dyn i feddiannu ei wlad ei hun – i reoli'r wlad y disgwylir iddo farw drosti! (*WD*: 59)

Yn ei hawch i ddeffro cydwybod gymdeithasol ei brawd o'r newydd, mae'n beryg fod Mair yn gorliwio'r bygythiad o du Syr Huw a'i ffrindiau; hynny yw, wrth ddehongli bwriadau'r tri yn nhermau Hitleriaeth fe gymysgir yn o arw rhwng gwahanol wastadau moesol. Beth bynnag am hynny, diwedd y gân yw fod Harri'n gweld lygad yn llygad â'i chwaer a bod cywirdeb a chydwybod yn cael y llaw uchaf ar yr hyn a ystyrir yn ddichell ac yn llygredd. O ganlyniad ymrwyma Harri i olygu'r *Utgorn*, yn annibynnol ar ei wrthwynebwyr – heb adleisio'u barn yn *Yr Adlais* – ond gyda chymorth Ned, Mair ac Elin.

Os oes anghydbwysedd o fewn y ddrama, yn y cyfle a roddir i Harri allu dweud ei ddweud y mae hwnnw. Milwria dau ffactor yn erbyn cyflwyno darlun llawnach o ddadrithiad a chwerwder Harri yn y fyddin. Yn gyntaf, y ffaith na feddai John Ellis Williams ei hun ar unrhyw brofiad o frwydro dramor y gallai fod wedi tynnu arno er mwyn grymuso'i sgrifennu: fel cynfilwr a leolwyd yn yr Alban adeg sgrifennu'r ddrama, un peth oedd rhoi rhyfaint o lais i gonsýrn y milwr dychweledig, ond nid oedd mewn cystal sefyllfa i lefaru am feysydd brwydro draw dros y don.[44] O ganlyniad, cyfeiriadau cwta, llaw fer yw'r rhai at brofiadau Harri ar y cyfandir. Yr ail rwystr yw'r ffaith mai drama a sgrifennwyd ac a gyhoeddwyd yn ystod y rhyfel oedd *Wedi'r Drin*. A hithau'n enghraifft o *genre* perfformiadol, cymerai ei chyfrifoldeb cyhoeddus yr un mor ddifri â Chynan ym 'Mab y Bwthyn' yn 1921 pan ofalodd nad negyddiaeth a phesimistiaeth a enillai'r dydd yn y pen draw. Cysurwch, cysurwch, fy mhobl, yw ei neges hithau. Y gwir amdani yw nad oes fawr o obaith i safiad hunangar a sinicaidd Harri druan gan fod y dramodydd wedi gofalu bod cydymdeimlad greddfol ei gynulleidfa gyda Mair. A yw hyn yn chwarae'n deg â chymeriad Mair sy'n gwestiwn arall, cwestiwn a dynnodd sylw Kitchener Davies yn ei feirniadaeth wreiddiol ar y ddrama: 'Nid grym ei hewyllys hi, na choethder ei dadlau, na fflam ei hargyhoeddiad a bair i Harri dderbyn ei gwerthoedd hi, ond y ddamwain allanol o afiechyd ac "operation". Byddai cadw Mair yn iach yn gorfodi ateb eneidegol i broblem achub enaid Harri; byddai tynged y broblem gymdeithasol hefyd i'w hateb ar dir cywirdeb dadl a rhesymeg.'[45] Yr wrones hon yn ei gwendid sy fwyaf triw i hawliau'r werin yr aberthwyd ei meibion yn y rhyfel; hi yw'r merthyr sy'n ennyn parch yn hytrach na Harri'r arwr medalog a choronog.

John Gwilym Jones

Er mai yn 1958 y cyhoeddwyd *Lle Mynno'r Gwynt* gyntaf, yn 1945 y sgrifennwyd drama John Gwilym Jones (1904–88) a osodir rhwng 1939 a 1945.[46] Drama amser rhyfel, felly, mewn mwy nag un ystyr, ac eto mae'n briodol rywsut ei chysylltu gyda'r cyfnod drannoeth y rhyfel a hithau'n cadw ei gyffro tymhorol o hyd braich. Efallai mai'r gymhariaeth sy'n goleuo orau y gwahaniaeth rhyngddi a gweithiau llenyddol eraill a sgrifennwyd yn sŵn y rhyfel yw honno gyda *Wedi'r Drin*: tra mae drama John Ellis Williams yn cythru mynd fel gornest sboncen, pwyll ac ymresymiad gêm o wyddbwyll sy'n nodweddu *Lle Mynno'r Gwynt* nad oes dim yn fyrbwyll nac yn anfwriadus yn ei chylch. Drama ddigwyddiadau yw *Wedi'r Drin* sy'n cymryd teipiau cyffredin – yr arwr ifanc dychweledig, y marchog lleol, y dynion busnes dichellgar – ac yn eu gosod benben â'i gilydd; dilyniant ydyw'n thematig i *Rhamant a Rhyfel* am y Rhyfel Byd Cyntaf. Drama dawelach o'r hanner yw *Lle Mynno'r Gwynt*: nid mewn gweithredoedd gweledol a gwrthdaro personol y mae ei diddordeb ond yn hytrach yng nghymhellion ac ymatebion criw o'r un teulu a ddaliwyd yn rhwyd y rhyfel. Gellir dychmygu John Ellis Williams, er enghraifft, yn godro pob diferyn o'r olygfa ar ddiwedd ail act *Lle Mynno'r Gwynt* pan ddaw Janet adref wedi colli ei gŵr yn y rhyfel gan fynd ati i fwrw ei llid ar Huw, ei brawd, sy'n wrthwynebydd cydwybodol; rheoli'r sefyllfa'n dynn a wna John Gwilym Jones o fewn dau dudalen ymatalgar. Yn wir, heblaw am gyfeiriad ei thad ati yn yr act olaf fel 'talp o chwerwder a chasineb yn symud fel adyn o un dref fawr i'r llall i geisio anghofio' (*LlMG:* 53), ni cheir fawr o sôn pellach am gymeriad Janet o fewn y ddrama, ac o ganlyniad, erys ar y diwedd yn drosiad anesmwyth o'r drwg nad oes mo'i wella a achoswyd gan y rhyfel. Drama'r dychymyg a'r deall yw *Lle Mynno'r Gwynt*, un fodern sydd yn ei ffordd ddistaw ond hunanfeddiannol ei hun yn symud y ddrama Gymraeg ymlaen, man cychwyn newydd rhagor parhad o unrhyw waith blaenorol.

Yn ogystal â'i chyfoesedd, rhywbeth arall a esyd *Lle Mynno'r Gwynt* ar wahân yw ei Chymreigrwydd digyfaddawd. Er mor amserol ei chefndir, mae dyn yn amau tebygolrwydd y math o gymdeithas a ddarlunnir yn *Wedi'r Drin* lle mae'r tirfeddiannwr lleol yn dal yn gymeriad mor weithredol a pherthnasol yn y 1940au. Onid nes at y gwir yw'r colli grym a'r newid byd y byddai Islwyn Ffowc Elis yn eu darlunio yn y man drwy gyfrwng cymeriad Edward Vaughan yn ei nofel gyntaf? Ymdeimlir â phenderfyniad gan John Gwilym Jones i adael llonydd i'w gymeriadau ymdrin â'u sefyllfa eu hunain, ceisio dod o hyd i'w gwaredigaeth eu hunain, heb unrhyw ymyrraeth gan rai o'r tu allan. Dyma'r dramodydd ei hun yn egluro'r hyn y ceisiai'i wneud yn *Lle Mynno'r Gwynt* a *Gŵr Llonydd*:

> Gan mai Cymro ydwyf yn ysgrifennu yn Gymraeg, 'roedd rhai pethau eraill y ceisiwn eu gwneud... 'Roedd yn rhaid i mi ddewis amgylchiadau cyfoesol ac ymdrin â phobl a phethau fel yr wyf wedi eu hadnabod a'u deall yn fy oes fy hun... Nid wyf am gondemnio dramâu Cymraeg sy'n digwydd mewn cegin... ond teimlwn y dylid ein gweld fel Cymry yn gwneud rhywbeth gwahanol i fwyta bara llefrith neu'n bustachu i gael dau ben llinyn ynghyd neu'n ffraeo ynghylch ewyllysiau... Wedi'r cwbl, yr ydym yng Nghymru yn ymhyfrydu yn ein diwylliant, yn sôn am yr aberth a wnaeth ein tadau i godi colegau ac i anfon eu plant iddynt. Yn sicr ddigon, fe ddylai rhai o'r plant bellach siarad ac ymddwyn fel petaent wedi elwa ychydig bach ar yr aberth a'r addysg, a bod yn fodau meddylgar, dadleugar. Ceisiais fy ngorau ddangos rhieni a phlant a chartrefi fel hyn. Ymhellach, nid wyf am wadu nad oes yng Nghymru, fel ymhob gwlad arall, ragrith a phregethwyr a blaenoriaid annheilwng, ond pam yn enw rheswm y mae'n rhaid dewis y rhagrith a'r anonestrwydd, a chymaint mwy o'r peth gwrthgyferbyniol yn bod hefyd?... Peth tu hwnt o anodd yw ceisio cyfleu dyn da yn dderbyniol... fy amcan yn y ddwy ddrama hyn oedd ymdrin â phobl gymharol dda a diwylliedig a deallus, gan wybod fod iddynt, fel pawb arall, ddigon o wendidau i fod yn weddol gredadwy; ac yn enwedig dangos fod pregethwyr Cymru, y rhan fwyaf o lawer ohonynt, yn bobl i'w hedmygu a'u hoffi er ichwi fethu gweld lygad yn llygad â hwy.[47]

Mae digon o'r nodweddion a enwyd yn canu cloch i ddyn allu cyfeirio at *Lle Mynno'r Gwynt* fel gwrthbwynt i fath *Wedi'r Drin* o ddrama. Cynnyrch uchelgais ei dramodydd i sgrifennu'n ddiedifar am y Cymry dosbarth canol erbyn canol yr ugeinfed ganrif yw *Lle Mynno'r Gwynt*, ffrwyth penderfyniad i chwarae'n deg â'i gymeriadau a chaniatáu iddyn nhw eu hunain ddadlennu eu persbectif eu hunain ar y byd. I'r perwyl hwnnw fe leolwyd y ddrama ar aelwyd y gweinidog Methodist, Edwin Lloyd, a'i wraig Alis; eu pedwar plentyn – Huw, Dewi, Mair a Janet – yw cymeriadau eraill y ddrama yn ogystal â gwraig Dewi, Gwladys, a chariad Janet, Trefor. Fel y sylwodd Emyr Humphreys: 'A pha ystafell eistedd mwy diogel yn y Gymru Gymraeg a fu, nag yng nghartref y gweinidog, aelwyd y bugail a allasai fod hefyd yn bennaeth ei bobl: y Mans hwnnw o ba un y bu i gymaint o feibion ddyfod allan i ddal swyddi pwysig yn y Gymru glaf?'[48] Elfen sy'n ychwanegu at y sadrwydd a nodwedda'r ddrama yw'r ffaith fod y digwydd yn ymestyn ynddi, nid dros ychydig ddiwrnodau tyngedfennol, ond dros gyfnod o chwe blynedd. Drwy gydol yr amser hwn a chan gadw'r ffocws yn dynn ar wyth aelod y teulu, darlunnir y math o ymraniadau a rhwygiadau a effeithiai'r un pryd ar y gymdeithas fawr oddi allan.

Cyflwynir cymeriadau'r ddrama ar y cychwyn cyntaf fel rhai cymysg oll i gyd. Mae gan bob un o'r bechgyn ddelfrydau a gobeithion ar y dechrau. Fel yr awdur ei hun,[49] heddychwr, a chenedlaetholwr fe dybir, yw Huw, er ei fod mewn gwirionedd yn amau ai mwgwd am y ffaith fod arno ofn marw yw ei safiad egwyddorol: 'Sut y medraf i fod yn siŵr mai fy ngwrthwynebiad cydwybodol i i ryfel sy'n mynd i'm cadw ohoni . . . ac nid fy ofn marw?' (*LlMG*: 17). Dirfodwr yw Dewi sy'n awyddus i ymuno gyda'r awyrlu er mwyn profi creulondeb rhyfel a dyfnhau ei amgyffrediad artistig: yng ngeiriau Gwladys, mae'n mynnu 'y gwnaiff gweld rhai'n cael eu lladd ac yn marw o'u briwiau ac yn colli synhwyrau gyfoethogi ei fywyd' (*LlMG*: 18). Pragmatydd yw Trefor, sy'n gweld ymuno â'r fyddin fel cam tuag at waredu'r byd o ddiawlineb yr Almaen: 'Mae yna ddrygioni yn y byd . . . A'n gwaith ni i gyd yma ydyw cael ymadael ag ef rywsut neu'i gilydd . . . ei ddiwreiddio fel y bo yng nghwrs canrifoedd yn mynd yn llai ac yn llai' (*LlMG*: 24). Cymeriadau mwy rhwystredig yw'r merched, a'r dduaf ei golwg ar bethau yw Mair, Gwladys Rhys o gymeriad – er mai ei chwaer-yng-nghyfraith, fel y mae'n digwydd, sy'n dwyn yr enw priod hwnnw o fewn y ddrama – ac un y mae bywyd iddi'n boen:

> 'R ydw' i wedi blino ar bopeth . . . wedi 'laru ar yr un hen bethau ddydd ar ôl dydd ac wythnos ar ôl wythnos. Codi yn y bore, gwneud tân, gwneud brecwast, cinio, te, swper, golchi llestri, tynnu llwch, mynd i'r capel dair gwaith bob Sul, i'r Seiat bob nos Fercher, hel at y Genhadaeth Dramor a'r Gymanfa a thrip yr Ysgol Sul, gwrando ar nhad yn siarad am Sexton Lee a Duw bob yn ail. (*LlMG*: 15)[50]

Mae tynged y ddwy arall, Janet a Gwladys, yn fwy dibynnol ar y dynion yn eu bywyd: un o natur ffatalistaidd yw Janet sydd ar dân eisiau priodi Trefor er mwyn profi cymaint o hapusrwydd tra gall: 'fedr pobl ifanc y dyddiau yma ddim fforddio aros . . . [mae'n] rhaid inni gydio'n dynn yn ein llawenydd tra mae yn ein gafael ni . . . Wybod yn y byd beth a ddigwydd' (*LlMG*: 20). Am Gwladys, un anniddig ei byd yw hithau er ei bod hi'n briod â Dewi ac yn ei garu.

Erbyn diwedd y ddrama mae'r aelwyd hon wedi ei gweddnewid yn llwyr: aeth yr wyth cychwynnol yn dri, sef Mair a'i rhieni. Lladdwyd Trefor yn y rhyfel a difethwyd bywyd Janet o ganlyniad; drysodd y rhyfel feddwl Dewi, fe'i dallwyd a gwnaeth amdano'i hun; chwerwi fu hanes Huw yntau, ond yn y diwedd penderfyna Gwladys ac yntau briodi ac ymfudo i Ganada. Mair yw'r unig un a elwodd mewn rhyw ffordd ar y rhyfel: ymdafla i fywyd newydd, rhoi heibio'i hen unigolyddiaeth a throi at Babyddiaeth: 'Bu raid imi adael cartref, mynd i weithio, gweld wynebau newydd, clywed syniadau newydd am wleidyddiaeth, am foesoldeb, am grefydd . . . Cyn hynny 'r oeddwn i'n ceisio byw ar f'adnoddau bach fy hun, a'r undonedd dychrynllyd yn ormod o faich imi. Bellach mae fy maich i'n ganmil ysgafnach' (*LlMG*: 38). Hi felly yw'r unig gymeriad a brofa'r llawenydd hwnnw a all ddod yn sgil rhyfel y cyfeiriodd Huw ato. Fel arall, drama am ddelfrydau'n mynd i'r gwellt yw *Lle Mynno'r Gwynt*, drama dadrithiad.

Buan y try sefydlogrwydd a sadrwydd cychwynnol y ddrama'n sglyfaeth i'r rhyfel. O ganlyniad fe â hyd yn oed Edwin Lloyd i amau solatrwydd y sylfeini y cododd ei fywyd arnynt: pan awgryma'i briod nad oes a wnelo bodlonrwydd Mair ddim oll â'i ffydd newydd ond yn hytrach â'r ffaith ei bod hi wedi codi pac ac ymroi gorff ac enaid i'w gwaith mewn ysbyty, 'Gobeithio er mwyn ein crefydd ni, eich bod chi'n iawn, yntê?' (*LlMG*: 33) yw ei sylw yntau. Erbyn diwedd y ddrama taflwyd y cyfan i'r pair fel nad oes dim yn aros, dim yn safadwy, heblaw am '[R]esymeg mam', '[yr] unig resymeg sy'n dal dŵr yn y diwedd' (*LlMG*: 12). Ac er gwaetha'r pwysau i lyfu clwyfau drannoeth y rhyfel, ymwrthyd John Gwilym Jones yn llwyr â'r demtasiwn i wneud hynny a phampro'i gynulleidfa gyda gobaith gwag. Yr un fath ag Alun Llywelyn-Williams yn 'Dadrith Doe neu Cofio'r Tridegau', peidiodd dyddiau'r atebion hawdd: 'Yn y dyddiau dolurus hynny, gwyddem pwy / oedd y gelyn . . . hawdd oedd adnabod awduron ein cancr a'n clwy' (*PC*: 15); cymhlethwyd golwg dyn ar bethau. Ac wrth i gynifer o ideolegau losgi'n ulw yng nghoelcerth y rhyfel, efallai mai diweddglo dwys a meddylgar a chwaraeai decaf â'r byd oedd ohoni erbyn Awst 1945.

Mae'r hyn a ddywedwyd yn awgrymu darlleniad penodol o'r ddrama fel un am yr Ail Ryfel Byd, er bod dyn yn synhwyro mai rhoi llais i farn y dramodydd ei hun a wna Gwladys tua diwedd y ddrama pan ddywed fod 'y cwbwl yn anochel . . . Pe na bai'n rhyfel, byddai'n rhywbeth arall.

Fedr neb osgoi ei natur ei hun' (*LlMG*: 61). Meddai John Gwilym Jones wrth drafod ei brofiad fel dramodydd: 'Mae pob drama a ysgrifennais hyd yn hyn yn tyfu o syniad. Y syniad sy'n dod yn gyntaf a hwnnw'n un cwbl haniaethol. Y gwaith anodd a'r gwaith poenus o araf wedyn yw chwilio am yr enghraifft ddiriaethol – y stori – sy'n mynd i roi bywyd, os bywyd hefyd, i'r syniad.'[51] Ac eto, er mor brin yw'r cyfeiriadau penodol tymhorol at y rhyfel – ni chrybwyllir enw Hitler na Churchill un waith yn y ddrama, er enghraifft – mae'n anodd derbyn mai bachyn amserol yn unig oedd y rhyfel y gallai'r dramodydd gydio'i syniad wrtho. Dadansoddiad yw'r ddrama o gyflwr gwareiddiad Anghydffurfiol Cymraeg Gwynedd erbyn canol yr ugeinfed ganrif, dilyniant i'r saga a adawyd heb ei darfod ar ddiwedd *Traed mewn Cyffion*. Gadawyd pethau yn honno yn ystod y Rhyfel Byd Cyntaf, ac erbyn hynny roedd Twm wedi'i ladd, Wil wedi mudo i dde Cymru a Sioned wedi symud i'r dref i fyw. Mae *Lle Mynno'r Gwynt* yn symud y stori ymlaen ryw ddeng mlynedd ar hugain: ydi, mae cyflwr materol y cymeriadau wedi gwella'n arw a hwythau wedi'u rhyddhau o ofidiau ariannol. Ond dal i gael eu difa mewn rhyfeloedd tramor y mae eu meibion, dal i ymadael â'u cynefin y mae eu plant; yn wahanol i nofel Melville Richards a drama John Ellis Williams y mae eu cymeriadau yn llwyddo i weithio o fewn strwythurau Prydeinig, mae darlun *Lle Mynno'r Gwynt* o *diaspora* Cymreig yn dinoethi gwendidau'r drefn gyfansoddiadol a oedd ohoni. Dadlennol yw sylwi mai'r unig blentyn a ddaw o hyd i ddedwyddwch ysbrydol yw Mair a hynny, nid mewn Anghydffurfiaeth, ond mewn Catholigiaeth: 'Mae'n rhaid inni addef yn ostyngedig iawn i grefydd Mair lwyddo i wneud rhywbeth iddi y methodd eich crefydd chi a minnau' (*LlMG*: 32) meddai Edwin wrth ei wraig. Yn wyneb anobaith a myfiaeth Dewi, mae'n fwy beirniadol fyth o'i fethiant ei hun:

> 'R wyf i a rhai tebyg imi wedi gorweddian yn esmwythyd ein sicrwydd ein hunain, ein ffydd ein hunain, heb sylweddoli fod ein plant ni'n llithro ac yn llithro. Dim disgyblaeth mewn nac addysg na chrefydd na gwleidyddiaeth, dim ond cred feddal ddof yn nawn dyn i edrych ar ei ôl ei hun, traha digywilydd hunaniaeth wedi mynd yn rhemp. Ffydd ddall mewn rhyw ffiloreg a elwir cynnydd ac ymdrechu ac ymdrechu â'ch cyneddfau pitw eich hunain. Ti a rhai tebyg iti'n dibynnu'n hollol ar brofion eich pum synnwyr heb sylweddoli o gwbl fod yr haul a'r gwlith a chân adar yn bod cyn eich creu chi erioed. Gwneud duwiau o'ch synhwyrau heb gydnabod o gwbl yr un Duw a'u rhoes nhw i chi. (*LlMG*: 53–4)

Ar ddiwedd *Traed mewn Cyffion* rhydd Owen ei fys ar fai ei bobl ef:

'Gwrol yn eu gallu i ddioddef oeddynt, ac nid yn eu gallu i wneud dim yn erbyn achos eu dioddef.'[52] Erbyn 1945 fe wnaed llawer i wrthsefyll achos dioddef disgynyddion Owen Gruffydd, ond dyw'r oll a wnaed ddim yn ddigon i rwystro'r cyfan rhag dymchwel o'u cwmpas fel tŷ cardiau pan ddaw gwyntoedd croesion ail ryfel byd.

Ar dir Cymru y lleolwyd tri o'r testunau a drafodwyd hyd yn hyn ac mewn gwersyll hyfforddi yn Lloegr y lleolwyd y pedwerydd. A hwythau wedi eu sgrifennu yn ystod y rhyfel ei hun, mae pwyslais tri o'r gweithiau yn bur gadarnhaol: ar lyfnhau unrhyw densiynau posib rhwng buddiannau Prydeinig a Chymreig a gwneud yn fach ohonynt y mae pwyslais Melville Richards; dyw tensiynau felly ddim yn ofid i Caradog Prichard yn ei ddathliad o frawdoliaeth y milwr; a'r ymgiprys am rym gwleidyddol drannoeth y rhyfel sy'n mynd â bryd J. Ellis Williams. Gan John Gwilym Jones y ceir yr ymdriniaeth fwyaf meddylgar a dwys o effaith rhyfel ar un aelwyd benodol: hau gofidiau a wna'r rhyfel hwnnw'n bennaf a ddaw fawr neb ohono'n fuddugoliaethus yn y diwedd. Ei ddrama ef sy'n rhagredeg yr olwg feirniadol o'r rhyfel a fynegid yn atgofion heddychwyr a gwrthwynebwyr cydwybodol fel J. G. Williams,[53] W. S. Jones,[54] Gwyn Erfyl,[55] Geraint Bowen[56] a Dyfnallt Morgan[57] ym mheth o ryddiaith y degawdau dilynol. Golwg feirniadol ar y rhyfel fyddai gan sifiliad a dramodydd ifanc ar ei brifiant yntau: yn ei ddrama lwyfan gyhoeddedig gyntaf, *Y Ddraenen Fach* (1961),[58] darluniodd Gwenlyn Parry griw o filwyr Prydeinig ac Almaenig yn ceisio cael cadoediad dros dro adeg y Nadolig 1942, ond yn groes i gadoediad diwrnod Nadolig 1914,[59] ymgais seithug a ddaw i ben yn drasig a gyflwynir. Awgryma hyn ddehongliad mwy sinicaidd o'r Ail Ryfel Byd na hyd yn oed y Rhyfel Byd Cyntaf, ond mae'n gwestiwn, serch hynny, ai dyna'r unig ganfyddiad o'r rhyfel. Samuel Hynes sy'n cyferbynnu'r ddau ryfel:

> The First World War began in idealism but lost its moral certainty as the fighting ground on. The Second World War began with a clearer sense of moral necessity and never lost it. Most people accepted that Nazism was evil and, to a lesser degree and later, that the men who ran Japan were evil too. A war against those enemies was a 'Good War' – a phrase that never became an oxymoron, not even at the end, though by then sixty million human beings had died.[60]

Byddai'r argyhoeddiad hwn fod yr Ail Ryfel Byd, er gwaethaf pawb a phopeth, yn rhyfel moesol gywir yn arbed amryw o'r rhai a'i profodd fel aelodau o'r lluoedd arfog rhag ei weld, gyda synnwyr trannoeth, fel profiad ofer.

T. M. Bassett

Nid tan y cyhoeddwyd *Dianc*[61] gan T. M. Bassett (1909–2002) yn 1953, nofel a *fwriadwyd* o leiaf ar gyfer bechgyn, y cyflwynwyd darn o ffuglen Gymraeg o ganol arena'r rhyfel dramor, a dyna sy'n cyfri'n rhannol am ddisgrifiad brwdfrydig Kate Roberts ohoni fel nofel 'hollol wahanol i ddim a gyhoeddwyd erioed yn Gymraeg o ran ei deunydd'.[62] Nofel yn darlunio Cymru'n gwneud ei rhan yn gydwybodol o fewn y drefn Brydeinig yw *Y Gelyn Mewnol*, ond mae *Dianc* yn cynnwys Cymru o fewn cyd-destun Ewropeaidd. Nofel fer yw hon ac fe'i lleolir o'r cychwyn cyntaf ar dir yr Eidal lle bu'r awdur yn ystod y rhyfel.[63] Dau Gymro yw'r prif gymeriadau, Gog a Hwntw neu Fo a Fe, sef Bob o Lŷn a Dic o Lanelli. Dyma'r ddau filwr a wahenir yn Hydref 1944 am bedwar mis oddi wrth eu cyd-filwyr yng ngogledd yr Eidal ar ôl eu cael eu hunain y tu ôl i linellau'r gelyn. Ond dyw Dic ddim ar dir cwbl ddieithr: bu'n byw yno am flynyddoedd tra oedd ei dad yn gyfarwyddwr ar waith alcam yn Torino, gall siarad yr iaith gystal â'r brodorion, a gadawodd ar ei ôl gariad o'r enw Margarita a'i brawd, Luigi. Y mae felly'n un-iaethu gryn dipyn â'r wlad a'i phobl, ac mae hynny'n sicrhau perspectif diddorol i'r nofel. Hynny yw, cyfeiria Dic ar ddechrau'r nofel at fod 'y tu ôl i linellau'r gelyn' (*D*: 5), ond dyw'r cyfeiriad ddim yn un niwtral gan mai 'y tu ôl i linellau'r gelyn' y mae ei gariad, ffaith sy'n golygu ei fod yn cael ei dynnu'r ddwy ffordd.

Bwriad gwreiddiol y ddau yw ceisio dianc o'r wlad oresgynedig i ddiogelwch y Swistir, ond buan yr â'r cynllun hwnnw i'r gwellt ac yr ymgysylltant gydag aelodau o fyddin gudd yr Eidal, y *Portigani*, y mae Luigi yn aelod ohoni. Rhoddir dewis iddynt: naill ai cael eu tywys i dir diogel neu gynorthwyo'r fyddin gudd wrth ei gwaith, ac er gwaetha'r peryglon ar eu ffordd – ni all Bob, er enghraifft, siarad iaith y wlad – dewis cydweithio â'r Eidalwyr a wna'r ddau, i raddau helaeth o ran teyrngarwch i'r bobl. Ar ddiwedd y nofel a'r ddau Gymro wedi eu hail-drosglwyddo i'r fyddin Brydeinig, gallant roi gwybodaeth allweddol i'r Cynghreiriaid ynglŷn â'r llinell amddiffyn newydd y mae'r Almaenwyr wrthi'n ei chodi o'r mynyddoedd i'r môr. Yng ngeiriau Luigi, Bob a Dic yw'r 'ddau werthfawrocaf yn yr Eidal y funud yma' (*D*: 94), sy'n awgrymu pa mor dyngedfennol yw eu cyfraniad a pha mor gywir yw eu harwriaeth.

Nofel antur yw *Dianc* felly, ond mae ynddi le hefyd ar gyfer sylwebaeth annibynnol. Ar gwr rhyw bentref y teithiai'r ddau drwyddo, er enghraifft, wrth geisio dianc o'r wlad gydag ychen a throl, gwelant eglwys Babyddol wedi ei difrodi:

> Chwythwyd bwlch mawr yn nhalcen yr eglwys a thrwyddo gwelai'r addurniadau lliwgar, plastr a deilen aur; rhodres hen grefydd a gollodd ei hirder; coegen ganol oed a'i hwyneb paentiedig. Gwelai'r Crist ynghrog uwchben yr allor a gwragedd yn trist ymgrymu o'i flaen. Diflannodd y gwragedd ac o flaen ei lygaid ymrithiai wynebau eraill, y coleri gwynion a'r dillad parch, y sêl enwadol gul, dirwest, a byw yn gynnil. 'Pwy bynnag ohonoch sydd ddibechod tafled yn gyntaf garreg.' (D: 16)

Does fawr ddim sentimental yng ngolwg Dic ar Gymru; fe'i nodweddir yn hytrach gan wrthrychedd ac eangfrydedd. Wrth deithio drwy gefn gwlad yr Eidal, mae edmygedd Dic o'r wlad a'i thrigolion yn cynyddu:

> Gwlad garedig oedd yr Eidal i ŵr ar grwydr. Yn y caeau âi pawb o gwmpas ei waith fel pe na bai rhyfel o fewn mil o filltiroedd, y gwragedd a'r plant yn dygnu wrthi yn y caeau, yn trin y lleiniau culion rhwng y rhesi gwinwydd â'u hoffer hen ffasiwn digyfnewid. Onibai am y gwinwydd a'r olewydd teimlai y gallai fod yn cerdded trwy Gymru fel y bu gan mlynedd yn ôl. (D: 17)

Wele ddelfryd o Gymru wedi ei dad-ddiwydiannu y byddai Saunders Lewis wedi ymfalchïo ynddi, ac yn wir, mae'r ymuniaethu rhwng Cymru a'r Eidal yn cynyddu wrth i'r nofel fynd rhagddi:

> Cafodd Dic ei hun olwg newydd ar fywyd yr Eidal. Daeth i ymgydnabod â nwyd ddiwyrdro gwerin am afael berchnogol ar faes ei llafur, ac i ddeall yn well natur y rhwyg a'r elyniaeth rhwng y wlad a'r dref, cartref y meistri tir, y boneddigion a ddygai eu cyfran cyson o'r cynhaeaf yn iawn fel rhent a chadw erwau llydain yn ddiâr, ddidwf. Synhwyrai ddicter dileferydd y werin ddiymgeledd, dicter a gronnai'n benllanw cynddeiriog maes o law i ysgubo'r gorthrymwr o'r tir. Nid oedd y darlun yn grwn ond yn y drych hwn tybiai y câi gipolwg ar werin 'Cilhaul' a chyfeillion yr 'Hen Ffermwr', y werin a gafodd ddisgyblaeth ac arweiniad S.R. a Hiraethog. Gwerin ysywaeth a gollodd ddawn gwerin yr Eidal o fwrw ei gofidiau oddi wrthi a bod yn llawen . . . Teimlai Dic drachefn ei fod yn ôl yng Nghymru ei deidiau, Cymru'r gannwyll frwyn a'r teulu cytûn. (D: 37–8)

'Cafodd Dic ei hun olwg newydd ar fywyd yr Eidal,' dywedir, ond y gwir amdani yw ei fod hefyd yn cael golwg newydd ar fywyd Cymru yn yr Eidal a'i atgoffa am rai o radicaliaid y bedwaredd ganrif ar bymtheg. Ysbrydolir Dic fwyfwy gan sêl yr Eidalwyr, y myfyriwr hwn o Milan, er enghraifft, un o dri y bu'n cydweithio ag ef:

> Llosgai golau crwsâd yn ei lygaid. Edrychai ymlaen at aileni'r Eidal mewn rhyw Ddadeni newydd a'i ddychymyg yn codi cestyll fyth yn uwch. Drwy batrwm ei syniadau i gyd rhedai edau gadarn o gydgenedlaetholdeb, ymdeimlad o frawdgarwch cynnes a ollyngwyd yn rhydd fel adwaith i fryntni'r rhyfel ac a ddôi'n haws i ŵr o'r Cyfandir nag i Brydeiniwr. Nid oedd yn anodd tadogi ei syniadau. Dôi'r diffuantrwydd a'r ymdeimlad crefyddol yn uniongyrchol oddi wrth Mazzini, ond mynnai ddehongli ei broffwyd yn nhermau Rwsia a'i phatrwm economaidd newydd. Yn y Dwyrain fel erioed y codai'r seren. (D: 74)

Mae cyfarfod yr Eidalwr ifanc hwn, Ewropead y byddai Emrys ap Iwan wedi cael blas ar ddal pen rheswm ag ef, yn canu cloch ym mhrofiad Dic yntau:

> Cofiai Dic am ei gyfoedion ei hun – debyced oeddynt i'r Eidalwr hwn, a'u gweledigaeth well yn cynllunio'r Gymru newydd. Diffoddwyd hynny o ysbrydiaeth a fu ganddo ef yng ngwres yr anialwch ac yn yr ymladd diddiwedd o Sisilia i'r Apeninau. Ond collodd beth o'i surni a'i chwerwder yng ngwres yr unplygrwydd iraidd hwn ac ni wnaeth ddim i dorri ar linyn ei obeithion. (D: 74)

Y mae diffyg dychymyg a diogi'r swyddog milwrol y deuant ar ei draws gyntaf ar ddechrau'r bennod glo yn cyferbynnu gydag agwedd anturus a gweithredol yr Eidalwyr y buwyd yn cyfeillachu â nhw: 'Cychwynnodd y fintai fechan i lawr y cei ac i wyneb prif swyddog milwrol y dref, pwffyn byr boliog a gynrychiolai anhraethadwy nerthoedd y fyddin Brydeinig yn y cylch hwnnw. Gwisgai ruban hir wasanaeth ac yng nghwrs y blynyddoedd gwaelododd i'w lefel ei hun, y gwaddod yn y gasgen' (D: 104). Synhwyrir bod dyddiau'r math o Brydeindod adweithiol a ymgorfforir gan hwn wedi eu rhifo; er nad mor eithafol, mae yma o leiaf awgrym o'r math o ymddieithrio o fewn y rhengoedd milwrol a awgrymir gan sylw Joanna Bourke: 'The "enemy" of black servicemen was frequently white soldiers and officers, rather than Germans or Japanese troops.'[64] Mae'r sylwadau eironig hefyd yn cadarnhau darlleniad beirniadol Angus Calder o ran Prydain yn yr Ail Ryfel Byd: effaith y rhyfel yn y pen draw, yn ei dyb ef, oedd cynnal dros dro 'an imperial power which was already in irreversible decline, and national institutions that had tottered into anachronism'.[65] Does dim syndod felly fod pob creadigrwydd a chyflawnder yn dod i ben gydag i'r ddau gyfaill ailymuno â'u priod fyddin; profiad caethiwus, crebachol yw bod yn rhan ohoni, ac yn arwyddocaol daw unrhyw sôn am yr Eidales y bu Dic yn ei chanlyn hefyd i ben. Gwahanol iawn oedd yr hanes yng nghwmni maethlon gwerin yr Eidal y cafodd Dic adnewyddiad ysbryd yn eu plith.

Mae'r craciau sy'n ymffurfio dan yr wyneb ar ddiwedd *Dianc* yn awgrymu mor gosmetig a mythologol oedd y darlun o gytgord ac undod Prydeinig a gyflwynwyd yn *Y Gelyn Mewnol*. Dyw'r sefyllfa yn y pen draw ddim mor bell â hynny chwaith oddi wrth yr un a ddisgrifiwyd yn nofel Gymraeg bwysicaf 1953: yn *Cysgod y Cryman*, Paul Rushmere, y Sais imperialaidd, yw'r pennaf dihiryn, a Karl Weissmann, y cyn-garcharor Almaenig, yw'r sant. A dyma daro ar yr hyn a ddatblyga'n thema gyson wrth i awduron Cymraeg drin a thrafod y rhyfel sef yr ymwybod iach ag Ewropeaeth a ddeilliodd o'r profiad o ryfel, Ewropeaeth ymryddhaol ac eangfrydig sy'n cyferbynnu â Phrydeindod caeth a chyfyng. Dathlu'r hyn a eilw'n 'gymdeithas lled gosmopolitan',[66] a gynhwysai garcharorion rhyfel o'r Eidal a'r Almaenwyr ynghyd â ffoaduriaid o Wlad Pwyl, yng nghefn gwlad Ceredigion ym mlynyddoedd olaf y rhyfel a wna Dic Jones yn *Os Hoffech Wybod* . . . (1989). Tynnu ar gof plentyn a wnâi Beryl Stafford Williams hithau, fe ddyfelir, yn *Darlun o Ryfel* (1993),[67] nofel fer am gyfnod y rhyfel a honno wedi'i lleoli mewn ardal arfordirol yng ngogledd Cymru a ddaw i ben gyda darlun cyfoes o Ewropeaeth rwydd a gweithredol. Yn nofel Angharad Price hefyd, *O! Tyn y Gorchudd* (2002), 'Pedwar mis o lawenydd na phrofais mo'i debyg erioed' ac o '[dd]ysgu am wynfyd bod mewn cariad'[68] yw'r pedwar mis yn 1943 a dreulia'r carcharor rhyfel Eidalaidd, Angelo, ym Maesglasau i Rebecca Jones, ac ar sail ei briodas yn ystod y rhyfel â Phwyles, traetha John Elwyn Jones yn frwdfrydig am y 'cysylltiad rhyfeddol rhwng y Cymry a'r Pwyliaid gan fod y ddwy genedl yn eithriadol o wladgarol; y ddwy wedi dioddef gorthrwm estron a'r ddwy yn dyheu am ryddid ac annibyniaeth ac am yr hawl i drefnu eu tynged eu hunain'.[69] Ac efallai mai geiriau'r addysgwr Jim Davies sy'n tanlinellu gliriaf effaith gadarnhaol yr Ewropeaeth a brofwyd yn ystod y rhyfel: yn ystod y dadlau brwd ynghylch mynediad y Deyrnas Unedig i'r Farchnad Gyffredin Ewropeaidd yn 1971, anfonodd erthygl at gylchgrawn yn cyfeirio'n ôl at Nadolig a dreuliodd mewn gwersyll carcharorion rhyfel nid nepell o'r ffin rhwng Tsiecoslofacia a Gwlad Pwyl a hynny yng nghwmni Tsiecoslofaciaid, Pwyliaid a Latfiaid: 'This Christmas was memorable because a small group of patriotic Welshmen were made aware of the fact that they also belonged naturally to a European tradition. It is a pity that the so-called great debate on the Common Market has degenerated into an argument over the price of pork and the future of fish. It is also sad that our friends from the East will not have a part to play in it.'[70]

Saunders Lewis

Eir o'r tu arall heibio i Brydeindod yn *Brad* (1958)[71] hefyd, drama gomisiwn Eisteddfod Genedlaethol Glynebwy: cynllwyn aflwyddiannus swyddogion y Fyddin Almaenig i ladd Adolf Hitler yng Ngorffennaf 1944 yw testun y ddrama uchelgeisiol hon. Ac nid yn ddifeddwl yr arferir yr ansoddair 'uchelgeisiol': rhwng canolfan grym yn Llundain ac un o'r rhanbarthau yn Llanelli y mae'r cyswllt yn *Y Gelyn Mewnol*; Cymro cyffredin a phreifat sâl a ddarlunnir yn *'R Wyf Innau'n Filwr Bychan*; ymhell o sŵn y rhyfel, ar y modd yr effeithia'r gyflafan ar aelwyd a chymdogaeth Gymreig y mae'r ffocws yn *Wedi'r Drin* a *Lle Mynno'r Gwynt*; a hanes dau filwr o Gymro ar ffo yn yr Eidal a adroddir yn *Dianc*. Drwy gyfrwng cyd-destun a chymeriadau pob un o'r gweithiau hyn, sicrhaodd eu hawduron fod perthnasedd y rhyfel i'r Cymry a'i gysylltiad â nhw yn glir fel grisial. Nid ymdraffertha Saunders Lewis (1893–1985) â hynny drwy gludo'i gynulleidfa ar ei hunion i ganol Paris feddianedig at gwmni dynion a fu'n llywio cwrs y rhyfel ac sydd wrthi'n cynllunio *putsch* yn erbyn y *Fuehrer* o bawb.[72] Ei unig gyfaddawd â'i gynulleidfa yw'r hyn a ddywed yn y rhagair i'r ddrama: 'Dyfodol Ewrop yn ail hanner yr ugeinfed ganrif a'r frwydr am enaid yr Almaen . . . dyna thema'r ddrama hon. Mae dyfodol Gorllewin yr Almaen ymhell o fod yn ddiogel heddiw, ac oblegid hynny y mae dyfodol Ewrop oll yn llwyr ansicr. Tybiaf fod hynny'n destun priodol i ddrama Eisteddfod Genedlaethol Glyn Ebwy yn 1958' (*B*: 31). Mae'n amlwg fod yr ymrafael am rym o fewn yr Almaen yn ystod y 1930au a'r 1940au yn 'destun priodol' yn nhyb Saunders Lewis oherwydd iddo ddychwelyd at y mater yn y ddrama deledu *1938* a ddarlledwyd yn 1978, ei ddrama olaf un a ddeliai drachefn ag ymgais i ladd Hitler a hynny ar drothwy'r Ail Ryfel Byd.[73] Fel y dywedodd Aled Gruffydd Jones, 'Mae *Brad* a *1938* yn rhoi dimensiwn Ewropeaidd i wleidyddiaeth ac i ddiwylliant Cymru, ac yn gwneud ymdrech anhepgor i glymu ffawd cenedl fach wrth draddodiad cyfandir y tu hwnt i Loegr a Seisnigrwydd.'[74] Gyda'r hyder a'r rhagdyb sy'n nodweddu'r ffilmiau rhyfel dirifedi lle na chwestiynir dim ar y ffaith fod Almaenwyr, Ffrancwyr, Pwyliaid, Eidalwyr, Tsiecoslofaciaid, Rwsiaid na Japaneaid yn trin ac yn trafod drwy gyfrwng *lingua franca*'r iaith fain, bwrir pleidlais o ffydd yng ngallu'r Gymraeg i gyfleu sefyllfa o'r pwys mwyaf i ddyfodol Ewrop a'r byd. Canlyniad hynny yw codi lefel y drafodaeth greadigol a deallusol ar y rhyfel, ei symud i dir newydd, a rhaid felly gyfri'r ddrama dair act hon yn un o uchafbwyntiau'r ymateb llenyddol Cymraeg i'r Ail Ryfel Byd.

Nid bod uchelgais y ddrama wedi'i chroesawu â breichiau agored. Do, fe wnaed hynny gan Bobi Jones:

> Nid yn aml cyn 1955 y lleolwyd drama Gymraeg yn Vienna *Gymerwch Chi Sigaret?*, a phur brin cyn 1958 y ceid dramâu Cymraeg am Baris *Brad*. Eithr ni fu hynny'n ddim syndod yn achos Saunders Lewis; yn wir, synasem yn ddirfawr yn y cyfnod hwnnw pe gosodasai ddrama yn Llanuwchllyn neu yn Llanbrynmair. Yr oedd y ddau wrthdrawiad eithafol a oedd yn gefndir i'r ddwy ddrama hyn, sef y gwrthdrawiad rhwng Comiwnyddiaeth gangsteraidd a Christnogaeth, a'r gwrthdrawiad rhwng Ffasgaeth dotalitaraidd a rhyddfrydiaeth ddyneiddiol a thraddodiadol, yn gefndir mwy awgrymiadol ar gyfandir Ewrop i'r aberth sy'n gnewyllyn i'r ddwy ddrama hyn nag y gallasent fod yng nghefn gwlad Cymru er mor bresennol oedd eu had hwy yma.[75]

Er ei frwdfrydedd, ni fu fawr o gonsensws yn yr ymateb i'r ddrama. Mewn seiat a gynhaliwyd ym Mhabell Lên Glynebwy i'w thrafod, roedd John Gwilym Jones a John Ellis Williams yn unfryd unfarn ynglŷn â'i rhagoriaeth ac aeth yr ail o'r dramodwyr hyn mor bell ag awgrymu ei bod hi'n cadarnhau statws Saunders Lewis fel 'ein hunig ddramodydd yng Nghymru'.[76] Fe'i hadolygwyd yn werthfawrogol gan Promethiws yn *Y Faner* a gyfeiriodd at gynhyrchiad Cwmni Cyngor y Celfyddydau fel 'perffomiad cyntaf, nodedig' ac arno 'holl sglein gorffenedig'[77] cyfarwyddo Herbert Davies. Ond pan ail-lwyfannwyd hi yn ystod Gŵyl Ddrama Genedlaethol Cymru yn Llangefni fis Hydref doedd y beirniaid ddim mor gytûn: a'i hawdur wedi'i chyflwyno fel 'trasiedi hanes' (*B*: 29), ni chredai Emrys Hughes fod 'defnydd trasiedi yn y cymeriadau na'r pwnc'[78] a dywed Dewi Llwyd Jones fod gan 'bron bob un o'r gynulleidfa farn bersonol a gwahanol am ddrama Mr Saunders Lewis'[79] yn ystod trafodaeth yn Theatr Fach, Llangefni. Er ei fod ef ei hun yn anghytuno 'bob cam o'r ffordd' â'r awgrym 'nad oedd trasiedi o gwbl yn "Brad" gan nad oedd ynddi na phraffter na mawredd', credai fod y ddrama'n codi amryw anawsterau: 'Drama anodd i gynulleidfa yw "Brad". Rhan o'r anhawster yw gosod y ddrama yn ei ffram arbennig. I'r rhai ohonom nad ydym yn gyfarwydd â'r enwau Ellmyneg ni allwn, nes datblygu'r cymeriadau, eu gweld yn glir . . . nid yw arwyddocâd y ddrama ar yr wyneb, ac nid ar un olwg y gwelir ei phwysigrwydd hi.'[80]

A Kate Bosse-Griffiths wedi gorfod ffoi o'i mamwlad yn 1936, roedd i'r ddrama arwyddocâd tra phersonol iddi ac fe'i gwelai fel 'pont i'm cludo at dir yn hanes yr Almaen yr oeddwn i wedi ei osgoi'n rhy hir'.[81]

Cafwyd un o'r ymatebion mwyaf sectyddol i'r ddrama yn *Y Dysgedydd*, misolyn yr Annibynwyr, a ddaliai 'fod neges y ddrama hon', sef '[d]rama siomedig Mr Saunders Lewis', 'yn *frad* yn wyneb sefyllfa teulu dyn heddiw. Canu clodydd swyddogion milwrol yw un o'i phrif elfennau.'[82] Gan Dewi M. Lloyd y cafwyd yr amddiffyniad mwyaf angerddol o'r ddrama ar y pryd a dadleuodd fod y ddrama wedi cael cam oherwydd rhagfarnau yn erbyn ei hawdur:

> Un o'r cwynion a wnaed am y ddrama newydd hon ydoedd ei bod yn dystiolaeth bellach i'r gred nad yw Saunders Lewis yn tynnu maeth ei fyfyrdod a'i lenydda o'r bywyd Cymreig . . . Wedi cael ei glodfori cyhyd am fod yn Ewropead mawr wele'n awr nifer o bobl o'r un osgo wleidyddol â'r llenor yn ei gondemnio am ddwyn digwyddiadau o bwys yn hanes Ewrop a'u troi yn ddeunydd drama . . . Un o amodau amlycaf ffyniant y Gymraeg a Chymreictod heddiw yw eu parodrwydd i addasu eu hadnoddau at holl amryfal ofynion bywyd, ac y mae gwrthod mynediad i drafnidiaeth feddyliol y pum cyfandir i mewn i'n hetifedd-iaeth Gymreig yn gyfystyr â thorri un o'r gwythiennau hanfodol. Nid oes gennym hawl i wneud hynny ac y mae'r neb sydd yn ei gymell yn euog o gyfrannu at hunan-laddiad y genedl. Eithr i lawer ar y llaw arall, y mae gweld ein hiaith yn cael ei defnyddio, mor rhwydd ac mor gelfydd, i drafod pethau sy'n anghynefin i fyd ein profiad, yn wefreiddiol yn ei newydd-deb ac yn obaith yn yr anialwch.[83]

Dichon fod sail i'r hyn a ddywed Ioan Williams am y rhagfarn yn erbyn y ddrama a ddeillia o'r duedd Gymreig 'i ddiystyru unrhyw ddosbarth cymdeithasol ac unrhyw ddiwylliant nad yw'n seiliedig ar y fytholeg werinol yr ydym wedi ei hetifeddu gan ein cyndadau Rhyddfrydol'.[84] Ac eto, mae'n werth cofio bod hyd yn oed feirniad o faintioli Dafydd Glyn Jones yn amau pa mor eang yw apêl *Brad* fel drama.[85]

Er mor gymysg fu'r ymateb i'r ddrama, felly, does dim dwywaith ynglŷn â'r her a osododd Saunders Lewis ar ei gyfer ei hun wrth sgrifennu *Brad*. Ac eto, oni feddai iaith fach ddistatws fel y Gymraeg, un na fu'n gyfrwng llywodraethu yn ystod y rhyfel ac na feddai ar gysyllt-iadau cyfoes y Saesneg, ar rai manteision wrth fynd i'r afael â'r mater dan sylw? Oedd, fel theatr, roedd y ddrama'n sialens i'w chynulleidfa a'i hactorion,[86] ond roedd yr union gyfrwng ieithyddol a ddefnyddid ynddi hefyd yn sicrhau'r math o ddieithrio a phellhau yr oedd yn dda wrthyn nhw er mwyn trafod y sefyllfa'n ddihysteria ac yn wrthrychol. Yn nes at arena'r brwydro, gallodd y newyddiadurwr Guto Harri ddweud am ei brofiad yn gohebu o Wlad yr Iorddonen yn ystod Rhyfel y Gwlff yn 1991, 'Ar deledu Cymraeg roedd gwrthbwynt allweddol i'r ogwydd o Lundain, Washington a Sawdi Arabia',[87] a gwrthbwynt arall a geir yn y ddrama hon hithau. At hynny, yn ymhlyg ym mhenderfyniad Saunders Lewis i ddefnyddio iaith fach ddistatws i drafod yr hyn a effeithiai'n uniongyrchol ar ddyfodol y byd, ac yn union fel y gwnaeth mewn corff ysblennydd o newyddiaduraeth annibynnol yn 'Cwrs y Byd' drwy gydol y rhyfel, rhaid derbyn ei fod ef yn gweld mater y ddrama o'r pwys a'r perthnasedd mwyaf i siaradwyr y Gymraeg.[88] Dyma brawf pellach nad oedd dim yn blwyfol, yn fewnblyg nac yn daleithiol am ei weledigaeth ar gyfer Cymru ac o'r 'awydd mawr iawn' y cyfeiriodd ato yn 1961 i '[w]neud Cymru Gymraeg yn rhywbeth byw, cryf, nerthol yn perthyn i'r byd modern'.[89]

Rhywbeth arall a sicrheir gan *Brad*, a hithau wedi ei sgrifennu yn y 1950au, yw soffistigeiddrwydd a chymhlethdod yn yr ymdriniaeth â gwleidyddiaeth yr Almaen. 'You can't indict a whole nation' meddai tad Waldo,[90] sylw a adleisir yn y cyfeiriad at '[G]enedl dda a chenedl ddrwg – / Dysgent hwy mai rhith yw hyn' yn 'Y Tangnefeddwyr',[91] a thrwy gyfrwng cymeriad Karl Weissmann, dangosodd Islwyn Ffowc Elis inni enghraifft o Almaenwr da. Hynny yw, cyfranna'r ddau destun at y broses adferol o wella clwyfau'r rhyfel drwy ailddyneiddio a dadddemoneiddio'r Almaen. Nid dilynwyr Hitler mo holl drigolion yr Almaen yn ystod y rhyfel a chyda chymorth ymchwil hanesyddol dengys Saunders Lewis nad Natsïaid yn ddiwahân mo aelodau lluoedd arfog yr Almaen chwaith. Dyna arwyddocâd sylw'r Cadfridog Ludwig Beck pan bwysleisia wrth Hitler mai 'Sowldiwr, nid Nazi' ydyw, 'Milwr sy'n gofalu am draddodiad y Staff' (*1938*: 923): yr annibynnwr hwn yw'r unig un y mae Hitler 'braidd ei ofn . . . Fe allai hwnna wneud rhywbeth' (*1938*: 923) a'r un sy'n dal i aros ei gyfle yn *Brad* i ddod yn arlywydd yn lle Hitler petai'r *putsch* yn llwyddo. Wrth iddo gyfeirio at y llyfrau hanes a ymddangosodd yn ystod y 1950au ac y cydnabu Saunders Lewis ei ddyled iddynt, dywed Aled Gruffydd Jones mai 'Ymateb yr oeddynt i'r farn gyffredin yn Ewrop ac America nad oedd gwrthwynebiad mewnol o gwbl wedi bod i Hitler a'r Natsïaid yn ystod y rhyfel, a bod yr Almaenwyr i gyd yn gyfrifol am yr hyn a ddigwyddodd i'w gwlad.'[92] Darlledwyd *Brad* o leiaf ddwywaith ar deledu'r Almaen, ac wrth iddo ddatgelu'n gellweirus ei fod 'wedi cael rhagor o dâl amdani [*Brad*] o'r Almaen nag . . . o unrhyw wlad arall',[93] ceisiodd Saunders Lewis egluro'r diddordeb yn ei ddrama: "rydw i'n meddwl mai'r rheswm y cymerodd pobl yr Almaen at y ddrama oedd 'u bod nhw'n synnu bod neb y tu allan i'r Almaen wedi ceisio deall traddodiad corff y swyddogion yn yr Almaen; traddodiad Junker Prussia; traddodiad yr Almaen ei hunan a'i hanes, ac y mae cael pobl, neu rywun o'r tu allan, i gydymdeimlo â phethau felly, a chymryd diddordeb ynddynt yn newydd iawn i bobl yr Almaen' (B: 23). Wrth gwrs, ymhen hanner canrif, a'r rhai a fynnai wadu bod yr Holocost wedi digwydd wrthi'n taenu eu hanwiredd, byddai'r rhod wedi troi drachefn a deuai astudiaeth fel un Daniel Jonah Goldhagen, *Hitler's Willing Executioners: Ordinary Germans and the Holocaust* (1996), i gywiro'r canfyddiad fod Almaenwyr yn gwrthwynebu'r erlid ar yr Iddewon ac mai'n gyndyn y cymerwyd rhan ganddynt yn yr hil-laddiad.

Ac ef ei hun wedi gwasanaethu fel lefftenant gyda Chyffinwyr De Cymru neu'r *South Wales Borderers* yn ystod y Rhyfel Byd Cyntaf, daw'n amlwg o'r hyn a ddywed yn ei ragair i'r ddrama fod Saunders Lewis yn edmygu'r unigolion o gig a gwaed y seiliwyd rhai o gymeriadau *Brad* arnynt a'i fod yn 'dymuno o galon nad yw'r portreadau a geir o'r cymeriadau hyn yn y ddrama hon yn gwneud dim cam â hwynt nac yn debyg o roi poen i'w teuluoedd' (B: 29).[94] Fel gwŷr o anrhydedd a gyflawnai swyddi o anrhydedd y cyflwynir milwyr *Corps* y Swyddogion gan Saunders Lewis a chan yr hanesydd Prys Morgan yn ei ysgrif ar y ddrama.[95] Yng ngeiriau'r Cyrnol Caisar von Hofacker, 'mae traddodiad *Corps* y Swyddogion yn perthyn i Ewrop. 'Rŷm ni'n deillio o Napoleon a Ffredrig. Mae'r Almaen, er gwaetha'r Nazïaid, yn edrych gyda Goethe tua Groeg. Mae Protestaniaeth Luther yn rhan o wareiddiad y Gorllewin' (B: 71). O gymharu, ymhonnwr ac un a herwgipiodd yr Almaen oedd Hitler ac nid un a gynrychiolai ei gwir anian. Hofacker, y merthyr Cristnogol a aeth i'w grogi heb ddatgelu dim i'r Gestapo am y cynllwyn i ladd Hitler,[96] yw arwr *Brad* ac mae parch Saunders Lewis tuag ato'n amlwg o'i bortread ohono. Fel ei gyd-gynllwynwyr, fe'i tynnir ddwyffordd: rhwng ei lw diweddar o ffyddlondeb i Hitler, y gorfodwyd ef i'w dyngu yn 1934, a'i ofal hŷn am ei wlad. Ac ar wastad arall, wrth reswm, onid oedd Saunders Lewis ei hun wedi colli ei reng yn y fyddin Brydeinig oherwydd ei deyrngarwch i Gymru a brofwyd adeg y Tân yn Llŷn a phan atebodd yr alwad arno yntau 'i fentro'n eithafol arwrol' (B: 72)?[97] Mae'r penderfyniad a wyneba Hofacker a'i gymheiriaid yn un tyngedfennol ac arswydus a go brin fod y fath ddewis Saundersaidd erioed wedi'i fynegi ganddo o'r blaen mewn termau mor gosmig eu harwyddocâd. Dro ar ôl tro, yng ngenau Hofacker y rhoddir geiriau mwyaf sobreiddiol y ddrama, y geiriau sy'n crisialu dilema ac yn awgrymu dyletswydd y cynllwynwyr:

Am ein bod ni, swyddogion y staff, yn gyfrifol am yr Almaen, am fywyd ein gwlad. Rhaid dewis y lleiaf o ddau ddrwg. Am hynny y mae'n rhaid lladd Hitler. Felly'n unig y gellir achub yr Almaen. (*B*: 37)

Byth ers oes Ffredrig Fawr traddodiad swyddogion y fyddin, *Corps* y Swyddogion, yw calon a chydwybod yr Almaen. Mae'n rhan o wareiddiad Ewrop. Mae e wedi goroesi pob rhyfel a phob chwyldro. Rhaid iddo oroesi'r rhyfel hwn a'r chwyldro hwn . . . Y mae parchu rheolau gwareiddiad, hyd yn oed yn y perigl eithaf, hyd yn oed yn argyfwng heddiw, yn hanfodol i barhad y *Corps*, yn hanfodol i atgyfodiad yr Almaen ac Ewrop. (*B*: 43)

Mae traddodiad *Corps* y Swyddogion yn galw arnoch chithau heno i weithredu'n deilwng o'ch swydd. Nid swydd fechan yw Cadfarsial o'r Almaen. Mae hi'n awr o dynged i'r Almaen heno yn y 'stafell hon. Maen' hwythau o'ch cwmpas chi, syr, Marsialiaid yr Almaen gynt a greodd fawredd ein gwlad. (*B*: 69)

[y] funud hon, yn y 'stafell yma'n awr, mae tynged yr Almaen a'r ugeinfed ganrif yn Ewrop yn sefyll ar eich dewis chi . . . Mae tynged wedi'ch dal chi yn ei magl. Mae'r Almaen ac Ewrop oll yn dibynnu ar eich ateb chi'n awr. (*B*: 71)

Gwŷr o dras yw aelodau *Corps* y Swyddogion; fel y dywed Prys Morgan: 'o'r cyfnod ffiwdalaidd neu ganoloesol, mae'r corfflu yn cael y syniad o *esprit de corps*, o undod ac annibyniaeth a ffyddlondeb dynion i'w gilydd neu i'r corfflu, yn debyg i gild o'r Oesoedd Canol.'[98]
Cynrychiolir y gwrthwyneb i'r tras a'r traddodiad hwn o fewn y ddrama gan y Cadfridog Karl Albrecht, Pennaeth yr SS a'r Gestapo yn Ffrainc: 'Byddin breifat yw'r SS a'r Gestapo . . . byddin y Fuehrer. Yr unig fyddin nad oes rhaid ofni iddi fradychu Hitler' (*B*: 43). Cyn i Hitler gael cyfle i ymddangos ei hun yn 1938, y newyddian Albrecht yw ei ladmerydd yn *Brad* a gweithreda yn ôl athroniaeth gwbl Faciafelaidd: 'Anrhydedd! Eich trwbl chi, *Corps* Swyddogion y fyddin, yw mai rhamantwyr ydych chi, dynion yn byw yng ngorffennol eich breuddwydion. 'Rydych chi'n sôn am reolau rhyfel ac am anrhydedd, megis petai rhyfel modern yn dwrnameint i farchogion y Ford Gron . . . Wyddoch chi ddim ei bod hi heddiw'n ugeinfed ganrif ac nad *oes* dim rheolau rhyfel? 'Does dim ond y trecha' treisied a'r gwanna' gwichied. Rhamant a rhagrith yw pob moesoldeb arall' (*B*: 44). A'r materolydd hwn, sy'n dal mai 'Metaffor yw enaid. Y cnawd sy'n cyfri' (*B*: 83), a fyn yn niwedd y ddrama sarnu'r berthynas rhwng Hofacker a'r Iarlles Else von Dietlof

drwy fargeinio â hi am noson yn y gwely er mwyn rhoi cyfle i'w chariad ddianc. Arwydd o'r modd y tywyllodd gweledigaeth Saunders Lewis erbyn iddo sgrifennu ei ddrama olaf yw'r ffaith mai Hitler sy'n brolio'i fuddugoliaeth ar ddiwedd *1938* ond mai Hofacker sy'n hawlio goruchafiaeth foesol ar ddiwedd *Brad* drwy dderbyn ei gosb ag urddas bonheddwr: 'Fy nyletswydd i yw cymryd fy rhan gyda'r lleill o'r dial a'r gosb' (B: 95).

Dyletswydd Cymru hithau, yn ôl a welai Saunders Lewis, oedd derbyn ei rhan o'r cyfrifoldeb am yr Ail Ryfel Byd. Dyma folawd Albrecht i Hitler:

> Be' wyddost ti am Hitler, ti a'th griw, y *Corps* Swyddogion snob, yr aristocratiaid oedd yn bwrw y gallen nhw ei ddofi e a'i gadw e dan eu bawd? I mi fe fu Hitler yn dduw. 'Roeddwn i'n faban yn y rhyfel byd cynta', mab i weithiwr a laddwyd. 'Roeddwn i'n blentyn drwy flynyddoedd y blocâd, yn hir ar ôl darfod y rhyfel, pan oedd Ewrop i gyd yn gwledda a dawnsio, a mamau'r Almaen yn erthylu a marw o eisiau bwyd. Hyd at ugain oed welais i 'rioed blatiad o gig ar fy mwrdd. Wedyn daeth methiant y marc, pan na fedrai pum mil marc y bore, na deng mil marc y p'nawn, ddim prynu torth o fara. Dyna'r lle'r oeddem ni, filiynau o fechgyn yr Almaen, yn cerdded y strydoedd a'n boliau ni'n brifo gan wacter, yn nychu byw, heb obaith, heb waith. Ac yna – daeth Hitler, Hitler a Sosialaeth yr Almaen! Fe roes waith i bob gweithiwr drwy'r Reich. Fe roes fwyd ym mhob cegin wag. Fe roes 'sgidiau am draed plant bychain. Fe ddysgodd i Ewrop i gyd wynnu a chrynu gerbron yr Almaen dlawd. Cawsom ddial am flynyddoedd o orwedd a'n trwynau yn y biswail a'r llaid. Ac yn awr mae e'n darfod, y gwaredwr, y dyn oedd yn wyrth. Mae e'n darfod a'r byd eto'n cracio. (B: 86)

At yr araith hon y cyfeiria Saunders Lewis yn ei ragair i *Brad* cyn nodi 'Mor llwyr ac mor hawdd yr anghofiwyd ein rhan ni yng nghreadigaeth Hitler' (B: 30). Fel drama, y mae *1938* yn gymaint o feirniadaeth ar Gytundeb Munich ym Medi 1938, pan gytunodd Prydain, Ffrainc a'r Eidal i hawl yr Almaen ar Wlad y Swdetiaid yn Tsiecoslofacia, ag ydyw ar Gytundeb Versailles. Wrth iddo olrhain tarddiad yr Ail Ryfel Byd, pwyntiodd A. J. P. Taylor fys cyhuddgar at y ddogfen a arwyddwyd ym Mharis ym Mehefin 1919:

> Nearly all Germans believed that their country had been unfairly treated in 1919. They had expected that, when Germany accepted the Fourteen Points and became a democratic republic, the war would be forgotten and Germany would return at once to the comity of nations. Instead a peace treaty was imposed on her. She had to pay reparations; she was compulsorily

disarmed; some of her territory was lost and other parts of it were occupied by Allied troops. Nearly all Germans wished to overthrow the Versailles settlement, and few distinguished between undoing the terms of the Versailles treaty and restoring Germany to the dominant position she had held in Europe before her defeat.[99]

Yr hyn sy'n gyrru Hitler drwy *1938* yw'r awydd i 'ddileu Cytundeb Versailles a gwarth yr Almaen' (*1938*: 917), cytundeb dialgar yr oedd David Lloyd George wedi rhybuddio ei gyd-gynadleddwyr yn 1919 yn ei gylch: 'You may strip Germany of her colonies, reduce her armaments to a mere police force and her navy to that of fifth-rate power; all the same, in the end if she feels that she has been unjustly treated in the peace of 1919 she will find means of exacting retribution from her conquerors.'[100]

Os dwy ddrama a rydd hunan-barch i'r Gymraeg drwy ei thrin hi fel cyfrwng sy'n deilwng i drafod yr argyfwng a wyneba Ewrop yw *Brad* a *1938*, maen nhw hefyd yn ddramâu sy'n mynnu gan y Cymry a'u gwêl ac a'u profa eu bod yn derbyn eu rhan nhw o'r cyfrifoldeb moesol am yr hyn a ddigwyddodd yn ystod y rhyfel. Fel y dywedodd Saunders Lewis yn Hydref 1939 a'r Ail Ryfel Byd erbyn hynny'n realiti mis oed: 'Cymry ydym ni, ac wrth ystyried achosion y drwg a'r drygau presennol yn Ewrop, yr unig agwedd sy'n gweddu inni yw cydnabod ein cyfrifoldeb ein hunain am lawer iawn o'r erchylltra, yn gymaint ag na cheisiodd y genedl Gymreig erioed er 1918 sefyll yn annibynnol dros gyfiawnder cydwladol yn Ewrop.'[101] Mewn gair, dyma lenyddiaeth sy'n mynnu gan y Cymry eu bod nhw'n eu hystyried eu hunain fel cenedl gan ysgwyddo'r holl gyfrifoldebau a ddaw yn sgil hynny ac yn yr ystyr honno nid oes ddwywaith ynghylch ei pherthnasedd.

Nodiadau

1. Hedd Wyn, 'Yr Arwr', yn Alan Llwyd (gol.), *Cerddi'r Bugail* (1918; arg. Caerdydd, 1994), 99–115.
2. Cynan, 'Mab y Bwthyn', *Telyn y Nos* (Caerdydd, 1921), 1–35.
3. Gw. yr adran 'In Memoriam' yn R. Williams Parry, *Yr Haf a Cherddi Eraill* (Y Bala, 1924; 5ed arg. 1963), 109–21.
4. Ymddangosodd *Amser i Ryfel* (Y Clwb Llyfrau Cymreig) gan T. Hughes Jones yng Ngorffennaf 1944.
5. Melville Richards, *Y Gelyn Mewnol* (Llandybïe, d.d.); 1946 yw'r dyddiad cyhoeddi a roddir ar gyfer y nofel yn Meic Stephens (gol.), *Cydymaith i Lenyddiaeth Cymru* (1986; ail arg. Caerdydd, 1997), 623; fe'i hadolygwyd gan

D. Tecwyn Lloyd, *Baner ac Amserau Cymru* (2 Ebrill 1947) a chan G. E. Breeze, *Y Fflam*, 2 (1947), 66–7.

[6] Mewn ysgrif goffa i'r Athro Melville Richards yn *BAC* (16 Tachwedd 1973), 2, dywed Daniel: 'Torrwyd ar ei yrfa gan y rhyfel; am gyfnod bu yn rhengoedd y "11th Hussars" ac wedyn fe'i symudwyd i weithio dros y Swyddfa Dramor yn datrys cyfrinion negeseuau cudd.' Cymro arall a oedd yn aelod o'r Gwasanaethau Cudd yn Bletchley Park, Swydd Buckingham, oedd y clasurydd, John Henry Jones, a bu'n lletya ar aelwyd Melville Richards am dros flwyddyn: gw. ysgrif ei wraig, Marian Henry Jones, 'Dyheu Adeg Rhyfel', yn Leigh Verrill-Rhys (gol.), *Iancs, Conshis a Spam* (Dinas Powys, 2002), 71. Gw. yn ogystal ddetholiad o'r cerddi a sgrifennodd John Henry Jones yn ystod y rhyfel yn Gareth Alban Davies (gol.), *Cardi o Fôn: Detholion o Gerddi a Throsiadau John Henry Jones* (Aberystwyth, 1991), 3–12.

[7] John Davies, *Hanes Cymru* (Llundain, 1990), 579.

[8] Dyfynnwyd yn Tim Clayton a Phil Craig, *Finest Hour* (Llundain, 1999), 146.

[9] Gw. Angus Calder, *The Myth of the Blitz* (Llundain, 1991), 90, lle'r ychwanegir: 'The omission of these factors from generalisations involving British morale is second in importance only to memory's failure to recognise dependence on US goodwill. They are chief among the habits of forgetfulness which permitted, and permit, the Myth to subsist.'

[10] *HC*, 579.

[11] *Finest Hour*, 146.

[12] Trafodir *Ogof yr Ysbïwyr* a *Helynt Ynys Gain* yn Gerwyn Wiliams, *Tir Neb: Rhyddiaith Gymraeg a'r Rhyfel Byd Cyntaf* (Caerdydd, 1996), 33–8.

[13] Gw. y drafodaeth ar 'Ar Ymweliad' ym mhennod 2.

[14] Gw. *HC*, 496–7.

[15] Gw. nodyn 90 ym mhennod 1.

[16] John E. Williams, *Straeon Cyfar Main* (Penygroes, 1985). Rhydd disgrifiad Dafydd Orwig yn ei ragymadrodd i'r gyfrol awgrym cryf o natur amryw o'r storïau: 'Cyfres o bum stori fer-hir wedi eu lleoli yng ngwaelod plwyf Llanddeiniolen yng nghyfnod rhyfel 1939–45 sydd gan John Ellis Williams . . . Dwy stori am yr Hôm Gard yw "Bomio'r Post" a "Chipio'r Twtil" ac yn sicr doedd gan "Dad's Army" ddim i'w gymharu â nhw, yn arbennig o gofio'r smonach a wnaeth y comandos yn ardal Penisa'rwaun a Chaernarfon!' [3]

[17] Harri Parri, *Rhyfel Pen Llŷn* (Caernarfon, 1992).

[18] *The Literature of War: Studies in Heroic Virtue* (Llundain, 1978) , 9–10.

[19] *'R Wyf Innau'n Filwr Bychan* (Dinbych, 1943).

[20] Thomas Levi, cynhwyswyd yn *Llyfr Emynau a Thonau y Methodistiaid Calfinaidd a Wesleaidd* (Caernarfon a Bangor, 1929), 442: ''Rwyf innau'n filwr bychan, / Yn dysgu trin y cledd / I ymladd dros fy Arglwydd / Yn ffyddlon hyd fy medd. / Pererin bychan ydwyf / Yn cychwyn ar ei daith, – / O! arwain, Arglwydd grasol, / Hyd dragwyddoldeb maith.'

[21] Caradog Prichard, *Afal Drwg Adda: Hunangofiant Methiant* (Dinbych, 1973), 125.

[22] Gw. Joanna Bourke, *An Intimate History of Killing: Face-to-Face Killing in Twentieth-Century Warfare* (Llundain, 1999), 144: 'The military was very aware of the importance of the biological father in enticing men to kill . . . the military establishment rhetorically evoked the symbolic parent. Furthermore, they evoked not only the father, but the mother too.'

[23] Geiriau 'Drill Sergeant G., Fort Ord, California, 1974' a ddyfynnwyd yn Dave Grossman, *On Killing: The Psychological Cost of Learning to Kill in War and Society* (Boston, Efrog Newydd a Llundain, 1995), 318; gw. hefyd: 'The drill sergeant is a role model. He is the ultimate role model. He . . . will inculcate the soldierly values of aggression and obedience.'

[24] Philip Larkin, 'Wants', yn Anthony Thwaite (gol.), *Philip Larkin: Collected Poems* (Llundain, 1988), 42. Gwna Alan Llwyd ddefnydd cyfeiriadol o'r gerdd yn 'Dyhead', *Cerddi Alan Llwyd 1968–1990: Y Casgliad Cyflawn Cyntaf* (Llandybïe, 1990), 383–4; gw. ei nodyn ar gyfieithiad o'r gerdd i'r Saesneg a ymddangosodd yn y rhifyn arbennig ar farddoniaeth Gymraeg a olygwyd gan Dafydd Johnston o *Modern Poetry in Translation*, 7 (Gwanwyn 1995), 98.

[25] Dyfynnwyd yn Gerwyn Wiliams, *Y Rhwyg: Barddoniaeth Gymraeg ynghylch y Rhyfel Byd Cyntaf* (Llandysul, 1993), 141.

[26] Gw. D. Tecwyn Lloyd, 'Llenyddiaeth Cyni a Rhyfel: 1914–1939', *Llên Cyni a Rhyfel a Thrafodion Eraill* (Llandysul, 1987), 23–8, am drafodaeth ar y math hwn o ganu; gw. hefyd Gerwyn Wiliams, 'Sbarion Fictoraidd', *Y Rhwyg*, 32–86.

[27] Adroddir gweddill hanes yr awdur yn ystod y rhyfel ym mhenodau 11 a 12 o *Afal Drwg Adda*, 123–55.

[28] Kate Roberts, *Traed mewn Cyffion* (Aberystwyth, 1936), 158–9.

[29] Dyfynnwyd yn J. W. Jones, *Crefft Cledd Cennad* (Llandysul, 1971), 27, a 'Ysgrifennwyd yn y person cyntaf gan ei gyfaill – M. Meirion Roberts'.

[30] *Gŵr o Baradwys* (Dinbych, 1963), 115.

[31] Ifan Gruffydd, *Tân yn y Siambar* (Dinbych, 1966), 39.

[32] *Tân yn y Siambar*, 37–8.

[33] Gw. Gerwyn Wiliams, *Tir Neb*, 215.

[34] *Telyn y Nos*, 42–4. Dan effaith y dwymyn, mae Cynan yn dweud pethau rhyfygus a mawr: 'Wrth drosi yn fy ngwely'n awr / Beth waeth gen i am Brydain Fawr? / Beth waeth gen i pwy gaiff Alsace, / Neu pwy reola'r moroedd glas? / Beth waeth gen i am Gymru chwaith? / ('D oes neb yn gweld fy ngruddiau llaith).'

[35] Cadarnheir yr un safbwynt yn *ADA*, 125: 'Nid oedd gennyf nerth nac ysbryd, nac yn wir argyhoeddiad, i wynebu treibiwnal fel gwrthwynebydd cydwybodol.'

[36] Dyfynnir yn *Tir Neb*, 215.

[37] 'Gyrfa Filwrol Guto'r Glyn', yn Gwynn ap Gwilym (gol.), *Meistri a'u Crefft: Ysgrifau Llenyddol gan Saunders Lewis* (Caerdydd, 1981), 120.

[38] John Ellis Williams, *Wedi'r Drin* (Llandybïe, 1944); rhydd Gareth Miles sylw i'r ddrama yn 'Sosialaeth ar Lwyfan', *Barn*, 453 (Hydref 2000), 56–62.

[39] Cofnodir hanes yr awdur yn ystod y rhyfel yn y bennod 'Yn y Fyddin' yn ei hunangofiant, *Inc yn fy Ngwaed* (Llandybïe, 1963), 100–6.

[40] Dyfynnwyd yn Meredydd Evans (gol.), *Gŵr wrth Grefft: Cyfrol Deyrnged i J. Ellis Williams* (Llandysul, 1974), 10.

[41] Am ymdriniaeth â'r ddrama hon a'r dramâu byrion a sgrifennodd J. Ellis Williams am y Rhyfel Byd Cyntaf, gw. Gerwyn Wiliams, *Tir Neb*, 22–9.

[42] Tom Richards, 'Byd y Ddrama', *Gŵr wrth Grefft*, 37.

[43] Gw. y cofnod ar Josef Goebbels, gweinidog propaganda'r Natsïaid rhwng 1933 a 1945, yn I. C. B. Dear a M. R. D. Foot (gol.), *The Oxford Companion to the Second World War* (Rhydychen, 1995), 489–90.

⁴⁴ Mewn nodyn ar ddechrau'r ddrama, dywedir: 'Cyflwynaf y ddrama hon i fechgyn Cwmni 854 Y Peirianwyr Brenhinol (y cwmni mwyaf Cymraeg a Chymreig yn y fyddin Brydeinig), ac yn arbennig i Dic, Jac, Ieu, Galc, Idris, George, a Fred, er cof am y cwt haearn hwnnw yn yr Alban, a'r trin a'r trafod a fu ar y ddrama hon rhwng ei furiau.' Serch hynny, awgryma fel arall yn *Inc yn fy Ngwaed*, 106: 'Nid oedd gennyf neb yn y gwersyll y gallwn drafod y ddrama ag ef, ac yr oedd arnaf eisiau barn rhywun arall arni cyn ei chyhoeddi.'

⁴⁵ 'Drama Hir' yn William Morris (gol.), *Cyfansoddiadau a Beirniadaethau Eisteddfod Genedlaethol Bangor 1943* (Lerpwl, 1943), 182.

⁴⁶ John Gwilym Jones, *Dwy Ddrama: Lle Mynno'r Gwynt a Gŵr Llonydd* (Dinbych, 1958), [5]–64; 1945 yw'r dyddiad llunio a rydd John Rowlands ar gyfer *Lle Mynno'r Gwynt* yn *John Gwilym Jones* (Caernarfon, 1988), 28. Gw. yn ogystal stori deitl *Y Goeden Eirin* (Dinbych, 1946), 17–25, sy hefyd yn cyffwrdd â thema'r rhyfel a lle y cyflwynir hanes cyferbyniol dau frawd: 'heddiw mae Wil, fy mrawd, yn yr Aifft, a minnau'n gweithio ar y tir ym Maes Mawr' (17).

⁴⁷ John Gwilym Jones, 'Ysgrifennu Drama', *Swyddogaeth Beirniadaeth* (Dinbych, 1977), 301–2.

⁴⁸ 'Nodyn ar Natur Sgwrs', yn Gwyn Thomas (gol.), *John Gwilym Jones: Cyfrol Deyrnged* (Abertawe, 1974), 52.

⁴⁹ Yn ei hunangofiant, *Ar Draws ac Ar Hyd* (Caernarfon, 1986), 85, a olygwyd gan Gwenno Hywyn, cyfeiria John Gwilym Jones ato'i hun yn symud i weithio o Landudno i Bwllheli yn 1944: ''Roedd hi'n amser rhyfel, wrth gwrs, a minnau'n wrthwynebydd cydwybodol. Gan fy mod yn athro ac o oed neilltuol ni chefais unrhyw anhawster wrth wrthod mynd i ymladd. Ni fu'n rhaid imi ymddangos o flaen Tribiwnlys na dim felly ond dewisais wneud gwaith gwirfoddol yn yr ysbyty pan oeddwn yn Llandudno. Nid oeddwn wrth natur yn berson gwleidyddol ac ni fûm yn mynychu unrhyw gyfarfodydd heddychwyr er bod llawer o'm cydnabod yn yr un sefyllfa â mi.' Fodd bynnag, mae un a fu'n gyfaill oes ac yn athro ag ef, O. M. Roberts, yn cyflwyno'i wrthwynebiad cydwybodol mewn goleuni llai goddefol nag a awgrymir gan John Gwilym Jones ei hun: 'he hated Churchill and all he stood for. Often he would barge into the staff room with a newspaper in his hand and, regardless of those present who supported the war, would voice his disapproval of Churchill's conduct of the war. To avoid embarrassing confrontations I often had to tell him to keep quiet.' Dyfynnwyd yn William R. Lewis, *John Gwilym Jones* (Caerdydd, 1994), 12.

⁵⁰ Cymh. W. J. Gruffydd, 'Gwladus Rhys', *Ynys yr Hud a Chaneuon Eraill* (1923; arg. Llandysul, 1963), 32: 'Seiat, Cwrdd Gweddi, Dorcas, a Chwrdd Plant; / A 'nhad drwy'r dydd a'r nos mor flin â'r gwynt . . . O amgylch tŷ'r gweinidog.'

⁵¹ 'Ysgrifennu Drama', *SB*, 297–8.

⁵² *Traed mewn Cyffion*, 191.

⁵³ Gw. J. G. Williams, *Maes Mihangel* (Dinbych, 1974), 179–248.

⁵⁴ Gw. Gwenno Hywyn (gol.), *Wil Sam* (Caernarfon, 1985), 63–81.

⁵⁵ Gw. Gwyn Erfyl, 'Y Storm', *Dyfroedd Byw a Cherrynt Croes: Bwrlwm Tri Chwarter Canrif* (Dinbych, 2000), 52–6.

⁵⁶ Gw. Geraint Bowen, 'Ar y Tir', *O Groth y Ddaear* (Caernarfon, 1993), 78–93.

⁵⁷ Gw. Dyfnallt Morgan, 'Labro a Gweithio mewn Ysbyty 1940–43', 'Yr Eidal ac Awstria 1945–46' a hefyd 'China 1946–48', yn Tomos Morgan (gol.),

Rhywbeth i'w Ddweud: Detholiad o Waith Dyfnallt Morgan (Llandysul, 2003), 42-85.
58 W. Gwenlyn Parry, 'Y Ddraenen Fach', *Tair Drama* (Dinbych, 1965), 9-23. Fe'i hailgyhoeddwyd yn J. Elwyn Hughes (gol.), *Dramâu Gwenlyn Parry* (Llandysul, 2001), 1-13: gw. Annes Gruffydd, 'Rhagair', vii, lle y dywed fod y ddrama 'yn seiliedig ar straeon ei dad [GP] yn yr Ail Ryfel Byd. Roedd wedi ymuno â'r fyddin fel cogydd er nad oedd rhaid iddo (roedd bod yn chwarelwr yn "reserved occupation").'
59 Cadoediad answyddogol a digymell ar ddydd Nadolig 1914 pan fu milwyr o'r ddwy ochr yn cymdeithasu yn Nhir Neb, yn rhannu bwyd, yn canu carolau a chwarae pêl-droed; er i'r milwyr ddychwelyd i'w ffosydd ni thaniwyd yr un gwn weddill y diwrnod hwnnw. Am ragor o fanylion, gw. Stanley Weintraub, *Silent Night: The 1914 Christmas Truce* (Llundain, 2001).
60 Samuel Hynes, *The Soldiers' Tale: Bearing Witness to Modern War* (1997; arg. Llundain, 1998), 111.
61 T. M. Bassett, *Dianc* (Dinbych, 1953); fe'i hadolygwyd gan Ellis Gwyn Jones, *BAC* (3 Chwefror 1954) a chan D. Tecwyn Lloyd, *Lleufer*, 10 (1954), 30-6.
62 Llythyr dyddiedig 3 Awst 1950 oddi wrth Kate Roberts at T. M. Bassett yn dweud ei bod wedi cael 'blas anghyffredin' ar y nofel ac yn dweud y byddai Gwasg Gee 'yn falch iawn o gael ei chyhoeddi'. Mewn llythyr diweddarach, dyddiedig 1 Hydref 1952, cynigir awgrym Gwilym R. Jones yn deitl i'r nofel. Llythyrau ym meddiant Mrs Ruth Davies, Llandegfan, merch T. M. Bassett.
63 Am wybodaeth fywgraffyddol, gw. ysgrif goffa G. B. Owen, 'T. M. Bassett 1909-2002', *Goriad* (papur bro Bangor a'r Felinheli), 222 (Tachwedd 2002), 8.
64 Joanna Bourke, *An Intimate History of Killing*, 132. Ystyrier hefyd sylw Holger Klein, 'Britain', yn Holger Klein gyda John Flower ac Eric Homberger (gol.), *The Second World War in Fiction* (Llundain, 1984), 37: 'In most fiction of the Second as of the First World War soldiers are not only pitted against the enemy. Usually there are additional "enemies" or, put more abstractly, resistance factors.'
65 Angus Calder, *The Myth of the Blitz*, 15.
66 Dic Jones, *Os Hoffech Wybod . . .* (Caernarfon, 1989), 148.
67 Beryl Stafford Williams, *Darlun o Ryfel* (Llandysul, 1993).
68 Angharad Price, *O! Tyn y Gorchudd: Hunangofiant Rebecca Jones* (Llandysul, 2002), 103.
69 John Elwyn Jones, *Yn Fy Ffordd Fy Hun: Hunangofiant Dyn Byrbwyll: Cyfrol 1* (Llanrwst, 1986), 115.
70 James Arthur Davies, 'Davies: Welsh Hymns in Luft 7', *Education* (Nadolig 1971), a ddyfynnwyd yn *A Leap in the Dark: A Welsh Airman's Adventures in Occupied Europe* (Llundain, 1994), 123.
71 Cyhoeddwyd *Brad* gyntaf yn 1958, ond dyfynnir yma o Ioan M. Williams (gol.), *Dramâu Saunders Lewis: Y Casgliad Cyflawn Cyfrol II* (Caerdydd, 2002), 1-107.
72 Gw. Geraint Vaughan Jones, *Dychweliad yr Alltud: Hunangofiant* (Llandybïe, 1989), 101: 'Ysgytwad dirfawr yn ystod blynyddoedd y rhyfel oedd clywed ar y radio, ym mis Awst, 1944, fod fy nghydnabod gynt, Adam von Trott, wedi'i grogi, ynghyd â dewrion eraill, oherwydd ei gysylltiad â'r cynllwyn i ladd Hitler ar y 20fed o Orffennaf . . . Trychineb o'r mwyaf oedd methiant y

bom a osodwyd gan von Stauffenberg ym mhencadlys y Fuehrer, ac yn sgîl y methiant hwnnw dienyddwyd cenhedlaeth o'r gwŷr a allasai fod yn arweinwyr ar ôl dymchwel y Drydedd *Reich*. Condemniwyd Adam i farwolaeth gan Lys y Werin, y *Volksgericht*, ac fe'i crogwyd yng ngharchar Berlin-Plötzensee â gwifren piano a'i ffilmio yn ei artaith i ddifyrru Hitler . . . uchel-frad oedd cynllwyn y cadfridogion i ladd Hitler, a bu ond y dim iddo lwyddo.' Mae'n amlwg mai'r cymeriad hwn yw'r sail ar gyfer Franz-Lothar von Meilingen yn *Y Ffoaduriaid* (Abertawe, 1979), nofel yr un awdur: mae'n gyn-gariad i'r prif gymeriad, Eva Wolff, sy'n clywed drwy gyfrwng y radio ei fod ymhlith y cynllwynwyr a ddienyddwyd yn dilyn methiant yr ymgais yng Ngorffennaf 1944 i ladd Hitler; gw. tud. 140–1 a 152.

73 Teledwyd *1938* gan BBC Cymru ar 27 Chwefror 1978 a'i chyhoeddi yn *Y Cyrnol Chabert a 1938: Dwy Ddrama gan Saunders Lewis* (Penygroes, 1989), 41–78; dyfynnir yma o Ioan M. Williams (gol.), *Dramâu Saunders Lewis*, 901–51.

74 'Dwy Ddrama Hanes: "Brad" a "1938"', *Taliesin*, 67 (Awst 1989), 92.

75 R. M. Jones, 'A B C Ewrop', *Llenyddiaeth Gymraeg 1936–1972* (Llandybïe, 1975), 385.

76 Dyfynnwyd gan Promethiws yn 'Dramâu'r Wyl', *BAC* (14 Awst 1958), 2.

77 'Dramâu'r Wyl', 4.

78 Gw. Dewi Llwyd Jones, 'Anghytuno ynghylch Dramâu', *BAC* (16 Hydref 1958), 7.

79 'Anghytuno ynghylch Dramâu', 7.

80 'Anghytuno ynghylch Dramâu', 7.

81 'Rhai Sylwadau ar "Brad" (Saunders Lewis)', *BAC* (4 Rhagfyr 1958), 6. Gw. hefyd yr erthyglau dilyniant, '"Brad" (Saunders Lewis)', *BAC* (11 Rhagfyr 1958), 6, a (18 Rhagfyr 1958), 7. Gw. yn ogystal Marion Löffler, 'Olion yr Ugeinfed Ganrif', *Barn*, 424 (Mai 1998), 36–7, ac ysgrif goffa Robat Gruffudd i'w fam, 'Y Gymraes o Wittenberg', *Golwg*, 10/32 (23 Ebrill 1998), 26, sy'n cynnwys ffotograff o dad Kate Bosse-Griffiths a dynnwyd yn 1935 pan ymwelodd Adolf Hitler â'r ysbyty lle y gweithiai i'w longyfarch ar ei waith llawfeddygol: 'Afraid dweud nad yw'r llun yma, a gyhoeddwyd yn y wasg leol, yn destun balchder i'r teulu. Cyn diwedd y rhyfel, byddai fy mamgu [a oedd yn Iddewes] yn marw yng ngwersyll-garchar Ravensbrück, a byddai rhai o'r teulu agos yng ngharchar.' Fel aelod o Gylch Cadwgan yn ystod y rhyfel, ei chyfraniad deallusol pwysicaf oedd *Mudiadau Heddwch yn yr Almaen* (1943) yn y gyfres *Pamffledi Heddychwyr Cymru*.

82 Gw. I.J., 'Dyddlyfr y Dysgedydd', *Y Dysgedydd*, 138/10 (Hydref 1958), 260–1.

83 'Brad', *Yr Arloeswr*, 5 (Gaeaf 1959), 53.

84 Ioan M. Williams (gol.), *Dramâu Saunders Lewis*, 6.

85 Gw. 'Brad (Saunders Lewis)', *Barn*, 68 (Mehefin 1968), 219: 'Mae gan y rhan fwyaf o bobl ryw gynneddf ddigon bendithiol i beidio â gwybod – heb sôn am beidio â malio – am y gwŷr mawr (da a drwg), y syniadau chwyldroadol a'r gweithredoedd tyngedfennol sy'n newid cwrs hanes ac yn pennu amodau byw pob un ohonom. Eisoes, y dyddiau hyn, y mae'r atgof am Hitler a'i weithredoedd yn pylu'n gyflym, ac y mae ei enw, i lawer o bobl, yn prysur lithro'n ôl i'r gorffennol caeëdig a diystyr. Y mae a wnelo hyn ag apêl y ddrama *Brad*. Oherwydd anodd yw osgoi'r casgliad mai drama yw hi a'i hapêl yn bennaf at y rhai sydd *yn* gwybod, ac yn malio am y pethau hyn oll.'

86 Cymh. â'r oedi cyn cynhyrchu *1938*: er i Saunders Lewis ei hanfon at y BBC ym Mai 1975, nis darlledwyd tan Chwefror 1978, ac yn ôl Ioan M. Williams

(gol.), *Dramâu Saunders Lewis*, 909: 'Ymddengys mai'r prif reswm am yr oedi oedd anawsterau castio, ac yn arbennig amheuaeth a ellid cael actor i chwarae rôl Hitler.' Yng nghynhyrchiad teledu Ffilmiau'r Tŷ Gwyn o *Brad*, Dyfan Roberts a chwaraeodd ran Hitler, a chyfaddefodd y cyfarwyddwr, Gareth Wyn Jones, mai 'gambl oedd Dyfan – gambl a lwyddodd': gw. Marc V. Jones, 'Bradwr yn y Tŷ: Rhoi Saunders ar y Sgrîn Eto', *Golwg*, 5/44 (15 Gorffennaf 1993), 21. Soniodd Dyfan Roberts ei hun am yr her a'i hwynebai: 'Be oedd yn anodd oedd trio creu cymeriad credadwy o'r bwystfil oedd o. Cymeriad cig a gwaed o fwystfil sydd bron yn chwedlonol erbyn heddiw. Roeddwn i'n trio osgoi'r portread arferol ohono fel rhyw gymeriad cartŵn': gw. Ian Parry, '"Tipyn o Hitlar": Bomiwr Siop Chips', *Y Cymro* (16 Chwefror 1994), 13. Gw. hefyd adolygiad Ioan Williams, 'Darlledu Saunders', *Barn*, 376 (Mai 1994), 25–6, a nodyn 108 ym mhennod 1.

[87] 'Darn o Gelfyddyd Greulon', gwefan BBC Cymru, *Cymru'r Byd* (10 Mawrth 2003), http://news.bbc.co.uk/welsh/hi/newsid_2830000/newsid_ 2832900/2832909.stm.

[88] Gw. Robin Gwyn, 'Cwrs y Byd: Dylanwad Athroniaeth Wleidyddol Saunders Lewis ar ei Ysgrifau Newyddiadurol, 1939–1950' (traethawd M.Phil. anghyhoeddedig, Prifysgol Cymru, Bangor, 1991).

[89] 'Dylanwadau: Saunders Lewis: mewn ymgom ag Aneirin Talfan Davies' (teledwyd ar BBC, 19 Mai 1960), *Taliesin*, 2 (Nadolig 1961), 13.

[90] Ned Thomas sy'n priodoli'r sylw iddo yn *Waldo* (Caernarfon, 1985), 9. Gw. hefyd sylw Waldo ei hun yn 'Democracy and War (1941c)', yn Damian Walford Davies, *Waldo Williams: Rhyddiaith* (Caerdydd, 2001), 289: 'We must learn that we cannot indict a nation, or punish people randomly for being the subjects of the states in which they were born.'

[91] Waldo Williams, *Dail Pren* (Gwasg Aberystwyth, 1956), 41.

[92] 'Dwy Ddrama Hanes: "Brad" a "1938"', 88. Enwir gan Saunders Lewis dair cyfrol y bu iddo bwyso'n drwm arnynt sef *The Struggle for Europe* (1952) gan Chester Wilmot, *The Nemesis of Power* (1953) gan J. W. Wheeler-Bennett, a *Conspiracy Among Generals* (1956), cyfieithiad R. T. Clark o gyfrol Almaeneg Wilhelm von Schramm; gw. *B*, 30.

[93] 'Dim Gwers i Neb yn *Brad*', *Y Gwrandawr* (Tachwedd 1964), 2–3, ailgyhoeddwyd yn Ioan M. Williams (gol.), *Dramâu Saunders Lewis*, 23.

[94] Cyfeiria yn y rhagair i *B*, 6, ato'n '[c]ael sgwrs (yn Saesneg) gyda pherthynas i'r Cyrnol von Hofacker ynghylch ei syniadau politicaidd ef', a chyfeiria Harri Pritchard Jones yntau at 'aelodau o deulu Hofacker . . . [yn dod] drosodd i gyfarfod Saunders ar ôl y rhyfel': gw. Ian Parry, 'Brad ar y Teli a thynnu Hitler ei hun i mewn i'r helynt', *Y Cymro* (16 Chwefror 2003), 13.

[95] Gw. 'Cefndir Hanesyddol "Brad"', yn J. E. Caerwyn Williams (gol.), *Ysgrifau Beirniadol V* (Dinbych, 1970), 234–53.

[96] Gw. Branwen Jarvis, 'Llythyr gan Caesar von Hofacker', *Llinynnau: Detholiad o Ysgrifau Beirniadol* (Bodedern, 1999), 171.

[97] Yn y llythyr a anfonodd Saunders Lewis i'r Swyddfa Ryfel – Chwefror 1937: W[ar] O[ffice] 339/33100, Archifau Cenedlaethol – mae'n egluro bod arno ddyletswydd i weithredu fel y gwnaeth: 'The action for which I was sentenced was undertaken simply and only for the defence of the natural and essential rights of my nation, Wales.' Fel y noda Ian Miller yn *Y Deryn Dieithr* (BBC Cymru ar gyfer S4C, 2002), mae'n amlwg nad oedd Saunders Lewis yn

gweld 'unrhyw anghysondeb rhwng bod yn swyddog yn y fyddin Brydeinig ac yn arweinydd ar Blaid Cymru'; gw. nodyn 50 ym mhennod 2. Ac yntau wedi gorfod tyngu llw o ffyddlondeb i'r brenin pan ymunasai â'r fyddin, efallai fod hyn yn fodd i egluro'i agwedd, fel llywydd Plaid Cymru, at y frenhiniaeth. Gw., e.e., D. Tecwyn Lloyd, *John Saunders Lewis: Y Gyfrol Gyntaf* (Dinbych, 1988), 331, lle y dyfynnir o lith olygyddol gan Saunders Lewis ynghylch 'Y Blaid Genedlaethol a'r Brenin' yn 1929: 'Gwelir felly fod i'r brenin ran hanfodol ym mholisi'r Blaid Genedlaethol Gymreig . . . Ac yn arwydd o undeb Cymru a'r Orsedd bwriadwn wahodd rhaglaw'r Brenin yng Nghymru, sef Tywysog Cymru, i gynnal llys brenhinol unwaith neu ddwy bob blwyddyn yng Nghymru fel na byddo raid i foneddigion Cymru fynd allan o'u gwlad i geisio ffynhonnell anrhydedd. Felly hefyd fe gyhoeddir rhestrau anrhydeddau Cymru, ar ddyddiau pen blwydd y brenin ac yn y Calan, ar wahân i restrau Lloegr.' Gw. hefyd 'Cymru a'r Coroni', *Y Ddraig Goch* (Mai 1939) a ddyfynnir yn Tegwyn Jones (gol.), *Colofnau'r Ddraig 1926–1976* (Talybont, 1976), 25: 'Ni ddylid colli golwg ar y gwahaniaeth rhwng y Goron a'r Coroniad. Arwydd o undeb y cenhedloedd rhydd yn y Gymdeithas Brydeinig yw'r Goron, ond seremoni Seisnig bron yn gyfangwbl, wedi'i threfnu gan y rhai a wnaeth gymaint anghyfiawnder â ni yn ddiweddar, ydyw'r Coroniad. Felly cydnabyddwn y Goron ac anwybyddu'r Coroni.' Gw. yn ogystal *John Saunders Lewis*, 332, lle y dyfynnir o lythyr a anfonodd Saunders Lewis i'r *Faner* (17 Mehefin 1953) ynghylch dathliadau Coroni 1953: 'dylai gwerth y Goron fod yn amlwg . . . gallwn hyderu mai yn ystod ei theyrnasiad hi [Elisabeth II] yr enillir hunan-lywodraeth ac y daw Brenhines Cymru yn rhan o'i theitl.' Fodd bynnag, mewn llythyr a anfonodd at Dafydd Iwan, Cadeirydd Cymdeithas yr Iaith Gymraeg, gwnaeth ei safbwynt yn glir ar fater Arwisgo 1969: 'Fe laddwyd Tywysog olaf Cymru yr unfed ar ddeg o fis Rhagfyr deuddeg cant wyth deg a dau. Claddwyd ef yn Abaty Cwm Hir. Ni bu gan Gymru dywysog ar ei ôl ef. Nid oes dywysog i Gymru ar ei ôl ef. Cais i gladdu cenedl Cymru yw'r arwisgo yng Nghaernarfon. Y mae teulu brenhinol Lloegr yn dyfod i Gymru i glymu Cymru wrth lywodraeth Lafur Lloegr. Lleiafrif ydym ni sy'n condemnio hyn. Mae'r miloedd yn addoli'r sêr ffilmiau brenhinol. Ond ni piau traddodiad Llywelyn a Chymru.' Atgynhyrchwyd y llythyr yn Gwilym Tudur (gol.), *Wyt Ti'n Cofio? Chwarter Canrif o Frwydr yr Iaith* (Talybont, 1989), 65.

[98] 'Cefndir Hanesyddol "Brad"', 237.
[99] *The Second World War: An Illustrated History* (Llundain, 1974; ailarg. 1985), 13.
[100] Dyfynnwyd yn Piers Brendon, *The Dark Valley: A Panorama of the 1930s* (Llundain, 2000), 15.
[101] 'Cwrs y Byd', *BAC* (11 Hydref 1939), a ddyfynnir gan Ioan M. Williams (gol.), *Dramâu Saunders Lewis*, 907.

5

'Pan Rodiwn Eto'n Rhydd': Rhyddiaith 1960–2000

Os tap yn dripian fu'r rhyddiaith ryfel rhwng 1940 a 1960 yna llifddorau'n agor led y pen yw hi rhwng 1960 a 2000. A'r ffaith honno, bod y cyhoeddiadau perthnasol yn amlhau'n sylweddol, sy'n golygu bod yn rhaid catalogio a chrynhoi, blaenoriaethu a dethol, yn fwy llym nag yn odid unman arall yn yr astudiaeth hon wrth bennu maes y trafod. Gellir brasddosbarthu'r ymateb i chwe chategori.

Y categori cyntaf yw *genre* yr antur rhyfel, gweithiau sy'n adeiladu ar y seiliau a baratowyd gan Melville Richards a T. M. Bassett. Un o'r awduron mwyaf toreithiog yn hyn o beth yw Geraint Wynne Parry a wasanaethodd gyda'r Magnelwyr Brenhinol – y *Royal Artillery* – a Chorfflu Gwasanaeth Brenhinol y Fyddin – y *Royal Army Service Corps* – rhwng 1940 a 1946 yng ngogledd Affrica, yr Eidal ac Awstria.[1] Tynnodd ar beth o'i wybodaeth am y rhyfel a'i brofiad ohono wrth sgrifennu nofelau yn canolbwyntio'n rhannol neu'n gyfan gwbl ar yr Ail Ryfel Byd fel *A Heuo'r Gwynt* (1965), *Trysor o'r Dyfnder* (1986) a *Creithiau* (1991). Mae'r hyn a ddywed Heini Gruffudd am *Rhaid Croesi Afon Drin* (1967), nofel a leolwyd yn y blynyddoedd ar ôl yr Ail Ryfel Byd, yn awgrymu'r math o fformiwla a roir ar waith mewn amryw nofelau tebyg: 'Nofel antur yw hi; nofel fer, ond nofel gyffrous. Y mae'r digwyddiadau yn hedfan ar draws y cyfandir . . . Nofel hawdd ei darllen yw hi, heb athronyddu na meddwl i amharu ar y rhediad cyflym.'[2] Ac er bod yr un awdur wedi dewis digwyddiad mwy diweddar yn gefndir hanesyddol i *Gwanwyn Cynnar ym Mhrâg* (1997), mae disgrifiad tebyg Gwenllïan Dafydd o'r nofel honno a gyhoeddwyd gwta ddeng mlynedd ar hugain yn ddiweddarach – 'nofel antur boblogaidd . . . nofel afaelgar a chyffrous . . . fel diddanwch ysgafn orig rydd, mae hi'n bleser ei darllen, fel y tystia fy mrawd tair ar ddeg oed yn ogystal'[3] – yn awgrymu eitem mor hawdd ei ffeirio yw'r cefndir hanesyddol hwnnw yn achos y *genre* hwn. Hynny yw, cefndir cyfleus yw'r Ail Ryfel Byd yn hytrach na chanolbwynt consýrn y nofelau hyn. Cyffyrdda Gwenllïan Dafydd â nodwedd arall ar lawer o'r nofelau hyn, sef eu bod wedi eu paratoi ar gyfer cynulleidfa ifanc: llyfrau a gomisiynwyd gan Gyd-Bwyllgor Addysg Cymru yw rhai J. Selwyn Lloyd fel *Dychweliad y Swastika* (1974), *Croes Bren yn Norwy* (1982), ac *Mae Torch yn Llosgi* (1980) y ceir awgrym o natur eu naratif yng ngeiriau'r Ffrances, Hélène, sy'n gweithio i'r *Resistance*: '"Mae'n rhaid inni gael gafael ar y ffeil yna. Wrth wneud hynny mi fyddwn yn achub miloedd o fywydau ac efallai'n ennill y rhyfel yn y pen draw."'[4] Fel anturiaethau adloniadol y bwriadwyd y llyfrau hyn a chan hynny nid oes disgwyl iddynt gyfleu gwir arswyd y rhyfel. I'r gwrthwyneb, cyflwynant olwg symleiddiedig o'r rhyfel: llwyddir bron yn ddieithriad i ddianc o ddannedd perygl a safn angau; datrysir pob dirgelwch; ac mae'r da yn y diwedd yn trechu'r drwg. Defnyddio'r rhyfel a wnânt mewn gwirionedd – fel prop i sicrhau tyndra, fel llwyfan amrywiol ei leoliadau, fel cefnlen llawn cyffro.

Er bod y ffin weithiau'n denau rhyngddyn nhw a deunydd y categori cyntaf, perthyn i'r ail gategori nofelau a storïau byrion mwy uchelgeisiol eu bwriad, rhai a chanddynt ddiddordeb mwy penodol yn yr Ail Ryfel Byd sy'n aml yn darlunio bywyd milwrol ac wedi'u sgrifennu gan rai a brofodd y rhyfel drostynt eu hunain. I'r categori hwn y perthyn *Ym Mhoethder y Tywod* (1960) a *Ffarwel Ha'* (1974) W. Hydwedd Boyer, *Cyllell yn y Pridd* (1974) Ifor Wyn Williams, *Dim Dianc* (1975) Glyn Ifans,[5] *Meibion Annwfn* (1980) Ifan Parri, *Ni Allaf Ddianc* (1981) R. Emyr Jones sy'n pontio rhwng y categori hwn a'r nesaf gan ei fod yn cynnwys cyfuniad o ddeunydd ffuglennol a hunangofiannol, yn ogystal â rhai o storïau byrion Gwilym Meredydd Jones.[6]

Y trydydd categori yw hunangofiannau a dyddiaduron cyn-aelodau o'r lluoedd arfog, rhai sy'n canolbwyntio'n rhannol neu'n gyfan gwbl ar gyfnod y rhyfel: daeth deunydd o'r math hwn i'r amlwg yn achlysurol mewn cystadlaethau eisteddfodol ar ôl y rhyfel,[7] ond wrth i'r cof am y rhyfel waelodi a setlo, mae'r enghreifftiau ohono'n amlhau o'r 1960au ymlaen. Gellir cywain cyfrolau fel y rhai a ganlyn i'r gorlan hon: '*Roeddwn I Yno: Casgliad o Straeon Profiad* (1966),[8] *Coron ar Fotwm: Dyddiadur 1942–1945* (1960) Glyn Ifans, *Pum Cynnig i Gymro (Anturiaethau Carcharor Rhyfel)* (1971) John Elwyn Jones, *Morwr Cefn Gwlad* (1971) Hugh Bevan, *Brethyn Glas* (1975) Ifan Parri, *I'r Pridd Heb Arch* (1978) David E. Roberts, *Yn Nwylo'r Nipon (Atgofion Carcharor Rhyfel)* (1980) Frank Evans, *Tocyn Dwyffordd (Profiadau yn y Fyddin)* (1984) Selyf Roberts, *Taith yr Anialwch*:

Atgofion Carcharor Rhyfel (1985) E. Llewelyn Evans, *Aeth Deugain Mlynedd Heibio: Dyddiadur Rhyfel* (1985) Geraint Dyfnallt Owen, *Y Llwybr Cul* (1990) Evan J. Davies.

Y pedwerydd categori yw hunangofiannau gwrthwynebwyr cydwybodol ar y naill law a merched ar y llall, cynnyrch gwŷr fel J. G. Williams, W. S. Jones, Gwyn Erfyl, Geraint Bowen, Dyfnallt Morgan[9] ac Iorwerth Peate[10] a chyfrolau fel *Annwyl Julia: Rhodio Llwybrau Atgof yn Fienna* (1996) Marian Henry Jones ac *Iancs, Conshis a Spam: Atgofion Menywod o'r Ail Ryfel Byd* (2002).[11]

Y pumed categori yw gweithiau ffuglennol gan rai a chanddynt un ai profiad sifiliad o'r rhyfel neu gof plentyn amdano: daw'r rhyfel â chyffro sbïwyr ac ifaciwîs i Ben Llŷn bore oes R. Gerallt Jones yn *Gwared y Gwirion* (1966), ei gyfres hudolus o storïau byrion, a miri'r *Home Guard* a dogni yn *Straeon Cyfar Main* (1985) John E. Williams a *Rhyfel Pen Llŷn* (1992); cred Emyr yntau yn nofel J. Selwyn Lloyd a fwriadwyd ar gyfer oedolion, *Cysgod Rhyfel* (1983), 'mai'r peth gorau a ddigwyddodd i mi yn fy mywyd oedd dyfodiad yr ifaciwîs. Bellach yr oedd yna ddigon o blant i ni chwarae â nhw, dim ysgol ond yn y bore i blant y pentre hyd y Nadolig, a phlant Lerpwl yn mynd yno yn y prynhawn';[12] daw'r rhyfel ag ofn yn sgil cyrch gefn nos ar Gaerdydd ei fagwraeth i Bobi Jones yn 'Crio Chwerthin';[13] daw â phwysigrwydd dros dro i'r dref fach arfordirol a bortreadir yn *Darlun o Ryfel* (1993) Beryl Stafford Williams, cymaint felly nes bod Sabel yn teimlo 'rywsut fod y rhyfel yn hwyl';[14] ac mae'n gefndir i drafodaethau criw deallusol nid annhebyg i Gylch Cadwgan yn *Meibion Darogan* (1968) Pennar Davies[15] ac *Adar y Gwanwyn* (1972) Rhydwen Williams[16] yn ogystal â nofel sy'n tynnu ar gefndir Ewropeaidd fel *Y Ffoaduriaid* (1979) gan Geraint Vaughan Jones.[17]

A'r chweched categori yw ffuglen gan rai a aned flynyddoedd ar ôl y rhyfel ond a ysgogwyd – yn aml gan ryw brofiad yn hanes eu teulu – i sgrifennu gweithiau yn rhannol neu'n gyfan gwbl amdano: mae'r rhyfel yn arwydd o'r llanast a grewyd cyn geni Blodeuwedd Jones yn *Yma o Hyd* (1985) Angharad Tomos; mae'n rhan o gronoleg y ganrif y bu Rebecca Jones fyw ar ei hyd yn *O! Tyn y Gorchudd: Hunangofiant Rebecca Jones* (2002) Angharad Price; yn *Ein Llyw Cyntaf* (2001), addasiad Twm Morys o *Our First Leader: A Welsh Fable* (2000) Jan Morris, cyflwynir fersiwn amgen o ddyfodol Cymru, ar fodel nid annhebyg i *Fatherland* (1992) Robert Harris, a Hitler yn teyrnasu ar ôl goroesi'r rhyfel;[18] a'r 1930au a'r 1940au yw canolbwynt y sylw yn nofel banoramaidd Martin Davis, *Os Dianc Rhai* (2003).

William Hydwedd Boyer

Gosododd Islwyn Ffowc Elis 'Y Waredigaeth', fel y gelwid hi yn Eisteddfod Genedlaethol Caernarfon yn 1959, yn ail i *Brynhyfryd*, nofel gyntaf Eigra Lewis Roberts, ac fe'i cyhoeddwyd hi dan y teitl newydd *Ym Mhoethder y Tywod*[19] flwyddyn yn ddiweddarach. W. Hydwedd Boyer (1912-70) a'i sgrifennodd, mab y mans a brodor o'r Allt-wen, Pontardawe, a wasanaethodd fel cartograffydd yn yr Aifft gyda'r Peirianwyr Brenhinol – y *Royal Engineers* – rhwng 1940 a 1945.[20] Er na wireddir ei holl addewid yn y diwedd, efallai mai dyma'r nofel a chanddi'r potensial i fod yn nofel Gymraeg orau'r Ail Ryfel Byd ac un y paratowyd y ffordd ar ei chyfer gan sylwadau'r beirniaid flwyddyn cyn ei chyhoeddi:

> A phe gwobrwyid hi, byddai hynny'n her i gyhoeddwyr ac adolygwyr a darllenwyr llyfrau Cymraeg. A fedrai ein moesoldeb trywsus-streip wynebu nofel fel hon mewn print yn ein heniaith gysegredig ni . . . ar wahân i fod yn stori afaelgar, y mae'n ddarlun brawychus onest o'r hyn ydyw rhyfel. A chan fod y mwyafrif ohonom wedi cefnogi rhyfel, fe ddylem fod yn gyson â ni'n hunain a bod yn barod i ddarllen am yr hyn a gefnogwyd gennym, yn Gymraeg yn ogystal ag yn y wasg felen Saesneg.[21]

Egyr y nofel fer gyda phrolog sy'n egluro mai 'Hanes pedwar diwrnod olaf Huw Prydderch fel gŵr actif o gorff yw'r stori hon a'r modd y clwyfwyd ef yn dost. Yn wir fe'i clwyfwyd mor dost fel y parlyswyd ef am ei oes' (*YMT*: 4). Clwb nos meddw a gwyllt yng Nghairo yw man cychwyn yr hanes: yn ei ddiod fe ymesyd Huw ar filwr arall, ac yn ei sobrwydd bore trannoeth ofna ei fod wedi ei ladd.[22] Y mae'r digwyddiad hwn yn arwydd eithaf iddo o'r modd yr aeth ar y goriwaered ers ymadael â'r brifysgol ym Mangor dair blynedd ynghynt ac ymuno â'r fyddin:

> Huw Prydderch yn troi yn gythraul. Huw, a fu unwaith yn dechrau'r gwasanaeth yng nghapel Seion ac a hyfforddwyd yn yr Ysgol Sul a'r Gobeithlu. Oedd – yn sicr – 'roedd y rhyfel yn cael ei effaith arno. Onid oedd eisoes wedi cyfathrachu â phutain ac yfed o'i henaid? Ac onid oedd cystal yfwr â Robin y Trapiwr adref? Oni châi bleser a diddanwch a heddwch meddyliol ar fronnau Lwlw? (*YMT*: 27)

Un o ddisgynyddion traethydd 'Mab y Bwthyn' yw Huw Prydderch a pherthynas i Mimi, 'angel yr *estaminet*',[23] yw'r Lwlw hon. Oherwydd iddo golli ei lyfr cyflog a'i AB 64 ar ôl bod yn y sgarmes, cyll wythnos o gyflog ond nid cyn treulio noson yn smocio opiwm. Ac iselder meddwl a phoenau cydwybod Huw yn cynyddu, egyr ail ran y nofel ac yntau'n aelod o gwmni sy'n teithio i Syria am bythefnos; yn arwyddocaol y mae ar 'daith i Ddamascus' (*YMT*: 58). Ond ar orsaf Lyda llwydda i ddatgysylltu oddi wrth weddill y criw a neidio ar drên i Jerwsalem a dal ar ei gyfle i ymweld â mannau y clywsai sôn amdanynt er pan oedd yn ddim o beth, Gardd Gethsemane, Mynydd yr Olewydd, Calfaria, Bethania yn eu plith. Fel Paul gynt ar ei ffordd i Ddamascus, profa Huw yntau dröedigaeth: ''Roedd un peth yn amlwg iddo, sef oedd hynny, ei fod yng ngwaelod ei galon yn heddychwr ac yn Gristion a'i fod yn bechadur' (*YMT*: 78). Yn swyddfa'r profost yn Jerwsalem, cyfeddyf ei fod wedi lladd milwr mewn clwb nos a'i fod hefyd wedi cefnu ar ei gyd-filwyr. Methir â phrofi'r achos yn ei erbyn, a gohirir ei gosbi am fod mwy o'i angen yn datgysylltu ffrwydron yn y Cwatara. Yn y cyrch hwnnw cerdda Huw wedi ei ddiarfogi i gyfeiriad y gelyn, ac yn ôl tystiolaeth y prolog, treulia'r blynyddoedd wedi hynny wedi ei barlysu yn ei wely, yn dâl am ei 'bechodau lawer' (*YMT*: 4).

Ceir adlais o euogrwydd tebyg yn nofel fer R. Emyr Jones, *Ni Allaf Ddianc* (1981),[24] lle y darlunnir milwr ifanc a ddatgysylltwyd oddi wrth weddill ei uned yn saethu'n farw Ffrances ifanc a oedd yn aelod o'r *Resistance* ac a fwriadai ei gynorthwyo: 'Suddodd Harri Lloyd yn ddyfnach i gors anobaith fel na faliai yr un botwm corn beth a ddigwyddai iddo. Llygrwyd ef o'i gorun i'w sawdl a'i ddarostwng mewn deuddydd i lefel bwystfil, gan y difrawder gelyniaethus a'r bryntni dychrynllyd a oedd fel cancr ymhobman o'i amgylch' (*NADd*: 42). Ond dioddefydd yw Harri Lloyd a anrhydeddir yn eironig â medal filwrol am ei 'wrhydri' ac nid yw'n meddu ar gryfder penderfyniad Huw Prydderch. Bron na fyddai'n haws cymharu ei gyfyng-gyngor ef ag eiddo rhai o gynfilwyr Rhyfel Fiet-nam, rhyfel yr oedd Americanwyr wrthi'n brwydro ynddo pan welodd *Ym Mhoethder y Tywod* olau dydd. Yng ngeiriau Samuel Hynes: 'Guilt, in many Vietnam narratives, is a structure (as it is in crime novels). For the guilty, escaping from the war back into "the world" won't be a sufficient ending to their story; there will have to be something like judgement.'[25] A chan gyfeirio'n benodol at un o'r naratifau cryfaf, un Ron Kovic, *Born on the Fourth of July* (1976) a addaswyd yn ffilm bwerus gan Oliver Stone yn 1989, ychwanegir: 'For Kovic, judgement is life as a paraplegic. "I think," he says, "that maybe the wound is my punishment for killing the corporal [of his own platoon] and the children [Vietnamese]" ... All of them are guilty, of a crime that is more than their own: guilty of their nation's war.'[26] Meddiennir Ron Kovic a Huw Prydderch ill dau gan gywilydd: cywilydd cenedlaethol yn achos y naill oherwydd ymyrraeth Unol Daleithiau America yn Fiet-nam, cywilydd personol yn achos y llall o'i weld ei hun yn ymddwyn mewn modd mor groes i'r ddelfryd a'r egwyddor a gynrychiolai Cymru yn ei feddwl. A chosb y ddau euog hyn, y tâl am eu pechodau, yw eu hanabledd.

Cymro mewn argyfwng felly yw Huw a phoenau cydwybod yn ei flingo'n fyw: nid yn unig y mae wedi laru ar y rhyfel ac yn gweld ei ynfydrwydd, y mae hefyd yn amau ei ran ef fel Cymro ynddo o gwbl. Yn feddw ac yn flêr dyma a feddyliai: "Roedd Cymry yn yr adeilad hwn. Cymry wedi eu gwasgaru – wedi eu gwasgaru fel mân us. Fel mân us i wahanol gatrodau; Cymry ar wasgar; Cymry ar wasgar ar hyd a lled y byd ac yn ymladd er mwyn . . . "Tydan ni'r Cymry ddim yn gall." Torrodd Huw ar ei ganu. "Mae'n hen bryd i ni ymladd drosom ni'n hunain a gwrando llai ar y bois 'na sy'n perthyn i'r pleidiau politicaidd 'na . . . "' (*YMT*: 18–19). A dyma'i sylweddoliad pan nad yw dan effaith alcohol:

> 'Roedd ei holl ysbryd ers amser bellach yn llefain yn erbyn yr octopus a oedd wedi ei droi a'i drosi y tair blynedd a aeth heibio. 'Roedd ei holl ysbryd yn milwrio yn erbyn yr holl baraffernelia milwrol. Ni allai faddau iddo ef ei hun ar brydiau ei fod mewn iwnifform. Meddyliai yn aml am Iolo a Maldwyn gartref yng Nghymru. Safasent hwy fel gwrthwynebwyr cydwybodol a thaflwyd hwynt i mewn ac allan o garchar droeon. Bechgyn â chydwybod ganddynt oeddynt hwy. Ni falient ac nid ofnent ddim. Ni falient yr un cic am neb. Ymfalchïai Huw fod Iolo a Maldwyn yn gyfeillion iddo. Gresynai na chymerasai ef yr un safiad â hwy. Yn ei lythyrau atynt cyfeiriai at hyn yn aml. Y ffaith amdani oedd ei fod yn llwfr. 'Roedd yn well ganddo sathru ar ei gydwybod ei hun nag erlid corachod dieflig o ddynion a gwragedd tafod finiog a glapiai ar riniogau a chonglau strydoedd Cymru. (*YMT*: 39–40)

Y mae gwrthwynebiad y ddau genedlaetholwr hyn, aelodau o blaid leiafrifol, yn destun edmygedd gan Huw a daw'n fwyfwy ymwybodol o'r ffaith 'mai Cymro ydoedd ef ac na welai ef pam y dylai ymladd er mwyn buddiannau'r Cyrnol a'i siort' (*YMT*: 56). Tyfu a chryfhau a wna'r argyhoeddiad yn ei feddwl ei fod yn ymladd mewn rhyfel amherthnasol nad oes a'i wnelo ddim â Chymru. Mwy triw i werthoedd Cristnogol ei fagwraeth yw'r heddychiaeth y daw i'w harddel yn gynyddol. A'r brotest fwyaf yn erbyn y fyddin y bu'n aelod ohoni ers tair blynedd a'r mynegiant amlycaf o'i argyhoeddiad amgen yw ei anufudd-dod milwrol, yn mynd ar ei liwt ei hun i Balesteina, gwlad y teimlai'n rhydd ac yn gartrefol ynddi, a cherdded yn ddiamddiffyn i gyfeiriad llinellau'r gelyn; â'n gwbl groes i reddfau hunanamddiffyn drwy'i aberthu'i hun dros Gymru.

Fel yr awgrymwyd gynnau, er mor gyffrous yw'r deunydd a'r sefyllfa a ddisgrifir, dyw'r nofel ddim yn cyflawni ei haddewid. Bron nad yw'r modd y cyfleir dilema Huw yn rhy resymegol: onid yw'r hyn a brofa a'r modd eithafol y gweithreda ar ei sail yn nes at chwalfa nerfol nag at argyfwng hunaniaeth? Wrth iddo ystyried cost seicolegol rhyfel, cyfeiria Dave Grossman at amryw fathau o afiechydon cymeriad:

> Character disorders include obsessional traits in which the soldier becomes fixated on certain actions or things; paranoid trends accompanied by irascibility, depression, and anxiety, often taking on the tone of threats to his safety; schizoid trends leading to hypersensitivity and isolation; epileptoid character reactions accompanied by periodic rages; the development of extreme dramatic religiosity; and finally degeneration into a psychotic personality.[27]

Er na chyfleir yn effeithiol ddryswch ei feddwl, o blaid ei nofel y mae dehongliad radical Hydwedd Boyer o Gymreictod sy'n sicrhau bod iddi safbwynt gwahanol iawn i *Y Gelyn Mewnol* lle y cyflwynir Cymreictod fel rhywbeth cydymffurfiol a chydweithredol sy byth braidd yn cambyhafio ac yn torri dros y tresi. Y mae hefyd yn llacio rhywfaint ar fformiwla *genre* y nofel antur: all dyn ddim llai na theimlo bod hyn yn rhwystro *Dianc* T. M. Bassett rhag mynegi'n llawn swm profiadau ei dau arwr, sef y caen nhw fwy o barch fel pobl a llonydd i brifio fel Cymry petaen nhw'n aros yng nghwmni'r Eidalwyr yn hytrach na dychwelyd at y fyddin Brydeinig. Wedi dweud hynny, mae'r rhwystredigaeth y maen nhw'n ei phrofi, ar ôl cael cip ar fywyd gwell, yn arwydd o rwystredigaeth wleidyddol fwy.

Dychwelodd Hydwedd Boyer at thema'r rhyfel yn *Ffarwel Ha'*,[28] nofel fer unwaith yn rhagor. Milwr a fethodd â dal y pwysau ac sy'n rhoi dan y straen a ddarlunnir yn *Ym Mhoethder y Tywod*, ac mae prif gymeriad y nofel hon hithau, a gyhoeddwyd yn 1974, sef pedair blynedd ar ôl marwolaeth ei hawdur, yn debyg iddo yn yr ystyr ei fod yn methu â derbyn ei dynged ac yn gwrthryfela yn ei herbyn. Fel Huw Prydderch, mae Alwyn y prif gymeriad, un a oroesodd gyflafan Dunkirk yn 1940, yn profi dadrithiad a chwerwder. Gartref ar seibiant o'r fyddin, buan y sylweddola fod crafangau'r rhyfel wedi ymestyn hyd at fro ei febyd yng Ngwynedd wledig, ac mae ymyrraeth awyrennau Spitfire a Heinkel y Prydeinwyr a'r Almaenwyr fel ei gilydd yr un mor ddinistriol: 'Mae'r

Almaenwr a'r Sais bwy'i gilydd yn treisio'r fangre sanctaidd hon lle cwsg Brenin Arthur' (*FfH*: 42). Mae'r newid a ddaeth yn sgil y rhyfel yn amlwg yn y modd y diystyrir y Saboth gan yr ifaciwîs o Lerpwl a ddaeth i lochesu yn y fro, ac mae'r gwrthdaro diwylliannol a ddaeth yn sgil cyrhaeddiad yr ifaciwîs yn thema a drafodwyd yn fwyaf cofiadwy gan R. Gerallt Jones yn rhai o storïau byrion *Gwared y Gwirion* – a droswyd yn llwyddiannus yn un o gyfresi drama cynharaf a mwyaf llwyddiannus S4C, *Joni Jones* (1982)[29] – a hefyd ddrama deledu Rhydderch Jones, *Gwenoliaid* (1986).[30]

Y symbol cryfaf o'r llanast a greodd y rhyfel yw cymeriad Sali. Unwaith eto, er na sylweddolir y potensial yn llawn, caed deunydd cyffrous yng nghymeriad y ferch fregus hon, hen gariad i Alwyn a lladdwyd ei gŵr yn yr awyrlu dridiau ar ôl iddyn nhw briodi. Gwnaed stomp o'i meddwl, a phenderfyna Alwyn a hithau ffoi i Abertawe cyn iddo dderbyn yr alwad i ddychwelyd i'r fyddin, ond lleddir Sali yno mewn blits ar y ddinas. Y mae'r garwriaeth hon a'r ymdrech ofer i ddianc rhag sŵn yr ymladd yn adlais gwan o'r berthynas rhwng Frederic Henry a Catherine Barkley a'i diwedd trasig yn un o nofelau'r Rhyfel Byd Cyntaf, *A Farewell to Arms* (1929) gan Ernest Hemingway. Siwrnai seithug, felly, yw un Alwyn i dde Cymru, a diwedd y gân yw ei alw gerbron tribiwnlys milwrol a gorfod ailymuno gyda'r lluoedd arfog.

Unwaith eto, mae Hydwedd Boyer wedi gwisgo un sy'n wrthwynebydd cydwybodol ym mêr ei esgyrn mewn lifrai milwrol. Fel Lewis Valentine o'i flaen yn ystod y Rhyfel Byd Cyntaf, tyf ei gaethiwed personol ef o fewn y fyddin yn arwydd o gaethiwed gwleidyddol ei genedl gyfan o fewn gefynnau Prydeindod. Tyfu a chynyddu a wna ei sylweddoliad a'i benderfyniad gwleidyddol wrth i'r nofel fynd rhagddi. Yn fuan yn y nofel y mae'r Arthur chwedlonol yn ysbrydoliaeth iddo: 'Yma yn y Marchlyn yn ôl yr hanes y gorwedd Arthur Frenin a'i lu. Yma y maent yn dal i gysgu, yn aros i gael eu deffro o'u cwsg hir i'n harwain fel cenedl unwaith eto' (*FfH*: 19). Ffynhonnell ysbrydoliaeth arall iddo yw Iwerddon: 'Pobloedd yr Ynys Werdd, yr Ynys Rydd, mi dynnaf fy het i chwi, fonedd wŷr Iwerddon, canys caethwas ydwyf fi wedi fy nghlymu'n dynn uffernol – ysbryd a chorff – i'r feri un a'ch clymodd chwithau unwaith ... Rydw i'n gaethwas ffôl mewn lifrai brad liw dieithr, yn derbyn gorchmynion a gorfod ufuddhau iddyn nhw ar fy union' (*FfH*: 28–9). Wrth iddo benderfynu yn adran olaf y nofel y bydd yn dianc gyda Sali y mae'n dynwared gweithred ei gyfaill Rodni a '[Dd]iflannodd megis Glyn Dŵr i'r niwl a'r gwynt' (*FfH*: 77). Yn gwbl fwriadol y penderfyna hefyd ar gyrchfan yng Nghymru, yn hytrach na thros y ffin yn Lloegr, ar gyfer eu dihangfa: 'pam y dylwn adael Cymru? Cymru yw fy ngwlad. Yma y mae fy ngwreiddiau. Rydw i yma'n solet ar dir Cymru ac awdurdodau estron am fy ngwaed' (*FfH*: 118). Y mae'r ansoddair 'estron' yn awgrymu grym argyhoeddiad Alwyn ynglŷn â'r gwahaniaeth rhyngddo a Saeson, y dieithrwch rhyngddo ef a nhw, a daw'r nofel i ben ac yntau'n hwylio mewn llong o borthladd Lerpwl ac yn cael ei wahanu o'r newydd oddi wrth y wlad a'r bobl y mae'n perthyn iddynt: 'Ymhell i'r de, ac eto heb fod yn rhy bell, y mae mynyddoedd Cymru, fy ngwlad. Cymru, y wlad yr wyf yn cael fy alltudio ohoni, y wlad lle'm ganed i, gwlad fy nhadau a'm cyndeidiau, gwlad enedigol Sali fwyn, a Loti ac Arthur. Gwlad y bywyd distaw, gwlad Ellis ac Elin na welaf byth mohonyn nhw eto drwy ffrâm ffenestr fy ystafell wely, gwlad Huw Rolant â'i galon driw' (*FfH*: 131). Mae dwy nofel Hydwedd Boyer yn adeiladu ar y seiliau a dyllwyd yn *Dianc*. Efallai mai'r ddihangfa fwyaf yn *Dianc* yw'r un o afael y fyddin Brydeinig ac ar nodyn rhwystredig rhagor buddugoliaethus y daw'r nofel i ben; petai T. M. Bassett fyth wedi llunio dilyniant iddi, gellid dychmygu Dic wedi dychwelyd i'r Eidal i briodi Margarita ac wedi sefydlu'i wladfa Gymreig yno.

Does dim da yn deillio o'r rhyfel a ddarlunnir yn *Ym Mhoethder y Tywod* a *Ffarwel Ha'*: yr hyn a geir ynddynt yw ymdriniaeth sinicaidd â'r rhyfel, dehongliad ohono sy'n gwyro oddi wrth y ddelwedd gynnar o gytundeb a chydweithrediad, dehongliad sy'n herio'r syniad poblogaidd o Ryfel Da.[31] Mewn dwy nofel fer arall a gyhoeddwyd ganol y 1970au, cadarnheir darlun diobaith du Hydwedd Boyer o'r rhyfel. Daw *Cyllell yn y Pridd* (1974)[32] Ifor Wyn Williams i ben gyda marwolaeth y prif gymeriad, y Preifat Elwyn Rowlands, pan blymia'i gar i afon Rhein, ac mae Meurig Jones yntau'n gelain erbyn diwedd *Dim Dianc* (1975)[33] Glyn Ifans ar ôl i hen gyd-filwr ailymweld ag ef bymtheng mlynedd ar ôl y rhyfel. Yr hyn sy hefyd yn ddiddorol am y ddau yw'r modd y maen nhw'n darlunio hoywder o fewn eu nofelau – thema gymharol brin o ran ymdriniaeth ffuglennol â hi[34] – fel symptom o fyd afiach a gwyrdroëdig y rhyfel. A hwythau'n sgrifennu dros ddwy flynedd ar bymtheg ar ôl Adroddiad Wolfenden (1957) a saith mlynedd ers dad-droseddu cyfathrach hoyw rhwng oedolion cydsyniol, anachronistaidd os nad adweithiol yw eu hymdriniaeth gondemniol a sylweddolir o'r newydd mor fentrus oedd trafodaeth ystyrlon Elwyn Evans yn 'O'r Dwyrain' pan oedd hoywder yn gymaint mwy o bwnc tabŵ: 'modern military organizations had long proscribed homosexual activity. It offended basic Christian sexual taboos and was perceived as a threat to the essential aggressive "manliness" of soldiers.'³⁵ 'Od' [*CP*: 63] yw'r mwythair – un arferedig am hoywon yn y lluoedd arfog³⁶ – a ddefnyddir yn *Cyllell yn y Pridd* i ddisgrifio'r sarjant merchetaidd yn yr ysbyty, un sy'n llifo'i wallt ac yn darllen barddoniaeth Swinburne, cymeriad *predatory* a gais fanteisio'n rhywiol ar ddynion dan ei ofal pan fônt ar eu gwannaf. Mae hyd yn oed enw cyntaf y cymeriad hoyw yn *Dim Dianc* yn stereoteipiedig – Jessie James.³⁷ Pan ddealla Meurig Jones fod ganddo radd mewn cerddoriaeth a bod ganddo gyd-letywr a adroddai Shelley, Keats a Byron a rannai wely ag ef ambell noson oer yn y gaeaf, wele'i ymateb: '"Damo" mynte Meurig wrtho'i hun. "Pam na fyswn i wedi meddwl cyn hyn? Un ohonyn' nhw yw e. Fe glywes i am rai fel hyn. Pwy feddyliai shwd beth?"' (*DD*: 48). Jessie yw'r un sydd, yn gorfforol wyrdroëdig, yn 'piso i gwpan ei ddwylo' er mwyn torri'i syched ac 'Arwydd cyntaf gwallgofrwydd oedd cael dyn yn yfed ei ddŵr ei hun' (*DD*: 66),³⁸ a bron na ddywedwn mai fel arwydd o'i gyflwr emosiynol wyrdroëdig y cyflwynir ei hoywder. Ond yn unigrwydd fforestydd Burma, ildia Meurig Jones i gysur corfforol Jessie James ac yn ddiweddarach, pan gaiff ei flacmelio ar gownt yr episod, mae'n llofruddio cyd-filwr iddo a daw'r un digwyddiad yn ôl i selio'i dynged yntau ymhen blynyddoedd. Mae'r gymeriadaeth ystrydebol, yr amgylchiadau salw a'r ddwy lofruddiaeth yn sicrhau na chyflwynir mo'r berthynas hoyw fyrhoedlog hon mewn unrhyw oleuni urddasol neu ddeallgar.³⁹

Glyn Ifans

'Tua'r Dwyrain' oedd teitl ysgrif fuddugol Glyn Ifans yn Eisteddfod Genedlaethol y Rhyl, 1953,⁴⁰ a hawliodd ofod lletach iddo'i hun i drafod ei brofiadau milwrol ym mhrifwyl Caernarfon chwe blynedd yn ddiweddarach – yr un Eisteddfod ag y daeth Hydwedd Boyer yn ail ynddi – lle'i dyfarnwyd yn fuddugol o blith naw ymgeisydd yng nghystadleuaeth 'Dyddiadur Llanc neu Ferch yn y Lluoedd Arfog (Cyfyngedig i rai a fu, neu y sydd, yng ngwasanaeth y Lluoedd)';⁴¹ dyma'r gwaith a welodd olau dydd flwyddyn yn ddiweddarach dan y teitl *Coron ar Fotwm*.⁴² Dyma ffrwyth y dyddiadur Cymraeg a gadwodd, yn groes i reolau milwrol, tra'n aelod o'r awyrlu, ffaith sy'n ddatganiad o hunaniaeth ynddi ei hun. O'r cychwyn cyntaf, nid addewir fawr o gynnwrf: 'Ni cheir yma ddigwyddiadau cyffrous. Dihangodd rhai trwy waliau dur Stalag, bu eraill mewn cychod ar y cefnfor, a llwyddodd ychydig i fyw ar y dryswig am flynyddoedd. Ond yn y tudalennau hyn ceir cofnod dilys o Gymro, tua chanol yr ugeinfed ganrif, yn bwrw blynyddoedd fel alltud dan orfod' (*CF*: 'Rhagair'). Ac yntau wedi'i eni ym Mhenrhiw-goch yn Sir Gaerfyrddin yn 1920, fe'i trwythwyd yn niwylliant cynhenid a chrefydd draddodiadol ei gynefin gwledig. Ymyrrodd y rhyfel â'i yrfa addysgol: ar ôl tri thymor yn unig yng Ngholeg y Drindod, Caerfyrddin, bu'n rhaid iddo roi'r gorau i'w gwrs dros dro tra parhâi'r rhyfel. Er ei fod yn wleidyddol naïf pan ymunodd â'r RAF yn Ionawr 1941, cofnodir gan ei ddyddiadur milwr ei ddeffroad politicaidd yn sgil ei ddadrithiad cynyddol gyda'r lluoedd arfog Prydeinig. Fe'i darlunia'i hun wedi'i ddatgysylltu'n ddiwylliannol ac yn foesol oddi wrth ei gyd-filwyr, fel yr awgrymir gan y cofnod hwn ar gyfer dydd Nadolig 1942: 'Mae yna feddwi mawr yn y NAAFI heno a chanu brwysg. Anghofiwyd am emynau'r bore yn sôn am breseb, cadachau, llety, bugeiliaid a phraidd. Heno y mae Salome, Lili Marlene ac Abdul the Bul, Bul Amir ar yr orsedd dros dro' (*CF*: 43).[43]

Er mwyn mynegi ei hunaniaeth Gymreig, fe â ati i sefydlu dosbarth Beiblaidd a chyfeilio ar y piano mewn cyfarfodydd crefyddol. Y gelyn mwyaf llethol a'r un y gorfodir Glyn Ifans i frwydro yn ei erbyn amlaf yw diflastod, ac o blith yr holl adroddiadau Cymraeg am y rhyfel, efallai mai ef sy'n llwyddo i gyfleu anghreadigrwydd diamrywiaeth y rhyfel yn y Dwyrain Canol orau a'r ymdeimlad o ddihidrwydd ynglŷn â hynt yr union ryfel y mae'n chwarae rhan ynddo:

> the periods of intense boredom that were part and parcel of military life . . . The nature of the theatre also had some bearing; Africa and the Pacific were especially bad, the usual constraints of army life being compounded by an almost complete lack of facilities . . . The intensity of this ennui should not be underestimated. One is not merely talking of men at a loose end, with a few hours to kill. The drab landscape, the lack of facilities, the tedium of military routine were only part of the boredom. As soon as a soldier was out of the line he was overtaken by a soul-destroying emptiness, a spiritual vacuity which made it difficult to see any point in the simplest task. The army had dislocated one from one's past, whilst thoughts of the future prompted only despairing foreboding. Nor did living for the day have much meaning, not simply because amenities were almost non-existent, but because the army had reduced one to a cipher, hedged one's life around with such a mass of petty constraints that the individual spirit was less and less able to assert itself.[44]

Dyma gyflwr a gyfleir gan Glyn Ifans: 'Ar Warchodlu'r Gwersyll Mawr. Dyma'r peth mwyaf difudd a wnawn o blith llawer o bethau ffôl. Nid oes gennyf fwy o ddiddordeb mewn gwarchod gwersyll nag y sydd mewn danfon bocs o de i Ynys Papua. Mae dyn yn mynd fel hyn ar ôl tair blynedd yn y gwres' (*CF*: 88); 'Yma, yn fy nhrydedd flwyddyn, yn dechrau mynd yn ddihid at ddiwedd y rhyfel. Ni wna fawr o wahaniaeth. Aeth pob dydd yn debyg i'w gilydd. Anghofiwyd amdanom... Heddiw, yfory, ymlaen ymlaen heb newid. Derbyn llythyrau, danfon llythyrau. Y Gymdeithas Gymraeg yn unig a'm ceidw rhag mynd ar ddisberod' (*CF*: 79–80). Mae'r frawddeg olaf fel petai hi'n awgrymu grym achubol Cymreictod i'r milwr ifanc hwn a ddaliwyd ymhell o gartref, math o gymorth ymarferol a'i rhwystra rhag cael ei ddibersonoli'n llwyr.

Llwydda Glyn Ifans hefyd i ddal gafael ar ei Gymreictod drwy gyfrwng y cyflenwadau rheolaidd o bapurau newydd rhanbarthol fel y *Llanelly Star* a'r *Carmarthen Journal*, rhai enwadol fel *Seren Cymru*, yn ogystal â chylchgrawn Cymraeg y lluoedd arfog, *Cofion Cymru*, a llyfrau gan awduron fel D. J. Williams, Ambrose Bebb a T. Rowland Hughes.[45] Nid sentiment meddal mo'r syniad o Gymru, felly, ond delfryd yn ei feddwl sy'n ei wared rhag drwg nihiliaeth, anarchiaeth a diystyredd. Yn yr ystyr na hidiai ddim am wladgarwch Prydeinig, rhannai dir cyffredin ag amryw byd o aelodau o'r lluoedd arfog na chynhyrfwyd mohonynt gan ymdeimlad o wladgarwch;[46] yr hyn sy'n ei osod ar wahân i'w gymheiriaid yw'r ffaith nad yw'r *cysyniad* o wladgarwch, hynny yw, gwladgarwch anhunanol Cymreig o gymharu â gwladgarwch meddiangar Prydeinig, ddim yn anathema iddo. I'r gwrthwyneb, cyflwynir yr ymwybod hwn â gwladgarwch a chenedligrwydd fel achubiaeth iddo. Golau yn y gwyll yw'r Gymraeg hithau i Selyf Roberts, gwyryf a gadwyd ar wahân i'r rhan fwyaf o'i brofiad milwrol budr, symbol gwaredigol o ddaioni: ac yntau o'r diwedd gartref yng Nghymru ar ôl treulio'r rhan fwyaf o'r rhyfel yn garcharor dan law'r Almaenwyr, dywed amdano'i hun yn sgwrsio ag aelod o Fyddin yr Iachawdwriaeth yng Nghasnewydd:

> Mae'n amheus iawn a fuasai hi'n cofio'r cyfarfyddiad hwnnw, os yw hi'n fyw heddiw, ond nid anghofiaf fi ef byth. Pwy bynnag oedd hi, ganddi hi y clywais Gymraeg gyntaf ers ymron ddwy flynedd yn ôl yn yr Eidal. Os oeddwn wedi cusanu'r ddaear yn Dorset, rhaid oedd yn awr roi fy nwy law ar goncrid oer y platfform – nid y lle mwyaf cysegredig o leoedd ar y ddaear, mae'n wir – a diolch i Dduw am fy nwyn i yno.[47]

Ac fel hyn y cyferbynna milwr arall, G. R. Hughes, ei famiaith a'r iaith fain: 'Ar ôl caledi ym mywyd y fyddin modd ydyw [y Gymraeg] i ddianc rhag diffyg teimlad wrth ddefnyddio Saesneg. Iaith ar ôl gorffen gwaith ydyw'r Gymraeg. Iaith ei amser ei hunan ydyw i'r Cymro; ond unwaith bod eisiau dysgu am drechu'r byd a'i bethau, troir at y Saesneg.'[48] Unwaith yn rhagor, cysylltiadau cartrefol, anfaterol ac anfilitaraidd sydd i'r Gymraeg yn ei brofiad yntau.

Datblyga Cymreictod Glyn Ifans yn genedlaetholdeb ynghanol amgylchfyd ynysig a gwrthwynebus y lluoedd arfog. 'Y fath sarhad ar Gymro!' (*CF*: 31) dywed pan ddychwelir iddo delegram a fwriadwyd ar gyfer ei rieni am ei fod wedi'i sgrifennu'n Gymraeg; mae'r ffaith nad oes unedau milwrol Cymreig ar gael yr un fath â'r rhai ar gyfer Awstraliaid a Chanadiaid hefyd yn dân ar ei groen: 'Ond a ydym yn genedl? Yn sicr nid yw'r awdurdodau sy'n llywio rhyfel yn credu hynny' (*CF*: 93). Rhoddir rhagor o danwydd ar ei argyhoeddiad pan wrthodir cais i ganiatáu i unrhyw Gymro a ddymunai fynd i eisteddfod unigryw a gynhelid yn Colombo ym Mai 1945: 'Gymry! nid ydych yn genedl' (*CF*: 110).[49] Ond dyw pethau fawr gwell yng Nghymru ei hun: yn 1941, sgrifenna at Iorwerth Peate i gydymdeimlo ag ef ar golli'i swydd fel ceidwad yn Amgueddfa Genedlaethol Cymru ar sail ei safiad fel gwrthwynebydd cydwybodol ac i brotestio yn erbyn y cam;[50] yn 1945, anfona lythyr at bapur lleol yn beirniadu penderfyniad pwyllgor addysg Sir Gaerfyrddin i wahardd gwrthwynebwyr cydwybodol o swyddi dysgu: 'Dyna beth sy'n gwneud "rhyfel o blaid ein rhyddid" yn gwbl chwerthinllyd. O! Shir Gâr. O! Gymru! Yr ydych yn eich condemnio eich hunain ar dudalennau hanes . . . Fe'm cosbi am ddweud gair fel hwn ond mi fyddaf yn swp sâl onis gwnaf' (*CF*: 109); a dehongla'r ffaith fod fferm leol gartref yn cael ei gwerthu fel colled arall yn y frwydr genedlaethol: 'Os daethom yr holl ffordd i amddiffyn rhywbeth gwerth ei gadw (ac y mae'n amheus gennyf) yna y mae gwerthu Garngoch yn gwneud y rhywbeth hwnnw yn llawer llai' (*CF*: 46). Er gwaetha'r ergydion hyn sy'n ei brofi dro ar ôl tro, deil ei argyhoeddiad cenedlaetholaidd yn y diwedd. Daw haerllugrwydd swyddogion Saesneg dan y lach pan feirniedir Glyn Ifans a'i gyd-filwyr am siarad Cymraeg gyda'i gilydd, ond mae'r modd y trinnir cenhedloedd eraill yn fwy ymosodol hiliol o lawer: 'Y peth gorau y medr aml Sais ei wneud yw dweud wrth y dyn du, "Speak English you black bastard". Ond y mae seiliau'r Ymerodraeth yn gwegian!' (*CF*: 53).[51] Yr hyn sy'n arwyddocaol yw fod Glyn Ifans bellach yn gweld cyfwng Cymru o fewn cyd-destun trefedigaethol a dyna'n union a wna milwr arall, G. R. Hughes, sef uniaethu hynt Cymru gydag India a Phalesteina: 'Rhyfeddu yr ydwyf fel y mae pobl y wlad hon yn cau eu llygaid ar y ffaith mai gwehilion cymdeithas Prydain sy'n cadw heddwch . . . A fedrwch chwi, syr, esbonio i mi pa fodd y mae dynion yn ymhyfrydu yn Keats a Tennyson ac ar yr un pryd yn caniatáu i wehilion eu gwlad gamdrin pobl Palesteina ac India?'[52] Erbyn Gorffennaf 1945, ar drothwy goresgyniad Japan a diwedd y rhyfel, cyfeiria Glyn Ifans at yr etholiad cyffredinol a llwyddiant ysgubol y Blaid Lafur: 'Ni wn i fawr am y Cenedlaetholwyr ond yn eu carfan hwy y mae fy niddordeb, Ambrose Bebb a J. E. Daniel yn Arfon a Wynne Samuel yng Nghastellnedd. Mae'n golled aruthrol i Gymry golli gwasanaeth y gwŷr hyn' (*CF*: 118). Gyda diwedd y rhyfel, daw addysg wleidyddol Glyn Ifans hefyd i ben.

Ifan Parri

Er mai adrodd ei brofiadau fel milwr dan hyfforddiant ar dir Lloegr a wneir yn *'R Wyf Innau'n Filwr Bychan*, gosododd y gyfrol fach honno batrwm ar gyfer amryw naratifau rhyfel diweddarach: do, fe'i cyhoeddwyd dan ffugenw, ond gwnaeth dyddiadur milwr Caradog Prichard hi'n dderbyniol i drafod profiadau militaraidd mewn modd cadarnhaol. Cyn oeri'r gwaed, mynegodd Pte. P. yr hwyl a'r mwynhad a gafodd yn y fyddin, a hyd yn oed wrth i hynafgwyr edrych yn ôl ar eu cyfnod yn y lluoedd arfog ymhen blynyddoedd, mae'r un hwyl a'r mwynhad yn dal i gael mynegiant. Wrth gofio'i gyfnod yn y llynges yn *Morwr Cefn Gwlad*, er enghraifft, dywed Hugh Bevan ei fod 'wrth fy modd, heb unrhyw amheuaeth, yn ymhyfrydu yn y cyffroadau morol a di-drais hynny y medr llong ddistryw, er mor ymosodol arfog ydyw ac er mor anodd yw cymodi â'i stranciau, eu cynnig yn helaethach ac yn llwyrach nag unrhyw long arall'[53] ac iddo 'fwynhau'r gwmnïaeth a'n clymai ynghyd mor glòs yn ein cydymddiried syml, cwmnïaeth na ellid disgwyl cyfranogi o'i thebyg fyth wedyn gan mai'r peryglon a wynebem gyda'n gilydd yn y byd bach didol y'n cyfyngid iddo, a esgorodd arni' (*MCG*: 192). A mwynhau ei gyfnod yn yr awyrlu fu hanes Ifan Parri yntau, awdur yr hunangofiant *Brethyn Glas*[54] a'r nofel ryfel *Meibion Annwfn*[55] yn ddiweddarach.

Fel Cymro gwerinol, cyffredin y cyflwynir Ifan Parri, hogyn capel a brodor o Abersoch a ymgartrefodd yn ddiweddarach yn ardal Abererch. Y mae'n enghraifft glasurol o'r dyn cyffredin sy'n cael cyfle i chwarae rhan yng nghwrs hanes y cyfeiriodd Samuel Hynes ato:

> It's easy to see why men remember their wars. For most men who fight, war is their one contact with the world of great doings. Other men govern, sign treaties, invent machines, cure diseases, alter lives. But for ordinary

men – the men who fight our wars – there will probably be only that one time when their lives intersect with history, one opportunity to act in great events. Not to alter those events – no single soldier affects a war, or even a battle – but simply to be there, *in* history.[56]

Fe atgoffir y darllenydd wrth ddarllen hanes Ifan Parri, hanes a sgrifennwyd mewn Cymraeg rhywiog a chartrefol, am Ifan arall, Ifan Gruffydd, y gwladwr o Fôn a frwydrodd yn y Rhyfel Byd Cyntaf. Yr hyn sy'n gwahaniaethu'r naill oddi wrth y llall yw fod Ifan Gruffydd, yn y bôn, wedi mwynhau ei brofiadau milwrol ond fod arno ormod o gywilydd cyfaddef hynny; o gymharu, normaleiddiwyd y profiad milwrol yn atgofion Ifan Parri fel nad oes dim yn anghymreig amdano. Y mae'n ymagweddu fel un o gymeriadau T. Rowland Hughes yn yr ystyr nad yw am funud am ymddangos yn frolgar nac yn rhyfygus: 'Gobeithiaf yn enw popeth na wnaiff y darllenydd goleddu y syniad fy mod yn ceisio efelychu Churchill, neu Montgomery, yn yr hyn a ganlyn' (*BG*: 7) meddai'n ddieironi yn rhagair *Brethyn Glas* a 'Gobeithiaf na thybia y darllenydd mai clodfori rhyfel a dyrchafu imperialaeth oedd fy mwriad wrth geisio ysgrifennu y stori a ganlyn' (*MA*: 5) ar ddechrau *Meibion Annwfn*; 'cymeriad hoffus ond fel y rhelyw o'i genedl yn ymylu ar fod yn dueddol i wthio ei hun braidd' (*MA*: 6) yw ei ddisgrifiad ychydig yn ddwrdiol o'r Cocni, Bert, yn *Meibion Annwfn*; ac fel 'un o'r llyfrau mwyaf diymhongar a ysgrifennwyd am brofiadau Cymro ifanc yng nghynnwrf yr Ail Ryfel Byd' y cyflwynir ei hanes ar siaced lwch *Brethyn Glas*. Fodd bynnag, mae'r un cyflwyniad yn datgelu bod 'yr awdur yn awyddus iawn i flasu antur y blynyddoedd hynny, a phan ddaeth yr alwad nid oedd hyn ddiwrnod yn rhy fuan ganddo', ac yn sicr, nid oes awgrym o ymddiheuro, edifarhau na chyfiawnhau ar gyfyl y gyfrol. I'r gwrthwyneb, mae'r gyfrol yn rhoi ar gof a chadw '[w]ytnwch a dewrder hogiau'r Bedwaredd Fyddin ar Ddeg' (*BG*: 8) a rwystrodd Ymerawdwr Japan rhag gwireddu ei freuddwyd, 'sef gorchfygu'r Dwyrain i gyd a rhannu'r byd rhwng ei awdurdod ef a'i gydymaith yn Berlin' (*BG*: 8).

Mae'n siwr fod a wnelo'r ffaith fod cenhedlaeth flaenorol wedi profi'r Rhyfel Byd Cyntaf – 'Roedd fy nhad wrth gwrs wedi sôn llawer yn fy nghlyw am yr awyrennau a welodd yn Ffrainc' meddai Ifan Parri (*BG*: 12) – gryn dipyn â'r argraff fod y profiad milwrol wedi'i normaleiddio erbyn yr Ail Ryfel Byd. Ac er yn hogyn bach, roedd rhyw swyn a rhamant iddo mewn awyrennau, i gymaint graddau fel bod hyd yn oed faes awyr Penrhos, safle'r Tân yn Llŷn, yn cael ei gyflwyno ganddo mewn goleuni diniwed, amholiticaidd: 'Cofiaf i mi wneud parasiwt bychan a sawl model o awyrennau, a chasglwn fanylion am fesuriadau a chyflymder pob awyren newydd a ddeuai i Benrhos' (*BG*: 12). Y mae diniweidrwydd yr awdur ifanc yn drawiadol: 'Rhaid cyfaddef fy mod yn awyddus i ymuno â'r Lluoedd . . . yn fy niniweidrwydd ofnwn i'r rhyfel orffen cyn i mi gael fy nghyfle i wneud fy rhan' (*BG*: 12), a phan gaiff wybod ei fod am gael gwasanaethu dramor, nid oes ball ar ei frwdfrydedd: 'O'r diwedd! Roedd y geiriau yn wefr . . . Sawl gwaith y buom ar siwrne seithug i'r Swyddfa yn crefu am gael mynd dros y môr? . . . Ar ôl blwyddyn a hanner o ddisgwyl di-amynedd yr oedd y breuddwyd wedi ei sylweddoli' (*BG*: 17).

Antur a gwyliau yw'r cyfnod cychwynnol dramor ac mae'r agwedd meddwl yn gyson ymarferol ac adeiladol: 'Yr oedd Cape Town wrth fy modd . . . Roedd gennyf ddigon o bethau i'w gwneud tra byddwn yma – ac un ohonynt oedd ceisio cyfle i ddringo i gopa'r Mynydd Bwrdd sydd tuag uchder yr Wyddfa' (*BG*: 33). Nid yw'r newydd mewn llythyr oddi wrth ei dad fod ei fam wedi marw yn ddigon i dorri'i ysbryd: 'Ni fedrwn wneud dim mwyach ond bodloni'r Drefn a chymryd y gofal mwyaf fel y byddwn yn dychwelyd i Ben Llŷn yn holliach rhyw ddiwrnod. Eto, sylweddolwn nad oeddwn mewn gwirionedd yn disgwyl hynny; pan fo dyn ar drywydd antur mae bywyd yn ddibris' (*BG*: 43). Mae'r brofedigaeth hon yn taflu rhywfaint o gysgod dros weddill ei gyfnod dramor ac mae'r cyfeiriadau at Gymru'n amlhau'n arwyddocaol o ran yma'r hunangofiant ymlaen. Ac eto, nid ildia i'r segurdod a ddisgrifia fel '[m]wy o boen a pherygl na dim yn y Lluoedd' (*BG*: 138) na chwaith i'r iselder ysbryd a oedd 'yn berygl parhaus' (*BG*: 145). Does dim dwywaith ei fod wedi gweld a phrofi pethau mawr: daw un o'r darnau grymusaf o sgrifennu tua hanner y ffordd drwy'r gyfrol, darn o naratif gafaelgar sy'n cyfleu profiad o lygad y ffynnon a chan ei fod yn un mor brin o'i fath yn Gymraeg, byddai'n werth ei ddyfynnu yn ei grynswth:

> Daeth yr wŷs i ni un diwrnod i fynd allan o wersyll o'r enw Digri yn ôl i Jessore ac ymlaen i'r bryniau uwch glan yr afon fawr Brahmaputra. Yr oedd awyren 'Vultee Vengeance' wedi disgyn yno, a rhaid oedd i ninnau geisio adfer popeth o bwys i ni a'r gelyn. Ni fuom yn hir cyn lleoli'r fan, ac wedi cael paned aethom ati ar unwaith i dyllu. Roedd un teclyn arbennig i'w ganfod. Gwyddem y byddai'r awyren yn ddwfn yn y ddaear gan iddi ddod i lawr ar ongl 90 gradd, a hynny yn gyflym aruthrol. Nid oedd olwg o'r peiriant, ac yr oedd y ddaear yn gleiog a thrwm. Llifai'r chwys yn chwartiau fel y deuai'n tro i drin y rhawiau. Cyn i ni ddod yno deallem fod hogiau'r Fyddin wedi canfod corff y peilot, bachgen o Awstralia, ac wedi mynd ag ef i Ysbyty'r Maes a'i gladdu yn y gerddi.

> Cwynai'r hogiau fod y clai hwn yn ogleuo'n waeth na dim arall yn eu profiad. Yna sylwodd Syd, 'Nid y clai ydi'r achos hogia. Dydi'r cywion acw ddim yma i dorheulo,' gan gyfeirio at chwech o fwlturiaid a glwydai yn y coed cyfagos.
> Roedd Syd yn iawn. Yn fuan cawsom ddwy goes y peilot druan yn y clai. Roeddynt wedi eu torri yn glir i ffwrdd ym môn y clun. Cawsom drafferth i'w cael yn rhydd o'r ysgyrion. Aethom ati i gasglu'r gweddillion yn daclus mewn sach. Yr oedd y rhannau eraill o'i gorff wedi eu claddu ers pum niwrnod...
> Nos Sadwrn oedd hi, a phenderfynais fynd â'r sach a'i chynnwys i Ysbyty'r Maes i'w claddu. Cyrhaeddais yno a dweud fy neges wrth y swyddog. Roedd hwn wedi ei glymu gan incil coch oherwydd gwrthododd yn bendant dderbyn y gweddillion am fod corff y peilot druan eisoes wedi ei gladdu yn swyddogol. Ni ellid gorffen ei gladdu yn swyddogol, ac ni fedrai dderbyn y gweddillion yn y sach. Ond yr oedd yma ffwrnais, sylwais. Tybed a fedrai eu llosgi yno? Na, yr oedd hynny hefyd yn amhosibl. Roedd y gair olaf wedi ei gyhoeddi gan ladmerydd hurtrwydd y Lluoedd.
> Dychwelais i'r lle yr oedd ein pabell a phenderfynu eu llosgi fy hunan â phetrol, ond nid oedd digon o wres yn y tân hwnnw i losgi'r cnawd hyd yn oed. 'Doedd dim i'w wneud felly ond torri bedd ein hunain i'w claddu.
> Ben bore Sul aethom â'r sach i lan yr afon. Yr oedd tywod glân yno a thorasom fedd taclus a chladdu'r sach yn barchus. Nid oedd gennym lawer o syniad beth yn union i'w lefaru, ond gwnaethom ein gorau. Cyn gadael y fan gofalwyd gosod carreg fawr lefn ar y bedd rhag ofn i'r siacal a'r cŵn gwyllt ffroen-denau dyllu amdano. Y cyfaill hwn nas gwelsom erioed oedd yr unig un i mi glywed am ei gladdu ddwywaith. Wedi dymuno heddwch i'w lwch cerddasom yn ôl i'n pabell yn fintai dawel.
> (*BG*: 64–5)

'[L]ladmerydd hurtrwydd y Lluoedd': dyma ddarn o sgrifennu llawn dynoliaeth sy'n cyfleu rhywfaint o abswrdiaeth biwrocratiaeth filwrol, un o themâu diffiniol a modern y rhyfel a labelwyd yn '*chickenshit*' gan Paul Fussell[57] ac un a ddramateiddiwyd yn orchestol gan Joseph Heller yn *Catch-22* (1955).

Ac yntau wedi gwasanaethu yn yr Ail Ryfel Byd, taflunio delwedd anarwrol ohono'i hun a wna Paul Fussell yn ei hunangofiant ef, *Doing Battle* (1996) a'i is-deitl dadlennol, *The Making of a Skeptic*. Ni throwyd Ifan Parri'n sgeptig, serch hynny, ac er addo mwy o bwyslais ar y 'bryntni a'r gwastraff sydd yn nodweddiadol o'r drin' (*MA*: 5) yn *Meibion Annwfn*, mae'n gwestiwn a gyflawnodd ei addewid yn y nofel honno.[58] Nid ar ddinistr rhyfel a'r siniciaeth a ddaw yn ei sgil y mae prif bwyslais Ifan Parri, felly, ac yn y diwedd, er bod ei brofiad wedi hen danseilio'i

naïfrwydd cynnar a bod cydbwysedd wedi dod i'w le, deil ei olwg ar yr
hyn a gyflawnodd yn sylfaenol gadarnhaol: 'Teimlwn yn falch o fod yn
flewyn yn yr ysgub a lanhaodd rywfaint ar lawr ein daear, ond
arswydwn wrth feddwl faint o boen a achosais yn ddi-feddwl i eraill yn
rhywle' (*BG*: 151). Yn wir, ystyriodd aros yn yr awyrlu ar ôl i'r rhyfel
ddod i ben: 'Yr oedd y gwaith fodd bynnag mor ddiddorol ag erioed a
bûm mewn cyfyng gyngor a ddylwn dderbyn y cynnig i aros yn fy
mrethyn glas ai peidio' (*BG*: 152–3). Anturiaeth arwrol yw un Ifan Parri
yn y pen draw, anturiaeth fawr ac angenrheidiol, fe gesglir, er mwyn
gallu dychwelyd ohoni i ailafael mewn bywyd tawel ac annramatig fel
saer ac adeiladwr yn ei Lŷn enedigol.

David Elio Roberts

Yn sicr, does dim aur ar fedal atgofion David E. Roberts, er mai yn y
Dwyrain Pell y treuliodd yntau'r rhyfel, a'r prif reswm am hynny yw
am iddo dreulio'r rhan fwyaf o'r amser yn garcharor dan ddwylo'r
Japaneaid yn dilyn cwymp Singapore yn Chwefror 1942. Cofnododd ei
atgofion yn *I'r Pridd Heb Arch*,[59] yr un fath â dau arall a garcharwyd yn y
Dwyrain Pell, sef Frank Evans yn *Yn Nwylo'r Nipon*[60] ac E. Llewelyn
Evans yn *Taith yr Anialwch*.[61] Rhan o fwriad Ifan Parri wrth gofnodi ei
hanes oedd rhoi ar gof a chadw arwriaeth ei gymrodyr yn y lluoedd
arfog, gwneud rhywfaint o iawn am y diffyg sylw i'w gwrhydri: 'Gwyt-
nwch a dewrder hogiau'r Bedwaredd Fyddin ar Ddeg yn unig a'i
ataliodd . . . Ni bu byddin erioed a aberthodd gymaint, na byddin a
gafodd lai o sylw a chlodydd' (*BG*: 8–9). Ymdeimlo â chyfrifoldeb i'r
mwyafrif o'i gydgarcharorion na oroesodd a wnâi David E. Roberts, a'r
ymdeimlad hwnnw o ddyletswydd yn bennaf a'i gyrrodd i roi ar gof a
chadw eu hanes nhw:

> Dyma'r cymhelliad cryfaf oll – cymhelliad na allwn ei drechu. Rhaid oedd
> adrodd eu stori *hwy*. Nid eiddynt hwy mo'r profiad sydyn annisgwyl o
> gael eu lladd ar faes y gad; cawsant brofiadau filwaith mwy eironig a
> chreulon – ing y marw araf wedi blynyddoedd o hanner-llwgu, o wynebu
> afiechydon a chael eu cam-drin gan eu gorchfygwyr bwystfilaidd, di-hid.
> Dyna'u profiad filoedd o filltiroedd o'u cartrefi ac oddi wrth eu hanwyliaid –
> wedi eu llwyr amddifadu o unrhyw gymorth ymarferol. Marw yn yr am-
> gylchedd mwyaf aflan a diraddiol y gellir ei ddychmygu, a'r cwbl o
> ddiffyg cael ychydig luniaeth plaen a chyffuriau. Yn fwy anffodus fyth, bu
> amryw farw wedi i'r ymladd ddarfod; marw cyn cael eu dychwelyd i'w

gwlad eu hun . . . Y mae'r genedl yn drwm yn nyled y bechgyn hyn, a rhaid ymorol na chaiff y cyfle i'w hanghofio. Ymdynghedais y gwnawn innau ryw gymaint, pa mor ostyngedig bynnag, i gofnodi eu haberth trwy gyflwyno'r llyfr hwn. (*IPHA*: 11–12)

Cyfyd hyn bwynt ynglŷn â chynulleidfa darged naratifau rhyfel: gair rhy gryf, oherwydd yr amgylchiadau dan sylw, fyddai 'dathlu', ond maen nhw'n aml yn fodd o *goffáu* cymrodoriaeth unigryw amser rhyfel. Fel y sylwodd John Davies yng nghyswllt y Rhyfel Byd Cyntaf, 'Trwy gyd-ddioddef â *Geordies* a *Brummies, Cockneys* a *Scousers, Micks, Jocks* ac *Aussies,* daeth y *Taffs* yn rhan o frawdoliaeth newydd; yr oedd dyfod yn filwr fel ymaelodi â chenedl arall',[62] a chan fod y gymrodoriaeth yn ei hanfod yn un drawsffiniol os nad rhyngwladol, nid yw'n syndod deall fod *I'r Pridd Heb Arch,* er enghraifft, wedi ymddangos yn Saesneg fel *No Bamboo For Coffins* (1996),[63] fod fersiwn Saesneg o *Yn Nwylo'r Nipon* wedi'i argraffu dan y teitl *Roll Call at Oeyama* (1985),[64] fod *Pum Cynnig i Gymro* John Elwyn Jones wedi'i drosi'n *At The Fifth Attempt* (1987),[65] nac yn wir mai yn Saesneg yn unig y cyhoeddodd Jim Davies, Cymro Cymraeg o Sir Benfro a phrifathro'r Coleg Normal yn y man, *A Leap in the Dark: A Welsh Airman's Adventures in Occupied Europe* (1994).[66] Rhannu tir cyffredin â bechgyn o amrywiol gefndiroedd a gwledydd a wna'r Cymry hyn sy'n dangos nad profiad ymwahanol – yr un fath â Glyn Ifans neu filwyr ffuglennol Hydwedd Boyer – mo brofiad y Cymry yn y lluoedd arfog yn ddiwahân.

Ond roedd gan David E. Roberts lygad hefyd ar gynulleidfa Gymraeg ac ar ymestyn tiriogaeth llenyddiaeth Gymraeg yn y fargen: 'Mor bell ag y gwn i nid ymddangosodd unrhyw lyfr Cymraeg o gwbl yn rhoi hanes bywyd carcharorion rhyfel yn nwylo'r Siapaneaid. Credaf mai fi oedd yr unig Gymro Cymraeg yng ngwersyll Palembang: arferwn siarad Cymraeg â mi fy hun rhag imi anghofio'r iaith' (*IPHA*: 7). Awgryma hyn un agwedd ar yr amddifadedd a ddioddefodd David E. Roberts tra oedd yn garcharor rhyfel, amddifadedd ieithyddol a diwylliannol, ac er nad oes amau'r dioddefaint a brofodd Ifan Parri, mae'n arwyddocaol fod ei hunangofiant ef yn frith o gyfeiriadau at lenyddiaeth Gymraeg, at I. D. Hooson a'r Mabinogi a Daniel Owen. Dyn y tynnwyd oddi arno, yn llythrennol ac yn ffigurol, 'bob rhyw wisg' sy'n adrodd ei brofiad yn *I'r Pridd Heb Arch,* un a gollodd '[F]antell parchusrwydd a gwybodaeth ddoeth, / Lliain diwylliant a sidanau dysg'.[67] Ac eto, yn groes i drosiad du Gwenallt, er ei wendid eithafol, nid dangos 'Mor llwm yw'r enaid, yr aflendid noeth' na'r 'llaid cyntefig yn ein deunydd tlawd' a wneir, ond yn hytrach benderfyniad dyn i oroesi, doed a ddelo. Creithiwyd David E. Roberts yn seicolegol gan ei gyfnod dan glo: wrth geisio egluro'i benderfyniad i gofnodi ei hanes ddeng mlynedd ar hugain yn ddiweddarach, dywed ei fod wedi dechrau sgrifennu'r hunangofiant – fe'i câi 'bron yn amhosibl' (*IPHA*: 212) *siarad* am ei brofiadau – yn 1946 'ond fe'i cyfrifwn yn annoeth iawn ar y pryd i ganolbwyntio ar ddigwyddiadau yr oedd yn rhaid imi geisio eu hanghofio er mwyn cael adferiad o'm hanwylderau meddyliol a seicolegol' (*IPHA*: 7). Ond wrth geisio sefydlu at ddiwedd ei gyfrol pam y perthynai i'r criw a oroesodd dair blynedd a hanner o garchariad yn hytrach nag i'r un o bob pedwar na ddaeth o garchardai rhyfel y Japaneaid yn fyw,[68] penderfyna mai'r 'gyfrinach oedd bod gennym yr ewyllys i fyw: dyma'r elfen a oedd wedi chwarae'r rhan bwysicaf' (*IPHA*: 184):

> Meddyliais am yr ystyfnigrwydd, a'r gwrthwynebiad stoicaidd i ildio i afiechyd, a fu mor amlwg yn ein hymddygiad tra buom yn garcharorion rhyfel. Hawdd fyddai tybio mai'r angen am fwyd a'n gwnâi mor benderfynol i fynd allan gyda'r partïon gwaith; erbyn hyn gwawriodd arnaf fod rheswm seicolegol llawer dyfnach a chryfach . . . deuthum i'r penderfyniad mai'r balchder mewn llwyddo i gadw'n fyw a lywiodd ein hymddygiad bron yn gyfan gwbl. Edmygem ddycnwch a dyfalbarhad yn fwy na dim arall. Cawsom ein bychanu, ein darostwng a'n sarhau dros gyfnod mor hir, nes bod balchder mewn cadw'n fyw wedi disodli balchder yn ein gwaith, yn ein gwisg ac yn ein hymddangosiad. Nid oedd gennym ddim ar ôl – dim ond ein bywyd: y peth mawr oedd dal ein gafael ynddo, a pheidio ag ildio i angau. (*IPHA*: 184–5)

Tebyg yw casgliad goroeswr arall, Frank Evans: 'Yr oedd gennyf un peth i fod yn ddiolchgar i Dduw amdano, sef fy mod wedi dysgu'r wers fawr fod colli calon yn gyfystyr â rhoi i fyny'r ysbryd, a marw. Gall y corff dynol wrthsefyll camdriniaeth arswydus os bydd yr ysbryd yn iawn. Oni welais fy hunan ambell fachgen a fu un tro yn gryf a chyhyrog yn colli gobaith ac yn cwympo?' (*YNN*: 88). Naratif dioddefwr yw *I'r Pridd Heb Arch*, felly, enghraifft o'r hyn a eilw Samuel Hynes yn 'sufferers' stories in which starvation, disease, and the cruelty of the guards turn prisoners into less than men, and in which the sustaining hope is not freedom but simply survival'.[69]

Y mae *I'r Pridd Heb Arch* yn gofnod rhyfeddol o benderfyniad un dyn i fyw, tystiolaeth brin o lygad y ffynnon sydd ymhlith y darnau grymusaf o ryddiaith a sgrifennwyd yn Gymraeg am y rhyfel. Nid unrhyw nodweddion hunanymwybodol lenyddol sy'n peri i ddyn dynnu'r casgliad hwnnw, ond yn hytrach y dadleniad ffeithiol di-ildio o amodau byw llethol o faterol; 'they have nearly all been realists', meddai Samuel Hynes am awduron naratifau personol am ryfel ar hyd yr oesoedd, 'adopting a style that would come as close as language can to rendering the things of the material world as they are'.[70] Catalog yw *I'r Pridd Heb Arch* o'r afiechydon di-ri y dioddefai'r carcharorion ohonynt fel disentri, beri-beri a malaria; y newyn parhaus a'u meddiannai a'u gyrru i fwyta iguana, cathod, cŵn, nadroedd, llygod mawr a hyd yn oed wreiddyn planhigion er mwyn dal gafael ar fywyd; a sadistiaeth enbyd y Japaneaid tuag atynt. Dim ond ar achlysuron prin, ac felly arwyddocaol, y llwyddir i ddatgysylltu dros dro oddi wrth yr amgylchiadau hollbresennol hyn:

> Nid wy'n sicr sut y dechreuodd y noson, ond cofiaf fod y gwersyll i gyd wedi ymgolli mewn canu carolau. Rhyw ffrwd fach o ganu lleisiol oedd ar y dechrau, ond cyn y diwedd yr oedd fel llifeiriant nerthol, fel yr ymunai mwy a mwy. Yr oedd fel pe bai magned yn ein tynnu i'r iard rhwng yr adeiladau, ac yno yng ngolau gwyn lleuad lawn anferth y trofannau, anghofiwyd popeth wrth forio canu'r naill ar ôl y llall o'n hoff garolau. Cofiaf imi syllu o'm cwmpas, a'm dychymyg fy hun yn rhedeg yn wyllt. Eira oedd y lloergan ar do'r adeiladau, ffynidwydd oedd y palmwydd, a'r mân lwyni trofannol trwy ryw wyrth wedi troi'n goed celyn o flaen fy llygaid. Am ennyd fer fe'n codwyd ni oll o'r hen garchar hwnnw, a'n cludo i dir ein gwlad, filoedd o filltiroedd i ffwrdd, i rannu'r eiliadau amhrisiadwy â'n hanwyliaid. Anodd oedd cadw'r dagrau'n ôl, ac yng nghell fy nghof am byth erys darlun o'r gwŷr esgyrnog hynny yn canu, heb gywilyddio dim fod deigryn ar ôl deigryn yn berlau gloyw ar eu gruddiau tenau, llosg. Nid oedd arlliw o fasnach elwgar yn agos i'r diwrnod hwnnw: dim ond cymundeb tawel rhyngom a'n gilydd, a rhyngom a'n hanwyliaid ymhell bell i ffwrdd. Mwynheais ganu carolau lawer tro wedi hynny, mewn eglwysi cadeiriol ac mewn llannau gwledig, ond ni theimlais yno'r tangnefedd a'r sicrwydd a'r diogelwch a'm cofleidiodd y foment honno o'm carchariad. (*IPHA*: 117–18)

Dyna ddarn o sgrifennu manwl gywir, enghraifft rymus o gofnodi profiad yn onest ac yn driw ac un sydd, er gwaetha'r byd uffernol a ddisgrifir, yn meddu ar naws ddyrchafol.

Selyf Roberts

O'r cychwyn cyntaf, gwneud yn fach o'i brofiadau fel carcharor rhyfel a wna Selyf Roberts (1912-95), eu chwarae i lawr. 'Nid cyfres o anturiaethau cyffrous a geir ond cronicl onest o'r rhan honno o'i fywyd' yw'r 'broliant' ar glawr ôl *Tocyn Dwyffordd* gan gyfeirio at y pum mlynedd a dreuliodd yn y fyddin, tair ohonynt yn garcharor dan ddwylo'r Almaenwyr. Yr un fath â Glyn Ifans o'i flaen, nodyn fflat a drewir, felly, un anarwrol ac annathliadol. Does dim awgrym o falchder catrodol neu genedlaethol, er enghraifft, wrth iddo gyfeirio ato'i hun yn listio gyda Chatrawd De Swydd Gaerhirfryn neu'r *South Lancashire Regiment*: 'Y rheswm pam nad oeddwn mewn catrawd Gymreig oedd mai ym Manceinion yr oeddwn pan alwyd fi i'r fyddin, ac nid oedd fawr o bwys gennyf: y fyddin oedd y fyddin, ac nid oedd fawr o wahaniaeth pa fathodyn a gawn na pha fath ar siwt. 'D oedd hi ddim yn ffitio, nac o ran maint na natur, er nad oedd gennyf unrhyw argyhoeddiad yn erbyn ei gwisgo' (*TD*: 7). Ac er ei fod yn cael ei gynhyrfu'n achlysurol i ollwng stêm – cyfeiria at y ffaith mai 'criw o foroniaid oedd y swyddogion digomisiwn, ac yn wir rhai o'r swyddogion uwch hefyd' (*TD*: 7) – mae cydbwysedd y sylw ynglŷn â'r wisg filwrol yn nodweddiadol o'r atgofion rhyfel hyn ar eu hyd. Atgofion ar ôl oeri'r gwaed a geir ganddo, bron ddeugain mlynedd wedi i'r rhyfel ddod i ben, ac mae tôn y sgrifennu'n rhesymol, bwyllog, gytbwys ar ei hyd. Mae'r pellter hwnnw, rhwng cyfnod y profi a'r cofnodi, yn fater a godwyd gan Selyf Roberts ei hun wrth ymateb i farddoniaeth y Rhyfel Byd Cyntaf gan awgrymu mai 'Da o beth, mewn gwirionedd, oedd i rai o'n llenorion oedi blynyddoedd cyn mentro i gyhoeddi. Mater o farn yw a gollwyd peth o wefr a digymhellrwydd yn y creu ai ynteu yr enillwyd cydbwysedd barn a chraffter grebwyll trwy edrych o bell.'[71] O sgrifennu gyda synnwyr trannoeth, yr hyn a gollwyd yw uniongyrchedd amrwd y profiad o fod yn ei chanol hi ar y pryd. Chwe blynedd ar ôl iddo gyhoeddi *Tocyn Dwyffordd*, cyfeiriodd Selyf Roberts at y ffaith iddo deimlo nad ei ryfel ef, fel Cymro, oedd y rhyfel y consgriptiwyd ef i frwydro ynddo:

> bûm o flaen fy ngwell ar ddau achlysur am fynegi hyn mewn llythyrau a gafodd eu sensro. Dichon mai atgasedd noeth at y 'sefydliad' militaraidd Saesneg a'm hysgogodd i sgrifennu braidd yn fyrbwyll, gan haeru na ddylaswn i, fel Cymro, orfod goddef y ddisgyblaeth a orfodwyd arnaf fel consgript. Ond beth bynnag oedd y tu ôl i'm protest, a pha mor ffôl bynnag oeddwn yn ei datgan . . . roedd yr hyn a sgrifennais yn berffaith onest ac argyhoeddedig ar y pryd.[72]

A dyna daro'n ddamweiniol ar yr hyn na chyfleir ganddo, yr hyn a gollwyd yn *Tocyn Dwyffordd*, oherwydd ei sgrifennu flynyddoedd yn ddiweddarach sef yr 'atgasedd noeth' y cyfeiria ato, y byrbwylltra, y brotest, y ffolineb a'r gonestrwydd. Yr hyn a geir o ganlyniad yw argraff o brofiadau trefnedig, o dymer wedi'i ffrwyno a'i rheoli'n dynn, ac er nad oes wadu mai personoliaeth fonheddig, urddasol, garcus sy'n llefaru yn yr atgofion hyn, un sy'n ymatal rhag dramateiddio'i brofiadau'n ormodol, mae yma hefyd henwr hirben yn ei saithdegau wrthi'n golygu ac yn cymedroli'r atgofion am yr hyn a brofodd yn ei ddauddegau hwyr a'i dridegau cynnar.

Un o'r prif resymau pam nad aeth Selyf Roberts ati'n syth ar ôl y rhyfel i gofnodi a chyhoeddi'i brofiadau oedd ei barch at garcharorion rhyfel yn y Dwyrain Pell:

> [roedd] . . . nifer o fechgyn tua'r adeg honno wedi dychwelyd gartref ar ôl bod yn garcharorion yn nwylo'r Siapaneaid, rhai ohonynt yn dwyn effeithiau trist o'r driniaeth greulon a gawsant, a phob un yn medru adrodd, pe mynnent, am brofiadau llawer mwy cyffrous a chwerw na'r eiddof fi. Hyfdra ar fy rhan, felly, fuasai cyhoeddi'r cronicl cymharol ddi-ddigwyddiad hwn y pryd hynny. (*TD*: 'Rhagair')

Ac er nad oes amau faint ei amddifadedd, mae darllen am ffurfio cwmni drama a chôr meibion a chwarae pêl-droed yn atgofion Selyf Roberts yn gymorth i sylweddoli cymaint gwaeth oedd hi ar garcharorion dan ddwylo'r Japaneaid. Gan fod amryw gyn-garcharorion o'r fath erbyn canol y 1980au wedi adrodd eu hanes – rhai fel David E. Roberts a Frank Evans – teimlai'n rhydd i adrodd ei stori yntau: 'Nid yw'n stori anturus iawn, nac yn gyffrous, ond hytrach yn record o brofiadau y bu i lu mawr o Gymry o'm cenhedlaeth i eu hwynebu' (*TD*: 'Rhagair'). Nid hyrwyddo cwlt yr unigolyn mo fwriad Selyf Roberts o gwbl felly ond cyflwyno profiad cyffredin a thynnu llun cynrychioliadol. Ond er y pwyslais hwn ar gyfleu profiad y lliaws, nid lefelwr diwylliannol llwyr mo'r fyddin yn ei hanes chwaith a deil ar bob cyfle i'w fynegi ei hun fel Cymro. Testun llawenydd iddo, er enghraifft, yw cael ymuniaethu â chriw o gyd-Gymry ar fwrdd yr *Otranto*: 'O'r diwrnod y cyfarfûm â nhw teimlem fod y gofidiau'n llawer ysgafnach, a byddem yn dioddef ein hamgylchedd yn well am y gallem edrych ymlaen at ein hawr neu ddwy o seibiant gyda'n gilydd yn rhyw gornel o'r llong ymhell o sŵn y bingo' (*TD*: 35). Ac yntau'n fab i weinidog Wesla, diffinnir ei ymwybod â Chymreictod mewn termau diwylliannol, moesol a chrefyddol clir: 'Un o'r lleoedd cyntaf y chwiliais i amdano yn Karachi oedd capel, ac os yn bosibl, capel Wesleaidd . . . fy nghysylltiad â'r capel hwnnw oedd fy ngwaredigaeth' (*TD*: 50). Hyd yn oed dan amgylchiadau torfol a chymysg y carchar, ceisia warchod ei arwahanrwydd a chynrychioli'r 'arall' a wna'i gyd-filwyr o genhedloedd eraill: dywedir am y Cocni, Ray, nad oedd ganddo 'fawr o ddiwylliant, dim llawer o addysg, a hoff bwnc ei sgyrsiau bob amser oedd merched a rhyw' (*TD*: 149) a'r un modd y Sgotyn, Jock: 'Bachgen garw oedd Jock heb fawr o ddiwylliant, yn gryf fel tarw ac yn malio dim yn neb' (*TD*: 152).

Efallai am fod amgylchiadau eu carchariad nhw yn enbytach byth, mae Cymreictod yn rym gwaredol i Selyf Roberts mewn modd na synir amdano gan David E. Roberts a Frank Evans. A'i bwysau, dan effeithiau disentri, wedi gostwng i bedwar ugain pwys yn unig, fe'i trosglwyddir i ysbyty yn yr Eidal lle y gofalwyd amdano gan leian o'r enw Sorella Caterina:

> Yr oedd gan bawb ohonom lechen uwchben ein gwelyau yn dynodi o ba genedl yr oeddem, ac yn sicr i chi fe ddaeth Sorella ataf fore drannoeth a dileu'r gair *Inglesi* oedd ar fy llechen a rhoi *Galesi* yn ei le, gan egluro ei bod wedi bod yn edrych yn ei llyfrau a gweld fod Cymru yn genedl ar wahân. Gwyddwn am lawer o bobl yng Nghymru nad oeddynt wedi dysgu hynny. (*TD*: 118)

Mae golygfeydd felly'n fodd i adfer ei synnwyr hunaniaeth a'i ddyneiddio drachefn. Ac eto, er ei fod yn tynnu sylw at y gwahaniaethau rhyngddo a'i gyd-filwyr, darlunio'i hun yn gweithredu'n gymodlon ac ymarferol a wna yn yr atgofion hyn. Mae'n ddadlennol, er enghraifft, fod Glyn Ifans yn cyfeirio'n ddieithriol at ei gyd-filwyr drwy ddefnyddio'r ffurf trydydd person lluosog ond anghynhwysol, 'hwy', tra defnyddir y ffurf cyntaf lluosog a chynhwysol 'ni' gan Selyf Roberts. Nid un i wisgo'i Gymreictod ar ei lawes mohono; agwedd dawel, hunanfeddiannol ar ei bersonoliaeth ydyw. Ac nid yw'r ymwybod o arwahanrwydd, a fynegwyd yn llawer cryfach yn ysgrif 1990 o gymharu â chyfrol 1984, yn ddigon i beri iddo dynnu'n groes: i'r gwrthwyneb, mae'n fodlon cynnal y *status quo* o fewn y carchar milwrol drwy weithredu fel cyfieithydd y gwersyll.

Tra'n derbyn natur gymharol barchus ei atgofion, o leiaf wrth iddo ddisgrifio ei ymateb cynnar i'w garchariad, rhydd Selyf Roberts lais achlysurol i fath arbennig o ddigalondid ac anobaith na chawsai fynegiant mor ddirdynnol o'r blaen yn y Gymraeg:

> Yr hyn a achosai fwyaf o boen meddwl imi oedd yr ymdeimlad o gael fy nhorri ymaith o bob rheolaeth ar fy mywyd fy hun. Yr oedd yn amhosibl imi'n awr ystyried yfory. Er imi hen arfer â bywyd ansicr yn y fyddin, a theimlo lawer gwaith yn y misoedd cyntaf rhyw ddileu graddol o'm

hunaniaeth fel bod rhesymol a chyfrifol, yr oeddwn wedi llwyddo'r pryd hynny i ddianc yn gyson o'r hualau militaraidd a dilyn llwybrau o'm dewis fy hun. Pan edrychwn ymlaen o'm gorweddfan unig – ie, unig, er gwaethaf y miloedd cyffelyb o'm hamgylch – yr hyn a welwn oedd cydymffurfio diddiwedd, derbyn pa fwyd bynnag a gynigid imi gan rywun arall, ac yn nhermau annibyniaeth bersonol bod yn neb. (*TD*: 97)

Fel Glyn Ifans o'i flaen, ei ymwybod o Gymreictod yw un o'r ffactorau sy'n rhoi arbenigrwydd iddo, sy'n ei achub rhag boddi mewn môr o unffurfiaeth a'r dynged nihilaidd o '[f]od yn neb'.

John Elwyn Jones

Mae'n gwbl nodweddiadol o Selyf Roberts, pan yw'n dod o hyd i fap o'r Almaen a dinas Hamburg ynghanol pecyn bwyd a allai ei gynorthwyo i ddianc o'r carchar, ei fod yn ymateb yn ochelgar:

> Yr oeddwn yn ddigon call i wybod fod eisiau math arbennig o ddyn i wneud dihangwr medrus. Rhaid oedd iddo feddu dichell, dyfeisgarwch, meddwl cyflym ac amynedd di-ben-draw, ac ar ben y cwbl wytnwch a nerth corfforol tu hwnt i'r cyffredin. A rhaid oedd iddo fod yn ddewr heb fod yn rhyfygus, yn fentrus heb ddibynnu'n ormodol ar ffawd, yn frwd heb fod yn benboeth. Prin fod yr un o'r nodweddion hyn ynof fi, a dyna'r gwir. (*TD*: 167)

Mynegir ymateb gwylaidd, agwedd nodweddiadol y carcharor rhyfel Cymreig efallai, gan E. Llewelyn Evans, brodor o Ben-y-bont-fawr yn yr hen Sir Drefaldwyn, yn *Taith yr Anialwch*. Yng ngeiriau Arfon Gwilym yn ei ragair i'r gyfrol, 'gŵr tawel a hynod ddiymhongar ydi Llew Evans, nid un sy'n chwennych clod na sylw o unrhyw fath' (*TA*: [3]), ac mae'n amlwg nad ar chwarae bach y cytunodd i gyhoeddi ei brofiadau. Dywed am yr alwad a gafodd yng Ngorffennaf 1941 i ymuno â'r fyddin nad oedd hi 'mor barchus o gryn dipyn â'r alwad i'r Weinidogaeth' (*TA*: 8), ac yna, chwe mis yn ddiweddarach, roedd yn garcharor dan law'r Japaneaid ar ynys Borneo. Ac yntau wedi ei fagu'n hogyn capel, galwyd arno ar un achlysur i gynnal gwasanaeth ar lan bedd dau o'i gymrodyr, digwyddiad a adawodd ei ôl arno: 'Nid wyf yn hollol siwr a ddylwn sôn amdano ai peidio, rhag fy mod yn tynnu sylw ataf fy hun yn ormodol ac i rywun feddwl mai stori ddychmygol yw hi. Ond na, digwyddiad ydoedd, a hwnnw yr un mwyaf a gofiaf erioed' (*TA*: 39–40). Yn ddiweddarach, wrth iddo gau pen y mwdwl, cyfeddyf na fu'r broses o gofnodi'i atgofion yn un hawdd oherwydd iddo 'orfod ail-fyw yn fy meddwl yr holl droeon a fu, er nad yw'r cwbwl wedi ymddangos ar y tudalennau hyn. Gennyf fi fy hun y bydd rhai digwyddiadau yn aros' (*TA*: 56). Os gellir labelu'r agwedd swil, ymatalgar, ddiryfyg hon fel yr un nodweddiadol Gymreig, mae atgofion carcharor rhyfel arall, John Elwyn Jones, yn rhai cwbl gyferbyniol: gyda hyder anghymreig, ef ei hun yw prif arwr ei hanes, nid oes arno fymryn o ofn tynnu sylw'n ormodol ato'i hun a pheri i'r darllenydd amau ai hanes dychmygol a geir fwy nag unwaith. Am hynny mae'n sefyll ar wahân i'r rhan fwyaf a sgrifennwyd, yn ffuglennol neu'n ffeithiol, am y rhyfel yn Gymraeg.

'[G]allwch anghofio'r hunangofiant arferol, oherwydd mae hwn yn hunangofiant hollol wahanol' meddai Nesta Wyn Jones yn ei rhagair i *Yn Fy Ffordd Fy Hun: Hunangofiant Dyn Byrbwyll* a rannwyd yn dair cyfrol.[73] Cafwyd aelodau o'r lluoedd arfog o'i flaen yn cydnabod yn onest eu bod wedi mwynhau'r profiad milwrol: Caradog Prichard yn *'R Wyf Innau'n Filwr Bychan* ac yntau'n filwr dan hyfforddiant a Hugh Bevan yn y llynges yn *Morwr Cefn Gwlad*, ond ni chafwyd gan yr un awdur Cymraeg gyflead mor anturiaethus a dramatig, mor frolgar a lliwgar o'u cyfnod gyda'r lluoedd arfog. Mae'n siŵr fod a wnelo hyn gryn dipyn â'r ffaith nad dan orfod yr ymunodd y mab ffarm o Ddolgellau â'r fyddin: i'r gwrthwyneb, ar y trydydd cynnig y llwyddodd i ymaelodi ar ôl cael ei wrthod ddwywaith cyn hynny am ei fod yn rhy ifanc a'r hyn a'i cymhellodd ef a'i frawd oedd awydd i weld y byd: 'Roedd hi'n ymddangos mai dim ond drwy ymuno â'r fyddin neu'r llynges y caem gyfle i weld y gwledydd pell' (*YFfH1*: 25). Does dim sy'n edliwgar, yn edifeiriol nac yn ymddiheurol am ei atgofion milwrol felly: ceir ganddo hanes un sy'n torri ei gwys ei hun, yn pennu ei dynged ei hun ac yn derbyn pob cyfrifoldeb am ei weithredoedd. Ar 1 Awst 1939, llwydda o'r diwedd i ymuno â'r Gwarchodlu Cymreig: 'Roeddwn yn union mewn pryd i gymryd rhan yn yr Ail Ryfel Byd pan dorrodd hwnnw allan, fis yn ddiweddarach' (*YFfH1*: 78).[74] A'r chwip o gyfrol sy'n rhoi ar gof a chadw'r rhan a chwaraeodd yn y rhyfel hwnnw yw *Pum Cynnig i Gymro: Anturiaethau Carcharor Rhyfel*.[75]

Anturiaethau, sylwer, rhagor *atgofion*, ac ni chaed erioed gywirach isdeitl yng nghyswllt rhyddiaith Gymraeg y rhyfel oherwydd yn yr hunangofiant – bron na ddywedwn, yn y nofel hon – y cyrhaedda *genre* yr antur rhyfel ei anterth. O'r tudalen cyntaf un, mae'r pwyslais ar weithredu'n eofn, ar fentro'n ddewr, ar benderfyniad di-ildio, a'r adrenalin yn pwmpio'n ddi-baid. Nid fel dioddefwr goddefol o unrhyw fath y cyflwyna John Elwyn Jones ei hun ond fel goroeswr heriol, a does dim syndod fod yr hanes o'r diwedd wedi'i addasu'n ffilm:⁷⁶ ar gorn llwyddiant *Hedd Wyn* y gwnaed hynny, ond os arwr trasig o'r Rhyfel Byd Cyntaf a orfodwyd i ymuno â'r fyddin a bortreadwyd yn y naill yna hanes buddugoliaethus un o feibion eraill Sir Feirionnydd a aeth i'r Ail Ryfel Byd â'i lygaid yn gwbl agored a bortreadir yn y llall.⁷⁷

Does dim dwywaith fod yr hanes yn herio hygoeledd yn aml. Er enghraifft, y mae'r rhwyddineb a gyfleir wrth i'r awdur ddianc yn nosweithiol i ganlyn ei gariad o Wlad Pwyl yn codi ambell gwestiwn: cyfeiriodd Dafydd Llewelyn Jones at yr olygfa yn y fersiwn ffilm o'r hunangofiant lle neidiai'r actor 'dros ffens uchel, yn osgoi fflachlampau yr Almaenwyr ac yn gweu drwy'r gwair gwyllt er mwyn rhoi bar o siocled i'w gariad' fel un a ymdebygai braidd 'i un o hysbysebion siocled *Milk Tray*'!⁷⁸ Enghraifft arall yw'r pedwerydd cynnig ar ddianc pan ddelir John Elwyn Jones a'i gyd-ddihangwr gan aelodau'r Gestapo: llwydda'r arwr i'w cael i gyfaddef eu hedmygedd o Scotland Yard a'u gwybodaeth am Sherlock Holmes a hefyd 'Hywel Chief . . . mab Prif Gwnstabl Sir Feirionnydd ac unig dditectif y sir!' (*PCG*: 178). Nid yw'r fath gellwair rywsut yn tycio gyda'r ofn a fynegir yn syth wedyn ar ddechrau'r bennod ddilynol: 'Pa beth yn awr tybed? *Konzentrationslager*?' (*PCG*: 179). Mwy cymedrol a llai carlamus yw'r cyfieithiad Saesneg – nid yw'n cyfeirio at yr un ditectif penodol (*AFA*: 160-1) – yn union fel petai rheolaeth olygyddol lymach arno. Defnyddir yr ansoddair 'anhygoel' ddwywaith gan Nesta Wyn Jones yn ei rhagair i *Yn Fy Ffordd Fy Hun* (*YFfH1*: 7) a hyd yn oed gan yr awdur ei hun fwy nag unwaith: 'Roedd y peth [ei stori] braidd yn anhygoel ac ofnwn am beth amser eu bod yn fy amau' (*PCG*: 175); 'Roedd fy lwc yn anhygoel!' (*PCG*: 217) meddai wrth ddisgrifio ei bumed cynnig ar ddianc a'r un fath yn union ychydig dudalennau'n ddiweddarach (*PCG*: 232), yn union fel petai'n ei chael hi'n anodd credu ei stori ei hun! Dywedir ar siaced lwch *At The Fifth Attempt*: 'The story told in this book is so remarkable that some may find it hard to believe that the author has not allowed the passage of years to embellish his memory of the events he describes. A little research, however, will soon dispel this idea', ac nid yw'r awdur yn ymesgusodi dim wrth ateb ei amheuwyr yn *Yn Fy Ffordd Fy Hun*:

> Gwn fod mwy nag un sydd wedi darllen *Pum Cynnig i Gymro* yn eithaf amheus o rai o'r digwyddiadau ynddo. Nid yw hynny'n poeni dim arnaf. Wedi'r cyfan faint o'r amheuwyr fu'n garcharorion rhyfel, yn wir faint

> ohonynt a ryfygodd eu bywyd erioed? ... Hwyrach fod ambell i amheuwr
> yn credu mai ffrwyth fy nychymyg yw'r cyfan ac yn anghofio'r ddihareb
> Saesneg: *Truth is stronger* [sic] *than fiction!* Profais hynny sawl tro yn fy
> mywyd! (*YFfH3*: 205)⁷⁹

Ond yn y pen draw, gweddu i bersonoliaeth liwgar yr awdur a wna'r holl ormodiaith a drama yn ogystal â bod yn nodweddion ar y *genre* y sgrifenna o'i fewn.

Sefydlir natur yr hunangofiant o'r bennod gyntaf ddigwyddlawn a enwir yn ddramatig yn 'Pawb Drosto'i Hun': ar drothwy gwrthgiliad Dunkirk, delir John Elwyn Jones yn haf 1940 a disgrifir hynny mewn naratif byw, cyffrous, gwibiog:

> Aeth y tri yn eu blaenau'n wyrthiol am rai eiliadau, y bwledi yn gwibio o
> fewn modfeddi iddynt. Yna trawyd y tri ar unwaith. Gwelwn y bwledi'n
> mynd i fewn i'w cefnau a'u lladd yn y fan. Ni wnaeth yr un ohonynt
> gymaint â chodi braich neu roi unrhyw arwydd arall o'i dynged; dim ond
> syrthio ar ei ochr a gorwedd yno yn ei unfan fel swp o ddillad ar y cae.
> Dyna yn union fel yr ymddangosai'r tri i mi. Eiliad yng nghynt tri milwr
> oeddent; adwaenwn hwy, roeddwn wedi mwynhau oriau difyr yn eu
> cwmni, ond yn awr nid oeddynt ond tri swp o ddillad ar gae estron yng
> ngogledd Ffrainc. (*PCG*: 14–15)

Dyma'r arddull gwta, ffeithiol a febwysiedir yng ngweddill yr hunangofiant ac sy'n sicrhau bod sylw'r darllenydd wedi'i hoelio hyd y diwedd un. Mae'r momentwm hefyd yn cael ei gynnal drwy ddefnydd o benodau byrion: rhannwyd argraffiad diwygiedig 1987 o *Pum Cynnig i Gymro* yn bedair a deugain o benodau a chwta ddau gant a hanner o dudalennau, cyfartaledd o ryw bum tudalen a hanner y bennod. Nid oes brinder drama na gormodiaith: a'r awdur a dau gyfaill yn ceisio croesi afon fawr y Neisse, disgrifia'i hun yn herio 'holl rym y llif ac ymwthiais ymlaen, ymlaen' (*PCG*: 90), ac yn ddiweddarach, ac yntau erbyn hynny'n aelod o'r Fyddin Gêl, disgrifia fel y 'Gwibiai'r bwledi heibio i'm clustiau fel gwenyn cynddeiriog a phlannu i'r ddaear o 'mlaen ac o 'nghwmpas, rhai ohonynt yn mynd hyd yn oed rhwng fy nghoesau' (*PCG*: 143). Un llawn brafado a bygythiadau yw'r traethydd: 'Rhuthrais innau ato hefyd a'i wthio yn erbyn mur yr adeilad. Deliais fy nwrn o dan ei drwyn: "Ceisia di'n nharo i eto'r burgyn," meddwn, "a mi dorra'i asgwrn dy gefn di"' (*PCG*: 105). Ac er mor ecsotig yw cefndir y digwyddiadau, cadarnheir Cymreigrwydd cynhenid yr arwr gan ei ddefnydd rhwydd o briod-ddulliau a ddeillia o'i fagwraeth yng nghefn gwlad Cymru: 'Roeddwn mor lleuog â choes mochyn' (*PCG*: 42); 'yn denau fel stenyn' (*PCG*: 47); 'medrai saethu gwelltyn o big y frân' (*PCG*: 97); 'mi fuaswn mor amlwg a iâr ar y glwyd' (*PCG*: 139); 'cael eu bwrw i lawr fel gwybed' (*PCG*: 142); ceffylau 'yn dyhyfu fel bytheiaid' (*PCG*: 144); 'yn wan fel brwynen' (*PCG*: 181).

Cyflwyna'i hun o'r cychwyn cyntaf fel un annibynnol, unigolyddol ei agwedd, cymeriad eofn sy'n meddu ar fwy na'i siâr o ddychymyg, penderfyniad a hunangymhelliant. Am ei gynnig cyntaf i ddianc yn fuan ar ôl cael ei ddal, dywed mai'r 'peth rhyfeddaf oedd y ffaith nad oedd neb yn fodlon dod gyda mi; nid oedd neb am fentro ei fywyd ar ôl dod drwy'r frwydr yn ddiogel' (*PCG*: 17). Sefydla'i hun, felly, fel cymeriad ar wahân ac nid fel milwr nodweddiadol, ac er bod yma rywfaint o ymfalchïo yn y Gwarchodlu Cymreig y perthyn iddo a llawer o gyfeiriadau at gydnabod a chyfeillion ar hyd y daith, dyn ar ei ben ei hun yw John Elwyn Jones yn y diwedd fel y crisielir gan y teitl *Yn Fy Ffordd Fy Hun: Hunangofiant Dyn Byrbwyll* a'r sylw ynglŷn â'r hyn a ddysgodd yn y fyddin: '"yn bennaf mi ddysgais sut i edrych ar ôl fi fy hun a chael yr ergyd gynta' i mewn"' (*YFfH3*: 91–2).

Yn fuan yn ei hanes, rhoddir holl ddyfodol ei anturiaethau yn y fantol pan syrth mewn cariad gyda Celinka'r Bwyles: 'Erbyn hyn Celinka oedd pob peth i mi. Ni feddyliwn am neb na dim arall. Cyn ei chyfarfod meddwl am gynlluniau i ddianc a wnawn ond yn awr rhoddais y bwriad heibio yn llwyr. Aros yn agos i Celinka oedd yr unig beth a ddymunwn' (*PCG*: 59). Ond er i'r ddau briodi mewn seremoni gyfrinachol, am oddeutu chwe mis yn unig y parhaodd eu carwriaeth a bu farw – yn fersiwn yr awdur o'r hanes[80] – ym Mehefin 1942. Ailgyflwynir yr awdur felly fel arwr clwyfedig, os arwr mwy dynol, a gall ganolbwyntio o'r newydd ar ei gynlluniau i ddianc. Ailsefydlir y cywair gwrywaidd, *macho* a'r agwedd hunanddibynnol, hunanganolog a'i gynnal hyd at ddiwedd y stori fel yr awgrymir gan enghraifft ddiamwys fel hon:

> Anelais fy nwrn at ben y milwr ond gwyrodd a methais ef. Ar hynny trodd a rhedeg a rhedais innau ar ei ôl. Ymlidiais ef nes ei yrru i gornel a phan oedd yn troi i geisio dianc ohoni trewais ef a'm holl nerth yn ei aren. Disgynnodd i'r ddaear fel petai wedi ei saethu a rhoddodd lef o boen. Hwn oedd yr Almaenwr cyntaf imi ei daro ers pan oeddwn yn garcharor. Teimlwn fel pe bawn yn dial am yr holl greulondeb ac anghyfiawnder yr oedd ei genedl wedi eu cyflawni. Yr unig beth a ddymunwn yn awr oedd rhoi cweir iawn iddo. (*PCG*: 73)

Arno ef ei hun y mae'r ffocws bob tro: 'Y fi oedd y llefarydd ac o ganlyniad yn wastad yn y tân' (*PCG*: 160) a 'neidiais i ben y bwrdd a gofynnais am sylw pawb' (*PCG*: 167). Heblaw am y butain a'i cynorthwya i ddianc ar long i Sweden niwtral ar ddiwedd *Pum Cynnig i Gymro*, nid tan *Yn Fy Ffordd Fy Hun* y daw merch arall i ganol ei naratif a hynny ar ffurf Sophia, Awstriad o dras uchelwrol a garcharwyd yng ngwersyll crynhoi Ravensbruck ac yr ystyria John Elwyn Jones dreulio gweddill ei fywyd â hi ar ddiwedd y rhyfel. Yn ffwr-bwt y diflanna Sophia o'r hanes ac yn gwbl ddi-nod ac yn ddibaratoad y cyfeiria ato'i hun yn priodi ym Mai 1947, ond os oes unrhyw eglurhad ar y ffaith anhygoel na chyfeirir at ei wraig wrth ei henw priod ond fel 'y wraig' (*YFfH2*: 56) mewn tair cyfrol ac ynddynt gyfanswm o chwe chan tudalen, yna gellir o leiaf awgrymu bod hynny'n cadw rhywfaint o'i arbenigrwydd a'i arwahanrwydd arwrol! Er mai *Pum Cynnig i Gymro* sy'n cynrychioli uchafbwynt ei fywyd, cadarnheir ei arwriaeth hefyd gan y gwaith a gyflawna drannoeth y rhyfel gyda'r Gwasanaeth Diogelwch yn rhwydo cynaelodau'r SS yn yr Almaen: 'Ni allai yr un ohonynt ddisgwyl llawer o drugaredd oddi wrthyf' (*YFfH1*: 127); 'roeddwn yn llygad-dyst o waeth creulondeb a gyflawnwyd gan gynrychiolwyr yr Almaen yn y gwledydd fu dan eu sawdl, ac o ganlyniad roedd fy nghalon yn wag o drugaredd. Roeddwn fel Gruffudd ap Llywelyn gynt a ddisgrifiwyd yn "galed fel asgwrn wrth elyn"' (*YFfH1*: 128). Wrth ddwyn i gof ei ddyddiau yn yr ysgol ramadeg, edrydd John Elwyn Jones ei hanes yn cael y gansen: 'O'r diwrnod hwnnw y fi oedd arwr y dosbarth ac onid dyna a garwn fod yn anad dim? Onid oeddwn wedi fy nhrwytho ag arwyr? Hanes oedd fy mhrif ddiddordeb a darllenwn bob llyfr hanes y cawn afael ynddo... Roeddwn yn gybyddus â hanes arwyr ein cenedl megis Caradog, Cadwallon, Llywelyn Fawr, Llywelyn ein Llyw Olaf a Glyndŵr' (*YFfH1*: 21). Ac yn y bôn, fe synhwyrir bod y rhyfel wedi rhoi i John Elwyn Jones y cyfle i fod yn hyn y dyheai am gael bod, yn gymeriad gweithredol a fynnai sylw, neu mewn gair, yn arwr.

Arwyr Cymreig yw ei arwyr bore oes bob un, ac yn nhair cyfrol ei hunangofiant mwy hamddenol ei dempo na *Pum Cynnig i Gymro* caiff gyfle i archwilio'i syniadau a mynegi'i farn ynghylch cenedligrwydd a hunaniaeth. Cymharol brin yw cyfeiriadau o'r fath yn atgofion carchar rhai fel David E. Roberts a Frank Evans: rhan o'r rheswm yw fod amodau enbyd eu carchariad dan law'r Japaneaid wedi peri mai ystyriaethau ymylol os nad esoterig fyddai rhai ynghylch cenedligrwydd a hunaniaeth o gymharu â'r frwydr feunydd-beunos i oroesi. Rhan arall o'r rheswm, fe synhwyrir, yw fod y math o uniaethu â phobl a gwlad a goleddwyd ganddynt gynt wedi'i drosi'n ymlyniad wrth gydgarcharorion o amryfal wledydd yn sgil eu profiad cyffredin o garchar. Ac onid arwydd o'r hen gymrodoriaeth honno yw'r awydd, a rennir y tro hwn gyda John Elwyn Jones, i gyhoeddi eu hatgofion yn yr iaith fain fwyafrifol? Ac yntau wedi treulio gweddill y rhyfel, ar ôl ei ddihangfa, yn swyddog gyda'r fyddin yng Ngwlad Belg ac yna'n ddiweddarach yn yr Almaen, cyfeiria at sawl enghraifft o wrth-Gymreigrwydd o du uwchswyddogion milwrol Seisnig; serch eu traha a'u dirmyg, mater o falchder Cymreig ganddo yw dangos sut y cafodd ef y llaw uchaf arnynt yn y diwedd. Mae'r briodas rhyngddo a Celinka a'r ffaith mai tair Pwyles ifanc sy'n ei gynorthwyo i ddianc yn ddiweddarach yn selio'r berthynas rhyngddo a'r genedl Bwylaidd: 'Teimlwn fod fy nhynged o hyn ymlaen i fod yn gysylltiedig â thynged y Pwyliaid ac ni ddymunwn ddim gwahanol. Pwy na fuasai'n fodlon ymladd ochr yn ochr â'r fath ddewrion, yn enwedig o gofio mai ymladd dros anrhydedd, cyfiawnder a rhyddid a wnâi?' (*PCG*: 130). Drwy ymuniaethu i'r fath raddau gyda'r Ewropeaid hyn, datblygir ymhellach thema y cyffyrddwyd â hi gan T. M. Bassett yn *Dianc*. Erbyn cyhoeddi *Yn Fy Ffordd Fy Hun*, felly, mae unrhyw hygoeledd a naïfrwydd ifanc wedi'u bwrw heibio a stans wleidyddol John Elwyn Jones, yn sgil ei brofiad yn y fyddin, wedi datblygu'n agored wrth-Brydeinig a'i sylwebaeth ar bolisi tramor Prydain a rhyfeloedd diweddarach yng Nghorea, Cyprus, Suez ac Ynysoedd y Falklands neu'r Malvinas yn dra beirniadol.

'Heddychwr ydw i', meddai Islwyn Ffowc Elis unwaith, 'ond petai gen i'r arian a'r adnoddau a'r ddawn, mi garwn i o 'nghalon wneud un western lle byddai'r Apache neu'r Cherokee yn sychu'r llawr â'r US Cavalry ac yn ogoneddus fuddugoliaethus ar y diwedd',[81] ac efallai mai rhan o ffresni apêl anturiaethau James Bondaidd John Elwyn Jones yw eu bod yn cyflwyno Cymro deinamig, rhywiol, gweithredol yn ennill y dydd yn hytrach nag yn protestio'n egwyddorol ond yn aflwyddiannus yn y pen draw. Yn wahanol i'r rhan fwyaf o atgofion cynaelodau o'r lluoedd arfog, dyma Gymro sy'n hwylio ar frig y don, yn herio'i amgylchiadau; does fawr ddim digalon am ei atgofion, nid yw byth braidd â'i ben yn ei blu, does dim pall ar ei benderfyniad na'i frwdfrydedd. Mae rhywbeth reit ecsotig am y Cymro hwn nad oes dim yn ymddiheurol am ei Gymreictod, ond un sy'n arwain y ffordd ac nad yw'n perthyn i rengoedd niferus y collwyr anrhydeddus. Y mae ganddo hefyd ddawn adrodd stori na fyddai meistr fel Islwyn Ffowc Elis wedi bod â chywilydd ohoni. Arwydd o gryfder y ddawn honno yw'r mwynhad mawr a geir o ddarllen ei anturiaethau. A chan gymaint y mwynhad, gan mor fawr yw'r edmygedd at greadigrwydd a dygnwch y prif gymeriad, safle eilradd, cefndirol a roddir i ddioddefaint a thrasiedi ac oferedd y rhyfel. I'r gwrthwyneb, hanes cadarnhaol un sy'n herio'r amgylchiadau yw hwn, teyrnged i allu'r ysbryd dynol i wrthsefyll a goresgyn amodau llethol a'r pwyslais yn dra gwahanol i hwnnw yn naratifau carcharorion dan ddwylo'r Japaneaid fel David E. Roberts a Frank Evans:

> The essential point about European POW's narratives is that they are told as adventures, in which men oppose their captors, break from their captivity, and preserve for themselves and their fellow prisoners the reality of action and freedom that makes them men. Prisoners of the Japanese told other stories, which are almost diametrically opposite to those told by European prisoners. The ones we are most likely to know are sufferers' stories in which starvation, disease, and the cruelty of the guards turn prisoners into less than men, and in which the sustaining hope is not freedom but simply survival. (One prisoner in four would die in the Japanese camps; in the German camps the death rate was one in twenty-five).[82]

Nodweddion y *genre* y sgrifenna John Elwyn Jones o'i fewn sydd i gyfri am ei bwyslais positif. Derbyniwn ef yn ddiolchgar am yr hyn ydyw, sef hanes arwrol, yn hytrach na gweld bai arno am beidio â llenwi bwlch yn rhyddiaith Gymraeg y rhyfel.

Martin Davis

Fwy nag unwaith yn ystod yr astudiaeth hon, cyfeiriwyd at nofelau byrion: os ystyrir saith o'r rhai amlycaf, sef *Cyllell yn y Pridd*, *Dianc*, *Dim Dianc*, *Ffarwel Ha'*, *Meibion Annwfn*, *Y Gelyn Mewnol* ac *Ym Mhoethder y Tywod*, y fyrraf yw *Dim Dianc* gydag 88 tudalen a'r hiraf yw *Cyllell yn y Pridd* gyda 136 tudalen; eu hyd ar gyfartaledd yw 112 tudalen. Ac mae'r byrdra hwn yn codi problem gan ei fod yn milwrio yn erbyn archwiliad manwl o enaid ar gyfeiliorn yn *Ym Mhoethder y Tywod*, dyweder, neu thema dabŵ fel hoywder ymhlith milwyr yn *Dim Dianc*;[83] ar y gorau, methir â datblygu themâu yn llawn nac ymestyn y tu hwnt i lefel amlinellol a nodweddion stoc *genre* yr antur rhyfel. Nid yw'r byrdra hwn chwaith yn gydnaws â maintioli panoramaidd a sgôp epig yr Ail Ryfel Byd.[84] Fel hyn y cyflwynwyd y mater gan Samuel Hynes:

> because the [Second World] war involved two different surges of imperial conquest, of seizing nations and islands and seas and then losing them, it was also a war of extraordinary movement, and that, too, affected the stories that the men of those fleets and armies told. Their tales would have

a giant narrative energy and direction; they would be spared the First World War experience of living out a war in the same place, among the ruination of old battles and the corpses of old casualties. There would be dead men enough, and ruin enough this time, but they would be objects a man saw as he passed, not the fixed and permanent constituents of his life... And that is the Second War story in general: always movement, always a new scene...Those huge movements of armies and navies across vast spaces... give the Second War the epic scale that it has in our imaginations.[85]

O ran cyfleu symudoledd a maintioli'r rhyfel, rhaid cydnabod bod naratifau'r aelodau o'r lluoedd arfog wedi bod yn fwy llwyddiannus na'r nofelau[86] ac yn sicr, ni chaed dim yn Gymraeg a gymharai gyda phedair clamp o nofel Americanaidd fel *The Naked and the Dead* (1948) gan Norman Mailer, *Catch-22* (1961) gan Joseph Heller, *The Thin Red Line* (1963) gan James Jones a *Sophie's Choice* (1979) gan William Styron, na chwaith ddwy drioleg Saesneg Evelyn Waugh[87] ac Olivia Manning.[88]

Y gwir amdani yw fod awduron Cymraeg wedi'i chael hi'n haws, o'r cychwyn cyntaf, i drin y rhyfel, o safbwynt ffuglennol, fel antur fawr. Tra'n derbyn yr ymateb hwn yn ei hawl ei hun, mae tra-arglwyddiaeth y math yma o ymdriniaeth â'r rhyfel yn codi rhai cwestiynau. Onid yw'r deunydd, llawer ohono wedi'i gerio ar gyfer cynulleidfa wrywaidd a bechgyn ysgol, yn arwydd o ryw ddiffyg dyfnder ac anaeddfedrwydd yn yr amgyffrediad o'r rhyfel? Efallai mai'r enghraifft *par excellence* o'r *genre* – ac awgrym o'i rym gan mai fel hunangofiant strêt y sgrifennwyd ef – yw *Pum Cynnig i Gymro*, ac eto, go brin y ceir golwg ar wir drasiedi a dioddefaint y rhyfel ynddo, er bod y dystiolaeth ffotograffaidd yn yr un gyfrol o garcharorion rhyfel yn ddim ond croen ac asgwrn yn adrodd stori wahanol.[89] Yn eu hanfod, gweithiau cyfandirol eu lleoliad yw'r anturiaethau rhyfel hyn: rhan o'u hapêl yw'r cefndir dieithr ac, er gwaetha'r amgylchiadau, lled ecsotig. Agwedd arall ar y profiad rhyfel y synhwyrir bod yr ymdriniaeth â hi yn anghyflawn ac yn annigonol yw'r profiad domestig ar dir Cymru. Enghraifft brin a geisiai wneud hynny oedd *Ffarwel Ha'* a'r nofel gynnar *Y Gelyn Mewnol* – ond i is-*genre* y nofel sbïwr y perthyn honno. Am y ffuglen sy wedi trafod effaith y rhyfel ar Gymru, trwy lygad hygoelus a naïf plant a chyda chymysgedd o hiraeth a rhamant yn meddalu'r darlun y gwnaed hynny amlaf. Darlun *Dad's Army* (1968-77) o ryfel a gaed yn storïau radio Harri Parri a anelai at '[g]eisio dal awyrgylch cyfnod tywyll yr Ail Ryfel Byd ar bentir mor ddiarffordd â Phenrhyn Llŷn':[90]

Camgymeriad mwyaf y Rhyfel – ar wahân i gyfarfyddiad Chamberlain â Hitler a Mussolini ym Munich – oedd penodi Stifyn Stifyns Siop-y-Post, pansan o ddyn, yn Gadeirydd Pwyllgor Amddiffyn Glannau Afon Soch a'r Cyffiniau. Cymerodd at y gwaith fel hwyaden at ddŵr. Baich y cyfrifoldeb newydd a barodd i Stifyns, yn nechrau haf 1940, alw trigolion dau blwy i festri Piahiroth, Capel y Bedyddwyr, i egluro pryd a pha fodd y cyrhaeddai'r Fuhrer â'i S.S. Benrhyn Llŷn. Teimlad Stifyns oedd y byddai'r Fyddin Almaenig yn difa pawb yn y ddau blwy, ac eithrio'r sawl a wisgai'i gasmasg a'r rhai a oedd yn prynu yn Siop-y-Post.[91]

Ie, ysgafn ac ymataliol fu'r cywair llywodraethol, ac ers drama John Gwilym Jones, *Lle Mynno'r Gwynt*, does dim fel petai wedi cyfleu hafoc a styrbans y rhyfel fel y gwnaeth Emyr Humphreys, dyweder, yn *An Absolute Hero* (1986), *Open Secrets* (1988) ac *Unconditional Surrender* (1996).

O wybod hyn i gyd ac er bod peryg i *Os Dianc Rhai*[92] Martin Davis (g. 1957) ddymchwel holl strwythur amseryddol yr astudiaeth hon gan mai yn 2003 y cyhoeddwyd hi, fe gyfiawnhawn ei thrafod gan mai hi yw'r nofel Gymraeg fwyaf sylweddol a gyhoeddwyd am yr Ail Ryfel Byd. Mae ei huchelgais, ei menter a'i sgôp yn ennyn edmygedd ar unwaith: o fewn cwta bedwar cant o dudalennau a ddosbarthwyd i bum rhan a hanner cant a thair o benodau, ymestynnir yn amseryddol o 1935 hyd 1943 a thrafaelir ynddi o Rydychen i Hamburg, o Ben Llŷn i Drefriw, o Ryfel Cartref Sbaen i'r blits ar Lerpwl gan oedi ar y ffordd i drafod hynt cenedlaetholdeb yng ngolau'r Tân yn Llŷn, ffasgiaeth a chomiwnyddiaeth yn ystod Rhyfel Cartref Sbaen, a Natsïaeth Hitler. Y nofel Gymraeg a ddaw agosaf o ran ei huchelgais, ei menter a'i sgôp yw *Y Ffoaduriaid* Geraint Vaughan Jones sy hefyd yn cyflwyno'n brif gymeriad ffoadures o'r Almaen, Eva Wolff, sy'n dod o hyd i loches dros y rhan fwyaf o'r rhyfel yn Mhlas Tanat yn Sir Drefaldwyn, man nid annhebyg i Leifior Islwyn Ffowc Elis.[93] Mae yna ymdeimlad panoramaidd i *Os Dianc Rhai*: unwaith eto, dyma'r agosaf a geir yn Gymraeg i nofelau Emyr Humphreys yn *Salt of the Earth* (1985), *An Absolute Hero* ac *Open Secrets*, tair nofel, o'r gyfres *Land of the Living*, yn trafod hynt criw o gymeriadau yn erbyn cefndir tymhestlog y 1930au a'r 1940au.[94] At hynny ceir cast niferus o isgymeriadau lliwgar, yn eu plith Blodwen Elias flin, Sophia hawddgar, Antonia amddifad, George Lovall gymwynasgar, ac Alun Litherland filwriaethus. Ond y tri phrif brotagonydd y dilynir eu hynt a'u helynt yn *Os Dianc Rhai* yw'r mân-uchelwr Seisnigedig o Ben Llŷn, Hugh Eldon-Hughes; yr Iddewes ddosbarth-canol o Hamburg, Ilse Meyer, sy'n ffoi am ei bywyd i Brydain; a'r forwyn ifanc ym Mhlas y Morfa, Ceinwen Jones. A'r tri wedi'u bwrw ar lanw a thrai'r amseroedd, drama droellog bywydau'r rhain sy'n sicrhau ffocws a phersbectif i'r nofel ac yn dod â'r cefndir mawr hanesyddol yn fyw.

Y fwyaf enigmatig o brif gymeriadau'r nofel yw Ilse Meyer, '[m]erch siriol ddwy ar bymtheg oed â'i phen yn llawn cynlluniau mawr' (*ODRh*: 11) ar ddechrau'r nofel yn 1935. Hon a anfonir ar long i Loegr i chwilio am loches at hen fodryb i'w mam, ond, a honno wedi marw, sy'n cael llety ar aelwyd yr Athro James Ledbury yn Rhydychen, 'tedi bêr mawr o ddyn' (*ODRh*: 70) i ddechrau sy'n ceisio'i threisio yn ddiweddarach. Hon sy'n ailgynnau tân carwriaeth fer rhyngddi a Hugh Eldon-Hughes a gyfarfu ar wyliau ym Munich ac sy'n byw tali ag ef yn ei fflat yn Rhydychen. Hon sy'n cael ei chludo i Blas y Morfa gan Hugh anwadal a gyll ddiddordeb ynddi a lle'i gadewir ar drugaredd Peter Eldon-Hughes, brawd hŷn ffasgaidd a gwrth-Semitaidd Hugh. Hon sy'n codi pac unwaith eto ac yn cael lloches gyda llond tŷ o ffoaduriaid Iddewig yng nghartref Joseff a Céline Kablinski ger Trefriw – Joseff Kablinski a gais fynd â hi i'r gwely. Hon, ar ôl damwain angheuol pan leddir yn ei gŵydd Sasha, mab wythmlwydd ei noddwyr, sy'n mudo drachefn, i Lerpwl y blits y tro hwn ac aelwyd George Lovall o hil Romani: erbyn diwedd y nofel, mae'r ddau wedi ymbriodi a, heb yn wybod iddynt, wedi mabwysiadu plentyn siawns Ceinwen Jones a Hugh Eldon-Hughes trwy glamp o gyd-ddigwyddiad a edy'r drws yn agored ar gyfer nofel ddilyniant. A llwybr oriog, anwastad y greadures amddifad hon, na ŵyr ond drwy ambell lythyr oediog a yw ei theulu'n dal yn fyw ai peidio, sy'n symboleiddio holl ymdrechion Iddewon Ewrop yn y 1930au a'r 1940au i ddianc a dod o hyd i ddinas noddfa.

Arwres gyndyn yw Ilse: nid yw'n byw ei Hiddewiaeth yn ymwybodol weithredol – 'A hithau'n ceisio'i gorau i wella ei Saesneg, ni allai ddeall yr ysfa am adfer yr Hebraeg' (*ODRh*: 123) ymhlith Iddewon ifainc eraill yn Rhydychen, a'i hawydd mawr yw cael mudo i America: 'Beth oedd yr ots am hil? Y syniad Americanaidd oedd yn apelio ati hi – y crochan tawdd lle mae pob hil yn colli'i hunaniaeth. Siawns mai dyna'r unig ffordd ymlaen neu byddai'r cenhedloedd bondigrybwyll yn dal ati i ladd ei gilydd yn oes oesoedd' (*ODRh*: 123). Nid yw Hugh Eldon-Hughes chwaith yn gymeriad mor siwr o'i bethau â hynny ar ddechrau'r nofel; un sy'n ceisio'i orau glas i ddod o hyd i lwybr yn y byd ydyw. Ar ddechrau'r nofel, gyda chymorth llyfrau a llawysgrifau llyfrgell y plas a help Ceinwen Jones ar lafar, y mae wrthi'n ceisio meistroli'r Gymraeg: 'Hwn oedd ei gwest mawr y dyddiau hyn; ailafael yn yr iaith, y diwylliant a'r hanes a ddiosgwyd gan ei gyndeidiau mor ddi-hid a diseremoni genhedlaeth yn ôl. Pe gallai adennill y trysor hwn, gallai ymdoddi i'w gynefin heb deimlo bod rhywbeth ar goll o hyd. Rhoddai iddo ryw bwrpas amgenach na'r hyn a arfaethwyd ar ei gyfer gan fydolwg sais-addolgar, ariangar ei dad' (*ODRh*: 40). Fe'i hysbrydolir pan yw'n clywed am losgi'r ysgol fomio: '"Rhaid i ni fynd i Gymru fory . . . Dylwn i fod yno . . . Be da ydw i yma? Yn tindroi fan hyn yng nghanol yr holl Saeson yma"' (*ODRh*: 140–1), cyhoedda'n ddramatig cyn dychwelyd i'w gynefin. Dan ddylanwad Alun Litherland, comiwnydd o dde Cymru, denir Hugh at wleidyddiaeth y chwith nes ei gael ei hun mewn cyfyng-gyngor a chael ei dynnu rhwng cenedlaetholdeb ar y naill law a rhyng-genedlaetholdeb ar y llaw arall. Yn y diwedd, gwna benderfyniad:

> Draw ger Penyberth roedd yna baratoadau dieflig a diegwyddor ar droed i ymladd y rhyfel nesaf; rhyfel yn deillio o amharodrwydd pobl i weithredu; rhyfel lle y byddai'r diniwed yn cael eu targedu'n fwriadol gan y ddwy ochr ar raddfa nas gwelwyd erioed o'r blaen.
> Er hyfryted y wlad; er mor werthfawr, hanfodol ac anhepgor ei diwylliant a'i hiaith; er gwaetha'r rheidrwydd diamheuol i ymddihatru o iau llywodraeth Lloegr, roedd yn rhaid wynebu'r behemoth draw a'i drechu. Mater o flaenoriaethu oedd hi yn y bôn. Heb drechu hwn, ni fyddai modd adfer dim. (*ODRh*: 228–9)

Wedi penderfynu ar ei gwrs, fe'i harweinir yn gyntaf i ymuno gyda'r Frigâd Gydwladol yn Rhyfel Cartref Sbaen ac yn ddiweddarach i ymuno â'r awyrlu yn ystod yr Ail Ryfel Byd. O gymharu ag Ilse a Hugh, mwy amlinellol yw cymeriadaeth Ceinwen Jones. Ar y cychwyn cyntaf, ymddengys fel perthynas o bell i Mali'r forwyn yn *Y Wisg Sidan* (1939) Elena Puw Morgan sy wedi ymserchu yn ei meistr. Ond pan ddaw'r rhyfel, fe'i gwelir yn ymuno â'r WAAF – *Women's Auxiliary Air Force* – ac yn profi rhyddid digynsail. A hanes llenyddiaeth Gymraeg a'r Ail Ryfel Byd i raddau helaeth iawn yn un gwrywaidd, mae'r sylw i hynt Ceinwen yn cyflwyno ar ffurf ffuglen brofiadau benywaidd a gofnodwyd yn *Iancs, Conshis a Spam* a *Parachutes and Petticoats*.[95] Er ei phrofedigaethau – cyll dri chariad yn ystod y rhyfel a rhydd ei babi i'w fagu – ac er dychwelyd yn y diwedd i'w chartref pellennig, daeth y rhyfel â chyfleon newydd i'w rhan ac yn yr ystyr honno ni fu'n ddrwg digymysg.

'"Nid ar lethrau Eryri fydd tynged Ewrop yn cael ei phenderfynu"' (*ODRh*: 81) rhybuddia James Ledbury, ond un o bennaf cymwynasau *Os Dianc Rhai* yw paratoi cyd-destun Ewropeaidd ar gyfer hanes Cymru yn ystod y 1930au a'r 1940au. Mae'r olygfa yn Llyfrgell y Bodley pan ddaw Hugh ar hast i ddweud wrth Ilse am losgi'r ysgol fomio yn bur ddadlennol:

> 'Maen nhw wedi'i llosgi – yn ulw.'
> 'Pwy? Wedi llosgi be?'
> Wrth glywed y gair 'llosgi' trodd meddyliau Ilse yn syth at danau'r haf diwetha yn Hamburg, y tân a ddinistriodd y Reichstag bedair blynedd ynghynt, yr holl danau mewn synagogau a busnesau Iddewig ar draws yr Almaen. Efallai fod Hugh wedi clywed rhagor o hanesion tywyll a digalon.
> 'Yr ysgol fomio. Penyberth. Tri ohonyn nhw.'
> 'O, wela i.' Doedd ganddi ddim affliw o ddiddordeb ac ni fedrai guddio hynny yn ei llais. Rhyddhad a deimlai'n bennaf nad yma i sôn am ryw anfadwaith newydd yn erbyn ei phobl gartref ydoedd. (*ODRh*: 140–1)

Drwy gyflwyno llosgi'r ysgol fomio drwy lygaid Iddewes y golygai llosgi rywbeth amgenach iddi, fe'n gorfodir i leoli'r tân chwedlonol mewn persbectif arall. Daw sylw Gwyn Thomas wrth drafod barddoniaeth Alun Llywelyn-Williams i'r meddwl:

> mae barddoniaeth Gymraeg at ei gilydd wedi cyfyngu'i sylw i'r ochr yma fel petai yn y Rhyfel, a Phenyberth a'r hyn ddigwyddodd yn fanno ydi'r profiad mawr mewn llenyddiaeth Gymraeg . . . Ar ôl cael gwybod am Auschwitz a'r gwersyll-garcharau enbyd yna, fe'n taflwyd ni i ddimensiwn ysbrydol sy'n ddyfnach ac yn ehangach o'r hanner na Phenyberth hyd yn oed; rydach chi'n cael eich bwrw'n erbyn rhyw fath o gwestiynau am ddyn a'r ddirnadaeth o ddyn a'r pechod enbyd oedd ynddo fo.[96]

Daw Hugh yn y diwedd yn ymwybodol o'r '[d]imensiwn ysbrydol' '[d]yfnach' ac 'ehangach' hwn ac i sylweddoli mor anystyriol a fu o ffawd Ilse a hithau o dan ei drwyn. Nid bod ei ansensitifrwydd ef yn ddim gwahanol i anwybodaeth braf y rhan fwyaf o'i gydwladwyr yn y blynyddoedd cyn y rhyfel: 'Roedd y rhan fwya o'r bobl yr oedd Ilse wedi dod ar eu traws yn Lloegr fel pe baent yn gwbwl ddall i'r hyn oedd yn digwydd yn Ewrop' (*ODRh*: 125).

Mae tystiolaeth llygad-dyst o'r cyfnod fel petai'n cadarnhau ymateb Ilse. A hithau'n fyfyrwraig bedair ar bymtheg oed o Gwmtwrch, treuliodd Marian Henry Jones ddau gyfnod yn ymchwilio yn Fienna, yn 1936 a 1937, ac mae'r atgofion a gofnodwyd ganddi am ei hymweliad dewisol ag Awstria yn y gyfres o lythyrau, *Annwyl Julia*,[97] yn cyferbynnu gydag alltudiaeth orfodol Ilse yn Lloegr a Chymru. Dywed amdani hi'i hun yn cynorthwyo cyfaill o Iddewes i ffoi o Awstria yn hydref 1938 ac fel y cafodd

Thekla swydd fel morwyn mewn ficerdy yn Surrey 'lle bu'n hynod anhapus . . . Synnai hithau mor anwybodus a difalio oedd teulu y disgwyliodd iddo fod yn ddiwylliedig, ynghylch cwrs y byd a'i helyntion blin' (*AJ*: 80). Profodd Marian Henry Jones rwystredigaeth oherwydd ei 'methiant i argyhoeddi'r difater, yno ac yma, o'r anfadwaith oedd ar gerdded' (*AJ*: 14). 'Pan ddaeth y rhyfel roedd bron fel rhyddhad, fel storom ar ddiwedd cyfnod mwll, fel mislif yn dod ar ôl hir ymaros' (*ODRh*: 330) meddir yn *Os Dianc Rhai*, ac felly hefyd brofiad Marian Henry Jones:

> 'Rwy'n gwybod ei fod e'n swnio'n ofnadwy, ond roedd hi'n rhyw fath o ryddhad pan ddaeth y rhyfel, mewn gwirionedd – oeddwn i wedi ei weld o'n digwydd yn raddol ers pan ddechreuodd Hitler a'i wlad geisio goresgyn. Ond gohirio unrhyw symud yn ei erbyn a wnaeth y wlad hon – rwy'n cofio gwylltio pan glywais i Neville Chamberlain yn dweud: "*It is a far away country of which we have nothing to do*" ar y radio.'[98]

Ac ni allai hithau, ddim mwy na Hugh Eldon-Hughes yn y diwedd, bleidio heddychiaeth: '"Pan ddaeth y rhyfel, oeddwn i'n gwybod taw pasiffistiaeth oedd yr hyn ddylen i fod yn ei arddel, ond allen i ddim. Oeddwn i o blaid ymladd yn erbyn Natsïaeth Hitler oherwydd fod gen i ffrindiau oedd yn diodde' dan ei law."'[99]

Ar y cyfan, felly, ceir ieuad cymharus rhwng y nofelydd a'r hanesydd yn Martin Davis. Ar un adeg yn unig y deuir yn agos at '[g]olli golwg ar y stori' a 'rhwystro'i datblygiad',[100] yng ngeiriau'r awdur ei hun, a hynny ar ddechrau'r bedwaredd adran lle y mae croniclo'r hanesydd yn rhy ymwthgar. At '[d]rioleg Danzig Günter Grass – *The Tin Drum, Cat and Mouse* a *Dog Years*' y cyfeiriodd pan ofynnwyd iddo a oedd unrhyw lyfr wedi gwneud argraff arbennig arno gan dynnu sylw'n benodol at y 'ffordd y mae'r awdur yn gallu cydblethu'r personol â digwyddiadau cyd-destun hanesyddol eang',[101] ac os dyna'r model i'w efelychu, rhaid dweud bod Martin Davis yntau wedi dod o hyd i gydbwysedd llwyddiannus rhwng yr hanesyddol a'r dychmygol, rhwng y ffeithiol a'r ffuglennol, yn *Os Dianc Rhai*. Mae diweddglo un o benodau olaf y nofel, lle y darlunnir Hugh yn arwain cyrch bomio ar Hamburg – episod y gellir ei chymharu gyda chyrch Idris Price yn *Y Ffoaduriaid* ar ddinas Dresden[102] – ymhlith yr enghreifftiau gorau o '[g]ydblethu'r personol â digwyddiadau cyd-destun hanesyddol eang' a chau pen y mwdwl ar y berthynas uniongyrchol rhwng Ilse a Hugh: 'A rhywle yn nyfnderoedd yr eigion o fflamau, mae llythyr bach brau mewn drôr yn crimpio'n golsyn – llythyr a ysgrifennwyd at Ilse Meyer saith mlynedd yn ôl gan lencyn o Lŷn yn sâl o gariad, sydd bellach yn rhodio ei ddinistriol hynt dros ddinas Hamburg yn un o gyrchoedd awyr mwyaf difaol ac anfaddeuol y rhyfel' (*ODRh*: 354).[103]

Y mae'r dyfyniad hefyd yn arwyddocaol oherwydd y modd yr adleisir yn eironig delyneg hiraethus a diniwed William Jones, 'Y Llanc Ifanc o Lŷn': 'Pwy ydyw dy gariad, lanc ifanc o Lŷn, / Sy'n rhodio'r diwedydd fel hyn wrtho'i hun?'[104] A hithau'n gallu tynnu ar dros drigain mlynedd o sgrifennu am yr Ail Ryfel Byd, dyma un o gryfderau mawr *Os Dianc Rhai*, sef y modd y llwydda i gyfleu cefndir a chyfnod, i greu awyrgylch a naws, drwy ddefnydd cynnil o adlais, awgrym a chyfeiriad.[105] Ac un o dri phrif gymeriad y nofel, Hugh Eldon-Hughes, ar ddechrau'r nofel yn fyfyriwr yn Rhydychen sy'n hiraethu am ei gynefin ym Mhen Llŷn, cyfeirir ato'n clywed un o breliwdau Chopin. Nid yw cyfeiriad o'r fath yn anarwyddocaol yng nghyd-destun llenyddiaeth Gymraeg ynghylch yr Ail Ryfel Byd gan mai gyda darn o waith y cyfansoddwr rhamantaidd y cyrhaeddodd 'Ar Ymweliad' Alun Llywelyn-Williams ei huchafbwynt emosiynol. Fwy na hynny, dyma gerddoriaeth athrylith trasig a fu farw cyn dathlu ei ddeugeinfed pen blwydd, gwladgarwr a aned nid nepell o Warsaw ond a dreuliodd hanner ei oes yn alltud o'i famwlad yn ninas Paris: 'Although an expatriate, he was deeply loyal to his war-torn homeland of Poland. His compositions reflect the rhythms and melodic traits of Polish folk music, and they are imbued with the heroic spirit of a Polish patriot-composer.'[106] Yn ei ffilm *The Pianist* gwnaeth Roman Polanski yn fawr o gerddoriaeth Chopin fel motiff a uniaethir â chelfyddyd am y rhyfel: yn ddathliad o oroesiad y cerddor Iddewig Wladyslaw Szpilman, datganiad radio o un o noctyrnau Chopin a adawyd ar ei hanner ar ddechrau'r rhyfel yw un o olygfeydd olaf y ffilm.[107] Dyma bynciau – alltudiaeth, Iddewiaeth a goroesiad – a archwilir yn fanylach drwy gyfrwng yr ail o brif gymeriadau'r nofel, Ilse Meyer o Hamburg, a gyflwynir hefyd yn y bennod gyntaf. Cyfeiriad arall sy'n dwyn Alun Llywelyn-Williams a Waldo Williams i gof yw'r un ar ddiwedd y bennod gyntaf at siop lyfrau tad Ilse yn Hamburg yn cael ei rhacsio: 'Cyn bo hir dechreuodd y llyfrau hwylio i lawr drwy ffenestri di-wydr y lloriau uchaf' (*ODRh*: 22). Dyma fotiff cyfarwydd a chyfoethog a arwydda'r bygythiad i wareiddiad ac a uniaethir gyda *Kristallnacht* yn naratif yr Holocost. Cofir am y disgrifiad diriaethol o 'ffenestri eang di-wydr' (*PC*: 27) y tŷ yn 'Ar Ymweliad' ac am y cyfeiriad symbolaidd at '[r]aib drwy'r fforest ddiffenestr' yn 'Preseli' (*DP*: 30). Cofir hefyd am frawddeg glo ail bennod *The Pianist*, 'The windows of the corner shop, so carefully sealed with strips of white paper, were the first to fall out',[108] un o'r arwyddion diymwâd cyntaf o ymosodiad lluoedd yr Almaen ar Warsaw ym Medi 1939.

Ymhlith y cyfeiriadau eraill sy'n gymorth i gyfleu'r cyfnod dan sylw ceir hwn: 'Roedd y rhan fwya o'r bobl yr oedd Ilse wedi dod ar eu traws yn Lloegr fel pe baent yn gwbwl ddall i'r hyn oedd yn digwydd yn Ewrop, fel pe baent yn ymlacio ar ryw benwythnos hir a heb orfod meddwl am broblemau'r byd go-iawn' (*ODRh*: 125), sef cyfeiriad at deitl astudiaeth Robert Graves ac Alan Hodge, *The Long Week-end: A Social History of Great Britain 1918–1939* (1940). Y mae cyfeiriad Peter Eldon-Hughes, brawd ffasgaidd a gwrth-Semitaidd Hugh, at 'drwyn Hebreig' Ilse yn dwyn i gof gyfeiriad Saunders Lewis yn 'Y Dilyw 1939' at 'ffroenau Hebreig'.[109] A Hugh wedi rhuthro'r holl ffordd o Rydychen i Blas y Morfa ym Mhen Llŷn ar ddechrau'r ail ran, wedi'i gynhyrfu'n arw gan losgi'r ysgol fomio ym Mhenyberth, dyma'r sefyllfa siomedig a'i hwyneba:

> Doedd affliw o ddim byd yn wahanol yma. Roedd popeth yn hollol ddigyfnewid. Parhâi'r Cymry cyffredin yr un mor groes i'r gwynt ag erioed. Anadlai'r wlad yr un mor ddigynnwrf a difater a sugnai'r llanw a'r trai yr un mor rheolaidd ar y glannau. Doedd dim curiad gwrthryfel na dim arall i'w glywed – dim ond curiad cyson trindod oesol y gwynt, y tir a'r môr. (*ODRh*: 144)

Onid yr un difrawder a ysgogodd R. Williams Parry i sgrifennu 'Cymru 1937' lle y gofynna i'r gwynt rodio a chreu 'anniddigrwydd drwy gyrrau'r byd' ar ei hynt?[110]

Waldo yw un o'r prif lenorion a adleisir yn *Os Dianc Rhai*. Wrth gyflwyno teulu Iddewig Ilse yn Hamburg, cyfeirir atynt fel 'uned gyfannol, gadarn' (*ODRh*: 11), sef disgrifiad Waldoaidd sy'n dwyn i gof linellau fel 'Oherwydd ein dyfod i'r tŷ cadarn' (*DP*: 40) a 'Rhag y rhemp sydd i law'r dadelfennwr / A gyll, rhwng ei fysedd, fyd, / Tyrd yn ôl, hen gyfannwr' (*DP*: 62), a cheir hefyd fwy nag un cyfeiriad at 'y bwystfil' (*ODRh*: 15 a 39) sy'n adleisio'r 'bwystfil' yn 'Preseli' (*DP*: 30). Mewn mwy nag un olygfa, y mae fel petai gweledigaeth Waldo ar brawf a than straen. A hwythau wedi cael achlust o gyrch gan yr SS, darlunnir teulu estynedig Ilse ar ffo:

> Pan gyrhaeddon nhw gartref Suzanne ar gyrion y ddinas, roedd gweddill y teulu yno, yn deidiau ac yn neiniau, yn fodrybedd ac yn ewythredd a rhyw ddychryn yn cyniwair, dychryn a pharlys meddyliol y tu hwnt i ddirnadaeth pawb . . . rhwng ugain a deg ar hugain o bobl o bob oed yn

> ceisio swcro'i gilydd, ond roedd y ffaith eu bod yn cael eu hyrddio at ei gilydd fel hyn, yn llochesu mewn ofn yn y tywyllwch, yn tanlinellu difrifoldeb eu sefyllfa a realiti'r perygl. (*ODRh*: 17)

Onid trafesti a gwyrdroad o'r olygfa a gyflwynir yn 'Mewn Dau Gae' yw hon: 'A thrwyddynt, rhyngddynt, amdanynt ymdaenai / Awen yn codi o'r cudd, yn cydio'r cwbl . . . Mor agos at ei gilydd y deuem – / Yr oedd yr heliwr distaw yn bwrw ei rwyd amdanom' (*DP*: 27)? Mewn modd tebyg, er cyflwyno i ddechrau ddelwedd gadarnhaol o Blas y Morfa sy'n dwyn i gof dŷ symbolaidd Waldo, cael ei chwalu'n raddol yng nghwrs y nofel yw hanes y ddelwedd honno:

> Safai Plas y Morfa ar ben rhodfa droellog yng nghysgod bryncyn bach creigiog ger glannau deheuol Pen Llŷn. O gwmpas y tŷ tyfai sawl erw o goed ynn, bedw a llwyf gan ei lochesu rhag stormydd-twll-y-glaw a sgubai i fyny o'r môr ar draws yr hen forfa a drowyd yn dir glas ar ddiwedd y ddeunawfed ganrif. Dyddiai sylfeini'r tŷ yn ôl i amser Llywelyn, meddai rhai . . . Yr un teulu a fu'n byw o dan ei gronglwyd ers canrifoedd . . . Teulu'r plasty bychan hwn oedd yn geidwaid gwlad ac yn gynheiliaid y drefn faterol ac ysbrydol yn y broydd hyn, yn dyfarnu ac yn dedfrydu, yn noddi môr-ladron a beirdd (*ODRh*: 23–4)

Yn hytrach na dathlu ei oroesiad, darlunnir dadfeiliad y plasty a'i ddeiliaid yn ystod y nofel ac awgrymu amherthnasedd a methdaliad moesol dosbarth o fân uchelwyr sy'n byw ar waddod y gorffennol erbyn canol yr ugeinfed ganrif.

Rhywbeth arall sy'n troi delfryd Waldo o frawdoliaeth wyneb i waered yw'r berthynas rhwng Hugh a Peter: 'Dros y chwe blynedd diwethaf bu bron iddo anghofio'r ffaith fod ganddo frawd . . . Cododd Hugh ei olygon a gwyrodd Peter ei drem, yn methu â chwrdd â llygaid ei frawd' (*ODRh*: 139). Gellir cyferbynnu hyn gyda'r ffordd y cyfleir y gyd-ddealltwriaeth reddfol rhwng dynion a'i gilydd mewn cerdd fel 'Cyfeillach', 'Cans saetha'r goleuni pur / O lygad i lygad yn syth' (*DP*: 72), a chyda sylw a wnaed gan Euros Bowen: '[d]igwyddais ofyn iddo [Waldo] un bore a oedd wedi meddwl am briodi eilwaith. Mi edrychodd ym myw fy llygad, a minnau o ran hynny i fyw ei lygad yntau. Distawrwydd. Deall, heb iddo yngan gair.'[111] A'r berthynas rhwng Ilse a Hugh yn oeri ac yn pellhau a hithau'n amau a all hi ymddiried ynddo mwyach, dywedir 'Ceisiodd Hugh edrych yn syth i'w llygaid ond methodd â dal ei threm' (*ODRh*: 166). Gwahanol iawn yw hyn i'r adeg pan fu'r 'ddau'n dawel am ychydig yn pwyso yn erbyn ei gilydd gan ddrachtio'r ymdeimlad newydd o gyd-ymddiriedaeth a chyd-ddibyniaeth' (*ODRh*: 148), ond mae diffyg ymddiriedaeth fel pla sy'n heintio'r holl gyfnod: yn ei llythyr o'r cyfandir yn 1936, cyfeiria chwaer Ilse 'at y ffordd yr oedd pawb yn gorfod cyfaddawdu â'r system, a'r ymddieithrio a oedd yn digwydd ymysg eu ffrindiau nad oeddent yn Iddewon' (*ODRh*: 240). Cyfeiriadau, awgrymiadau ac adleisiau yw'r rhain a nyddwyd yn gelfydd i'r testun ar y cyfan, heblaw am un tro yn y bedwaredd adran pan ymdeimlir â gorawydd i ymestyn perthnasedd y nofel: a Hugh yn aelod o'r Frigâd Gydwladol yn Sbaen, 'o dipyn i beth sylweddolodd nad yn ei ben oedd y sŵn ond yn hytrach yn ei glustiau – y sŵn a oedd yn gyfarwydd i bawb o'i genhedlaeth a ddarllenasai Owen, Sassoon ac Erich Maria Remarque. Hwn fu'r cyfeiliant di-dor i ddawns angau'r genhedlaeth a gollwyd, is-lais duwiau anniddig yr ugeinfed ganrif' (*ODRh*: 278).

Daw teitl amodol *Os Dianc Rhai* â nofelau blaenorol am y rhyfel yn Gymraeg i'r meddwl – *Dianc* gan T. M. Bassett a *Dim Dianc* (1975) gan Glyn Ifans – gan awgrymu mai i *genre* yr antur rhyfel y perthyn hithau. Ond er gwaethaf rhai ffaeleddau, yr hyn a gafwyd o'r diwedd yn *Os Dianc Rhai* yw nofel gyfoethog a sylweddol am yr Ail Ryfel Byd, sy'n sicr yn ymelwa ar gonfensiynau a thechnegau'r antur rhyfel, ond a lwydda yn y pen draw i oresgyn y nodweddion y bu amryw nofelau blaenorol am y rhyfel yn gaeth iddynt.

Nodiadau

[1] Gwybodaeth wedi'i chywain o John Maxwell Jones (gol.), *Cyfarwyddiadur Awduron Cymraeg Cyfoes: Bywgraffyddol a Llyfryddol* (Philadelphia, 1970), 37–8.

[2] Heini Gruffudd, adolygiad ar *Rhaid Croesi Afon Drin*, *Y Genhinen*, xviii/II (Gwanwyn 1968), 31–2.

[3] Gwenllïan Dafydd, 'Dwy Nofel Wahanol', *Taliesin*, 98 (Haf 1997), 120–1.

[4] J. Selwyn Lloyd, *Mae Torch yn Llosgi* (Llandysul, 1980), 65.

[5] Dan yr enw 'Glyn Evans' yr ymddangosodd *Dim Dianc*, ond er mwyn osgoi dryswch, at 'Glyn Ifans', enw'r awdur ar glawr ei gyfrol gyntaf, *Coron ar Fotwm: Dyddiadur 1942–1945* (Dinbych, 1960), y cyfeirir drwy'r astudiaeth hon.

[6] Gw. D. Ben Rees, 'Gwilym Meredydd Jones (1920–1992)', *Y Faner* (6 Mawrth 1992), 19, lle y cyfeirir at y ffaith fod yr awdur 'wedi treulio blynyddoedd y rhyfel yn yr *RA Education Corps* yn y Dwyrain Canol a Gogledd Affrica'. Mae'n dwyn ar ei brofiad yn nwy o storïau *Ochr Arall y Geiniog* (Llandysul, 1982), cyfrol arobryn y Fedal Ryddiaith yn 1982, sef 'Gweddi Fer', 17–28, a 'Galw Heibio', 29–37; gw. hefyd y stori 'Echdoe' yn *Gwerth Grôt* (Llandysul, 1983), 74–87, yn ogystal ag 'Indonesia' yn William Morris (gol.), *'Roeddwn I Yno: Casgliad o Straeon Profiad* (Caernarfon, 1966), 80–6.

[7] Yn William Morris (gol.), *Eisteddfod Genedlaethol 1948 (Pen-y-bont-ar-Ogwr): Cyfansoddiadau a Beirniadaethau* (Lerpwl, 1948), 110–32, cynigiwyd Gwobr Goffa Cymry'r Dwyrain Canol am ysgrif, 'Fy Mhrofiadau yn y Dwyrain Canol', ac o blith pedwar ymgeisydd, dyfarnodd Cynan y wobr i Eurfyl Jones. Yn John Lloyd (gol.), *Eisteddfod Genedlaethol 1949 (Dolgellau): Cyfansoddiadau a Beirniadaethau* (Lerpwl, 1949), 146–7, gofynnwyd am draethawd ar 'Hanes un o gymdeithasau Cymraeg y Dwyrain Canol' a T. Iorwerth Thomas, yr unig ymgeisydd, a enillodd y wobr. Yn William Morris (gol.), *Eisteddfod Genedlaethol 1951 (Llanrwst): Cyfansoddiadau a Beirniadaethau* (Lerpwl, 1951), 32–8 a 198–9, gofynnwyd am 'Ysgrif ar Richard Hughes a'i wasanaeth i Gymry yn Jeriwsalem': Pwyllgor Cyn-Filwyr Eisteddfod Genedlaethol Bae Colwyn, 1947, a roddodd y wobr ac ysgrif Dilwyn Miles a ddyfarnwyd orau o'r ddwy a ddaeth i law. Gw. hefyd nodiadau 40 a 41 isod.

[8] Gw. nodyn 6 uchod.

[9] Gw. nodiadau 53–7 ym mhennod 4 am gyfeiriadau perthnasol.

[10] Gw. nodyn 50 isod.

[11] Leigh Verril-Rhys (gol.), *Iancs, Conshis a Spam: Atgofion Menywod o'r Ail Ryfel Byd* (Dinas Powys, 2002).

[12] J. Selwyn Lloyd, *Cysgod Rhyfel* (Llandysul, 1983), 60.

[13] Bobi Jones, 'Crio Chwerthin', *Crio Chwerthin* (Llandybïe, 1990): gw. yn arbennig adran IV ar dud. 22–7, yn ogystal â'r gerdd gysylltiol 'Lloches Anderson 1941' yn *Canu Arnaf (Cyfrol 1): Ail Gasgliad o Gerddi* (Llandybïe, 1994), 6–7; gw. hefyd yn *Crio Chwerthin* 'Y Bradwr Da (Stori am Wlad Bell)', 87–148, y mae'r rhyfel hefyd yn gefndir iddi.

[14] Beryl Stafford Williams, *Darlun o Ryfel* (Llandysul, 1993), 15.

[15] Am drafodaethau ar *Meibion Darogan*, gw. Rhydwen Williams, 'Gyda Llaw . . .', *Barn*, 78 (Ebrill 1969), 157; J. Gwyn Griffiths, '*Meibion Darogan* Pennar Davies a Chylch Cadwgan', *I Ganol y Frwydr: Efrydiau Llenyddol* (Llandybïe, 1970), 213–22; Nia Mai Williams, 'Nofelau am Gylch Cadwgan gan Ddau Aelod: *Meibion Darogan* gan Pennar Davies, ac *Adar y Gwanwyn* gan Rhydwen Williams', yn J. E. Caerwyn Williams (gol.), *Ysgrifau Beirniadol XXV* (Dinbych, 1999), 86–104; a D. Densil Morgan, *Pennar Davies* (Caerdydd, 2003), 132–6.

[16] Am drafodaethau ar *Adar y Gwanwyn*, gw. Pennar Davies, 'Cwm Gobaith', *Barn*, 127 (Mai 1973), 316; Donald Evans, *Rhydwen Williams* (Caerdydd, 1991), 16–19; a Nia Mai Williams, 'Nofelau am Gylch Cadwgan gan Ddau Aelod'.

[17] Gw. sylw Cynwil Williams yn 'Geraint Vaughan Jones (1904–97)', *Taliesin*, 101 (Gwanwyn 1998), 57: 'Teimlai nad oedd yn llenor digon "plwyfol" i'r bobl y dysgodd ei dad ef i werthfawrogi'u llên. Ychydig cyn ei farw, mae'n gofidio na all y Cymry "sgwennu am y byd cyfoes . . . Does gan Gymry cefn gwlad a'r trefi bychain fawr o ddiddordeb yn fy mhrofiadau cyfandirol ac ehangach i".' Mae ei hunangofiant, *Dychweliad yr Alltud: Hunangofiant* (Llandybïe, 1989), yn cynnwys pennod dan y teitl 'Ffoaduriaid', 109–15, sy'n ymhelaethu ar y cwmni cymysg o ffoaduriaid a ddaeth i lochesu yn ardal Halifax, lle roedd yr awdur yn gweinidogaethu, yn ystod yr Ail Ryfel Byd.

[18] Gw. clawr ôl *Ein Llyw Cyntaf* (Llandysul, 2001): 'Mewn ffordd, Hitler sy'n gyfrifol am hanes ein Llyw Cyntaf; er nad dyna oedd ei fwriad pan benderfynodd – o ganlyniad i'w fuddugoliaeth ysgubol yn yr Ail Ryfel Byd – osod Dr Llywelyn Parry-Morris o Goleg Iesu, Rhydychen, yn arweinydd-

pyped ar Gymru Newydd.' Gw. adolygiad Eluned Haf, '"Hil, Ffawt a Meistrolaeth"', *Taliesin*, 113 (Hydref 2001), 148–51.

[19] W. Hydwedd Boyer, *Ym Mhoethder y Tywod* (Lerpwl, 1960); fe'i hadolygwyd gan Harri Gwynn, *Y Cymro* (2 Chwefror 1961); T. Llew Jones, *Y Genhinen*, 12 (1961–2), 56–7; a chan Brinley Richards, *Lleufer*, 17 (1961), 92–3.

[20] Ceir manylion bywgraffyddol amdano yn John Maxwell Jones (gol.), *Cyfarwyddiadur Awduron Cymraeg Cyfoes*, 3, ac yn Meic Stephens (gol.), *Cydymaith i Lenyddiaeth Cymru* (1986; ail arg. Caerdydd, 1997), 58.

[21] Islwyn Ffowc Elis, 'Nofel: Testun Agored', yn J. T. Jones (gol.), *Eisteddfod Genedlaethol Cymru Caernarfon 1959: Cyfansoddiadau a Beirniadaethau* (Lerpwl, 1959), 141.

[22] Gw. y cyfeiriad hwn at Gairo yn John Ellis, *The Sharp End of War: The Fighting Man in World War II* (Llundain, 1980), 303: 'In the Middle East, soldiers got so fed up with what they regarded as the cheating ways of the Egyptians that at Christmas 1943 the 78th Division went on the rampage in Cairo, smashing up bars and beating up the locals.'

[23] Cynan, 'Mab y Bwthyn', *Telyn y Nos* (Caerdydd, 1921), 20.

[24] R. Emyr Jones, *Ni Allaf Ddianc* (Caernarfon, 1981).

[25] Samuel Hynes, *The Soldiers' Tale: Bearing Witness to Modern War* (1997; arg. Llundain, 1998), 217.

[26] Samuel Hynes, 217.

[27] Dave Grossman, *On Killing: The Psychological Cost of Learning to Kill in War and Society* (Boston, Efrog Newydd a Llundain, 1995), 48.

[28] W. Hydwedd Boyer, *Ffarwel Ha'* (Llandybïe, 1974); fe'i hadolygwyd gan Glyn Ifans yn 'Adlais o'r Ail Ryfel Byd 1939–1945', *Barn*, 149 (Mehefin 1975), 688–9.

[29] Gw. David Berry, *Wales and Cinema: The First Hundred Years* (Caerdydd, 1994), 326–7, am werthfawrogiad o'r gyfres ddrama hon.

[30] Y mae dyfodiad yr ifaciwîs yn destun yr eir i'r afael ag ef yn J. Selwyn Lloyd, *Cysgod Rhyfel*, Geraint Vaughan Jones, *Y Ffoaduriaid* (Abertawe, 1979), a hefyd yn nofel fer Glenys Lloyd ar gyfer plant, *Rhyfel Sam* (Llandysul, 2001); gw. Rhian Price, 'Croeso, Sam?', *Golwg*, 13/49 (16 Awst 2001), 17. Ceir ymdriniaeth fywgraffyddol â'r testun gan Dic Jones yn *Os Hoffech Wybod . . .* (Caernarfon, 1989), 52–8, ac yn ysgrif radio Cassie Davies, 'Ifaciwîs' (1963), yn Gwyn Erfyl (gol.), *Radio Cymru: Detholiad o Raglenni Cymraeg y BBC 1934–1989* (Llandysul, 1989), 99, tra cyflwynir ochr arall y geiniog, hynny yw, persbectif y plant cadw eu hunain gan James Sinclair yn *A Way Out / Welsh Scouse* (Lerpwl, 1999). Am drafodaeth hanesyddol ar y mater, gw. Angus Calder, *The People's War: Britain 1939–1945* (1969; arg. Llundain, 1992), yn enwedig 39–50, 128, 408–9, 571.

[31] Crybwyllir y term 'a Good War' gan Samuel Hynes, *The Soldiers' Tale*, 111; gw. hefyd deitl hanes llafar Studs Terkel, *'A Good War': An Oral History of World War II* (Efrog Newydd, 1984), a'r sylwadau yn nodyn 22 ym mhennod 1.

[32] Ifor Wyn Williams, *Cyllell yn y Pridd* (Llandybïe, 1974); fe'i hadolygwyd gan Glyn Ifans yn 'Adlais o'r Ail Ryfel Byd 1939–1945', 688–9.

[33] *Dim Dianc* (Llandysul, 1975).

[34] Adran fer sy gan Alan Munton, e.e., yn trafod y mater yn *English Fiction of the Second World War* (Llundain, 1989), 56–9.

35 John Costello, *Love, Sex and War: Changing Values 1939–45* (Llundain, 1985), 156; neilltuir pennod, 'Comrades in Arms', 153–73, i drafod hoywder yn y lluoedd arfog.
36 Gw. John Costello, *Love, Sex and War*, 158, sy'n dyfynnu geiriau seiciatrydd mewn adroddiad ar hoywder yn y fyddin Brydeinig: '"Many conscious homosexuals have found their way into the army, and of these only a certain number have come to the psychiatrist, either at their own request or because their odd behaviour has brought attention to them"'; ar dud. 172, dyfynnir geiriau meddyg arall: '"Under light hypnosis he expressed a rather odd relationship with his dead comrade."'
37 Fel hyn y diffinnir y term yn David Pickering, Alan Isaacs ac Elizabeth Martin (gol.), *Brewer's Dictionary of 20th-Century Phrase and Fable* (Llundain, 1991), 309: 'British contemptuous slang for a weak or effeminate man. Originally Scottish and N English term.' Cymh. *Dim Dianc* hefyd gyda'r disgrifiad hwn gan Holger Klein, 'Britain', yn Holger Klein gyda John Flower ac Eric Homberger (gol.), *The Second World War in Fiction* (Llundain, 1984), 33, o *Look Down in Mercy* (1951), nofel ryfel Walter Baxter a leolwyd yn Burma ac y dywedir am ei phrif gymeriad, Capten Tony Kent: 'Under the impact of war he multiply transgresses the rules and taboos of his class and profession . . . finally murdering a soldier who divines his homosexual relationship.'
38 Gw. Paul Fussell, *Wartime: Understanding and Behavior in the Second World War* (Efrog Newydd a Rhydychen, 1989), 273: 'Starvation and thirst among prisoners of the Japanese, as well as among downed fliers adrift on rafts, drove many insane, and in addition to drinking their urine they tried to relieve their thirst by biting their comrades' jugular veins and sucking the blood.'
39 Gw. W. J. Jones, 'Ar Ddieithr Hynt, *Barn*, 157 (Chwefror 1976), 63: 'gwrywgydiaeth yw sylfaen problemau arwr [*Dim*] *Dianc*, ond yr argraff a gefais wrth ddarllen y nofel oedd fod gormod o ffys yn cael ei wneud ynghylch dim byd . . . Wn i ddim faint o bechod oedd hyn ym myddinoedd y dwyrain pell ar ddechrau'r rhyfel – a oedd yn ddigon o bechod, er enghraifft, i berson ladd cyfaill er mwyn cadw'r gyfathrach yn gyfrinach . . .? Os oedd, dylai'r awdur beri i ni sylweddoli hynny.' Atebodd Glyn Ifans y feirniadaeth yn 'Llythyr', *Barn*, 158 (Mawrth 1976), 75: 'ni wneuthum "ormod o ffys". Yn yr Awyrlu gallasai dyn bechu hyd at syrffed – meddwi, rhegi, godinebu, canu maswedd – ond yr oedd deubeth nad oedd fawr o gydymdeimlo â nhw – lladrata a gwrywgydio.'
40 Gw. D. M. Ellis (gol.), *Eisteddfod Genedlaethol Cymru y Rhyl 1953: Cyfansoddiadau a Beirniadaethau* (Lerpwl, 1953), 26–8 a 125–7.
41 Gw. beirniadaeth J. Owen Jones, yn J. T. Jones (gol.), *Eisteddfod Genedlaethol Cymru Caernarfon 1959*, 162–4.
42 *Coron ar Fotwm: Dyddiadur 1942–1945* (Dinbych, 1960).
43 Tybir bod 'Lili Marlene' yn un o'r caneuon mwyaf poblogaidd gan filwyr erioed: gw. Martin Page (gol.), *Kiss Me Goodnight, Sergeant Major: The Songs and Ballads of World War II* (1973; arg. Frogmore, 1975), 101–3.
44 John Ellis, *The Sharp End of War*, 324–5.
45 Yn Awst 1945, derbyniodd Glyn Ifans lythyr oddi wrth T. Rowland Hughes a'i cymhellai i gofnodi ei brofiad milwrol mewn print: 'yr oeddwn yn wir

falch o gael eich un [h.y. llythyr] chwi ac o ddeall bod yr hen gyfaill William Jones wedi mentro cyn belled â bryniau Ceylon . . . Beth am fynd ati i ysgrifennu peth o'ch hanes yn y Dwyrain? Y mae angen llyfr o'r fath' (*CF*: 119).

46 Gw. John Ellis, *The Sharp End of War*, 'Patriotism, Politics and Boredom', 315–26, a'r sylw ar dud. 315–16: 'it would be going too far to claim that neither patriotism nor politics had any importance to front-line soldiers. Nominally at least, World War II was an overtly ideological struggle, the forces of democracy ranged against the evils of facism. It is not my concern here to assess the extent to which this was the case, but to try and gauge how far the troops themselves bothered with such concepts. To judge from the accounts they have left behind, the answer is hardly at all.'

47 Selyf Roberts, *Tocyn Dwyffordd (Profiadau yn y Fyddin)* (Dinbych, 1984), 202.

48 G. R. Hughes, 'Bywyd yn y Fyddin', yn J. E. Jones (gol.), *Llais y Cymry yn Lluoedd Lloegr: Dyfyniadau o'u Llythyrau* (Caernarfon, d.d.), 7.

49 Cynhaliwyd cyn hynny o leiaf ddwy eisteddfod yng Nghairo ar gyfer y milwyr alltud a hynny dan nawdd Cymdeithas Gymraeg Cairo: gw. T. Elwyn Griffiths, *Seren y Dwyrain* (Y Bala, 1955), 11–15, a hefyd Ivor Wynne Jones, *The Cairo Eisteddfod and Other Welsh Adventures in Egypt* (Llanrwst, 2003).

50 Ceir yr hanes o lygad y ffynnon gan Iorwerth C. Peate yn *Rhwng Dau Fyd: Darn o Hunangofiant* (Dinbych, 1976), 116–29; gw. hefyd Dewi Eirug Davies, *Protest a Thystiolaeth: Agweddau ar y Dystiolaeth Gristionogol yn yr Ail Ryfel Byd* (Llandysul, 1993), 97–8 a 137.

51 Er gwaethaf holl rethreg imperialaidd Churchill yn ystod y rhyfel, roedd dyddiau'r Ymerodraeth Brydeinig yn sicr wedi'u rhifo. Wrth i Brydain fynd yn fwyfwy dibynnol ar Unol Daleithiau America yn ystod y rhyfel, trechu Hitler ac nid achub yr Ymerodraeth oedd nod yr Americaniaid a dygwyd pwysau ar Brydain i roi annibyniaeth i India. Yng ngeiriau Angus Calder, *The Myth of the Blitz* (Llundain, 1991), 53: 'Had the British public realised that their nation was now a US dependency and that their war effort was destroying the Empire, some might have suffered great confusion of feeling.'

52 G. R. Hughes, 'Bywyd yn y Fyddin', 7. Bu Plaid Cymru wrthi'n ceisio tawelu ofnau 'llawer o heddychwyr yng Nghymru sy'n drwgdybio gweithred y Tri Gwron, am eu bod, meddant hwy, yn cychwyn terfysg' a hynny drwy chwarae'r cerdyn imperialaidd: 'Swm ein dadl felly yw nad yw'r tri yn fwy o derfysgwyr a "terrorists" nag oedd Gandhi pan dorrodd gyfraith yr un Lloegr imperialaidd ag yr ymgodymodd y tri â hi, a myned i lawr i'r môr i wneud halen. "Grym enaid" a ddefnyddiai Gandhi, a'r un grym a ddefnydd-iwyd gan y tri noson Medi'r 7fed, 1936'; dyfynnwyd yn *Y Ddraig Goch*, 'Dim Bwrw Arfau ym Mrwydr yr Ysgol Fomio' (Tachwedd 1936) a atgynhyrch-wyd yn Tegwyn Jones (gol.) *Colofnau'r Ddraig 1926–1976* (Talybont, 1976), 23. Wrth reswm, roedd pen draw i'r gymhariaeth â Gandhi gan nad pasiffist mo Saunders Lewis, ac mae'n ddadlennol mai at ddewis rhwng 'militariaeth y Sais neu genedlaetholdeb y Cymro' – cenedlaetholdeb rhagor heddych-iaeth – y cyfeiriodd yn ei anerchiad gerbron y cyfarfod croesawu mawr a drefnwyd ar ei gyfer ef a'i gyd-losgwyr ym Mhafiliwn Caernarfon ar 11 Medi 1937; dyfynnwyd yn J. E. Jones, *Tros Gymru: J.E. a'r Blaid* (Abertawe, 1970), 187.

53 Hugh Bevan, *Morwr Cefn Gwlad* (Llandybïe, 1971), 193. Rhoddir sylw i brofiadau Hugh Bevan yn ystod y rhyfel yn Gerwyn Wiliams, 'Continental Excursions: Welsh Biographies of World War II', *Planet*, 129 (Mehefin/Gorffennaf 1998), 83–91. Gw. hefyd J. O. Jones, *Y Môr a'i Dollau* (Llandysul, 1994), 16–37, am atgofion Cymro arall a dreuliodd y rhyfel fel aelod o'r llynges.
54 Ifan Parri, *Brethyn Glas* (Tŷ ar y Graig, 1975).
55 Ifan Parri, *Meibion Annwfn* (Tŷ ar y Graig, 1980).
56 Samuel Hynes, 2.
57 Gw. 'Chickenshit, An Anatomy', yn Paul Fussell, *Wartime*, 79–95; diffinnir y term fel 'insistence on the letter rather than the spirit of ordinances' (80).
58 Fel hyn yr eglurir bwriad yr awdur yn 'Rhagair', *MA*, 5: 'Gofynnwyd imi sawl tro gan ddarllenwyr *Brethyn Glas* paham y gadewais lawer o'r bryntni a'r gwastraff sydd yn nodweddiadol o'r drin allan o'r gyfrol honno. Tybiwn, ar y pryd, fod syrffed o hyn wedi ei ysgrifennu eisoes, yn enwedig yn Saesneg, ac na fyddai y manylion salw yn apelio at y rhan fwyaf. Ond y mae'n amlwg ddigon nad yw hynny yn wir. Fy mwriad, felly, yw adrodd y stori wrth y rhai sy'n ymddiddori a dangos, 'run pryd, mor ddibris oedd bywyd yn y pedwardegau cynnar.'
59 David E[lio] Roberts, *I'r Pridd Heb Arch* (Llandysul, 1978).
60 Frank Evans, *Yn Nwylo'r Nipon (Atgofion Carcharor Rhyfel)* (Llandysul, 1980).
61 E. Llewelyn Evans, *Taith yr Anialwch: Atgofion Carcharor Rhyfel* (Pen-y-bont Fawr, 1985).
62 *Hanes Cymru* (Llundain, 1990), 494–5.
63 David E. Roberts, *No Bamboo For Coffins* (Dinbych, 1996). O ddarllen y rhestr o ddiolchiadau ar ddechrau *IPHA* [6], daw'n amlwg mai'r fersiwn Saesneg o'r gyfrol a sgrifennwyd gyntaf: cyfeirir at 'drosi fy fersiwn Saesneg innau i'r Gymraeg' a diolchir i'r Parch. Griffith Parry am ymgymryd â'r dasg.
64 Frank Evans, *Roll Call at Oeyama: P.O.W. Remembers* (Llandysul, 1985).
65 Dan yr enw 'John Elwyn' yr ymddangosodd *At The Fifth Attempt*, ond er mwyn osgoi dryswch, at 'John Elwyn Jones' y cyfeirir drwy'r astudiaeth hon.
66 James Arthur Davies, *A Leap in the Dark: A Welsh Airman's Adventures in Occupied Europe* (Llundain, 1994); fe'i cyflwynodd i'r sifiliaid o'r Iseldiroedd a'i cynorthwyodd i oroesi wedi i'w awyren gael ei saethu i'r ddaear: 'Dedicated to the memory of my Resistance Hosts[,] Pieter and Hinke Dykstra[,] Lambert Tiesingsa[,] and Fernand Staquet.'
67 D. Gwenallt Jones, 'Pechod', *Ysgubau'r Awen* (1939); ailgyhoeddwyd yn Christine James (gol.), *Cerddi Gwenallt: Y Casgliad Cyflawn* (Llandysul, 2001), 103.
68 Bu farw un o bob tri a garcharwyd yn y Dwyrain Pell yn ôl David E. Roberts, *IPHA*, 30, ond un o bob pedwar yw'r ystadegyn a geir gan Samuel Hynes yn *The Soldiers' Tale*, 242, lle y tynnir sylw at y gymhareb drawiadol hon: 'One prisoner in four would die in the Japanese camps; in the German camps the death rate was one in twenty-five.'
69 Samuel Hynes, 242.
70 Samuel Hynes, 26.
71 'Llenyddiaeth Milwyr: Ymateb Arall i *Gwaedd y Bechgyn*', *Barddas*, 157 (Mai 1990), 2. Argraffwyd ar ddiwedd yr un ysgrif ddwy o gerddi rhyfel Selyf Roberts, y sonedau 'Popski' a 'Tân', a ailgyhoeddwyd yn ddiweddarach, ynghyd â rhagor o'i gerddi rhyfel, yn Alan Llwyd ac Elwyn Edwards (gol.),

Gwaedd y Lleiddiad: Blodeugerdd Barddas o Gerddi'r Ail Ryfel Byd 1939–1945 (Llandybïe, 1995), 28, 40, 54, 86 a 95.

[72] 'Llenyddiaeth Milwyr', *Barddas*, 2.

[73] *Yn Fy Ffordd Fy Hun: Hunangofiant Dyn Byrbwyll: Cyfrol 1* (Llanrwst, 1986), 6; ymddangosodd yr ail gyfrol, dan yr un teitl, hefyd yn 1986, a'r drydedd gyfrol yn 1987.

[74] Am hanes y Gwarchodlu Cymreig yn ystod y rhyfel, gw. yr hanes swyddogol gan L. F. Ellis, *Welsh Guards at War* (1946; arg. Llundain, 1990) a hefyd John Retallack, *The Welsh Guards* (Llundain, 1981), 49–181.

[75] *Pum Cynnig i Gymro: Anturiaethau Carcharor Rhyfel* (Y Bala, 1971). Sylwer na cheir mo'r is-deitl yn yr argraffiad y dyfynnir ohono, sef un Gwasg Carreg Gwalch, Llanrwst a gyhoeddwyd yn 1987, yr un flwyddyn ag yr ymddangosodd y cyfieithiad Saesneg, *At The Fifth Attempt* (Llundain, 1987); adolygwyd y gyfrol Saesneg gan J. Selwyn Lloyd yn *Book News from Wales* (Gwanwyn 1988), 13.

[76] Mae'r modd y marchnatwyd y fersiwn Saesneg o'r ffilm, *Bride of War*, gan S4C, yn cyfleu nodweddion enillgar y stori: 'The true story of love and bravery, which combines the fast action of combat with the heartache of wartime romance. John Elwyn, a spirited Welsh Guardsman played by Huw Garmon, is captured by the Germans near Dunkirk within a year of the outbreak of the Second World War.' Gw. *http://www.s4c.co.uk/festivals/e_pumcynnig.shtml*.

[77] Gw. Ian Parri a Huw Prys Jones, 'Cyffro, Serch a Mentro Mawr', *Golwg*, 9/50 (28 Awst 1997), 13–15, sef eitem am ffilmio *Pum Cynnig i Gymro / Bride of War*, a hefyd Joanna Davies Passmore, 'Pum Cynnig i Gymro . . . a Dau i Kate', *Golwg*, 10/13 (27 Tachwedd 1997), 24, sef adolygiad ar y ffilm. At hynny, gw. 'Tro Rhyfeddol mewn Stori', *Golwg*, 10/13 (27 Tachwedd 1997), 4, sy'n dateglu'r newydd fod cymeriad Celinka wedi goroesi'r rhyfel wedi'r cyfan, a hefyd Huw Illtud ab Alwyn, 'Y Wraig a Ddaeth o Farw'n Fyw', *Golwg*, 10/16 (18 Rhagfyr 1997), 6.

[78] 'BSE a'r Ffilm Gymraeg', *Taliesin*, 101 (Gwanwyn 1998), 137–8.

[79] Gw. Holger Klein, *The Second World War in Fiction*, 23: 'Where truth is reconstructed . . . and presented to the reader in vivid detail of incident and dialogue, there arises the issue of a credibility gap.' Gw. hefyd Paul Fussell, *Wartime*, 291, a ddywed am hunangofiannau rhyfel: 'The best are those devoid of significant dialogue, almost always a sign of *ex post facto* novelistic visitation.'

[80] Gw. nodyn 77 uchod.

[81] *Y Cymro* (27 Medi 1972); dyfynnwyd yn T. Robin Chapman, *Rhywfaint o Anfarwoldeb: Bywgraffiad Islwyn Ffowc Elis* (Llandysul, 2003), 242.

[82] Samuel Hynes, 242.

[83] Dyma bwynt W. J. Jones wrth adolygu *Dim Dianc* yn *Barn*, 157 (Chwefror 1976), 63: dywed amdani hi a hefyd *Ergydion* Dafydd Gruffydd Evans 'y byddai'r ddwy ar eu hennill pe bai'r awduron wedi ymestyn ychydig hwnt ac yma' ac nad yw'r sôn am hoywder yn argyhoeddi gan mor gwta yw'r ymdriniaeth â hi.

[84] Paul Fussell, *Wartime*, 290: 'Sensing that action and emotion during the war were too big and too messy and too varied for confinement in one 300-page volume of fiction, the British [sic] tended to refract the war in trilogies . . .

The American way, on the other hand, seems less to conceive a trilogy than to produce three novels of different sorts and then, finding them on one's hands, to argue they constitute a trilogy.' Ystyrier hefyd sylw Anthony Burgess, 'War's Sour Fruits', *The Novel Now* (Llundain, 1967), 52: 'James Jones wrote a very bulky novel . . . *From Here to Eternity* . . . The size of the book is impressive . . . The content of *From Here to Eternity* is not epic enough to justify the length.'

[85] Samuel Hynes, 116–19.

[86] Cymh. Paul Fussell, *Wartime*, 290–1: 'The real war is unlikely to be found in novels . . . for they must exhibit, if not plot, at least pace . . . One turns, thus, from novels to "non-fiction", especially memoirs, and especially memoirs written by participants not conscious of serving any very elevated artistic ambition.'

[87] Mae trioleg Evelyn Waugh, *Sword of Honour* (1965; arg. Harmondsworth, 1999), yn cynnwys tair nofel unigol sef *Men at Arms* (1952), *Officers and Gentlemen* (1955) ac *Unconditional Surrender* (1961).

[88] Mae trioleg Olivia Manning, *The Balkan Trilogy* (Harmondsworth, 1981), yn cynnwys *The Great Fortune* (1960), *The Spoilt City* (1962) a *Friends and Heroes* (1965).

[89] Gw. y ffotograff rhwng tudalen 136 a 137 yn argraffiad 1971 o *Pum Cynnig i Gymro* ac ar dud. 115 yn argraffiad 1987.

[90] Harri Parri, 'Cydnabod', *Rhyfel Pen Llŷn* (Caernarfon, 1992), [7].

[91] 'Y Beic-ambiwlans', *Rhyfel Pen Llŷn*, 59. Cymh. Richard Hughes (Y Felinheli), 'Yr Hôm Giard' (1983), yn Gwyn Erfyl (gol.), *Radio Cymru*, 98–9, sef hanes digri am griw o filwyr drama ar lannau'r Fenai yn ystod y rhyfel.

[92] Martin Davis, *Os Dianc Rhai* (Talybont, 2003); fe'i hadolygwyd gan Pryderi Gwyn Jones, 'Dianc a Ffoi', *Barn*, 488 (Medi 2003), 43–4, a chan Aran Jones, 'Patrymau'n Mynd ar Chwâl', *Taliesin*, 121 (Gwanwyn 2004), 149–51; gw. hefyd 'Nofel Rhyfel y Teulu', *Golwg*, 16/5 (2 Hydref 2003), 20–1.

[93] Y gordebygrwydd i nofelau Islwyn Ffowc Elis yw sail ei gwendid yn nhyb Gwynn ap Gwilym: gw. 'Ailbobi Lleifior', *Barn*, 210–11 (Gorffennaf/Awst 1980), 251: 'Am waith arall gan lenor arall y meddyliwn i yn gyson wrth ddarllen *Y Ffoaduriaid* . . . yn anffodus, cysgodion gwael o deulu Lleifior yw cymeriadau Plas Tanat *Y Ffoaduriaid*.'

[94] Gw. M. Wynn Thomas, *Emyr Humphreys* (Caernarfon, 1989), yn enwedig 77–93.

[95] Gw. Leigh Verrill-Rhys a Deirdre Beddoe (gol.), *Parachutes and Petticoats: Welsh Women Writing of the Second World War* (Dinas Powys, 1992). Am rywfaint o hanes merched Cymru yn ystod y rhyfel, gw. Mari A. Williams, *'Where Is Mrs Jones Going?' Women and the Second World War in South Wales* (Aberystwyth, 1995), ac *A Forgotten Army: Female Munitions Workers of South Wales, 1939–1945* (Caerdydd, 2002).

[96] 'Cofio Alun Llywelyn-Williams', *Barn*, 307 (Awst 1988), 45; dyfyniad o adysgrif o raglen deyrnged a ddarlledwyd ar BBC Radio Cymru, 15 Mai 1988: fe'i cyflwynwyd gan Bedwyr Lewis Jones a'i chynhyrchu gan R. Alun Evans.

[97] Marian Henry Jones, *Annwyl Julia: Rhodio Llwybrau Atgof yn Fienna* (Aberystwyth, 1996): gw. adolygiad Angharad Price, *Llais Llyfrau*, 1/97 (Gwanwyn 1997), a Marion Löffler, *Y Traethodydd*, cliii/644 (Ionawr 1998), 57–8. Cofnododd

yr awdures ragor o atgofion am y rhyfel yn 'Dyheu Adeg Rhyfel', *Iancs, Conshis a Spam*, 65–73, a chafwyd ganddi hefyd stori fer ac ynddi garwriaeth rhwng Cymraes ac Iddew o Fienna yn 'Cyfarfod (Awst 1939)', *Ffynhonnau Doe* (Aberystwyth, 1995), 103–10. Gw. hefyd ei hysgrif, 'Keep Calm and Carry On', yn *Parachutes and Petticoats*, 62–7, a'r wybodaeth yn nodyn 6 ym mhennod 4.

[98] Dyfynnwyd yn Karen Owen, 'Fienna a Fi', *Golwg*, 9/17 (17 Ionawr 1997), 19.
[99] Marian Henry Jones, dyfynnwyd yn 'Fienna a Fi', 19.
[100] 'Martin Davis', yn Sioned Puw Rowlands (gol.), *Byd y Nofelydd* (Talybont, 2003), 67.
[101] 'Adnabod Awdur: Holi Martin Davis', 'Llais Llên' ar wefan BBC Cymru, *Cymru'r Byd*, http://www.bbc.co.uk/cymru/adloniant/llyfrau/awdur/martin.shtml.
[102] Mae'r rhan a chwaraeodd Idris Gruffydd, sy'n gariad i Eva Wolff o fewn y nofel, yn y cyrchoedd awyr ar ddinas Dresden ar 13 a 14 Chwefror 1945 yn destun cywilydd iddo; gw. y bedwaredd adran yn Geraint Vaughan Jones, *Y Ffoaduriaid*, 159–219. Fe'i disgrifir gan Charles Messenger, 'Raid on Dresden', yn I. C. B. Dear a M. R. D. Foot (gol.), *The Oxford Companion to the Second World War* (Rhydychen, 1995), 311, fel 'the scene of what was perhaps the most controversial episode in the strategic air offensive against Germany': ni feddai'r ddinas ar fawr o bwys strategol gan na leolwyd ynddi unrhyw ddiwydiant trwm, ac amcangyfrifir bod oddeutu 50,000 o bobl wedi eu lladd ar y pryd, amryw ohonynt yn ffoaduriaid. Gw. hefyd Geraint Vaughan Jones, *Dychweliad yr Alltud*, 102: 'Cyflafan anesgusodol oedd hon, a 'doedd dim rhyfedd i'r erchylltra beri cywilydd a gwarth . . . Ni chyfrannodd y dinistr arswydus at fyrhau y rhyfel, ac nid oedd o bwys strategol arbennig'; roedd gan yr awdur feddwl y byd o'r ddinas gan mai Almaenes a hanai ohoni oedd ei wraig. At hynny, gw. Martin Davis, 'Gott mit Uns', *Chwain y Mwngrel* (Talybont, 1986), 7: 'Arwyddair a roes / Rwydd hynt yn ein hoes / I epil Epa / Yn enw'r Nefol Dad / Droi'i law at hil-laddiad. / Ond hefo ni oedd Duw / Wedi'r cwbwl / Yn cachu'i lwyth / Dros Anghredinwyr Dresden.'
[103] Bomiwyd Hamburg gan yr awyrlu ar 24, 27 a 29 Gorffennaf a 2 Awst 1943, ac amcangyfrifir bod 44,600 o sifiliaid wedi'u lladd ac 800 o aelodau'r lluoedd arfog o gymharu â chyfanswm o 60,595 o sifiliaid a laddwyd ym Mhrydain drwy gydol y rhyfel yng nghyrchoedd yr Almaen. Gw. 'Hamburg air offensive', *The Oxford Companion to the Second World War*, 523.
[104] Cynhwyswyd yn Gwynn ap Gwilym (gol.), *Y Flodeugerdd Delynegion* (Abertawe, 1979), 120.
[105] Gw. John Gower, 'Of Witches and War', adolygiad ar *Os Dianc Rhai, Planet*, 165 (Mehefin/Gorffennaf 2004), 115: 'The language of *Os Dianc Rhai* is dense and allusive.'
[106] Charles K. Moss, 'Fryderyk Chopin: Poet of the Piano', http:// www.carolinaclassical.com/articles/chopin.html.
[107] Gw. Wolf Biermann, 'Epilogue: A Bridge between Wladyslaw Szpilman and Wilm Hosenfeld', yn Wladyslaw Szpilman, *The Pianist* (1946; arg. mewn cyfieithiad, Llundain, 2000), 217: 'Wladyslaw Szpilman began working for Radio Warsaw again as a pianist at once. He opened the broadcasting service after the war with the same Chopin piece he had been playing live on the radio that last day, amidst a hail of German artillery and bombs. You

could say that the broadcast of Chopin's Nocturne in C sharp minor was only interrupted, briefly, so that in the six-year interval Herr Hitler could play his part on the world stage.'

[108] Wladyslaw Szpilman, *The Pianist*, 32.
[109] 'Y Dilyw 1939', yn R. Geraint Gruffydd (gol.), *Cerddi Saunders Lewis* (Caerdydd, 1986), 11. Darlun y gerdd o broletariat de Cymru a gododd wrychyn Gwyn A. Williams a ddywedodd amdani yn *When Was Wales?* (Harmondsworth, 1985), 282: 'The verse crawled with lurid and offensive images and put self-lacerating words in the mouths of servile men, dismissed as a gutless crew who were no longer Welsh.'
[110] 'Cymru 1937', *Cerddi'r Gaeaf* (Dinbych, 1952), 63.
[111] 'Waldo a Chrynwriaeth', yn Robert Rhys (gol.), *Cyfres y Meistri (2): Waldo Williams* (Abertawe, 1981), 172.

6

'Y Byd a'n Blina':
Barddoniaeth 1960–2000

Nid ar chwarae bach y pennir ffiniau astudiaeth fel hon sy'n canolbwyntio ar ddigwyddiad mor hollgynhwysol a thrawsffurfiol â'r Ail Ryfel Byd a gellid yn hawdd fod wedi ymestyn y drafodaeth ar berthynas y rhyfel â llenyddiaeth Gymraeg i gynnwys cerddi beirdd fel T. Glynne Davies ac Euros Bowen. Mewn nodyn ar bryddest goronog Eisteddfod Genedlaethol Llanrwst yn 1951, cyfeiria T. Glynne Davies at ddrafft gyntaf 'Adfeilion' a gynhwysai '[dd]yfyniad (dychmygol) o bapur newydd am eneth ifanc a laddwyd mewn cyrch bomio adeg y rhyfel'.[1] Ac yn ei nodyn yntau ar bryddest arobryn 1950, 'Difodiant', traetha Euros Bowen ar gefndir ei gerdd: 'Galwyd ein cyfnod ni'n oes pryder/angst/ anxiety. Yn wir wedi'r bomio atomig ar Hiroshima a Nagasaki yn 1945 aeth pobl i gredu y gallai rhyfel byd arall ddifodi bywyd ar y ddaear. Adeg llunio "Difodiant" roedden ni'n etifeddion dychryn Hiroshima, a cherdd ar angst y cyfnod yw'r bryddest.'[2] Nid anodd chwaith gyflwyno dadl yn 'egluro' awen fywiol, ddeinamig Euros Bowen fel gwrthbwynt i holl ddistryw'r rhyfel.[3] Am y tro, fodd bynnag, er mwyn sicrhau ffocws i'r trafod a'i gadw rhag troi'n gatalog arwynebol, rhaid blaenoriaethu gan ganolbwyntio'n bennaf ar waith tri bardd sy wedi ymateb yn uniongyrchol i thema'r rhyfel yn eu cerddi.

Rhyngddynt cynrychiola Gwyn Thomas (g. 1936), Alan Llwyd (g. 1948) a Siôn Eirian (g. 1954) ymateb tair cenhedlaeth a thri degawd i'r rhyfel. Ac ar yr union adeg pan oedd yr hynaf ohonynt yn ymsefydlu fel bardd a'r ddau arall ar eu prifiant, un achos llys a roddodd sbotleit o'r newydd ar y cyfnod oedd un Adolf Eichmann yn Jerwsalem yn 1961. Cyfeiria'r hanesydd Joanna Bourke at 'huge impact' yr achos llys, 'not only because it drew the attention of young Germans to the Holocaust, but also because it politicized American Jews'.[4] Yn nes adref, Alan

Llwyd ei hun sy'n cyfeirio at lunio 'nifer o gerddi am erchyllterau'r Natzïaid yn y Chwedegau gan feirdd y tu allan i Gymru'[5] gan mai yn ystod y degawd hwnnw yn anad yr un arall y dadlennwyd i'r byd erchyllterau'r Natsïaid yn sgil achos troseddwr fel Eichmann. Cyfeiria hefyd ato'i hun yn ddeuddeg neu'n dair ar ddeg oed yn cael ei 'syfrdanu, pan oeddwn i'n dechrau ymhél â barddoniaeth, fod y fath beth â'r gwersylloedd carchar Natsïaidd yma i'w cael. 'Doeddwn i ddim yn gallu credu'r peth . . . 'rydw i'n cofio mai prawf Adolf Eichmann ar y teledu a ddaeth â'r peth yn fyw i mi.'[6]

Gwyn Thomas

Alun Llywelyn-Williams, yn ei adolygiad ar *Chwerwder yn y Ffynhonnau*, cyfrol gyntaf o gerddi Gwyn Thomas yn 1962, a awgrymodd fod y bardd o'r Blaenau 'yn adlewyrchu'n naturiol ddigon osgo meddwl a theimlad y genhedlaeth a fagwyd yng nghysgod y Bom'.[7] Traethodd y bardd ei hun, a aned ar ei drothwy yn 1936, fwy nag unwaith am ei brofiad o'r rhyfel:

> Yn ystod yr Ail Ryfel Byd hogyn oeddwn i ac annelwig oedd fy syniad i am y rhyfel. Yna fe laddwyd brawd i ffrind imi, gŵr yr oedd gen i'n blentyn feddwl mawr ohono; fe ddeallais i'n well ar ôl hyn beth oedd rhyfel. Mae pethau fel 'na'n gadael eu hôl ar rywun, yn enwedig o gofio fod hyn oll wedi'i gysylltu imi yn ddiweddarach â'r holl enbydrwydd y deuthum i wybod oedd wedi digwydd.[8]

> Yn ystod fy mhlentyndod i roedd hi'n Ail Ryfel Byd. Annelwig oedd peth felly yn fy meddwl, ond byddwn yn gweld lluniau o'r rhyfela yn y papurau newydd ac yn gweld y peth yn fwy trawiadol fyth ar y newyddion yn y pictjiwrs. Ond seliwloed oedd y cyfan. Nes i frawd a gyfaill i mi gael ei ladd, sef Palmer, ac nes imi weld y lluniau a ddangoswyd ar y newyddion yn y pictjiwrs o luoedd Prydain ac America'n mynd i mewn i wersylloedd angau'r Natsïaid. All neb a welodd y golygfeydd hynny mo'u hanghofio.[9]

Wele brofiad personol, penodol o'r rhyfel, felly, er nad profiad neilltuedig mewn gwagle mohono chwaith ond un a gyflwynodd iddo wirionedd mwy cyffredinol ei arwyddocâd: 'Y peth brawychus i'w ystyried ydi fod y peth a gafodd yr enw "Natsïaeth" yn rhan o'r natur ddynol, a'i fod o efo dyn o'r dechrau ac am byth.'[10]

Dyma'r 'nwyd o anghariad sy'n hyrddio o fewn dyn' y cyfeiriodd ato mewn cerdd am blentyn dwyflwydd a drawyd yn farw gan ei rieni, y nwyd sy 'fel ffynnon dywyll o'm mewn i fy hun'.[11] Y mae'r argyhoeddiad hwn, ein bod ni oll yn euog, yn cryfhau wrth i'w yrfa fel bardd fynd rhagddi: hyn yn 1986 – 'Nid Reagan, nid Andropov / Yw'r unig rai sydd o'u cof; / Y mae'r ysfa ddreng i ladd / Hefyd ynom ninnau, / Mae'n meddiannu ein meddyliau';[12] a hyn yn 1990 – '[nid] yn unman yn y byd / Eithr yma ac ynom – ynof finnau fel ynddynt hwythau – / Y mae Auschwitz a Buchenwald a Dachau'.[13] A'r 'hwythau' y cyfeirir atynt yn y gerdd ddewr honno yw 'Hiliogaeth y Dioddefaint, / Epil yr Iddewon' nad imiwneiddiwyd mohonynt, er gwaetha'r hyn a brofasant, rhag drygioni: gwelodd y bardd hwythau'n 'ergydio ac yn curo ac yn saethu, / Yn union fel yr Almaenwyr' (*GA*: 19) gynt, cyfeiriad, fe gesglir, at y gwrthdaro gwaedlyd rhwng Iddewon a Moslemiaid y pery Israel hyd heddiw yn ganolbwynt iddo. Nid yw'n syndod, ar ryw olwg, gweld Gwyn Thomas yn cael ei enwi fel un o'r ychydig prin y teimlai Geraint Vaughan Jones eu bod yn 'deall ac yn gwerthfawrogi'[14] ei gyfraniad llenyddol: dramateiddir sylweddoliad y ddau ohonynt, nad yw 'drygioni ymhell i ffwrdd',[15] mewn episod yn *Y Ffoaduriaid* pan drewir ci chwe mis oed yr ifaciwî o Lundain, Arnold Bennett, yn farw gan Emrys Hughes a'i ffrindiau:

>'Does dim diwedd ar y creulondeb sydd yn y byd, hyd yn oed mewn plant. 'Roedd yr hyn a wnaethon nhw'n gwbl anhygoel.'
>'Dyna'r natur ddynol a'n holl wareiddiad yn gryno. Mynydd llosg yn ffrwydro'n ddirybudd, neu'r crawn yn gorlifo o'r gramen ar wyneb y ddynoliaeth. Hitler, Dachau, y rhyfel yma. Stalin. Ac Emrys y Ceunant a'i Wncl John.'
>'A beth amdanom ni?'
>'Dydw i ddim yn siŵr. Mae'n dibynnu ar yr amgylchiadau.'[16]

Erbyn diwedd y nofel mae'r 'amgylchiadau' hynny wedi pennu bod Idris Gruffydd wedi'i lethu â chywilydd oherwydd ei ran ym momio dinas Dresden ac Eva Wolff hithau'n teimlo'n rhannol gyfrifol am farwolaeth ddamweiniol John Evans. Dyw'r un o'r ddau, Geraint Vaughan Jones na Gwyn Thomas, yn cyflwyno drygioni fel ffenomen unochrog.[17]

Cywair un sy wedi hen gynefino â rhyfel, neu o leiaf ag adroddiadau newyddion ffeithiol a diduedd am ryfel, a glywir mewn cerdd gynnar gan Gwyn Thomas am Ryfel Corea:

>'Roedd y rhyfel yno yn un o gyfres
>A gynhyrfodd y bobl, ac a anghofiwyd, –

> Ymladdwyd, collwyd bywydau
> A chafodd rhai eu hanrhydeddu am eu gwroldeb.[18]

Gwta ugain mlynedd yn ddiweddarach, byddai'r dôn yr un mor ddigynnwrf a mater-o-ffaith:

> Yn y dyddiau hynny, o Gambodia –
> Hyd y cofiaf –
> Y deuai'r bwletinau beunyddiol am ladd.
> Miloedd, cannoedd, degau:
> Bywydau'n troi'n rhifau,
> A neb yn troi blewyn.[19]

Do, gadawodd y rhyfel ei ôl yn annileadwy ar Gwyn Thomas, ac un arwydd o hynny yw'r modd y normaleiddiwyd y syniad o ladd ar lefel ddigynsail. Mae hon yn thema a wynebir gan Joanna Bourke yn ei hastudiaeth o'r rhyfel ac yn egluro'i phenderfyniad i roi'r lle blaenaf i brofiadau unigolion yn hytrach nag i ddata strategol a manylion technolegol:

> There is also the threat that the translation of 'the war' into just another story of battles and strategies will dilute its horror. The sanitization of the war in some military histories is dangerous. Mass slaughter becomes a bland recital of 'body counts'. The anonymous enumeration of millions of men, women, and children killed or wounded, the numbing statistics estimating the proportion of cities destroyed, and the meaningless recital of the weight of various armaments can distance us from the victims. A similar process of dehumanization enabled atrocious behaviour to take place during the war. When Joseph Stalin . . . quipped that 'a single death is a tragedy, a million deaths is a statistic', he was drawing attention to a very frightening possibility.[20]

'[N]id wyf fi yn credu, / . . . fod pobl yn medru / Gweld darlun mewn ffigurau / Nac yn gallu dirnad ffeithiau',[21] chwedl Gwyn Thomas mewn adran o'i gerdd hir, 'Hiliogaeth Cain', a rydd sylw i'r Rhyfel Byd Cyntaf. Wrth gyfleu'r ymateb amddiffynnol galed hwn rhoi mynegiant a wna Gwyn Thomas i agwedd feddwl fodern, proses o ddibersonoli, a brysurwyd gan ddau ryfel byd: yng ngeiriau D. Tecwyn Lloyd, nid oedd 'y gwytnwch sur hwnnw yr ydym ni mor gyfarwydd ag ef er 1930 yn rhan o feddwl a theimlad pobl cyn 1914. Yr oedd mwy o lawer o ymateb *personol*, mwy o ddiniweidrwydd yn bod bryd hynny nag a fu byth wedyn.'[22] Dyma wedd arall ar yr hyn a olygai Alun Llywelyn-Williams pan ddywedodd fod Gwyn Thomas 'yn adlewyrchu'n naturiol ddigon osgo meddwl a theimlad y genhedlaeth a fagwyd yng nghysgod y Bom'.

Mae'r gerdd gyntaf sy gan Gwyn Thomas yn ymdrin yn uniongyrchol â'r rhyfel, 'Ar Ôl yr Ail Ryfel Byd' (*ChFf*: 36), yn parhau â thema a archwiliwyd gan Alun Llywelyn-Williams. Yng ngeiriau Gwyn Thomas ei hun wrth drafod 'Yr Awyrennwr', roedd 'rhyw fath o groeso, bron o waredigaeth yn y dinistr'[23] a greodd â'i fomiau: 'gollwng ei fendith fawr i'r ddaear, a chwalu'r byd' (*C*: 32). Ysbrydolwyd Alun Llywelyn-Williams gan genhedlaeth W. H. Auden yn ystod y 1930au a welodd waredigaeth i broblemau'r oes yng ngwleidyddiaeth y chwith: 'Yr oedd y chwyldro a gynigiai Auden a'i gymheiriaid seciwlar yr adeg honno'n fwy cydnaws â'i weledigaeth ef: nid oedd modd dychwelyd at yr hen gredoau; ymddangosodd chwalfa fawr a rôi ben ar yr hen drefn gyfalafol, fudr wrth law.'[24] Ond erbyn i Alun Llywelyn-Williams gyhoeddi 'Dadrith Doe neu Cofio'r Tridegau', sylweddolir mor ddiniwed ac annigonol oedd ei ddarlleniad o aflwydd yr amser gynt: ''Welsom-ni ddim, bryd hynny, / mo'r Hwch Ddu'n llechu yn y goelcerth groch, / na'r diawl yn ysu am eneidiau'r moch' (*PC*: 15).[25] Yr un fath ag Alun Llywelyn-Williams genhedlaeth ynghynt, gobeithid y byddai'r rhyfel yn esgor ar well a glanach byd, un a garthwyd o'r hen ddrygioni:

> Wrth roi cyfnod yn y pridd mewn arch
> Fe dybiem ein bod yn hau gobeithion,
> Wrth roddi clwyfau yn y ddaear meddyliem
> Fod rhaid anesmwyth wedi'i dorri yn y gwraidd
> A bod hen fyd yn farw.

Ond cymod a chytundeb dros dro a gafwyd:

> Ar ôl i ni fethu credu yn Atgyfodiad y Crist
> Gan adael y cariad dwyfol mewn ogof yn y graig
> Rhaid, wedi tridiau, oedd arnom edrych ar y garddwr du
> Yn gwarchod llysiau'r pla a ffrwyth anghariad.
> Pan alwodd arnom un ac un erbyn ein henwau
> Gan ddeffro adfyd ein hen nwydau,
> Nid anodd oedd i ni adnabod
> Wyneb llwyd ein hen feistr, Pechod. (*ChFf*: 36)

Yn yr un modd ag y defnyddiodd Alun Llywelyn-Williams gyfeiriadau at chwedl ac alegori i arwyddo cyflwr oesol y tu hwnt i amgylchiadau hanesyddol, defnyddia Gwyn Thomas gyfeiriadau ysgrythurol i awgrymu mai dychwelyd at ei natur gynhenid, ei bechod gwreiddiol, a wna dyn: 'Y mae hefyd yn rhoi inni ryw ddirnadaeth o'r pechod (a dim ond y gair hwnnw sy'n ddigonol ar gyfer y cyfan) sydd yna mewn dyn.'[26]

Techneg a ddatblygir gan Gwyn Thomas yn ei ail gyfrol o gerddi, *Y Weledigaeth Haearn* (1965), yw cymhwyso arddull Feiblaidd at gyddestunau cyfoes. Gwneir defnydd llythrennol o gyfeiriadaeth ysgrythurol yn 'Hiroshima' gan ddyfynnu o hanes Samson yn lladd y llew a gofnodir yn Llyfr y Barnwyr: 'Allan o'r bwytawr y daeth bwyd, ac o'r cryf y daeth allan felystra.' Cred y rhoddir mynegiant iddi yng ngherdd glo *Gwelaf Afon* (1990) yw 'Os yw drygioni yn y byd yma'n bod / Nad ydyw daioni yn darfod' (*GA*: 54), a'r daioni a ddeilliodd o'r difrod a wnaed o'r ddinas yn Japan oedd yr ymwybod newydd rhwng dynion a'i gilydd o'u dioddefaint:

> Yn y golofn fwg a grynhôdd wedi rhwygo'r ddaear
> Yr oedd cariad yn codi i'r awyr.
> Yn ysgerbwd yr hen lew, yr hen ryfel,
> Yr oedd cariad yn suo fel gwenwyn.
> Allan o'r bwytawr y daeth bwyd
> Ac o'r cryf y daeth allan felystra.
> Y mae'r awyr yn llawn o gariad.[27]

'Dyma'r amser y mae dyn yn rhannu ymwybod / Y byd sydd y tu allan i'w deimladau ei hun.' Dyw'r un dyn yn ynys ac yn wahanol i'r awgrym sgeptig yn 'Ar Ôl yr Ail Ryfel Byd', awgrymir yma nad drwg mo'r cyfan: 'Y mae'r awyr yn llawn o lwch' a'r un pryd 'yn llawn o gariad'. Ymgorfforiad o'r cariad hwn yw gofal dyn am ei gyd-ddyn: yn 'Hiliogaeth Cain', daw'r adran gadarnhaol 'Fe adeiladwyd hefyd o ddyn ysbyty ei gariad . . . ' (*YG*: 33) yn union ar ôl cyfeiriadau at ddinistr Nagasaki a Hiroshima.

Eironig yw effaith y gyfeiriadaeth Feiblaidd dro arall. Cerdd am y Pwyliaid y bu'n rhaid iddynt ffoi i garthffosydd Warsaw yw 'Dyddiau Gofid' (*WH*: 36) a defnyddir brawddeg annormal gyfeiriadol ar ei dechrau:

> A mi a welais ddynion yn rhodio
> Yng ngharthffosydd dinasoedd yn ddall
> Yn yr awyr dynn, a budreddi geudái'r byd
> Yn tywallt yn dalpiau hyd eu cyrff.

At hanes y gŵr dall yn Efengyl Marc yr adferodd Crist ei olwg y cyfeirir: 'Yr ydwyf yn gweled dynion megis prennau yn rhodio' (8: 24), ond does dim yn ddyrchafol am y weledigaeth a gofnodir yn y gerdd hon. Yr un delfryd anarwrol o ryfel modern a gyflwynir yn y gerdd a osodwyd gyferbyn â 'Dyddiau Gofid' hefyd sef '1914–1918': 'Fe fu cannoedd foddi yn y mwd yn Passchendaele, / Ac fe fûm i'n chwydu rhag drewdod cachu' (*WH*: 37). Dyma'r bardd, yr un fath ag un o'r arwyr llenyddol y treuliodd gyfran sylweddol o'i amser yn ymchwilio i'w waith, Ellis Wynne, yn '[d]efnyddio iaith fras i ddisgrifio pethau bras'.²⁸ Ym mhennill olaf 'Cwestiwn' (*YG*: 47) dychwelir at ddioddefaint Iddewon Warsaw:

> Warsaw. Mur yn cynyddu fel poen. *Juden raus*.
> Seren Dafydd ar foddi yn y stryd. Meini
> A nadredd, bwytewch. Wrth afonydd trueni
> Nac wylwch, cewch eich rhyddid yng Nghanan y ffwrneisi.

Mae'r defnydd o Salm 137, salm a fynega hiraeth yr Iddew am Wlad yr Addewid – 'Wrth afonydd Babilon, yno yr eisteddasom, ac wylasom, pan feddyliasom am Seion' – yn ddefnydd gwyrdröol, sardonig. Daw i gof eiriau Sipsi yn Auschwitz: 'One SS guard barked at us as he pointed toward the chimney stacks which seemed to reach for the sky like long threatening fingers, "This will be *your* way out of Auschwitz!"'²⁹

Cydnebydd Gwyn Thomas yr her a wyneba'r artist creadigol, yn benodol wrth drafod '[g]wersylloedd angau'r Natsïaid', pan ddywed ei fod 'wedi darllen llyfrau ac erthyglau am y dioddefaint a ddigwyddodd yno dros y blynyddoedd, ac y mae'r cyfan y tu hwnt i eiriau'.³⁰ Dull amlycaf Gwyn Thomas yng ngherddi ei dair cyfrol gyntaf o ymdrin â'r rhyfel yw trwy ddefnydd helaeth o gyfeiriadaeth. A thybed nad y defnydd eironig o gyfeiriadaeth a weithia orau a bod peryg i'r defnydd mwy llythrennol ohoni yn 'Hiroshima' urddasoli ac ystyrloni'r weithred o ollwng bom atomig ar 6 Awst 1945 a laddodd oddeutu 140,000 ar un waith yn unig? Mae'n ddiddorol na chynhwysodd Gwyn Thomas y gerdd hon yn ei ddetholiad o gerddi 1962–86, er ei bod hi wedi ennyn ymateb beirniadol clodforus: 'un o gerddi mawr yr ugeinfed ganrif',³¹ meddai Alan Llwyd amdani a'i dewis yn un o'r wyth cerdd i gynrychioli awen Gwyn Thomas yn *Blodeugerdd o Farddoniaeth Gymraeg yr Ugeinfed Ganrif* (1987). Ni chynhwyswyd chwaith yn *Gweddnewidio* 'Ar Ôl yr Ail Ryfel Byd' na 'Dyddiau Gofid', ond ar y llaw arall, *fe* gynhwyswyd cerddi fel 'Technoleg, Meddai',³² 'Hitleriaeth Etc.' (*W*: 29–31) a 'Pa Fodd' (*ARH*:

57–8), cerddi sy'n ymateb i'r rhyfel ond drwy gyfrwng cywair, arddull ac ieithwedd wahanol. Perthyn y cerddi hyn i ail hanner gyrfa farddol Gwyn Thomas a'r gerdd bontio rhwng ei gyfnod cynnar a'r un diweddarach yw'r un am ryfelgarwch cynhenid dyn, 'Hiliogaeth Cain', yn *Ysgyrion Gwaed*. Dyma ran o'r gerdd hir honno sy'n trafod yr Ail Ryfel Byd:

> Dim hel dail, dyn drwg oedd Hitler.
> Ac eto o sylwi'n graff ar y mater
> 'Roedd rhywbeth heblaw chwilen yn ei ben
> I roi pentwr o Iddewon llwm mewn pobty
> Ac yna edrych arnynt yn crasu. (*YG*: 32)

Yn lle cyfeiriadaeth Feiblaidd gyfoethog ceir arddull bop: cyffredinedd idiomau bob dydd – *banality* yw'r enw a ddaw i'r meddwl – fel 'dim hel dail' a 'chwilen yn ei ben'; uniongyrchedd syml a thryloyw yr ymadrodd 'dyn drwg oedd Hitler'; cysylltiadau domestig y geiriau 'pobty' a '[ch]rasu'. Tanosodiad a ddefnyddir y tro hwn, cywair *blasé* sy'n arwyddo'r modd y llwyddodd y dyn modern i ymdopi ag erchyllterau'r Ail Ryfel Byd hyd yn oed. Awgrymir hefyd gan gartrefolrwydd y llinellau effeithlonrwydd Hitler yn normaleiddio'r broses o hil-laddiad.

Erbyn i Gwyn Thomas gyhoeddi 'Ffoadur' (*PD*: 10), 'Mae Tania' (*SLl*: 40) a 'Berlin 1945' (*SLl*: 48), y dull 'dim hel dail' yw'r un a arddelir i drafod profiadau rhyfel a does dim yn fwytheiriol am y dweud. Ei dweud hi fel y mae, yn noeth o foeth cyfeiriadaeth, a wneir wrth ddisgrifio'n realaidd '[D]wr o enethod dengmlwydd' yn 'Berlin 1945' – y 'byd oddi ar ei echel, a'i safonau moesol yn gam' a ddisgrifiodd Ifor Wyn Williams yn ei nofel *Cyllell yn y Pridd* (1974):[33]

> Dau filwr yn dod heibio
> A hwythau'n dechrau heidio o'u cwmpas.
> Er dieithrwch yr iaith
> Doedd yna ddim gwaith i'r dychymyg
> Weld yn eglur beth oedd y cynnig:
> Deng munud o'u cyrff yn yr adfeilion
> Yn gyfnewid am sigaréts.

O blith y chwe miliwn o Iddewon a laddwyd yn ystod y rhyfel roedd oddeutu dwy filiwn ohonynt yn blant,[34] ac mae'r bygythiad i'w diniweidrwydd yn sgil y rhyfel hefyd yn thema a archwilir gan Gwyn Thomas yn y cerddi diweddarach hyn: fel y dywed yn 'Mae Tania', mae'r ffaith fod yr un fach yn 'medru cau / Careiau ei hesgidiau', er gwaetha'r 'Trengi ac arteithiau, pentyrru'r marw / Yn Auschwitz, Dachau, Buchenwald', yn ddigwyddiad o bwys, yn arwydd fod yma 'eto genhedlaeth / Sy'n ddigon diniwed i obaith' (*SLI*: 40).[35] Cychwyn gyda'r math o sylweddoliad y rhoes George Steiner fynegiant iddo a wna'r gerdd hon:

> We are post-Auschwitz homo-sapiens because the evidence, the photographs of the sea of bones and gold fillings, of children's shoes and hands leaving a black claw-mark on oven walls, have altered our sense of possible enactments. Hearing whisperings out of hell again we would know how to interpret the code; the skin of our hopes has grown thinner.[36]

Na, 'Ni allwn tra byddwn ni'n cofio / Fentro gobeithio gormod' (*SLI*: 40). Ond symudir o fewn y gerdd oddi wrth safbwynt diobaith tuag at safbwynt sydd o leiaf yn caniatáu peth gobaith. Wedi'r cyfan, yr 'ymyrraeth o ddaioni . . . A'r goleuni drud hwnnw sy'n cael ei alw yn obaith' yw'r unig waredigaeth a wêl Gwyn Thomas ar ein cyfer yn y gerdd apocalyptaidd ddiweddarach, 'Yr Awr Hon' (*ARH*: 67). Dwyséir y cyfeiriadau hyn at y bygythiadau i ddiniweidrwydd plant gan fod y cerddi wedi'u lleoli ynghanol cyfrol ac ynddi amryw enghreifftiau o ganiadau diniweidrwydd Gwyn Thomas, agwedd ar ei awen a ddaeth yn fwyfwy amlwg ers cyhoeddi *Enw'r Gair* yn 1972 ac sy'n gwrthbwyso'r caniadau profiad. Yn wir, yr hyn a welir mewn cerddi fel 'Mae Tania' a hefyd 'Ac Oblegid eich Plant',[37] cerdd y mae'r gwrthdaro gwaedlyd yng ngogledd Iwerddon yn gefndir iddi, yw grymoedd drygioni a daioni yn ymgiprys â'i gilydd.

Wrth ymbellhau'n amseryddol oddi wrth gyfnod y rhyfel, does dim awgrym o hunanfodlonrwydd yn datblygu yn agwedd Gwyn Thomas. I'r gwrthwyneb, ei 'ofn mawr' yw fod 'y pechod hwnnw' a amlygid gan Natsïaeth 'yn awr yn dechrau pylu'n hanes a bod y grymoedd tywyll yn y ddynoliaeth yn ail-gyniwair'.[38] Dyna efallai sy'n egluro'r nodyn rhybuddiol, proffwydol a glywir mewn cerddi uniongyrchol eu mynegiant fel 'Arwydd' (*SLI*: 17), 'Y Chwyldro' (*W*: 41), 'Dydd o Heddwch' (*W*: 54–5) a 'Hitleriaeth Etc.' (*W*: 29–31), cerdd sy'n awgrymu, gam wrth gam ac yn arswydus o syml, mor hawdd fyddai ail-greu'r amodau a ganiataodd i'r hyn a ddigwyddodd yn ystod yr Ail Ryfel Byd ddigwydd eto:

> Fel hyn y mae pethau'n dechrau;
> Fel hyn, gydag un dyn, un dyn bach,
> Un ffynnon o lid du,
> Un dyn yn ffroeni hinsawdd yr amserau.
> . . .

> 'A ydi dy dad, a ydi dy fam
> O waed coch cyfan ein pobol?'
> 'A ydi dy dad, a ydi dy fam
> Yn dal swydd nad ŷm ni yn ei hoffi?' (W: 29)

'Rhywbeth yn debyg i hyn, fel arfer, ydi dechrau / Datodiad yr amserau' (W: 31), geiriau sy'n dwyn i gof 'Mae pethau yn ymddatod; ac ni all y canol ymgynnal' yng nghyfieithiad Gwyn Thomas o 'The Second Coming' (1921) W. B. Yeats a ymddangosodd hefyd yn 1984 a cherdd y cyfeirir ati'n ogystal yn 'Yr Hebog uwch Felindre' gan Alan Llwyd bedair blynedd yn ddiweddarach.³⁹

Does dim sy'n llariaidd nac yn raslon am rai o gerddi *Am Ryw Hyd* (1986): datganiadau dig a diamynedd a glywir yn 'Ynglŷn â Dyn' (*ARH*: 12–13), 'Cyfarchion' (*ARH*: 15), 'Dros' (*ARH*: 42), 'Dowch i Belffast (*ARH*: 54–5), 'Yr Awr Hon' (*ARH*: 67) ac 'Y Cyflwr Dynol' (*ARH*: 70). Gwta ugain mlynedd ynghynt datganodd Gwyn Thomas ei gred na allai pobl '[w]eld darlun mewn ffigurau' na 'dirnad ffeithiau' chwaith, ond yn 'Pa Fodd' (*ARH*: 57–8) dyna'n union a wna. Deil i ymaflyd â chwestiwn cyfleu a mynegi'r hyn a ddigwyddodd: 'Pa fodd . . . Y mae llefaru geiriau a dywedyd / Am y tywyllwch sydd ynom . . .?' (*ARH*: 57). Dewis dull rhyddieithol blaen – heb faeth deallusol cyfeiriadaeth, heb ornament dychmygus delweddaeth – a wneir y tro hwn i adrodd am '[f]ethiant' dyn. Yn ffeithiol oer, dyma'r 'dystiolaeth' a ddygir yn ei erbyn:

> Megis y cofnodion hyn
> O Birkenau a gwersyllau tueddau Lublin
> Yn Un Naw Pedwar Tri. Casglwyd yno
> Yr eitemau Iddewig a ganlyn:
>
> Dwy ar Bymtheg a Phedwar Ugain o Filoedd
> O hen siwtiau;
> Un ar Bymtheg a Thrigain o Filoedd
> O hen ffrogiau;
>
> Cant a Deuddeg ar Hugain o Filoedd
> O grysau;
> Cant a Phymtheg a Deugain o Filoedd
> O gotiau gwragedd;
> Tair Mil o Gilogramau o wallt.
>
> Eitemau plant:
> Pymtheng Mil o gotiau mawr,

> Un Fil ar Ddeg o siacedi,
> Naw Mil o ffrogiau,
> A Dwy Fil ar Hugain o barau o esgidiau. (*ARH*: 57–8)

Defnyddir techneg rhestru debyg yn ddi-ildio a digysur gan Ifor ap Glyn yntau wrth drafod Auschwitz:

> Gwerth bloneg Iddew yn Auschwitz:
> gwnâi glepyn o sebon.
> Gwerth croen Iddew yn Auschwitz:
> gwnâi *lampshade*.
> Gwerth llwch Iddew yn Auschwitz
> a sgilgynhyrchid fesul tunnell beunydd
> ar benllanw eithaf ein cymdeithas ddiwydiannol:
> fe wnâi lwybrau
> i arbed sgidiau'r SS rhag baeddu
> wrth gerdded nôl o'r gwaith
> i ymlacio a chwarae'r piano.[40]

Ac wrth geisio sefydlu addasrwydd yr ymateb 'ystadegol' i'r Holocost, fe ddelir dyn rhwng dwy stôl: ar y naill law, y ffaith fod 'mynegi'r rheiny a ddioddefodd ar ffurf rhifau yn atgynhyrchu, yn anfwriadol, union ddull y Natsïaid, sef diosg eu statws dynol',[41] ac ar y llaw arall, dull llythrennol, didrosiad Paul Celan o drafod yr Holocost yn 'un o gerddi mawr y cyfnod modern'.[42]

Yr hyn a welir yn achos Gwyn Thomas yw proses gynyddol o stripio iaith barddoniaeth, o ystyried addasrwydd yr ymateb barddol i'r Ail Ryfel Byd. Ef, fe deimlir, sy fwyaf effro i bryderon Theodor Adorno a awgrymodd ei bod hi'n farbaraidd sgrifennu barddoniaeth ar ôl Auschwitz.[43] Yn ei rhagymadrodd i'r flodeugerdd *Holocaust Poetry* mae Hilda Schiff yn ymhelaethu ar sylw enwog yr Almaenwr:

> How could any person of conscience, of feeling, of spiritual and – yes, cultural – awareness go on writing 'beautiful' verses as though nothing had happened to change our perception of reality, of the function of language, when the whole vault of the heavens still echoed to the stifled cries of those many millions who had perished in such infernal circumstances? What *was* a poem any more? What *was* beauty any more? . . . Speechlessness alone could reflect integrity. To seek to portray reality with inadequate words would betray that reality and the voiceless dead at its core.[44]

Mynegwyd cyfyng-gyngor y bardd gan Gwyn Thomas yntau:

Y mae pwnc fel yr Holocaust yn un anodd i eiriau. Rhybuddiodd Adorno na fyddai barddoniaeth yn bosibl ar ôl Auschwitz; hawdd cytuno â hynny – beth sydd yna i'w ddweud? Ond, wedyn, natur bardd yw dywedyd, a rhaid dywedyd rhywbeth gan fod y dweud yn rhan o'r hanes na ddylid caniatáu i neb ohonom ei anghofio.[45]

Yn 'Mae Hi'n Anodd' (*PD*: 25), mae Gwyn Thomas fel petai'n amau ei swyddogaeth ei hun fel bardd wrth iddo gyfeirio at 'y nwyd / O anghariad sy'n hyrddio o fewn dyn, / Sy fel ffynnon dywyll o'm mewn i fy hun, / Sy'n troi llofruddio baban yn llun'. Codir cwestiwn moesegol ganddo ynglŷn â'i gymhellion fel bardd: a'i fynegi mewn termau diamwys, onid oes rywbeth annerbyniol ynghylch defnyddio dioddefaint i ddibenion artistig? Twm Morys a gyfeiriodd at y math mwyaf fwlturaidd o ymbesgi: 'Mi es i dafarn yng Nghaernarfon toc ar ôl i'r ynfytyn yn Yr Alban ladd y plant, a dyma ddyn bach bochgoch a thalyrngar ataf fi'n syth ac yn deud: "wyt ti wedi gwneud dy englyn i Dunblane?"'[46] Yr hyn sy'n ddiddorol yn achos Gwyn Thomas yw mai ei gerddi ef efallai, yn anad neb arall yn Gymraeg yn ystod ail hanner yr ugeinfed ganrif, sy wedi'n gorfodi i holi'r cwestiwn: beth yw barddoniaeth bellach? Y mae 'Pa Fodd', gyda'i harddull wrthdelynegol, yn gerdd heriol felly ac yn gynnyrch bardd a chanddo gydwybod gymdeithasol – neu efallai'n gywirach, cydwybod ddynol – ynglŷn â goblygiadau'i artistri. Daw â ni drachefn wyneb yn wyneb ag un o'r cwestiynau mawr sy'n codi dro ar ôl tro yn yr astudiaeth hon, cwestiynau o'r pwys mwyaf ynglŷn â'r defnydd o eiriau a swyddogaeth celfyddyd yn ystod y rhyfel a goblygiadau hynny i'r dyfodol.

Bardd arall, ar ddechrau'r unfed ganrif ar hugain, y cododd ei bryddest 'Awelon' storm o brotest yn dilyn ei choroni yn Eisteddfod Genedlaethol Sir Benfro yn 2002, yw Aled Jones Williams.[47] Hola yntau a ellir cael barddoniaeth ar ôl Auschwitz. Wrth drafod ei sylweddoliad fod yn rhaid iddo sgrifennu'n greadigol – 'natur bardd yw dywedyd', chwedl Gwyn Thomas – cyfeiria at ei sylweddoliad fod yn rhaid iddo hefyd 'symud i diriogaeth y ffin' ac mai'r ffin bwysicaf a ddarganfu oedd honno 'rhwng dweud a methu dweud': 'Wedi'r Ugeinfed Ganrif y mae Ffydd; Ystyr; Y Stori Lywodraethol (boed Gristionogaeth, Marcsiaeth ac ati) yn amhosibl – wedi'r Somme, Auschwitz, pob Gulag, a Hiroshima – yn gwbl amhosibl.'[48] Ac yntau'n ceisio'i fynegi ei hun, y 'darganfyddiad mwyaf' iddo oedd y ddau fardd Iddewig a sgrifennai mewn Almaeneg ar ôl yr Holocost, sef Nelly Sachs a Paul Celan:

Oherwydd y Shoah digwyddodd rhywbeth i iaith ei hun. Ar y ffin mae iaith yn malu'n racs ... 'Nid yw barddoniaeth yn bosibl ar ôl Auschwitz', meddai Adorno. Ond mi 'roedd, yn iaith od, doredig, geiriau cyfansawdd Sachs a Celan ... Yr unig un sydd wedi cyflwyno rhywbeth tebyg i Sachs a Celan [yn Gymraeg] yw Gwyn Thomas ...[49]

Deil Aled Jones Williams fod yr iaith Gymraeg 'bellach ar ffin gyffelyb' a bod ei 'chystrawen ysbrydol yn dechrau malu' a thawa'n herfeiddiol: 'Fe ddylai fod mwy iddi hi y dyddiau duon, ingol rhein yn ein hanes na'r Traddodiad Mawl. Mae trïo Moli bellach fel mynnu o ganol Auschwitz fod yna dduw.' Fel 'yr unig' fardd Cymraeg a geisiai gyflwyno 'rhywbeth tebyg i Sachs a Celan', mae'n ddiddorol tynnu sylw at 'Geiriau' (*ARH*: 72), cerdd olaf y gyfrol *Am Ryw Hyd* y cynhwyswyd 'Pa Fodd' ynddi hefyd: awgrymir am 'Y geiriau hyn' mai 'Darfod y maent'. Iaith yn malu a ddarlunnir, 'semanteg rhyw fath o fyd yn chwalu', a'r arwydd eithaf o'i hamherthnasedd yw'r 'Ie' edifeiriol a ddilynir gan '*So what?*' Americaneg di-feind y diweddglo. Ceir yng nghanu Gwyn Thomas aflonyddwch ac anniddigrwydd ac amharodrwydd i gymryd dim yn ganiataol, ac amlygir hynny, ar un wedd, gan ei benderfyniad i geisio rhoi mynegiant i anrhaith yr Ail Ryfel Byd tra'n cydnabod yr un pryd siwrnai mor seithug yw hi yn ei hanfod. Ac mae 'Geiriau' yn gerdd am y pegwn arall i'r llinell enwog o eiddo Tudur Aled, 'Gair, wedi'r êl gŵr, a drig', a roddwyd yn epigraff ar ddechrau *Y Traddodiad Barddol* (1976) Gwyn Thomas ei hun, llinell sy'n ddatganiad hyderus o ffydd yn anfarwoldeb barddoniaeth Gymraeg a hynny'n fan cychwyn i arolwg a rydd sylw canolog i ganu mawl y beirdd.

Alan Llwyd

Bardd a aned yn 1948, dair blynedd ar ôl i'r rhyfel ddod i ben, y meddiannwyd ei feddwl fwyfwy gan ddelweddau'r rhyfel, rhai'r Holocost yn arbennig, yw Alan Llwyd. Yn debyg i Gwyn Thomas, gadawodd y rhyfel ei ôl arno yntau a thyfu yn ei ddychymyg yn symbol pwerus o anrhaith dyn yr ugeinfed ganrif. Yn wir, gellir honni, yn anad yr un aelod arall o'i genhedlaeth, mai ef sy wedi trin a thrafod thema rhyfel fodern amlaf a thrylwyraf yn ei waith creadigol. Ar y cyd ag Elwyn Edwards, esgorodd diddordeb ysol Alan Llwyd yn nau ryfel byd yr ugeinfed ganrif ar ddwy flodeugerdd arloesol, *Gwaedd y Bechgyn* (1989) a *Gwaedd y Lleiddiad* (1995), ynghyd â chofiant i David Ellis;[50] ef hefyd oedd awdur cofiant Hedd Wyn a'r ffilm boblogaidd yn 1992 a ledodd yr hanes amdano – a dehongliad Cymreig o'r Rhyfel Byd Cyntaf a allai gymharu â'r dehongliad Awstralaidd o'r rhyfel yn y ffilm *Gallipoli*[51] (1981) – i bedwar ban byd.

Ond ymatebodd hefyd i'r Ail Ryfel Byd fel bardd. Yn rhai o gerddi *Yn Nydd yr Anghenfil* yn 1982 y gwelir yr arwyddion cynharaf o'i archwiliad creadigol o'r digwyddiad, cyfrol sy'n arwyddo duo a dwysáu o'r weledigaeth greadigol a chadarnhaol gynt a gynrychiolir gan 'Gerddi'r Cyfannu' ac awdl 'Y Gwanwyn'.[52] Lleda'r bardd ei esgyll yn thematig hefyd yn yr un gyfrol: fel y sylwodd Derwyn Jones, aeth y 'nodyn cenedlaethol, gwlatgarol . . . yn llai amlwg' ac ymatebwyd 'i brofiadau ehangach . . . a phryder . . . am . . . [dd]yfodol yr hil yn wyneb y bygythiad o ryfel niwclear'.[53]

Yn ei ragymadrodd i'w flodeugerdd o gerddi'r Ail Ryfel Byd, edrydd Alan Llwyd ei brofiad wrth ddewis a dethol deunydd ar ei chyfer a chyfaddef ei fod wedi

> synnu cyn lleied o ymateb a oedd wedi bod i argyfwng mor fawr, argyfwng a oedd yn cyffwrdd â phawb yn feunyddiol ar y pryd. Wrth durio drwy gannoedd o lyfrau, a thrwy gyfnodolion a phapurau, y nodyn telynegol melys oedd y cywair amlycaf o hyd, yn y cerddi rhydd, o leiaf, a'r cerddi caeth yn ymwneud â phynciau pur ystrydebol a dibwys. 'Roedd beirdd Cymru ar y pryd yn byw drwy un o'r argyfyngau mwyaf yn hanes y ddynoliaeth, ond dim ond rhyw lond dwrn a sylweddolai hynny. At ei gilydd, 'roedd beirdd Cymru yn nes at Afallon nag Armagedon.[54]

Ac wrth fwrw trem ar feirdd diwedd y ganrif, dywed ei bod yn wir 'fod llawer o feirdd Cymru heddiw yn barddoni fel pe na bai na Guernica na Treblinka erioed wedi digwydd'.[55] Ie, argyfwng a oedd yn cyffwrdd â phawb yn feunyddiol, a rhyfel na allai 'barddoniaeth fod yr un peth eto'[56] ar ei ôl. Rhaid dweud mai eithriad i'r rheol, ymhlith beirdd Cymraeg ôl-ryfel, yw huodledd Alan Llwyd yng ngŵydd y rhyfel a'i gyfeiriadau cyson ato, a bron na synhwyrir ymgyrch-un-dyn i orfodi barddoniaeth Gymraeg i wynebu'r profiadau a ddaeth yn ei sgil. Yn yr ystyr hon, awen ryngwladol a glywir yn y cerddi hyn ac yn sicr ni ellir ei gyhuddo ef o'r plwyfoldeb a'r encilio a nodwedda ymateb amryw o'i gyd-feirdd Cymraeg i'r rhyfel, yn ôl ei ddisgrifiad ef ei hun ohonynt.

O ddechrau'r 1980au felly y mae fel arddegyn y datgelwyd iddo gyfrinach dywyll ynglŷn â'i orffennol, gwybodaeth sy'n ei sadio ac yn ei sobri, sy'n cyflwyno'r oll a fu o'r blaen mewn goleuni gwahanol, ac y cais ymdopi'n seicolegol â'r newydd weddill ei oes. Erbyn iddo gydolygu *Gwaedd y Lleiddiad* yn 1995, byddai cyfanswm o bedair ar ddeg o'i gerddi ei hun ymhlith y ddau gant o gerddi Cymraeg am yr Ail Ryfel Byd; o blith y beirdd ar dir y byw, Gwyn Thomas sydd â'r nifer agosaf o gerddi, sef wyth, a chan Alun Llywelyn-Williams yn unig – 'bardd Cymraeg mwyaf yr Ail Ryfel Byd',[57] chwedl Alan Llwyd ei hun – y mae mwy o gerddi nag ef, sef deunaw. Nid arwydd o egotistiaeth mo hyn ond prawf o ymgais greadigol ddifri i ymdopi â thema'r rhyfel. Dyna pam ei fod yn ymgynnig yn destun astudiaeth mor ddiddorol o'r modd yr ymatebwyd i'r rhyfel gan un na phrofodd mohono ac a aned ar ôl i'r brwydro ddod i ben.

Yn *Cerddi Alan Llwyd 1968–1990: Y Casgliad Cyflawn Cyntaf* (1990), ceir adran ac iddi'r teitl 'Bardd yr Ugeinfed Ganrif', a thema lywodraethol yr adran honno yw rhyfel. Mae hynny'n nodweddiadol o'r ymledu testunol a'r ymestyn thematig a welwyd yn ei hanes fel bardd fwyfwy er dechrau'r 1980au. Y profiad Cymreig o ryfel sy ganddo yn 'Galarnad Cenhedlaeth', cerdd a ymddangosodd gyntaf yn *Yn Nydd yr Anghenfil*.[58] Fe'i hysgogwyd gan erthyglau am y gwŷr a aeth i ryfel a ffotograffau ohonynt ar dudalennau'r *Faner* a'r *Cymro*:

> hogiau o'r bröydd Cymreig: Llanrhystud, Llanrwst,
> Cwmllynfell a Llanfor, Trefor, Aber-soch a Rhostryfan;
> glaslanciau a hastiwyd i ryfel o'u pentrefi di-ffrwst
> nes bod cofeb pob llan yn gofeb i genhedlaeth gyfan. (*YNA*: 41)

Cofnodi'n ddynol y profiad o golli'r hogiau hyn a wna'r gerdd, awgrymu nad yw'r 'coffa amdanynt mwy / ond brithgof yn ymylu ar angof' ac fel yr 'aeth eu haberth heibio'n / ddisylw'; coffáu mewn cywair cyffelyb y bechgyn gwladaidd, diwybod a diniwed, a gollwyd yn y Rhyfel Byd Cyntaf a wneir yn 'Ar Gynhaeaf Gwair' yn *Oblegid fy Mhlant* (1986) bedair blynedd yn ddiweddarach.[59] Hynny yw, yn achos y ddwy gerdd, dull *Traed mewn Cyffion* (1936) o drin rhyfel a arddelir hyd yma: cedwir at y cyfarwydd a'r lleol ac ni fentrir dychmygu na darlunio ffawd y rhai a gollwyd dramor.

Ond tystia cerddi eraill o'r un gyfrol i'r modd y gwthiwyd y Gymraeg hithau allan o rigolau cyfarwydd a lleol ac fel y gorfodir y bardd i ddilyn ôl traed ei gyd-Gymry coll draw dros y don i fro estron. Mae naws banoramaidd i deitlau 'Yng Nghanrif yr Anifail' (*YNA*: 22) a 'Hanes Canrif: Dwy Gerdd' (*YNA*: 23–4) yn unig, dwy gerdd, y naill gyferbyn â'r llall, sy'n edrych i fyw llygad creulonderau'r rhyfel:

> yr addolwyr lloerig ger allorau offeren y *Führer*
> yn cynnal defod y diafol, gan fawrhau hil y bwystfil a'r baedd;
> yr offer poenydio yn waed yng nghyffesgell y ffasgydd,
> yr Iddewon yn nwylo'r cigyddion, a'r muriau'n mygu pob gwaedd.
>
> Ni chiliodd yr ofn er i obaith ddychwelyd eilwaith,
> ond dadrithiwyd y ddynoliaeth drachefn gan ddilead dwy dref:
> y ffrwydrad yn anffurfio'r ffurfafen gan ymrithio'n goeden losgedig,
> ac yn bwrw'i egni gwenwynig o frig y nef. (*YNA*: 22)

Tôn sàd, sobreiddiol a glywir yn y gerdd hon, llefaru pwyllog, rhesymol sy'n wrthbwynt i'r hyn a ddisgrifir. Does yma ddim y gellid eu galw'n ehediadau barddol: mae'n ddadlennol mai drwy gyfrwng adroddiadau papurau newydd yr eir i'r afael â thema'r rhyfel yn 'Galarnad Cenhedlaeth' ac mai ffilmiau newyddion – 'Croniclwyd y gorffennol ar ffilm' – yw'r cerbyd i fynd ati yn 'Yng Nghanrif yr Anifail'. Ymdeimlir â'r ddilema foesol a wyneba'r artist a fyn ymdrin â digwyddiad mor anferthol â'r Ail Ryfel Byd sy wedi'i ddiffinio mor glir yn nhermau delweddau ffeithiol, tystiolaeth real yr Holocost a Hiroshima. Yn gwbl ddealladwy, rhyw glosio at y pwnc gan bwyll bach a wneir, chwilio'r ffordd a cheisio sefydlu faint o ryddid creadigol a ganiateir wrth ei drafod.

Arwydd o hyder cynyddol Alan Llwyd â'r thema yw 'Hanes Canrif: Dwy Gerdd'. Darlun o'r Almaen Natsïaidd a chamdriniaeth yr Iddewon a dynnir:

> Amddifadodd y gyllell y gwryw ifanc o'i geilliau,
> a'r wraig o'i chroth,
> a pharai eu harbrofion â'r bru erthyliad y rhith.
> Gwisgent fygydau rhag ofn i'r gwaed eu llychwino,
> a menig rhag iddo amhuro eu dwylo dihalog,
> mwgwd fel mwgwd marwolaeth uwch ysgerbwd o gorff,
> a'r corff, heb effaith cyffuriau i liniaru'r cur,
> yn gribin dan y menig rwber,
> a meddyginiaeth y rhain a ddiddymodd genedl. (*YNA*: 23)

Ond er bod delweddaeth rhan agoriadol y gerdd yn eu demoneiddio – 'cyfeillion y Fall, apostolion y Diawl' – pwysleisir at y diwedd nad 'dynion gwallgof mohonynt' wedi'r cyfan ond rhai 'cyffredin a dinod':

> yn ymarfer y fidog ym mherfedd y baban pymthengmis,
> yn staenio'u pastynau â gwaed yr hen wraig bedwar ugain,

cyn sleifio i'w gwlâu i faldodi meistresi eu traserch,
neu i osod y cusan 'Nos da' ar wefusau eu plant. (*YNA*: 24)

'The ones who shut the doors of the extermination blocks where the Zyklon-B gas is', meddai un a oroesodd Auschwitz, 'Afterwards they go back into their mess to have a quiet drink, play the piano, have a girl ... or they come here to listen to music.'[60]

O bersbectif tad yn gofalu am ei blant y sgrifennwyd cerdd deitl *Oblegid fy Mhlant* (1986) hithau, y gyntaf o bum cerdd yn trafod thema rhyfel a osodwyd yn strategol ar gychwyn cyntaf y gyfrol hon.[61] Parhau a wneir yma â thema a archwiliwyd mewn cerddi blaenorol a chroniclo cywilydd y ganrif: Belsen, Auschwitz, Buchenwald, y Somme, Passchendaele, Ypres, Geto Warsaw ... Adleisir drwy'r gerdd eiriau Nesta Wyn Jones – cyfoeswr i Alan Llwyd a aned yn 1946 – 'Na, ni welsom ni ddyddiau y ddau Ryfel Byd', gan y tàg 'Ni welsom',[62] ond awgrymir, er gwaetha'r diffyg profiad, fod y dychymyg yn mynnu perthnasoli a chymhwyso digwyddiadau:

> Pan ddarllenaf am blant bach yn Treblinka fy mab bychan tair blwydd
> a welaf yn cydio'n ei degan wrth i'r milwr fidogi
> ei gorff yn orffwyll;
> wrth ddarllen am filwyr yn Belsen dychmygaf eu bod
> yn fy nghrogi yng ngŵydd fy ngwraig
> â gwifren eu gwallgofrwydd. (*OFMh*: 11)

Mentrir yn nes byth at brofiadau'r rhyfel ac archwilio agwedd bersonol arnynt, ac mewn cerddi eraill mae digwyddiadau domestig, dan ei drwyn, yn deffro delweddau o'r Holocost: yn 'Noson Tân Gwyllt', cred iddo ddod o hyd i 'dangnefedd meddwl . . . [d]elwedd o hedd i'm hoes',[63] yn llawenydd y plant o gylch y goelcerth, ond cyn y diwedd, yn ddelwedd i'w feddwl, 'dychwelodd Dachau eilwaith' (*CALl*: 382). Yn 'Cerddorion Auschwitz', gweld gwylan wedi'i thrydanu uwchlaw pentref Tirdeunaw sy'n ei gludo'n feddyliol i'r gwersyll crynhoi yng Ngwlad Pwyl lle y cyflawnai'r 'ffoaduriaid Iddewig' hunanladdiad drwy eu bwrw eu hunain 'yn erbyn y gwifrau'n garbwl' (*OFMh*: 14) tra chwaraeai'r cerddorion gyfansoddiadau Mozart a Bach.[64] Profa'r rhain fel na all ddianc rhag cysgodion y rhyfel: hyd yn oed yng nghlydwch ei gynefin yng Nghymru, mae delweddau'r rhyfel yn pwyso ar feddwl dyn a chais wneud synnwyr ohonynt o hyd.

A dyna egluro'n rhannol pam y cydiodd y rhyfel fel gelen yn nychymyg bardd fel Alan Llwyd. Yng ngeiriau Nora Levin: 'the Holocaust refuses to go the way of most history . . . because the events surrounding it are in a very real sense incomprehensible . . . Ordinary human beings simply cannot rethink themselves into such a world and ordinary ways to achieve empathy fail . . . The world of Auschwitz was, in truth, another planet.'[65] Ateb yr Iddewes Hilda Schiff i'r sylwadau hyn yn ei blodeugerdd o gerddi'r Holocost oedd mai dyma'r bwlch, a adawyd yn wag gan hanes, y gallai sgrifennu creadigol ei lenwi: 'as in all tragedy, one particular figure, one specific situation, can represent the many. Literature may have a number of other functions too, but in letting the reader *into* a representative situation, experience, or historical period, it is supreme.'[66] Nid yw pobl, chwedl Gwyn Thomas wrth drafod colledion y Rhyfel Byd Cyntaf, 'yn medru / Gweld darlun mewn ffigurau / Nac yn gallu dirnad ffeithiau' (*YG*: 32), a'r un yw sylweddoliad Alan Llwyd yn 'Anne Frank':

> Mae wylo dros chwe miliwn
> yn ormod i neb;
> ni all ein natur ni
> alaru dros laweroedd
> nac wylo uwch gwehelyth.[67]

Dyna pam yr eglura fod yr Iddewes fach o Amsterdam wedi'i mabwysiadu'n wyneb dynol, rhyngwladol i'r Holocost: 'Troesom y rhif yn eneth ifanc / o'r enw Anne Frank, ac ymgorffori ei hil / yn ei henw a'i hwyneb' (*SJ*: 86). Diddorol yw nodi fel y daw Alan Llwyd â gwrthrych y gerdd yn nes atom, ei hawlio ymhellach ar gyfer y Gymraeg fel petai, dim ond drwy ollwng yr 'e' nas yngenir o ddiwedd ei henw priod: tua hanner y ffordd drwy'r gerdd try 'Anne' yn 'Ann'. Arwydd cynnil yw hynny hefyd o'r ffordd y newidiwyd Anne Frank ym meddyliau pobl drwy roi'r fath bwysau cynrychioliadol ar ei hanes. Cyhoeddwyd y gerdd, fel y mae'n digwydd, yn 1996, hanner cant ac un o flynyddoedd er diwedd yr Ail Ryfel Byd; yr un flwyddyn yn union, naw mlynedd a deugain ar ôl ei ymddangosiad gwreiddiol, daethpwyd â dyddiadur Anne Frank yn nes byth at lenyddiaeth Gymraeg pan gyfieithwyd ef i'r iaith a thrwy gyd-ddigwyddiad enillwyd Cadair Eisteddfod Genedlaethol Bro Dinefwr yn Awst y flwyddyn honno ag awdl deyrnged iddi.[68]

Yr enw Cymreig a ddaeth i gynrychioli dioddefaint y Cymry yn y Rhyfel Byd Cyntaf, wrth gwrs, yw Hedd Wyn ac fel sgriptiwr y ffilm a ddangoswyd ar sgriniau sinemâu ledled y byd, fe sicrhaodd Alan Llwyd fod ei enw ef wedi'i anfarwoli'n ogystal yn gynrychiolydd rhyng-wladol o wastraff y rhyfel hwnnw. *Hedd Wyn* (1992) yw'r ffilm fwyaf llwyddiannus hyd yma yn hanes S4C, ac fe'i henwebwyd am wobr Oscar yn 1993, yng nghategori'r Ffilm Dramor.[69] Y ffilm a hawliodd y prif lawryfon yn y seremoni yn Hollywood y flwyddyn honno oedd epig Steven Spielberg, *Schindler's List*, a seiliwyd ar nofel Thomas Keneally, *Schindler's Ark* (1982), am ymdrechion arwrol y diwydiannwr o Natsi, Oskar Schindler, i achub dros fil o Iddewon yn ystod yr Holocost. Un o gerddi unigol mwyaf cofiadwy'r dilyniant 'Ffarwelio â Chanrif' yw '*Schindler's List*: 1993'. Yn un peth, mae'r gerdd yn dystiolaeth bellach i'r cydchwarae cyson rhwng ffilm a llenyddiaeth, ond mae hi'n canfod ei ffocws yn y ddelwedd o'r ffoadures fechan yn y gôt goch sy'n ymddangos yn ystod y ffilm ddu a gwyn:

> Ac yn sydyn mae hi'n ymddangos
> fel fflam ar garlam drwy'r gwyll,
> neu staen y wawr ar ffenest y nos.
>
> *I ble'r wyt ti'n rhedeg, hugan goch fach,*
> *yr hugan goch fach o liw gwaed?*
> *'Rhag dannedd y lleiddiaid, rhag gwaetgwn a bleiddiaid,*
> *'rwy'n rhedeg mewn ofn nerth fy nhraed.'*[70]

Mae'r gerdd yn enghraifft o'r rhai a alwyd yn '[g]amarweiniol o syml' o fewn y dilyniant gan Jerry Hunter, rhai sy'n 'diarfogi'r darllenydd drwy gyfuno adlais o'r hwiangerdd neu'r rhigwm ffwrdd-â-hi â phynciau dwys a thywyll'.[71] Parodïr yn gelfydd y gân werin ddireidus 'Ble'r Wyt ti'n Myned?'[72] a gwneir defnydd cyfeiriadol hefyd o'r chwedl am Hugan Goch Fach. Gwyrdroir cysylltiadau'r gân a'r chwedl yn lân: try chwarae'n chwerw gan fod y beth fach yn y gerdd yn cael ei herlid hyd farwolaeth ac nid ffigurau cartŵn mo'r 'gwaetgwn a bleiddiaid' y cyfeirir atynt ond erlidwyr real.

Cynrychiolir gan y dilyniant 'Ffarwelio â Chanrif' ymgais greadigol i dynnu llinell dan yr ugeinfed ganrif, i garthu'n derfynol deimladau'r bardd amdani, ac yn ôl y lle blaenllaw a roddir i ddelweddau'n gysylltiedig ag ymladd, y prif beth sy'n diffinio'r ganrif yw rhyfel. Does dim ond angen edrych ar deitlau rhai o'r cerddi i gadarnhau mor gryf yw presenoldeb rhyfel ac amser rhyfel yn y gyfres: 'Awst 1914', '*Gassed*: John Singer Sarjent', 'In Memoriam: 1914–1918', 'Meirwon y Rhyfel Mawr yn cyfarch eu mamwlad a'u mamau', 'Ar Gofeb y Rhyfel Mawr', '*All Quiet on the Western Front*: 1930', 'Marwolaeth Lorca: 1936', 'Baled John Cornford: 1936', '*Kristallnacht*: 1938', '*Nighthawks*, Edward Hopper: 1942', 'Ar Gofeb yr Ail Ryfel Byd', 'Phan Thi Kim Phuc: 1972',

'Dadorchuddio Cofeb Ryfel Fietnam: Washington, 1982', 'Mur Berlin: 1989', 'Rhyfel y Culfor: 1990', *Schindler's List*: 1993', 'Ar Drothwy'r Mil-flwyddiant: Kosovo, 1999', ac yn y blaen. Ac fel ymwelydd digroeso, gwthia'r rhyfel ei big i mewn i gerddi nad ydynt yn cyfarch rhyfel ar ei ben: gweler, er enghraifft, gerddi ymddangosiadol 'ddiniwed' ar yr olwg gyntaf, rhai fel 'Chaplin ac Eraill' a 'Nos Da, James Dean', neu'r un dywyllach 'Stephen Laurence: 1993'. Ni ellir dianc rhag y cyfeiriadau at Heinrich Himmler na'r Iddewon, Dachau na Belsen, yn yr un o'r cerddi hyn. Litani o ryfeloedd yw'r ugeinfed ganrif a chyfeiria o leiaf dair ar hugain o blith deugain cerdd y dilyniant un ai'n uniongyrchol neu'n anuniongyrchol at ryfel. Profa hyn i gymaint graddau y meddiannwyd dychymyg Alan Llwyd gan y thema: yn ei eiriau ei hun, 'mae delwedd-au nad oes modd eu dileu / o'r cof gwallgofus',[73] hynny yw, ei gof ei hun a chof llwythol yr ugeinfed ganrif.

Daw hynny â ni at fyfyrdod y bardd ar swyddogaeth y bardd yn y byd sydd ohoni, testun a wynebir ganddo yn 'Bardd yr Ugeinfed Ganrif'.[74] Dyma gerdd arwyddocaol o safbwynt datblygiad Alan Llwyd fel bardd. Fe'i defnyddiwyd yn gerdd deitl i'r adran olaf ond dwy yn *Cerddi Alan Llwyd 1968–1990*, adran sy'n cynnwys am y mwyaf o gerddi rhyfel, ac fe'i cynhwyswyd cyn hynny o fewn yr adran 'Cerddi Meilir Emrys Owen' yn *Yn y Dirfawr Wag* (1988). Beth bynnag oedd y cym-hellion personol y tu cefn i'r *alter ego* hwnnw,[75] gellir gweld yn y casgliad hwn o gerddi ymdrech ar ran y bardd i'w ailddyfeisio'i hun yn greadigol. 'Efallai ei fod yn fwy modern na mi, yn fwy dinesig na mi . . . yn fwy o "Nihilydd" na mi',[76] dywedir am y bardd gwneud, gan godi thema modernrwydd a grybwyllir fwy nag unwaith gan Alan Llwyd ei hun wrth drafod cerddi'r Ail Ryfel Byd: 'Ffurfiwyd yr ymwybyddiaeth lenyddol fodern ddiweddar yn rhywle rhwng Guernica a Treblinka';[77] 'Mae'n amhosibl i ni fyth fedru dirnad na mesur effaith yr erchyllterau hyn ar y *psyche* modern, a'u heffaith ar farddoniaeth y cyfnod ôl-ryfel yn enwedig.'[78] Mewn modd ymwybodol, ymetyb i'r her foderneiddio hon yn 'Bardd yr Ugeinfed Ganrif' gan ddisgrifio'i rôl mewn termau lletach a mwy cyffredinol nag erioed o'r blaen:

> Llefaraf ar ran yr holl feirwon,
> llefaraf ar ran y lleiafrif a'r mwyafrif mud,
> llefaraf fy ngeiriau â genau burgynod:
> y mae ynof feirdd, y mae ynof fyrddiwn,
> yn fy wylo y mae wylo deng miliwn,
> fy wylo yn wylo'r ddynoliaeth,
> bellach nid oes neb ohonom ar wahân. (*DW*: 76)

Nid rhywbeth a ddigwyddodd i'r Iddewon ar gyfandir Ewrop ac nad oes a wnelom ni yng Nghymru fach ddim ag ef mo'r Holocost ond agwedd ar gywilydd torfol y ddynolryw. Mae'r hyn a ddigwyddodd yn rhybudd: gyda'r amgylchiadau cymdeithasol priodol, gallai ddigwydd yn unrhyw le. Daw awen y bardd felly'n un ryngwladol yn sgil y rhyfel, datblygiad a arwyddir gan '*Requiem* i Feirdd o'r Ugeinfed Ganrif' (*CALl*: 370–5), cyfres o ddeg soned sy'n coffáu rhai o feirdd y ganrif a aeth heibio ac yn ymuniaethu â hwy, yn eu plith rhai o feirdd yr Ail Ryfel Byd fel Gertrud Kolmar o'r Almaen, Keith Douglas o Loegr a Primo Levi o'r Eidal. Ac yn yr un modd ag y rhoddwyd y bardd-fugail ar lwyfan rhyngwladol yn sgil y ffilm amdano, cynhwysir Hedd Wyn mewn cwmni rhyngwladol o fewn y gyfres hon gyda soned amdano ef a'r Gwyddel, Francis Ledwidge.

Rhyngwladolwyd awen Alan Llwyd, ac er perycled priodoli hyn i ddylanwadau penodol, fe ddadleuwn i fod a wnelo erchyllterau'r Ail Ryfel Byd, a'r Holocost yn anad dim arall, gryn dipyn â'r datblygiad hwn. Ni olyga hynny ei fod yn cefnu ar themâu cenedlaethol yn ei gerddi diweddaraf: yn yr adran 'Cerddi 1996–2000' yn *Ffarwelio â Chanrif*, cynhwysir dros ugain o gerddi coffa yn unig a hynny i Gymry amlwg fel R. Tudur Jones, R. S. Thomas, T. Arfon Williams, J. E. Caerwyn Williams a Rhydwen Williams. Yr hyn a ddigwyddodd yn hytrach, wrth i ymwybod Alan Llwyd gynyddu, yn ei eiriau ei hun, o 'effaith yr erchyllterau hyn ar y *psyche* modern', oedd ail-leoli'r profiad Cymreig o fewn cyd-destun ehangach. Arwydd o hyn yw'r ffordd y defnyddia gyfeiriadaeth ryfel wrth drafod testunau nad oes ganddynt, ar yr wyneb, unrhyw gysylltiad â'r hyn a ddigwyddodd rhwng 1939 a 1945. Yn 'Llun o Gapel Celyn', er enghraifft, a ddaw'n union ar ôl cyfres o gerddi am ryfel, cyffelybir y modd y dilewyd pentref yng Ngwlad Pwyl gan y Gestapo i'r modd y dilewyd y pentref yn Nhryweryn gan Gorfforaeth Ddŵr Dinas Lerpwl:

> Terfynwyd y pentref hwnnw
> a lladd y pentrefwyr, felly'r pentref hwn:
> nid eu lladd yn llythrennol, ond lladd eu gorffennol a'u ffydd,
> a diwreiddio eu daearyddiaeth,
> nid gan drais direswm, ond gan drais swyddogol, maleisus,
> eu trechu mewn trin gan fyddin y swyddfeydd
> yn rhyfel lân y ffurflenni,
> a dileu oddi ar fap ei gapel,
> ei dai ar wasgar, ei dir a'i ysgol,
> ond ei enw yn gwaedu ynom. (*OFMh*: 18)

Ni thawodd y 'nodyn cenedlaethol, gwlatgarol', chwedl Derwyn Jones, ond uniaethir hynt Capel Celyn ag enghraifft o lanhau ethnig.

Ond dichon y gellir ymestyn yn rhy bell a chymhwyso delweddau o'r rhyfel at sefyllfaoedd nad oes a wnelont yn uniongyrchol â'r rhyfel. Cerdd styrbiol, am fwy nag un rheswm, yw 'Anorexia Nervosa' sy'n disgrifio un a ddioddefa o'r aflwydd modern fel hyn: 'Blanced dros ei Threblinca / unferch yw ei gwisg, cynfas / dros fynwent ei huncorff- bentwr' (*DW*: 87). Dyma ddau ddiffiniad oer, diduedd:

> Treblinka was a Nazi death camp . . . Its efficiency in implementing the Final Solution was horrific: at least 900,000 Jews are said to have died there, making it second only to Auschwitz in this respect.[79]

> Anorexia nervosa: An eating disorder characterized by severe weight loss, wilful avoidance of food, and intense fear of being fat.[80]

Onid oes yma gymysgu gwastadeddau moesol, rhwng hynt Iddewon Geto Warsaw a ddilewyd mewn gwersyll crynhoi yn 1942 a 1943, a hynt unigolyn a chanddo ewyllys rydd sy'n ymwrthod â bwyd yn y dydd sydd ohoni? Ac onid yw'r treiglad llaes a ddilyno'r rhagenw – 'ei Threblinca' – yn awgrymu rhyw gynefindra anghyfaddas?

Awgryma 'Anorexia Nervosa' yr elfen o risg sydd ynghlwm wrth harneisio ar gyfer cyd-destunau amgen rym trosiadol enwau a chan- ddynt eu hystyron penodol yn hanes yr Holocost. Does dim ond angen ymweld â thudalennau rhai o'r gwefannau niferus i Sylvia Plath i weld bod y dadlau'n parhau – ddeugain mlynedd ar ôl eu cyhoeddi gyntaf yn 1965 ac ymateb George Steiner iddynt ar y pryd[81] – ynglŷn â phriod- oldeb ei defnydd hi o ddelweddaeth Holocost yn ei cherddi 'Daddy' a 'Lady Lazarus'.[82] A hithau'n un o'r llenorion cyntaf i sgrifennu am yr Holocost na chyfrifid mohoni ymhlith y goroeswyr – hynny yw, *non- survivor* oedd hi o gymharu â goroeswr fel Paul Celan – fe'i cyhuddwyd gan rai beirniaid o 'enlisting an unprecedented tragedy to prop up personal angst'.[83] 'Sylvia Plath: America' yw'r soned olaf yng nghyfres Alan Llwyd, '*Requiem* i Feirdd o'r Ugeinfed Ganrif', ac yno fe gyfeiria at 'ei hawen ddu'n ymrithio'n / drosiadau arswydus . . . yn delweddu ei thad fel hil-leiddiad' (*CALl*: 375). Hynny yw, fe ŵyr Alan Llwyd o'r gorau ei fod yn troedio ar dir ffrwydrol. Dim ond yn ei gyfrol o gerddi ddiweddaraf ond un y gwelir Gwyn Thomas yn cymhwyso delweddaeth Holocost at gyd-destunau nad oes a wnelont â'r digwyddiad hwnnw: yn "Does Unman yn Debyg i Gartref', gyda'i theitl cyfeiriadol eironig

yn dwyn i gof gân Fictoraidd boblogaidd Mynyddog,[84] cyffelybir cartref
henoed cyfoes i wersylloedd crynhoi:

> Auschwitz, Auschwitz efo gwres canolog.
> Belsen, Belsen o hen bobol.
> Ond heb neb (heb neb gweledig)
> Yma'n poenydio, na neb (neb gweledig) yn gyfrifol
> Am beri bod y rhain yn gyrff drylliedig.[85]

Tynnir rhywun ddwy ffordd gan y gerdd hon hithau: awgrymir yn gryf
gan y sylwadau rhwng cromfachau nad yn ddifeddwl nac ar chwarae
bach ond yn gwbl ymwybodol y defnyddiwyd y cyfeiriadau o fewn y
gerdd; ond pa mor gyfrifol bynnag a fyddo'r bwriad a pha mor gyfiawn
bynnag a fyddo'r dicter a enynnir gan yr amgylchiadau byw a ddisgrifir,
a yw hynny'n ddigon i gyfiawnhau'r modd yr uniaethir cartref henoed
yng Nghymru rydd y 1990au gyda gwersyll crynhoi yng Ngwlad Pwyl
ac Almaen Natsïaidd y 1940au? Yr un mor dramgwyddus o agos at y
gwynt yr hwylia Bobi Jones yntau yn 'Tsiernobŷl 1986':

> Heddiw bydd yr awyr
>   yn dienyddio dŵr,
> ŵyn ... practisio
>   Adolf Eichmann.[86]

Pennaeth y Swyddfa Hil ac Ailgartrefu – mor ddof y swnia'r cyfieithiad!
– oedd Eichmann, yr RSHA a weinyddodd hil-laddiad yr Iddewon:

> Created by a decree of Heinrich Himmler on 27 September 1939 ... the ...
> Reich Security Main Office, brought policing in the Third Reich under a
> single organizational umbrella and played a key part in the campaigns of
> mass murder in Nazi-occupied Europe. The establishment of the RSHA
> brought together within a single framework the state security formations –
> the Secret State Police (Gestapo) and the Criminal Police (Kripo) – and the
> Nazi Party security service, the Sicherheitsdienst (SD). It was a central
> office both of the SS and of the Reich Interior Ministry.[87]

Â'r gerdd rhagddi:

> Gan ganolfannau twristaidd
>   cewch lyfrynnau lliw
> am Auschwitz,
>   chwaer yr Wylfa. (CG: 336)

Gor-rwyddineb a slicrwydd o'r fath a gododd wrychyn Jerry Hunter yn ei erthygl-adolygiad ar *O'r Bedd i'r Crud* (2000), hunangofiant Bobi Jones:

> ar o leiaf un adeg mae defnydd gwatwarus Bobi Jones o'r term 'ffeminydd' yn hynod ddi-chwaeth. Mae'n disgrifio erthyliad fel 'holocawst y ffeminyddion' (13). Yn gyntaf, mae'n defnyddio'r term 'holocawst' mewn modd trosiadol, rhywbeth na ddylid ei wneud ar chwarae bach. Mae'r term yn hanfodol gysylltiedig â'i gyd-destun hanesyddol, sef yr hyn a ddigwyddodd i'r Iddewon ar y cyfandir o dan Natsïaeth. Mae defnyddio'r gair wrth gyfeirio at ddigwyddiad arall heb geisio esbonio a chyfiawnhau'r defnydd yn gwneud cam â dioddefwyr yr Holocawst.[88]

Cynhwysir yr Holocost ac erthylu ar yr un gwastad ganddo hefyd yn 'Palestina Acw 1988':

> Tri dileu gadd yr ugeinfed ganrif –
>   Gwallgofrwydd metaffisegol Auschwitz . . .
>   Yna'r babanod a fethodd â rhedeg
> Yn filoedd fil na chawsant seintwar
> Wrth ffoi am einioes i'r fan gyfrin,
> I'r fewnol gudd (Cyflafan y Chwith
> Wedi cyflafan y De, y Dachau
> A ymledodd drwy adwy croth ryddfrydol:
> Corff y fam sy'n wersyll-garchar,
> A'i chysur yn nwy) . . . (*CG:* 313–14)[89]

Wedi dweud hyn, gwastedir rywfaint ar y ddysgl gan gerddi fel 'Carcharor Iddewig' (*CG:* 244–5), 'Cân Wrthsemitaidd'[90] eironig ei theitl, ac 'Y Siaradwyr Iddeweg';[91] yn wir, er iddo yntau weld yn un o gerddi eraill Bobi Jones '[dd]iffyg persbectif wrth gymharu dioddefaint Cymru â dioddefaint yr Holocost',[92] cynhwyswyd y ddwy gerdd a grybwyllwyd ddiwethaf gan Grahame Davies yn ei antholeg ar Gymru a'r Iddewon.[93]

Siôn Eirian

Un thema amlwg gan Alan Llwyd yn ei ragymadrodd i *Gwaedd y Lleiddiad* yw dylanwad y rhyfel fel moderneiddiwr. Dyfynnir ganddo sylw A. Alvarez yn *The New Poetry* (1967):

What, I suggest, has happened in the last century is that we are gradually being made to realize that all our lives . . . are influenced profoundly by forces which have nothing to do with gentility, decency, or politeness. Theologians would call these forces evil, psychologists, perhaps, libido. Either way, they are the forces of disintegration which destroy the old standards of civilization. Their public faces are those of two world wars, of the concentration camps, of genocide, and the threat of nuclear war.[94]

Yng ngeiriau Alan Llwyd, 'Dyma'r cyflwr modern, mewn cymdeithas ac mewn barddoniaeth',[95] ac un o'r beirdd prin yn Gymraeg a ddaliodd mewn dyrnaid o gerddi'r cyflwr modern hwn, ei naws a'i deimlad a'i dempo, yw Siôn Eirian.

Mentra Siôn Eirian yntau gymhwyso delweddaeth Holocost at ei gyflwr ei hun, ond gwna hynny mewn ffordd lai tramgwyddus nag amryw:

> nid poen cenhedlaeth yw fy mhoen
> na phoen cenedl;
> poen unigol yw . . .
>
> pwy a ddwedodd mai dwylo'r rhyfeloedd mawr
> a flingodd gydwybod fy nghenhedlaeth?
> pwy a ddywedodd fod Belsen a Buchenwald
> fel gwifren bigog am ein hymennydd o hyd?
> hanes ydynt.
> cenais am fidogau, do, a chwysi napalm
> ond roedd canu dros frwydr y Vietcong
> fel cefnogi Caerdydd yn y Cynghrair.
>
> mae fy Melsen i
> dan glawr fy mhenglog
> a byw gyda'r gwir
> yw'r gawod napalm dros fy enaid.[96]

Llais dirfodwr ifanc a glywir yn 'Y Boen' – ganed y bardd yn 1954 a chyhoeddwyd *Plant Gadara* yn 1975 – ac ymhlith y dylanwadau amrywiol a chosmopolitan arno yn y 1960au a'r 1970au roedd beirdd y genhedlaeth *Beat* yn America; ceir ganddo gerdd, er enghraifft, sy'n cymharu ei dad, y bardd a'r gweinidog J. Eirian Davies, yn anffafriol gydag Allen Ginsberg.[97] Yn eu rhagymadroddi i *Protest: The Beat Generation and the Angry Young Men* (1958), mae Gene Feldman a Max Gartenberg yn disgrifio'r Oes Atomig – a dyn wedi darganfod y dull i'w ddinistrio ef ei hun – y canai'r beirdd o'i mewn yn y 1950au:

> His fate – survival or extinction – bears less relation to moral bookkeeping than to the scarcely audible assents and dissents of power figures almost too fear-stricken to make decisions. He senses that time is shrinking into itself, the past losing its relevance and the future receding further and further from his control. Only the present seems to hold the possibility of his meaningful participation, for he can still possess the moment.[98]

Ac meddent yn nes ymlaen:

> The credo of the Beat Generation therefore becomes simple, direct: the only way to come to terms with life on this planet careening to its doom is to face reality as it is, as one meets it in all moments of agony and joy. Everything else is a hoax or a deception . . . the man who is Beat knows that he is alone, and that his problem is to learn to live with this knowledge. As a consequence, his concern is primarily one of self-exploration, of perceiving the self in terms of its connection with immediate experience.[99]

Dyma gefndir i'r hyn a ddywed Siôn Eirian yn 'Y Boen'.

Er ei fod yntau'n un o 'Etifeddion yr oes feddal' y cyfeiriodd Nesta Wyn Jones ati,[100] synhwyrir na fyddai'n edrych ar bethau drwy sbectol mor gymodlon â hi. Dadlennol hefyd fyddai cyferbynnu'r gerdd gyda 'Bardd yr Ugeinfed Ganrif' Alan Llwyd: effaith myfyrio ar y byd a grëwyd cyn ei eni, yn ôl tystiolaeth y gerdd hon, yw cynyddu ei gyfrifoldeb cymdeithasol fel bardd. O gymharu, byd sy'n annilysu cysyniadau fel hanes a pherthyn yw'r byd a grëwyd yn ôl 'Y Boen', a dim ond ar brofiad y bod unigol, unig y gellir rhoi unrhyw fath o goel.

Erbyn i Siôn Eirian lunio 'Profiadau Llencyndod', dilyniant coronog Eisteddfod Genedlaethol Caerdydd yn 1978, roedd naws ei sgrifennu'n fwy adfyfyriol ac aeddfetach a disgrifir ganddo seithugrwydd gweithredu gwleidyddol.[101] Gwêl ei hun fel 'Che Guevara'r chweched isa' yn protestio yn ystod y 1960au, 'y byd du a gwyn / o ystrydebau hawdd blynyddoedd y blodau' ('PLl': 31):

> chwifio baneri yn y glaw
> a gwylio'r paent yn rhedeg ar ein placardiau;
> gweld y fflam yn diffodd
> a'r lludw'n chwalu'n ddim
> dros goncrit y palmentydd. ('PLl': 31–2)

Cerddi dadrithiad yw 'Profiadau Llencyndod', dilyniant bywgraffyddol o gerddi. Cyflwyna'i rieni, y Parch. J. Eirian Davies a Jennie Eirian Davies, yn cyfarfod yn y gerdd agoriadol:

> genhedlaeth gron yn ôl,
> yno, yn llwyd-diroedd y gorllewin gwâr,
> yn nwndwr rhengoedd y morgrug gwyn
> oedd yn hagal-heglan
> dros goncrit eu caerau newydd,
> cyfarfu dau gariad. ('PLl': 28)

Carwriaeth yn y cyfnod ôl-ryfel a gofnodir ac ni ellir peidio â chlywed ei ddirmyg, dirmyg a gynydda wrth i'r dilyniant fynd rhagddo, tuag at y byd hwnnw yn y cyfeiriad at '[l]wyd-diroedd y gorllewin gwâr' yn y gerdd hon yn ogystal â'i gyfeiriad at 'y llanast gwâr a grewyd cyn fy ngeni' ('PLl': 36) yn y gerdd glo a'r ansoddair 'gwâr' bron yn rheg ganddo; ymdeimla Blodeuwedd hithau â dirmyg tebyg yn *Yma o Hyd* (1985) Angharad Tomos, un o blant y 1950au fel Siôn Eirian, a'r dirmyg hwnnw'n un o'r ffactorau sy'n ei gyrru i brotestio mor ffyrnig yn erbyn y gymdeithas y ganed hi i'w chanol.[102] Daw cyfeiriad penodol at gyfnod y rhyfel yn yr ail gerdd lle y cyfeirir at 'ecsodus y mebion / sy'n hedfan ymaith / o gyrraedd y maglau cynefin, / yn wenoliaid ffyrnig, / yn Luftwaffe tyner' ('PLl': 29), cyfeiriad sy'n rhagfynegi'r drydedd gerdd, 'Dysgu':

> gwylio hen ffilmiau
> o bechodau'r tadau:
>
> Hiroshima –
> cnawd yn toddi
> a rhedeg drwy gof cenhedlaeth;
> pobl yn tanio fel matsus
> i oleuo'r gorffennol.
>
> lluniau o Major Eatherly'n gwallgofi;
> am yr hyn a wnaeth
> cafodd bensiwn hael a nerfau rhacs.
>
> ffilm arall, yn dangos
> breuddwyd laith a chynnes
> dau gariad;
> fflamau yn cosi'r llwynau,
> a'u nwyd yn toddi'n un.

> eu gweld yn deffro'n y bore
> ac yn sibrwd Siapanëeg
> rhwng breichiau a bronnau ifainc –
> Hiroshima, Mon Amour. ('PLl': 30)

Nid mater o ofni cywilyddio'r tadau yn eu heirch mohoni yn achos hwn, er bod yma awgrym o ddicter Gwenalltaidd; yn hytrach, y tadau eu hunain sy'n destun cywilydd. Diddorol yw nodi hefyd mai drwy gyfrwng delweddau'r sgrin fawr, delweddau ffeithiol a ffuglennol, y cyfleir gwybodaeth am y rhyfel. I draethydd llygatgraff y gerdd mae'r cyfan yn codi cyfog ac ymwrthyd yn wrthryfelgar â safonau ei fagwraeth gapelyddol, ddiwylliedig Gymraeg:

> cyn cysgu, darllen barddoniaeth
> gan chwilio am adlais i'm hing,
> ond rhaid oedd dianc i ddyfroedd bywiol
> y Saeson hirwallt esgeulus
> rhag ffwndro ym mhlaniau manwl-gywir
> y penseiri Cymraeg.
>
> crwydro i gysgod Anfield,
> gwrando ar hwiangerddi'r Kop,
> gweld beirdd ifainc Lerpwl
> yn tynnu eu miwsig
> o wifrau dur eu hamgylchfyd,
> a'u bysedd yn waed.
>
> y mae 'na bethau
> nad oes gennym ni yng Nghymru
> eiriau amdanynt ...
>
> a bob nos cyn cysgu,
> yn lle rhoi 'ngofal bach i'r Iesu
> gwrando ar y radio –
> John Peel a Sounds of the Sixties. ('PLl': 30–1)

Fel dinas fradwrus yr ystyrid Lerpwl gan amryw o gyd-Gymry Siôn Eirian yn dilyn helynt Tryweryn rhwng 1955 a 1965,[103] ac arwydd o'i benderfyniad i ddatgysylltu, yn ddiwylliannol a gwleidyddol, oddi wrth ei fagwraeth, yw ei fod yn chwilio am gysur yn y ddinas honno o bobman. Fe'i gadewir erbyn diwedd y dilyniant yn ddigrefydd, digariad, digymdeithas:

> fel Crist i'r diffeithwch,
> deuthum innau yma
> i ofyn cwestiynau a gwrthod atebion,
> yn fastard meseia
> heb Dad a heb nef. ('PLl': 35)

Y mae wedi byw i'r eithaf y cyflwr a ddisgrifir fel hyn gan Gene Feldman a Max Gartenberg:

> Should man live a slave to illusions he knows to be untrue? Or should he tear down the false front that masks itself as dignity and thereby enter into an existence wherein, through acceptance of his lone-ness and of the ever-present possibility of sudden death, he can find the potential for freedom and authentic identity? This is how the question poses itself to many young people on both sides of the Atlantic.[104]

Purodd ei hun o'i orffennol, carthodd ei holl gysylltiadau, ymryddhaodd. Ond ni ddaw'r penderfyniad hwn, yr ymrwymiad absoliwt a diragrith wrth y gwirionedd, ag unrhyw bleser na llawenydd iddo, sylweddoliad y rhydd fynegiant iddo yn y nofel *Bob yn y Ddinas*:

> waeth i mi heb â'm twyllo fy hunan. Un peth rydw i wedi ei ddysgu ers darganfod fy 'rhyddid' newydd; mi fedra i chwifio f'adenydd i fyny ac i lawr ond wn i ddim sut ddiawl i godi oddi ar y ddaear. Brân rydd ond brân bedestrig. Heb fedru hedfan i unlle, heb fedru defnyddio'i rhyddid mewn unrhyw ffordd. Ac os nad oes defnydd i ryddid, dydi o ddim gwell na chaethiwed yn y pen draw.[105]

Un o'r un anian â Dewi yw Siôn Eirian yn y bôn, mab y mans edliwgar, cyhuddgar, nihilaidd Saunders Lewis yn *Cymru Fydd* (1967). Does dim rhyfedd ei fod wrth gloi 'Profiadau Llencyndod' yn ymuniaethu gyda'r enwocaf o'r beirdd *Beat*, Allen Ginsberg: mae'r llinellau a ganlyn yn cyfeirio at eiriau agoriadol y gerdd hir ddadleuol, *Howl* (1957), ac yn talu gwrogaeth i'w hawdur:

> gwelais gyfeillion â'u garddyrnau ar daen,
> eu gwaed yn diferu ar lygaid dall
> a'r archoll yn grechwen a geulodd i gwsg. ('PLl': 36)

> I saw the best minds of my generation destroyed
>   by madness, starving hysterical naked,
> dragging themselves through the negro streets at
>   dawn looking for an angry fix . . . [106]

A'r hyn oedd y genhedlaeth *Beat* yn ôl un sylwebydd oedd 'a post World War II generation of disaffiliated young people coming of age into a Cold War world without spiritual values they could honor'.[107] Dyma fardd y clywodd Gwyn Thomas yn ei ganu beth o 'sgrech rwystredig a dinistriol ei genhedlaeth',[108] sgrech na chlywir ryw lawer ohoni yn ein barddoniaeth. Fel y dywedodd Greg Hill am Alun Lewis wrth gyferbynnu ei waith ef ag eiddo Alun Llywelyn-Williams: 'Mae'r broses o ddiystyru pwysigrwydd yr unigolyn yn gyflawn, a ffydd mewn bywyd a bodolaeth mewn cyd-destun cymdeithasol, diwylliannol, wedi'i threchu'n llwyr.'[109]

Mae'r dadrithiad y rhydd Siôn Eirian lais iddo yn ddyfnach na'r un a brofodd Alun Llywelyn-Williams. O leiaf yn ei achos ef gallai ymddiried yng ngrym dynol a gwareiddiol y celfyddydau, ond faint o gysur a gâi Siôn Eirian o wareiddiad a laddai filoedd i gyfeiliant cerddoriaeth Beethoven a Puccini sy'n gwestiwn. George Steiner sy'n cyfeirio at darddiad y math o farbariaeth a barodd i'r Natsïaid lofruddio'r Iddewon:

> It arose from within, and from the core of European civilization. The cry of the murdered sounded in earshot of the universities; the sadism went on a street away from the theatres and museums . . . In our own day the high places of literacy, of philosophy, of artistic expression became the setting for Belsen.[110]

Gŵr gradd mewn ieitheg a doethor o Brifysgol Heidelberg oedd Josef Goebbels, wedi'r cyfan, yr unigolyn mwyaf pwerus o fewn y Drydedd Reich ar ôl Hitler a Himmler erbyn Gorffennaf 1944.[111] Fel pennaeth Gweinyddiaeth Gwybodaeth a Phropaganda'r Reich rhwng 1933 a 1945, daeth y celfyddydau dan ei oruchwyliaeth a ffurfiwyd ganddo Siambr Ddiwylliant y Reich – y *Reichskulturkammer* – a reoleiddiai'n drylwyr y bywyd diwylliannol a chael gwared ag Iddewon a rhai a feirniadai'r drefn wleidyddol a oedd ohoni. Roedd gan y Natsïaid felly reolaeth ar gerddoriaeth, ac yn ei astudiaeth ddadlennol ei theitl, *The Twisted Muse* (1997), ceir gan Michael H. Kater ddarlun manwl o hynt cerddorion a'u cerddoriaeth yn ystod unbennaeth Hitler:

> From the moment it came to power in 1933, the Nazi regime was bent on reviving and coordinating musical practice in conventional institutions such as schools and even churches as well as the family, which continued to be regarded as the smallest cell in the racially determined body politic. Music was viewed as a convenient form of cement between the rulers

and their people. As Joseph Goebbels had long since found out, music possessed vast propagandistic potential through which the collective mood of the subjects could be controlled; it also could be used to dress up important nationalistic incentives for presentation to the public, and it could serve as a vehicle for various regime messages and slogans.[112]

Politiceiddiwyd cerddoriaeth o'r herwydd, ei cham-drin a'i halogi a'i gwyrdroi. At hynny, un o arwyr mawr Hitler oedd y gwrth-Semitiad Richard Wagner.[113]

Un o'r penodau mwyaf siabi yn hanes cerddoriaeth yn ystod y rhyfel yw'r modd y cafodd ei defnyddio o fewn y gwersylloedd crynhoi. Yn 'Cerddorion Auschwitz' (*OFMh*: 14), cyfeiriodd Alan Llwyd at y modd y cyflawnai amryw garcharorion hunanladdiad drwy'u taflu eu hunain yn erbyn y ffensys trydan. Aelod o gerddorfa'r merched yn Auschwitz oedd y Ffrances, Fania Fénelon, a fu'n trefnu'r gerddoriaeth ar ei chyfer:

> I was delighted; I felt that I could do more than simply acquit myself honourably. Within me, with an ease in which I hardly dared believe, everything orchestrated itself. The instruments each led off in turn, became alive. It was intoxicating. In a way I was recomposing this march. I heard it – stirring, martial. I was conducting it, I was carried away . . . Then I saw the reality of the endless, wretched multitude before whom it would be played. I sat, pencil poised, unable to proceed, staring into space. To survive, I was not simply going to have to walk over my heart, as the Hungarians say, I was going to have to trample on it, annihilate it.[114]

Mewn rhan arall o'i hunangofiant, y seiliodd Arthur Miller ei ddrama lwyfan *Playing for Time* arno yn 1981, disgrifir un Natsi, gydag iddo ddethol miloedd ar gyfer y popty nwy, dan deimlad wrth wrando ar y gerddorfa yn chwarae 'Reverie' Schumann:

> A few beats before the piece died away, slowly, as if regretfully, Herr Kramer raised his darkened eyelids; I noted in wonder that his codlike gaze was moist with tears. He had delivered himself up to his emotions and was allowing tears as precious as pearls to roll down his carefully shaven cheeks . . . Satisfied, he had relieved himself of his 'selection' by listening to music as others might do by masturbating. Relaxed, the Lagerfürer shook his head and expressed his pleasure to Alma: 'How beautiful, how moving!'[115]

Ymhlith yr 'enwogion' a ddifyrrwyd gan y gerddorfa hon roedd pennaeth yr SS, Heinrich Himmler, a Josef Mengele, prif swyddog meddygol Auschwitz, ac awgrymir yn glir dro arall sut y negyddwyd creadigrwydd y cerddorion:

> At Birkenau, music was indeed the best and worst of things. The best because it filled in time and brought us oblivion, like a drug; we emerged from it deadened, exhausted. The worst, because our public consisted of the assassins and the victims; and in the hands of the assassins, it was almost as though we too were made executioners.[116]

Celfyddyd euog, nid diniwed, yw hon. Fesul ychydig ar ôl y rhyfel y cyhoeddwyd llawer o atgofion y rhai a ddioddefodd dan law'r Natsïaid: roedd hi'n ddiwedd y 1970au ar naratifau cerddorion Auschwitz, er enghraifft, yn cael eu cyfieithu i'r Saesneg.

O wybod yr hyn a wyddai, does dim syndod, felly, nad yw cerddoriaeth, a chelfyddyd yn fwy cyffredinol, yn cynnig unrhyw ddinas noddfa i Siôn Eirian fel y cynigiodd i Alun Llywelyn-Williams gynt mewn cerddi fel 'Baled y Drychiolaethau' (*PC*: 24–5), 'Theater des Westens' (*PC*: 32) ac 'Ar Ymweliad' (*PC*: 26–8) a sgrifennwyd yn ystod adladd y rhyfel. Yng ngeiriau Mererid Puw Davies: 'y mae trosedd ar y fath raddfa [â'r Holocost], a gyflawnwyd gan genedl ddiwylliedig, yng nghanol Ewrop mewn cyfnod goleuedig, modern yn peri inni ailfeddwl ein holl syniadau ynglŷn â natur diwylliant a moderniaeth ei hun. Os oedd yr Holocawst yn bosib yng nghanol gwareiddiad, mae'n bosib nad yw gwareiddiad a diwylliant yn bositif i gyd, nac yn cyfrannu at welliant cyffredinol dynoliaeth.'[117] Mynd i amau ystyr y gair 'gwareiddiad' a wna'r ffoadures Eva Wolff yn *Y Ffoaduriaid* gan Geraint Vaughan Jones hefyd: 'Gwareiddiad? Oranienburg, Dachau, Pwyl, Warsaw, Rotterdam, Coventry. Tanio ar ffoaduriaid. Nwy mor wenwynig fel na feiddiai neb ei ddefnyddio. Fflamluchwyr. Erledigaeth. Gwareiddiad?'[118] 'Wrth fynd yn ôl i'n hawyren,' meddai Henry Morris-Jones am ei ymweliad â gwersyll Buchenwald yn 1945, 'sylwais ar bobl Weimar – ardal y bardd Goethe – oedd â golwg iach arnynt ac wedi eu dilladu'n dda. Tybed a oeddynt yn gwybod pa beth oedd yn mynd ymlaen yn yr Uffern ar y bryn cyfagos?'[119] Ac fel y dywedodd T. E. Nicholas yn 1939, 'Yn Oes Aur dysg, diwydiant a gwyddoniaeth, y mae'r pwerau mawr o dan reolaeth meddwl yr Oes Garreg.'[120] Eto i gyd, er bod ei ddadrithiad ôl-ryfel yn ddyfnach, parhau a chyflawni'r weledigaeth fodern a roddodd Alun Llywelyn-Williams ar waith yng ngherddi'r 1930au a'r 1940au a wnaeth Siôn Eirian ac ni chwenychai'r un ohonynt 'ddihangfa hawdd / yr amddiffynfeydd hiraethus a fu gynt' (*C*: 12).[121] Ac mae hyn yn awgrymu effaith fwy parhaol a diosgoi yr Ail Ryfel Byd ar y meddwl a'r dychymyg Cymreig na'r Rhyfel Byd Cyntaf.

P'un ai dan bwysau awdurdodau'r Eisteddfod y lluniodd Cynan yr *apologia* a argraffwyd ar ddechrau fersiwn *Cyfansoddiadau* 1921 o 'Mab y Bwthyn' ai peidio,[122] nid oes modd gwadu cywair amddiffynnol y dweud:

> Ceir yn y gân eiriau anghyfiaith, megis, *Tango, jazz-band, estaminet, vin rouge, Medoc, bayonet*.
> Trwy brofiad chwerw ac mewn ysgol galed dysgodd llawer Mab y Bwthyn, fel finnau, ystyr y rhain yn ystod y blynyddoedd diweddaf. Er hynny, o drugaredd, nid oes eto eiriau Cymraeg am danynt.
> Ond gan na fedrwn ddehongli'n deg fywyd Mab y Bwthyn heddyw ac anwybyddu'r pethau hyn, dewisais gyfeirio atynt wrth eu henwau priod yn hytrach na mentro'r cyfrifoldeb o greu geiriau Cymraeg am bethau sydd mor groes i natur y Cymro – er ymwthio ohonynt i'w fywyd dros dymor.[123]

Er iddo yn ei bryddest wneud ei orau glas i wynebu'r byd oedd ohoni yn ystod a thrannoeth y Rhyfel Byd Cyntaf, tybed nad arwyddir gan eiriau Cynan ryw amddiffynnedd ddiwylliannol a nodweddai drwch ei genhedlaeth? Fel yr awgrymwyd am y Neo-Sioriad arall hwnnw, Iorwerth Peate: 'Er iddo weld canlyniadau'r Rhyfel Byd Cyntaf daliai i gredu yn haniaethau'r bywyd gynt fel pe na bai'r chwalfa honno wedi digwydd.'[124] Wrth iddi hithau fyfyrio ar sylw dadleuol Theodor Adorno, awgrymodd Mererid Puw Davies fod ynddo 'feirniadaeth hallt ar y mwyafrif o bobl yn yr Almaen a'r gwledydd eraill a gyfrannodd at y llofruddio ac a ddewisodd fyw ar ôl yr Holocawst fel petai dim byd wedi digwydd, gan werthfawrogi barddoniaeth a'r celfyddydau a meddwl nad oedd a wnelo'r Holocawst ddim â hwy, nac â'r celfyddydau. Ac mae yma feirniadaeth ar y rheiny sy'n dal bod celfyddyd yn ddiniwed, ac nad oes angen iddi ddelio â'r pwnc.'[125] Chwech ar hugain mlwydd oed oedd Cynan pan enillodd Goron Caernarfon ddechrau'r 1920au. Dros hanner can mlynedd yn ddiweddarach, yn Eisteddfod Genedlaethol Caerdydd ddiwedd y 1970au, enillwyd y Goron gan fardd ieuengach byth, Siôn Eirian, a oedd yn bedair ar hugain ar y pryd. Ond gresynu a wnâi prifardd 1978, mewn geiriau a adleisiai'n gryf eiriau prifardd 1921, fod yna 'bethau / nad oes gennym ni yng Nghymru / eiriau amdanynt' ('PLl': 31). Yn sicr, nid celfyddyd 'ddiniwed' nac eiddo un a 'ddewisodd fyw ar ôl yr Holocawst fel petai dim byd wedi digwydd' a gynrychiolir gan 'Profiadau Llencyndod'. Ac efallai fod y sylw hwnnw gystal â'r un i gau pen y mwdwl ar astudiaeth fel hon sy'n tystio'n gadarnhaol i ymdrechion amryw lenorion Cymraeg, rhai a fentrodd y cyfrifoldeb o ganfod geiriau ar gyfer pethau nad oes gennym ni yng Nghymru o reidrwydd eiriau amdanynt o wybod nad dros dymor yn unig yr ymwthiasant i'n bywyd.

Nodiadau

[1] Gw. Islwyn Jones a Gwilym Rees Hughes (gol.), *Cerddi Hir* (Llandysul, 1970), 131.
[2] *Cerddi Hir*, 126.
[3] Gw. sylw John Rowlands, yn 'Nodyn ar Gerdd Ddi-deitl', yn Robert Rhys (gol.), *Cyfres y Meistri (2): Waldo Williams* (Abertawe, 1981), 129: 'Od yw fod beirdd fel Waldo Williams, Euros Bowen a Bobi Jones, ar ôl dwy danchwa byd, yn gweld ffenics o obaith yn codi o'r llwch.' Ar yr un perwyl, fel hyn y dehonglir *Under Milk Wood* (1954) Dylan Thomas, gan Walford Davies: 'Yr hyn a yrrodd Thomas i gwblhau'r ddrama ar yr unfed awr ar ddeg yn ei fywyd truenus o fyrhoedlog oedd arwyddocâd moesol dwfn y gwaith iddo. Y mae'n dathlu cymuned ddychmygol Llareggub fel "a place of love", trigfan rhyw ddiniweidrwydd sylfaenol. Fe wna hynny yn yr hinsawdd lawn dychryn a ddilynodd gyflafan yr Ail Ryfel Byd, erchyllter yr Holocost, a'r bygythiad newydd arswydus hwnnw, rhyfel niwclear byd eang – a oedd, wedi Hiroshima a Nagasaki yn 1945, ym marn Thomas adeg ei farw yn 1953, yn anocheladwy . . . I'r bardd, roedd y syniad y gallai cymuned fechan ym myd y dychymyg . . . ddihuno i fore newydd . . . yn achos dathlu.' Gw. 'Dylan Dan y Wenallt', yn *Dan y Wenallt*, rhaglen cynhyrchiad Cwmni Theatr Gwynedd (2003), 10–11.
[4] *The Second World War: A People's History* (Rhydychen, 2001), 221. Cyfrol dra dylanwadol fu un Hannah Arendt, *Eichmann in Jerusalem: A Report on the Banality of Evil* (Llundain, 1963); gw. hefyd nodyn 87 isod.
[5] *Barddoniaeth y Chwedegau: Astudiaeth Lenyddol-Hanesyddol* (Caernarfon, 1986), 378.
[6] Alan Llwyd, yn 'Ynghylch Llenydda a Beirniadaeth: M. Wynn Thomas yn Holi Alan Llwyd', yn Huw Meirion Edwards (gol.), *Alan: Casgliad o Gerddi ac Ysgrifau ar Alan Llwyd, gyda Llyfryddiaeth Lawn o'i Waith gan Huw Walters* (Caernarfon, 2003), 131.
[7] 'Awen loyw ei myfyrdod': adolygiad ar *Chwerwder yn y Ffynhonnau*, *Barn*, 4 (Chwefror 1963), 115.
[8] 'Gwilym Rees Hughes yn Holi Gwyn Thomas', *Barn*, 133 (Tachwedd 1973), 17.
[9] 'Gwyn Thomas', yn Eleri Hopcyn (gol.), *Dylanwadau* (Llandysul, 1995), 98.
[10] 'Gwilym Rees Hughes yn Holi Gwyn Thomas', 17.
[11] 'Mae Hi'n Anodd', *Y Pethau Diwethaf a Phethau Eraill* (Dinbych, 1975), 25.
[12] 'Ynglŷn â Dyn', *Am Ryw Hyd* (Dinbych, 1986), 12.
[13] 'O'r Dyfnder', *Gwelaf Afon* (Dinbych, 1990), 20.

14 Gw. Cynwil Williams, 'Geraint Vaughan Jones (1904–97)', *Taliesin*, 101 (Gwanwyn 1998), 56. John Rowlands yw'r unig un arall deallgar a gwerthfawrogol a enwir, ac mewn adolygiad gwerthfawrogol o hunangofiant Geraint Vaughan Jones, *Dychweliad yr Alltud: Hunangofiant* (Abertawe, 1989), 'Amrywiaeth Profiadau', *Y Faner* (1 Rhagfyr 1989), 14, awgryma'r awdur hwnnw, 'Go brin fod ei gyfraniad fel nofelydd Cymraeg wedi cael ei lwyr werthfawrogi eto.'
15 Geraint Vaughan Jones, *Y Ffoaduriaid* (Abertawe, 1979), 146.
16 *Y Ffoaduriaid*, 146.
17 Gw., e.e., *Y Ffoaduriaid*, 55, pan ddywed Eva: '"Digwyddodd pethau hyll yn Fienna: Iddewon yn gorfod sgrwbio'r palmentydd, a chropian yn noeth ar eu pedwar yn y Pater. Tywysoges o dras hen yn glanhau'r tai bach yn un o'r gorsafoedd â'i dwylo noeth. Diraddiad heb ei debyg. Gwelais *Storm Trooper* â'i drowsus i lawr ar fin defnyddio hen Iddew fel geudy, nes daeth swyddog o Almaenwr heibio a'i lambastio"'; cymh. hyn â'r olygfa ar dud. 121 pan yw criw o hanner dwsin o hogiau yn dial ar Emrys Hughes am iddo daflu pelen eira at Arnold Bennett ac ynddi garreg a'i hanafodd: poerir yn ei geg, er bod Twm 'Refail yn rhwystro un ohonynt rhag gwneud dŵr ynddi. Mae thema drygioni dynol yn un y rhoddodd Geraint Vaughan Jones, yr athronydd a'r diwinydd, lawer o sylw iddi: gw., e.e., 'The Concept of Evil in the Philosophy of Karl Jaspers', *Philosophical Journal*, 1/2 (1964), 102–15; 'Diafol y Llenor', *Taliesin*, 65 (Rhagfyr 1988), 45–55; 'Y Llenor a Symbol y Drwg', *Y Traethodydd*, cxlv/614 (1990), 17–29; a'r dyfyniad hwn yn 'Graham Greene yn 81 Oed', *Taliesin*, 54 (Nadolig 1985), 113, sy'n cyfeirio at gymeriad Whisky Priest yn *The Power and the Glory*: 'I'r offeiriad hwn pechod, malais, trais, rhagrith, brad, ymddieithrwch â'r wladwriaeth sydd wedi ei threfnu yn elyn i Dduw, yw'r elfennau y mae'n rhaid iddo fyw gyda hwy am nad oes modd dianc. Dyma "sefyllfa'r ffin", y *Grenzsituation*, y dywed yr athronydd Karl Jaspers amdani fod rhaid ei dioddef am nad oes ffordd allan. I'r Whisky Priest y mae'r dieflig yn ddimensiwn o fodolaeth.'
18 'Korea', *ChFf* (Dinbych, 1962), 28.
19 'Ar y Ffordd', *Symud y Lliwiau* (Dinbych, 1981), 47.
20 *The Second World War*, 6–7.
21 *Ysgyrion Gwaed* (Dinbych, 1967), 32.
22 'Llenyddiaeth Cyni a Rhyfel: 1914–1939', *Llên Cyni a Rhyfel a Thrafodion Eraill* (Llandysul, 1987), 28.
23 *Alun Llywelyn-Williams* (Caernarfon, 1987), 23.
24 Gwyn Thomas, *Alun Llywelyn-Williams*, 16.
25 Gw. y nodyn ar y gerdd yn Gwynn ap Gwilym ac Alan Llwyd (gol.), *Blodeugerdd o Farddoniaeth Gymraeg yr Ugeinfed Ganrif* (Llandysul, 1987), 645: 'cyfeiriad at yr Hwch Ddu Gota sy'n ymgorfforiad o'r Diafol yn ôl yr hen goel. Dywedir ei bod yn ymddangos o farwor y goelcerth ar Noson Galan Gaeaf (31 Hydref), gan ddal y person olaf i adael.'
26 *Dylanwadau*, 98.
27 *Y Weledigaeth Haearn* (Dinbych, 1965), 41.
28 Gwyn Thomas, 'Ellis Wynne', yn Dyfnallt Morgan (gol.), *Gwŷr Llên y Ddeunawfed Ganrif* (Llandybïe, 1966), 56.
29 Dyfynnwyd yn Joanna Bourke, *The Second World War*, 147.

30 *Dylanwadau*, 98.
31 Gwyn Thomas (Caernarfon, 1984), 51.
32 *Wmgawa* (Dinbych, 1984), 6–7.
33 'Rhagair', *Cyllell yn y Pridd* (Llandybïe, 1974), [vii]. Mewn dinas sy'n dwyn yr enw gwneud 'Obermundorf' y lleolir y nofel, a dywedir yn y rhagair: 'Yn ninasoedd a threfi'r Rheinland tua dechrau 1946, llwybrau llydain rhwng tomennydd rwbel oedd nifer ddychrynllyd o'r strydoedd . . . Mewn miloedd o seleri a cheginau a gladdwyd, daliai'r trigolion eu gafael ar fywyd. Hunllef oedd eu bodolaeth mewn byd o adfeilion . . . Cymerwyd lle'r Deutsch Mark ddiwerth gan y sigarét, darn o sebon neu siocled neu dun o goffi.'
34 Gw. Joanna Bourke, 137.
35 Cymharer â Herbert Read, 'Night Ride', cerdd sy'n cloi gyda chyfeiriad at ddau gariad sy'n deffro 'to face the fate / of those who love / despite the world'. Cynhwyswyd yn Michael a Peter Benton (gol.), *Touchstones 5* (1971; arg. Llundain, 1981), 43. Fel y gwelwyd ym mhennod 2, roedd Read yn un o feirdd-filwyr y Rhyfel Byd Cyntaf yr oedd gan Alun Llywelyn-Williams fwyaf o feddwl ohono; gw. y drafodaeth ar ei gerddi yn Jon Silkin, *Out of Battle: The Poetry of the Great War* (1972; arg. Llundain, 1987), 168–86.
36 'Postscript', *Language and Silence: Essays 1958–1966* (Llundain, 1967), 183.
37 *Cadwynau yn y Meddwl* (Dinbych, 1976), 62–3. 'Ac Oblegid eich Plant' yw'r gerdd y dewisodd Gwyn Thomas ei chyflwyno a'i darllen yn y sgwrs fideo rhyngddo a Derec Llwyd Morgan, *Cyfres Llên a Llun: Awduron ar Fideo* (Cyngor Sir Clwyd ar ran Cymdeithas Gelfyddydau Gogledd Cymru, d.d.), cynhyrchydd John Idris Owen.
38 *Dylanwadau*, 98.
39 Ymddangosodd 'Cerdd o Broffwydoliaeth gan W. B. Yeats: cyfieithiad gan Gwyn Thomas: Yr Ail Ddyfodiad' yn *Y Traethodydd*, cxxxix/590 (Ionawr 1984), 3. 'Yr Hebog uwch Felindre' yw cerdd agoriadol *Yn y Dirfawr Wag* (Llandybïe, 1988), 19–20: gw. ymdriniaeth Jerry Hunter â hi yn 'Ar Drywydd y Tragwyddol: Golwg ar Ddwy Gerdd', *Alan*, 106–11.
40 'Gwerth', yn Iwan Llwyd, Myrddin ap Dafydd ac Ifor ap Glyn, *Bol a Chyfri' Banc* (Llanrwst, 1995), 81.
41 Mererid Puw Davies, 'Disgrifio'r Lladdfa: Auschwitz, Hanes a Chelfyddyd', *Taliesin*, 118 (Gwanwyn 2003), 56.
42 Mererid Puw Davies, 54. Y gerdd dan sylw yw *Todesfuge* (cyf. 'Ffiwg Angau') a sgrifennwyd yn 1944 neu 1945.
43 Gw. Mererid Puw Davies, 'Disgrifio'r Lladdfa', 54–62, sy'n trafod yn fanwl eiriau Adorno, yn ogystal â Harri Pritchard Jones, 'A Oedd Theodor Adorno yn Iawn?', *Taliesin*, 119 (Haf 2003), 121–36. Gw. hefyd Theodor Adorno, 'Cultural Criticism and Society' (1951), cyf. Samuel a Shierry Weber, yn Brian O'Connor (gol.), *The Adorno Reader* (Rhydychen, 2000), 210: 'To write poetry after Auschwitz is barbaric. And this corrodes even the knowledge of why it has become impossible to write poetry today.'
44 'Introduction', *Holocaust Poetry* (Llundain, 1995), xix.
45 'Alan Llwyd: Bardd', *Alan*, 98. Gw. hefyd Mererid Puw Davies, 55: 'Mae yma gyfyng-gyngor gwirioneddol. Nid anodd derbyn, ar y naill law, y ddyletswydd foesol i gofio troseddau o'r fath raddfa, a hynny mewn ffyrdd cyfrifol,

trylwyr a gweddus. Ond ar y llaw arall, rhaid bod yn hynod ofalus wrth ddewis ein cyfrwng a'n harddull a'u harchwilio nhw – a'u hoblygiadau – yn drylwyr er mwyn sicrhau eu bod yn addas. Ac wrth eu harchwilio daw'n amlwg bod problemau'n codi yn eu sgil a all beri inni amau o ddifrif a yw'r cyfrwng neu'r arddull yn gymwys.'

[46] Gw. nodyn 122 ym mhennod 1.
[47] Am groesdoriad o ymateb, gw. amryw byd o sylwadau gan ystod o gyfranwyr yn *Barddas*, 269 (Medi/Hydref/Tachwedd 2002) ac ymateb Aled Jones Williams i rai ohonynt yn *Barddas*, 270 (Rhagfyr 2002/Ionawr 2003), 43; 'Cloriannu Cerdd y Goron', *Taliesin*, 117 (Gaeaf 2002), 37–61, ac Emyr Lewis, 'Tacsi i'r Tywyllwch', 8–11; Vaughan Hughes, 'Eisteddfod Gwynedd', *Barn*, 476 (Medi 2002), 40–1.
[48] Aled Jones Williams, 'Sgwennu'r Ffin', *A470: Beth Sy' 'Mlaen yn Llên Cymru*: cylchgrawn gwybodaeth yr Academi Gymreig (Ionawr/Chwefror/Mawrth 2003), 4.
[49] 'Sgwennu'r Ffin', 4. Cyfeiria Gwyn Thomas at brofiad Paul Celan yn *Alan*, 98.
[50] Gw. *Y Bardd a Gollwyd: Cofiant David Ellis* (Llandybïe, 1992).
[51] Gw. James Monaco (gol.) a golygyddion BASELINE, *The Virgin Film Guide* (Llundain, 1992), 280: 'Not always easy to watch, *Gallipoli* is both a fitting testimony to the courage of the thousands of Australians and New Zealanders who died fighting for their country and one of the most powerful cinematic examinations of the futility and tragic cost of war.'
[52] Gw. 'Cerddi'r Cyfannu', *Cerddi'r Cyfannu a Cherddi Eraill* (Abertawe, 1980), 13–22, ac 'Y Gwanwyn', *Rhwng Pen Llŷn a Phenllyn* (Abertawe, 1976), 7–17.
[53] 'Cerddi Alan Llwyd', yn Alan Llwyd (gol.), *Trafod Cerdd Dafod y Dydd* (Caernarfon, 1984), 232.
[54] 'Rhagymadrodd', yn Alan Llwyd ac Elwyn Edwards (gol.), *Gwaedd y Lleiddiad: Blodeugerdd Barddas o Gerddi'r Ail Ryfel Byd 1939–1945* (Llandybïe, 1995), xvii.
[55] *GLl*, xxxiv.
[56] *GLl*, xxxii.
[57] *GLl*, xvii; am werthfawrogiad pellach o waith Alun Llywelyn-Williams gan Alan Llwyd, gw. y gyfres o englynion, 'Alun Llywelyn-Williams', *Einioes ar ei Hanner* (Caernarfon, 1984), 43, a 'Barddoniaeth Alun Llywelyn-Williams', *Y Grefft o Greu* (Llandybïe, 1997), 191–200.
[58] *Yn Nydd yr Anghenfil* (Caernarfon, 1982), 41–2.
[59] *Oblegid fy Mhlant* (Caernarfon, 1986), 27.
[60] Dyfynnwyd yn Fania Fénelon gyda Marcelle Routier, *Playing for Time*: cyf. o'r Ffrangeg gan Judith Landry (1977; arg. Gwasg Prifysgol Syracuse, 1997), 60.
[61] Teitlau'r cerddi eraill yn *Oblegid fy Mhlant* yw 'Chwilio am Ddelwedd Gymwys', 12–13; 'Cerddorion Auschwitz', 14; 'Arwyr', 15–16; a 'Cof', 17.
[62] 'Cysgodion', *Cannwyll yn Olau* (Llandysul, 1969), 22; trafodir y gerdd gan Alan Llwyd yn *Barddoniaeth y Chwedegau*, 377–8.
[63] 'Noson Tân Gwyllt', *Cerddi Alan Llwyd 1968–1990: Y Casgliad Cyflawn Cyntaf* (Llandybïe, 1990), 381, a hefyd yn *GLl*, 160–1.
[64] Yn ei atgofion am Auschwitz, cyfeiria Symon Laks, arweinydd cerddorfa'r dynion yn y gwersyll crynhoi, at ddull amryw o gyflawni hunanladdiad: gw. *Music of Another World*, cyf. o'r Bwyleg gan Chester A. Kisiel (1979; arg.

Gwasg Prifysgol Northwestern, 1989 a 2000), 18–19: 'Hundreds, thousands of deportees could not endure this sudden passage from one world to another, an antipodal one whose existence they could not have imagined in their most nightmarish hallucinations. Such people, after a few days, sometimes after a few hours, in the camp, "went to the wires", which in camp lingo meant to throw oneself onto the electrified high-tension barbed wires that separated us in a dense ring from neighboring camps and the outside world. In this way they avoided the experiences that befell the less "nervous" prisoners.'

65 *The Holocaust* (Efrog Newydd, 1968), xi-xii; dyfynnwyd yn *Holocaust Poetry*, xii.
66 *Holocaust Poetry*, xii.
67 'Anne Frank', *Sonedau i Janice a Cherddi Eraill* (Llandybïe, 1996), 86.
68 Gw. Eigra Lewis Roberts (addas.), *Dyddiadur Anne Frank* (Gwasg Addysgol Cymru, 1996); R. O. Williams, 'Grisiau', yn W. J. Jones (gol.), *Cyfansoddiadau a Beirniadaethau Eisteddfod Genedlaethol Bro Dinefwr 1996* (Llandybïe, 1996), 13–18. Rhwng 19 Awst a 20 Medi 1996, ymwelodd *Anne Frank in the World* â Phrifysgol Cymru, Bangor, y tro cyntaf i'r arddangosfa ryngwladol hon, a grëwyd gan Ganolfan Anne Frank yn Amsterdam ac a welwyd gan dros chwe miliwn o bobl, ymweld â Chymru.
69 Gw. Alan Llwyd, 'O'r Ysgwrn Fach i'r Sgrin Fawr', *Y Grefft o Greu*, 117–26; 'Y Sgriptiwr Ffilm a Theledu: T. James Jones yn Holi Alan Llwyd, Gwanwyn 2001', *Alan*, 184–202; ac Alan Llwyd, 'Hedd Wyn a Hollywood', *Glaw ar Rosyn Awst* (Caernarfon, 1994), 270–305. Gw. hefyd Mihangel Morgan, 'Golwg ar Sgript y Ffilm *Hedd Wyn*', *Alan*, 176–83, ac 'Elfennau Technegol – Hedd Wyn', *Darllen Ffilmiau: Sut i Ddechrau Astudio Ffilm a Theledu* (Aberystwyth, 1998), 8–12. Adolygwyd y ffilm gan Siôn Eirian, 'Plesio'r Llygad a'r Galon', *Barn*, 358 (Tachwedd 1992), 39–40.
70 '*Schindler's List*: 1993', *Ffarwelio â Chanrif* (Llandybïe, 2000), 138. Eglurir arwyddocâd y ferch gotgoch mewn rhifyn o gylchgrawn yr *Observer* (6 Chwefror 2000), 'Film Moments': 'During the Krakow ghetto clearance, the girl in the red coat had dodged through the carnage, ignored by everyone, as Oskar Schindler watched in growing horror. In the film it marked a turning point for the industrialist, pushing him to risk his life and fortune rescuing potential camp victims. The red coat, conspicuous in an otherwise black and white film, draws our attention to the anonymous girl. At the end of the sequence she slips into an empty house and hides under a bed. However, her ultimate fate is tragic. Later, we catch a glimpse of the coat in a cart piled high with corpses.' Ceir ymdriniaeth feirniadol â'r ffilm hon gan Mererid Puw Davies, 'Twyll a Chwarae Cudd: Disgyrsiau am Ddisgwrs Grym', *Tu Chwith*, 3 (1995), 27–34.
71 'Canrif o Gofebau', erthygl-adolygiad ar *Ffarwelio â Chanrif*, *Taliesin*, 112 (Haf 2001), 141.
72 Gw. Huw Williams, *Canu'r Bobol* (Dinbych, 1978), 49; cynhwyswyd y gân yn D. Geraint Lewis a Delyth Hopkins, *Cân Di Bennill: Casgliad o Hoff Ganiadau'r Cymry* (Llandysul, 2002), 20–1.
73 'Disgrifiadau', *Ffarwelio â Chanrif*, 113.
74 'Bardd yr Ugeinfed Ganrif', *Yn y Dirfawr Wag* (Llandybïe, 1988), 76–7.

⁷⁵ Eglura Alan Llwyd ei gymhellion dros greu Meilir Emrys Owen yn 'Rhagair', *Yn y Dirfawr Wag*, 11–15; '"Nid Myfi yw Myfi fy Hun"', *Glaw ar Rosyn Awst*, 188–222; ac 'Ynghylch Llenydda a Beirniadaeth', *Alan*, 144–5.
⁷⁶ 'Rhagair', *Yn y Dirfawr Wag*, 14.
⁷⁷ 'Rhagymadrodd', *GLl*, xiii.
⁷⁸ *GLl*, xxviii. Gw. hefyd y cyfeiriadau at 'yr ymwybyddiaeth fodern', xv; 'y meddylfryd modern', xvii; a 'Dyma'r cyflwr modern, mewn cymdeithas ac mewn barddoniaeth', xxxiv.
⁷⁹ I. C. B. Dear a M. R. D. Foot (gol.), *The Oxford Companion to the Second World War* (Rhydychen, 1995), 1122.
⁸⁰ Tony Smith (gol. meddygol), *The British Medical Association Complete Family Health Encyclopedia* (Llundain, 1990), 111.
⁸¹ Gw. nodyn 123 ym mhennod 1.
⁸² Fe'u cyhoeddwyd gyntaf yn *Ariel* (Llundain, 1965) a ymddangosodd ar ôl i'r bardd farw. Edrycher, er enghraifft, ar www.sylviaplathforum.com neu www.plathonline.com. Y mae'r cyfeiriad ar ddiwedd 'Anorexia Nervosa' at y 'noson ddu yn cynyddu fel cnawd / o gylch gwasg y lleuad lasgul' yn dwyn i gof linellau mewn cerdd gynharach gan Sylvia Plath, 'The Thin People', *The Collosus* (Llundain, 1960), 30–2, sy'n cyfeirio at yr Iddewon: 'So weedy a race could not remain in dreams, / Could not remain outlandish victims // In the contracted country of the head / Any more than the old woman in her mud hut could // Keep from cutting fat meat / Out of the side of the generous moon when it // Set foot nightly in her yard / Until her knife had pared // The moon to a rind of little light.'
⁸³ 'The Literature of the Holocost', yn Margaret Drabble (gol.), *The Oxford Companion to English Literature* (Rhydychen, chweched arg., 2000), 489.
⁸⁴ Gw. 'Cartref', yn E. G. Millward (gol.), *Ceinion y Gân: Detholiad o Ganeuon Poblogaidd Oes Victoria* (Llandysul, 1983), 5–6.
⁸⁵ *Darllen y Meini* (Dinbych, 1998), 9.
⁸⁶ *Casgliad o Gerddi* (Llandybïe, 1989), 335.
⁸⁷ Richard Bessel, 'RSHA', *The Oxford Companion to the Second World War*, 969.
⁸⁸ 'Chwarae â Thafodau Tân', *Y Traethodydd*, clvii/661 (Ebrill 2002), 85–6. Byddai'n werth oedi wrth fynd heibio gyda'r gystadleuaeth am Goron y Genedlaethol yn 1992 gan mai un o'r ffactorau a gollodd y wobr i Norman Closs Parry y flwyddyn honno oedd ei ddefnydd o ddelweddaeth Holocost. Er bod un o'r beirniaid, John Roderick Rees, am weld ei goroni, arall oedd barn Marged Haycock yn W. J. Jones (gol.), *Cyfansoddiadau a Beirniadaethau Eisteddfod Genedlaethol Frenhinol Cymru 1992* (Llandybïe, 1992), 48: 'Cerdd lawer mwy di-chwaeth a barodd imi warafun i *Bedwargoed* le yn y rheng flaen. Yn "Haint Traed a Genau", ceir cymhariaeth estynedig rhwng yr haint hwnnw ac erchyllterau'r Ail Ryfel Byd . . . treisia'r bardd ffin yr hyn sy'n dderbyniol gennyf i, o leiaf, wrth gymharu "poethoffrwm" yr anifeiliaid (gwir ystyr y gair *holocaust*) â fflamau'r gwersylloedd: "Hogia'r dôl o'r dre draw / yn Buchenwaldio wrth geibio caeau Chwarel Goch, / agor ffwrn o ffos, a'i llenwi â changau crin."' Teimlai'r trydydd beirniad, Gwynne Williams, yr un fath â hi ynglŷn â'r gerdd: '[t]eimlwn fod uniaethu llosgi cyrff y gwarheg clwyfus ag Iddewon Buchenwald yn hynod o ansensitif' (59). Gw. 'Cerddi Bedwargoed', *Barddas*, 185 (Medi 1992), 1–5,

a Norman Closs Parry, 'Haint y Traed a Genau', *Bedwargoed* (Llandysul, 1993), 108–9.
[89] Gw. yn ogystal y gerdd 'Ymdaith y Brenin Llwyd', yn *Alan*, 17, lle y dywedir am wrthrych y gyfrol fod ei fawl 'benbaladr yn pelydru yn eu gwersyllcarchar, er sawr / y nwy ar eu dillad, er newyn sgeptigiaeth, a'r nwyd / am amau yn rheg yn eu cegau'.
[90] *Canu Arnaf: Cyfrol 2* (Llandybïe, 1995), 203–5.
[91] *Canu Arnaf: Cyfrol 2*, 217–28.
[92] Gw. Grahame Davies, 'Modernwyr Digymrodedd', adolygiad ar *Ynghylch Tawelwch*, *Taliesin*, 108 (Chwefror 2000), 117.
[93] *The Chosen People: Wales and the Jews* (Pen-y-bont ar Ogwr, 2002), 202–5.
[94] Dyfynnwyd yn *GLl*, xxxiii.
[95] *GLl*, xxxiv.
[96] 'Y Boen', *Plant Gadara* (Llandysul, 1975), 12.
[97] '"Nhad versus Ginsberg', *PG*, 30.
[98] Gene Feldman a Max Gartenberg (gol.), 'Introduction', *Protest: The Beat Generation and the Angry Young Men* (1958; arg. Llundain, 1959 a ailgyhoeddwyd yn 1987), 9.
[99] Gene Feldman a Max Gartenberg, *Protest*, 12.
[100] 'Cysgodion', *Cannwyll yn Olau*, 22.
[101] 'Profiadau Llencyndod', yn W. Rhys Nicholas (gol.), *Cyfansoddiadau a Beirniadaethau Eisteddfod Genedlaethol Frenhinol Caerdydd 1978*, 28–36. Am ymdriniaeth â'r dilyniant, gw. Gerwyn Wiliams, 'Epil Blin y Mans', *Taliesin*, 88 (Gaeaf 1994), 41–51.
[102] Gw. Angharad Tomos, *Yma o Hyd* (Talybont, 1985), 52–3, lle y cyfeirir at raglen deledu a welodd Blodeuwedd yn yr ysgol am gyfnod yr Ail Ryfel Byd a'r modd yr effeithia hynny arni.
[103] Gw., e.e., Gwynfor Evans, 'Cyflwyniad', yn Einion Thomas, *Capel Celyn: Deng Mlynedd o Chwalu: 1955–1965* (Llandybïe, 1997), [6]: 'Bu boddi Cwm Tryweryn a phentref Capel Celyn yn un o enghreifftiau mwyaf cywilyddus y trigain mlynedd diwethaf o ormes Llywodraeth Loegr yng Nghymru . . . O'r dechrau triniwyd y Cymry gyda dirmyg a sarhad gan Gyngor dinas Lerpwl . . . Penderfyniad cwbl unochrog y Cyngor oedd boddi'r cwm a'r pentref. Gwnaeth y penderfyniad hwn heb ymgynghori â neb yng Nghymru.'
[104] *Protest*, 12.
[105] *Bob yn y Ddinas* (Llandysul, 1979), 65.
[106] 'Howl', yn Ann Charters (gol.), *The Penguin Book of the Beats* (Harmondsworth, 1993), 62.
[107] Ann Charters, 'Introduction', xx.
[108] '"Agro" (Siôn Eirian)', *Dadansoddi 14* (Llandysul, 1984), 106.
[109] 'A Oes Golau yn y Gwyll? Alun Llywelyn-Williams ac Alun Lewis', yn M. Wynn Thomas (gol.), *DiFfinio Dwy Lenyddiaeth Cymru* (Caerdydd, 1995), 138.
[110] 'Preface', *Language and Silence*, 14–15. Gw. hefyd 'To Civilize our Gentlemen', 81: 'The simple yet appalling fact is that we have very little solid evidence that literary studies do very much to enrich or stabilize moral perception, that they *humanize* . . . I find myself unable to assert confidently that the humanities humanize.'

¹¹¹ Gw. *The Oxford Companion to the Second World War*, 489–90: 'After the July 1944 bomb plot to assassinate Hitler . . . he acted promptly to control the situation in Berlin by assuming military command of the city. This act of loyalty gave him the power he had long sought and for which he had constantly intrigued. Hitler appointed him "Reich Plenipotentiary for Total War", which made him, after Hitler and Himmler, the most powerful person in the Third Reich.'
¹¹² Michael H. Kater, *The Twisted Muse: Musicians and their Music in the Third Reich* (Rhydychen, 1997), 130.
¹¹³ Gw. Michael Burleigh, *The Third Reich: A New History* (2000; arg. Llundain, 2001), 86, lle y cyfeirir at obsesiwn cynnar Hitler ag operâu Wagner ar ôl iddo fethu'r arholiadau mynediad i'r Academi Gelfyddyd Gain yn Fienna yn 1907: 'He developed an obsessive interest in the operas of Richard Wagner, visiting the opera house with all the train-spotting compulsiveness of a certain type of Briton at the annual promenade concerts in London's Albert Hall.'
¹¹⁴ *Playing for Time*, 53.
¹¹⁵ *Playing for Time*, 92–3.
¹¹⁶ *Playing for Time*, 125.
¹¹⁷ 'Disgrifio'r Lladdfa: Auschwitz, Hanes a Chelfyddyd', 59.
¹¹⁸ Geraint Vaughan Jones, *Y Ffoaduriaid*, 83.
¹¹⁹ Henry Morris-Jones, 'Buchenwald' (1945), yn Gwyn Erfyl (gol.), *Radio Cymru: Detholiad o Raglenni Cymraeg y BBC 1934–1989* (Llandysul, 1989), 98.
¹²⁰ 'Rhagair', *Terfysgoedd Daear* (Aberystwyth, 1939), [3].
¹²¹ Gw. hefyd Rhydwen Williams, 'Bardd y Tir Newydd', *Barddas*, 135–7 (Gorffennaf/Awst/Medi 1988), 40, sy'n dwyn cymhariaeth ddiddorol rhwng balchder dinesig *Gwanwyn yn y Ddinas* a basder dinesig *Bob yn y Ddinas*.
¹²² Dyna fy awgrym yn *Y Rhwyg: Arolwg o Farddoniaeth Gymraeg ynghylch y Rhyfel Byd Cyntaf* (Llandysul, 1993), 40–1, gan fod 'Gair o Eglurhad' Cynan yn ateb rhai o bwyntiau'r beirniaid ac yn rhagfynegi beirniadaeth bosib ar y bryddest o du'r darllenwyr. Yng ngeiriau Crwys, yn E. Vincent Evans (gol.), *Cofnodion a Chyfansoddiadau Eisteddfod Genedlaethol 1921 (Caernarfon): Barddoniaeth a Beirniadaethau* (Caerdydd, 1921), 62: 'Dywedwn y pethau hyn am y gwyddom y sylwir arnynt ac a synnir atynt gan lawer a'u darlleno.'
¹²³ 'Gair o Eglurhad', *Cofnodion a Chyfansoddiadau . . . 1921*, 77.
¹²⁴ Manon Wyn Roberts, *Barddoniaeth Iorwerth C. Peate* (Llandybïe, 1986), 51.
¹²⁵ Mererid Puw Davies, 60.

Mynegai

ab Owen Edwards, Ifan 26
Aberdaugleddau 5
Abererch 218
Aberhonddu 58, 60, 68–9, 92
Abersoch 218
Abertawe 5, 8, 116, 122–4, 129, 212
Aberystwyth 119, 122
Adorno, Theodor 19, 21, 266–8, 288
Adran Gymreig y Bwrdd Addysg 30
Adroddiad Wolfenden (1957) 213
Affrica 53, 77, 205
Aifft, yr 27, 29, 102, 208
Anglicaniaeth 174
Anghydffurfiaeth 164, 174, 184
Alamein 111–12
Alban, yr 5, 10, 15, 117, 163, 175, 179, 267
Albrecht, Karl 195–6
Aldershot 171
Almaen, yr 3, 7, 11, 17–18, 30, 58, 60–2, 64, 68, 70, 163, 165, 182, 190–1, 193–7, 234–5, 241, 244, 254, 288
Alvarez, A.
   New Poetry, The 279
America *gweler* Unol Daleithiau America
Amgueddfa Genedlaethol Cymru 217
Amsterdam 273
Amwythig 26
Annibyniaeth 54, 102, 164, 192
Anzio 59, 79
ap Glyn, Ifor 266
ap Gwilym, Gwynn
   (gol. gydag Alan Llwyd)
      Blodeugerdd o Farddoniaeth Gymraeg yr Ugeinfed Ganrif 262

Arloeswr, Yr 33
Ashton, Glyn M. 48
Atcheson, Raymond 64
Auden, W. H. 48, 260
   'September 1, 1939' 62
Auschwitz-Birkenau 19–20, 22, 55, 241, 258, 262, 265–8, 272–3, 277–9, 286–7
Awstralia 17, 217, 220, 269
Awstria 205, 241
awyrlu, yr *gweler* RAF

Bach, Johann Sebastian 272
Bae Colwyn 27
Baghdad 106
Baner ac Amserau Cymru (Y Faner) 29, 32, 191
Bangor 23, 26–7, 74, 162, 164, 208
Barri, y 5
Bassett, T. M. 205, 186–9
   Dianc 33, 186–9, 211, 213, 235, 246
Battle of Britain gweler Brwydr Prydain
BBC 3, 10–11, 26, 57, 62, 69, 83, 101
Bebb, Ambrose 27, 216, 218
   1940 31
Beddoe, Deirdre
   (gol. gyda Leigh Verrill-Rhys)
      Parachutes and Petticoats 240
Bedyddiaeth 164, 238
Beethoven, Ludwig van 285
Beevor, Antony
   Berlin: The Downfall 1945 2
   Stalingrad 2
beirdd *Beat* 280–1, 284–5
Belsen 17–18, 20–1, 73, 272, 275, 278, 280, 285

Berlin 2, 70–2, 80, 219, 263, 275
Bevan, Hugh 142
  Morwr Cefn Gwlad 206, 218, 230
Beveridge, William
  Report on Social Insurance and Allied Services (1942) 178
Bianchi, Tony 136, 141
Blaid Genedlaethol, y *gweler* Plaid Cymru
Blaid Lafur, y 133, 218
'Ble'r Wyt ti'n Myned?' 274
Blodau Hyfryd 30
Borneo 229
Borowski, Tadeusz
  This Way for the Gas, Ladies and Gentlemen 22
Bosse-Griffiths, Kate 191
  Anesmwyth Hoen 31
  Fy Chwaer Efa 32
  Mudiadau Heddwch yn yr Almaen 30
Bourke, Joanna 188, 256, 259
  Intimate History of Killing, An 15
Bowen, Euros 101, 245
  Cerddi 33, 79, 142
  'Difodiant' 256
Bowen, Geraint 81, 185, 207
Boyer, W. Hydwedd 208–14, 223
  Ffarwel Ha' 206, 211–13
  Ym Mhoethder y Tywod 206, 208–11, 213
Brixton (carchar) 116, 123
Brwydr Arnhem 58
Brwydr Prydain (*Battle of Britain*) 10, 56, 62, 163
Buchenwald 18–19, 21, 258, 264, 272, 280, 287
Burma 214
Byddin y Bobl *gweler* Gwarchodlu Cartref, y
Byddin y Tir 10
Byron, George Gordon 214

Caeathro 6
Caerdydd 5, 8, 17, 24, 47, 52, 54, 57, 60, 62–3, 83, 207, 280–1, 288
Caernarfon 6, 10, 111, 208, 214, 267
Caersalem *gweler* Jerwsalem
Café Royal 24
Cairo 29, 103, 105, 208
Calder, Angus 9, 163, 188
  Myth of the Blitz, The 13
  People's War, The 13
Calendr y Cymry 29

Califfornia 169
Cameleon (ffilm) 12
Canada 183, 217
Cardi, Y 128
Cardiff High School *gweler* Ysgol Uwchradd Caerdydd
Carmarthen Journal 216
Casnewydd 216
Catholigiaeth 102, 133, 183–4, 186
Celan, Paul 266–8, 277
cenedlaetholdeb Cymreig *gweler* Plaid Cymru
Cenhedlaeth y Rhyfel (cyfres radio) 3
Chamberlain, Neville 61–2, 238, 242
Chopin, Frédéric 79, 243
Churchill, Winston 9, 13, 163–4, 166, 184, 219
Citadel 29
Cofion Cymru 27–32, 216
Coleg Annibynnol Bala-Bangor 26
Coleg Brenhinol Sandhurst 57, 60
Coleg Normal, y 223
Coleg Prifysgol Gogledd Cymru, Bangor *gweler* Prifysgol Cymru, Bangor
Coleg y Brifysgol, Bangor *gweler* Prifysgol Cymru, Bangor
Coleg y Drindod, Caerfyrddin 215
Colombo 217
comiwnyddiaeth 48, 115–18, 165, 191, 238, 240
Connolly, Cyril 25
Conrad, Joseph
  Heart of Darkness 77
Conrad, Peter 22
Crwys *gweler* Williams, William Crwys
Crynwriaeth 132–3
Cyd-bwyllgor Addysg Cymru 206
Cyngor Prifysgol Cymru 26
Cylch Cadwgan 2, 30–1, 51, 207
Cymdeithas Awdurdodau Lleol Cymru 26
Cymdeithas Heddychwyr Cymru 30
Cymdeithas y Cymod 28
Cymmrodorion, y 26
Cymro, Y 17, 29, 115–16, 270
Cymry Enwog 30
Cynan *gweler* Evans-Jones, Albert
Cyprus 108, 235
Cytundeb Munich (Medi 1938) 61–2, 196, 238
Cytundeb Ribbentrop-Molotov (Awst 1939) 115

Cytundeb Versailles (1919) 196–7

Chwyldro Bolsiefic (1917) 117

D-Day (6 Mehefin 1944) 1
Dachau 17, 22, 258, 264, 272, 275, 279, 287
Dad's Army (cyfres deledu) 237
Dafydd, Gwenllian 205–6
Dafydd Nanmor 78
Daily Express 24
Daily Mirror 1
Daily Telegraph 174
Daily Worker 116
Damascus 102, 108–9, 209
Davies, Aneirin Talfan 27, 83
Davies, D. J. 129
Davies, Damian Walford
  (gol.) *Waldo Williams: Rhyddiaith* 132
Davies, Dewi Eirug
  Byddin y Brenin 25
  Protest a Thystiolaeth 25
Davies, E. Tegla (Tegla) 29
  Gyda'r Glannau 31
Davies, Evan J. 6, 18
  Llwybr Cul, Y 207
Davies, Gareth Alban 31
Davies, Grahame 279
Davies, Herbert 191
Davies, Ithel 124
Davies, J. Eirian 280, 282
Davies, J. Kitchener 179
  Cwm Glo 48
Davies, James (Jim) 189
  A Leap in the Dark 223
Davies, Jennie Eirian 282
Davies, John 10, 15, 164, 223
  Hanes Cymru 26, 163
Davies, Mererid Puw 287–8
Davies, Pennar 51, 137
  Ffederaliaeth 30
  Meibion Darogan 207
Davies, Picton 27
Davies, Richard (Mynyddog)
  'Cartref' 278
Davies, T. Eirug 102
Davies, T. Glynne
  'Adfeilion' 256
Davies, W. Llewelyn 27
Davis, Evan 16
Davis, Martin 236–46
  Os Dianc Rhai 207
Davison, Ray 22

Dewi Emrys *gweler* James, David Emrys
Deyrnas, Y 28
Doc Penfro 5
Dolgellau 230
Donnington 168
Douglas, Keith 29, 276
Dresden 4, 242, 258
Dunblane 267
Dunkirk 10, 13, 163, 178, 211, 232
Durrell, Lawrence 29
Dwyrain Canol, y 29, 33, 101, 104, 108, 111, 215
Dwyrain Pell, y 19, 222, 227
Dyfnallt *gweler* Owen, J. Dyfnallt
Dyffryn Ogwen 59, 174
Dysgedydd, Y 192

Ddolen, Y 30

Eames, Marion
  Gaeaf Sydd Unig, Y 172
Ebenezer, Lyn 128
Edwards, Elwyn 67
  (gol. gydag Alan Llwyd) *Gwaedd y Bechgyn* 268
  (gol. gydag Alan Llwyd) *Gwaedd y Lleiddiad* 22, 55, 268, 270, 279
Edwards, J. M. 138
Efrog Newydd 22
Efrydydd, Yr 167
Eglwys yng Nghymru, yr 26
Eichmann, Adolf 256–7, 278
Eidal, yr 59, 186–90, 196, 205, 213, 216, 228, 276
Eirian, Siôn 17, 256, 279–89
  Bob yn y Ddinas 284
  'Boen, Y' 280–1
  'Dysgu' 282
  Plant Gadara 280
  'Profiadau Llencyndod' 281, 284, 288
Eisenhower, Dwight D. 18
Eisteddfod Genedlaethol Cymru 50, 288
  Abergwaun (1936) 139
  Aberteifi (1942) 100
  Bangor (1943) 23, 162
  Bro Dinefwr (1996) 273
  Caerdydd (1978) 17, 281, 288
  Caernarfon (1921) 111, 288
  Caernarfon (1959) 208, 214
  Dinbych (1939) 167

Glynebwy (1958) 190–1
Llandybïe (1944) 100, 141, 175
Pen-y-bont ar Ogwr (1948) 101
Penbedw (1917) 32
Pont-y-pŵl (1924) 106
Rhyl, y (1953) 214
Sir Benfro (2002) 267
Elfyn, Menna
   (gol. gyda John Rowlands) *Bloodaxe Book of Modern Welsh Poetry, The* 121
Eliot, T. S.
   'East Coker' 86
   Four Quartets 23
   'Little Gidding' 86
Elis, Islwyn Ffowc 181, 193, 208, 235, 238
   Cysgod y Cryman 33, 53, 176, 189
Ellis, David 268
Ellis, John
   One Day in a Very Long War 298
Ellis, T. I.
   Gynhadledd Genedlaethol er Diogelu Diwylliant Cymru, Y 26
Elwyn, John *gweler* Jones, John Elwyn
Emrys ap Iwan *gweler* Jones, Robert Ambrose
Erfyl, Gwyn 4, 185, 207
Evans, E. Llewelyn
   Taith yr Anialwch 206–7, 222, 229
Evans, Ellis Humphrey (Hedd Wyn) 68, 141, 171, 269, 276
   'Arwr, Yr' 162
   'Blotyn Du, Y' 67
   'Rhyfel' 56, 67
Evans, Elwyn 10, 82, 84, 101–11, 114, 213
   Amser a Lle 107–8
   'Ar Lannau Euphrates' 103
   'Milwr' 107
   'O'r Dwyrain' 101–3, 105–6, 109–10, 213
   O'r Dwyrain a Cherddi Eraill 107, 109
   'Porthladd Aden' 105
   'Rhamant' 103
   'Taith yn Ôl' 109
Evans, Frank 224, 227–8, 234, 236
   Yn Nwylo'r Nipon 206, 222
Evans, Glyn *gweler* Ifans, Glyn
Evans, Gwynfor 8, 30
Evans, Hugh
   Cwm Eithin 49
Evans, Non Indeg 57, 70, 82, 104
Evans, Theophilus 29
Evans, William (Wil Ifan) 102

Evans-Jones, Albert (Cynan) 12, 26–7, 48, 59, 75, 81, 112
   'Cambrai, 1918' 74
   Caniadau Cynan 103
   'Hwiangerddi' 103
   'Mab y Bwthyn' 102, 110–11, 162, 179, 288
   'Malaria' 113, 174
   'Monastîr' 103–4
   'Pabell y Cyfarfod' 113
   'Ym Min y Môr' 29
Ewrop 1, 18, 31, 50, 70, 101, 163, 186, 188–97, 207, 223, 235–6, 239–41, 244, 276, 278, 285, 287

Faner, Y gweler Baner ac Amserau Cymru
Feldman, Gene 284
   (gol. gyda Max Gartenberg) *Protest* 280
Fénelon, Fania 286
Fienna 207, 241
Flower, John 22
Flwyddyn yng Nghymru, Y 30
Foot, M. R. D. 23
Franco, Francesco 62
Frank, Anne 273
Frigâd Gydwladol, y 240, 246
Fussell, Paul 12, 30, 85, 107
   Doing Battle 221

ffasgiaeth 54, 62, 82, 84, 191, 238–9, 244, 271
Ffiwsilwyr Brenhinol Cymreig *gweler* RWF
Ffrainc 1–2, 22, 52, 56, 66, 74, 110, 163, 178, 195–6, 219, 232

Gallipoli (ffilm) 269
Gartenberg, Max 284
   (gol. gyda Gene Feldman) *Protest* 280
George, William 26
Gestapo, y 21, 163, 194–5, 231, 276, 278
Ginsberg, Allen 280
   Howl 284
Goebbels, Josef 64, 177, 285–6
Goldenhagen, Daniel Jonah
   Hitler's Willing Executioners 194
Golding, William 17
Graves, Robert 56
   (ac Alan Hodge) *Long Weekend, The* 244
Griffith, G. Wynne
   Helynt Ynys Gain 164

Griffith, Llewelyn Wyn 56
Griffith, Moses 26
Griffiths, J. Gwyn
   Anarchistiaeth 31
Griffiths, Philip Jones
   Dark Odyssey 14
Griffiths, Wil 24
Grossman, Dave 211
Gruffudd, Heini 205
Gruffydd, Ifan 111, 172–3, 219
   Tân yn y Siambar 174
Gruffydd, R. Geraint 111–12, 114, 138
Gruffydd, W. J. 7, 25–6, 28, 48–9, 68, 114
   '1914–1918: Yr Ieuainc wrth yr Hen' 63, 103
Guernica 23, 269, 275
Guto'r Glyn 174
Gwarchodlu Cartref, y (*Home Guard*, Byddin y Bobl) 10, 166
Gwarchodlu Cymreig, y 24, 230
Gwarchodwyr Ffin De Cymru (*South Wales Borderers*) 174, 194
Gwasg Prifysgol Cymru 30
Gwasg y Brython 27
Gwenallt *gweler* Jones, D. Gwenallt
Gwilym, Arfon 229
Gwlad Belg 57, 70, 235
Gwlad Pwyl 189, 231, 272, 276, 278, 287
Gwlad y Basg 23
Gwlad y Swdetiaid 61, 196
Gwlad yr Iorddonen 192
gwrth-Semitiaeth 239, 244, 279, 286

Hamburg 4, 17, 229, 238, 241–4
Hamburger, Michael 50, 60
Harri, Guto 192
Harris, Robert
   Fatherland 207
Hawaii 2
Hayes, Nick 10, 13
Hedd Wyn *gweler* Evans, Ellis Humphrey
Hedd Wyn (ffilm) 231, 269, 273
Heddiw 54, 83, 131
heddychiaeth 2, 4–5, 7, 15, 23, 30, 53–4, 57, 81, 100, 113, 128–9, 165, 174, 182, 185, 209–10, 235, 242
Heller, Joseph
   Catch-22 221, 237
Hemingway, Ernest
   A Farewell to Arms 212
Hess, Myra 24
Hewison, Robert
   Under Siege 24

Hill, Greg 81, 85, 285
Hill, Jeff 13–14
Himmler, Heinrich 275, 278, 285–6
Hiroshima 1–2, 4, 17, 19, 256, 261–2, 267, 271, 282–3
Hiroshima, Mon Amour (ffilm) 17, 283
Hitler, Adolf 1–2, 4, 7, 11, 17, 60–2, 64, 70–1, 91, 115, 166, 175, 179, 184, 190, 193–7, 207, 238, 242, 258, 263, 285–6
Hodge, Alan
   (a Robert Graves) *Long Weekend, The* 244
Hofacker, Caisar von 194–6
Holocost, yr 1–2, 4, 17, 19–21, 61, 194, 243, 256, 266–8, 271–4, 276–7, 279–80, 287–8
Hooson, I. D. 223
   'Glas y Dorlan' 30
Hopwood, Millicent 9
Horizon 25
Hosenfeld, Wilm 64
Housman, A. E.
   Shropshire Lad, A 108
Howys, Siân 117, 124
Hudson-Williams, T.
   (cyf.) *Storïau o'r Rwseg* 27
Hughes, D. R. 26–7
Hughes, Emrys 191
Hughes, T. Rowland 216, 219
   Chwalfa 32
   Ogof, Yr 32
   (gol.) *Storïau Radio* 31
   William Jones 32
Humphreys, E. Morgan 31
Humphreys, Emyr 182
   Absolute Hero, An 238
   Open Secrets 238
   Salt of the Earth 238
   Unconditional Surrender 238
Hunter, Jerry 16, 19, 274, 279
Hwnt ac Yma 30
Hynes, Samuel 66, 185, 209, 218, 224–5, 236

Iddewiaeth 2, 18–20, 61, 64, 75, 103, 109, 178, 194, 238–9, 241, 243–4, 246, 256, 258, 262–3, 265–7, 271–9, 285
Ifans, Glyn (Glyn Evans) 214–17
   Coron ar Fotwm 29, 206, 214–17
   Dim Dianc 29, 206, 213–14, 236, 246
India 171, 217–18

Israel 103–4, 258
Iwerddon 212, 264

James, David Emrys (Dewi Emrys) 119
Japan 185, 218–19, 261
Jenkins, R. T. 26–8, 49
  'Crocws, Y' 30
  Ffynhonnau Elim 28
  'Hen Fywyd Cymreig, Yr' 49
  Orinda 32
Jerwsalem (Caersalem) 28, 109, 111, 176, 209, 256
John, Augustus 24
Jones, Albert Wynne 126
Jones, Aled Gruffydd 190, 193
Jones, Bedwyr Lewis 33, 76, 116, 136–7
Jones, Bobi *gweler* Jones, R. M.
Jones, D. Gwenallt (Gwenallt) 28, 61, 80, 85, 100, 117, 119, 126–7, 137, 223
  'Ar Gyfeiliorn' 50
  Cnoi Cil 31, 85
  'Rahel' 30
  Ysgubau'r Awen 31
Jones, Dafydd Glyn 82–3, 86, 192
Jones, Dafydd Llewelyn 231
Jones, David 56, 67
  In Parenthesis 81
Jones, Derwyn 269, 277
Jones, Dic
  Os Hoffech Wybod . . . 189
Jones, E. K. 26
Jones, Geraint Vaughan
  Ffoaduriaid, Y 10, 75, 207, 238, 258, 287
Jones, Glyn 50
Jones, Gwenan 26
Jones, Gwilym Meredydd 206
Jones, Gwilym R. 19, 85
  'Hen Ŵr, Yr' 30
  Purdan, Y 32
Jones, J. O. 4
Jones, J. R. 133
Jones, J. W. 172
Jones, James
  Thin Red Line, The 237
Jones, John Elwyn (John Elwyn) 189, 229–36
  At the Fifth Attempt 223, 231
  Pum Cynnig i Gymro 206, 223, 230–2, 234, 237
  Yn Fy Ffordd Fy Hun 21, 230–1, 233–5
Jones, John Gwilym 134, 180–5, 191
  Dewis, Y 32

Diofal yw Dim 32
Gŵr Llonydd 181
Lle Mynno'r Gwynt 33, 180–1, 183–4, 190, 238
Jones, John Morgan 26–7, 29
Jones, Marian Henry 242
  Annwyl Julia 207, 241
Jones, Nesta Wyn 230–1, 272, 281
Jones, R. Emyr 18, 21
  Ni Allaf Ddianc 206, 209
Jones, R. Gerallt 33
  Gwared y Gwirion 207, 212
Jones, R. Lloyd
  Ogof yr Ysbïwyr 164
Jones, R. M. (Bobi Jones) 23, 32, 85, 116–17, 128–9, 134, 137, 142–3, 191
  'Cân Wrthsemitaidd' 279
  'Carcharor Iddewig' 279
  'Crio Chwerthin' 207
  Gân Gyntaf, Y 142
  O'r Bedd i'r Crud 279
  'Palestina Acw 1988' 279
  'Siaradwyr Iddewig, Y' 279
  'Tsiernobŷl 1986' 278
Jones, R. Merfyn 4, 8
Jones, R. Tudur 276
Jones, Robert Ambrose (Emrys ap Iwan) 188
Jones, Rhydderch
  Gwenoliaid (drama deledu) 212
Jones, Sam 10
Jones, T. Gwynn 28–9, 32, 48, 81, 105, 114, 117
  Brithgofion 32
  'Cynddilig' 81
  Dwymyn, Y 32, 167
  'Madog' 141
  'Ymadawiad Arthur' 105, 135
Jones, T. Hughes
  Amser i Ryfel 32
  Sgweier Hafila 31
Jones, T. Llew 102
Jones, W. S. (Wil Sam) 185, 207
Jones, William
  'Llanc Ifanc o Lŷn, Y' 243
Joni Jones (cyfres deledu) 212

Kater, Michael H.
  Twisted Muse, The 285–6
Keats, John 214, 217
Keneally, Thomas
  Schindler's Ark 17, 274
Kolmar, Gertrud 276

Kovic, Ron
  Born on the Fourth of July 209
Kristallnacht 61, 243, 274

Ledwidge, Francis 276
Lerpwl 6, 12, 27, 75, 207, 212–13, 238–9, 276, 283
Levi, Primo 19–20, 276
Levi, Thomas 168
Levin, Nora 272
Lewis, Alun 55, 81, 285
  'All Day It Has Rained' 73
Lewis, C. Day 48
Lewis, Saunders 7, 23, 26, 50, 54–5, 78, 80, 82, 102, 104, 138, 174, 187, 190–7
  Barddoniaeth
    Byd a Betws 31–2
    'Dilyw 1939, Y' 244
    'Haf Bach Mihangel 1941' 8–9
  Drama
    Amlyn ac Amig 31
    Brad 17, 190–7
    Cymru Fydd 284
    Excelsior 178
    1938 17, 190–7
    Siwan a Cherddi Eraill 33
  Rhyddiaith
    'Cwrs y Byd' 32, 193
    Is There an Anglo-Welsh Literature? 48
    Monica 48–9
    Ysgrifau Dydd Mercher 32
Libya 102, 104–5, 176, 178
Lloyd, D. Tecwyn 100, 259
Lloyd, David 24
Lloyd, Dewi M. 192
Lloyd, J. Selwyn
  Croes Bren yn Norwy 206
  Cysgod Rhyfel 207
  Dychweliad y Swastika 206
  Mae Torch yn Llosgi 206
Lloyd George, David 126, 197
Lodge, David 76
Luftwaffe 4, 282
Lynn, Vera 32

Llanelli 164–6, 186, 190
Llanelly Star 216
Llenor, Y 6, 49
Lloegr 5–8, 10–11, 27, 30, 48, 52–4, 56, 109, 139, 163–4, 166, 185, 190, 213, 218, 239–41, 244, 276

Llwyd, Alan 19, 67, 78, 105–6, 114, 128, 256, 268–81, 286
  (gol. gyda Gwynn ap Gwilym)
    Blodeugerdd o Farddoniaeth Gymraeg yr Ugeinfed Ganrif 262
  (gol. gydag Elwyn Edwards)
    Gwaedd y Bechgyn 268
  (gol. gydag Elwyn Edwards)
    Gwaedd y Lleiddiad 22, 55, 268, 270, 279
  Barddoniaeth
    'All Quiet on the Western Front: 1930' 274
    'Anne Frank' 273
    'Anorexia Nervosa' 277
    'Ar Drothwy'r Milflwyddiant: Kosovo, 1999' 275
    'Ar Gofeb y Rhyfel Mawr' 274
    'Ar Gynhaeaf Gwair' 270
    'Awst 1914' 274
    'Baled John Cornford: 1936' 274
    'Bardd yr Ugeinfed Ganrif' 270, 275, 281
    Cerddi Alan Llwyd 1968–1990 270, 275
    'Cerddi'r Cyfannu' 269
    'Cerddorion Auschwitz' 272, 286
    'Chaplin ac Eraill' 275
    'Dadorchuddio Cofeb Ryfel Fietnam: Washington, 1982' 275
    'Ffarwelio â Chanrif' 274
    Ffarwelio â Chanrif 276
    'Galarnad Cenhedlaeth' 17, 270–1
    'Gassed: John Singer Sarjent' 274
    'Gwanwyn, Y' 269
    'Hanes Canrif: Dwy Gerdd' 270–1
    'Hebog uwch Felindre, Yr' 265
    'In Memoriam: 1914–1918' 274
    '*Kristallnacht*: 1930' 274
    'Marwolaeth Lorca: 1938' 274
    'Meirwon y Rhyfel Mawr yn cyfarch eu mamwlad a'u mamau' 274
    'Mur Berlin: 1989' 275

'*Nighthawks*, Edward Hopper: 1942' 274
'Nos Da, James Dean' 275
'Noson Tân Gwyllt' 272
Oblegid fy Mhlant 270, 272
'Phan Thi Kim Phuc: 1972' 274
'*Requiem* i Feirdd o'r Ugeinfed Ganrif' 276–7
'Rhyfel y Culfor: 1990' 275
'*Schindler's List*: 1993' 275
'Stephen Laurence: 1993' 275
'Sylvia Plath: America' 277
Yn Nydd yr Anghenfil 17, 269–70
Yn y Dirfawr Wag 275
'Yng Nghanrif yr Anifail' 270–1
Llundain 10–11, 24, 101–2, 164, 167, 169, 174–8, 190, 193, 258
Llyfrau Penguin 31
Llyfrau'r Dryw 27–8, 31
Llyfrgell Genedlaethol Cymru 26
llynges, y 4, 9, 11, 28, 175, 218, 230
Llŷn *gweler* Pen Llŷn
Llywelyn-Williams, Alun 10, 17, 24, 47–99, 101, 104–5, 109, 141, 143–4, 241, 243, 257, 259–60, 270, 285, 287
   Barddoniaeth
      'Ar Drothwy Rhyfel' 60, 64, 66
      'Ar Ymweliad' 74–80, 109, 165, 243, 287
      'Ave Atque Vale' 51
      'Awyrennwr, Yr' 62, 64, 66, 260
      'Baled y Drychiolaethau' 74–5, 78, 109, 287
      'Bardd y Byd Sydd Ohoni' 79, 100
      'Blaen Gwdi' 61
      'Byd a'n Blina, Y' 62, 256
      'Cefn Cwm Bychan' 65
      Cerddi 1934–1942 24, 32, 51–2, 60–8, 80–1
      'Cui Bono?' 63–4, 66
      'Chwilio'r Tir' 1, 63
      'Dadrith Doe neu Cofio'r Tridegau' 66, 183, 260
      'Dwy Gerdd' 51, 82
      'Gan Fod yr Angau'n Ymyl' 65

'Godreon, Y' 51
Golau yn y Gwyll, Y 57, 85
'Gorweddian ar y Bryn' 61–2, 68, 80, 85
'Gwrth-Gyrch, Y' 68
'Gwŷr Catraeth' 68, 80
'Mewn Brwydr Nos' 67–8
'Nadolig Cyntaf Heddwch' 30, 63, 79
'Nid Oes a'n Gwared ond ein Calon Ni' 63, 65–6, 83
'Pan Rodiwn Eto'n Rhydd' 63, 205
'Pe Bai'r Glaw yn Peidio, Gyfaill' 60, 73
'Penyd y Bardd' 47, 80
Pont y Caniedydd 33, 50, 57, 60, 63, 66–70, 75, 79–80, 84
'Pryder am Sbaen a Chymru' 62
'Prysur Bwyso, Y' 66, 162
'Rhyngom a Ffrainc' 66
'Taith i Lety'r Eos' 78
'Tydi a Minnau' 83
'Undod Serch' 65
'Wedi Gwrando Cyngor y Meddyg' 60
'Wedi'r Drin' 63
'Ym Merlin – Awst 1945' 70–5, 81
'Yma'n y Meysydd Tawel' 62
   Rhyddiaith
      'An Die Musik' 76
      'Bywyd Dinesig a'r Gymraeg, Y' 49, 52
      'Gwaith ac Adwaith' 49, 52
      Gwanwyn yn y Ddinas 101
      'Gwŷs i'r Gad' 70, 73, 79
      'Profiad o Ryfel, Y' 56–9
      Tir Newydd 33, 47–54, 64, 81–2

Mabinogi, y 29, 78, 223
Machynlleth 126
Mailer, Norman
   Naked and the Dead, The 237
Manning, Olivia 29, 237
Marcsiaeth 117, 267
Mengele, Josef 286
Methodistiaeth 181
Milan 187
Miles, Dilwyn 27, 29
Miller, Arthur
   Playing for Time 286

Millions Like Us (ffilm) 9, 11, 13
moderniaeth 50, 118, 138, 275, 287
Montgomery, Bernard 53, 219
Morgan, Dyfnallt 79, 129–30, 185, 207
Morgan, Elena Puw
   Graith, Y 32
   Wisg Sidan, Y 31, 240
Morgan, Prys 194–5
Morgan, Rhodri 1
Morgan, T. J. 116
Morris, Jan
   Our First Leader 207
Morris, William
   (gol.) *'Roeddwn I Yno: Casgliad o Straeon Profiad* 206
Morris-Jones, Henry 18, 287
Morris-Jones, John 109, 132
Morse, B. J. 50
Morys, Twm 267
   Ein Llyw Cyntaf 207
Moslemiaid 102, 258
Mozart, Wolfgang Amadeus 79, 272
Muggeridge, Malcolm 66
Munich 239
Mussolini, Benito 61, 238
Mynydd Epynt 26
Mynyddog *gweler* Davies, Richard

Nagasaki 256, 261
Nash, Paul
   Battle of Britain 3
   Battle of Germany 3
   Void 3
   Wire 3
National Gallery gweler Oriel Genedlaethol, yr
Natsïaeth 3, 20, 58, 64, 118, 163, 165, 167, 185, 193–4, 238, 242, 257, 262, 264, 266, 271, 274, 277–9, 285–7
Nicholas, James 129, 131, 133, 137
Nicholas, T. E. (Niclas y Glais) 2, 100, 114–28, 133, 137, 287
   Barddoniaeth
      'Aderyn To ac Adar Tân' 122
      'Bomio Tokio' 128
      'Buddugoliaeth' 124
      'Cân y Gwaed' 128
      Canu'r Carchar 115
      Cerddi Gwerin 115
      Cerddi Rhyddid 115
      'Cerddwr, Y' 126
      'Colomennod' 123

      '2740 (Fy rhif yn y carchar)' 125
      'Diflastod' 125
      Dros Eich Gwlad 115
      'Drwy'r Ffenestr' 125
      Dryllio'r Delwau 115, 128
      Dyn â'r Gaib, Y 115, 127
      'Glaw' 124
      'Gwlad Deilwng o Wroniaid!' 127
      'I Aderyn y To' 121
      'Iâr Fach yr Haf' 123
      'I'm Llechen' 123
      Llygad y Drws 31–2, 115, 127
      '1941' 127
      'Natur Ddynol, Y' 123
      'Newid' 122–3
      'Olygfa, Yr' 125
      'Pum Llath wrth Dair' 125
      Salmau'r Werin a Chaneuon Eraill 115
      Terfysgoedd Daear 115, 120
      'Thelma' 127
      'Troseddwyr' 129
      'Yfory' 128
   Rhyddiaith
      'O Fyd y Werin' 115
Niclas y Glais *gweler* Nicholas, T. E.
9/11 (11 Medi 2001) 22
Normandi 1, 4

Oriel Genedlaethol, yr (*National Gallery*) 24
Orwell, George 10
   Animal Farm 24
   Nineteen Eighty-Four 9
Owen, Bob (Croesor) 10
Owen, Daniel 29, 233
   Rhys Lewis 172
Owen, Geraint Dyfnallt
   Aeth Deugain Mlynedd Heibio 101, 207
Owen, J. Dyfnallt (Dyfnallt) 26
   'Tir Di-Berchennog, Y' 56
Owen, Wilfred 69, 108
   'Futility' 114

Pabyddiaeth *gweler* Catholigiaeth
Palembang 223
Palesteina 210, 217–18, 279
Pamffledi Heddychwyr Cymru 30, 171
Parade 29
Paris 190–1, 196, 243
Parri, Harri 237
   Rhyfel Pen Llŷn 166, 207

Parri, Ifan 19, 218–22
  Brethyn Glas 206, 218–22
  Meibion Annwfn 206, 218–22, 236
Parry, Geraint W.
  A Heuo'r Gwynt 205
  Creithiau 205
  Gwanwyn Cynnar ym Mhrâg 205
  Rhaid Croesi Afon Drin 205
  Trysor o'r Dyfnder 205
Parry, Joseph 168
Parry, R. Williams 16, 28, 48, 52, 81–3, 108, 114, 116–17, 119, 162, 170
  'Clychau'r Gog' 29
  'Cymru 1937' 82, 119, 244
  'Gwrthodedig, Y' 82
  Haf a Cherddi Eraill, Yr 114
  'J.S.L' 82, 119
Parry, Thomas 27
  Hanes Llenyddiaeth Gymraeg hyd 1900 32
  Llenyddiaeth Gymraeg 1900–1945 32
  (gol.) *Oxford Book of Welsh Verse, The* 121
Parry-Williams, T. H. 48, 65, 85, 119–20
  'I Gi' 28, 121
  Lloffion 32
  'Llyncu' 30
  O'r Pedwar Gwynt 32
pasiffistiaeth *gweler* heddychiaeth
Passchendaele 19, 262, 272
Pearl Harbor (ffilm) 2
Peate, Iorwerth C. 119, 207, 217, 288
  Crefftwr yng Nghymru, Y 49
Pen Llŷn 166, 207, 245
Penyberth *gweler* Tân yn Llŷn, y
Personal Landscape 29
Phoney War *gweler* Rhyfel Ffug
Picasso, Pablo 23
Plaid Cymru (Y Blaid Genedlaethol) 7–8, 26, 30, 54, 82, 126, 133, 165, 182, 210, 217–18, 238, 240
Plaid Gomiwnyddol Prydain Fawr 155, 117, 126
Plath, Sylvia 21
  Ariel 20
  'Daddy' 20
  'Lady Lazarus' 20, 277
Pleidlais Heddwch (1935) 5
Polanski, Roman
  Pianist, The (ffilm) 20, 243
Preseli, y 6, 65, 77, 129, 133, 139, 141, 243–4
Price, Angharad

O! Tyn y Gorchudd 189, 207
Prichard, Caradog 27, 167–75, 185, 218
  Afal Drwg Adda 171
  'R Wyf Innau'n Filwr Bychan 32, 167–74, 190, 218, 230
  'Terfysgoedd Daear' 167
Prifysgol Cymru, Bangor 27, 74, 208
Prifysgol Heidelberg 285
Prydain Fawr 4–5, 7, 9–13, 17, 23–4, 29, 56–7, 62, 66, 70, 74, 101, 108, 115, 117, 163–4, 188, 196, 217, 235, 238, 257
PTSD (*post traumatic stress disorder*) 13
Puccini, Giacomo 285
Pugh, Ifan 27
Pum Cynnig i Gymro (ffilm) 231
Pwyllgor Cenedlaethol Cymreig er Darparu Llyfrau Cymraeg i'r Lluoedd Arfog 27
Pwyllgor Diogelu Diwylliant Cymru 26

RAF (yr awyrlu) 7, 9, 11, 29, 182, 212, 214–15, 218, 222, 240
Ravensbruck 21, 234
Read, Herbert 67
realaeth sosialaidd 118
Rees, Goronwy 24
Rees, Thomas 129
Remarque, Erich Maria 246
  All Quiet on the Western Front 274
Richards, I. A. 137
Richards, Melville 162–7, 184–5, 205
  Gelyn Mewnol, Y 11, 33
Rilke, Rainer Maria 50
Roberts, David E. 222–5, 227–8, 234, 236
  I'r Pridd Heb Arch 206, 222–5
  No Bamboo For Coffins 223
Roberts, Eigra Lewis
  Brynhyfryd 208
Roberts, Kate 28, 30, 186
  Traed mewn Cyffion 172, 184, 270
  'Tri, Y' 30
Roberts, R. Meirion 100, 111–15
  'Angharad' 111
  'Alltud' 112
  Amryw Ganu 111
  'Ar Wasgar' 113
  'Dwy Ŵyl' 112
  'Hiraeth am Gymru' 112
  Plant y Llawr 33, 111–12
  'Tad wrth ei Blentyn' 111
  'Ymladd Gorffennaf' 113–14

Roberts, R. Silyn 110
Roberts, Selyf 225–9
   Tocyn Dwyffordd 206, 226
Roberts, Wiliam Owen
   Peenemünde 3
Rommel, Erwin 53
Rosenberg, Isaac
   'Break of Day in the Trenches' 121
Rowlands, John
   (gol. gyda Menna Elfyn) *Bloodaxe Book of Modern Welsh Poetry, The* 121
Rumsfeld, Donald 1
Rutherford, Andrew 167
RWF (Ffiwsilwyr Brenhinol Cymreig) 56–7, 68
Rwsia 115, 118, 126, 188

rhamantiaeth 52, 127, 135, 141–2, 243
Rhiwbeina 60
Rhydychen 238–9, 243–4
Rhyfel Byd Cyntaf, y 3, 5, 13, 15–16, 19, 22, 25–6, 28, 32, 48, 50, 52, 55–7, 59, 63, 67–9, 74–5, 80–2, 85, 102, 107–8, 110–12, 114–16, 121, 127–9, 141, 162, 164, 166, 170–2, 174–5, 180, 184–5, 194, 212, 219, 223, 226, 231, 259, 269–70, 273, 288
Rhyfel Cartref America 16
Rhyfel Cartref Sbaen 60, 238, 240
Rhyfel Corea 130, 133, 139, 235, 258
Rhyfel Cyfiawn 3, 5
Rhyfel Da 3–5, 185, 213
Rhyfel Fiet-nam 22, 209–10, 275
Rhyfel Ffug (*Phoney War*) 62
Rhyfel Irac 1
Rhyfel y Bobl 3, 5, 9–10, 13, 166
Rhyfel y Boer 127
Rhyfel y Falklands/Malvinas 235
Rhyfel y Gwlff 192
Rhys, E. Prosser 106, 136
Rhys, Keidrych 24, 48
Rhys, Robert 131–2, 139

Sachs, Nelly 267–8
Salamander 29
Salonica 103
Sassoon, Siegfried 56, 246
Sayers, Dorothy L. 10
Sayle, Murray 14
Sayre, Joel 72
Sbaen 22, 62, 120, 246

Schiff, Hilda 273
   (gol.) *Holocaust Poetry* 266
Schubert, Franz 79
Schumann, Robert 79, 286
Selwyn, Victor
   (gol.) *Poems of the Second World War* 22
   (gol.) *Voice of War, The* 22
Seren Cymru 216
Seren y Dwyrain 29
Shaw, Albert Thompson 134
Shelley, Percy Bysshe 214
Silkin, Jon
   Out of Battle 67
Silyn *gweler* Roberts, R. Silyn
Singapore 222
Sir Benfro 128, 130–1, 135, 223
Sir Drefaldwyn 229, 238
Sir Ddinbych 9, 18
Sir Feirionnydd 231
Sir Frycheiniog 130
Sir Gaerfyrddin 215, 217
Soho 24
Somme, y 19, 267, 272
South Wales Borderers gweler Gwarchodwyr Ffin De Cymru
S4C 212, 274
Spender, Stephen 24, 48
Spielberg, Steven
   Schindler's List (ffilm) 17, 274
SS 69, 195, 234, 244, 262, 266, 278, 286
Stalin, Joseph 70, 118, 258–9
Stansky, Peter 23
Steiner, George 20–1, 264, 277, 285
Stephens, Meic
   (gol.) *Cydymaith i Lenyddiaeth Cymru* 51
Stone, Oliver 209
Styron, William
   Sophie's Choice 237
Suez 235
Surrey 242
Sweden 234
Swinburne, Algernon Charles 214
Swistir, y 186
Swyddfa Dramor, y 171
Swyddfa Ryfel, y 6–7, 26, 136–7, 171
Syria 106, 209
Szpilman, Wladyslaw 64, 243

Taliesin 67, 78
Tân yn Llŷn, y 22, 194, 219, 238
Taylor, A. J. P. 3–4, 196

Tegla *gweler* Davies, E. Tegla
Tennyson, Alfred 217
Terkel, Studs
   'Good War, The' 4
Thomas, Dafydd Elis 84, 132
Thomas, Dylan
   Deaths and Entrances 24
Thomas, Gwyn 15, 19, 22, 68, 85, 241, 256–68, 270, 273, 285
   Barddoniaeth
      'Ac Oblegid eich Plant' 264
      Am Ryw Hyd 265, 268
      'Ar Ôl yr Ail Ryfel Byd' 260–2
      'Arwydd' 264
      'Awr Hon, Yr' 264–5
      'Berlin 1945' 72, 263
      'Cwestiwn' 262
      'Cyfarchion' 265
      'Cyflwr Dynol, Y' 265
      Chwerwder yn y Ffynhonnau 257
      'Chwyldro, Y' 264
      "Does Unman yn Debyg i Gartref' 277
      'Dowch i Belffast' 265
      'Dydd o Heddwch' 265
      'Dyddiau Gofid' 261–2
      Enw'r Gair 264
      'Ffoadur' 263
      'Geiriau' 268
      Gweddnewidio 262
      Gwelaf Afon 261
      'Hiliogaeth Cain' 259, 261, 263
      'Hiroshima' 262
      'Hitleriaeth Etc.' 262, 264
      'Mae Hi'n Anodd' 140, 267
      'Mae Tania' 263–4
      '1914–1918' 162
      'Pa Fodd' 262, 265, 267–8
      'Technoleg, Meddai' 262
      Weledigaeth Haearn, Y 261
      'Ynglŷn â Dyn' 265
      Ysgyrion Gwaed 263
   Rhyddiaith
      Traddodiad Barddol, Y 268
Thomas, M. Wynn 55
Thomas, Ned 133, 139
Thomas, R. S. 276
Thomas, Wynford Vaughan 57, 59, 79, 83
Tilsley, Gwilym R. 119
Tobrwc 111, 127
Tomos, Angharad
   Yma o Hyd 207, 282

Tonypandy 13
Torino 186
Traethodydd, Y 68
Tryweryn 276, 283
Tsiecoslofacia 61, 165, 189, 196
Tudur Aled 29, 268
Twm o'r Nant 29
Tyst, Y 25
Tystion Jehofa 133

Undeb Cynghrair y Cenhedloedd 5
Undeb Cymru Fydd 26–7
Unol Daleithiau America 1, 17, 30, 193, 210, 239, 257, 277, 280
Urdd Gobaith Cymru 26

Valentine, Lewis 54, 212
Verrill-Rhys, Leigh
   (gol.) *Iancs, Conshis a Spam* 207, 240
   (gol. gyda Deirdre Beddoe)
      Parachutes and Petticoats 240

WAAF 240
Wagner, Richard 286
Waldo *gweler* Williams, Waldo
Wales 48
Waller, Maureen
   London 1945 2
Walters, D. Llewelyn 50
Warner, Rex 48
Warsaw 2, 64, 243–4, 261–2, 272, 277, 287
Waugh, Evelyn 237
   Brideshead Revisited 25
Welsh Outlook 48
Wesleaeth 227
Weymouth 57, 60
Wiesel, Elie 19
Wil Ifan *gweler* Evans, William
Wil Sam *gweler* Jones, W. S.
Williams, Aled Jones 268
   'Awelon' 267
Williams, Beryl Stafford
   Darlun o Ryfel 189, 207
Williams, D. J. 28–9, 54, 132, 139, 216
   Hen Wynebau 49
   Storïau'r Tir Coch 31
Williams, Ifor 72
   (gol.) *Canu Aneirin* 15–16, 68, 81
   (gol.) *Canu Llywarch Hen* 68, 72, 77, 81
Williams, Ifor Wyn
   Cyllell yn y Pridd 15, 206, 213–14, 236, 263
Williams, Ioan M. 192

Williams, J. E. Caerwyn 276
Williams, J. G. 185, 207
  Betws Hirfaen 172
Williams, J. H. 27
Williams, John E.
  Straeon Cyfar Main 166, 207
Williams, John Ellis 175–80, 184, 191
  Erodrom, Yr 22
  Rhamant a Rhyfel 175, 180
  Wedi'r Drin 23, 32, 63, 163, 175–81, 190
Williams, John Roberts
  Etifeddiaeth, Yr (ffilm) 12
Williams, Morris 30
Williams, Rhydwen 276
  Adar y Gwanwyn 207
Williams, T. Arfon 276
Williams, Waldo 2, 78, 84, 100, 128–44, 193, 243–5
  Barddoniaeth
    'Adnabod' 133, 135
    'Almaenes' 133
    'Ar Weun Cas' Mael' 129, 133–5
    'Brawdoliaeth' 132–3, 135, 142
    'Cân Bom' 133, 142
    'Cwmwl Haf' 139–42
    'Cyfeillach' 133, 135, 245
    'Cyrraedd yn Ôl' 133, 135
    'Daffodil' 133
    Dail Pren 33, 131, 133–4, 139, 142
    'Dau Gymydog' 133
    'Daw'r Wennol yn Ôl i'w Nyth' 129, 133, 136
    'Diwedd Bro' 133, 137, 142
    'Elw ac Awen' 133, 138
    'Eu Cyfrinach' 133
    'Fel Hyn y Bu' 133
    'Geneth Ifanc' 129
    'Gwanwyn' 133, 142
    'Gŵyl Ddewi' 133, 137
    'Hwrdd, Yr' 133, 142
    'Menywod' 29
    'Mewn Dau Gae' 129, 131, 136, 138, 245
    'Nid oes yng ngwreiddyn Bod' 133
    'O Bridd' 139–42
    'Plentyn y Ddaear' 133, 135–6
    'Preseli' 65, 77, 129, 133, 139, 243–4
    'Rhodia, Wynt' 133
    'Sant, Y' 133
    'Tangnefeddwyr, Y' 129, 133, 135, 193
    'Tŵr a'r Graig, Y' 131–3
    'Tŷ Ddewi' 139
  Rhyddiaith
    'Barddoniaeth T. E. Nicholas' 128
    'Brenhiniaeth a Brawdoliaeth' 132, 142
    'Paham yr wyf yn Grynwr' 132
    'Pam y Gwrthodais Dalu Treth yr Incwm' 133
Williams, William Crwys 102
Wladwriaeth Les, y 178
Woolf, Virginia
  Between the Acts 23
Wrecsam 57
Wynne, Ellis 29, 262

Yeats, W. B. 143
  'Second Coming, The' 265
Ypres 272
Ysgol Uwchradd Caerdydd (*Cardiff High School*) 24